चाचाजी की याद में

शायद वे चाहते थे कि
मैं ऐसी ही कोई किताब लिखूँ

प्राक्कथन

जिन दिनों मैं और मेरे जैसे तमाम विश्लेषक चौदहवीं लोकसभा के चुनाव-परिणामों का मतलब समझने में दिमाग़ खपा रहे थे, अचानक संसद में हिंदी की एक ऐसी आवाज़ सुनायी पड़ी जिसे सुनने की न जाने कबसे प्रतीक्षा थी। जिन कंठों से यह आवाज़ निकली थी, वे दक्षिण भारतीय थे। आंध्र प्रदेश से जीते तेलुगु देशम पार्टी के और कर्नाटक के सांसदों को हिंदी में शपथ लेते देखने का सुखद आश्चर्य अभी पूरी तरह से ख़त्म भी नहीं हुआ था कि अखिल भारतीय अन्ना द्रविड़ मुन्नेत्र कषगम के संसदीय नेता डी. मैत्रेयन को हिंदी में भाषण देते देख कर भौंचक्का रह जाना पड़ा। आम तौर पर ऐसे औपचारिक मौक़ों पर राजनीतिक प्रतिनिधि अपनी भाषाई और सांस्कृतिक अस्मिता रेखांकित करना ज़्यादा पसंद करते हैं। लेकिन दक्षिण भारतीय सांसदों से इस अवसर पर हिंदी के इस्तेमाल का कारण पूछने पर पत्रकारों को अंदाज़ा हुआ कि सम्भवत: देशम और अन्नाद्रमुक जैसी पार्टियाँ अब अपनी निगाह राष्ट्रीय राजनीति पर टिकाना चाहती हैं और उसके लिए वे नीतिगत रूप से हिंदी को राजनीतिक विमर्श और संवाद की भाषा बनाने के लिए धीरे-धीरे राज़ी होती जा रही हैं। इस सहमति का अर्थ तेलुगु, कन्नड़ या तमिल के प्रति उनकी निष्ठाओं के क्षीण हो जाने से नहीं लगाया जा सकता। बल्कि उनके कंठों से निकली हिंदी अखिल भारतीय सम्पर्क भाषा के रूप में उसकी तेज़ी से बढ़ती जा रही स्वीकारोक्ति का प्रमाण थी। यह घटना हिंदी के चंद वाक्यों में ध्वनित हमारी भाषाओं के उस संसार की अनुगूँज थी जो भारतीय आधुनिकता के साथ क़दम से क़दम मिला कर चलते हुए क़रीब डेढ़ सदी का सफ़र तय कर चुका है।

समाज-परिवर्तन की गति मंथर होती है। उसी की तर्ज़ पर हिंदी के सम्पर्क-भाषा और राज-भाषा बनने के अलग-अलग सिलसिले भी बहुत धीमे हैं। उनके उतार-चढ़ाव और अंदेशों का स्रोत भारतीय आधुनिकता की पेचीदा राजनीति में

निहित है। लोकतंत्र की चक्की भाषा के मसले को भी धीरे-धीरे लेकिन निश्चित रूप से बारीक पीस रही है।

मेरी यह किताब इसी हिंदी, उसकी राजनीतिक-सांस्कृतिक ज़मीन और उससे पैदा होने वाली बहसों के बारे में है। इसी हिंदी को गाँधी राष्ट्र-भाषा कहा करते थे। उन अर्थों में नहीं जिनमें अंग्रेज़ी ब्रिटेन की या कई युरोपीय देशों की राष्ट्र-भाषा है या फ्रेंच फ्रांस की या जर्मन जर्मनी की है। गाँधी के लिए हिंदी राष्ट्रवादी समरूपीकरण के आग्रहों के तहत आरोपित की जाने वाली राष्ट्र-भाषा नहीं थी। इसीलिए उन्होंने गुजराती में राष्ट्र-भाषा का अर्थ बताते हुए स्पष्ट कर दिया था कि इससे उनका तात्पर्य सम्पर्क भाषा से ही है। गाँधी की वही हिंदी आज एक अनूठे और स्वायत्त मुक़ाम पर पहुँच चुकी है। वह कह सकती है कि वह संस्कृत की बेटी, या उर्दू की दुश्मन, या अंग्रेज़ी की चेरी नहीं है। अगर वह किसी की बेटी है तो भारतीय आधुनिकता की बेटी है। हिंदी की आलोचना करने के लिए आधुनिकता के उस कारख़ाने की आलोचना करनी होगी जिसकी कारीगरी का नतीजा यह अनूठी भाषा है। चूँकि इसका सीधा संबंध आधुनिकता से है, इसलिए यह आधुनिक विचारों के साथ बड़ी छूट लेती है, यहाँ तक कि मनमानी भी करती है। हिंदी लेखन से अगर कोई बहुसंख्यकवाद बना है, तो वह राष्ट्रीय स्वयंसेवक संघ के हिंदुत्ववादी बहुसंख्यकवाद से भिन्न है। उसमें आधुनिक प्रतिनिधित्वमूलक लोकतंत्र में अंतर्निहित बहुसंख्यकवादी प्रवृत्तियाँ हैं। वह साम्प्रदायिकता की समस्या नहीं है, वह तो भारतीय उदारतावाद और वामपंथ की समस्या है। हिंदी में अगर राष्ट्रवाद है, तो वह संकीर्ण दक्षिणपंथी राष्ट्रवाद न होकर हिंदी जाति की दावेदारी है जिसकी अभिव्यक्ति मार्क्सवादी शब्दावली में हुई है।

चाहे लोकतंत्र हो, सेकुलरवाद हो, समतामूलक समाज की अवधारणाएँ हों, मार्क्सवाद हो, नारीवाद हो या फिर भारत में पैदा हुआ आम्बेडकरवाद हो, हिंदी की दुनिया में आकर इन विचारों के नाम वही रहते हैं, पर उनकी भीतरी संरचनाएँ और तात्पर्य बदल जाते हैं। यह प्रक्रिया समाज को फ़ायदा भी पहुँचाती है, और फ़ायदा पहुँचाने की सम्भावनाएँ कभी-कभी संदिग्ध भी लगती हैं। कुल मिला कर सभी आधुनिक विचार हिंदी के दायरे में दोनों सिरों से खुले रहते हैं।

इस पुस्तक में कुल आठ दीर्घकाय निबंध हैं। छह निबंधों की शैली और संरचना वैसी ही है जैसी अंग्रेज़ी में लिखी गयी समाज-वैज्ञानिक रचनाओं की होती है। लेकिन दो निबंधों का शैलीगत ढाँचा कुछ अलग क़िस्म का है। इनके ज़रिये मैंने अंग्रेज़ी-लेखन के बँधे-बँधाये ढर्रे से हटने की कोशिश की है। कुल

मिल कर इन सभी निबंधों के मर्म में वे गरमा-गरम बहसें हैं जो मैंने अपने साथियों से विकासशील समाज अध्ययन पीठ (सीएसडीएस) में गुज़ारे पिछले चौदह सालों में कीं। बिना इन बहसों के ये रचनाएँ नामुमकिन थीं। इनके लिए मैं धीरूभाई शेठ, आदित्य निगम, रविकांत, राकेश पाण्डेय, हिलाल अहमद, योगेंद्र यादव और विजय बहादुर सिंह जैसे विद्वानों का शुक्रगुज़ार हूँ कि उन्होंने हर बार मेरी दलीलें गम्भीरता से लीं और उन पर अपनी-अपनी शैली में अनुक्रिया-प्रतिक्रिया करके बहस को आगे बढ़ाया। अभी यह बहस ख़त्म नहीं हुई है और इसके अंतहीन सिलसिले में ऐसे ही कुछ और निबंधों की सम्भावनाएँ धड़क रही हैं।

— अभय कुमार दुबे

ग्रीष्म, 2014

अनुक्रम

अभय कुमार दुबे

विकासशील समाज अध्ययन पीठ (सीएसडीएस) में एसोसिएट प्रोफ़ेसर और भारतीय भाषा कार्यक्रम के निदेशक। समाज-विज्ञान और मानविकी की पूर्व-समीक्षित पत्रिका प्रतिमान समय समाज संस्कृति के प्रधान सम्पादक।

कृतियाँ :
क्रांति का आत्म-संघर्ष : नक्सलवादी आंदोलन के बदलते चेहरे का अध्ययन, कांशी राम : एक राजनीतिक अध्ययन, बाल ठाकरे : एक राजनीतिक अध्ययन, मुलायम सिंह यादव : एक राजनीतिक अध्ययन

सम्पादित कृतियाँ :
समाज-विज्ञान विश्वकोश (छह खण्ड), हिंदी की आधुनिकता : एक पुनर्विचार (तीन खण्ड), साम्प्रदायिकता के स्रोत, आधुनिकता के आईने में दलित, लोकतंत्र के सात अध्याय, बीच बहस में सेकुलरवाद, भारत का भूमण्डलीकरण, राजनीति की किताब : रजनी कोठारी का कृतित्व, सत्ता और समाज : धीरूभाई शेठ का कृतित्व

अनूदित कृतियाँ :
भारतनामा (द आइडिया ऑफ़ इण्डिया), भारत के मध्यवर्ग की अजीब दास्तान (द ग्रेट इण्डियन मिडिल क्लास), जिन्ना : मुहम्मद अली से क़ायद-ए-आज़म तक (मुहम्मद अली जिन्ना), राष्ट्रवाद का अयोध्या कांड (द रामजन्मभूमि आंदोलन ऐंड द फ़ियर ऑफ़ सेल्फ़), देशभक्ति बनाम राष्ट्रवाद (रवींद्रनाथ टैगोर ऐंड पॉलिटिक्स ऑफ़ सेल्फ़), अंतरंगता का स्वप्न : भारतीय समाज में प्रेम और सेक्स (द इंटीमेट रिलेशंस), कामसूत्र से 'कामसूत्र' तक : आधुनिक भारत में सेक्शुअलिटी के सरोकार (अ क्वेश्चन ऑफ़ साइलेंस ?)

1

हिंदी की हैसियत

राज-भाषा / राष्ट्र-भाषा : सरकारी / सामाजिक

हमने जो किया है उससे ज़्यादा अक्लमंदी का फ़ैसला हो ही नहीं सकता था। मुझे बहुत अच्छा लग रहा है। मुझे खुशी है और उम्मीद करता हूँ कि आने वाला वक़्त इसके लिए हमारी पीठ थपथपाएगा। ... (एक समान भाषा) ऐसे एक और सूत्र की रचना करेगी जो (पूरे देश को) एक सिरे से दूसरे सिरे तक एकता में बाँध देगा।

— राजेंद्र प्रसाद

संविधान सभा के सभापति द्वारा हिंदी को राज-भाषा बनाने पर व्यक्त उद्‌गार[1]

चौदह साल की स्वाति रमणन ने कोई छह महीने पहले प्रेमचंद की पहली कहानी 'ईदगाह' पढ़ी थी। वह कहती है कि मैं अब उनकी एक और कहानी पढ़ रही हूँ 'बड़े भाई साहब'। वह कोडम्बक्कम, चेन्नई की एक ऊँची इमारत के सातवें माले पर रहती है।... उसके कमरे की दीवार पर ऊनी नमदे के हरे बोर्ड पर टँकी पर्चियों को नज़दीक से देखने पर ताज्जुब होता है। इन्हीं में से एक पर्ची पर कबीर का एक दोहा हिंदी में लिखा हुआ है ...[2]

भारतीय आधुनिकता के सर्वाधिक द्वैधग्रस्त इलाक़ों में से एक वह है जिसमें हिंदी की हैसियत तय होती है। यह एक ख़ास तरह का द्वैध है जो आधुनिकता और परम्परा के बीच अक्सर होती रहने वाली अन्योन्यक्रिया की देन नहीं है। परम्परा

---

[1] *डिबेट्स ऑफ़ कांस्टीटुएंट एसेम्बली,* 34 : 1490-1, उद्‌धृत, ग्रेनविले ऑस्टिन, 'लैंग्वेज ऐंड द कांस्टीट्यूशन : द हाफ-हार्टिड कम्प्रोमाइज़', संकलित : आशा सारंगी (सम्पा.)(2009), *लैंग्वेज ऐंड पॉलिटिक्स इन इण्डिया,* ऑक्सफ़र्ड युनिवर्सिटी प्रेस, नयी दिल्ली : 41-92.

[2] वी. शोभा (2011), 'चेन्नई सेज़ इट इन हिंदी', *आई, द इण्डियन एक्सप्रेस,* रविवारीय पत्रिका, नयी दिल्ली, 14-20 अगस्त : 4-6.

की भूमिका तो इसमें न के बराबर ही है। आधुनिकता के भीतर चलने वाली व्यावहारिक प्रक्रियाओं, संघर्षों और समझौतों ने मिल-जुल कर इसे बनाया है। यह आधुनिकता की भारतीय राजनीति और उसके एक भाषाई घटक का द्वंद्व है। इसे भारत की भाषाई आधुनिकता का नाम दिया जा सकता है जो युरोप की भाषाई आधुनिकता से भिन्न है। दोनों आधुनिकताओं का यह फ़र्क़ हिंदी की द्वैधग्रस्त हैसियत के आईने में सबसे ज़्यादा साफ़ दिखाई दे सकता है। युरोपीय संकल्पना की बुनियाद में एकभाषिता का आदर्श है, बावजूद इसके कि युरोपीय महाद्वीप के लगभग सभी देश अपनी बुनियादी संरचना में बहुभाषी रहे हैं।[3] युरोपीय भाषाशास्त्रियों की नज़र में बहुभाषिता का मतलब है अ-विकास और भाषाई समरूपता का पर्याय है विकास। द्विभाषिता और बहुभाषिता अगर है भी, तो इस विचार के मुताबिक़ उसे संक्रमणकालीन भूमिका निभाते हुए अंततः उसे एकभाषिता में ही तब्दील होना होगा।[4] भारत में भी एक भाषा-एक राष्ट्र के विचार की पैरोकारी करने वालों की कमी न आज है, न पहले थी, लेकिन तीखे भाषाई विवादों और बहसों के बाद बनी भारतीय आधुनिकता की भाषाई संरचना के संवैधानिक और राजनीतिक पहलुओं पर यह युरोपीय विचार कोशिश करने के बाद भी कभी हावी नहीं हो पाया। भाषाई विविधता को विकास का विलोम नहीं माना गया। उपनिवेशवाद विरोधी संघर्ष की प्रक्रिया में जो राष्ट्र-भाषा कल्पित हुई उसका मक़सद मुख्यतः एक अत्यंत बहुभाषी परिस्थिति के भीतर सम्पर्क-भाषा विकसित करना था। यह राष्ट्र-भाषा फ्रांस, संयुक्त राज्य अमेरिका या ग्रेट ब्रिटेन की तरह विविध भाषाई पहचानों के ऊपर आरोपित नहीं की जानी थी। आज़ादी मिलने

---

[3] युरोपीय महाद्वीप ही नहीं, बहुभाषिता एक ऐसी परिघटना है जो सारी दुनिया में व्याप्त है. विश्व में कोई दो सौ राष्ट्र होंगे जिनमें मोटे तौर पर 6,800 भाषाएँ हैं. ज़ाहिर है कि इन सभी भाषाओं को राज-भाषा या राष्ट्र-भाषा का दर्जा प्राप्त नहीं हो सकता. 'एक भाषा-एक राष्ट्र' के आग्रह के तहत फ्रांस में लोग फ्रेंच बरतने के लिए बाध्य हैं, पर सभी लोगों की वह पहली भाषा नहीं है. फ्रांस के बहुत से क्षेत्रों में लोग बचपन में मातृभाषा के रूप में अल्सेशियन जर्मन, डच, ब्रेटन, बेस्क, कैटलन, ऑक्सिटन अथवा कोरसिकन सीखते हैं. फ्रेंच का ज्ञान उन्हें औपचारिक शिक्षा प्राप्त करने के दौरान ही मिलता है. स्पेन में भी स्पेनिश के साथ-साथ गैलिसियन, बेस्क और कैटलन भाषाएँ हैं; जर्मनी में फ्रिज़ियन और वेंडिश है; अमेरिका में अंग्रेजी के साथ-साथ दूसरे देशों से आये लोगों की भाषाएँ तो हैं ही, नैवाहो, होपी, लाकोटा और दर्जनों देशज भाषाएँ भी हैं. रूस और चीन में सौ से ज़्यादा अल्पसंख्यक भाषाएँ हैं. बहुभाषिता के भूमण्डलीय विन्यास के लिए देखें : एस. रोमेन, 'लैंग्वेज पॉलिसी इन मल्टीलिंगुअल कांटेक्स्ट्स, जेकब मे (सम्पा.)(2009), *कंसाइज़ इनसाइक्लोपीडिया ऑफ़ प्रैगमेटिक्स*, एल्सेवियर, ऑक्सफ़र्ड युनिवर्सिटी प्रेस, दूसरा संस्करण : 466-479.

[4] भाषाशास्त्र में एकभाषिता और बहुभाषिता के बीच की यह बहस 'मोनिज़म' बनाम 'प्लूरिज़म' के रूप में प्रचलित है. जोनाथन पूल, 'नैशनल डिवेलपमेंट ऐंड लैंग्वेज डायवर्सिटी', जोशुआ ए. फ़िशमैन (सम्पा.), *एडवांसेज़ इन सोशियोलॅजी ऑफ़ लैंग्वेज*, द हेग : मौटन : 213-30.

पर इसी संकल्पना के भीतर से संविधान के ज़रिये राज–भाषा निकालने की कोशिश की गयी। जिस तरह राष्ट्र–भाषा की बुनियाद में अन्य भाषाई संस्कृतियों का निषेध कल्पित नहीं किया गया था, उसी तरह यह राज–भाषा भी अन्य भाषाई संस्कृतियों से उपजी राज–भाषाओं का नकार नहीं थी। युरोप के मुक़ाबले भारत में भाषाई आधुनिकता की दूसरी पेचीदगी यह थी कि यहाँ के उत्तर–औपनिवेशिक राज्य ने राज–भाषा की संरचना की ज़िम्मेदारी उठाई और उसके लिए भाषा–नियोजन भी चलाया, पर राष्ट्र–भाषा की रचना का उत्तरदायित्व लेने के नाम पर उसका संविधान ख़ामोश रहा। नतीजतन, भाषा एक होने के बावजूद उसके दो सेक्टर बन गये, और आज तक बने हुए हैं। इस अनूठे बंदोबस्त के कारण ही जो माना जाता है वह है नहीं, और जो है उसे माना नहीं जाता। हिंदी भारतीय संघ की राज–भाषा है, लेकिन उसकी सामाजिक छवि ग़ैर–हिंदीभाषी इलाक़ों में भी राष्ट्र–भाषा की ही है। दूसरी तरफ़ राज–भाषा भी वह केवल नाम के लिए ही है, व्यावहारिक रूप से केंद्र सरकार का राजकाज 'एसोसिएट ऑफ़िशियल लैंग्वेज' अंग्रेज़ी में किया जाता है।

उत्तर–औपनिवेशिक भारत में कहने और मानने का यह द्वैध क्यों पैदा हुआ? 14 सितम्बर, 1949 को संविधान ने राज–भाषा प्रावधान पारित किया था।[5] संविधान सभा के सभापति डॉ. राजेंद्र प्रसाद द्वारा उस मौके पर व्यक्त की गयी उद्भावनाओं का तात्पर्य–निरूपण अगर सभा में भाषाई प्रश्न पर हुई लम्बी और पेचीदा बहस की रोशनी में किया जाए तो ऐसा लगता है कि संविधान–निर्माता

[5] संविधान के सत्रहवें हिस्से में दर्ज अनुच्छेद 341 से 351 तक भाषा के बारे में हैं. अनुच्छेद 343 के अनुसार भारतीय संघ की अधिकारिक भाषा देवनागरी लिपि में लिखी गयी हिंदी में होगी. इसके बाद वाले अनुच्छेद के अनुसार राष्ट्रपति को संविधान लागू होने के पाँच साल बाद और फिर हर दस वर्ष बाद एक आयोग का गठन करना होगा जो उन्हें राज–भाषा हिंदी के बारे में प्रगति की जानकारी और उसे और आगे बढ़ाने के लिए सुझाव भी देगा. अनुच्छेद 345 और 346 राज्यों को अधिकार देता है कि वे राज–भाषा अधिनियम पारित करके किसी भी भाषा या एक से अधिक भाषाओं को किसी ख़ास काम के लिए या सभी सरकारी कामों के लिए इस्तेमाल कर सकते हैं. इस क़ानून के तहत केवल वही भाषा ही अपनायी जा सकती है जिसे राज्य के कम से कम पंद्रह फ़ीसदी लोग बरतते हों. इस लिहाज़ से नगालैण्ड और कुछ केंद्र शासित प्रदेशों ने अंग्रेज़ी को अपनी राज–भाषा घोषित कर रखा है. यह प्रावधान कहता है कि किसी भी राज्य में संविधान पारित होने के ठीक पहले अंग्रेज़ी जिन राजकीय कामों के लिए इस्तेमाल की जा रही थी, उस समय तक इस्तेमाल होती रहेगी जब तक कि क़ानून के ज़रिये ही उसे ऐसा करने से न रोक दिया जाए. अनुच्छेद 346 यह भी कहता है कि दो या दो से अधिक राज्य तय कर सकते हैं कि उनके बीच होने वाला सम्पर्क–संवाद हिंदी में होगा. अनुच्छेद 347 के अनुसार अगर राष्ट्रपति को लगता है और वे संतुष्ट हैं कि किसी राज्य की आबादी का पर्याप्त अंश कोई एक भाषा बरतता है तो वे उसे राज्य की राज–भाषा घोषित करने का निर्देश दे सकते हैं. अनुच्छेद 350(ए) किसी भी भाषाई अल्पसंख्यक समुदाय के बच्चों को उनकी मातृभाषा में प्राथमिक शिक्षा का अधिकार देता है. संविधान में अनुच्छेद 29 के ज़रिये अल्पसंख्यकों को अपनी भाषाओं और संस्कृतियों की संरक्षा का अधिकार मिला हुआ है. अनुच्छेद 351 भारतीय संघ का दायित्व निश्चित करता है और उस प्रक्रिया का प्रावधान करता है जिसके तहत हिंदी को देश की सामासिक संस्कृति के सभी तत्त्वों की अभिव्यक्ति का माध्यम बनना है.

न केवल नवोदित सत्तारूढ़ अभिजन को सम्बोधित कर रहे थे, बल्कि उनकी बातों में भारतीय समाज से एक ख़ामोश अपील भी निहित थी। अगर ऐसा न होता तो वे 'राज-भाषा' हिंदी को 'भारत की सामासिक संस्कृति के सब तत्त्वों की अभिव्यक्ति का माध्यम' अर्थात् एक अत्यंत बहुभाषी राष्ट्र की प्रतिनिधि भाषा और इस प्रकार पूरे देश को एक सिरे से दूसरे सिरे तक एकता में बाँध देने वाले 'ऐसे एक और सूत्र' की रचना करने का आग्रह क्यों करते?[6] मुखर और मौन के इस अपरिभाषित समीकरण में एक संदेश यह भी पढ़ा जा सकता है कि संविधान के भाषा-प्रावधानों में हिंदी को उसकी घोषित हैसियत के साथ-साथ एक अघोषित हैसियत भी प्रदान की गयी थी। संवैधानिक परियोजना की अंतर्वस्तु केवल सरकारी नहीं, सामाजिक भी थी। इसीलिए हिंदी एक डबल सेक्टर लैंग्वेज बनती चली गयी।

हिंदी से संबंधित अधिकतर अनुसंधान-प्रयास इस इकहरी परियोजना के दुहरेपन पर एक साथ ग़ौर करने में नाकाम रहे हैं। ज़्यादातर रिसर्च और टीका-टिप्पणियाँ उसके सरकारी रूप पर ही केंद्रित रहती हैं। थोड़ा-बहुत सामाजिक

[6] प्राक्-आधुनिक राज्यों को, चाहे वे विशाल साम्राज्य ही क्यों न हों, राष्ट्र-भाषा की आवश्यकता नहीं होती थी. उन राज्यों में भौगोलिक और सांस्कृतिक एकता हासिल करने की प्रौद्योगिकी मुख्यतः प्रभुत्व आधारित थी. इसलिए इन के पास शासन के संचालन के लिए केवल एक राज-भाषा होना पर्याप्त था. उन्हें अपनी प्रतीकात्मक प्रामाणिकता राजा या सम्राट की हस्ती में मिल जाती थी. लेकिन, राजशाहियाँ कमज़ोर होने के बाद उभरे आधुनिक राज्यों में यह एकता वर्चस्व और प्रभुत्व की मिली-जुली प्रौद्योगिकी से स्थापित की जाती है. प्रभुत्व प्रशासनिक सुसंगतीकरण के ज़रिये स्थापित किया जाता है और वर्चस्व सांस्कृतिक एकजुटता के माध्यम से. राज-भाषा प्रशासनिक सुसंगतीकरण के लिए ज़रुरी है. इसे जोशुआ फ़िशमैन ने राष्ट्रता (नेशनिज़म) की संज्ञा दी है. राष्ट्र-भाषा सांस्कृतिक वर्चस्व के लिए ज़रूरी मानी जाती है. फ़िशमैन ने इसे राष्ट्रवाद (नैशनलिज़म) क़रार दिया है. यहीं प्रश्न उठता है कि इस नेशनज़िम और नैशनलिज़म के लिए दो भाषाएँ लाज़िमी हैं या सिर्फ़ एक भाषा की जरूरत है? आदर्श स्थिति यही मानी जाती है कि एक ही भाषा दोनों काम करे. प्राक्-औपनिवेशिक हालात में यह आदर्श स्थिति कड़ाई से किये गये भाषा-नियोजन से उपलब्ध की जा सकी. इसके उदाहरण फ्रांस, स्पेन और नीदरलैण्ड के साथ-साथ कई पश्चिमी देश हैं. इंग्लैण्ड में लैटिन और फ्रेंच का इस्तेमाल करने वालों से आर्थिक जुर्माना वसूला जाता था ताकि अंग्रेज़ी को प्रोत्साहन मिले. युजेन वेबर की मशहूर रचना *पीज़ेंट्स एज़ फ्रेंचमेन* बताती है कि फ्रेंच को अनिवार्य राष्ट्र-भाषा कैसे बनाया गया. लेकिन उत्तर-औपनिवेशिक परिस्थितियाँ इस तरह के भाषा-नियोजन के अनुकूल नहीं थीं. भारतीय परिस्थितियों में सामासिकता को राष्ट्रीय एकता की गारंटी माना जाता है. पहली नज़र में सामासिकता सह-अस्तित्व से बेहतर प्रतीत होती है, लेकिन इसकी प्रकृति विवादास्पद है. क्या सामासिकता के सभी घटक आपस में बराबर होते हैं? क्या सामासिकता किसी एक घटक की छत्रछाया में उपलब्ध की जाती है? क्या सामासिकता छोटी पहचानों के आत्मसातीकरण का ख़तरा पैदा करती है? समाज-विज्ञान में सामासिकता से संबंधित प्रश्नों पर भारतीय संदर्भ में बहुत कम विचार किया गया है. जो भी हो, सामासिकता एक सांस्कृतिक प्रत्यय है और संविधान ने इसे उपलब्ध करने की ज़िम्मेदारी राज-भाषा हिंदी पर डाली है. इससे प्रतीत होता है कि संविधान-निर्माता राज-भाषा को ही राष्ट्र-भाषा की नज़रों से देख रहे थे.

पहलुओं का भी अध्ययन किया जाता है, पर या तो उन्हें भाषा के विकास और विस्तार का एकमात्र कारक मान लिया जाता है या फिर भाषा की गुणवत्ता के लिए खतरे के रूप में देखा जाता है। दूसरी तरफ़ अधिकतर भाषा-चिंतन करने वाले विद्वानों ने इन दोनों को एक-दूसरे का पर्यायवाची मान लिया है। एक प्रमुख राजनीतिशास्त्री ने 'ऑफ़ीशियल ऑर नैशनल' जैसी अभिव्यक्ति का प्रयोग किया है, और भारत की भाषा-समस्या पर उल्लेखनीय अनुसंधान करने वाले एक भाषाशास्त्री ने तो अपनी एक चर्चित रचना के शीर्षक में ही हिंदी के लिए 'नैशनल लैंग्वेज' अभिव्यक्ति का इस्तेमाल किया है।[7] दरअसल, राज-भाषा और राष्ट्र-भाषा को एक ही मानने के इसी चक्कर में हिंदी के दोहरेपन का इकहरापन और इकहरेपन का दोहरापन पकड़ में नहीं आता।

राज-भाषा का मतलब साफ़ तौर पर भारतीय संघ के सरकारी कामकाज और इसी मक़सद से राज्यों के बीच सम्पर्क-संवाद की भाषा है। यह हिंदी की परियोजना का सरकारी पक्ष है। लेकिन जब हम हिंदी को राष्ट्र-भाषा कहते हैं तो उसका मतलब एक ऐसी अनूठी और सर्वभारतीय सम्पर्क-भाषा से होता है जो विभिन्न संस्कृतियों के आर-पार सम्पर्क-भाषा की भूमिका निभा सके, देश के एक बड़े हिस्से में रोज़मर्रा की बोलचाल की भाषा भी हो, मनोरंजन और समाचार के माध्यमों की भाषा होने के साथ-साथ बौद्धिक-राजनीतिक विमर्श की भाषा भी बने। यह हिंदी की परियोजना का सामाजिक पक्ष है। संविधान ने भारतीय संघ को राज-भाषा बनाने के नाम पर जो निर्देश दिये हैं, उनका मक़सद हिंदी में इसी तरह की बहुमुखी क्षमता पैदा करना है। इन्हीं उद्देश्यों की पूर्ति के लिए गाँधी ने एक पाँच सूत्रीय फ़ारमूला दिया था। इसके अनुसार ऐसी भाषा वह होगी जिसे सरकारी अधिकारी आसानी से सीख सकें, जो पूरे भारत में धार्मिक, आर्थिक और राजनीतिक अन्योन्यक्रिया का आपसी माध्यम बनने में सक्षम हो,

---

[7] सुदीप्त कविराज (2009), 'राइटिंग, स्पीकिंग, बीइंग : लैंग्वेज ऐंड द हिस्टोरिकल फ़ॉर्मेशन ऑफ़ आइडेंटिटीज़ इन इण्डिया', आशा सारंगी (सम्पा.), *लैंग्वेज ऐंड पॉलिटिक्स इन इण्डिया*, ऑक्सफ़र्ड युनिवर्सिटी प्रेस, नयी दिल्ली : 312-350; और हंस आर. दुआ (1993), 'द नैशनल लैंग्वेज ऐंड द एक्स-कोलोनियल लैंग्वेज एज़ राइवल्ज़ : द केस ऑफ़ इण्डिया', *इंटरनेशनल पॉलिटिकल साइंस रिव्यू*, खण्ड 14, अंक 3, द इमरजेंट वर्ल्ड लैंग्वेज सिस्टम, जुलाई : पृष्ठ 293-308; मेरे लेख में इन दोनों विद्वानों का जहाँ भी ज़िक्र आया है, वह इन्हीं दोनों रचनाओं से संबंधित है. यहाँ यह स्पष्ट कर देना भी ज़रूरी है कि राष्ट्र-भाषा और राज-भाषा का फ़र्क़ हिंदी पर हिंदी में लिखने वाले विद्वानों के बीच कहीं ज़्यादा साफ़ है. इस स्पष्टता के लिए देखें डॉ. अमरनाथ (सम्पा.)(2006), *हिंदी भाषा का समाजशास्त्र*, कोलकाता, इस संकलन में रवींद्रनाथ श्रीवास्तव का लेख 'भाषा और सामाजिक अस्मिता' इसका बेहतरीन उदाहरण है. श्रीवास्तव जोशुआ फ़िशमैन का हवाला दिये बिना राज-भाषा के लिए राष्ट्रता और राष्ट्र-भाषा के लिए राष्ट्रवाद की अवधारणा का अलग-अलग ज़िक्र भी करते हैं.

भारतवासियों का बहुलांश जिसे बोलता हो, पूरा देश जिसे आसानी से सीख सके और जिसका चुनाव अस्थायी या चलताऊ दिलचस्पियों से परे जा कर किया जाए।[8] ध्यान रहे कि गाँधी ने यह फ़ारमूला 1917 में द्वितीय गुजरात शिक्षा सम्मेलन में राष्ट्र-भाषा के लक्षण बताते हुए दिया था। साथ में गाँधी का यह भी कहना था कि इनमें से एक भी लक्षण न तो अंग्रेज़ी भाषा में है, और न ही इस लिहाज़ से हिंदी की होड़ करने वाली कोई और नहीं है।

हालाँकि गाँधी के मुताबिक़ हिंदी सर्वलक्षणा थी, लेकिन उत्तर-औपनिवेशिक परिस्थितियों में इन पाँच कसौटियों पर ख़रा उतरना उसके लिए कितना मुश्किल था, इसका अंदाज़ा इस बात से लगाया जा सकता है कि राजनीतिक और सामाजिक भाषाशास्त्र ने विकासशील समाजों के उत्तर-औपनिवेशिक नज़ारे पर ग़ौर करते हुए अपने खाते में हिंदी का मसला टायप सी की श्रेणी में दर्ज कर रखा है। टायप ए की श्रेणी में वे देश आते हैं जिनके पास ऐसी कोई विराट भाषाई सांस्कृतिक परम्परा या अतीत नहीं है जो उन्हें आधुनिक राष्ट्र-राज्य के रूप में एकताबद्ध रख सके। ऐसे देशों की छोटी-छोटी लघु भाषाई परम्पराएँ स्थानीय स्तर पर सम्पर्क की भूमिका निभाती रहती हैं, और राष्ट्रीय भूमिका निभाने की ज़िम्मेदारी किसी पश्चिमी भाषा (जैसे, अंग्रेज़ी, फ्रेंच या स्पेनिश) को दे दी जाती है। इन देशों की हुकूमत और सांस्कृतिक संरचनाओं पर क़ाबिज़ दोनों तरह के प्रभु-वर्ग, राष्ट्रीय और क्षेत्रीय, इस बंदोबस्त को न केवल स्वीकार कर लेते हैं बल्कि मोटे तौर उसी को श्रेयस्कर मान कर चलते हैं। टायप बी की श्रेणी में वे देश आते हैं जिनके पास एक विराट भाषिक और सांस्कृतिक अतीत की विरासत है। इन देशों के प्रभु-वर्ग की आत्म-छवि कुछ इसी प्रकार की है। इसलिए वे अपनी आधुनिकता के विन्यास के लिए किसी पश्चिमी भाषा की उपस्थिति न केवल अनावश्यक मानते हैं, बल्कि इससे उन्हें सांस्कृतिक ठेस भी लगती है। यह प्रभु-वर्ग अपनी भाषिक विविधता के ऊपर लगभग बिना किसी विवाद के राष्ट्रीय एकता-अखण्डता के स्थायी प्रतीक के रूप में अपनी मिट्टी से ही उपजी कोई एक भाषा आरोपित करने में कामयाब रहता है। इस मामले में उसके क्षेत्रीय और राष्ट्रीय अभिजन में सम्पूर्ण एकता होती है। टायप सी की श्रेणी में वे देश हैं

---

[8] उद्धृत : ज्योतिरिंद्र दास गुप्ता (1970), *लैंग्वेज कांफ़्लिक्ट ऐंड नैशनल डिवेलपमेंट*, युनिवर्सिटी ऑफ़ कैलिफ़ोर्निया प्रेस, बर्कले और लॉस एंजेलस : 109; विनय कंठ (2000), 'हिंदी निर्माण और राष्ट्र की अवधारणा', पुरुषोत्तम अग्रवाल और संजय कुमार (सम्पा.), *हिंदी नयी चाल में ढली : एक पुनर्विचार*, देशकाल प्रकाशन, नयी दिल्ली : 16-26.

जो किसी एक विराट भाषिक और सांस्कृतिक परम्परा के बजाय ऐसी कई बड़ी-बड़ी परम्पराओं और विरासतों से सम्पन्न हैं।[9] जोशुआ फ़िशमैन ने टायप सी देशों के बारे में अवधारणात्मक विश्लेषण करते हुए लिखा है :

> टायप सी की श्रेणी से संबंधित निर्णय लेने वाले देशों ... में राष्ट्रवाद सुविकसित तो अवश्य होता है, लेकिन एक परिघटना के तौर पर उसकी प्रकृति क्षेत्रीय परम्परा से अर्थात् उपराष्ट्रीयता से जुड़ती है। चाहे धार्मिक एकता का सवाल हो, या राजनीतिक अथवा आर्थिक एकजुटता का, कई देशों के अभिजन इस हक़ीक़त से वाक़िफ़ हैं। ... राष्ट्र-निर्माण के लिए भाषा चुनते समय सी श्रेणी से जुड़े फ़ैसले लेते समय क्षेत्रीय स्तर पर पेचीदगी का स्तर बी श्रेणी से ज़्यादा नहीं होता, क्योंकि बड़ी-बड़ी क्षेत्रीय परम्पराओं के पास अपनी भाषाएँ होती ही हैं। जटिलता तब पैदा होती है जब फ़ैसले राष्ट्रीय पैमाने को ध्यान में रख कर किये जाते हैं। कारण यह है कि राष्ट्र-भाषा के लिए किसी एक देशी भाषा को उम्मीदवार बनाते ही राष्ट्रीय मामलों के प्रबंधन में उसके मूल-भाषियों को दूसरों के मुक़ाबले नाजायज़ फ़ायदा मिलता दिखने लगता है। किसी पक्ष को ऐसा एकतरफ़ा लाभ न मिलने देने और राष्ट्र-भाषा की दावेदारियाँ करने वालों के बीच लगातार होने वाली होड़ से बचने के लिए राष्ट्रीय स्तर पर व्यापक संचार सुलभ कराने वाली एक विदेशी भाषा या तो क़ानूनी रूप से चुन ली जाती है या व्यावहारिक रूप से सहायक-सरकारी भाषा के तौर पर उसका इस्तेमाल शुरू कर दिया जाता है (कभी-कभी उसे देशी जड़ों वाली राष्ट्र-भाषा के साथ जोड़ दिया जाता है, जबकि असलियत में राष्ट्र-भाषा का इस्तेमाल उसके प्रकट अभिभावक बहुत कम ही करते हैं)। ... लेकिन ... सी श्रेणी के फ़ैसलों के लिए क्षेत्रीय स्तर पर होने वाला सामाजिक-सांस्कृतिक और राजनीतिक-कार्यगत एकीकरण बेहद अहम और ऊर्जावान साबित होता है। परिणामस्वरूप क्षेत्रीय स्तर पर मान्यता प्राप्त प्रत्येक राज-भाषा अपने क्षेत्रीय शासकीय, शैक्षिक, प्रौद्योगिकीय और आधुनिक सांस्कृतिक उद्देश्यों की प्राप्ति के लिए आधुनिकीकरण की ज़रूरत महसूस करती है। ... इसका मतलब यह नहीं है कि सी श्रेणी के देशों में राष्ट्रीय स्तर पर कोई भाषा-नियोजन नहीं होता। राष्ट्र का कामकाज चलाने वाले अधिकारियों को अक्सर व्यापक संचार सुलभ कराने वाली सहायक-सरकारी भाषा और और देशी जड़ों वाली राष्ट्र-भाषा को नियोजन की प्रक्रिया से गुज़ारने की नाजुक ज़िम्मेदारी उठानी पड़ती है। दोनों ही भाषाओं का विरोध करने वाले किसी न किसी क्षेत्र में मौजूद रहते ही हैं। ... क्षेत्रीय स्तर पर

[9] उत्तर-औपनिवेशिक संदर्भ में राष्ट्रों की भाषा-समस्या का यह विश्लेषण करने का श्रेय चार्ल्स ए. फ़रग्युसन, जोशुआ ए. फ़िशमैन, ज्योतिरिंद्र दासगुप्ता, जोआन रूबिन और बोर्न जेरनड को दिया जाता है. साठ के दशक में विकसित हुए इस रवैये के तहत इन भाषाशास्त्रियों ने ए श्रेणी में अफ़्रीका के कैमरून, घाना और गाम्बिया जैसे देशों को रखा था. बी श्रेणी में फ़िलीपीन, इंडोनेशिया, तंज़ानिया, इज़रायल, थाइलैण्ड, सोमालिया और इथियोपिया को जगह दी गयी थी. सी श्रेणी में भारत, पाकिस्तान, श्रीलंका और मलेशिया रखे गये थे. देखें : चार्ल्स ए. फ़रग्युसन, दासगुप्ता और फ़िशमैन (सम्पा.) (1968), *लेंग्वेज प्रॉब्लम्स ऑफ़ डिवेलपिंग नेशंस*, जॉन विली, न्यूयार्क.

भविष्य के आदर्श नागरिक से न्यूनतम द्विभाषी होने की अपेक्षा तो होती ही है। राष्ट्रीय परिप्रेक्ष्य में भी देशी जड़ों वाली राष्ट्र-भाषा और व्यापक संचार सुलभ कराने वाली विदेशी भाषा बरत सकने वाली द्विभाषिता अक्सर स्वाभाविक और वांछित मानी जाती है। इस प्रकार सी श्रेणी के देशों का आदर्श नागरिक बहुभाषी के रूप में देखा जाता है जो अपने प्रयोग की भाषाओं से सुपरिभाषित क़िस्म के अलग-अलग काम लेता है।[10]

ये बातें फ़िशमैन ने साठ के दशक के उत्तरार्ध में अफ़्रीका में हुए एक सेमिनार में कही थीं। यह वही दौर था जब भारत में भाषाई पहचानों के आधार पर राज्यों का पुनर्गठन दो किश्तों में सम्पन्न हो चुका था और संविधान के निर्देशों के बावजूद सहायक-सरकारी भाषा के रूप में अंग्रेज़ी जारी रखने की मजबूरी के सामने भारतीय राज्य ने हथियार डाल दिये थे। मद्रास राज्य के तमिलभाषी अंग्रेज़ी की जगह हिंदी को एकमात्र राज-भाषा बनाने के ख़िलाफ़ हिंसा और आग़ज़नी से भरा एक लम्बा आंदोलन कर चुके थे। इसी के साथ-साथ उत्तर भारत की सड़कों पर समाजवादियों के नेतृत्व में युवकों और छात्रों द्वारा अंग्रेज़ी के उन्मूलन की आक्रामक माँग की जा चुकी थी। साठ के दशक की शुरुआत में ही सूत्रबद्ध हुए त्रिभाषा सूत्र को इस भाषाई राजनीति से उपजने वाले तनावों से बचने के लिए सरकारी नीति की शक्ल दे दी गयी थी। 1968 के संशोधित राज-भाषा क़ानून के तहत अंग्रेज़ी को सहयोगी राज-भाषा[11] के पद से हटाने और हिंदी को भारतीय संघ की वास्तविक राज-भाषा बनाने की सम्भावनाएँ काफ़ी कमज़ोर हो चुकी थीं।

---

[10] जोशुआ ए. फ़िशमैन (1969), 'नैशनल लेंग्वेजिज़ ऐंड लेंग्वेजिज़ ऑफ़ वायडर कम्युनिकेश इन डिवेलपिंग नेशंस', *एंथ्रोपोलॅजीकल लिंग्विस्टिक्स*, खण्ड 11, अंक 4, अप्रैल : 111-135.

[11] संवैधानिक प्रावधानों के मुताबिक़ अंग्रेज़ी को पंद्रह साल बाद यानी 1965 में सहयोगी राज-भाषा के पद से हटा दिया जाना था. इसके अनपेक्षित परिणाम निकले. अंग्रेज़ी हटाना हिंदी थोपने का पर्याय समझा गया. इस प्रवृत्ति के उदाहरण नब्बे के दशक तक देखे जा सकते हैं. सुदीप्त कविराज ने आरोप लगाया है कि चार हिंदी प्रांतों के मुख्यमंत्री चाहते हैं कि राज-काज में जो विशेष लाभ अंग्रेज़ीभाषियों को मिलता है, वह हिंदीभाषियों को मिले. यह एक आधारहीन और मनगढ़ंत आरोप है. किसी मुख्यमंत्री ने ऐसा कोई वक्तव्य नहीं दिया जिसका ऐसा मतलब निकाला जा सके. हिंदी को अपने राज्यों के कामकाज की भाषा बनाने और हिंदी में दूसरे राज्यों से संवाद करने का आग्रह ही नया आग्रह था. प्रशासनिक सेवाओं की परीक्षा में हिंदी और अन्य भारतीय भाषाओं का आगमन तो 1979 में ही हो चुका था. हिंदी राज्यों पर भाषाई उग्रवाद का आरोप लगाने से पहले सुदीप्त कविराज को यह देखना चाहिए कि बंगाल में आज तक रायटर्स बिल्डिंग में सरकारी कामकाज अंग्रेज़ी में क्यों होता है, हालाँकि इस राज्य ने बांग्ला को अपनी राज-भाषा घोषित कर रखा है. अपनी भाषा से बेहद प्रेम करने का दावा करने वाले बंगाली बुद्धिजीवी इस हक़ीक़त का पता लगाने की कोशिश कभी नहीं करते कि उनकी राज्य सरकार ने बंगाली को केवल पंचायत स्तर तक ही सीमित क्यों रखा है. इस अनर्गल आरोप के लिए देखें, सुदीप्त कविराज, वही.

भाषाशास्त्रियों के खाते में आज चालीस साल बाद भी भारत टायप सी की श्रेणी में आने वाले देश के रूप में दर्ज है। लेकिन साठ के दशक के मुक़ाबले उसकी परिस्थितियों में काफ़ी परिवर्तन आ चुका है। राज्यों के पुनर्गठन का सिलसिला अभी ख़त्म नहीं हुआ है, लेकिन अब नये राज्य वैकासिक तर्क के आधार पर गठित हो रहे हैं। अंग्रेज़ी हटाने के लिए न कोई आंदोलन है और न ही कोई नीति है, इसलिए 'हिंदी थोपने' के ख़िलाफ़ कहीं संघर्ष भी नहीं हो रहा है। प्राइवेट स्कूल तो पहले से ही अंग्रेज़ी माध्यम से शिक्षा देते रहे थे, अब तो ज्ञान आयोग[12] ने सिफ़ारिश कर दी है कि सरकारी स्कूलों में भी अंग्रेज़ी की शिक्षा दर्जा एक से ही दी जानी चाहिए। शिक्षा का विषय राज्यों के दायरे में आता है, इसलिए राज्य सरकारें अपनी सुविधा के मुताबिक़ एक-एक करके इस सिफ़ारिश पर अमल की तरफ़ जा रही हैं। किसी राज्य ने इस सिफ़ारिश का विरोध किया हो, इसका कोई संकेत नहीं मिलता। हालाँकि ज्ञान आयोग ने दर्जा एक से अंग्रेज़ी को शिक्षा का माध्यम बनाने की सिफ़ारिश नहीं की है, पर कुछ राज्य सरकारों ने अति-उत्साह में सरकारी क्षेत्र में भी अंग्रेज़ी माध्यम के स्कूल खोलने का सिलसिला प्रारम्भ कर दिया है। अंग्रेज़ी न केवल केंद्रीय सरकार के कामकाज की प्रथम भाषा है, बल्कि पिछले बीस वर्षों में अनाप-शनाप तेज़ी से फैले उद्योग-व्यापार जगत की भी पहली भाषा के रूप में स्थापित हो चुकी है। ज्ञान-विज्ञान की प्रमुख भाषा तो वह पहले से ही थी। संविधान की आठवीं अनुसूची[13] का अंग न होने के बावजूद अंग्रेज़ी को विदेशी जड़ों वाली एक भारतीय भाषा की संज्ञा देने वालों की संख्या लगातार बढ़ती जा रही है।

लेकिन, हालात का एक दूसरा पहलू भी है। कश्मीर से कन्याकुमारी तक किसी से भी पूछिए, सब लोग यह तो मानेंगे कि अंग्रेज़ी का प्रसार बढ़ रहा है,

---

[12] ज्ञान आयोग संयुक्त प्रगतिशील गठबंधन की कांग्रेस-नीत सरकार द्वारा 2005 में एक थिंक टैंक के रूप में प्रधानमंत्री को सलाह देने के लिए गठित किया गया था. सैम पितरोदा की अध्यक्षता में बने इस आयोग के अन्य सदस्य थे अशोक गांगुली, नंदन नीलकेणि, दीपक नायर, जयति घोष, सुजाता रामदुरै, पी. बलराम और अमिताभ मट्टू. इसकी सिफ़ारिशों के सम्भावित फलितार्थों पर अभी तक गहराई से विचार नहीं किया गया है.

[13] आठवीं अनुसूची में संस्कृत, सिंधी, पंजाबी, कोंकणी, मणिपुरी, नेपाली, मलयालम, मराठी, गुजराती, असमिया, उर्दू, ओडिया, कन्नड़, तेलुगु, बंगाली, तमिल, हिंदी, नेपाली, काश्मीरी, डोगरी, मैथिली और संथाली शामिल हैं. मणिपुरी, नेपाली और कोंकणी 1992 में और डोगरी, मैथिली और संथाली 2004 में जोड़ी गयी हैं. संविधान सभा ने अंग्रेज़ी को इस सूची में शामिल करने का प्रस्ताव बिना किसी ख़ास विवाद के ख़ारिज कर दिया था. 1959 में अंग्रेज़ी को शामिल करने का प्रयास दोबारा हुआ, पर पहले की तरह उस समय भी नेहरू उसके पक्ष में नहीं थे.

लेकिन यह कहने की ज़ुर्रत कोई नहीं करेगा कि अंग्रेज़ी को ही राष्ट्र-भाषा घोषित कर दिया जाना चाहिए। भारत को राष्ट्र-भाषा की ज़रूरत है या नहीं इस प्रश्न पर विवाद करते लोग मिल जाएँगे, पर आम तौर से लोग यही कहते मिलेंगे कि हिंदी राष्ट्र-भाषा है, भले ही यह कहने वालों का मतलब एक सा न हो। कुछ लोग यह बात लगाव से कहेंगे, कुछ तिरस्कार और आलोचना-भाव से, कुछ इस अंदाज़ में जैसे कि कोई दूसरा लकब न होने के कारण वे इसे राष्ट्र-भाषा कहने के लिए मजबूर हैं, और कुछ इसलिए कि हिंदी राष्ट्र-भाषा भले ही न हो पर अगर वह चाहती तो बन सकती थी। अगर इसी अनौपचारिक पूछताछ को आम लोगों के साथ-साथ अपेक्षाकृत जानकार लोगों के दायरे में भी किया जाए, तो अंग्रेज़ी के बढ़ते महत्त्व और दायरे के बावजूद यह भी सुनने को मिलता है कि देश में अगर किसी भारतीय जड़ों वाली भाषा के भौगोलिक दायरे का प्रसार हुआ है तो वह हिंदी ही है। और, अगर अंग्रेज़ी को कोई भाषा 'मास्टर लैंग्वेज' बनने से रोक सकती है तो वह हिंदी ही है।

भारत की भाषाई आधुनिकता के इन दो चेहरों के अंतर्विरोध और विरोधाभास हमारे सामने सवाल पेश करते हैं कि क्या एक बहुभाषी उत्तर-औपनिवेशिक राष्ट्र में देशी जड़ों वाली किसी भाषा को राष्ट्र-भाषा और राज-भाषा बनाने की दोहरी परियोजना शुरू से ही विफलता के लिए अभिशप्त थी? अगर यह विफलता है, तो क्या सम्पूर्ण विफलता है? अगर नहीं तो इस विफलता में सफलता का प्रतिशत कितना है? चूँकि हमारी इस जाँच-पड़ताल की बुनियादी मान्यता यह है कि इस परियोजना का एक पक्ष सरकारी था और दूसरा सामाजिक, इसलिए हमारे सामने सवाल यह भी है कि इन दोनों पक्षों की निष्पत्तियों की अलग-अलग रूपरेखा कैसे बनाई जाए, और उन्हें एक इकहरे परिप्रेक्ष्य में रख कर कैसे देखा जाए।

यह काम सरल नहीं है, क्योंकि इसके साथ कई जटिल प्रश्न गुँथे हुए हैं। हिंदी की हैसियत लगातार द्वैधग्रस्त रखने की ज़िम्मेदारी किसकी है? उपनिवेशवाद विरोधी आंदोलन की, संविधान की, आज़ादी के बाद पनपे भारतीय राज्य की, अंग्रेज़ीदाँ प्रभु-वर्ग की या प्रभुवर्ग के एक अहम हिस्से की, ग़ैर-हिंदीभाषी क्षेत्रों द्वारा किये जाने वाले हिंदी विरोध की या फिर स्वयं हिंदी के व्यक्तिगत और संस्थाबद्ध पैरोकारों की या ख़ुद हिंदी-क्षेत्र में पिछले दिनों उभरने वाली नयी भाषाई पहचानों की? आख़िर अपने प्रावधानों के ज़रिये संविधान किस तरह के आदर्श भारतीय नागरिक की रचना करना चाहता था? उस नागरिक को एकभाषी होना था, द्विभाषी या फिर त्रिभाषी होना था? इसी से जुड़ा हुआ एक बेहद

महत्त्वपूर्ण अवधारणात्मक सवाल यह है कि राष्ट्र-भाषा से संबंधित भारतीय अवधारणा युरोपीय अवधारणा से किन मायनों में अलग है? हिंदी-विमर्श के इन स्वातंत्र्यपूर्व पहलुओं पर ग़ौर करना ज़रूरी है क्योंकि इन्होंने हमारे भाषागत राजनीतिक चिंतन के सार और लहज़े पर गहरा असर डाला है।

I

संविधान से पहले / 1925-1949

भारत की संविधान सभा जब नये भारत के लिए संविधान बनाने बैठी तो उसके ज़्यादातर सदस्य भाषा के प्रश्न को लेकर किसी भी तरह के अंदेशे के शिकार नहीं थे। उनकी बेफ़िक्री की वजह थी उपनिवेशवाद विरोधी आंदोलन के दौरान बनी भाषा संबंधी समझ। सभा के भीतर भाषाई प्रश्न आसानी से हल हो पाया या उसने परेशानियाँ पैदा कीं, इसका जायज़ा लेने से पहले उपनिवेशवाद विरोधी आंदोलन की भाषाई विरासत पर ग़ौर करना ज़रूरी है। इस विरासत के मुख्यतः दो आयाम थे : पहला, गाँधीजी के नेतृत्व में राष्ट्रीय नेतृत्व का यह विश्वास कि हिंदुस्तानी / हिंदी में राष्ट्र-भाषा बनने की तमाम सम्भावनाएँ हैं; और दूसरा, भाषाई आधार पर बनने वाले सूबों में क्षेत्रीय भाषाई संस्कृतियों को खुल कर पनपने देने का आग्रह। यह कोई अंतर्विरोधी विचार नहीं था। गाँधीजी के लिए राष्ट्र-भाषा का मतलब सबके लिए अनिवार्य कर दी जाने वाली भाषा नहीं थी। उनकी राष्ट्र-भाषा विभिन्न भाषाई संस्कृतियों के बीच सम्पर्क के माध्यम के रूप में उभरती थी। अंग्रेज़ी को सम्पर्क-भाषा के रूप में देखने के लिए वे तैयार नहीं थे :

> हम अपने विचार से अपने राष्ट्रीय जीवन में प्रादेशिक भाषाओं (वर्नाक्युलर्स) को उनका उचित स्थान दे रहे हैं। भाग्य राजा राममोहन राय की इस भविष्यवाणी का साथ नहीं दे रहा है कि भारत एक दिन अंग्रेज़ीभाषी देश हो जाएगा। लेकिन उस महान समाज-सुधारक का भूत अब भी कुछ लोगों पर सवार है। कुछ प्रसिद्ध आदमी बहुत जल्दी यह .फ़ैसला दे देते हैं कि राष्ट्र की सम्पर्क भाषा अंग्रेज़ी होगी।[14]

गाँधीजी और कांग्रेस को इस विचार तक पहुँचने में लम्बा वक़्त लगा था। 1915 में कांग्रेस के बम्बई अधिवेशन में आंध्र समर्थकों और 'हिंदी की तरफ़ झुके हुए आलाकमान' के बीच जम कर संघर्ष हुआ। यह जद्दोजहद अगले साल लखनऊ अधिवेशन में और फिर उसके अगले साल कलकत्ता अधिवेशन में भी

---

[14] गाँधी के हिंदी संबंधी विचारों के लिए देखें : एम.के. गाँधी (1950), *थॉट्स ऑन नैशनल लैंग्वेज*, नवजीवन पब्लिशिंग हाउस, अहमदाबाद : 17.

ज़ारी रही। उस समय तक गाँधी भाषाई आधार पर राज्यों की सीमाएँ निर्धारित करने के प्रस्ताव से पूरी तरह सहमत नहीं हो पा रहे थे, हालाँकि तिलक ने कलकत्ता में उसका समर्थन कर दिया था। 1920 के नागपुर अधिवेशन तक पहुँचते-पहुँचते कांग्रेस की हिचक ख़त्म हो पाई और उसने प्रांतों के भाषाई पुनर्वितरण को अपने राजनीतिक लक्ष्यों में शामिल कर लिया। इसके बाद बीस का पूरा दशक भाषाई आधार पर विकसित हो रही उपराष्ट्रीय चेतना के राजनीतिक गठजोड़ को उपनिवेशवाद विरोधी संघर्ष के हित में इस्तेमाल करते हुए उसे नयी मंज़िलों तक ले जाने का रहा जिसकी झलक कांग्रेस के अधिकारिक प्रस्तावों और 1928 की मोतीलाल नेहरू रपट में साफ़ तौर पर मिल सकती है।[15]

एक तरफ़ तो गाँधी और कांग्रेस का ज़ोर प्रांतीय स्तर पर क्षेत्रीय भाषाओं की स्थापना का था, दूसरी तरफ़ वे राष्ट्रीय स्तर पर एक सम्पर्क-भाषा के रूप में एक राष्ट्र-भाषा परिकल्पित करने में भी लगे हुए थे। इस काम के लिए उन्होंने हिंदी की शिनाख़्त की थी। एक टिप्पणीकार ने 1948 में विचार व्यक्त किया था कि लॉर्ड बरकिनहेड ने सत्ता में अधिक हिस्सेदारी की माँग कर रहे कांग्रेसियों को चुनौती दी थी कि वे अंग्रेज़ों की भाषा के अलावा किसी और भाषा में एक-दूसरे को सम्बोधित करके दिखाएँ। इसकी प्रतिक्रिया में ही हिंदी को चुना गया और मोतीलाल नेहरू रपट निकली।[16] लेकिन हम जानते हैं कि अहिंदीभाषी इलाक़ों में हिंदी का प्रसार करने के लिए दक्षिण भारत हिंदी प्रचार सभा की स्थापना बीस के दशक के पहले ही कर दी गयी थी। सम्पर्क-भाषा बनने की हिंदी की क्षमता से संबंधित गाँधी का उपरोक्त वक्तव्य केवल गाँधी की निजी आस्था पर ही आधारित नहीं था। इसके पीछे कुछ उल्लेखनीय संरचनागत कारण थे जिनसे साबित होता था कि हिंदी ही बहुभाषी भारत की सम्पर्क-भाषा बन सकती है। अपने विशाल प्रदेश की जनपदीय भाषाओं के बीच तो हिंदी पहले से ही सम्पर्क-भाषा की भूमिका निभा रही थी, क्या व़ह ग़ैर-हिंदीभाषियों के बीच भी सम्पर्क-भाषा बनने की स्थिति में थी? इस प्रश्न का एक उत्तर रामविलास

[15] कांग्रेस के भीतर हुई भाषाई नीति से संबंधित बहस के विवरण पट्टाभि सीतारमैया रचित कांग्रेस के अधिकारिक इतिहास में तो मौजूद हैं ही, इसके एक आलोचनात्मक परिप्रेक्ष्य के लिए देखें : मोहन राम (1968), *हिंदी अगेंस्ट इण्डिया : द मीनिंग ऑफ़ डीएमके,* रचना प्रकाशन, नयी दिल्ली : 16-19 .

[16] जतींद्र मोहन दत्त (1948), 'लिंग्विस्टिक इम्पीरियलिज़्म ऑफ़ हिंदी', *मॉडर्न रिव्यू* के जुलाई, 1948 में छपे इस लेख के लिए देखें : सुरेश कुमार शर्मा (सम्पा.)(2006), *लैंग्वेज इन कंटेम्परेरी इण्डिया,* पहला खण्ड, विस्टा इंटरनेशनल पब्लिशिंग हाउस, नयी दिल्ली : 153-162.

शर्मा के भाषा-चिंतन में मिलता है :

> कई शताब्दियों से देश की विशेष परिस्थितियों के कारण हिंदी अंतर्जातीय व्यवहार की भाषा बनती जा रही है। उत्तर भारत में केंद्रबद्ध मुगल शासन का होना, यहाँ आगरा जैसे व्यापार के बड़े-बड़े केंद्रों का निर्माण, उन्नीसवीं सदी के पूर्व ही यहाँ के लोगों का विभिन्न प्रदेशों में फैलना ऐसे ही कारण थे। अंग्रेज़ व्यापारी भी उस समय अपनी सुविधा के लिए हिंदी ही सीखते थे। वर्तमान काल में दक्षिण, पूर्व, पश्चिम, सर्वत्र ऐसे व्यापारी और पूँजीपति मिलेंगे जिनकी सांस्कृतिक भाषा हिंदी है। हिंदी के प्रसार का एक बहुत बड़ा कारण कलकत्ता-बंबई जैसे केंद्रों में लाखों 'हिंदुस्तानी' मज़दूरों का निवास है। इन बड़े-बड़े नगरों के अतिरिक्त प्रत्येक जातीय प्रदेश में अल्पसंख्यकों के रूप में हिंदुस्तानी मिलेंगे। विशाल आंध्र में हैदराबाद और उसके आस-पास हिंदुस्तानियों का भारी जमघट है। अहिंदी प्रदेशों में इस प्रकार हिंदी को अंतर्जातीय व्यवहार की भाषा बनाने में सुविधा मिली है। ... इनके सिवा हिंदी भाषा, लिपि और साहित्य की कुछ विशेषताएँ हैं जो इस कार्य में सहायता करती हैं।[17]

अपने इसी संक्षिप्त विवरण को रामविलास शर्मा ने काफ़ी विस्तार से अपनी महान रचना भाषा और समाज में पेश किया है। उन्होंने ऐसे तमाम प्रमाण जुटाए हैं जिनके मुताबिक़ हिंदी और उसके क्षेत्र की जनपदीय भाषाएँ अंग्रेज़ों के पहले से अहिंदीभाषियों की सांस्कृतिक चेतना से जुड़ी हुई थीं। वे दिल्ली के असिस्टेंट रेज़ीडेंट सी.टी. मेटकाफ़ का जे.बी. गिलक्रिस्ट को 29 अगस्त, 1806 का लिखा एक पत्र उद्धृत करते हैं। गिलक्रिस्ट ने मेटकाफ़ को हिंदुस्तानी सिखाई थी, इसलिए वे कृतज्ञता व्यक्त करते हुए कहते हैं कि 'मैं इसी वजह से कन्याकुमारी से कश्मीर तक और आवा से सिंधु के मुहाने तक इस विश्वास से यात्रा करने की हिम्मत कर सकता हूँ कि मुझे हर जगह ऐसे लोग मिल जाएँगे जो हिंदुस्तानी बोल लेते होंगे। ... हर कोई जानता है कि जिस विशाल इलाक़े का मैंने ज़िक्र किया है, उसमें बहुत सी भिन्न-भिन्न भाषाएँ बोली जाती हैं। इन भाषाओं का न बोला जाना एक ताज्जुब की बात होती, लेकिन हिंदुस्तानी एक ऐसी जुबान है जो आम तौर पर उपयोगी साबित होती है और मेरी समझ में संसार की किसी भी

---

[17] हिंदी की उत्पत्ति और विकास का बेजोड़ भाषाशास्त्रीय अध्ययन करने वाले रामविलास शर्मा स्वातंत्र्योत्तर भारत के सर्वाधिक प्रभावशाली बुद्धिजीवी थे. उन्होंने लखनऊ और आगरा विश्वविद्यालयों में सारा जीवन अंग्रेज़ी साहित्य का अध्यापन किया. *निराला और उनकी साहित्य-साधना* (तीन खण्ड) के लिए साहित्य अकादेमी पुरस्कार प्राप्त करने वाले रामविलास शर्मा के अनुसंधानपरक ग्रंथों की संख्या तीस से ऊपर है. उन्होंने हिंदी जाति की थीसिस का सूत्रीकरण किया जिसे हिंदी-क्षेत्र में उनके बौद्धिक विरोधियों द्वारा भी आत्मसात् कर लिया गया. देखें : रामविलास शर्मा (2011), *भारत की भाषा समस्या,* राजकमल प्रकाशन, नयी दिल्ली, तीसरा संस्करण, दूसरा पुनर्मुद्रण : 124.

भाषा के मुक़ाबले उसका व्यवहार बहुत बड़े पैमाने पर होता है।'[18] रामविलास शर्मा ने व्यापारिक पूँजी के अखिल भारतीय प्रसार के आईने में हिंदी के प्रसार का यह चेहरा साठ और सत्तर के दशक में पेश किया था। हाल ही में विनोद शाही ने हिंदी की हैसियत पर हुई एक गोष्ठी में वितरित अपने पर्चे में कुछ ऐसा ही दावा किया है कि हिंदी का इस्तेमाल करने वाला वर्ग मुख्यत: शहरों के व्यापारियों, व्यवसायियों, दस्तकारों और शिल्पियों का था।[19]

सम्पर्क-भाषा बनने के लिए हिंदी की योग्यता कुछ दूसरे तर्कों के आधार पर भी प्रमाणित होती है। दरअसल, उपनिवेशवाद विरोधी आंदोलन के नेतृत्व, विशेषकर गाँधी को भाषाओं की साहित्यिक प्रतिष्ठा या प्राचीनता में दिलचस्पी नहीं थी। रवींद्रनाथ ठाकुर को तीस के दशक में ही नोबेल पुरस्कार मिल गया था और साहित्यिक प्रतिष्ठा के मामले में बांग्ला हिंदी से बहुत आगे थी। प्राचीनता के मामले में तमिल की साहित्य-परम्परा का कोई मुक़ाबला नहीं था। नेतृत्व तो यह देख रहा था कि हिंदुस्तानी बोलने वालों की संख्या तमिलभाषियों से छह गुनी और बांग्लाभाषियों से दोगुनी से भी ज़्यादा तो है ही, इस बहुसंख्यकता से भी ज़्यादा महत्त्वपूर्ण तथ्य कुछ और भी हैं। वे देख रहे थे कि हिंदुस्तानी से किसी भी भाषिक समुदाय को राजनीतिक-सांस्कृतिक दिक़्क़त नहीं है। हिंदी के विपरीत कलकत्ता प्रेसीडेंसी की बांग्ला और मद्रास प्रेसीडेंसी की तमिल अपने औपनिवेशिक सम्पर्कों के कारण 'सुपरऑर्डिनेटिड' भाषाएँ थीं। तेलुगु, मलयालम और कन्नड़ जैसी भाषाएँ तमिल के वर्चस्व के तले असहज महसूस करती थीं; और असमिया एवं उत्तर-पूर्व की अन्य भाषाओं को बांग्ला के सामने उत्पीड़न का एहसास था। एक और अहम कारण यह था कि एक बेहद नयी भाषा के रूप में सबसे कम मानकीकृत होने के कारण निर्मिति के दौर में थी और उसका किसी भी दिशा में विकास किया जा सकता था। उसके शीर्ष साहित्यकार भी अपनी भाषा को दोनों सिरों पर खुली मानते थे। सूर्यकांत त्रिपाठी निराला ने 1923 में ही कहा था : 'जो हिंदी राष्ट्र-भाषा होगी वह किसी प्रांत की मातृ-भाषा नहीं है। उस हिंदी को

---

[18] राम विलास शर्मा (2010), *भाषा और समाज*, राजकमल प्रकाशन, नयी दिल्ली, पाँचवा संस्करण, पुनर्मुद्रण : 380-83; मेटकाफ़ के लिए देखें : जे.बी. गिलक्रिस्ट, *ए वोकैबुलरी, हिंदुस्तानी ऐंड इंग्लिश ऐंड हिंदुस्तानी*, एडिनबरा.

[19] विनोद शाही का हस्तलिखित आलेख 'भाषा की ज्ञान-कुण्ठा उर्फ आधुनिकता का द्वैध और हिंदी' भारत भवन, भोपाल में 24-25 सितम्बर, 2011 को हुई विचार-गोष्ठी 'भूमण्डलीकरण और हिंदी की अस्मिता' में वितरित किया गया. इस पर्चे की स्थापनाएँ पहली नज़र में महत्त्वपूर्ण लगती हैं, लेकिन अगर विनोद शाही ने अपने दावों के कुछ प्रमाण भी पेश किये होते तो उनकी रचना और भी उपयोगी साबित हो सकती थी.

लेखक अभी गढ़ रहे हैं। जिस हिंदी के सहारे भारत की सामाजिक, आर्थिक, राजनीतिक, वैज्ञानिक, ऐतिहासिक और साहित्यिक शंकाओं का समाधान किया जाना निश्चित है उसे उन्नत करने के लिए भिन्न-भिन्न शब्द गढ़ने और अपनाने के लिए, उन्हें व्याकरणसम्मत स्थल देने के लिए, भाषा प्रवाह को वर्द्धित करने के लिए सभी प्रांतवासियों का समानाधिकार है।' निराला का कहना सही था कि हिंदी अपने ही इलाक़े में किसी की मातृभाषा या घरेलू बोलचाल की भाषा तक नहीं थी। उसकी संरचना 'अर्ध-कृत्रिम' थी। देश की सारी भाषाओं के विकास का एक आधार पद्य-साहित्य रहा है, पर हिंदी की अर्ध-कृत्रिमता का सबसे बड़ा प्रमाण तो यह था कि शुरुआती दौर में काफ़ी समय तक उसकी संकल्पना पद्य लिखने के अयोग्य और केवल गद्य-साहित्य की भाषा के रूप में ही की गयी थी। क्षेत्रीयता और जनपदीयता ने हिंदी के विकास को प्रभावित तो किया था, पर वह उसका कोई एक रूप उसके स्वभाव पर हावी नहीं हो पाया था।[20] संविधान सभा के सभी सदस्य हिंदी-क्षेत्र के नहीं थे, लेकिन इन्हीं सब कारणों से उन्हें हिंदी की सर्वभारतीय व्यावहारिकता और राजनीतिक उपयोगिता के बारे में कोई शक नहीं था। उनके बीच बहस इस बात पर थी कि इस उपयोगिता को व्यावहारिक रूप देने का सबसे अच्छा तरीका क्या होगा।

लेकिन, इस विरासत के कुछ व्यावहारिक पहलू ऐसे भी थे जिनकी तरफ़ सभा के सदस्यों का ध्यान नहीं था। हिंदी को राष्ट्र-भाषा बनाने पर आम सहमति की अंतर्वस्तु ठीक वैसी नहीं थी जैसी देखने पर लगती थी। इस आम सहमति की समाज-विज्ञान या भाषाशास्त्र के दायरों में अभी तक व्यवस्थित जाँच नहीं की गयी है, और इसे अकाट्य मान कर इसके आधार पर व्यापक सामान्यीकृत निष्कर्ष निकाल लिए गये हैं। आज़ादी से पहले की आमसहमति और आज़ादी के बाद उसके टूट जाने का ख़याल समाज-वैज्ञानिक विमर्श में एक परस्पर विपरीत द्विभाजन की तरह मौजूद है। निम्न अवलोकन इसी परस्पर विपरीत द्विभाजन का एक नफ़ीस नमूना है :

> अमूर्त रूप से यह कहा जा सकता कि अगर राष्ट्रवाद की विचारधारात्मक ताक़त से

---

[20] ज़रूरत के मुताबिक़ अपनी निर्मिति के लिए तत्पर भाषा के रूप में हिंदी की उपलब्धता का तर्क बहुत प्रचलित है. हिंदी की इस खूबी के ऊपर टुकड़ों-टुकड़ों में तो प्रकाश डाला गया है, पर किसी सुचिंतित और समग्र अनुसंधान का अभाव ही है. साथ ही जनपदीयता को हिंदी के स्वभाव का अंग न मानने का तर्क विवादास्पद भी लगता है. हिंदी के विकास में जनपदीय भाषाओं की महत्त्वपूर्ण भूमिका के भाषाशास्त्रीय प्रमाणों के लिए देखें : रामविलास शर्मा (1976), *भारत के प्राचीन भाषा परिवार और हिंदी* (तीन खण्ड), राजकमल प्रकाशन, नयी दिल्ली, (विशेष तौर से पहला खण्ड : आर्यभाषा केंद्र और हिंदी जनपद). निराला के उद्धरण के लिए देखें : विनय कंठ, वही.

> आधुनिक राज्य की भौतिक ताक़त जुड़ जाए तो वह अपनी सांस्कृतिक उलझनों का बेहतर हल निकाल लेगा। लेकिन ऐतिहासिक चश्मे से देखने पर ऐसा नहीं लगता। औपनिवेशिक राज्य के शत्रुतापूर्ण और पंगेबाज रवैये के बावजूद भारत का राष्ट्रीय आंदोलन कुछ सांस्कृतिक प्रक्रियाओं से राष्ट्र-राज्य के मुक़ाबले बेहतर निबट पाया। ... आज़ादी के बाद सत्ता की बाग़डोर सँभालने वाले नेहरूवादी अभिजन को शुरुआत में ही जटिल परिस्थिति का सामना करना पड़ा। राज या 'राष्ट्र-भाषा' का मुद्दा संविधान सभा के भीतर सबसे ज़्यादा तल्ख़ बहसों का कारण बना।[21]

सुदीप्त कविराज के इस कथन के अतिरिक्त राजनीतिक भाषाशास्त्री हंस आर. दुआ भी इस सहमति को प्रश्नांकित नहीं करते। उनका ज़ोर भी यह दिखाने पर है कि यह सहमति कब टूटी और कब हिंदी के ग़ैर-हिंदीभाषी समर्थक उसके ख़िलाफ़ होने शुरू हुए।[22] क्या वास्तव में आज़ादी से पहले भाषा के सवाल पर इतनी ही सहज और सुखद स्थिति थी? गाँधी के हिंदुस्तानी और 'हिंदी-हिंदुस्तानी' समर्थक कई वक्तव्यों को इस राष्ट्रीय सहमति के प्रमाण के तौर पर गिनाया जाता है। के.एम. मुंशी, वल्लभभाई पटेल, चक्रवर्ती राजगोपालाचारी, राजेंद्र लाल मित्र और सुनीति कुमार चाटुर्ज्या[23] जैसे ग़ैर-हिंदीभाषियों के हिंदी-

---

[21] सुदीप्त कविराज, वही.

[22] दुआ ने हिंदी और अंग्रेज़ी के बीच प्रतियोगिता को केंद्र बना कर किये गये अपने विश्लेषण में नतीजा निकाला है कि राज्यों के भाषावार पुनर्गठन की माँग के तहत क्षेत्रीय भाषाई पहचान सुदृढ़ होने के साथ ही हिंदी को राष्ट्र-भाषा बनाने की सहमति का क्षय होता चला गया. चक्रवर्ती राजगोपालाचारी हिंदी राष्ट्रवाद के कड़े आलोचक हो गये और सुनीतिबाबू ने भी साठ के दशक में हिंदी का साथ छोड़ दिया. देखें : हंस आर. दुआ (1993), 'द नैशनल लैंग्वेज ऐंड द एक्स-कोलोनियल लैंग्वेज एज़ राइवल्स : द केस ऑफ़ इण्डिया', वही; इस रचना के शीर्षक से ही ज़ाहिर है कि दुआ राज-भाषा और राष्ट्र-भाषा के बीच कोई फ़र्क़ नहीं करते. 'ऑफ़ीशियल' को उन्होंने 'नैशनल' मान लिया है.

[23] उपनिवेशवाद विरोधी आंदोलन के दौरान चक्रवर्ती राजगोपालाचारी हिंदुस्तानी के बहुत बड़े समर्थक थे. 1930 के हिंदी प्रचारक में प्रकाशित उनके वक्तव्य के अनुसार, 'भारत के किसी भी भाग में यात्रा, वाणिज्य या व्यापार करने के लिए हिंदुस्तानी भाषा का ज्ञान ज़रूरी है. प्रत्येक छात्र का यह कर्त्तव्य है कि वह अपने अवकाश के समय का सदुपयोग राष्ट्र-भाषा सीखने के लिए करे. ... हिंदी भाषा बड़ी आसानी से सीखी जा सकती है।' सुनीति कुमार चाटुर्ज्या ने 1940 में दिये गये एक भाषण में कहा था कि हिंदुस्तानी एक बोली के तौर पर अपने व्यापक प्रसार के लिहाज़ से दुनिया की सबसे बड़ी भाषाओं में से एक है. उत्तर भारत की तो वह वास्तविक भाषा है ही, दक्षिण भारत के बड़े शहरों में भी लोग उसे समझ लेते हैं. यह भाषा 'भारत की एकता और राष्ट्रीयता का बेहतर प्रतीक' बन सकती है. (एस.के. चटर्जी (1960), *इंडो-आर्यन ऐंड हिंदी*, के.एल. मुखोपाध्याय, कलकत्ता : 146, दुआ, वही में उद्धृत); 1928 में गाँधी ने दावा किया था कि 12 करोड़ भारतवासी हिंदुस्तानी बोलते हैं और आठ करोड़ उसे समझ सकते हैं. 1937 में नेहरू ने भी इन्हीं आँकड़ों का इस्तेमाल किया. हालाँकि 1931 की जनगणना बताती है कि यह दावेदारी कुछ बढ़ी-चढ़ी थी, फिर भी औसतन उस समय एक तमिलभाषी पर छह हिंदीभाषी थे और एक बांग्लाभाषी पर दो से ज़्यादा हिंदी भाषी थे. गाँधी, मुंशी और पटेल जैसे उत्साही हिंदी समर्थक गुजरातियों को ग्रेनविले ऑस्टिन ने 'नार्दर्न ओरिएंटेड गुजराती' क़रार दिया है. देखें, ऑस्टिन, वही.

समर्थक बयान भी इस धारणा के पक्ष में पेश किये जा सकते हैं। लेकिन असलियत इतनी सपाट नहीं है। आज़ादी से पहले यह राष्ट्रीय सहमति केवल उस समय तक ही एकताकारी भूमिका निभा पाती थी, जब तक राष्ट्र-भाषा का प्रश्न आश्वासन या राजनीतिक दावेदारियों के रूप में रहता था। 1937 में जिस समय हिंदी को राष्ट्र-भाषा बनाने की सहमति सर्वाधिक प्रबल होनी चाहिए थी, उसी दौरान मद्रास की सरकार के मुखिया के तौर पर राजगोपालाचारी द्वारा हाई स्कूल स्तर पर हिंदुस्तानी को अनिवार्य विषय बनाते ही इसकी अंतर्निहित कमज़ोरियाँ साफ़ हो गयी थीं। राजगोपालाचारी का ख़याल था कि राष्ट्रवादी भावनाओं के प्रभाव में और 1918 से दक्षिण भारत में सक्रिय हिंदी प्रचारिणी सभाओं की सफलताओं के दम पर तमिलभाषी हिंदुस्तानी स्वीकार कर लेंगे। लेकिन ऐसा नहीं हुआ। सरकारी फ़ैसला होते ही राजगोपालाचारी और उनके शिक्षा मंत्री सुब्बरायन के ख़िलाफ़ आंदोलन शुरू हो गया। इस तरह दक्षिण भारत में हिंदुस्तानी को राष्ट्रवादी आग्रहों के तहत राजकीय आदेश के ज़रिये स्थापित करने का पहला मंसूबा आज़ादी के एक दशक पहले पूरी तरह से नाकाम हो चुका था। हिंदुस्तानी के ख़िलाफ़ तमिलों में हुई यह प्रतिक्रिया कई हफ़्तों तक ज़ारी रही। इसका चरित्र उग्र था। सरकार ने इसका दमन किया जिससे दो लोगों की जानें गयीं। ब्राह्मणवाद विरोधी आत्मसम्मान आंदोलन के नेता ई.वी. रामस्वामी नायकर पेरियार ने गिरफ़्तारी दी। इस आंदोलन ने दावा किया कि हिंदी दक्षिण के ऊपर उत्तर के प्रभुत्व का औज़ार होने के साथ-साथ ब्राह्मणों की श्रेष्ठता क़ायम रखने का माध्यम भी है। पेरियार का ख़याल था कि जो ब्राह्मण अपने बेहतर अंग्रेज़ी-ज्ञान के कारण ग़ैर-ब्राह्मणों पर श्रेष्ठता दर्ज करते हैं वे अंग्रेज़ी हटने के बाद फटाफट हिंदी सीख कर उसके ज़रिये अपना रुतबा क़ायम रखेंगे। इस तरह हिंदी-विरोध पेरियार के आत्मसम्मान आंदोलन का स्थायी कार्यक्रम बन गया।[24] अट्ठाइस साल बाद तमिलनाडु और दक्षिण भारत के अन्य इलाक़ों में आये हिंदी विरोधी उभार का यह ट्रेलर था।

आख़िर तमिलभाषी हिंदुस्तानी को क्यों स्वीकार करते, क्योंकि कांग्रेस के पास भी इस भाषा के लिए केवल जुबानी जमा-ख़र्च ही था। ऊपरी तौर पर कांग्रेस ने 1925 में ही अपने संविधान के अनुच्छेद 33 को संशोधित करके हिंदुस्तानी को अपनी अधिकारिक भाषा घोषित कर दिया था। क़ायदे से इसके

[24] इस घटना का ज़िक्र संविधान सभा की बहसों के 33वें खण्ड के 1401 पृष्ठ भी मौजूद है, ऑस्टिन, वही, सारंगी (सम्पा.), वही, पृष्ठ 52; इसके अधिक विस्तृत विवरण के लिए देखें : मोहन राम, वही.

बाद कांग्रेस अधिवेशनों की सारी कार्यवाही 'जहाँ तक सम्भव हो सके' हिंदुस्तानी में ही होनी चाहिए थी। लेकिन, संविधान-निर्माण की प्रक्रिया पर अपने अनुसंधान के लिए मशहूर ग्रेनविले ऑस्टिन ने स्पष्ट रूप से दिखाया है कि इस फ़ैसले के दो चेहरे थे। हिंदुस्तानी राष्ट्रीय आंदोलन की भाषा इस अर्थ में ज़रूर हो गयी कि जन-गोलबंदी के लिए उसका राजनीतिक इस्तेमाल होने लगा। लेकिन कांग्रेस के शीर्ष नेतृत्व की आपसी चर्चाओं की भाषा अंग्रेज़ी ही बनी रही। 1928 की मशहूर नेहरू रपट ने हिंदुस्तानी को पूरे भारत की मुश्तरका ज़ुबान के रूप में क़ायम करने का चर्चित आग्रह करने वाला अपना मसविदा अंग्रेज़ी में ही लिखा था। नेहरू कमेटी की पूरी कार्यवाही अंग्रेज़ी में ही हुई थी, और सम्भवतः उसका हिंदी संस्करण कांग्रेस के हल्कों में बहुत दिनों तक भी उपलब्ध नहीं था। गाँधी ने हिंदुस्तानी के सवाल को सैद्धांतिक रूप से तो सभी के गले उतार दिया था, लेकिन वे व्यावहारिक रूप से हिंदुस्तानी को कांग्रेस की भाषा कभी नहीं बना पाए। गाँधी के हिंदी प्रेम पर कोई शक नहीं किया जा सकता। उन्होंने कई नेताओं का सार्वजनिक मंच पर अंग्रेज़ी बोलना छुड़वाया, पर यह शोध का विषय है कि स्वयं उन्होंने कांग्रेस के शीर्ष नेताओं से अपनी ख़तो-क़िताबत कितनी बार हिंदुस्तानी में की और कितने बार अंग्रेज़ी में। गाँधी ने रवींद्रनाथ ठाकुर को तो अपनी उपस्थिति में हिंदी में भाषण देने के लिए मजबूर किया, पर सवाल यह है कि क्या उन्होंने यही व्यवहार कभी नेहरू के साथ किया? कांग्रेसियों का जनता से सम्पर्क या तो हिंदुस्तानी में होता था या अन्य भारतीय भाषाओं में, पर राष्ट्रीय आंदोलन की भीतरी राजनीति पर अंग्रेज़ी निर्विवाद रूप से हावी रही। ऑस्टिन के अनुसार भाषाई आधार पर अपने आंदोलन और संगठन का गठन करने के अलावा कांग्रेस ने भाषा के प्रश्न पर विस्तार से कभी विचार नहीं किया। मद्रास में राजगोपालाचारी की कोशिशों की नाकामी ने भी कांग्रेस को मजबूर किया होगा कि उसे यह प्रश्न उठा कर आंदोलन में फूट को निमंत्रण नहीं देना चाहिए। अर्थात् कांग्रेस ने भाषाई प्रश्न का लाभ तो उठाया, लेकिन वह उससे हो सकने वाले नुकसानों से बचती रही। उसने न तो यह विचार किया कि अदालतों की कार्यवाही किस भाषा में होगी, न यह तय किया कि संसद किस भाषा में बहस करेगी और संविधान किस भाषा में बनेगा।[25] परिणाम क्या निकला? संविधान

[25] हालाँकि, संविधान सभा में हुए इस भाषा संबंधी विवाद का पूरा विवरण ग्रेनविले ऑस्टिन की उपरोक्त रचना के आधार पर तैयार किया गया है, लेकिन प्रस्तुति-क्रम और विश्लेषण के ज़रिये निकाले गये निष्कर्ष मेरे हैं, विशेष तौर से उपनिवेशवाद विरोधी आंदोलन के दौरान हिंदुस्तानी या हिंदी पर बनी राष्ट्रीय सहमति के कमज़ोर होने का निष्कर्ष.

सभा जब नवोदित भारतीय राज्य के लिए नियम-क़ानूनों की कसौटियाँ बनाने बैठी तो लगा कि संविधान की भाषा के सवाल पर ही सारी राष्ट्रीय एकता नष्ट हो जाएगी।

संविधान सभा का रिकॉर्ड बताता है कि भाषा के प्रश्न पर होने वाली तूफ़ानी चर्चा एक अगस्त से 14 सितम्बर, 1949 के बीच हुई। लेकिन भाषाई प्रश्न को इन डेढ़ महीनों तक ही सीमित मान लेना उचित नहीं होगा। वस्तुतः संविधान सभा के एकदम शुरुआती दौर को अगर छोड़ दिया जाए, यह सवाल संविधान की सम्भावनाओं पर तलवार की तरह झूलता रहा। सभा के सदस्यों की राजनीतिक चेतना पर इस प्रश्न ने पहली दस्तक नियम समिति की बैठक में दी। आज़ादी मिलने से पहले 14 दिसम्बर, 1946 को राजेंद्र प्रसाद के सभापतित्व में हुई इस बैठक ने अपने-आप से पूछा कि उसकी कार्यवाही हिंदुस्तानी में चले, या अंग्रेज़ी में, या फिर हर सदस्य की मातृभाषा में। इसके बाद अंग्रेज़ी की निरंतरता, हिंदी समर्थकों के आक्रामक रवैये और दक्षिण भारतीय सदस्यों के हिंदी के ख़िलाफ़ प्रतिरोध के तीन ध्रुव बन गये। भीषण बहस के बाद वोट के आधार पर यह तय हो पाया कि बहस में या तो हिंदुस्तानी बोली जाएगी या अंग्रेज़ी। अगर कोई अपनी मातृभाषा में बोलना चाहे तो उसे सभापति की इजाज़त लेनी होगी। तीन महीने बाद यानी मार्च, 1947 में मूलाधिकारों पर चर्चा करने वाली उपसमिति की बैठक में फिर भाषा का सवाल खड़ा हो गया, क्योंकि सदस्यगण मूलाधिकारों में भाषा संबंधी अधिकार भी जुड़वाना चाहते थे।

जब एक बार यह मान लिया गया कि हिंदी के पक्ष में राष्ट्रीय सहमति थी जो आज़ादी के बाद टूट गयी, तो इसके कारण खोजना भी ज़रूरी हो जाता है। भाषा-विमर्श इस तरह की क़वायदों से भरा पड़ा है। इनका एक सर्वाधिक प्रचलित निष्कर्ष है अगर हिंदी के कट्टर समर्थकों द्वारा संस्कृतनिष्ठता की दावेदारी न की जाती, और हिंदुस्तानी को ख़ारिज न किया जाता तो एक देशी जड़ों वाली ज़ुबान को राष्ट्र-भाषा बनाना कहीं आसान होता।[26] समाज-विज्ञान के हलकों में यह बात ऊँचे स्वर में कही जाती है कि हिंदी वाले हिंदुस्तानी को सिर्फ़ एक वोट

---

[26] इस सिलसिले में देखें वी.के.आर.वी. राव का तर्क (1968), 'मैनी लैंग्वेजेज़, वन नेशन : क्वेस्ट फ़ॉर एन आल-इण्डिया लैंग्वेज', *इकॉनॉमिक ऐंड पॉलिटिकल वीकली*, खण्ड 13, अंक 25 : 1025–1030; राव मानते हैं कि हिंदुस्तानी एक अविकसित भाषा थी जिसका संबंध किसी ख़ास भौगोलिक इलाक़े से भी नहीं था. इसका वजूद तो बोली के तौर पर था, और इसमें साहित्य-रचना की परम्पराएँ भी नहीं थीं. हिंदुस्तानी की ये कमियाँ राव के मुताबिक़ एक बहुभाषी राष्ट्र के नाज़ुक हालात के लिए फ़ायदेमंद हो सकती थीं. सारे प्रांतों के पास इसे अपनाने और इसके विकास में हाथ बँटाने का अवसर था.

से (74 के मुक़ाबले 75) से ही पराजित कर पाए और उनके इसी कृत्य का परिणाम आज तक अंग्रेज़ी के प्रभुत्व के रूप में भुगतना पड़ रहा है। एक वोट का यह अंतर दिखा कर यह साबित किया जाता है कि हिंदुस्तानी के पक्ष के साथ किस तरह की नाइंसाफ़ी हुई। अगर हिंदी के भीतर इस तरह का विभाजन न हुआ होता, तो अंग्रेज़ी हटाने के लिए दबाव बेहतर बनता।[27] बहरहाल, ऊपर दिये गये तथ्यात्मक विवरण में हम देख चुके हैं कि तमिलनाडु में जिस राष्ट्र-भाषा को 1937 में ही ठुकरा दिया गया था, वह संस्कृतनिष्ठ हिंदी नहीं थी बल्कि वह गाँधी और प्रेमचंद की प्रिय हिंदुस्तानी ही थी। आइए, देखें कि संस्कृतनिष्ठ हिंदी के कट्टर समर्थकों द्वारा सिर्फ़ एक वोट से हिंदुस्तानी को हराने का दृष्टांत कितना सही है।

हिंदी बनाम हिंदुस्तानी की होड़ संविधान सभा में 15 जुलाई, 1949 में शुरू हुई। इससे एक दिन पहले सभा का तीसरा सत्र शुरू होते ही बल्लभभाई पटेल ने प्रांतीय संविधान समिति की रपट सदन के पटल पर रखी थी। अगले ही दिन इसमें कई संशोधन प्रस्तावित किये गये। प्रस्तावकों का दावा केवल एक ही बात पर केंद्रित था : रपट के मसविदे में 'हिंदुस्तानी' की जगह 'हिंदी' शब्द का प्रयोग किया जाना चाहिए। प्रस्तावित संशोधन इसलिए भी उल्लेखनीय था कि सेठ गोविंददास जैसे सदस्य भी इससे पहले कांग्रेस की भीतरी राजनीति के आग्रहों के तहत हिंदी के बजाय सभा के भीतर हिंदुस्तानी शब्द का ही प्रयोग करते थे, हालाँकि सभा के बाहर चल रही हिंदी बनाम हिंदुस्तानी की उग्र बहस में उन जैसे राजनीतिक-सांस्कृतिक सिपहसालारों ने हिंदुस्तानी को ख़ारिज कर दिया था।[28] यह संविधान सभा की चौथी बैठक थी। तीसरे दिन शाम को संविधान

[27] यह मिथक बहुत प्रचलित है. हिंदी पर होने वाली अनौपचारिक क़िस्म की समाज-वैज्ञानिक बातचीत में इसका उल्लेख अक्सर यह दिखाने के लिए किया जाता है कि कांग्रेस और संविधान सभा में हिंदी बनाम हिंदुस्तानी की टक्कर कितनी कड़ी थी. आशा सारंगी और कृष्ण कुमार ने भी इसे अपने तर्कों के एक आधार की तरह इस्तेमाल किया है. असलियत यह है कि संविधान सभा के कांग्रेस सदस्यों की 26 अगस्त, 1949 को हुई जिस बैठक में विवाद का फ़ैसला 74 के मुक़ाबले 75 वोटों से हुआ था, वह रोमन बनाम नागरी अंकों के बारे में थी. एक वोट से नागरी का पक्ष जीता, पर नेहरू और पट्टाभि सीतारमैया के आग्रह पर तय हुआ कि इतने कम अंतराल से हुए फ़ैसले को सारे देश पर थोपना उचित नहीं होगा. इसलिए संविधान ने रोमन अंकों के पक्ष में फ़ैसला दिया.

[28] सेठ गोविंद दास ने 22 दिसम्बर, 1946 को नियम समिति में प्रस्ताव रखा था कि संविधान सभा की भाषा हिंदुस्तानी होनी चाहिए और अगर कोई इसे नहीं जानता है तो वह अपनी मातृभाषा या अंग्रेज़ी का इस्तेमाल कर सकता है. गोविंद दास के सामने समीकरण साफ़ था कि जो भाषा संविधान सभा और बाद में संसद की होगी, वही राष्ट्र-भाषा बन जाएगी. उल्लेखनीय है कि संविधान सभा में हिंदी और हिंदुस्तानी शब्द एक दूसरे के पर्याय के रूप में प्रयोग किये जाते थे. यह रवैया जुलाई, 1947 तक क़ायम रहा जब हिंदी-समर्थकों ने हिंदुस्तानी की जगह हिंदी शब्द का इस्तेमाल करने के लिए संशोधन पेश किये.

सभा के कांग्रेस सदस्यों की अलग से बैठक हुई। कांग्रेस के नेता हिंदुस्तानी के पक्ष में थे, पर अन्य कांग्रेसी मजबूती से हिंदी की तरफ़दारी कर रहे थे। नेतागण अल्पमत में चले गये और मत-विभाजन होने पर 32 के मुक़ाबले 63 वोटों से हिंदुस्तानी की जगह हिंदी का इस्तेमाल करने का फ़ैसला किया गया। ठीक एक हफ़्ते बाद संशोधनों के प्रस्ताव और हिंदुस्तानी की जगह हिंदी रखने की यह घटना संघीय संविधान समिति (यूसीसी) में भी दोहराई गयी। वहाँ भी इस सवाल पर बहुमत-अल्पमत का प्रतिशत कमोबेश ऐसा ही था। हिंदुस्तानी को हिंदी का पर्याय मानने से इनकार करने और इसी आधार पर भाषा का नाम बदलने के इस आग्रह को साम्प्रदायिक हालात और विभाजन के अंदेशों ने जन्म दिया था। संविधान सभा की चौथी बैठक की नौबत आते-आते देश बँट चुका था, और उसके साथ ही सभा के ज़्यादातर सदस्यों का रुख 'उर्दू-प्रधान हिंदुस्तानी' को राज-भाषा या राष्ट्र-भाषा बनाने के ख़िलाफ़ हो गया। अब बहस 'संस्कृतनिष्ठ हिंदी' और 'आम बोल-चाल की हिंदी' के बीच होने लगी। एक भाषाई श्रेणी के रूप में ख़ारिज होने के बाद संविधान सभा के भीतर हिंदुस्तानी केवल भावना के रूप में रह गयी।

ऑस्टिन ने नतीजा निकाला है कि संविधान सभा ने भाषाई प्रश्न से जूझने का ईमानदाराना प्रयास नहीं किया। पहली नज़र में उनकी यह आलोचना सही लग सकती है। न तो सभा के कांग्रेस सदस्यों ने और न ही संघीय संविधान समिति ने उन संशोधनों पर विचार करने की ज़हमत उठाई जो राज-भाषा और राष्ट्र-भाषा के संदर्भ में हिंदी, अंग्रेज़ी और अन्य क्षेत्रीय भाषाओं की हैसियत से जुड़े थे। कुल मिला कर संविधान सभा भाषाई प्रश्न टालने के मूड में ही रही। फ़रवरी, 1948 में जब संविधान का मसविदा सामने आया तो उसमें हिंदुस्तानी की जगह हिंदी लिखा हुआ था, हालाँकि इसके लिए मसविदा समिति ने सभा की बाक़ायदा अनुमति नहीं ली थी। समिति के सभी सदस्य भाषा के सवाल पर मतभेद और टकराव टालना चाहते थे, इसलिए के.एम. मुंशी के कहने पर कि सभा के कांग्रेस सदस्यों का भारी बहुमत हिंदी के पक्ष में है (जुलाई वाली बैठक), मसविदे में नाम बदल दिया गया।

1948 की शुरुआत होने तक संविधान सभा में भाषा के सवाल पर ख़ेमेबंदी साफ़ हो चुकी थी। हिंदुस्तानी के पक्ष में या तो मुसलमान सदस्य थे या फिर हिंदी के नरमपंथी समर्थक जिन पर नेहरू और गाँधी का प्रभाव था। दक्षिण भारतीय सदस्यों को भी हिंदुस्तानी की जगह हिंदी शब्द के इस्तेमाल पर ऐतराज नहीं था। उनमें और उत्तर भारतीयों के रवैये में पहला अंतर दूसरी राज-भाषा के

रूप में अंग्रेज़ी को ज़ारी रखने के सवाल पर था। दक्षिण भारतीय सदस्य चाहते थे कि संविधान में अंग्रेज़ी को कम से कम पंद्रह साल तक ज़ारी रखने का प्रावधान किया जाए, जबकि हिंदीवाले पाँच या सात साल से ज़्यादा अंग्रेज़ी को ज़ारी रखने के पक्ष में नहीं थे। दूसरा अंतर यह था कि दक्षिण भारतीय सदस्य संविधान के मसविदे को अंग्रेज़ी के साथ-साथ हिंदी में पारित करने के भी ख़िलाफ़ थे। 1948 में ही कांग्रेस का अपना पार्टी-संविधान दोबारा लिखा गया, और इस प्रक्रिया ने भी भाषा-विवाद को हवा दी। यह संघर्ष संविधान सभा के बाहर हुआ, लेकिन इसमें भाग लेने वाली ताक़तें वही थीं जो सभा के भीतर आपस में भिड़ रही थीं। संविधान सभा की सातवीं बैठक के कुछ पहले इसी साल अक्टूबर में कांग्रेस अध्यक्ष के चुनाव में पट्टाभि सीतारमैया और पुरुषोत्तमदास टंडन आपस में भिड़ गये। यह टक्कर भाषा संबंधी दो रवैयों के बीच भी थी। सीतारमैया केवल कुछ मतों से ही जीत पाए। समझा जाता है कि उन्हें नेहरू और राजेंद्र प्रसाद जैसे दिग्गजों का समर्थन मिला जो कांग्रेस को दक्षिण बनाम उत्तर के तर्ज पर बाँटने से बचना चाहते थे। इसी दौरान संविधान का मसविदा अनुवाद के दौर से गुज़रा। हिंदी अनुवाद इतना संस्कृतनिष्ठ था कि अंग्रेज़ीदाँ जवाहरलाल नेहरू ने 'उसका एक भी लफ़्ज़ समझ में न आने' की शिकायत की ही, हिंदी समझने का दावा करने वाले बहुत से सदस्य भी उसे स्वीकार करने से हिचकते दिखाई दिये। ध्यान रहे कि यह अनुवाद जिस कमेटी की देख-रेख में हुआ था उसमें डॉ. रघुवीर भी शामिल थे। दरअसल, 1948 और 1949 के पहले छह महीनों में हिंदीवालों की ज़िदबाज़ी और अड़ियल रवैये ने संविधान सभा में उनका समर्थन घटा दिया।

अगस्त में जैसे ही भाषा का प्रश्न संविधान सभा के मुख्य एजेंडे पर आया, सेठ गोविंद दास की अध्यक्षता में हिंदी साहित्य सम्मेलन ने प्रस्ताव पारित करके केवल संस्कृतनिष्ठ हिंदी को ही राष्ट्र-भाषा बनाने के लिए दबाव बनाया। लेकिन, तब तक संस्कृतनिष्ठता और 'शुद्ध हिंदी' के सूर्य पर उनकी ही राजनीति की बदली छा चुकी थी। इसका लाभ हिंदुस्तानी के साथ भावनात्मक रूप से जुड़े हिंदी के नरमपंथी समर्थकों ने उठाया। विभाजन के कारण पराजित हो चुकी हिंदुस्तानी ने अनुच्छेद 351 के उस सूत्रीकरण में अपनी वापिसी दर्ज की जिसमें बताया गया है कि राज-भाषा हिंदी का विकास किस राह पर चल कर होगा।

संविधान के भाषा संबंधी प्रावधानों ने समाज-वैज्ञानिकों और बुद्धिजीवियों के बीच तीखी बहस को जन्म दिया। ऑस्टिन द्वारा उन्हें 'आधे मन से किया गया समझौता' क़रार दिया गया। किसी ने उन्हें शब्दजाल की संज्ञा दी। किसी ने

उनकी अभ्यर्थना की। लेकिन संविधान-निर्माता बहुभाषिता की जिन जटिलताओं का सामना कर रहे थे, उनकी विवशताओं के तहत उनके द्वारा किये गये असाधारण नवाचारों की तरफ़ किसी का ध्यान नहीं गया।

II

भाषा-नियोजन, भाषाई नागरिकता और राष्ट्र-भाषा / राज-भाषा का भारतीय संदर्भ

अनुच्छेद 351 के सूत्रीकरण ने हिंदी के प्रश्न को अतीत और वर्तमान से निकाल कर भविष्य के हवाले कर दिया। हिंदी अतीत में कैसी भी रही हो और तत्कालीन वर्तमान में उसका जो भी स्वरूप रहा हो, इस अनुच्छेद में दी गयी हिदायतों के मुताबिक़ उसे भविष्य के लिए गढ़ा जाना था। 'हिंदी भाषा की प्रसार-वृद्धि' के लिए 'संघ का कर्त्तव्य' निर्धारित करने वाला यह अनुच्छेद कहता है :

> हिंदी भाषा की प्रसार वृद्धि करना, उसका विकास करना ताकि वह भारत की सामासिक संस्कृति के सब तत्त्वों की अभिव्यक्ति का माध्यम हो सके, तथा उसकी आत्मीयता में हस्तक्षेप किये बिना हिंदुस्तानी और आठवीं सूची में उल्लिखित अन्य भारतीय भाषाओं के रूप, शैली और पदावली को आत्मसात् करते हुए तथा जहाँ तक आवश्यक एवं वांछनीय हो, वहाँ उसके शब्द भण्डार के लिए मुख्यतः संस्कृत से तथा गौणतः अन्य भाषाओं से शब्द ग्रहण करते हुए उसकी समृद्धि सुनिश्चित करना संघ का कर्तव्य होगा।[29]

समाज-विज्ञान की आँखों से देखने पर लग सकता है कि इस छोटे से पैरे में भारतीय आधुनिकता के कितने घटक भरे हैं। 'सामासिक संस्कृति' और 'हिंदुस्तानी' का सीधा अनुवाद सेकुलरवाद और साम्प्रदायिक एकता के आग्रह में किया जा सकता है। 'संस्कृत' का सीधा मतलब है स्वर्णिम भारतीय अतीत और उसका चिरंतन भाषाई नैरंतर्य। आठवीं सूची में दर्ज 'अन्य भारतीय भाषाओं' का उल्लेख संघीय प्रणाली और केंद्र-राज्य संतुलन की तरफ़ इशारा करता है। दरअसल, हिंदी की हैसियत पर होने वाले विचार-विमर्श में इस अनुच्छेद के कई पाठ तैर रहे हैं जिनसे पता चलता है कि भारतीय संघ द्वारा किये जाने वाले भाषा-नियोजन से लोगों को किस तरह अलग-अलग उम्मीदें थीं।

इसका पहला पाठ संविधान-निर्माताओं के मुखर के साथ-साथ मौन मंतव्य

---

[29] अनुच्छेद 351 का यह अधिकारिक अनुवाद है. कृष्ण कुमार ने इसका अनुवाद अपने ढंग से किया है जिसमें वाक्य-रचना बदल दी गयी है और आत्मीयता की जगह प्रवृत्ति का इस्तेमाल किया गया है. कृष्ण कुमार, 'हिंदी-हिंदू-हिंदुस्तान : विंध्य-गांगेय क्षेत्र में भाषा और शिक्षा', संकलित : अभय कुमार दुबे (सम्पा.)(1993), *साम्प्रदायिकता के स्रोत,* विनय प्रकाशन, नयी दिल्ली.

भी पढ़ने की कोशिश करता है। इस अर्थ-निरूपण के अनुसार अगर संविधान-निर्माता हिंदी को सिर्फ़ राज-भाषा ही बनाना चाहते थे तो फिर उन्हें सरकारी कामकाज में इस्तेमाल होने वाली भाषा से 'भारत की सामासिक संस्कृति के सब तत्त्वों की अभिव्यक्ति का माध्यम' होने की अपेक्षा क्यों करनी चाहिए थी? अर्थात् संविधान-निर्माता राज-भाषा बनाने की आड़ में हिंदी को राष्ट्र-भाषा ही बनाना चाहते थे। सरकारी कामकाज की वाहक बनने के लिए किसी भाषा को सांस्कृतिक और सामाजिक प्रक्रियाओं के ज़रिये संसाधित होने की क्या आवश्यकता हो सकती है? अंग्रेज़ी दूसरे नंबर की राज-भाषा का काम ठाठ से कर रही है और उससे कोई ऐसी उम्मीद नहीं करता कि वह सामासिक संस्कृति की कसौटियों पर खरी उतरेगी। राज-भाषा के साथ जुड़ा हुआ तर्क उपयोगिता-केंद्रित है जिसमें भाषा को एक आंगिक (ऑर्गनिक) संरचना की तरह देखने के बजाय एक उपकरण की तरह देखा जाता है। अनुच्छेद 351 हिंदी के भविष्य को एक सरकारी उपकरण की सीमाओं से परे जा कर क़ल्पित करता है।[30]

संविधान के इस अनुच्छेद का एक अन्य पाठ कृष्ण कुमार ने किया है। वे इसे 'अद्‌भुत शब्दजाल' क़रार देते हैं जो 'आज़ादी के बाद के वर्षों में हिंदुस्तानी को राजकीय परिधि से ग़ायब होने से नहीं बचा सका' और '1950 में स्थापित वैज्ञानिक शब्दावली मण्डल, जिसकी जगह बाद में वैज्ञानिक और तकनीकी शब्दावली आयोग ने ले ली, संस्कृत की मदद से हिंदी का शब्द-भंडार बढ़ाने में जुट गया'। कृष्ण कुमार के मुताबिक़ 'धर्मनिरपेक्षता के प्रति राज्य की वचनबद्धता इस प्रक्रिया में कोई रुकावट पैदा नहीं कर सकी, एक तो इसलिए क्योंकि हिंदुस्तानी का पक्ष पराजित हो चुका था, दूसरे इसलिए कि नौकरशाह और बौद्धिक अभिजन अंग्रेज़ी पर निर्भर बना रहा।' कृष्ण कुमार द्वारा किया गया यह पाठ समाज-विज्ञान के हल्कों में काफ़ी प्रभावशाली साबित हुआ है। वे इस पैरे को संस्कृतनिष्ठ हिंदी के समर्थकों की जीत मानते हुए निष्कर्ष निकालते हैं कि इसी पैरे के कारण हिंदी अपने सेकुलर स्वरूप हिंदुस्तानी से दूर और साम्प्रदायिक रुझान वाले संस्कृतनिष्ठ स्वरूप के नज़दीक होती चली गयी। हिंदू-राष्ट्रवादियों

[30] अनुच्छेद 351 के इस पाठ की तरफ़ मेरा ध्यान पहली बार तब आकर्षित हुआ जब ज़ाकिर हुसैन कॉलेज में इसी प्रश्न पर व्याख्यान देने के बाद मैं छात्रों और अध्यापकों के सवालों और टिप्पणियों का सामना कर रहा था. इस प्रश्नोत्तर सत्र के भागीदारों का मैं कृतज्ञ हूँ कि उनके कारण मेरा ध्यान संविधान में हिंदी से संबंधित मौन आग्रहों की तरफ़ गया.

ने उसे अपने स्वार्थ-चक्र का अंग बना लिया।[31]

अनुच्छेद 351 का एक तीसरा पाठ दलित चिंतक डॉ. धर्मवीर ने अपनी विख्यात रचना *हिंदी की आत्मा* में किया है। इस पुस्तक का सातवाँ अध्याय ('संविधान का अनुच्छेद 351 : हिंदी को वरदान') पूरा का पूरा इसी अनुच्छेद पर है जिससे निकलने वाली समझ कृष्ण कुमार के पाठ से एक़दम उलटी है। धर्मवीर के अनुसार, 'संविधान के इस अनुच्छेद को पढ़ने वाले लोगों को ध्यान रखना चाहिए कि यदि इसमें संस्कृत का विशेष रूप से नाम लेकर उल्लेख किया गया है, तो संस्कृत से पहले हिंदुस्तानी का भी विशेष रूप से नाम लेकर उल्लेख आया है। इसके सिवा जहाँ केवल संस्कृत से मात्र शब्द लेने की बात कही गयी है, वहाँ हिंदुस्तानी के रूप, शैली और पदावली तक को आत्मसात् करने की शर्त रखी गयी है। इससे पता चलता है कि हिंदी पहले हिंदुस्तानी के पास आती है, संस्कृत से अपना संबंध बहुत बाद में जोड़ती है। हिंदुस्तानी के बाद हिंदी को अन्य भारतीय भाषाओं के साथ मेलजोल बढ़ाना है।' धर्मवीर हिंदी के प्रश्न को साम्प्रदायिक बनाम सेकुलर की बहस के दायरे से बाहर उसके 'जीनियस' (इसे धर्मवीर हिंदी की आत्मीयता कहते हैं) के विकास की रोशनी में देखना चाहते हैं। धर्मवीर ख़ुद को रामविलास शर्मा और किशोरी दास वाजपेयी के भाषा-चिंतन की अगली कड़ी के रूप में पेश करते हुए इन्हीं दोनों विद्वानों की बात दोहराते हैं कि हिंदी संस्कृत की बेटी नहीं है, और उसे संस्कृत का मातहत बनाने की तमाम कोशिशों के बावजूद उसका विकास अपनी आत्मीयता के तहत ही हो रहा है।[32]

चौथा पाठ न्यायमूर्ति गोपाल राव एकबोटे की देन है। उन्होंने अपनी पुस्तक *राष्ट्र-भाषा विहीन राष्ट्र* में हिंदी को दो हिस्सों में बाँट कर देखने की वकालत की है। उनके मुताबिक़ एक हिंदी क्षेत्रीय भाषा है जो देश के एक बड़े हिस्से में बोली जाती है। लेकिन, संविधान जिस हिंदी की बात कर रहा है, वह कुछ दूसरी ही चीज़ है। यानी संविधान की आठवीं अनुसूची में अन्य भाषाओं के साथ जिस हिंदी का उल्लेख है, वह अनुच्छेद 351 में उल्लिखित हिंदी नहीं है। अनुसूची वाली हिंदी विकसित करने का काम राज्य सरकारों का है, और अनुच्छेद वाली हिंदी विकसित करने का काम भारतीय संघ का होना चाहिए। जस्टिस एकबोटे किसी भी भाषा की प्रकृति और स्वरूप को अलग-अलग करके देखने के तरफ़दार

---

[31] कृष्ण कुमार, 'हिंदी-हिंदू-हिंदुस्तान : विंध्य-गांगेय क्षेत्र में भाषा और शिक्षा', अभय कुमार दुबे (सम्पा.)(1993), वही. यह कृष्ण कुमार द्वारा अपने ही अंग्रेज़ी लेख का स्वयं किया हुआ कुछ संक्षिप्त अनुवाद है. पूरा लेख मूलतः *सोशल साइंटिस्ट* में प्रकाशित हुआ था.

[32] डॉ. धर्मवीर (1998), *हिंदी की आत्मा*, समता प्रकाशन, नयी दिल्ली.

हैं। अनुच्छेद 351 वाला पैरा हिंदी की जिस प्रकृति का ज़िक्र करता है वह उनके अनुसार हिंदी इलाक़े में प्रचलित हिंदी के स्वरूप से भिन्न है। एकबोटे दक्षिण भारतीय प्रदेशों को हिंदी सिखाने के पक्ष में हैं, पर वह एक नये क़िस्म की हिंदी होनी चाहिए जिसमें राष्ट्र-भाषा बन सकने की या तो विशेषताएँ होनी चाहिए या पैदा की जानी चाहिए। एकबोटे यह भी बताते हैं कि ये विशेषताएँ क्या हैं : सार्वदेशिकता, पुरातनत्व, सरल समावेशकता, भिन्न-भिन्न और अनेक स्रोतों से उसकी व्युत्पत्ति, उदारतावादी दृष्टिकोण, समन्वित संस्कृति की अभिव्यक्ति, क्षमता और बोधगम्यता। उनके मुताबिक़ ये विशेषताएँ उस हिंदी में नहीं हैं जो हिंदीभाषी प्रांतों में बरती जाती है।[33]

संविधान द्वारा निर्देशित 'राज-भाषा' हिंदी की निर्मिति के ये पाठ अलग-अलग समझ पर आधारित हैं। पहला पाठ दिखाता है कि हिंदी से संबंधित बहस में जानबूझ कर श्रेणियों का घालमेल किया जाता है, और इसका बढ़ावा ख़ुद संविधान-निर्माताओं की तरफ़ से आता है। राष्ट्र-भाषा की श्रेणी का इस्तेमाल किये बिना अनुच्छेद 351 'राज-भाषा' हिंदी पर राष्ट्र-भाषा या जन-भाषा या अखिल भारतीय सम्पर्क-भाषा बनने की असाधारण ज़िम्मेदारी डाल देता है। इसी के साथ-साथ यह अनुच्छेद हिंदी को साम्प्रदायिक और सामाजिक-सांस्कृतिक एकता का वाहक बनने का गुरुतर दायित्व विशेष रूप से प्रदान करता है। यह करामात किसी भाषाशास्त्री के बस की बात नहीं थी। इसे अंजाम तो केवल वे लोग ही दे सकते थे जिनकी आत्म-छवि राष्ट्र-निर्माता की थी और जो प्रस्तावित राष्ट्र की रचना के लिए किसी भी तरह की इंजीनियरिंग करने पर आमादा थे।

दूसरे पाठ की दिलचस्पी हिंदी को अखिल भारतीय सम्पर्क भाषा या राष्ट्र-भाषा बनाने के सवाल पर विचार करने में है ही नहीं। इसकी चिंताएँ हिंदी को एक ऐसी जन-भाषा के रूप में विकसित करने के इर्द-गिर्द गोलबंद हुई हैं जो हिंदी-क्षेत्र की वैचारिक, शैक्षिक, ज्ञानोपार्जन संबंधी, राजनीतिक और सामाजिक आवश्यकताओं को पूरा कर सके। जहाँ तक आलोचना का सवाल है, कृष्ण कुमार का पाठ सही लगता है। लेकिन, उनका विमर्श यह नहीं बताता कि जिस बोल-चाल की हिंदुस्तानी को वे सामासिक एकता के समानार्थक की तरह पेश

---

[33] गोपाल राव एकबोटे (1987), *राष्ट्रभाषा विहीन राष्ट्र*, अनु. खंडेराव कुलकर्णी, मैसर्स एकबोटे ब्रदर्स, हैदराबाद; डॉ. धर्मवीर ने एकबोटे के तर्कों की विस्तृत चर्चा अपनी पुस्तक में की है.

करते हैं, उसके साथ उच्च-शिक्षा और ज्ञान-विज्ञान के लिए विकसित किये जाने वाली हिंदी का समीकरण क्या होगा? इस प्रक्रिया में संस्कृत या फ़ारसी की क्या भूमिका होगी? सरोकार के लिहाज़ से देखा जाए तो कृष्ण कुमार के विचारों और धीरूभाई शेठ की हिंदी के प्रश्न पर विकसित की गयी थीसिस में कोई फ़र्क़ नहीं लगता। दोनों ही विद्वान हिंदी में ज़बरन ठूँसे गये संस्कृत के शब्दों और सरकार द्वारा चलाई गयी मानकीकरण की दोषपूर्ण परियोजना से असंतुष्ट हैं। लेकिन कृष्ण कुमार के विपरीत धीरूभाई पाठ्यक्रमीय हिंदी द्वारा साक्षर हुई नयी पीढ़ियों को हिंदी-प्रसार की एक ऐसी उपलब्धि के तौर पर देखते हैं जिसे नज़रअंदाज़ नहीं किया जाना चाहिए। धीरूभाई का विमर्श हिंदी को हाट-बाज़ार में बोली जाने वाली हिंदुस्तानी का पर्याय बना कर रख देने के सेकुलर आग्रह के प्रति सचेत करता है। वे मानते हैं कि अगर भाषा को उच्च-शिक्षा का वाहक बनाना है, अगर उसे परिष्कृत विमर्श का वाहक बनाना है, तो बोल-चाल की हिंदी और विमर्शी हिंदी में अंतर होगा। धीरूभाई को यह मानने में संकोच नहीं है कि हिंदी की औपचारिक शिक्षा एक औपचारिक स्वभाव की भाषा को जन्म देगी और केवल ऐसी ही भाषा उच्चस्तरीय लेखन का औज़ार बन सकती है। अगर हिंदी को सर्वसमावेशी बनना है, तो धीरूभाई के अनुसार वह संस्कृत के स्रोतों से ली जा सकने वाली पदावली की पूरी तरह उपेक्षा नहीं कर सकती।[34]

तीसरा पाठ एक ऐसे दलित बुद्धिजीवी की देन है जो भारतीय प्रशासनिक सेवा का अधिकारी भी है। सरकारी कामकाज की हिंदी के विकास से उनका सीधा संबंध है। धर्मवीर अपनी पुस्तक में ऐसे कई प्रमाण और तर्क जुटाते हैं जिनसे उस सरकारी हिंदी के विकास की जानकारी मिलती है जिसे लम्बे अरसे से उपहास और निंदा का शिकार होना पड़ा है। दलित होने के नाते धर्मवीर से हमें संस्कृत की सामाजिक भूमिका की कठोर आलोचना करने की उम्मीद होनी ही चाहिए। वे संस्कृत पठन-पाउन के शूद्र और स्त्री-निषेध को कई बार छील डालते हैं, लेकिन वे भी हिंदी के संस्कृत के पास जाने के सैद्धांतिक विरोधी नहीं हैं। यह मानते हुए कि हिंदी को संस्कृत की मदद लेनी होगी, वे इस प्रक्रिया के लिए एक व्यावहारिक मॉडल तजवीज़ करते हैं। इस मॉडल की झलक उनके इस सुझाव से मिल सकती है कि संस्कृत का व्याकरण कुछ भी आग्रह करता

---

[34] धीरूभाई शेठ (2009), 'भाषा विवाद बनाम लोकतंत्रीकरण : अंग्रेज़ी का वर्चस्व ख़त्म होना चाहिए, पर कैसे?' धीरूभाई शेठ , प्रस्तुति और सम्पादन : अभय कुमार दुबे, *सत्ता और समाज,* सीएसडीएस-वाणी, नयी दिल्ली : 321-350.

रहे, हिंदी को पाँच अक्षरों से ज़्यादा लम्बा शब्द बनाने से परहेज़ करना चाहिए।

चौथे पाठ के रचयिता जस्टिस एकबोटे दक्षिण भारतीय हैं, लेकिन उन्हें हिंदी को राष्ट्र-भाषा बनाने से कोई गुरेज़ नहीं है बशर्ते वह हिंदी एक नयी भाषाई इंजीनियरिंग के ज़रिये पैदा की जाए। उन्होंने राष्ट्र-भाषा बनने के लिए जो आठ ज़रूरतें बताई हैं, उनमें एक है सार्वदेशिकता और दूसरी है पुरातनत्व। मुश्किल यह है हिंदी तो एक नयी भाषा है जिसका जन्म और विकास भारतीय आधुनिकता के साथ ही हुआ है। उसमें पुरातनत्व केवल संस्कृत के साथ उत्तरोत्तर निकटता के ज़रिये ही आ सकता है। उन्होंने जिस सार्वदेशिकता की चर्चा की है, अगर वह अंग्रेज़ी के कॉस्मोपॉलिटनिज़म का अनुवाद नहीं है, तो फिर वह सार्वदेशिकता भी केवल संस्कृत के ही पास है। दरअसल, एकबोटे द्वारा बताई गयी ये दोनों खूबियाँ ग़ैर-हिंदीभाषी समाज-वैज्ञानिकों द्वारा हिंदी में संस्कृतनिष्ठता के विरोध पर की गयी आपत्ति की याद दिला देती हैं। कुछ वर्ष पहले रानीखेत में हुए एक वर्कशॉप में जिस समय मैं हिंदी की शब्दावली पर पड़े संस्कृत के प्रभाव को जनविरोधी बताने की कवायद में लगा हुआ था, दो ग़ैर-हिंदीभाषी समाज-वैज्ञानिकों ने मुझसे पूछा कि हिंदी में संस्कृतनिष्ठता का विरोध क्यों किया जाना चाहिए? इनमें से एक विद्वान मलयालमभाषी था और एक बांग्लाभाषी। उनका कहना था कि संस्कृतनिष्ठ शब्द जितने ज्यादा होंगे, बंगालियों और केरलवासियों को हिंदी उतनी ही रास आएगी।[35]

संविधान के भाषा-प्रसंग का एक पाँचवाँ पाठ भी है जो केवल अनुच्छेद 351 तक सीमित न रह कर संविधान-निर्माताओं के इरादे पर ही टिप्पणी करता है। बांग्लाभाषी क्षेत्र पर किये गये अपने अध्ययन के संदर्भ में सुदीप्त कविराज का विचार है कि संविधान-निर्माताओं की मंशाओं पर एक भाषा वाले युरोपीय राष्ट्र की आदर्श छवि हावी थी। युरोपीय एकभाषिता को भारत के लिए हानिकारक मानने के कारण उन्हें यह देख कर राहत सी महसूस होती है कि बिहार से पंजाब तक फैले विशाल हिंदीभाषी इलाक़े में भाषा के सवाल पर फूट पड़ जाने के कारण हमारे राष्ट्र को एक-भाषाभाषी बनाने का आंदोलन परवान नहीं चढ़ सका :

> उसकी कार्यवाही (संविधान सभा की) एक और विडम्बनापूर्ण तथ्य पर रोशनी डालती है : भारतीय बुद्धिजीवी वर्ग की समझ पर युरोपीय उदाहरण का कितना

[35] यह चर्चा गोपाल गुरु द्वारा 2003 में रानीखेत में आयोजित वर्कशॉप 'पॉलिटिकल थियरी ऑफ़ ह्यूमिलिएशन' के दौरान हुई. इन दोनों समाज-वैज्ञानिकों में से एक थामस पेंथम थे और दूसरे सुदीप्त कविराज.

गहरा असर था। ... यहाँ तक कि भाषाई मुद्दे पर नरमपंथी रवैया अख़्तियार करने वालों ने भी यह विचार मान लिया था कि एक सुदृढ़ और अनुलंघनीय राष्ट्रवाद की गारंटी केवल एक भाषाभाषी होने से ही हो सकती है। ... हिंदी की स्थिति संवैधानिक ढाँचे में विसंगतिपूर्ण बनी रही, क्योंकि वह बिहार से लेकर पंजाब के कुछ हिस्सों तक फैली हुई थी। इससे हिंदीवालों के बीच एक क़िस्म के हित-आधारित गठजोड़ के लिए शह मिल सकती थी, और चूँकि इनकी शक्तियाँ एक-दूसरे से मिल कर काफ़ी असरदार हो जातीं इसलिए उनके कारण संविधान सभा के भीतर हुए टकरावों की पुनरावृत्ति हो सकती थी। ... हिंदी के भीतरी मतभेदों से वे परिस्थितियाँ बनीं जिनका विरोधाभासी नतीजा नये राज्य के लिए लाभकारी निकला। अंग्रेज़ी को अनिवार्यतः प्रतिस्थापित करने वाली और भारत को एकभाषाभाषी युरोपीय राष्ट्र-राज्य जैसा बना देने वाली 'राष्ट्र-भाषा' के रूप में हिंदी की लामबंदी रफ़्तार नहीं पकड़ पाई। इसका कारण यह तय करने की मुश्किल में निहित था कि कौन सी हिंदी इससे मिलने वाले सार्वभौम लाभों को भोगेगी।[36]

कविराज का यह अवलोकन दोहरे सपाटपन की चुगली खाता है। युरोपीय विचारधाराओं और राष्ट्र-निर्माण संबंधी नज़ीरों से कौन अनुप्राणित नहीं था? भाषा-प्रसंग ही नहीं, संविधान-निर्माण के चप्पे-चप्पे पर इसकी छाप है। क्या एकभाषी राष्ट्रीयता ही युरोपीय नज़रिये की देन है, एकभाषी उपराष्ट्रीयता का विचार वहाँ से नहीं आया है? इसी लेख में दिये जा चुके एक संक्षिप्त विवरण से अंदाज़ा लग सकता है कि कांग्रेस ने बीस के दशक में भाषाई पहचानों के आधार पर अपना पुनर्गठन करने की रणनीति संस्कृत के किसी प्राचीन ग्रंथ को पढ़ कर नहीं निकाली थी। कविराज के अपने विमर्श में भी बंगाल की 'डायलेक्ट्स' तो मौजूद हैं, पर या तो वे 'लिम्पिड बंगाली' के रूप में हैं या 'फ़ोकिश' बंगाली के रूप में। किसी भाषा के आधुनिकीकरण की प्रक्रिया का आख्यान रचने की यह युक्ति युरोपीय नहीं तो क्या है?[37] पहले प्राक्-आधुनिक भाषाओं को 'डायलेक्ट' क़रार दे कर उन्हें कमतर दिखाना, और फिर उनके नाम व साहित्यिक-सांस्कृतिक पहचानें ग़ायब कर देना। यह कारीगरी करने के बजाय देखने की बात तो यह होनी चाहिए कि आम तौर पर युरोपीय उदाहरण को

---

36 कविराज, वही.

37 हिंदी को छोड़ कर शायद ही किसी भारतीय भाषा के आधुनिकीकरण का आख्यान रचते समय उसकी जनपदीय भाषाओं की चर्चा होती हो. जनपदीयता केवल हिंदी-क्षेत्र की ही खूबी नहीं है, बल्कि बांग्ला में बारिक, भटियारी, चिरमार, मलपहाड़िया, सामरिया, सराकी और सिरुपरिया, गुजराती में सौराष्ट्री, गामड़िया और खाकी; असमिया में झखा और मयांग; ओडिया में संभलपुरी और मुगरबंक्षी; मराठी में गवड़ी, कसारगोड़, कोस्ती, नागपुरी और कुडाली की भाषाई मौजूदगी उनकी जनपदीयता के प्रमाण हैं.

आदर्श मानने वाले संविधान-निर्माताओं ने देशी परिस्थितियों के लिहाज़ से कहाँ और कैसा नवाचार किया। संविधान का भाषा-प्रसंग इस नवाचार के बेहतरीन उदाहरणों में से एक है। मुंशी-आयंगार फारमूला तो इसका प्रकट परिणाम था। इसकी असली बुनियाद थी राष्ट्र-भाषा और राज-भाषा के प्रत्ययों को अलग-अलग कर देना और साथ ही आठवीं अनुसूची की किसी भाषा को राष्ट्र-भाषा का दर्जा न दे कर इसे भविष्य की सम्भावनाओं के हवाले कर देना। यह नवाचार इसलिए भी तारीफ़ के काबिल है कि संविधान सभा की पूरी बहस में राष्ट्र-भाषा और राज-भाषा के प्रत्यय इस क़दर परस्पर गुँथे हुए थे कि उन्हें अलग करना असम्भव सा था। लेकिन, आख़िर में जब भाषा-प्रावधानों के सूत्रीकरण की नौबत आई तो संविधान-निर्माता यह करने में सफल रहे। हम इस यथार्थ को भी नज़रअंदाज़ नहीं कर सकते कि संविधान-निर्माता जिस वैधता के आधार पर काम कर रहे थे वह उस उपनिवेशवाद विरोधी संघर्ष से प्राप्त की गयी थी जो भारतीय भाषाओं की उपेक्षा की कीमत पर राष्ट्र-भाषा / सम्पर्क-भाषा बनाने के हक़ में कभी नहीं था। संविधान में क्या मुखर था और क्या मौन; और उसने इस सिलसिले में भारतीय राज्य की सीमाएँ कहाँ निर्धारित की थीं, इसका एक बेहतरीन सूत्रीकरण खेर आयोग की रपट में मौजूद है :

> संविधान ने ख़ुद को देश के सरकारी कामकाज में अंग्रेज़ी की जगह भारतीय भाषाई माध्यम की स्थापना तक सीमित रखा है। लेकिन गतिविधियों के कुछ दूसरे भीतरी क्षेत्र भी हैं जिन्हें 'राष्ट्रीय जीवन का प्राइवेट सेक्टर' कहा जा सकता है जिसके साथ सर्व-भारतीय स्तर की अन्योन्यक्रिया के लिए किसी एक भाषाई माध्यम का बेहद अहम सवाल जुड़ा हुआ है। इन क्षेत्रों के लिए किसी ख़ास भाषाई नीति के संदर्भ में क़ानून बनाने की गुंजाइश लगभग न के बराबर ही है। इस सिलसिले में भाषाई विन्यास को लोगों के स्वयंसेवी चयन और परिस्थितिजन्य आवश्यकता व अवसरों के मुताबिक़ विकसित होने के लिए पूरी आज़ादी मिलनी चाहिए। संघीय भाषा और क्षेत्रीय भाषाओं के विकास हेतु उठाए जाने वाले ज़रूरी क़दमों के बाद यह क्षेत्र विभिन्न भाषाई माध्यमों के लिए खुला छोड़ दिया जाना चाहिए ताकि वे विभिन्न दायरों में मिलने वाले अवसरों और आवश्यकताओं के तहत अपना उपयुक्त विस्तार कर सकें, और इसी प्रक्रिया के ज़रिये सभी के लिए एक भाषाई संतुलन उपलब्ध किया जा सके।[38]

कविराज के अवलोकन सपाटपन का दूसरा पहलू सम्भवत: आज़ादी के बाद हिंदी-क्षेत्र में चल रही बहसों की नाजानकारी से निकला है। पचास के दशक में ही संस्कृतनिष्ठता के पैरोकारों ने अपनी सारी कारगुज़ारियाँ पूरी कर

[38] ऑफ़िशियल लैंग्वेज कमीशन, 1955— रिपोर्ट, सुरेश कुमार शर्मा, वही, खण्ड 2 : 59.

ली थीं। हिंदी के लगभग सभी प्रतिष्ठित साहित्यकारों, कोशकारों, भाषाशास्त्रियों द्वारा उनकी तजवीज़ें और उनके बनाये हुए अटपटे शब्द ख़ारिज भी कर दिये गये थे। यह कहना गलत होगा कि हिंदी को उत्तरोत्तर तत्सम और क्लिष्ट बनाने की परियोजना पूरी तरह से निष्प्रभावी हो चुकी थी, क्योंकि सरकारी इदारों और उनसे लाज़िमी तौर पर प्रभावित होने वाले शिक्षा एवं ज्ञान रचना के क्षेत्रों में उसकी विकृतियाँ अभी भी गुल खिला रही थीं। लेकिन इस हक़ीक़त को भी नज़रअंदाज़ नहीं किया जा सकता कि हिंदी की दुनिया में एक 'पॉवर-शिफ़्ट' घटित हो चुका था। इस परिवर्तन की बुनियाद में संस्कृतनिष्ठता के दुराग्रह से हिंदी के जीनियस को बचाने का वह अभूतपूर्व संघर्ष था जिसकी शुरुआत महावीर प्रसाद द्विवेदी 1907 में ही कर चुके थे :

> हिंदी व्याकरण पर चाहे जितना ध्यान दीजिए, उसका चाहे जितना विचार कीजिए, संस्कृत का प्रभाव आपको उसमें बहुत कम ढूँढे मिलेगा। ... कोई कारण नहीं कि जब तक बोलचाल की भाषा के शब्द मिलें, संस्कृत के कठिन तत्सम शब्द क्यों लिखे जाएँ? घर शब्द क्या बुरा है जो 'गृह' लिखा जाए? क़लम क्या बुरा है जो लेखनी लिखा जाए? ऊँचा क्या बुरा है जो उच्च लिखा जाए? ... जो संस्कृत भाषा हज़ारों वर्ष पहले बोली जाती थी उसे मिलाने की कोशिश करके अपनी भाषा के स्वाभाविक विकास को रोकना बुद्धिमानी का काम नहीं। स्वतंत्रता सबके लिए एक सी लाभदायक है। कौन ऐसा आदमी है जिसे स्वतंत्रता प्यारी न हो? फिर क्यों हिंदी से संस्कृत की पराधीनता भोग कराई जाए? क्यों न वह स्वतंत्र कर दी जाए? संस्कृत, फ़ारसी, अंग्रेज़ी आदि भाषाओं के जो शब्द प्रचलित हो गये हैं उनका प्रयोग हिंदी में होना ही चाहिए। वे सब अब हिंदी के शब्द बन गये हैं। उनसे घृणा करना उचित नहीं। ... काशी के कुछ लोग हिंदी की क्लिष्टता बहुत बढ़ा रहे हैं। वहाँ संस्कृत की चर्चा अधिक है। इस कारण संस्कृत का प्रभाव हिंदी पर पड़ता है। काशी में किसी-किसी को उच्च भाषा लिखने का अभिमान है। यह उनकी नादानी है। यदि हिंदी का कोई शब्द न मिले तो संस्कृत का शब्द लिखने में हानि नहीं, पर जानबूझ कर भाषा को उच्च बनाना हिंदी के पैरों में कुल्हाड़ी मारना है।[39]

हिंदी में उर्दू के आमफ़हम लफ़्ज़ों और जनपदीय भाषाओं की विपुल शब्द-सम्पदा की उपेक्षा करके संस्कृतपरक तत्समता लाने की कड़ी आलोचना करने वाला विपुल साहित्य हिंदी में विद्यमान है जिसके आधार पर इस भाषा के आत्म-संघर्ष का दिलचस्प आख्यान लिखा जा सकता है।[40] व्यावहारिक

---

[39] महावीर प्रसाद द्विवेदी (2001), *हिंदी भाषा की उत्पत्ति,* अनंग प्रकाशन, नयी दिल्ली.

[40] हिंदी में संस्कृतनिष्ठता के प्रकोप का रोना बहुत रोया जाता है, पर न तो उसके स्रोतों को रेखांकित करने की कोशिश की जाती है, और न ही इस आग्रह के ख़िलाफ़ हिंदी में चले उस संघर्ष पर निगाह डाली जाती

स्थिति यह थी कि साठ के दशक की एक़दम शुरुआत में तत्समता की ज़िद करने के कारण हिंदुत्ववादी राजनीति का स्वाभाविक मित्र[41] प्रतीत होने वाला हिंदी-अभिजन तिरोहित हो चुका था। उसके अवशेषों के पास सोशल सेक्टर में हिंदी का नेतृत्व करने की क्षमता नहीं बची थी। उसकी जगह एक नये सांस्कृतिक अभिजन ने ले ली थी जिसकी नुमाइंदगी राहुल सांकृत्यायन, रांगेय राघव, रामविलास शर्मा और शिवदान सिंह चौहान जैसे घोषित मार्क्सवादी कर रहे थे। हिंदी की आधुनिक काव्य-संरचना भी छायावाद की कोमलकांत पदावली की गिरफ़्त से निकल कर सरल-सुबोध भाषा का दामन पकड़ चुकी थी। हिंदुस्तानी की भाषाई खूबियाँ इस नयी हिंदी ने आत्मसात् कर ली थीं। हिंदुस्तानी और हिंदी का विभाजन दूर-दूर तक लापता था। क्या हिंदी के इन दोनों रूपों की इस एकता का परिणाम सारे देश पर एक भाषा लादने की मुहिम में निकलना लाज़िमी था? क्या हिंदी इलाक़ा अपनी शक्तियों का मिला-जुला इस्तेमाल करके राष्ट्रीय एकता को संकटग्रस्त करने वाला था? खुले तौर पर वामपंथी रुझानों से लैस हिंदी के बुद्धिजीवियों के इरादों का मुज़ाहिरा उनके बीच होने वाली बहस के इस टुकड़े से किया जा सकता है :

संविधान में हिंदी को राज-भाषा का पद दिया गया है, किंतु इस राज-भाषा का

है जो अंत में विजयी साबित हुआ. संस्कृनिष्ठता के स्रोतों के बारे में एक दिलचस्प तर्क के लिए देखें : नरेश प्रसाद भोक्ता (2001), 'औपनिवेशिक भारत में लोकभाषा और लिपियाँ', रमाकांत अग्निहोत्री और संजय कुमार (सम्पा.) (2001), *भाषा, बोली और समाज : एक अंत:संवाद*, देशकाल प्रकाशन, नयी दिल्ली : 18-33; भोक्ता का अनुसंधान बताता है कि हिंदी पर संस्कृत के तत्सम रूप लादने का सिलसिला औपनिवेशिक काल से शुरू हुआ और उसमें अंग्रेज़ विद्वानों ने विशेष भूमिका निभाई. भोक्ता यह भी कहते हैं कि शुरुआत में बंगालियों ने हिंदी का खूब प्रचार किया. उन्होंने इस भाषा में संस्कृतनिष्ठता को जम कर प्रोत्साहित किया, क्योंकि ख़ुद उनकी भद्रलोक बांग्ला ख़ासी संस्कृतनिष्ठ थी. इस सिलसिले में सुनीति कुमार चाटुर्ज्या के विचार अपने-आप में मिसाल हैं. वे हिंदी के समर्थक थे, पर उस हिंदी के जिसे उनके विचार से अनिवार्य तौर पर संस्कृतनिष्ठ होना था. आगे चल कर चाटुर्ज्या ने ही संस्कृत आयोग की बागडोर सँभाली. हिंदी में संस्कृतनिष्ठता के आग्रह के ख़िलाफ़ आवाज़ सबसे पहले आधुनिक हिंदी के निर्माता महावीर प्रसाद द्विवेदी ने 1907 में उठाई थी. हिंदी को संस्कृत से स्वतंत्र भाषा साबित करने के अन्य प्रयासों के लिए देखें वाणी द्वारा 2010 में प्रकाशित *किशोरी दास वाजपेयी रचनावली*, और रामविलास शर्मा, भोलानाथ तिवारी और धर्मवीर का साहित्य.

[41] जिन लोगों को आम तौर पर हिंदी फ़ैनेटिक और हिंदुत्ववादियों का स्वाभाविक मित्र कहा जाता है, वे कांग्रेस की भीतरी राजनीति में वामपंथी भूमिका निभाते थे. इनमें प्रमुख थे पुरुषोत्तम दास टंडन, सम्पूर्णानंद, अलगू राय शास्त्री और श्री प्रकाश जो कांग्रेस सोशलिस्ट पार्टी के सदस्य थे. ये लोग घोषित रूप से समाजवादी विचारधारा से प्रतिबद्ध थे. इन हस्तियों द्वारा हिंदू मुहावरे के इस्तेमाल के एक नफ़ीस विश्लेषण के लिए देखें : विलियम गोल्ड (2002), 'कांग्रेस रैडिकल्स ऐंड हिंदू मिलिटेंसी : सम्पूर्णानंद ऐंड पुरुषोत्तमदास टंडन इन द पॉलिटिक्स ऑफ़ द यूनाइटेड प्रॉविंस, 1930-1947', *मॉडर्न एशियन स्टडीज़*, खण्ड 36, अंक 3, जुलाई : 619-655.

> कार्यक्षेत्र क्या है ? अंग्रेज़ी ने राज-भाषा बन कर प्रादेशिक भाषाओं के बहुत से अधिकार छीन लिए थे। विभिन्न राज्यों को स्वायत्त शासन के काफ़ी अधिकार दिये बिना अंग्रेज़ी की जगह हिंदी को देने का मतलब है, दूसरी भाषाओं के अधिकार नियंत्रित करना। ... अपने-अपने प्रांतों में प्रादेशिक भाषाएँ ज्ञान-विज्ञान और राजकाज की भाषाएँ बन जाएँगी, तभी हिंदी सचमुच राष्ट्र-भाषा बनेगी।[42]

रामविलास शर्मा अपने विमर्श में बार-बार अनिवार्य राज-भाषा और राज-भाषा की अवधारणाओं में फ़र्क़ करते हैं। राज-भाषा उनके लिए आवश्यकता है, पर अनिवार्य राज-भाषा एक जन-विरोधी और राष्ट्र-विरोधी तर्क है। वे 1949 से ही प्रगतिशील लेखक संघ और कम्युनिस्ट पार्टी के प्रकाशनों में इस सवाल पर बहस चला रहे थे। पचास के दशक में कई राज्यों की विधान सभाओं ने राज-भाषा क़ानून पारित कर लिए थे, फिर भी उनके सरकारी कामकाज और शिक्षा पर हावी अंग्रेज़ी को हटाया नहीं जा सका था। हिंदीभाषी क्षेत्र में भी यही स्थिति थी। दूसरी तरफ़ राहुल सांकृत्यायन और शिवदान सिंह चौहान की कोशिश यह थी कि हिंदी और इस क्षेत्र की जनपदीय भाषाओं के बीच संबंधों को फिर से निर्धारित किया जाए। ज़ाहिर है कि बहस हिंदी बनाम हिंदुस्तानी के दायरे से बाहर और सारे देश पर संख्या-बल के दम पर एक भाषा थोपने के दुराग्रह से मुक्त हो कर किसी और धरातल पर चल रही थी। हिंदी जगत में दक्षिणपंथी और हिंदुत्ववादी स्वर इस समय तक बहुत कमज़ोर हो चुके थे।

इस पृष्ठभूमि में देखने पर साफ़ हो जाता है कि आज़ादी के बाद भारतीय राज्य द्वारा किये गये भाषा-नियोजन[43] की कहानी युरोप से अलग होनी ही थी। यहाँ यह साफ़ कर देना ज़रूरी है कि भाषा-नियोजन केवल युरोपीय ही नहीं,

---

[42] रामविलास शर्मा, *भारत की भाषा समस्या,* वही : 105.

[43] यह मानना ग़लत होगा कि भारतीय राज्य सचेत रूप से भाषा-नियोजन की किसी धारणा पर चल रहा था. भाषा-नियोजन शब्द का पहली बार प्रयोग 1953 में उरील वाइनरीख़ ने किया था. 1959 में नार्वे की भाषा-समस्या का विश्लेषण करते हुए इस पद का उल्लेखनीय इस्तेमाल किया गया. 1966 से यह प्रतिमान विकासशील देशों की भाषा-समस्या के लिए प्रयुक्त होने लगा. जबकि भारत में राष्ट्र-निर्माण के लिए भाषा के इस्तेमाल का इतिहास कम से कम सौ साल पुराना है. हालाँकि यह माना जा सकता है कि 1950 के बाद भारतीय राज्य ने जिस तरह से केंद्रीय और क्षेत्रीय स्तरों पर राज-भाषाओं को गढ़ने की परियोजना चलाई, उसके कई पहलू भाषा-नियोजन की प्रचलित धारणा से मिलते-जुलते हैं, लेकिन कुछ अहम पहलू अलग भी हैं. भाषा-नियोजन पर विपुल साहित्य उपलब्ध है. उदाहरण के लिए : जोशुआ फ़िशमैन (1971), 'नैशनलिज़्म ऐंड लैंग्वेज प्लानिंग इन नाइंटींथ सेंचुरी युरोप ऐंड ट्वेंटियथ सेंचुरी एशिया ऐंड अफ्रीका', जे. रूबिन और बी. जेरनड (सम्पा.), *कैन लैंग्वेज बी प्लांड ?,* ईडब्ल्यूसी प्रेस, होनोलूलू; और जोशुआ फ़िशमैन (1973), 'लैंग्वेज मॉडर्नाइज़ेशन ऐंड प्लानिंग इन कम्परीज़न विद अदर टाइप्स ऑफ़ नैशनल मॉडर्नाइनज़ेशन ऐंड प्लानिंग', *लैंग्वेज इन सोसाइटी,* खण्ड 2, अंक 1, अप्रैल : 23-43.

बल्कि एशियाई परिघटना (जापान, चीन, थाइलैण्ड, इंडोनेशिया, मलेशिया) भी है। राष्ट्र और राज्य-निर्माण के प्रश्नों पर गाँधी और नेहरू में जो भी मतभेद रहे हों, पर भाषा-नियोजन की ज़रूरतों के मामले में दोनों में एकता प्रतीत होती है। नेहरू की सरकार ने तो भाषा-नियोजन का नेतृत्व किया ही, गाँधी भी भाषा-नियोजन को एक उपयोगी उपकरण की तरह देखते थे। उन्होंने पश्चिमी प्रभुत्व का मुक़ाबला करते हुए जापान द्वारा किये गये भाषा-नियोजन की सराहना की थी। 1942 में गाँधी ने कहा था कि जापानी भाषा के मामले में 'अपनी ऊर्जा का अपव्यय नहीं करते। जिन्हें पश्चिमी भाषाएँ सीखनी होती हैं, वे सीखते हैं ताकि जापानी चिंतन को उन पहलुओं से समृद्ध कर सकें जो केवल पश्चिम से ही मिल सकते हैं ... उनकी तेज़ प्रगति का कारण युरोपीय शैली की शिक्षा को कुछ लोगों तक सीमित करना और जापानियों के बीच नये ज्ञान को अपनी मातृ-भाषा में फैलाना था।'[44] अपने तमाम अधकचरेपन और गड़बड़ियों के बावजूद भारत का भाषा-नियोजन युरोपीय देशों में किये गये भाषा-नियोजन की नकल में चलाई गयी मुहिम नहीं था।

युरोप के लिहाज़ से भारतीय राज्य को अपना भाषा नियोजन तीन चरणों में करना चाहिए था। भाषा-नियोजन का सिद्धांत बताता है कि एक बहुभाषी नज़ारे में विभिन्न भाषाएँ राज्य की मान्यता के लिए संघर्ष करती हैं और राज्य थोड़े-बहुत हीले-हवाले के बाद उन्हें यह मान्यता दे देता है। लेकिन मान्यता देने की इसी प्रक्रिया में वह अपना सुसंगतीकरण (रैशनलाइज़ेशन) करने की खातिर राष्ट्रवाद की प्रौद्योगिकी का इस्तेमाल करके किसी एक भाषा को 'फर्स्ट अमंग ईक्वल्स' के दर्जे पर बैठा देता है। इस चरण को मल्टीलिंगुअलिज़्म का नाम दिया गया है। इसके बाद दूसरे चरण की लम्बी प्रक्रिया शुरू होती है जिसमें क़ानूनी और सांस्कृतिक प्रौद्योगिकियों के ज़रिये उस भाषा को दूसरे भाषाभाषी समूहों के गले उतारने का अभियान चलाया जाता है। इस चरण को लैंग्वेज रैशनलाइज़ेशन कहा जाता है। दूसरा चरण जिस समय अपने परिपक्व दौर में पहुँच रहा होता है, उसी दौरान लोकतांत्रिक राज्य एक भाषा के पक्ष में किये जा रहे लैंग्वेज रैशनलाइज़ेशन के कारण दूसरी भाषाओं को हो रहे नुकसान की भरपाई करने के लिए लैंग्वेज मेंटीनेंस के क़दम उठाता है जिसके तहत पिछड़ रही भाषाओं को केंद्र करके राज्य द्वारा प्रोत्साहन की मुहिमें चलाई जाती हैं। भाषा-नियोजन का यह पैटर्न फ्रांस, इंग्लैण्ड, स्पेन, जर्मनी, जापान, थाइलैण्ड और चीन

---

[44] खेर आयोग की रपट में पृष्ठ 26 पर उद्धृत, बी.जी. खेर (1956), *रिपोर्ट ऑफ़ द ऑफ़िशियल लैंग्वेज कमीशन*, गवर्नमेंट ऑफ़ इण्डिया प्रेस, नयी दिल्ली.

जैसे देशों में कामयाब होते हुए देखा जा सकता है। बहुभाषी होने के बावजूद इन देशों में राज्य की ताक़त भाषाई संस्कृतियों की बहुलता पर एक भाषा और एक लिपि आरोपित करने में सफल रही।

इस काम में वहाँ के शासकों को राज्य-सुसंगतीकरण के अन्य पहलुओं (जैसे, एक मुद्रा, पूरे देश में फ़ौज में भर्ती के एक ही मानक और एक ही धर्म) पर होने वाले ख़र्च से भी कम संसाधन ख़र्च करने पड़े। इन कोशिशों का बहुत मामूली सा ही विरोध हुआ और थोड़े-बहुत हीले-हवाले के बाद विभिन्न भाषाई पहचानें और उनकी नुमाइंदगी करने वाले क्षेत्रीय अभिजन सरकारी भाषा सीखने की ज़िम्मेदारी उठाने के लिए तैयार हो गये। इन देशों ने जो भाषाई एकरूपता हासिल की, वह एक जटिल राजनीतिक, सामाजिक और आर्थिक शक्तियों की अन्योन्यक्रिया का परिणाम थी।[45] लेकिन, भारत एक अलग तरह का देश था। उपनिवेशवाद विरोधी संघर्ष के दौरान यहाँ का राष्ट्रवाद उपराष्ट्रीयताओं के उन बेहद प्रभावी घटकों से मिल कर बना था जो सांस्कृतिक स्वायत्तता के प्रबल दावेदार थे। औपनिवेशिक प्रभुओं की कारिस्तानी के कारण यहाँ का अभिजन दो खानों में बँटा हुआ था : राजनीतिक और नौकरशाह। राजनीतिक अभिजन की बुनियाद उपनिवेशवाद के ख़िलाफ़ संघर्ष के आधार पर पड़ी थी, और नौकरशाह अभिजन की बुनियाद उपनिवेशवाद की सेवा के लिए डाली गयी थी।[46] ज़ाहिर है कि यहाँ भाषा-नियोजन की विधि और उसके परिणाम युरोप और एशिया के अन्य देशों से भिन्न होने लाज़िमी थे।

उपनिवेशवाद विरोधी आंदोलन के नेतृत्व और संविधान-निर्माताओं की भाषाई राजनीति में कई अंतर्विरोध थे जिनमें से कुछ इस लेख के पहले खण्ड में रेखांकित भी किये गये हैं। लेकिन उनके दृष्टिकोण पर यह आरोप लगाना पूरी तरह से नाजायज़ है कि वे पूरे देश पर एक भाषा थोपना चाहते थे। क्या गाँधी और संविधान-निर्माता तमिल, तेलुगु, बांग्ला, गुजराती और मराठी जैसी भाषाओं

---

[45] डेविड डी. लाइटिन (1988), 'लैंग्वेज गेम्स', *कम्परेटिव पॉलिटिक्स,* खण्ड 20, अंक 3, अप्रैल : 289-302.

[46] भाषा के संदर्भ में भारतीय अभिजन के श्रेणीगत विश्लेषण और उनके रवैये के लिए देखें : डेविड डी. लाइटिन (1989), 'लैंग्वेज पॉलिसी ऐंड पॉलिटिकल स्ट्रैट्जी इन इण्डिया', *पॉलिसी साइंसिज़,* विशेषांक : पॉलिसी मेकिंग इन डिवेलपिंग कंट्रीज़, खण्ड 22, अंक 3/4 : 415-436.

को ख़त्म करना चाहते थे? क्या इसीलिए उन्होंने पंद्रह साल के भीतर अंग्रेज़ी की जगह हिंदी लाने का प्रावधान किया था? दरअसल, भाषा-चिंतन की इस उलझन का स्रोत राष्ट्र-भाषा की युरोपीय धारणा के बरक्स राष्ट्र-भाषा की भारतीय धारणा न समझ पाने में निहित है।[47] युरोपीय क़िस्म की राष्ट्र-भाषा का संदर्भ एकभाषिता आरोपित करने का है, जबकि भारतीय क़िस्म की राष्ट्र-भाषा का संदर्भ बहुभाषिता क़ायम रखने का है। इसीलिए गाँधी की भाषा नीति का मर्म केवल यह नहीं था कि हिंदुस्तानी या हिंदी को एक अखिल भारतीय भाषा के रूप में विकसित किया जाना चाहिए। ऐसा कहना तो एक अधूरा सत्य होगा। इस संबंध में गाँधी के निर्देश और उनके मुताबिक़ की गयी उनकी अपील स्पष्ट थी : हिंदी के साथ-साथ सभी क्षेत्रीय भाषाओं के आधुनिकीकरण और विकास की मुहिम चलाई जानी चाहिए।[48] इस मुहिम की शुरुआत के लिए हिंदी और अन्य भाषाई अभिजनों ने आज़ादी मिलने का इंतज़ार नहीं किया। जब स्वाधीनता मिलने की नौबत आई, ये भाषाएँ आधुनिकीकरण और विकास के रास्ते पर काफ़ी आगे बढ़ चुकी थीं। उनके साहित्यिक और राजनीतिक दायरों की आत्म-छवि का निर्माण हो चुका था। इसलिए आधुनिक भारतीय राज्य को अपना भाषा-नियोजन अलग-अलग चरणों में करने के बजाय एक साथ करना पड़ा। भारतीय संघ के स्तर पर भी भाषा-नियोजन हुआ, और राज्यों के स्तर पर होने वाला भाषा-नियोजन उसके मातहत नहीं था बल्कि वहाँ के भाषा-नियोजनों के केंद्र में क्षेत्रीय भाषाएँ थीं।

इसी मुक़ाम पर यह जाँच कर लेना भी ज़रूरी है कि नागरिकता का वह कौन सा आदर्श भाषाई रूप था जिसे यह नियोजन हासिल करना चाहता था। भारतीय अभिजन के पास न तो युरोप जैसा एक भाषाभाषी राज्य बनाने का

---

[47] भाषा-नियोजन के भारतीय पहलुओं और बहुभाषी संदर्भ में पश्चिम से उनकी भिन्नता के परिप्रेक्ष्य के लिए देखें : उदय नारायण सिंह (1992), *ऑन लैंग्वेज डिवेलपमेंट ऐंड प्लानिंग : ए प्लूरलिस्टिक पैराडाइम*, आईआईएस, शिमला और मुंशीराम मनोहरलाल, नयी दिल्ली.

[48] भारतीय भाषाओं के विकास पर गाँधी का ज़ोर तो जाना-माना है. ग़ैर-हिंदीभाषी इलाक़ों में हिंदी के प्रचार-प्रसार की अगुआई करते हुए उन्होंने यह साफ़ करने में कभी कोताही नहीं की कि इन क्षेत्रों में हिंदी की भूमिका ज़्यादा से ज़्यादा पूरक ही हो सकती है. औपनिवेशिक दौर में कांग्रेस की अधिकारिक नीति को भी इसका श्रेय दिया जाना चाहिए. हिंदुस्तानी को राष्ट्र-भाषा बनाने के नाम पर कांग्रेस के नेताओं ने क्षेत्रीय भाषाओं के विकास को प्रोत्साहन देने में कभी कोताही नहीं की. 1928 की नेहरू कमेटी रपट में सिफ़ारिश की गयी थी कि प्रांतों का गठन भाषाई आधार पर किया जाए ताकि उनका कामकाज उनकी क्षेत्रीय भाषाओं में किया जा सके.

विकल्प उपलब्ध था, और न ही वह ऐसा राज्य बनाना चाहता था। नेहरू वग़ैरह के सामने सिर्फ़ दो तरह के भाषाई भारत में से किसी एक को चुनने का मौक़ा था, और ये दोनों बहुभाषिता की ही दो क़िस्में थीं। पहली क़िस्म ऐसे राज्यों की रचना की तरफ़ ले जाती थी जो भाषाई लिहाज़ से मिली-जुली आबादी वाले होने थे, और दूसरी क़िस्म ऐसे राज्यों की रचना का आग्रह करती थी जिनमें किसी एक भाषा की प्रधानता होनी थी लेकिन दूसरी भाषाएँ अल्पसंखयक के रूप में मौजूद रहनी ही थीं। राज्य दोनों में से किसी भी तरह भी बनते, उन्हें आपस में प्रशासनिक रूप से जोड़ने के लिए एक राज-भाषा की ज़रूरत थी और यह आग्रह युरोपीय नहीं था। राज्य-रचना के युरोपीय मानकों के प्रभावी होने से पहले भी तरह-तरह के राज्य किसी न किसी भाषा को राज-भाषा बनाते आ रहे थे। कहीं वह किसी अल्पसंख्यक शासक समुदाय की भाषा होती थी। कहीं-कहीं शासकगण अपनी मातृभाषा की उपेक्षा करके किसी अन्य भाषा को राज-भाषा बनाते थे। कहीं बहुसंख्यकों की भाषा को यह मौक़ा मिलता था। अर्थात् राज-भाषा चुनने का कोई सार्वभौम नियम नहीं था। ऐसे देशों की भी कमी नहीं है जहाँ एक से अधिक भाषाओं को राज-भाषा का दर्जा दिया गया है।[49] आधुनिक युग में जब राज्य और राष्ट्र का युग्म बना तो प्रशासनिक एकता को राष्ट्रीय एकता का नाम दिया जाने लगा। राजशाही के बाद उभरे राष्ट्र-राज्यों की वैधता का स्रोत जनता में देखा जाने लगा, और इस तरह राष्ट्र-राज्यों का युग लोकतंत्र का युग भी बन गया। भारतीय राज्य की संकल्पना भी लोकतंत्र के रूप में ही की गयी थी। इसलिए अंतर-प्रांतीय संवाद-सहयोग की भाषा या व्यापक संचार की भाषा को महज प्रशासनिक उपादान के बजाय सांस्कृतिक उपादान के रूप में भी देखने को युरोपीय नकल नहीं माना जा सकता। इस सांस्कृतिक औज़ार को पहले से मौजूद समृद्ध भाषाई संस्कृतियों के बीच सम्पर्क-सूत्र की भूमिका निभानी थी, इसीलिए भारतीय संदर्भ में राष्ट्र-भाषा का विचार सम्पर्क-भाषा के रूप में ग्रहण किया गया है। युरोप का एकभाषीपन वहाँ की बहुभाषिता को जबरिया किये गये समरूपीकरण या क्रमश: आत्मसातीकरण के ज़रिये निगल लेने की प्रक्रिया का फल है, जबकि भारत जैसे देश में देशी जड़ों

[49] पाकिस्तान ने उर्दू को अपनी राज-भाषा बनाया, बावजूद इसके कि वहाँ केवल 17 फ़ीसदी लोग उर्दू बोलने वाले थे. भारत में भी किसी भी भाषा को पचास फ़ीसदी से ज़्यादा लोग नहीं बरतते हैं. सिंगापुर में मंडारिन, अंग्रेज़ी, मलय और तमिल को राज-भाषा का दर्जा है. बेलिजे में अंग्रेज़ी, स्पेनिश, मय और कैरिब को राज-भाषा माना गया है. तीन से अधिक भाषाओं को राज-भाषा बनाने वाले अन्य देश हैं : स्विटज़रलैण्ड, पेरू और बोलीविया.

वाली व्यापक संचार की भाषा विकसित करने का उद्यम उपनिवेशवाद विरोधी राष्ट्रीयता और बहुलवाद क़ायम रखते हुए एकजुटता प्राप्त करने की कामना के गर्भ से निकला है। सारे भारत में एक लिंग्वा-फ्रांका या जन-भाषा या सम्पर्क-भाषा या राष्ट्र-भाषा की धारणा युरोपीय क़िस्म की राष्ट्र-भाषा जैसी नहीं है। द्विभाषिता और त्रिभाषिता के बीच राष्ट्र-भाषा की भूमिका एकभाषिता के आग्रह के साथ स्थापित की जाने वाली राष्ट्रभाषा से अलग समझी जानी चाहिए, और उसके कारगर होने की कसौटियाँ भी उसी के मुताबिक़ निर्धारित की जानी चाहिए।

देश के आंतरिक मानचित्र की भाषाई रूपरेखा के सवाल पर नेहरू वग़ैरह की भाषाई उलझन समझने का विश्लेषणात्मक परिप्रेक्ष्य भी यही होना चाहिए। आज़ादी मिलने से पहले ही कांग्रेस का केंद्रीय नेतृत्व अलग-अलग भाषाई पहचानों की प्रबलता के कारण राष्ट्रीय एकता की सम्भावना पर पड़ सकने वाले नुकसानदेह असर से चिंतित हो गया था। आज़ादी के तुरंत बाद कांग्रेस नेतृत्व के सामने केंद्रीय प्रश्न यह था कि बहुभाषिता के नज़ारे में भारतीयता का विचार कैसे पनपे? इसके दो ही तरीक़े हो सकते थे : उपराष्ट्रीय स्तर पर किसी प्रधान भाषा को दी गयी मान्यता के तहत बहुभाषिता क़ायम रखना या किसी एक भाषा को प्रधानता दिये बिना बहुभाषिता बनाये रखना। इन दोनों में से बेहतर तरीक़े का चुनाव करने के लिए 1948 में न्यायमूर्ति एस.के. डार की अध्यक्षता में राष्ट्रीय एकता और सक्षम प्रशासन की गारंटी करने के लिए संविधान सभा का एक आयोग बनाया गया। दूसरा आयोग कांग्रेस ने ख़ुद गठित किया जिसकी मिलीजुली बागडोर नेहरू, पटेल और सीतारमैया के हाथ में रही। आयोगों की रपट ने शासक अभिजन के इस डर को और बढ़ा दिया कि भाषाई आधार पर राज्यों का पुनर्गठन एकता के बजाय फूट को ही बढ़ावा देगा। आयोगों का कहना था कि भाषाई एकरूपता के आधार पर राज्यों की चौहद्दी तय करने से नये राज्यों की सीमाओं में नये-नये भाषाई अल्पसंख्यक समूह पैदा हो जाएँगे। आबादी के भाषाई विन्यास को देखते हुए यह दलील आधारहीन नहीं थी। आयोगों ने अपने इस निष्कर्ष के पक्ष में बहुत से तर्क और तथ्य जुटाए जिनकी चर्चा आम तौर से समाज-वैज्ञानिकों के बीच नहीं होती और सीधे-सीधे यह आरोप लगा दिया जाता है कि तत्कालीन सरकार भाषाई आधार पर राज्यों की रचना के अपने पुराने वायदे को भूल गयी। दरअसल, इन्हीं आयोगों की सिफ़ारिशों के आधार पर सरकार ने एकभाषाभाषी राज्यों के बजाय बहुभाषी राज्यों का पक्ष लिया।

संविधान पारित होने के दो साल पहले ही इन दोनों आयोगों ने यह सिफ़ारिश भी की थी कि किसी राज्य की आबादी एकभाषी संरचना पर आधारित नहीं है, इसलिए एक ऐसी देशी भाषा की आवश्यकता है जो उनके बीच सम्पर्क-सूत्र की भूमिका निभा सके।[50] ख़ुद कविराज ने नेहरू के एक सुझाव को याद किया है जिसमें उन्होंने बंगाल और बिहार को मिला देने की सिफ़ारिश की थी। नेहरू का यह सुझाव कविराज को कितना भी 'बेतुका' लगे, पर यह एक भाषिता की वकालत तो हरगिज़ नहीं था। अगर थियरी के लिहाज़ से देखा जाए तो यह सुझाव युरोप द्वारा थमाई गयी एकभाषी राष्ट्रीयता के बजाय बहुभाषी राष्ट्रीयता का पक्षधर था। संविधान सभा की कार्रवाई इस खूबी के साथ चलाई गयी कि उसमें भाषावार राज्य के गठन का सवाल संविधान-निर्माण के एजेंडे पर ही नहीं आने दिया गया। बहरहाल, राजनीतिक घटनाक्रम कांग्रेस के केंद्रीय नेतृत्व की मर्जी से नहीं चला। बहुभाषी राज्यों की जगह एकभाषी राज्य बनाने के लिए अनशन, आंदोलन, धरना और प्रदर्शन का सिलसिला शुरू हुआ। नेहरू की सरकार को यह माँग माननी पड़ी। नतीजे के तौर पर जो राज्य बने वे पूरी तरह से एकभाषी नहीं थे, पर उन्हें एक भाषा के बहुमत और तीस से चालीस फ़ीसदी तक के मिले-जुले भाषाई अल्पसंख्यकों की मौजूदगी वाले राज्यों की संज्ञा दी जा सकती थी।[51] राज्यों की यह कथित एकभाषिता भी व्यावहारिक रूप से बहुभाषिता ही थी, इसलिए सम्पर्क-भाषा के रूप में राष्ट्र-भाषा की आवश्यकता का उन्मूलन नहीं हुआ।

III

संविधान के बाद सरकारी हिंदी : दोहरे भितरघात की कहानी

संविधान ने जिस भाषा-नियोजन का उद्घाटन किया, उसकी कामयाबी के लिए ज़रूरी था कि भारतीय अभिजन के दोनों हिस्से यानी राजनीतिक और नौकरशाह अभिजन चूल में चूल मिला कर काम करते। क़ायदे से संविधान की हिदायतों से दोनों बँधे हुए थे। पहली नज़र में यह लगता भी है कि दोनों ने सरकारी

---

[50] कुछ विद्वानों की राय है कि इसी तर्क के अधीन हो कर आज़ादी के बाद कांग्रेस का नेतृत्व चाहने लगा था कि राज्यों की भाषाई संरचना मिली-जुली बनी रहे ताकि भाषा वहाँ राजनीतिक गोलबंदी और चेतना की वाहक न बन पाए. हिंदी संबंधी अध्ययनों में एक तर्क यह भी दिया जाता रहा है कि अगर भाषावार राज्य न बनते, तो हिंदी को राज-भाषा बनाने के ख़िलाफ़ ग़ैर-हिंदीभाषी राज्यों की तरफ़ से प्रतिरोध न होता.

[51] जोसेफ़ ई. श्वार्ज़बर्ग (2009), 'फैक्टर्स इन द लिंग्विस्टिक रिऑर्गनाइज़ेशन ऑफ़ इण्डियन स्टेट्स', आशा सारंगी, वही : 139-182.

कामकाज में हिंदी का प्रयोग प्रोत्साहित करना शुरू कर दिया। भाषा-वैज्ञानिकों को खेर आयोग के नाम से बना 1955 का राज-भाषा आयोग कुछ ऐसा ही उत्साहपूर्ण संदेश देता है, लेकिन इस आयोग की रपट सरकार के भाषा-नियोजन की शुरुआती नाकामी का प्रमाण है।[52] इस आयोग का गठन संविधान के निर्देशानुसार राज-भाषा की प्रगति का जायजा ले कर राष्ट्रपति को उसकी रपट देने के लिए हुआ था।

खेर आयोग बताता है कि मंत्रालयों में पदावली विकसित की जाने लगी। फ़ौज में प्रशिक्षण का माध्यम हिंदी बना दी गयी और सेना के रिकॉर्ड भी हिंदी में रखे जाने लगे। डाक-तार विभाग ने हिंदी में मोर्स कोड विकसित कर दिखाया। वैज्ञानिक और तकनीकी शब्दावली आयोग, केंद्रीय हिंदी निदेशालय और केंद्रीय हिंदी शिक्षण मण्डल ने मिल-जुल कर ग़ैर-हिंदीभाषी इलाक़ों को हिंदी पढ़ाने के कार्यक्रमों का सूत्रीकरण किया। अखिल भारतीय हिंदी संस्था संघ ने सरकार को तरह-तरह के परामर्श दिये कि हिंदी को कैसे बढ़ाया जाए। लेकिन इन विवरणों की असलियत कुछ और थी। 1965 में हिंदी को राज-भाषा के रूप में अंग्रेज़ी का स्थान लेना था, पर वक़्त तेज़ी से गुज़रता जा रहा था लेकिन केंद्र सरकार के विभागों में दरवाज़ों पर लगी नामों की पट्टियों के अलावा राज-काज में हिंदी के प्रयोग की तरफ़ कोई ख़ास प्रगति नहीं हुई थी। 1955 में जब खेर आयोग समीक्षा करने बैठा तो उसने पाया कि जब कुछ हुआ ही नहीं है, तो समीक्षा किसकी की जाए! आयोग के बार-बार माँग करने पर भी सरकार हिंदी को राज-भाषा बनाने के किसी कार्यक्रम की संतोषजनक रूपरेखा पेश नहीं कर सकी। न ही सरकार के पास राज-काज में भाषाई परिवर्तन के लिए किसी तरह का सुझाव था। आयोग के अनुसार भारत सरकार के पास ऐसी कोई कार्य-योजना नहीं थी जिसके दायरे में सभी मंत्रालय आते और जिसके पास उनकी अलग-अलग दिक़्क़तों की कोई समझ होती। न ही सरकार के पास ऐसा कोई तख़मीना था जिसके मुताबिक़ अंदाज़ा लगाया जा सकता कि प्रशासकीय स्टाफ़ का भाषाई माध्यम बदलने के लिए कुल कितना काम करना पड़ेगा। दो साल बाद गठित संसदीय राज-भाषा समिति को भी कुछ ऐसी ही स्थिति का सामना करना पड़ा। मजबूरन ये दोनों मूल्यांकन इस नतीजे पर पहुँचे कि 1965 तक तो हिंदी अंग्रेज़ी

---

[52] खेर आयोग की सिफ़ारिशों के सार के लिए देखें : बलराज सिंह सिरोही, *संघीय राजभाषा के संदर्भ में पारिभाषिक वैज्ञानिक शब्दावली के निर्माण की समस्याएँ*, वाणी प्रकाशन, दिल्ली, 1987; देखें : दूसरा अध्याय 'संविधान और राजभाषा'.

'का स्थान लेने की स्थिति में नहीं आ पाएगी।

राज-भाषा आयोग ने इस विफलता के लिए केंद्र सरकार की आलोचना भी की जिसके दबाव में 1961 में एक समयबद्ध कार्यक्रम तैयार किया गया। इसका भी कोई नतीजा नहीं निकला। सरकारी महकमों में हिंदी अपनी जगह रुकी रही। केंद्रीय हिंदी समिति का गठन 1965 निकल जाने के दो साल बाद हुआ। तभी समेकित प्रशासनिक शब्दावली प्रकाशित हो पाई। 1968-69 तक केवल 13 केंद्रीय दफ़्तरों में अनुवादकों की नियुक्ति हो पाई। इस वर्ष गृह मंत्रालय की रपट बताती है कि हिंदी-भाषी राज्यों से मिले 26,487 पत्रों में से 8,611 पत्रों के उत्तर ही हिंदी में दिये गये। 1975 तक केंद्रीय सरकार के महकमों में ज़रूरत के मुताबिक़ हिंदी टायपराइटर भी उपलब्ध नहीं थे। अधिकारियों ने फायलों पर हिंदी में नोट लिखने की छूट होते हुए भी इसकी कोई कोशिश नहीं की। आज भी फायलों पर नोट केवल हिंदी अनुभागों में ही लिखे जाते हैं। 1968-69 के वर्ष के लिए हिंदी-प्रोत्साहन के लिए जो लक्ष्य तय किये गये थे, उन्हें 1987-88 तक बार-बार निर्धारित किया जाता रहा, लेकिन उन्हें वेधने में सफलता नहीं मिली। सरकार की योजना यह थी कि पहले प्रशासन का सारा साहित्य हिंदी में अनूदित कर लिया जाए। 1967 तक केवल 95 अधिनियमों और 64 नियमों का ही हिंदी अनुवाद (केवल 4,343 पृष्ठ) तैयार हो सका। जो अनुवाद हुआ भी, वह अपनी संस्कृतनिष्ठ कृत्रिम पदावली और लम्बे-लम्बे वाक्यों के कारण ज़्यादातर लोगों की समझ से बाहर था।[53] यह एक बेमिसाल नाकामी थी जिसे किसी भी तरह की आँकड़ेबाज़ी से नहीं छिपाया जा सकता था। केंद्र के राज-भाषा अधिकारियों द्वारा दिये गये अपनी सफलता के ब्योरे इस विफलता के सामने बेकार थे।[54] हिंदी के पक्ष में हुए सुसंगतीकरण को सराहनीय मानने की मिसाल केवल पाकिस्तान के एक लेखक मुख़्तार ज़माँ की भारत संबंधी रचना में मिलती है जिसमें उन्होंने अफ़सोस व्यक्त किया है कि पाकिस्तानी राज्य उर्दू के पक्ष में ऐसा सुसंगतीकरण नहीं कर सका।[55] हिंदी को भारतीय संघ की भाषा बनाने के प्रयास सही दिशा में थे या ग़लत, इसका पता तो तब लगता जब वास्तव में ऐसी

[53] डेविड डी. लाइटिन (1988), 'लैंग्वेज गेम्स', *कम्परेटिव पॉलिटिक्स,* खण्ड 20, अंक 3, अप्रैल : 289-302.

[54] अवधेश मोहन गुप्त और सुशीला श्रावंती (सम्पा.)(1997), *पेनिलोपे बनाम राजभाषा का चरखा,* अभिरुचि प्रकाशन, नयी दिल्ली.

[55] मुख़्तार ज़माँ (1984), *द लैंग्वेज पॉलिसी ऑफ़ इण्डिया : द प्रॉब्लम्स ऑफ़ इट्स इम्प्लीमेंटेशन ऐंड देयर सोल्यूशन,* नैशनल लैंग्वेज एथॉरिटी, इसलामाबाद.

कोशिश की जाती। यह एक ऐतिहासिक भितरघात की कहानी है जिसके दो सिरे हैं। एक सिरा संघीय नौकरशाही ने सँभाल रखा है, और दूसरा सिरा पारिभाषिक शब्दावली बनाने की उस परियोजना से जुड़ा है जिसके शीर्ष पर डॉ. रघुवीर की शख़्सियत थी।

रघुवीरी कारिस्तानी : सरकारी कामकाज के सारे मैनुअल अंग्रेज़ी में थे। सारी विधियाँ और अभिव्यक्तियाँ अंग्रेज़ी में ही परिकल्पित-संकल्पित की गयी थीं। उनका हिंदी में अनुवाद किया गया। अंग्रेज़ी के हर शब्द की जगह हिंदी के शब्द रखे गये। इसके लिए पारिभाषिक शब्दावली का निर्माण किया गया। प्रधानमंत्री के तौर पर जवाहरलाल नेहरू का आग्रह था कि यह शब्दावली सरल होनी चाहिए। लेकिन जो परिणाम निकला वह उनकी अपेक्षाओं के एक़दम उलट था। हिंदी के साहित्यकार अशोक वाजपेयी जब मध्य प्रदेश में कलेक्टर थे, तो उनके पास एक ग्रामीण उन्हीं के प्रशासन द्वारा भेजा गया एक पत्र लेकर आया। वह समझ नहीं पा रहा था कि उसमें क्या लिखा है। अशोक वाजपेयी ने देखा कि वह पत्र हिंदी में है, लेकिन वे ख़ुद उसका मतलब उस ग्रामीण को समझाने में असमर्थ रहे।[56] दरअसल, पारिभाषिक शब्दावली के निर्माण की प्रक्रिया एक ख़ास तरह की भाषिक समझ पर आधारित थी जिसे समझने के लिए डॉ. रघुवीर के कुछ विचारों पर निगाह डाली जा सकती है :

> अंग्रेज़ी की प्रत्येक अर्थ-छाया के लिए हिंदी भाषा में भी नया शब्द होना चाहिए। ... अंग्रेज़ी के तीन शब्द हैं : पहला प्रेरोगेटिव, दूसरा राइट और तीसरा प्रिविलेज। साधारण दृष्टि से ये तीनों एक जैसे शब्द हैं, किंतु प्रयोग की दृष्टि से तीनों अलग-अलग। जब अंग्रेज़ी में ये तीन शब्द हैं तो हिंदी में भी कम से कम तीन शब्द होने चाहिए (विशेषाधिकार, अधिकार, परमाधिकार)। जो सामान्य लोग हैं उनका तो एक ही शब्द से काम चल जाएगा, लेकिन जो विशेषज्ञ हैं उनको तीन शब्द ही चाहिए। उनका एक शब्द से काम नहीं चलेगा। ... यह बात चलेगी नहीं। पारिभाषिक शब्दावली तो कभी सरल हो ही नहीं सकती। यह हो सकता है कि बच्चों को सिखाने के लिए आप भाषा सरल कर दें, किंतु पारिभाषिक शब्द सरल नहीं हो सकते। सरल उन शब्दों को कहते हैं जो बिना पढ़े-लिखे लोग, कुली, बच्चे, गाँव के लोग आदि बोलते हैं। ... जब भी आपके सामने यह बात आये, आप अपने

---

[56] अशोक वाजपेयी अपने व्याख्यानों में अक्सर यह संस्मरण बताते हैं. उन्होंने अपनी रचना 'हिंदी की बोलियाँ : एक बातचीत' में सरकारी हिंदी पर संस्कृत के प्रभाव की आलोचना भी की है. देखें, अग्निहोत्री और कुमार, वही : 116-120.

अधिकारियों को समझाइए कि भाषा सरल करने का अर्थ होगा पारिभाषिक भाषा का पारिभाषिकपन समाप्त करना।[57]

संविधान सभा के बाद के दौर में उसके सदस्य बने रघुवीर के नेतृत्व में ही पारिभाषिक शब्दावली रचने की परियोजना चलाई गयी थी। वे संस्कृत के विद्वान थे और उन्हें यक़ीन था कि संविधान ने हिंदी को नये शब्द देने के लिए संस्कृत को ही मुख्य स्रोत बनाने का निर्देश दिया है। उनका यह यक़ीन इस मान्यता तक चला गया था कि 'यद्यपि संविधान में ऐसा लिखा नहीं गया है लेकिन अन्य भारतीय भाषाओं के लिए भी यही सच है'। इसी आग्रह के तहत उन्होंने हिंदी में नये शब्द बनाने की कारीगरी संस्कृत के बीस उपसर्गों, अस्सी प्रत्ययों और पाँच सौ धातुओं के ज़रिये की। उन्होंने हिंदुस्तानी से, हिंदी-क्षेत्र की जनपदीय भाषाओं और भारत की अन्य भाषाओं से शब्द लेने का विरोध किया। एक तरफ़ तो वे पारिभाषिकता और सरलता को एक-दूसरे की एंटीथीसिस समझते थे, और दूसरी ओर उनकी दूसरी मान्यता भी थी कि अनूदित शब्द में मूल भाषा के शब्द का सामान्य अर्थ होने से ही काम नहीं चलेगा, बल्कि उस भाषा में उसकी व्युत्पत्तियों तक का अनुवाद करने का यत्न किया जाना चाहिए। वे चाहते थे कि हर एक अर्थ के लिए अलग शब्द का प्रयोग हो और प्रत्येक प्राथमिक शब्द के लिए अलग-अलग शब्द हों। इस चक्कर में साधारण तौर पर चलने वाला शब्द सूचना अख़बारी संदर्भ में विसूचना, टीवी के संदर्भ में अभिसूचना, रेडियो के संदर्भ में अनुसूचना और सरकार के संदर्भ में अधिसूचना के रूप में प्रस्तावित किया गया। पारिभाषिक शब्दावली बनाने की नौबत आने से पहले ही रघुवीर की *द ग्रेट इंग्लिश-इण्डियन डिक्शनरी* का प्रकाशन हो चुका था जिसमें उन्होंने अपने इरादे साफ़ कर दिये थे। वे नहर के लिए कुल्या और सड़क के लिए रथ्या जैसे शब्दों का इस्तेमाल करने वाले शब्दकार थे। उन्हें औद्धत्य, औन्नत्य, याथार्थ्य, काठिन्य, ईषत्, आलुलायित केश, प्रनृत्यामान मयूर, गड्डलिका प्रवाह जैसे न जाने कितने भीषण शब्दों के प्रयोग के लिए जाना जाता है। रघुवीर जिस भाषिक प्रवृत्ति का नेतृत्व कर रहे थे उसमें आर्सेनिक को संखिया के बजाय नेपाल्ज, सल्फ़र को गंधक न कह कर शुल्बारि, ऑक्शन को नीलाम न कह कर कोश-विक्रय, ऑक्ट्रॉय को चुंगी न कह कर द्वारादेय, दुरबीन की जगह दूरेक्ष, क्लर्क

[57] डॉ. रघुवीर के विचारों की विस्तार से जानकारी के लिए केंद्रीय हिंदी निदेशालय के सहयोग से प्रकाशित उनकी अंग्रेज़ी में लिखी गयी पुस्तक देखें : *रघुवीर, हिंदी की ऊर्जा,* अनु. रामचंद्र शर्मा, भगवती प्रकाशन, दिल्ली, 1998; यह उद्धरण उनके एक लेख 'पारिभाषिक शब्द' से लिया गया जिसे धर्मवीर ने उद्धृत किया है। देखें, डॉ. धर्मवीर, उपरोक्त.

के स्थान पर लिपिक, चेक के लिए धनादेश, दिवालियापन के लिए नष्टनिधि और तहसील को तहसील न कह कर भुक्ति लिखने पर ज़ोर दिया जाता है। रघुवीर ने बजट के लिए आय-व्ययक, स्टेशन के लिए स्थात्र, पेन के लिए मसीपथ, टिकट के लिए संयानपत्र, बल्ब के लिए विद्युतकंद, एकड़ के लिए प्राहल, इंच के लिए प्रांगुल, यार्ड के लिए यष्टि और टन के लिए प्रवृत्त के इस्तेमाल की सिफ़ारिश की। ज़ाहिर है कि रघुवीर ने जिस सरकारी हिंदी की नींव डाली उसका आग्रह हिंदी से हिंदी को भी निकाल देने का था।

लेकिन, इस आलोचना के बावजूद मानना पड़ेगा कि डॉ. रघुवीर द्वारा चलाये गये सभी शब्द बेकार के नहीं थे। आज उनके दिये गये बहुत से पारिभाषिक शब्द प्रचलित हो चुके हैं। जैसे वैध, विधिवत, विधायक, संसद, सांसद, अधीक्षक, निरीक्षक, प्रस्ताव, विधेयक, प्राधिकार। इसी तरह उन्होंने अंग्रेज़ी के सभी उपसर्गों और प्रत्ययों के लिए हिंदी में समानार्थी शब्द दिये जिसके कारण आज ए और एन की जगह अन या आ, एन्टि की जगह प्रति, सुपर की जगह अधि, डाई की जगह द्वि, ट्राइ की जगह त्रि लगा कर हिंदी के बहुत से शब्द बनाये जाते हैं। शब्दनिर्माण की यह युक्ति समाज-विज्ञान के हिंदी-लेखन में भी प्रचलित है। लेकिन उनकी ये सफलताएँ उस विकृति के मुक़ाबले बहुत हल्की हैं जो उनके कारण सरकारी हिंदी में ख़ास तौर से और व्यापक रूप से सभी तरह की हिंदी में पैदा हुई। रघुवीर के योगदान को प्रशंसा की दृष्टि से देखने और उनके काम को पाणिनि के समकक्ष बताने वाले एक विद्वान ने भी माना है कि अगर उनकी 'शब्दावली में अटपटे शब्दों का समावेश न हो गया होता और यदि उन्होंने संस्कृत की धातुओं, प्रत्ययों, उपसर्गों को अपनाने पर कट्टरपन की सीमा तक बल देने की बजाय कुछ विदेशी शब्द, प्रत्यय अथवा उपसर्ग भी अपना लिए होते, तो वैज्ञानिक शब्दावली के विकास में उनका योगदान अवश्य ही बहुत महत्त्वपूर्ण होता। ... डॉ. रघुवीर का यह दावा सही नहीं है कि उनके द्वारा प्रदत्त अधिकांश पारिभाषिक शब्द भारतीय भाषाओं के विकास में सहायक होंगे। सभी जानते हैं कि ये शब्द उनके द्वारा तैयार शब्दकोश की शोभा बन कर रह गये हैं और उपहास के लिए उनके नाम पर अनेक शब्द गढ़ लिए गये हैं जो अंततः हिंदी के प्रचार में बाधक साबित होते हैं।'[58]

अनुवाद और संस्कृत के ज़रिये जो सरकारी हिंदी बनी, वह हाहाकारी थी।

---

[58] रघुवीर द्वारा चलाई शब्द-निर्माण परियोजना के विस्तृत ब्योरे के लिए देखें, सिरोही, उपरोक्त.

ऐसी बात नहीं कि सरकार के भीतर आँख बंद करके इस हिंदी को स्वीकार कर लिया हो। इस प्रवृत्ति के ख़िलाफ़ संघर्ष के उल्लेखनीय उदाहरण इस मुक़ाम पर भी मौजूद हैं। भारत सरकार के राज-भाषा विभाग द्वारा प्रकाशित हिंदी के प्रयोग संबंधी आदेशों के संकलन पर निगाह डालने से यह स्पष्ट हो जाता है। सत्तर और अस्सी के दशक में केंद्र सरकार का एक हिस्सा रघुवीरी कारिस्तानी के ख़िलाफ़ जद्दोजहद करते हुए दिखा। गृह मंत्रालय का 1976 में ज़ारी किया गया एक कार्यालय ज्ञापन और फिर 1988 का एक कार्यालय ज्ञापन यह बताता है कि देर से ही सही पर सरकार को अपनी ग़लती समझ में आ गयी थी। ये ज्ञापन साफ़ तौर से कहते हैं कि सरकारी हिंदी लिखते समय न तो संस्कृत लिखने की कोशिश की जाए और न ही देवनागरी लिपि में अंग्रेज़ी। अंग्रेज़ी में मसविदा लिख कर अनुवाद करने के बजाय उसे मूल हिंदी में ही तैयार किया जाए ताकि अनुवाद के अटपटेपन से बचा जा सके। सरकारी हिंदी अलग तरह की नहीं होती, वह भी सरल और सुबोध होनी चाहिए, उसमें आमफ़हम शब्दों का प्रयोग किया जाए, दूसरी भाषाओं के शब्दों के इस्तेमाल से परहेज़ न किया जाए, समझाने के लिए अंग्रेज़ी के शब्दों को कोष्ठक में लिख दिया जाए, वाक्य छोटे और सरल बनाये जाएँ। कुछ इसी तरह की हिदायतें केंद्र-राज्य संबंधों पर बने सरकारिया आयोग ने भी दीं।[59] संविधान पारित होने के साठ साल बाद 2011 में भारत सरकार का राज-भाषा विभाग 2011 सभी मंत्रालयों और विभागों के लिए यह आदेश निकाल पाया है कि सरकारी हिंदी में उर्दू, फारसी और अंग्रेज़ी स्रोतों के आमफ़हम शब्दों का इस्तेमाल करने से परहेज नहीं की जानी चाहिए ताकि सरकारी काम-काज की भाषा सरल और सुबोध बन सके।[60]

संघीय नौकरशाही द्वारा भितरघात : हिंदी को राज-भाषा बनाने की मुहिम ठीक से शुरू ही न होने देने की ज़िम्मेदारी संघीय नौकरशाही की है। अंग्रेज़ी को अपनी 'सांस्कृतिक पूँजी' की तरह ग्रहण करने वाली भारतीय प्रशासनिक सेवा

---

[59] *हिंदी के प्रयोग संबंधी आदेशों का संकलन*, राज-भाषा विभाग, गृह मंत्रालय, भारत सरकार, तृतीय संस्करण, 1986. इसके एक ताज़े उदाहरण के लिए देखें : गृह मंत्रालय के राज-भाषा विभाग की सचिव वीणा उपाध्याय का इंटरव्यू, 'राजभाषा हिंदी : सबल सोपानों की ओर', *हिंदुस्तान*, मीडिया मार्केटिंग परिशिष्ट, 14 सितम्बर, नयी दिल्ली.

[60] 'अब सरकारी दफ़्तरों में भी चलेगी हिंग्लिश', *दैनिक भास्कर*, राष्ट्रीय संस्करण, दिल्ली, 13 अक्टूबर 2011; शीर्षक और ख़बर में कोई मेल नहीं लगता. शीर्षक चौंकाता है, पर ख़बर पढ़ने पर लगता है कि यह काम तो सरकार को बहुत पहले कर देना चाहिए था.

(आईएएस) ने हिंदी को कभी नहीं अपनाया। 1922 से ही अंग्रेज़ों ने भारत में काम करने के लिए नियुक्त इण्डियन सिविल सर्विस के अधिकारियों के लिए देशी भाषाओं का ज्ञान अनिवार्य कर रखा था। लेकिन आज़ादी के बाद जब इस ज्ञान की सबसे ज़्यादा ज़रूरत थी, आईसीएस के नये संस्करण आईएएस में भर्ती के लिए यह अनिवार्यता ख़त्म कर दी गयी। इन अफसरों की एकमात्र भाषा अंग्रेज़ों के ज़माने से भी ज़्यादा अंग्रेज़ी रह गयी। 1965 में दक्षिण के हिंदी विरोधी दंगों के पीछे भी यह अंदेशा था कि मद्रास में अंग्रेज़ी माध्यम के स्कूलों से दी जाने वाली शिक्षा के गर्भ से पैदा हुए आईएएस अफसरों की संख्या हिंदी के एकमात्र राज-भाषा बनने से घट जाएगी।[61] देश के इन स्थायी हुक्मरानों ने हिंदी-सेवा के लिए बजट मुहैया कराने और हिंदी की प्रतीकात्मक आराधना करने में कोई कोताही नहीं की। लेकिन, ऊँची नौकरशाही ने अपने दायरे के भीतर हिंदी को लगातार हाशिये पर रखा। अधिकारी-तंत्र के अंदरूनी संचार-तंत्र ने संविधान के निर्देश के अनुसार हिंदी सीखने की कोई कोशिश नहीं की और इस मुक़ाम पर अंग्रेज़ी का दबदबा क़ायम रहा। हिंदी व्यावहारिक रूप से तो क्या, नाममात्र के लिए भी भारतीय संघ की भाषा नहीं बन पायी। सरकारी कामकाज की भाषा बनने की कई शर्तों में सबसे महत्त्वपूर्ण यही थी कि अधिकारी-तंत्र उसे अपनाता। इस तरह संविधान के प्रावधान धरे रह गये। साथ ही राज्यों के बीच प्रशासनिक संचार हिंदी में करने का मंसूबा भी बेकार हो गया।[62]

डेविड डी. लाइटिन ने संघीय नौकरशाही द्वारा संविधान के प्रावधानों के साथ किये गये इस भितरघात का बारीक अध्ययन किया है। उन्होंने दिखाया है कि युरोप के राजनीतिक अभिजन को अपने अधिकारी-तंत्र की वफ़ादारी किस तरह प्राप्त थी, और किस तरह भारत के उत्तर-औपनिवेशिक राजनीतिक अभिजन को इस निष्ठा का लाभ प्राप्त नहीं था। उन्होंने संघीय नौकरशाही को राज्यों की नौकरशाही से अलग करके दिखाया है कि राज्यों के नौकरशाहों की भाषिक पृष्ठभूमि क्षेत्रीय भाषाओं की थी जबकि पचास और साठ के दशक में संघीय

---

[61] भारतीय प्रशासनिक सेवा में 1948 से 1962 के बीच मद्रास राज्य से आये अफ़सर सबसे ज़्यादा थे. दूसरा नंबर उत्तर प्रदेश, तीसरा पंजाब का और चौथा दिल्ली का था। देखें : द *हिंदू*, 8 अप्रैल 1963, उद्धृत : डंकन बी. फोरेस्टर (1966), 'दि मद्रास एंटी हिंदी एजीटेशन, 1965 : पॉलिटिकल प्रोटेस्ट्स ऐंड इट्स इफेक्ट्स ऑन लैंग्वेज पॉलिसी', *पेसिफिक एफ़ेयर्स*, खण्ड 39, अंक 1/2, पृष्ठ 19-36.

[62] भाषा के संदर्भ में भारतीय अभिजन के श्रेणीगत विश्लेषण और उनके रवैये के लिए देखें : डेविड डी. लाइटिन (1989), 'लैंग्वेज पॉलिसी ऐंड पॉलिटिकल स्ट्रैट्जी इन इण्डिया', *पॉलिसी साइंसेज़*, विशेषांक : पॉलिसी मेकिंग इन डिवेलपिंग कंट्रीज़, खण्ड 22, अंक 3/4, 1989 : 415-436.

नौकरशाहों का बहुलांश अंग्रेज़ी में पगा हुआ था। परिणाम यह हुआ कि संघीय स्तर पर नौकरशाही ने राजनीतिक अभिजन के साथ हिंदी को राज-भाषा बनाने में सहयोग नहीं किया, जबकि राज्यों के स्तर पर क्षेत्रीय नौकरशाहों ने क्षेत्रीय राजनीतिक अभिजन की मंशाओं को व्यावहारिक रूप देने में सहयोग किया। भाषाई सुसंगतीकरण की कोशिशें संघीय स्तर पर सौ फ़ीसदी नाकाम होने के साथ-साथ प्रांतीय स्तर पर सौ फ़ीसदी कामयाब साबित हुईं। कुल मिला कर निष्कर्ष निकाला जा सकता है कि राज्यों में भाषा-नियोजन की सफलता में राजनीतिक अभिजन वहाँ के नौकरशाहों का अपनी मर्ज़ी से इस्तेमाल कर पाया। इसमें भाषाई आधार पर राज्यों के पुनर्गठन ने मुख्य भूमिका निभाई है। पचास के दशक में हिंदीभाषी प्रांतों की विधान सभाओं द्वारा एक-एक करके राज-भाषा क़ानून पारित किये गये, जिससे हिंदी-क्षेत्र में अंग्रेज़ी के हटने का आधार बना। भाषाई राज्य बने और उनके नेताओं और स्थानीय अभिजनों ने अपने-अपने दायरे में उसी शिद्दत से क्षेत्रीय प्रशासनों का भाषाई सुसंगतीकरण किया और धीरे-धीरे अंग्रेज़ी को आधुनिकीकृत क्षेत्रीय भाषाओं से प्रतिस्थापित कर दिया। यह मानना ग़लत होगा कि राज्यों के स्तर पर अंग्रेज़ी आसानी से हट गयी होगी। विभिन्न क्षेत्रीय भाषाओं द्वारा की गयी इस जद्दोदजह की कहानी आज तक नहीं लिखी गयी है।[63] आज स्थिति यह है कि केवल पश्चिम बंगाल (आज का पश्चिम बंग) के राजकीय मुख्यालय रायटर्स बिल्डिंग में आज तक सारा कामकाज अंग्रेज़ी में होता है और वहाँ बांग्ला पंचायत और स्वशासी निकायों से आगे नहीं बढ़ पाई है। लेकिन यह अपवाद है। अन्य सभी राज्यों में सरकारें अंग्रेज़ी में काम नहीं करतीं। धीरे-धीरे राज्यों में क्षेत्रीय स्तर पर अंग्रेज़ी राजकाज की भाषा नहीं रह गयी है।[64] संघीय नौकरशाही ने एक ख़ास तरह का पैंतरा खेला। साठ के दशक में जब उनके लिए भारतीय भाषाएँ सीखना अनिवार्य बनाया गया, तो वे राज्यों के बीच अंग्रेज़ी को संवाद की भाषा बनाये रखने की शर्त पर क्षेत्रीय भाषाएँ सीखने पर राज़ी हो गये। हिंदी न जानने वाले आईएएस अफ़सर भी हिंदीभाषी इलाक़ों में अपनी नौकरी की ज़रूरतों के अनुसार प्रशासन के लिए हिंदी बरतते

---

[63] राज्यों में अंग्रेज़ी हटाने की दिक़्क़तों के एक नमूने के लिए देखें : मोहन कुमार मंगलम (1965), *इण्डियाज़ लैंग्वेज क्राइसिस*, न्यू सेंचुरी बुक हाउस, मद्रास. रामविलास शर्मा ने इस पुस्तक की प्रशंसा करते हुए एक लेख लिखा है जो भारत की भाषा-समस्या में संकलित है.

[64] क्षेत्रीय राजनीतिक अभिजन अपने-अपने राज्यों में अंग्रेज़ी के इस्तेमाल का कड़ा विरोध करते हैं. वहाँ स्थानीय अदालतों वग़ैरह में भी अंग्रेज़ी का नज़ारा बहुत कमज़ोर है. ग़ैर-हिंदीभाषी इलाक़ों के अर्धशहरी और ग्रामीण इलाक़ों में मीलों तक यात्रा करने पर भी अंग्रेज़ी का एक भी साइनबोर्ड नहीं दिखता.

नज़र आये, लेकिन हिंदी को राजकाज की एक अखिल भारतीय सम्पर्क-भाषा बनाने में कोई आधिकारिक योगदान देने के लिए तैयार नहीं हुए।

हिंदी-विरोधी आंदोलन : इन दो भितरघातों से राज-भाषा के तौर पर हिंदी के विकास और प्रसार को गहरा धक्का लगा, लेकिन राज-भाषा बनाने के संवैधानिक संकल्प की कमर तोड़ी मद्रास राज्य में हुए हिंदी विरोधी आंदोलन ने। संविधान के निर्देशों और प्रावधानों के मुताबिक़ 1965 में हिंदी को केंद्र की राज-भाषा घोषित किया जाना था, पर इसके कुछ हफ़्ते पहले ही मद्रास राज्य में राजाजी की स्वतंत्र पार्टी और सी.एन. अन्नादुरै की द्रविड़ मुनेत्र कषगम के नेतृत्व में तमिलभाषियों ने अपने इतिहास में पहली बार एक हिंसक आंदोलन की शुरुआत की जिसके केंद्र में राज-भाषा के रूप में हिंदी का विरोध था। दक्षिण भारत के तमिलभाषी इलाक़े की राजनीतिक ताक़तें हिंदी द्वारा अंग्रेज़ी की जगह लेने के इस क्षण के प्रति संविधान पारित होने के बाद से ही चिंता व्यक्त कर रही थीं। उन्हें लग रहा था कि 1965 के बाद केंद्रीय सेवाओं में भरती के इम्तहान हिंदी में होने लगेंगे तो उन तमिलभाषियों का क्या होगा जो अपने बेहतर अंग्रेज़ी-ज्ञान के कारण अखिल भारतीय सेवाओं में साल-दर-साल बाज़ी मार रहे हैं। कांग्रेस और नेहरू ने इन चिंताओं को समझा और 5 अप्रैल, 1954 को पार्टी की कार्यसमिति ने एक प्रस्ताव पास किया : 'कार्यसमिति सिफ़ारिश करती है कि अखिल भारतीय सेवाओं की परीक्षाएँ उत्तरोत्तर हिंदी, अंग्रेज़ी और प्रमुख क्षेत्रीय भाषाओं में आयोजित की जानी चाहिए, और उम्मीदवारों को परीक्षा के मक़सद से इनमें से किसी भी भाषा का इस्तेमाल करने की इजाज़त मिलनी चाहिए।' भारत सरकार ने इस प्रस्ताव पर मुहर लगाई और 2 मई, 1955 को संसद में गृह मंत्री ने बाक़ायदा एक वक्तव्य भी दिया। इस के बाद 1955 के राज-भाषा आयोग ने भी अपनी रपट में साफ़ तौर पर संस्तुति की कि 'जिस तरह हिंदी में हुआ है, जब विश्वविद्यालयों में अन्य क्षेत्रीय भाषाएँ भी स्नातक स्तर तक शिक्षा का माध्यम हो जाएँ तो दूसरे भाषाई माध्यम पर भी' अंग्रेज़ी और हिंदी माध्यम के विकल्प के रूप में ग़ौर किया जाना चाहिए। लेकिन इससे अहिंदीभाषियों के राजनीतिक नुमाइंदों को संतोष नहीं हुआ और राज-भाषा आयोग की रपट में बंगाल और मद्रास के प्रतिनिधियों ने असहमति का स्वर दर्ज किया, और मद्रास की सरकार ने एक आधिकारिक प्रस्ताव पारित करके केंद्र सरकार को भेजा। इसके बाद 1959 में संसद की राज-भाषा समिति की रपट पर बोलते हुए नेहरू ने स्पष्ट किया कि 'मेरी समझ इस मामले में एक़दम साफ़ है कि किसी भी निकट भविष्य में सेवाओं में किसी भी व्यक्ति की भर्ती के लिए हिंदी के अनिवार्य ज्ञान की

कोई बंदिश नहीं होनी चाहिए। अगर कोई व्यक्ति हिंदी का एक शब्द भी नहीं जानता तो भी उसकी भर्ती संबंधी योग्यता में कोई फ़र्क़ नहीं पड़ना चाहिए। ... जब मैं कहता हूँ कि हिंदी को किसी भी तरह से नहीं थोपा जाएगा, तो मेरा मतलब यही होता है। आंध्र हो, केरल हो या कोई अन्य क्षेत्र हो, मैं उस पर कोई भाषा नहीं थोपना चाहता ... हम कोई तारीख़ नहीं तय कर सकते जिसके बाद से अंग्रेज़ी ख़त्म हो जाएगी और उसकी जगह हिंदी ले लेगी। ये तो धीरे-धीरे चलने वाली प्रक्रिया से ही होगा। इस क्रमशः चलने वाली प्रक्रिया में तारीख़ों का कोई महत्त्व नहीं है सिवाय इसके कि हम अपनी प्रगति की दिशा की बीच-बीच में जाँच करते रहें।' नेहरू के इसी भरोसे को क़ानूनी रूप देने के लिए 1963 का राज-भाषा क़ानून पारित किया गया। भले ही पहली नज़र में पर्याप्त लग रहे हों, पर ये तमाम उपाय दक्षिण भारतीयों, ख़ास कर तमिल राजनीतिक-सामाजिक-आर्थिक अभिजन को बेफ़िक्र करने के लिए नाकाफ़ी साबित हुए।[65]

दरअसल, इन बेचैनियों का एक संरचनात्मक आधार था जिसे नज़रअंदाज़ करना मुश्किल है। राज-भाषा आयोग की रपट में दर्ज विवरण यह बताता है कि पचास के दशक के मध्य में हिंदीभाषी प्रांतों के दायरे में हिंदी राज-भाषा बनने की तरफ़ अपेक्षाकृत तेज़ी से बढ़ रही थी, जबकि यह काम दक्षिण भारत और बंगाल में शुरू भी नहीं हो पाया था। सारे देश में भाषाई आधार पर राज्य बनाने की माँग उठ रही थी। मद्रास प्रांत से तेलुगुभाषी इलाक़ों को अलग करके आंध्र प्रदेश बन चुका था और राज्य पुनर्गठन आयोग ऐसी ही अन्य माँगों की जाँच करने में लगा हुआ था। अहिंदीभाषी प्रांतों की मुश्किल यह थी कि वे चाहते हुए भी अपने प्रांतों की प्रधान भाषाओं को राज-भाषा बनाने के क़ानून पारित नहीं कर सकते थे। वे तैयारियाँ ज़रूर कर सकते थे, पर अंग्रेज़ी के प्रभाव के कारण उनकी तरफ़ से तैयारियों में भी देर हो रही थी। मद्रास की सरकार द्वारा केंद्र को

[65] आयोग की रपट पर तीन असहमतियाँ दर्ज हुई थीं. मद्रास राज्य से पी. सुब्बरायन की, बंगाल से सुनीति कुमार चाटुर्ज्या की और गुजरात से एम.पी. देसाई की. सुब्बरायन और चाटुर्ज्या का कहना था कि 1965 के बाद भी राज-भाषा के रूप में अंग्रेज़ी का प्रयोग जारी रहना चाहिए। इसके लिए उन्होंने तीन तर्क दिये थे : अंग्रेज़ी जारी रहने से अहिंदीभाषियों के हितों की रक्षा होगी, एक बेहद समृद्ध भाषा होने के साथ-साथ अंग्रेज़ी एक विश्व-भाषा भी है, और अंग्रेज़ी बनाये रखने से प्रांतीयता और फूट की ताक़तों को काबू में रखा जा सकेगा. देसाई की असहमति का आधार कुछ और था। वे आयोग के इस निष्कर्ष से सहमत नहीं थे कि क्षेत्रीय भाषाओं को सरकारी सेवाओं में भर्ती का माध्यम बनाने के लिए इंतजार करना चाहिए. उनका यह भी कहना था कि आयोग को अंग्रेज़ी की जगह हिंदी लाने के लिए एक समयबद्ध ठोस कार्यक्रम सुझाना चाहिए था. नेहरू के उद्धरण के लिए देखें, कुमारमंगलम, सुरेश कुमार शर्मा, उपरोक्त के पृष्ठ 149-230 पर.

भेजे गये आधिकारिक प्रस्ताव में माना भी था कि 'अंग्रेज़ी का स्थान तमिल को तब तक नहीं मिल सकता जब तक राज्य बहुभाषी रहेगा। ... अंग्रेज़ी की जगह तमिल लाने की प्रक्रिया अब जा कर शुरू हो पाई है।' दरअसल, मद्रास की सरकार अंग्रेज़ी हटाने की प्रक्रिया इतनी धीमी गति से चला रही थी कि 1965 तक भी उसने इस दिशा में कुछ क़दम ही उठाए थे। इसके विपरीत उत्तर-भारतीय राज्यों में हिंदी विश्वविद्यालयों में शिक्षा का माध्यम बन चुकी थी और प्रशासन के दायरे में भी उसने कई जगहों पर अंग्रेज़ी की जगह लेना शुरू कर दी थी। अदालतों में भी निचले स्तर पर हिंदी का प्रयोग होने लगा था। तमिलभाषी छात्रों की मुश्किल यह थी कि वे न तो अंग्रेज़ी के ज़रिये केंद्रीय सेवाओं में आ सकते थे, और न ही हिंदी के ज़रिये। दूसरी तरफ़ अंग्रेज़ी माध्यम से लिखाई-पढ़ाई करने वाले तमिल छात्रों को अंग्रेज़ी के हट जाने का डर था। छात्रों और युवकों के दोनों ही हिस्से अंदेशों के शिकार थे, और उनकी भावनाओं का राजनीतिक दोहन आसानी से किया जा सकता था। 1965 का साल महँगाई का साल था, लेकिन स्वतंत्र पार्टी और द्रमुक इस मुद्दे पर कोई ख़ास गोलबंदी नहीं कर पायीं। पर भाषा के सवाल पर वे जनता को आंदोलित करने में सफल रहीं। इसके पीछे द्रविड़ आंदोलन की वह प्रतिरोधमूलक विरासत भी थी जिसके शीर्ष पर पेरियार थे और जिन्होंने 1937 में ही हिंदी-विरोधी आंदोलन के दौरान गिरफ़्तारी दी थी।

नेहरू की मृत्यु के बाद लाल बहादुर शास्त्री के प्रधानमंत्रित्व में कांग्रेस सरकार इस भाषाई राजनीति के इन कारणों की गम्भीरता और पेचीदगी नहीं भाँप सकी। मद्रास की कांग्रेस सरकार के मुखिया भक्तवत्सलम के पास भी राजाजी और अन्नादुरै की दोनाली मार का मुक़ाबला करने के लिए कोई सुचिंतित रणनीति नहीं थी। केंद्र और राज्य सरकार के बीच ग़लतफ़हमियों का सिलसिला ज़ारी रहा। दोनों सरकारें नीतिगत और प्रशासनिक रवैये के लिहाज़ से ढुलमुल थीं। आंदोलन के लिए ज़मीन पकती रही। आज जो करुणानिधि तमिलनाडु के प्रमुख नेता हैं उनका नेतृत्व हिंदी विरोधी आंदोलन में हुई उनकी गिरफ़्तारी से ही चमका।[66] लाल बहादुर शास्त्री को मजबूरन लोकसभा में नया राज-भाषा विधेयक पेश करना पड़ा जिसे पारित करने से पहले न केवल जम कर बहस हुई बल्कि कांग्रेस और सरकार के भीतर जम कर गुटबंदी भी हुई। इस आंदोलन का प्रभाव

---

[66] रॉबर्ट एल. हार्डग्रेव जूनियर, 'दि रॉइट्स इन तामिलनाड : प्रॉब्लम्स ऐंड प्रॉस्पेक्ट्स ऑव इण्डियाज़ लैंग्वेज क्राइसिस', *एशियन सर्वे*, खण्ड 5, अंक 8, अगस्त 1965 : 399-407; एक अधिक विस्तृत और गहन दृष्टिकोण के लिए देखें : डंकन बी. फोरेस्टर, उपरोक्त.

दक्षिण के अन्य प्रदेशों में भी देखा गया, यद्यपि उसकी तीव्रता और विस्तार तमिलनाडु जैसा नहीं था। आंदोलन साठ दिन तक चला, लेकिन इसकी राजनीतिक लामबंदी 1967 तक ज़ारी रही। इसी वर्ष प्रतिक्रियास्वरूप उत्तर भारत में समाजवादियों और जनसंघियों के नेतृत्व में अंग्रेज़ी विरोधी आंदोलन हुआ[67] जिसके कारण राजनीतिक परिस्थिति बेहद नाज़ुक हो गयी। इसी दोहरे दबाव में पारित किये गये 1967 के राज-भाषा संशोधित अधिनियम में व्यवस्था थी कि अगर एक राज्य भी विरोध करेगा तो हिंदी को एकमात्र राज-भाषा नहीं बनाया जाएगा। तब से राज-भाषा के सिलसिले में केवल दो क़ानूनी परिवर्तन हुए हैं। 1975 में गृह मंत्रालय में एक राज-भाषा विभाग बनाया गया, और 1976 में एक और राज-भाषा अधिनियम पारित हुआ जिसके तहत राज्यों को तीन श्रेणियों में बाँटा गया। क श्रेणी में हरियाणा, हिमाचल प्रदेश, राजस्थान, उत्तर प्रदेश, मध्य प्रदेश, बिहार, नयी दिल्ली और अंडमान-निकोबार को रखा गया। नियम बना कि केंद्र इन राज्यों के साथ हिंदी में ही पत्र-व्यवहार करेगा। ख वर्ग में ओडीशा, पंजाब, गुजरात, महाराष्ट्र और असम को जगह दी गयी। इनके साथ हिंदी में पत्राचार करते समय अंग्रेज़ी अनुवाद भी भेजने का फ़ैसला हुआ। ग वर्ग में दक्षिण के सभी राज्य और पश्चिम बंगाल को रखा गया। इनके साथ अंग्रेज़ी में पत्र-व्यवहार करने और साथ में हिंदी अनुवाद भेजने का निर्णय हुआ।

विफलता के कारण : भाषाशास्त्रियों ने इस सवाल पर काफ़ी दिमाग़ खपाया है कि आख़िर भारतीय राज्य का भाषा-नियोजन पूरी तरह सफल क्यों नहीं हुआ, और जिस तरह भारतीय भाषाओं ने अंग्रेज़ी को राज्य स्तर पर प्रतिस्थापित कर दिया, उस तरह संघीय स्तर पर अंग्रेज़ी की जगह हिंदी क्यों नहीं ले पाई। हिंदी के पक्ष में किये गये भाषा नियोजन पर पहला आरोप यह लगाया जाता है कि वह भाषा को शुद्ध करने में[68] फँस गया जिसका नतीजा ऐसी

---

[67] नवीन चंद्र (2014), 'निरंतरता और संघर्ष : पचास और साठ के दशकों में हिंदी आंदोलन', अभय कुमार दुबे (सम्पा.), *हिंदी-आधुनिकता : एक पुनर्विचार,* वाणी-एआईआईएस, खण्ड 3, नयी दिल्ली : 707-735.

[68] संस्कृत की मदद से मानकीकरण और नये पारिभाषिक-तकनीकी शब्द गढ़ने के साथ-साथ 'शुद्ध हिंदी' लिखने के आग्रह हिंदी प्रचार-प्रसार की विफलता का सबूत तो हैं, मगर शुद्ध और सही भाषा की विचारधारा हिंदी के लिए अनूठी नहीं है. शुद्धतावादी आस्थाओं के स्पष्ट प्रमाण फ्रेंच, हिब्रू, तुर्की और उर्दू के इतिहास में मिलते हैं. उन तमाम भाषाओं को इस वैचारिक दौर से गुज़रना ही पड़ा है जिनका इस्तेमाल राज्य प्रशासन के सुसंगतीकरण के लिए किया गया. लेकिन, एक सीमा के बाद हर भाषा इस वैचारिक आग्रह से मुक्त भी हो जाती है. शुरुआती जोश के बाद भाषा के विकास की स्वाभाविक प्रक्रिया सायास परियोजनाओं के ऊपर हावी हो जाती है. भाषाई अभिजन विदेशी शब्दों से अपनी भाषाओं को मुक्त करने के प्रयास करते ज़रूर हैं, पर उन्हें जल्दी ही हथियार डाल देने पड़ते हैं.

संस्कृतनिष्ठता में निकला जिससे सरकारी हिंदी अगम्य और कभी-कभी तो हास्यास्पद क़िस्म की हो गयी। इस आरोप में काफ़ी सच्चाई है जिसका विश्लेषण ऊपर किया जा चुका है।

विफलता का दूसरा कारण अन्य भारतीय भाषाओं की अपेक्षा हिंदी के नयेपन और कमतर सांस्कृतिक-साहित्यिक प्रतिष्ठा में देखा जाता है। कभी हिंदी को राष्ट्र-भाषा बनाने के समर्थक रहे और बाद में विरोधी हो गये सुनीति कुमार चाटुर्ज्या का तर्क था कि हिंदी एक सांस्कृतिक भाषा नहीं है, और न ही उसके पास तमिल या तेलुगु या बांग्ला की तरह समृद्ध साहित्यिक विरासत है। इसलिए उसे सारे देश द्वारा नहीं अपनाया जा सकता। भाषा-नियोजन के आईने में देखने पर यह दलील विशुद्ध सांस्कृतिक राजनीति से ज़्यादा नहीं लगती। युरोप में हुए भाषा-नियोजनों के रास्ते में सांस्कृतिक-क्षेत्रों की समृद्धि का तर्क कभी नहीं आ पाया। हर जगह उन भाषाओं को ही सरकारी रुतबा मिला जो सांस्कृतिक और साहित्यिक प्रतिष्ठा में अपेक्षाकृत कमज़ोर थीं। मसलन, इंग्लैण्ड में लैटिन और फ्रेंच के मुक़ाबले अंग्रेज़ी की सांस्कृतिक हैसियत कुछ नहीं थी। इसी तरह फिनलैण्ड में फिनिश भाषा प्रशासनिक कामकाज के लिहाज़ से ही नहीं, बल्कि शब्द-सामर्थ्य के मामले में बेहद दरिद्र थी। स्पेन के सदियों से स्वायत्त रहे ताक़तवर क्षेत्रीय अभिजन स्पेनी नहीं बोलते थे। कैटेलन उनकी पसंदीदा भाषा थी। पर वहाँ स्पेनिश के पक्ष में भाषाई सुसंगतीकरण किया जा सका। ज़ाहिर है कि बीसवीं सदी के उत्तरार्ध का भारत युरोप नहीं था। फ्रांस के राजा फ्रांस्वा प्रथम ने जिस राजकीय कठोरता से अपने किसानों को फ्रेंच सीखने पर मजबूर किया या स्पेन के राजा फ़िलिप पंचम ने जिस बेलौस ढंग से क्षेत्रीय अभिजनों के गले स्पेनिश उतारी, वह लोकतांत्रिक भारत में सम्भव नहीं था। जर्मनी में फ्रेडरिख़ द्वितीय को भाषाई सुसंगतीकरण करने का श्रेय जाता है। ये तीनों राजा अपने-अपने ढंग से राष्ट्र-निर्माता थे। हमें नहीं भूलना चाहिए कि फिलिप और फ्रेडरिख़ दोनों ही अपनी भाषा फ्रांसीसी मानते थे।

भारत की लोकतांत्रिक राजनीति ने भी आज़ादी से पहले इस तरह के अभिजन पैदा किये थे जो अपनी मातृभाषाएँ छोड़ कर राष्ट्रीय दृष्टिकोण से भाषा का सवाल देखने के लिए तैयार थे। लेकिन स्वातंत्र्योत्तर भारतीय अभिजन की संरचना और उसके आपसी समीकरण अलग तरह के साबित हुए। धीरूभाई शेठ ने इस परिस्थिति का सार इस तरह पेश किया है :

> 'सम्पर्क' भाषा के सवाल पर देशी भाषाभाषी प्रभु वर्ग आंतरिक रूप से बँटा हुआ है। एक तरफ़ हिंदी बोलने वाले हैं जो कमोबेश एक भाषा-भाषी हैं और 'एक

भाषा सूत्र' पेश करते हुए हिंदी को अकेली 'सम्पर्क भाषा' बनाने पर ज़ोर देते हैं। दूसरी तरफ़ ग़ैर-हिंदीभाषी प्रभु वर्ग अपने-अपने क्षेत्रों में तो अंग्रेज़ी का प्रभाव कम करने में जुटा हुआ है, पर राष्ट्रीय स्तर पर सम्पर्क भाषा के रूप में केवल अंग्रेज़ी ही चाहता है। वह इस मसले को लेकर हिंदी के सामने एक क़दम भी पीछे नहीं हटाना चाहता। आज कल माहौल यह है कि वह उसे अंग्रेज़ी के बाद दूसरी सम्पर्क भाषा के रूप में भी नहीं देखना चाहता। क्षेत्रीय प्रभुवर्गों का यह अंत:संघर्ष देशी भाषा-भाषियों को राष्ट्रीय स्तर पर आपस में नहीं जुड़ने देता। इसका फ़ायदा उठा कर अंग्रेज़ी को अपनी प्रथम भाषा बना चुका महानगरीय प्रभु वर्ग अपनी बेहद कम संख्या के बावजूद कहीं ज़्यादा समर्थन जुटा लेता है।[69]

तीसरा कारण भारतीय राष्ट्रवाद की उस संरचना में खोजा गया जो उपराष्ट्रीयताओं का गठजोड़-भर है। यह संरचना समान आयामों पर इतना ज़ोर नहीं देती जितना बल विविधताओं और बहुलताओं पर दिया जाता है। इसीलिए उपराष्ट्रीयताओं के दबाव के कारण इस गठबंधन पर एक सर्वभारतीय चरित्र आरोपित नहीं हो पाता। इसीलिए कई अध्येताओं की यह मान्यता है कि हिंदी को सम्पर्क भाषा बनाने की कोशिश उसी समय नाकामी के लिए अभिशप्त हो गयी थी जब भाषाई आधार पर राज्यों का पुनर्गठन करने के दबाव के सामने नेहरू ने घुटने टेके थे। यह दलील भी सही नहीं है। हिंदी को राज-भाषा बनाने का दृष्टिकोण एकभाषिता से उत्प्रेरित न तो संविधान सभा में था, और न ही उत्तर-औपनिवेशिक भारत में। भाषाई आधार पर राज्य बनाने की माँग में हिंदी के विरोध का एक स्वर भी नहीं था। कविराज भी मानते हैं कि इस माँग की जड़ में मुख्यत: तमिल और बांग्ला जैसी अंग्रेज़ों द्वारा 'सुपरऑर्डिनेटिड' बना दी गयी भाषाओं के सांस्कृतिक-प्रशासनिक-राजनीतिक वर्चस्व से छुटकारा प्राप्त करने की मंशा थी। चौथा कारण यह माना गया कि भाषाई सुसंगतीकरण द्वितीय विश्व-युद्ध से पहले की जिन परिस्थितियों में आसानी से हो पाता था, वे बाद की अवधि में सुलभ नहीं रह गयी थीं। पाँचवाँ कारण संसदीय लोकतंत्र और वोट की राजनीति के समीकरणों में खोजा जाता है जिनके दबाव के कारण पंद्रह साल बाद अंग्रेज़ी हटाने के संवैधानिक निर्देश का पालन नहीं किया जा सका। छठा कारण भारतीय प्रभुओं की उस भाषागत सुविधाजनक स्थिति में देखा गया जिसके कारण वे राजकाज की किसी समान भाषा की तलाश में थे ही नहीं। यह भूमिका निभाने के लिए उनके पास औपनिवेशिक आधुनिकता द्वारा थमाई गयी अंग्रेज़ी

[69] धीरूभाई शेठ, 'भाषा विवाद बनाम लोकतंत्रीकरण : अंग्रेज़ी का वर्चस्व खत्म होना चाहिए, पर कैसे?', धीरूभाई शेठ, प्रस्तुति और सम्पादन : अभय कुमार दुबे, *सत्ता और समाज*, सीएसडीएस-वाणी, दिल्ली, 2009 : 321-350.

पहले से थी। उपनिवेशवाद विरोधी आंदोलन की विरासत का जो भी दबाव था, उसकी पूर्ति उन्होंने राज्यों में भाषाई सुसंगतीकरण पूरा करके कर दी। राष्ट्रवाद के व्याख्याकार बेनेडिक्ट ऐंडरसन के इस दुर्लभ उद्धरण की रोशनी में उत्तर-औपनिवेशिक स्थितियों में भाषा-नियोजन की मजबूरियाँ और भी स्पष्ट हो जाती हैं :

> इण्डोनेशिया ... दुनिया का एकमात्र बड़ा उपनिवेश है जिसका प्रशासन (आज़ादी के बाद) किसी एशियाई भाषा में चलाया जाता है। सत्रहवीं सदी में इस उपनिवेश की संस्थापक डच ईस्ट इण्डिया कम्पनी पूरी तरह से किफ़ायती सोच की हामी थी। उसे अपनी नौकरशाही को डच भाषा में प्रशिक्षित करने पर संसाधन ख़र्च करने में कोई दिलचस्पी नहीं थी। दूसरी तरफ़ उसके कई कर्मचारी जर्मन, स्वीडिश और स्कॉट भी थे। ... उसने मलय द्वीप की पिडगिन भाषा ली, उसका रोमनीकरण किया, सरल व्याकरण अपनायी और अपनी मुख्य प्रशासनिक भाषा की तरह उसका इस्तेमाल किया। बीसवीं सदी की शुरुआत तक इंडोनेशिया में नौकरशाहों को डच सीखने के लिए हतोत्साहित करना ज़ारी रहा।[70]

भारतीय औपनिवेशिक प्रभु डचों से अलग थे। उन्होंने उदीयमान भारतीय प्रभु वर्ग को योजनापूर्वक अंग्रेज़ी सिखाई थी। नौकरशाही के मामले में भारत उनके लिए एक ऐसी प्रयोगशाला था जहाँ किये गये आईसीएस के प्रयोग की कामयाबी के बाद ही उन्होंने अपने गृह-देश में नौकरशाहों के प्रशिक्षण की शुरुआत की थी।

सरकारी हिंदी के इस प्रसंग में आख़िरी सवाल यह है कि नेहरू की सरकार ने हिंदी को राज-भाषा बनाने के साथ यह दोहरा भितरघात क्यों होने दिया? नेहरू संविधान सभा में रघुवीर की भूमिका से अच्छी तरह वाकिफ थे। उन्हें यह भी पता है कि संविधान के मसविदे का जो हिंदी अनुवाद उनकी बिल्कुल समझ में नहीं आया था, उस पर रघुवीर की कितनी छाप थी। नेहरू से ज़्यादा इस बात को कौन जान सकता था कि रघुवीर ने उस अनुवाद समिति में हिंदुस्तानी के किसी भी समर्थक को न घुसने देने के रास्ते में कितने अड़ंगे लगाये थे। दरअसल, भाषा के मामले को धर्म और संस्कृति का मामला मानने वाले रघुवीर संविधान सभा की उस प्रवृत्ति के पक्के नुमाइंदे थे जो 'हिंदी नैशनलिज़्म' की जगह

---

[70] बेनेडिक्ट ऐंडरसन द्वारा 22 नवम्बर, 1988 को लिखा गया एक निजी पत्र, डेविड डी. लाइटिन, 'लैंग्वेज पॉलिसी ऐंड पॉलिटिकल स्ट्रैटजी इन इण्डिया', उपरोक्त.

'संस्कृत नैशनलिज़म' की हामी थी।[71] फिर भी नेहरू की उस सरकार ने, जिसके शिक्षा मंत्री अबुल कलाम आज़ाद थे, रघुवीर के हाथ में पारिभाषिक शब्दावली बनाने की ज़िम्मेदारी सौंपना मुनासिब समझा। नेहरू का देहांत 1964 में हुआ जिससे पहले ही रघुवीर अपने भीषण शब्दकोश राज-भाषा हिंदी के सिर पर पटक चुके थे। एक तरह से उन्होंने अपना 'सृजनात्मक विनाश' नेहरू की छत्रछाया में ही किया। दूसरी तरफ़ यह बात भी सोचने के काबिल है कि संघीय नौकरशाही से नेहरू और पटेल जैसे लोग राज-भाषा के सवाल पर अपनी बात क्यों नहीं मनवा पाए? अगर कांग्रेस का शीर्ष नेतृत्व राज-भाषा के सवाल को लेकर गम्भीर नहीं था और अंग्रेज़ी को ही क़ायम रखना चाहता था तो उसके सामने 1959 में फिर से मौक़ा आया था जब वह अंग्रेज़ी को आठवीं सूची में शामिल करके उसके विदेशीपन को संवैधानिक मान्यता के साबुन से धो सकता था। लेकिन, नेहरू व्यक्तिगत रूप से ऐसा करने के विरोधी साबित हुए। क्या संघीय नौकरशाही तकनीकी रूप से न सही पर, व्यावहारिक तौर पर राजनीतिक नेतृत्व के प्राधिकार से स्वायत्त थी? भाषा के संदर्भ में सम्भवतः इस प्रश्न का उत्तर हाँ में दिया जा सकता है। 1977 में पहली बार जब विपक्षी दलों को मिला कर बनाई गयी जनता पार्टी ने कांग्रेस को केंद्र में अपदस्थ किया, तो उसके टिकट पर संसद का चुनाव जीतने वाले 299 सांसदों में से 221 हिंदी-क्षेत्र से आये थे। इनमें से अधिकतर जनसंघ और समाजवादी आंदोलन की देन थे जो हिंदी की घुट्टी पी कर बड़े हुए थे। लेकिन यह सरकार भी संघीय नौकरशाही को अपनी भाषा बदलने के लिए तैयार करती हुई नहीं दिखी।

IV

हिंदी का सोशल सेक्टर : मल्टीप्लायर इफ़ेक्ट

चूँकि सरकारी हिंदी बनाने की सुनियोजित कोशिश के पीछे राजनीतिक-प्रशासनिक इच्छा-शक्ति थी ही नहीं, इसलिए वह गढ़ी नहीं जा सकी। आधे-अधूरे प्रयासों से जो बन भी पाई, उससे विकृतियाँ ही ज़्यादा पैदा हुईं।

---

[71] संविधान सभा में 'संस्कृत नैशनलिज़म' के हस्तक्षेप पर मेरे सूत्रीकरण के लिए देखें : अभय कुमार दुबे, 'अंग्रेज़ी में हिंदी : भाषाई इतिहास की एक उलट यात्रा', *वाक,* वाणी प्रकाशन, दिल्ली, 2008; संविधान-निर्माताओं और गाँधी पर संस्कृत के प्रभाव के लिए देखें : सुमति रामस्वामी, 'संस्कृत फॉर दि नेशन', संकलित : आशा सारंगी (सम्पा.), *लैंग्वेज ऐंड पॉलिटिक्स इन इण्डिया,* ऑक्सफ़र्ड युनिवर्सिटी प्रेस, दिल्ली, 2009 : 93-138.

इन विकृतियों का असर हिंदी के सोशल सेक्टर पर पड़ना लाज़िमी था, क्योंकि इनकी जड़ में तत्समता और संस्कृतनिष्ठता का आग्रह था और इस आग्रह की जड़ उस 'संस्कृत नैशनलिज़म' में थी जो संविधान सभा की बहस में कभी खुले और छिपे तौर पर अपनी दावेदारी करता रहता था। इस विकृति ने सोशल सेक्टर के उस हिस्से को सबसे ज़्यादा प्रभावित किया जो सरकारी नीति से जुड़ा था। यह था शिक्षा का क्षेत्र जहाँ पाठ्यक्रम बनाये जाने थे, पाठ्य पुस्तकें लिखी जानी थीं, अनुसंधान किये जाने थे और ज्ञान की रचना होनी थी। इसके लिए मानक हिंदी की आवश्यकता थी, और हिंदी की मानकता पर संस्कृतनिष्ठता थोप दी गयी थी।[72] लेकिन हिंदी के सोशल सेक्टर का एक बेहद अहम और बड़ा हिस्सा मानकता की बेड़ियों में जकड़ा हुआ नहीं था।

साठ के दशक के उत्तरार्ध में जब भारत सरकार क़ानूनों में एक के बाद एक संशोधन करके अंग्रेज़ी को दूसरी राज-भाषा बनाये रखने की गारंटी करने में लगी हुई थी, बलदेव राज नायर ने यह जाँच की कि क्या सरकारी सेक्टर के बाहर हिंदी एक अखिल भारतीय सम्पर्क-भाषा के रूप में विकसित हो सकती है। उन्होंने 1961 की जनगणना के आँकड़ों पर एक विश्लेषणात्मक निगाह डाली और पाया कि देश में कोई 30.4 फ़ीसदी लोग ऐसे हैं जो हिंदी को अपनी मातृ-भाषा बताते हैं। उन्होंने देखा कि इसमें अगर उर्दू और हिंदुस्तानी के आँकड़े भी जोड़ दिये जाएँ तो यह प्रतिशत 35.7 तक पहुँच जाता है। ज़ाहिर है कि हिंदी आधे से ज़्यादा भारतवासियों की भाषा नहीं थी, फिर भी उसे बोलने-बरतने वालों की संख्या बहुभाषी नज़ारे में बहुत अधिक थी। हिंदीवालों की इस एकमुश्त अधिकता और उसके कारण बने सेवाओं और उत्पादों के विशाल बाज़ार के आधार पर उन्होंने पहला निष्कर्ष यह निकाला कि व्यापारियों, उद्योगपतियों, श्रमिकों, सिपाहियों, साधु-संतों और मुसाफ़िरों की सक्रियता के दायरे में हिंदीभाषियों के साथ अन्योन्यक्रिया के पहलुओं को एक तरह के 'मल्टीप्लायर इफ़ेक्ट' के रूप में देखा जाना चाहिए। यह इफ़ेक्ट हिंदी को एक सम्पर्क-भाषा के तौर पर विकसित करने के पक्ष में जाता है। नायर ने देखा कि हिंदी की साहित्यिक प्रतिष्ठा को भाव न देने वाले ग़ैर-हिंदी साहित्यकार भी अपनी रचनाओं का हिंदी में प्रकाशन करने के लिए साहित्य अकादेमी पर दबाव डाल रहे हैं। वे

[72] पाठ्यक्रम की हिंदी पर संस्कृतनिष्ठता के भाषाई और सामाजिक असर का विवरण और इस सिलसिले में हुई बहस इस आलेख में देने से अत्यधिक विस्तार और विषयांतर हो सकता है. इसी तरह ज्ञान-रचना के क्षेत्र में हिंदी को अनुवाद की भाषा बना कर रख देने के प्रश्न पर भी अलग से चर्चा की ज़रूरत है.

हिंदी-क्षेत्र में बिकना चाहते हैं। अगर कोई मलयालम का एक उपन्यास पंजाबी में छपना चाहता है, तो वह उसके हिंदी अनुवाद का पंजाबीकरण करके वहाँ के पाठकों तक पहुँच सकता है। कोई बंगाली अगर तमिल कविता के बारे में जानना चाहता है तो वह हिंदी के माध्यम से यह काम आसानी से कर सकता है। इस तरह नायर ने देखा कि हिंदी विभिन्न भारतीय भाषाओं के बीच साहित्यिक विनिमय की एजेंसी बनती जा रही है।[73]

नायर ने यह भी पाया कि हिंदी-विरोध का गढ़ बन चुके तमिलनाडु में कोई तीस से चालीस लाख लोग हिंदी बोल-समझ लेते हैं। वे हिंदी में प्रवीण नहीं हैं, पर उससे अपरिचित भी नहीं हैं। इसके लिए उन्होंने पी. महादेवन की 1965 में प्रकाशित पुस्तक *ए स्टुडेंट्स गाइड टु एंटी-हिंदी* का लम्बा उद्धरण दिया।[74]

नायर ने दावा किया कि देश के लगभग सभी हिस्सों में हिंदी की मौजूदगी किसी सरकारी आदेश का फल न हो कर एक दीर्घकालीन ऐतिहासिक प्रक्रिया का परिणाम है। उद्योगीकरण, शहरीकरण और आव्रजन का उत्तरोत्तर बढ़ता हुआ सिलसिला हिंदी का प्रसार कर रहा है। ओडीशा के राउरकेला स्टील प्लांट में काम करने वाले अंग्रेज़ी न जानने वाले मज़दूर आपस में हिंदी में बातचीत करते हैं न कि ओड़िया में। बम्बई की सार्वदेशिकता ने एक भाषा के रूप में हिंदी को अपनाया है। अंडमान में रहने वाले हिंदी, मलयालम, बंगाली, तमिल और तेलुगुभाषी लोगों ने आपसी सम्पर्क के लिए हिंदी को ही अपनी भाषा बनाया है। नायर ने देखा कि हिंदी के इस प्रसार का असर जनगणना के उस आँकड़े पर पड़ा है जो मातृभाषा के अलावा दूसरी भाषा जानने का पता देता है। ध्यान रहे कि 1961 की जनगणना में किसी व्यक्ति से यह सवाल नहीं पूछा गया था कि क्या वह हिंदी जानता है। इसके बावजूद देश की आबादी के 2.13 प्रतिशत लोगों ने हिंदी जानने की बात क़बूली थी। इसके मुक़ाबले दूसरी भाषा के रूप में अंग्रेज़ी जानने वालों का प्रतिशत 2.74 यानी हिंदी से थोड़ा ही ज़्यादा था, बावजूद इसके कि इस आँकड़े में उन हिंदी-हिंदुस्तानी-उर्दूभाषियों की संख्या भी शामिल थी जो अंग्रेज़ी भी जानते थे। दरअसल, 1961 की जनगणना ने द्विभाषिता के पहलुओं

---

[73] बलदेव राज नायर, 'हिंदी एज़ लिंक लैंग्वेज', *इकॉनॉमिक ऐंड पॉलिटिकल वीकली,* खण्ड 3, अंक 6, 10 फ़रवरी 1968 : 297-305; भारत के बड़े शहरों में हिंदी की मौजूदगी के लिए देखें : एम.एस. गोरे, 'लैंग्वेज इन मेट्रोपॉलिटन लाइफ', *इकॉनॉमिक ऐंड पॉलिटिकल वीकली,* खण्ड 4, अंक 28/30, जुलाई 1969 : 1225-1234.

[74] नायर में उद्धृत, पी. महादेवन, *ए स्टुडेंट्स गाइड टु एंटी-हिंदी,* अत्री पब्लिशर्स, मद्रास, 1965.

पर ठीक से ध्यान ही नहीं दिया था। नायर बताते हैं कि 1952 से 1959 के बीच 4,54,196 लोग मद्रास राज्य में दक्षिण भारत हिंदी प्रचार सभा के इम्तहानों में बैठ चुके थे, पर जनगणना तमिल-हिंदी द्विभाषियों की संख्या केवल 29,818 ही बता रही थी। पुस्तक-पाठकों की प्राथमिकता के बारे में एक सर्वेक्षण की रपट का हवाला देते हुए नायर ने बताया कि ग़ैर-हिंदी पाठकों के बीच अंग्रेज़ी के पुस्तक-पाठक हिंदी से केवल दो गुने हैं।

नायर ने मनोरंजन के क्षेत्र को विशेष रूप से चिह्नित किया कि वह हिंदी को सम्पर्क-भाषा बनाने की तरफ़ तेज़ी से ले जा रहा है। उन्हें दिखा कि मद्रासी फ़िल्म-उद्योग हिंदी-फ़िल्मों के बाज़ार में हिस्सा बँटाना चाहता है। हिंदी फ़िल्मों की दक्षिण में लोकप्रियता से उन्होंने नतीजा निकाला कि वहाँ हिंदी समझने वालों की ख़ासी संख्या है और हिंदी फ़िल्मों की वजह से लोगों की हिंदी-जानकारी के स्तर में भी वृद्धि हो रही है। नायर ने फ़िल्मों से भी ज़्यादा रेडियो सिलोन और विविध भारती द्वारा प्रसारित किये जाने वाले और भारतीय संगीत, अमेरिकी जैज़ और लातीनी धुनों से घालमेल से तैयार किये गये हिंदी फ़िल्मों के गीत-संगीत को इस भाषा के प्रसार का श्रेय दिया। उनका ख़याल था कि एक बाहरी भाषा का गीत गुनगुनाना एक सक्रिय कोशिश है, जबकि फ़िल्म निष्क्रिय तरीक़े से बैठ कर देखी जा सकती है।

नायर ने हिंदी के प्रसार-प्रचार में किये जाने वाले ग़ैर-सरकारी स्वयंसेवी प्रयासों को भी रेखांकित किया। 1918 में गाँधी द्वारा मद्रास से हिंदी प्रचारणी सभाओं की शुरुआत करने के बाद 1956 तक स्वयंसेवी प्रयासों से क़रीब सत्तर लाख ग़ैर-हिंदीभाषी हिंदी सीख चुके थे। हिंदी का प्रचार करने वाले संगठनों की खूबी यह थी कि इनके संचालक हिंदी प्रदेशों से भेजे गये लोग नहीं थे, बल्कि वे ग़ैर-हिंदी क्षेत्रों के ही थे। 1959 में दक्षिण भारत हिंदी प्रचार सभा 1,350 केंद्रों पर हिंदी की परीक्षाएँ आयोजित कर रही थी जिनमें सवा लाख से डेढ़ लाख लोग हर साल बैठते थे। इनमें से बीस फ़ीसदी लोग बेहतर हिंदी सीखने के लिए आगे की परीक्षाएँ भी देते थे। तमिलनाडु में हुई हिंदी विरोधी हिंसा और आगज़नी के दौरान भी इन सभाओं के दफ़्तरों पर एक भी हमला नहीं हुआ। द्रविड़ मुनेत्र कषगम के नेताओं ने साफ़ कहा कि वे हिंदी के लिए किये जा रहे स्वयंसेवी प्रयासों के ख़िलाफ़ नहीं हैं। नायर ने पॉल फ्रेड्रिख के एक लेख के हवाले से यह भी कहा कि हिंदी सीखना इतना आसान है कि एक बच्चा अंग्रेज़ी के मुक़ाबले दोगुनी रफ़्तार से उसे सीखता है, क्योंकि भाषाई और सांस्कृतिक दृष्टि से हिंदी अंग्रेज़ी के मुक़ाबले अन्य भारतीय भाषाओं के बहुत

नज़दीक है।[75] हिंदी सीखने के प्रति दक्षिण भारतीयों के बीच रुचि के बारे में नायर की एक दलील यह भी थी कि हिंदी राम और कृष्ण के प्रति भक्ति-रस में डूबी हुई महान कविता की वाहक है और इन दोनों अवतारों की पूजा पूरे दक्षिण भारत में भी होती है। दक्षिण के हिंदू भी कबीर, मीरा, सूर और तुलसी को उनके मूलरूप में पढ़ने के इच्छुक हैं।

चार दशक पहले नायर द्वारा बनाई गयी हिंदी के ग़ैर-सरकारी सोशल सेक्टर की यह तस्वीर कितनी विश्वसनीय और विकासमान थी, इसका अंदाज़ा इस बात से लगाया जा सकता है कि आज के ज़माने में बढ़ती हुई साक्षरता के कारण हिंदी के 'मल्टीप्लायर इफ़ेक्ट' की परिमाणात्मकता और गुणात्मकता पहले से बहुत अधिक बढ़ चुकी है। नायर की तस्वीर में मीडिया का ज़िक्र नहीं है, क्योंकि उस समय भारत में मीडिया का विस्तार कुछ ख़ास था भी नहीं, आज अगर हम मीडिया को शामिल कर लें तो हिंदी के ग़ैर-सरकारी सोशल सेक्टर का 'नया मानचित्र' कुछ इस तरह से बनता है :

> ... समाज के लगातार बढ़ते हुए राजनीतीकरण की प्रक्रिया ने हिंदी को उन मंचों पर आसीन कर दिया है जहाँ पहले उसकी आवाज़ अंग्रेज़ी की अदाबाज़ी में दब जाती थी। ये मंच हैं विधयिकाओं के, यानी लोकसभा, राज्यसभा और विधानसभाओं के। सत्तर की दहाई से ही यह सिलसिला धीरे-धीरे आगे बढ़ रहा है। पिछड़ी और दलित जातियों के राजनीतिक उभार ने हमारी विधायिकाओं में हिंदी बोलने वाले भर दिये हैं। ... ग़ैर-हिंदी भाषी सांसदों के बीच हिंदी सीखने की ज़रूरत का एहसास बढ़ता जा रहा है। संसदीय परिदृश्य में आया यह भाषाई परिवर्तन जिस चीज़ की तरफ़ इशारा करता है, वह है भारतीय अभिजनों के दायरे में एचएमटी वालों की संख्या बढ़ते चले जाना। एचएमटी यानी हिंदी मीडियम टाइप। ... अभिजनों के क्लब की सदस्यता अब अंग्रेज़ीवालों की ठेकेदारी नहीं रह सकती। यह एचएमटी बड़ा प्रयोगधर्मी भी है। उसकी एक अंग्रेज़ी-पॉलिटिक्स भी है। वह सांस्कृतिक सत्ता का समीकरण उलटने के मक़सद से द्वि-भाषी बनने के लिए तैयार है, और अंग्रेज़ी सीखने पर आंदोलनकारी वेग के साथ नियोजित ज़ोर देना चाहता है। पिछले दिनों इसके एक दलित नुमाइंदे ने अपने बिरादरानों का आह्वान किया कि अगर वे भूमण्डलीकरण की दुनिया में भागीदार बनना चाहते हैं तो उन्हें 'इंग्लिश देवी' की पूजा करनी चाहिए और मैकाले का जन्मदिन मनाना चाहिए। एचएमटी वालों के आगमन का सबसे ताजा उदाहरण भारतीय प्रशासनिक सेवा की परीक्षा में

[75] पॉल फ्रीडरिश, 'लैंग्वेज ऐंड पॉलिटिक्स इन इण्डिया', *डेडलस*, अंक 91, ग्रीष्म, 1962; फ्रीडरिश ने यह दलील 1958 की संसदीय राज-भाषा समिति की रपट से ली है जिसे भारत सरकार ने 1959 में प्रकाशित किया था : 8.

बैठने वालों द्वारा इम्तहान की भाषा चुनने के आँकड़ों से मिलता है। हर गुज़रते हुए साल के हिंदी में यह परीक्षा देने वालों की संख्या बढ़ते हुए पच्चीस फ़ीसदी तक पहुँच चुकी है। ... जिन लोगों को यह समझ में न आ रहा हो कि सिविल सर्विस की परीक्षा में इतने हिंदी वाले कहाँ से आ गये, उन्हें दिल्ली विश्वविद्यालय में एम.फिल और पीएच.डी कर रहे छात्रों के भाषाई माध्यम पर निगाह डालनी चाहिए। केवल राजनीतिशास्त्र विभाग में ही पचास फ़ीसदी से ज़्यादा छात्र हिंदी माध्यम के हैं, और अब उन्हें अपना शोध प्रबंध भी हिंदी में लिखने में पहले की तरह संकोच नहीं रहा। ... प्रोफ़ेसरों और रीडरों को हिंदी रीडिंग्ज़ की जुगाड़ करते हुए और जॉन रॉल्स व विल किमलिका की किताबों के हिंदी अनुवादक तलाश करते हुए देखा जा सकता है। ... हर साल होने वाला राष्ट्रीय पाठक सर्वेक्षण बताता है कि हिंदी प्रकाशनों ने प्रसार संख्या में अंग्रेज़ी प्रकाशनों को बहुत पीछे छोड़ दिया है। हिंदी में प्रति अख़बार पाठक संख्या तेज़ी से गिर रही है। पहले एक अख़बार को अगर अनुमानतः पाँच लोग पढ़ते थे, तो अब उनमें से दो लोग अपना अख़बार अलग से ख़रीदने लगे हैं। एक हिंदी प्रकाशक के अनुसार देश में इस समय 36 करोड़ लोग ऐसे हैं जो पढ़ सकते हैं, पर जिनके पास अभी तक अख़बार पहुँचा ही नहीं है या कहिए तो वे अभी ख़बर तक नहीं पहुँचे हैं। इनमें से दो तिहाई हिंदी के सम्भावित पाठक और विज्ञापकों की निगाह में सम्भावित उपभोक्ता हैं। ... पहले अंग्रेज़ी प्रेस के मालिक पूरक धंधे के रूप में हिंदी के अख़बार भी निकालते थे जिनकी हैसियत प्रकाशन गृह के भीतर सौत के पूत जैसी होती थी। अब हिंदी के दो बड़े अख़बार वालों ने अंग्रेज़ी का एक दैनिक निकालना शुरू किया है जिसकी कामयाबी ने पिछले दिनों सबका ध्यान खींचा है। ... सन् 2006 के एक आँकड़े के अनुसार हिंदी के पत्र-पत्रिकाओं में साल में क़रीब 15,000 करोड़ रुपए के विज्ञापन छप रहे हैं। चूँकि बड़े शहरों का बाज़ार संतृप्त हो गया है, इसलिए विज्ञापक छोटे शहरों, ग्रामीण और अर्ध-ग्रामीण इलाक़ों पर ज़ोर दे रहे हैं, जहाँ केवल हिंदी प्रेस का ही बोलबाला है। ... हिंदी प्रकाशकों की समझ में भी आ रहा है कि समाज-विज्ञान की कृतियों का अनुवाद कराने में व्यवस्थित निवेश करके वे एक ऐसे बाज़ार का निर्माण कर सकते हैं, जो अभी कुछ वर्ष पहले तक तक़रीबन नामौजूद था। समाज-विज्ञान के क्षेत्र में अन्य भारतीय भाषाओं के अनुवादक अगर मूल अंग्रेज़ी को भी अपना आधार बनाते हैं, तो भी हिंदी के अनुवाद उनके लिए संदर्भ के तौर पर मौजूद रहेंगे, और अनुवाद की रचनात्मक प्रक्रिया में उनका हस्तक्षेप रहेगा। दरअसल, विचार साहित्य का क्षेत्र विकसित करने के लिए हिंदी के पास अच्छी-ख़ासी आधार सामग्री है। पिछले पचास साल में बौद्धिक-राजनीतिक साहित्य हिंदी में खूब प्रकाशित हुआ है। सम्पूर्ण गाँधी वाड्मय, सम्पूर्ण लोहिया साहित्य, अन्य समाजवादी विचार साहित्य, सर्वोदयी साहित्य, अन्य राजनीतिक विचारधारओं का साहित्य, धर्म संबंधी साहित्य और बड़े पैमाने पर मार्क्सवादी साहित्य पहले से ही हिंदी के पास मौजूद है। ... इस पूरे विवरण का मतलब यह नहीं समझना चाहिए कि हिंदी का यह बूम केवल राजनीतीकरण, बाज़ार, पाठक सर्वेक्षण और विज्ञापन से होने वाली आमदनी और उपभोक्ताकरण की ही झलकियाँ मार रहा है। मुनाफ़े की बेरहम और निर-नैतिक दुनिया में कम से कम दिलचस्पी

रखने वाला सैकड़ों हिंदी लघु पत्रिकाओं का संसार भी पहले से ज़्यादा समृद्ध हुआ है। मीडिया मार्केट के किनारे-किनारे पनप रही इस विचित्र दुनिया में कुछ पत्रिकाएँ लगातार मरती रहती हैं, लेकिन उनकी भरपाई करने के लिए उसी दर पर नयी पत्रिकाओं का जन्म होता रहता है। राष्ट्रीय पाठक सर्वेक्षण इन पत्रिकाओं के बारे में कुछ नहीं जानता। इनमें ज़्यादा से ज़्यादा दस हजार और कम से कम डेढ़ हजार छपने वाली सैकड़ों पत्रिकाएँ शामिल हैं जिनके पन्नों में हिंदी के साहित्यिक-सांस्कृतिक उद्यम के राजनीतिक स्वरों का लगातार उद्‌घोष होता रहता है।[76]

1968 से 2008 के बीच चालीस साल में हिंदी के लगातार विकसित हुए सोशल सेक्टर के दोनों सिरों की यह रूपरेखा कम से कम दो बातों का संदेश देती है : पहला, तत्समता और संस्कृतनिष्ठता के जिस रोग ने हिंदी को सरकारी सेक्टर में बेतहाशा नुकसान पहुँचाया, वह सोशल सेक्टर में एक़दम असर नहीं डाल पाया। इन दोनों ही तस्वीरों में हिंदी साहित्य की प्रगति का ज़िक्र नहीं है। दरअसल, साहित्य के क्षेत्र ने हिंदी के ग़ैर-सरकारी विकास को नेतृत्व और एक ठोस बुनियादी आधार प्रदान किया है। साहित्यिक हिंदी ने भी संस्कृतनिष्ठता को दृढ़ता से हाशिये पर रखा है। आधुनिक हिंदी में छायावादी कविता के बाद से जितना भी काव्य रचा गया है, वह बेहद सरल और बोलचाल की भाषा में है। हिंदी के विपुल कथा-साहित्य में केवल प्राचीन काल की पृष्ठभूमि पर लिखे गये ऐतिहासिक उपन्यासों को छोड़ दें, तो चारों तरफ़ संस्कृतनिष्ठता से सर्वथा अप्रभावित भाषाई प्रयोगधर्मिता की ही धूम दिखती है। हिंदी के साहित्यिक-क्षेत्र के विकास और विस्तार पर भी उसके मल्टीप्लायर इफेक्ट का असर दिखता है। साठ और सत्तर के दशक में अन्य भारतीय भाषाओं से आने वाले वे स्वर अब नहीं सुनाई देते जो हिंदी की साहित्यिक प्रतिष्ठा से आश्वस्त नहीं थे।

दूसरी तरफ़ इसी मल्टीप्लायर इफ़ेक्ट के कारण आज तरह-तरह की हिंदियों का ज़माना है। साहित्य की हिंदी, टीवी समाचारों की हिंदी, फ़िल्मों और टीवी सीरियलों की हिंदी, अंग्रेज़ी मिश्रित हिंगलिश, एफएम चैनलों की हिंदी, हिंदी अख़बारों की हिंदी, राजनीतिक भाषणबाज़ी की हिंदी, समाज-विज्ञान की बनती हुई हिंदी और न जाने कितने तरह की हिंदी। निस्संदेह हिंदी के लिए इतना अच्छा वक़्त आज से पहले कभी नहीं रहा होगा। लेकिन, यह मान लेना ग़लत होगा कि हिंदी का यह चमकदार नज़ारा सभी लोगों के लिए सहज है। सोशल सेक्टर में आये इस अभूतपूर्व उछाल और किसी एक हिंदी के बजाय हिंदियों के प्रचलन

[76] इस विस्तृत गद्यांश के लिए देखें, अभय कुमार दुबे, 'अंग्रेज़ी में हिंदी', इसी पुस्तक में.

से बेचैनियाँ भी पैदा हुई हैं। भूमण्डलीकृत हो रहे भारत में हिंदी की बदलती प्रकृति के आईने में इस भाषा के भविष्य को तरह-तरह से देखा जा रहा है :

नामवर सिंह : ... अगला दौर नवउदारतावाद के बाद की हिंदी का है, जो पिछले पंद्रह-बीस वर्षों से चल रहा है। इस दौर में दैनिक-साप्ताहिक अख़बारों की संख्या में भारी इज़ाफ़ा हुआ। इससे भी आगे बढ़ कर हिंदी भाषा पर मीडिया, टीवी चैनलों का असर पड़ा। इन नये मीडिया पर एक तरह की खिचड़ी हिंदी चल रही है, जिसमें अंग्रेज़ी के शब्दों का धुआँधार प्रयोग चल रहा है। इसी का असर दैनिक अख़बारों की हिंदी पर भी पड़ा है। जिन अंग्रेज़ी शब्दों के लिए हिंदी शब्द सुलभ हैं, उनका भी प्रयोग किया जा रहा है। भूमण्डलीकरण का सबसे गहरा प्रभाव मिलावट का चलन है। यह मिलावट खान पान से लेकर भाषा तक में है। कहानी-कविताओं की भाषा में भी अंग्रेज़ी शब्दों का प्रयोग हो रहा है। एक ज़माने में लोग भाषा के प्रति सतर्क थे। अब अंकुश हट गया है। सब लोग स्वतंत्र हैं, चाहे जैसी हिंदी लिखें।

कृष्ण कुमार : ... मुख्यतः वाणिज्य और विज्ञापन के साथ-साथ मनोरंजन उद्योग की भाषा बन कर रह गयी है। वह अपनी विपुल सामर्थ्य के विघटन के दौर से गुज़र रही है। साहित्य ही एक ऐसा क्षेत्र बचा है, जहाँ वह अपनी सर्जना का यत्किंचित पुनर्निर्माण कर पाती है, पर साहित्य स्वयं ज्ञान के मौलिक सृजन से ताक़त पाता है। अकेला साहित्य कहाँ तक इस क्षरण की भरपायी करे, जो शिक्षा और ज्ञान के संस्थायी दायरों से हिंदी की बेदख़ली से लगातार बढ़ रहा है।

सुधीश पचौरी : आज का कठोर सच यही है कि भाषा एक सामाजिक क्रिया इसलिए है कि वह एक आर्थिक क्रिया भी है। इस युग ने इस निहित आर्थिक क्रिया को सामने ला दिया है। चीन का विज्ञापन में हिंदी पढ़ाना एक तरह से *इकॉनॉमिस्ट* का हिंदी पढ़ाना भी है। उसका विज्ञापन अपने लिए हिंदी की एक ख़ास उपादेयता को रेखांकित करता है। वह मान कर चलता है कि इक्कीसवीं सदी में भारत और चीन एक ख़ास हद तक दो उभरी हुई ताक़तवर अर्थव्यवस्थाएँ हैं और अपने बाज़ार के लिए इनमें गोते लगाना ज़रूरी है। हिंदी का विकासमान मीडिया हिंदी की विकासमान आर्थिकी की एक बड़ी दास्तान कहता है। ... भाषा का असल उपांग अर्थ व्यवस्था रूपी पैर होते हैं, जिन पर भाषा की साहित्य-संस्कृति रूपी कलगी सज्जित होती है।

प्रभु जोशी : ... डेढ़ सौ वर्षों के इतिहास में हमारी भाषाओं का संहार इतना नहीं हुआ, जितना पिछले पंद्रह वर्षों में। इसे 'तकनीकी नियतिवाद' की तरह प्रचारित करते हुए वे भाषा के संहार का औचित्य सिद्ध कर रहे हैं। इसके अतिरिक्त वे बॉलीवुड का भी इस्तेमाल कर रहे हैं। एक लम्पटई से भरी भाषा को 'लालित्य' बताते हुए वे कह रहे हैं कि यही युवा की भाषा है। यह 'विचारहीनता को फैलाने का विचार' है, जिसे देश की युवा पीढ़ी के दिमाग़ में भूसे की तरह भरा जा रहा है। यह अलग बात है कि वे पूरे देश में ही भुस भर रहे हैं।

उदय प्रकाश : विजातीय शब्दों की बेतहाशा बढ़ती जाती संख्या के भय में हिंदी के क्रियोलीकरण का मुद्दा बहुत जोर-शोर से उठाया गया था। यह निरर्थक था। ...

> आज की व्यवहार में आने वाली हिंदी का कोई एक रूप नहीं है। ... इस विविधता को सपाट नहीं किया जा सकता। यह न सिर्फ़ अलोकतांत्रिक होगा, बल्कि बहुतेरे कारणों से रोज़ बदलती हिंदी के विकास के विरुद्ध यह एक प्रतिगामी क़दम होगा। ... यूनिकोड और मोबाइल-नेट की नयी संस्कृति के नयी दख़ल ने हिंदी की लिपि-बद्धता की सीमाओं को तोड़ना शुरू कर दिया है। ऐसा होना भी चाहिए, तभी यह आधुनिक संसार में साँस ले सकेगी।
>
> **प्रियदर्शन :** ... हिंदी की आड़ में जो अंग्रेज़ी वे अपने पाठकों के सामने परोस रहे हैं, वह उन्हें हिंदी के प्रति नहीं अंग्रेज़ी के प्रति वफादार बनायेगी। इन अख़बारों को पढ़ने वाला पाठक देर-सबेर यही मानेगा कि यह अनूदित भाषा और विचार-सामग्री जब उसे कहीं ज़्यादा बेहतर ढंग से, कहीं ज़्यादा पेशेवर तराश के साथ और अपने मूल रूप में अंग्रेज़ी अख़बारों में मिल रही है तो वह उन्हें ही क्यों न पढ़े। यानी आज के ये हिंदी अख़बार कल के अंग्रेज़ी अखबारों के पाठक तैयार कर रहे हैं।[77]

सबसे ऊपर वरिष्ठ पीढ़ी के प्रतिनिधि नामवर सिंह के विचार और सबसे नीचे नयी पीढ़ी के प्रतिनिधि प्रियदर्शन के विचार जानबूझ कर दिये गये हैं। लाइफ़स्टाइल पत्रकारिता और दृश्य-श्रव्य माध्यमों से फैल रही हिंदी के रूप और विकास से उदय प्रकाश और सुधीश पचौरी को छोड़ कर हिंदी के बुद्धिजीवी अपने-अपने कारणों से सहज नहीं हो पा रहे हैं। दिलचस्प बात यह है कि हिंदी के नये रूपों और हिंदीभाषी क्षेत्र की नयी प्रवृत्तियों के प्रति ग़ैर-हिंदीभाषी इलाक़ों की टेक ऐसी नहीं है।

ग़ैर-हिंदीभाषी आईने में हिंदी-1

सन् 2005 में एक परिसंवाद आयोजित किया गया जिसमें 48 ग़ैर-हिंदीभाषी बुद्धिजीवियों ने भागीदारी की।[78] इसका आयोजक ग़ैर-हिंदीभाषी इलाक़े से निकलने वाला एक स्थापित हिंदी दैनिक पत्र था। इन बुद्धिजीवियों में ग़ैर-हिंदी क्षेत्रों के विख्यात साहित्यकार, पत्रकार, समाज-वैज्ञानिक, शिक्षक, सामाजिक कार्यकर्ता, कलाकार और फ़िल्मकार शामिल थे। परिचर्चा में भाग लेने वालों के नामों से ही पता लग जाता है कि उन्हें ग़ैर-हिंदी अभिजनों की श्रेणी में रखा जा

---

[77] नामवर सिंह, कृष्ण कुमार, सुधीश पचौरी और प्रभु जोशी के लेख दैनिक भास्कर द्वारा हिंदी दिवस (14 सितम्बर, 2011) पर प्रकाशित विशाल परिशिष्ट हिंदी हैं, इस में प्रकाशित हुए हैं. प्रियदर्शन का लेख इसी दिन *जनसत्ता,* दिल्ली के सम्पादकीय पृष्ठ पर छपा है, और उदय प्रकाश का लेख अगले दिन के भास्कर में.

[78] 'हिंदी समाज : अहिंदी भारत की दृष्टि', *लोकमत समाचार,* दीपावली अंक, दूसरा खण्ड, नागपुर, 2005.

सकता है : चंद्रकांत बांदिवडेकर, आनंद तेलतुंबडे, सुवास दीपक, नामदेव ढसाल, विट्ठल बाघ, वि.स. जोग, सुजनादेवी आचार्य, अशोक रा. केलकर, कुमार केतकर, रोहिणी हट्टंगडी, य.दि. फड़के, नीलू फुले, सत्यरंजन साठे, अशोक कामत, आनंद मोडक, देवदत्त, नागप्पा, केशवराव जाधव, शांता सिन्हा, एम.टी. खान, विनय वर्मा, विजय राघव रेड्डी, ए. अरविंदाक्षन, चिरंजीव सिंह, प्रतिमा राय, भास्कर ल. भोले, सुरावरम सुधारक रेड्डी, गोपी आनयडी, सोमा बंद्योपाध्याय, महाश्वेता देवी, मृणाल सेन, बालशौरि रेड्डी, धर्मपाल, नवारुण भट्टाचार्य, चंद्रशेखर धर्माधिकारी, जसपाल सिंह सिद्धू, रामनारायण कुमार, पामेला फिलीपोस, जी. गोपीनाथ, जॉन दयाल, उमा चक्रवर्ती, के. सच्चिदानंदन, चंद्रकांता, यू.आर. अनंतमूर्ति, चंद्रशेखर, मोहन गुरुस्वामी, फ्रांसिस दिब्रिटो और ज्योति लांजेवार। इन लोगों ने हिंदी, हिंदी प्रदेश और उसकी ग़ैर-हिंदी भाषाओं और प्रदेश से तुलना पर अपने विचार और अनुभव व्यक्त किये। ग़ैर-हिंदीभाषियों की टीका-टिप्पणियाँ हिंदी और हिंदी प्रदेश के बारे में हमारे सामने कई विचारणीय बातें रेखांकित करती हैं।

मसलन, मराठीभाषी दलित बुद्धिजीवी कहते हैं कि हिंदी की दुनिया में आम्बेडकरवाद और उसकी राजनीति तो आयी, पर बाबासाहेब का हिंदू विरोधी पैगाम इस इलाक़े ने स्वीकार नहीं किया। वैसे भी यहाँ के हिंदू दक्षिण के हिंदुओं जैसे नहीं हैं। वे शैव-वैष्णव और शाक्त के लफड़े में नहीं पड़ते। वे कर्मकाण्डीय शुद्धीकरण के आग्रहों से भी अपेक्षाकृत मुक्त हैं ('वे हर चीज़ को गो-मूत्र से धो कर शुद्ध करने के पचड़े में नहीं पड़ते')। इस अवलोकन को हिंदी के दलित साहित्य के ग़ैर-अलगाववादी रवैये पर एक टिप्पणी के रूप में देखा जा सकता है। कई मराठियों और दक्षिणवासियों की मान्यता थी कि हिंदी समाज पर प्रादेशिकता का असर कम है जिसके कारण वह हिंदुस्तान के कोने-कोने में फैल गया है और कहीं-कहीं पर तो उसने 'शून्य से नयी सृष्टि का आविष्कार' तक कर दिखाया है। कई लोगों ने हिंदी समाज पर साम्प्रदायिक राजनीति के असर की चर्चा की, पर साथ में यह भी कहा कि हिंदी के लोग साम्प्रदायिकता के ख़िलाफ़ जम कर खड़े होते हैं और उनकी दुनिया में 'हिंदू-मुसलमान भाईचारा अधिक है'। इस बारे में कई लोगों ने कहा कि हिंदी की दुनिया में ग़ैर-हिंदीभाषी इलाक़ों की तरह समाज-सुधार के रैडिकल आंदोलन नहीं चले, पर साथ में यह सहमति भी दिखाई पड़ी कि हिंदी की दुनिया लोकतांत्रिक राजनीतीकरण से लबालब है। अर्थात्, ग़ैर-हिंदीभाषी मानते हैं कि हिंदी के इलाक़े में सामाजिक-सांस्कृतिक विवेकीकरण या कहिये तो आधुनिकीकरण के स्रोत दक्षिण से भिन्न

हैं। आधुनिकता के एक घटक के रूप में मीडिया (मुद्रित और दृश्य-श्रव्य) के विस्तार में भी ग़ैर-हिंदीभाषी हिंदी को आगे मानते हैं। एक मानीख़ेज अवलोकन यह देखने को मिला कि हिंदी की दुनिया में विभिन्न आबादियों का आनाजाना बहुत हुआ है। यहाँ बाहर की हवाएँ बहुत आयी हैं, इसलिए यहाँ एक ऐसा लचीलापन है जो दूसरे भाषाभाषियों की दुनिया में नहीं दिखाई पड़ता। हिंदी की दुनिया में आधुनिकता की प्रतीति उन चर्चाओं के ज़रिये अभिव्यक्त होती है जो हिंदी की पत्रिकाओं में होने वाली तलाक, विवाहेतर संबंधों, गलफ्रेंड-बॉयफ्रेंड के साथ रात-बेरात घूमने और खाने-पीने के इर्द-गिर्द दिखाई पड़ती हैं। उर्दू के साथ और उत्तर भारत की जनपदीय भाषाओं के साथ हिंदी के समस्याग्रस्त संबंधों के इतिहास का भी कई लोगों ने ज़िक्र किया। उनका मानना था कि बृहद हिंदी समाज बनने की प्रक्रिया धीमी है, लेकिन यह अंतर्विरोध धीरे-धीरे पर निश्चित रूप से समाप्ति की तरफ़ है।

इस परिचर्चा से कई संकेत मिलते हैं। पहला तो यह है कि 2005 आते-आते ग़ैर-हिंदीभाषियों के मानस से या तो हिंदी विरोधी राजनीति की बेचैन कर देने वाली यादें मिट गयी हैं, या फिर उसकी याद ताज़ा करने में उनकी दिलचस्पी नहीं है। बुद्धिजीवियों में से एक भी उस आंदोलन की घटनात्मक चर्चा नहीं करता, लेकिन उस आंदोलन की मुख्य माँग घूम-फिर कर उनकी ज़ुबान पर आती है। उनका प्रतिनिधि वक्तव्य यह है : 'हिंदी भाषा किसी पर थोपी न जाए। उसका विस्तारवादी दबाव समूह न बनाया जाए।' जहाँ तक यादों का सवाल है, ग़ैर-हिंदीभाषियों की यादें हमें बताती हैं कि तमिलनाडु में हिंदी सिखाने का पहला स्कूल तमिल अस्मिता के पैरोकार रामस्वामी नायकर के घर में खुला था। यह स्मृतिजन्य इतिहास बताता है कि आगज़नी और हिंसा करते घूम रहे हिंदी विरोधी आंदोलनकारियों ने दक्षिण भारतीय हिंदी प्रचार सभा की सम्पत्ति को छुआ तक नहीं। या किस तरह से उन्नीसवीं सदी में ही केरल में हिंदी को हाथों-हाथ लिया गया। या, अगर आपको हिंदी आती है तो आप दक्षिण भारत में रास्ता नहीं भूल सकते। इसका मतलब यह नहीं है कि इन बुद्धिजीवियों को हिंदी और हिंदी इलाक़े की आलोचना से उन्हें कोई परहेज है। लेकिन, जहाँ वे हिंदी की आधुनिकता को ग़ैर-हिंदी आधुनिकता के बरक्स अलग खाने में रखते हैं, वहीं इस मामले में सहमति लगती है कि व्यावहारिक रूप से केवल हिंदी ही सम्पर्क भाषा बनने की स्थिति में है। परिचर्चा के भागीदार कभी इस विचार को हिंदी के ज़रिये अखिल भारतीयता की प्राप्ति के रूप में सामने रखते हैं या कभी राज-भाषा और राष्ट्र-भाषा की अवधारणाएँ उनकी बातों में गड्डमड्ड होती दिखती हैं।

वे मानते हैं कि इस लिहाज़ से 'हिंदी का कोई विकल्प नहीं है'। अन्य भाषाओं के साहित्यकार और फ़िल्मकार मानते हैं कि हिंदी की दुनिया जिस तेज़ी और तत्परता से उनके सांस्कृतिक उत्पादन को अनुवाद और बाज़ार के ज़रिये अपनाती है, वह प्रवृत्ति अन्य सांस्कृतिक क्षेत्रों में देखने को नहीं मिलती। परिचर्चा में यह विचार भी उभर कर आया कि अंग्रेज़ी को 'मास्टर लैंग्वेज' बनने से रोकने की क्षमता केवल हिंदी के पास ही है। इसके लिए हिंदी को सर्वभारतीय और अंतर्जातीय बनना होगा।

इसके साथ ही लगभग सभी का कहना यह भी है राष्ट्र-भाषा या राज-भाषा होने के नाते जिन कर्तव्यों की पूर्ति करनी चाहिए, हिंदी उसमें नाकाम रही है। इसी प्रक्रिया में वह कठोर आलोचना निकल कर आती है कि हिंदीवालों में ग़ैर-हिंदी भाषाएँ सीखने की तरफ़ जरा भी रुझान नहीं है। जितना ज़ोर वे अंग्रेज़ी सीखने पर देते हैं, उतना उन्हें 'अ-हिंदी भाषाएँ' सीखने पर देना चाहिए। 'हिंदी समाज सिवा अंग्रेज़ी के कोई और भाषा नहीं सीखना चाहता'— इस आलोचना के ज़रिये ग़ैर-हिंदीभाषी यह कहते हुए लगते हैं कि अगर हिंदी इलाक़े ने अन्य भारतीय भाषाएँ सीखने पर बल दिया होता तो एक वास्तविक सम्पर्क भाषा बनने की उसकी परियोजना अभी तक परवान चढ़ चुकी होती। इस सिलसिले में ग़ैर-हिंदीभाषी बार-बार याद दिलाते हैं कि महाराष्ट्र और बंगाल के बुद्धिजीवियों और सांस्कृतिक नेताओं ने किस तरह से आधुनिक हिंदी की भित्ति का निर्माण किया है। ग़ैर-हिंदीभाषियों ने एक सुचिंतित चेतावनी से भरा हुआ संदेश भी हिंदी की दुनिया को भेजा है : 'संख्या के बल पर राष्ट्र की निर्मिति हो सकती है, यह ग़लतफ़हमी हिंदी समाज में पनप रही है। लोकतंत्र में बहुसंख्या नहीं बहुमत की अहमियत है।'

ग़ैर-हिंदीभाषी आईने में हिंदी-2

आज़ादी की पैंसठवीं सालगिरह के मौक़े पर अंग्रेज़ी के अख़बार द *इण्डियन एक्सप्रेस* ने अपनी रविवारीय पत्रिका की आवरण कथा 'सिम्बल्स ऑफ़ स्वराज' में स्वाधीनता को परिभाषित करने वाले प्रतीकों का एक सचित्र मुज़ाहिरा पेश किया।[79] इन प्रतीक-चिह्नों में लाल किला, जन-गण-मन, तीन मूर्ति भवन, वंदे मातरम, संसद भवन, राष्ट्रीय ध्वज, मादाम कामा द्वारा फहराया गया पहला

[79] *दि इण्डियन एक्सप्रेस*, दिल्ली का रविवारीय, 14 अगस्त, 2011, 'सिम्बल्स ऑव स्वराज'.

भारतीय झंडा, खादी और गाँधी टोपी से लेकर खुशवंत सिंह के उपन्यास *ट्रेन टु पाकिस्तान*, उद्योगपति और सांसद नवीन जिंदल द्वारा अमेरिकी से मिली प्रेरणा के आधार पर मुक़दमा लड़ कर दिलाया गया तिरंगा झंडा फहराने का अधिकार, न्यूयार्क में हर साल होने वाली भारतीय आज़ादी की परेड और सलमान रश्दी के उपन्यास *मिडनाइट्स चिल्ड्रन* तक को शामिल किया गया था। प्रतीकों की कुल संख्या 27 थी और उनमें हिंदी या उससे जुड़ी किसी चीज़ का ज़िक्र नहीं था। लेकिन, दूसरी तरफ़ पत्रिका के पाठकों को इस आवरण कथा तक पहुँचने से पहले एक तीन पृष्ठ लम्बी सचित्र 'स्टोरी' पर नज़र फेंकनी पड़ती थी। इसका शीर्षक था : 'चेन्नई सेज़ इट इन हिंदी'। वी. शोभा द्वारा लिखी गयी इस कहानी में हिंदी का वह बहुआयामी रूपक दर्ज था जो आम तौर पर हिंदी के पैरोकारों के विचार-विमर्श से बाहर रहता है। इस लेख की पंक्तियों और तस्वीरों में चेन्नई न केवल हिंदी में, बल्कि हिंदी के बारे में भी बोलता है। नीचे दिये गये एक उद्धरण से हिंदी के इस रूपक के अनूठेपन का कुछ-कुछ सुराग मिल सकता है :

> चौदह साल की स्वाति रमणन ने कोई छह महीने पहले प्रेमचंद की पहली कहानी 'ईदगाह' पढ़ी थी। वह कहती है कि मैं अब उनकी एक और कहानी पढ़ रही हूँ 'बड़े भाई' साहब। वह कोडम्बक्कम, चेन्नई की एक ऊँची इमारत के सातवें माले पर रहती है। ... उसके कमरे की दीवार पर टँगे ऊनी नमदे के हरे बोर्ड पर टँकी पर्चियों को नज़दीक से देखने पर ताज्जुब होता है। इन्हीं में से एक पर्ची पर कबीर का एक दोहा हिंदी में लिखा हुआ है : धीरे-धीरे रे मना, धीरे सब कुछ होए; माली सींचे सौ घड़ा, रितु आये फल होए। ... स्वाति की माँ अनन्या का परिप्रेक्ष्य अधिक व्यापक है, 'मैं दो साल तक मुंबई में रह चुकी हूँ। अगर आप दूसरे किसी राज्य में रहना चाहते हैं तो हिंदी ज़रूरी है। दक्षिण भारत में रहने वाले लोगों को अब इस बात का एहसास बढ़ता जा रहा है। हमें तो स्टार प्लस और ज़ी टीवी पर हिंदी का स्टेंड-अप कॉमेडी शो बड़ा अच्छा लगता है। तमिल टीवी पर ऐसा कोई शो नहीं है।' ... सभा (दक्षिण भारत हिंदी प्रचार सभा) के महासचिव सी.एन.वी. अन्नामलई अपनी साफ़-सुथरी हिंदी में बताते हैं, 'मैं हमेशा कहता रहा हूँ कि अगर मिस्टर करुणानिधि हिंदी जानते होते तो अभी तक भारत के प्रधानमंत्री बन गये होते। उनकी बेटी को हिंदी आती है। वह सभा की छात्रा है। ... दक्षिण भारत में हिंदी की बहुत माँग है। साल भर में चार दक्षिण भारतीय राज्यों से छह लाख लोग सभा की परीक्षा में भाग लेते हैं। हिंदी पढ़ने का मतलब तमिल को नज़रअंदाज़ करना नहीं है। ... केविन और मानोवा जैकब सभा का हिंदी परिचय कोर्स पढ़ रहे हैं। उनका कहना है, 'राष्ट्र-भाषा पढ़ना आवश्यक है।' वे धाराप्रवाह हिंदी तो नहीं बोल सकते, लेकिन उन्हें उम्मीद है कि एक दिन वे हिंदी में बाइबिल का उपदेश देने लायक क्षमता हासिल कर लेंगे। ... तनिकचलम रोड पर हिंदी की किताबें

बेचने वाले आर. कृष्णमूर्ति के अनुसार 1996-97 में उनकी दूकान ने दस हज़ार एग्ज़ाम गाइड्स बेचीं थीं, लेकिन अब इनकी संख्या दोगुनी हो चुकी है। चेन्नई के हर एपार्टमेंट कॉम्प्लेक्स में कम से कम एक हिंदी अध्यापक सक्रिय है। ... सभा के सदस्य बालकृष्णन हँस कर सिर हिलाते हैं : 'तिरुवल्लम हिंदी मुझक्कम (हिंदी की आवाज़ गली-गली में गूँज रही है)।' ... आज के चेन्नई में दो तरह के लोग रहते हैं। एक वे हैं जो तमिल भावना की दावेदारी पेश करने के लिए सब कुछ कर गुज़रने के लिए तैयार हैं, और दूसरे हैं मध्य और उच्च-मध्य वर्ग के वे लोग जो सुनिश्चित करना चाहते हैं कि कहीं उनके बच्चों के हाथ से हिंदी की बस न छूट जाए। ... चेन्नई की एक औषधि-निर्माता कम्पनी के वरिष्ठ प्रबंधक अनूप एस. के मुताबिक़ रोज़गार के बाज़ार में आज हिंदी का ज्ञान अब ग़ैर-महत्त्वपूर्ण नहीं रह गया है। बोली जाने वाली हिंदी की माँग काफ़ी है। पिछले साल तीन महीने तक एक निजी ट्यूटर से हिंदी पढ़ने वाले अनूप के मुताबिक़ अंग्रेज़ी उद्योग जगत की प्रथम-भाषा ज़रूर है, पर अगर लखनऊ जैसी जगह में तैनाती हो गयी तो क्या होगा?[80]

चेन्नई, यानी मद्रास, हिंदी-विरोध का सबसे पारम्परिक केंद्र रहा है। तमिलनाडु एक एक ऐसा राज्य है जहाँ अभी कुछ पहले तक हिंदी को ऐच्छिक विषय के रूप में पढ़ा जा सकता था। पर हाल ही में लागू हुए समाचीर कालवी[81] यानी समरूप शिक्षा क़ानून के बाद छात्र अरबी, उर्दू, संस्कृत, मलयालम, फ्रेंच और अन्य भारतीय भाषाएँ तो पढ़ सकते हैं, पर हिंदी नहीं। वहाँ हिंदी पढ़ने के लिए या तो सीबीएससी के तहत आने वाले विद्यालय का आसरा लेना पड़ता है, या फिर हिंदी प्रचार सभाओं द्वारा चलाये जाने वाले हिंदी विद्या निकेतनों का। ज़ाहिर है कि तमिलनाडु में सरकार ने अपने स्तर पर हिंदी पढ़ने पर एक ऐसी पाबंदी लगा रखी है जिससे इस राज्य की दोनों प्रमुख राजनीतिक पार्टियाँ द्रमुक और अन्नाद्रमुक बिना किसी अपवाद के सहमत हैं। इस लगभग स्पष्ट राजकीय प्रतिबंध की रोशनी में नहाये हुए हिंदी के तमिलनाडुई प्रचार-प्रसार से पहला संदेश यह निकलता है कि सरकारी संसाधनों और नीतियों के ज़रिये किया जाने वाला भाषा-नियोजन ही अब हिंदी का अकेला वाहक नहीं रह गया है। सरकार पक्ष में हो या विपक्ष में, हिंदी की दुनिया अपनी गति से आगे बढ़ रही है। इस गतिशीलता की प्रमुख चालक शक्तियों में से एक है बाज़ार

---

[80] वी. शोभा का लेख, उपरोक्त.

[81] समाचीर कालवी के तहत हिंदी पढ़ने की मुश्किलों का मतलब यह नहीं निकाला जाना चाहिए कि यह कोई ख़राब क़ानून है. समान स्कूली शिक्षा से संबंधित यह क़ानून अपने कई पहलुओं के लिए प्रशंसनीय भी है. देखें : प्रेमपाल शर्मा, 'एक फ़ैसले का महत्त्व', *समयांतर*, दिल्ली, सितंबर, 2011.

की ताक़त। दूसरी है हिंदी के दृश्य-श्रव्य मीडिया (जिसकी निर्मिति और संरचनाएँ मुद्रित मीडिया से अलग हैं) का भारत-व्यापी स्वरूप। तीसरी है हिंदी-आंदोलन का स्वयंसेवी चरित्र। सरकार के भाषा-नियोजन की भूमिका पूरी तरह से ख़त्म नहीं हुई है, लेकिन अगर उसका कोई नम्बर है तो सबसे नीचे। फिर चाहे वह हिंदी के पक्ष में हो या विपक्ष में। हिंदी जिस उछाल के दौर से गुज़र रही है, वह न तो केंद्र सरकार द्वारा की गयी हिंदी की तरफ़दारी का मोहताज है, और न ही उसकी गति तमिलनाडु सरकार द्वारा की जा रही नकारात्मक भाषाई इंजीनियरिंग से प्रभावित होती है।

V

सम्पर्क-भाषा : हिंदी-द्विभाषिता बनाम अंग्रेज़ी-द्विभाषिता

हिंदी का यह डबल-सेक्टर डिस्कोर्स हमें बताता है कि सरकारी क्षेत्र में बुरी तरह से धक्का खाने के बावजूद सोशल सेक्टर ने हिंदी की वे सम्भावानाएँ मजबूत की हैं जिनके मुताबिक़ वह सारे भारत की सम्पर्क-भाषा बन सकती है। अपने क्षेत्र में हिंदी कुलाँचें भर कर आगे बढ़ी है, और जहाँ उसका राजनीतिक विरोध हुआ था वहाँ न केवल सोशल सेक्टर में उसका कभी विरोध नहीं हुआ, बल्कि अब नयी परिस्थितियों में उसे अधिक हमदर्दी की निगाह से देखा जाने लगा है। इस बात को यूँ भी कहा जा सकता है कि अंग्रेज़ी के अलावा एक देशी जड़ों वाली सम्पर्क-भाषा के रूप में हमारे पास हिंदी की मजबूत दावेदारी है। लेकिन अंग्रेज़ी के सामाजिक रंग-रुतबे और आर्थिक उपयोगिता के मुक़ाबले हिंदी की इस दावेदारी की हैसियत क्या है? अंग्रेज़ी के मुक़ाबले कितने ग़ैर-हिंदीभाषी किसी न किसी रूप में हिंदी बरतने लायक ज्ञान हासिल कर चुके हैं या भविष्य में करेंगे? इन सवालों का तथ्यात्मक जवाब पाने की एक कमोबेश कोशिश जनगणना में मौजूद द्विभाषिता के आँकड़ों पर नज़र डाल कर की जा सकती है।

अंतरभाषाई संचार और द्विभाषिता पर अनुसंधान करने वाले महादेव एल. आप्टे का विचार है कि एक बहुभाषी नज़ारे में द्विभाषिता विकसित होने की दो शर्तें होती हैं जिनके समीकरण के आधार पर ही लोग अपनी भाषा के अलावा दूसरी भाषा सीखने का प्रयास करते हैं : भाषाओं के बीच संरचनात्मक समानता किस दर्जे की है, और सामाजिक-आर्थिक उपयोगिता के लिहाज़ से किस भाषा की दावेदारी बेहतर है। सत्तर के दशक में आप्टे ने निष्कर्ष निकाला था कि अन्य भारतीय भाषाओं से संरचनात्मक (ध्वनि, व्याकरण, शब्द-भण्डार, वाक्य-रचना और वर्णमाला) समानता के लिहाज़ से हिंदी-द्विभाषिता की सम्भावनाएँ बेहतर

होनी चाहिए, और सामाजिक आर्थिक-उपयोगिता के लिहाज़ से अंग्रेज़ी-द्विभाषिता बढ़नी चाहिए। साथ ही आप्टे का कहना यह भी था कि साक्षरता में बढ़ोतरी के साथ-साथ प्रमुख भाषाओं और हिंदी के बीच अंतरभाषाई संचार बढ़ सकता है, भले ही अंग्रेज़ी की सामाजिक-आर्थिक उपयोगिता के कारण लोग इस सम्भावना को नज़रअंदाज़ करते रहें।[82] आप्टे का यह अवलोकन इस ज़रूरत पर बल देता प्रतीत होता है कि भाषा की सामाजिक-आर्थिक उपयोगिता निर्धारित करने के लिए बनाये गये सूचकांकों में आर्थिक प्रगति उपलब्ध कराने की क्षमता को तो सर्वोच्च स्थान देने के साथ-साथ बाज़ार से संबंधित सांस्कृतिक कारकों को नज़रअंदाज़ नहीं किया जाना चाहिए। आप्टे ने केवल साक्षरता का ज़िक्र किया था, पर हिंदी-द्विभाषिता के बढ़ने की सम्भावना के अन्य कारण सतत उद्योगीकरण और आबादी के आवागमन के रूप में भी चिह्नित किये जा सकते थे। कहना न होगा कि साक्षरता, शिक्षा, उद्योगीकरण और आव्रजन से अंग्रेज़ी द्विभाषिता में लाज़िमी तौर पर बढ़ोतरी होनी थी। लेकिन क्या इन वैकासिक पहलुओं ने हिंदी-द्विभाषिता को भी सकारात्मक रूप से प्रभावित किया है?

साठ के दशक से हिंदी-द्विभाषिता और अंग्रेज़ी-द्विभाषिता के बीच होड़ के ग्राफ़ को देखा जा सकता है। शुरुआती दौर में अंग्रेज़ी का पलड़ा बहुत ज़्यादा झुका हुआ नज़र आता है, पर यह अंतराल धीरे-धीरे लेकिन निश्चित रूप से कम हो रहा है। बढ़ती हुई साक्षरता तो इसे घटा ही रही है, अर्थव्यवस्था में हुए परिवर्तनों और बाज़ार के विस्तार ने हिंदी के 'मल्टीप्लायर इफ़ेक्ट' को और प्रभावी बनाया है जिससे उसकी सामाजिक-आर्थिक उपयोगिता भी पहले के मुक़ाबले बढ़ी है। 1991 की जनगणना और 2001 की जनगणना से मिलने वाले द्विभाषिता के आँकड़ों के आधार पर किये गये विश्लेषण से यही संदेश मिलता है। 1991 की जनगणना के आधार पर बनाई गयी तालिका-1 दिखाती है कि आठवीं अनुसूची में दर्ज भाषाओं में द्विभाषियों की संख्या कितनी है, और उनमें कितने हिंदी-द्विभाषी हैं और कितने अंग्रेज़ी-द्विभाषी। यह तालिका पढ़ने के दो तरीक़े हैं।

एक तरीक़ा पॉल ब्रास ने अपनाया है। उनके अनुसार उत्तरी और पश्चिमी भाषाएँ बरतने वाले द्विभाषी होने के लिए हिंदी को प्राथमिकता देते हैं। दक्षिणी

---

[82] महादेव एल. आप्टे, 'सम सोशियोलिंग्विस्टिक आस्पेक्ट्स ऑव इंटरलिंगुअल कम्युनिकेशन इन इण्डिया', *एंथ्रोपॉलॉजीकल लिंगुइस्टिक*, खण्ड 12, अंक 3, मार्च 1970 : 63-82.

और पूर्वी भाषाएँ बरतने वालों की प्राथमिकता अंग्रेज़ी है। यानी भारत द्विभाषिता के मामले में बँटा हुआ है। ब्रास को यह भी लगता है कि दक्षिण और पूर्वी भाषाओं ने एक 'सांस्कृतिक भाषा' के तौर पर हिंदी को ख़ारिज कर दिया है।[83] सांस्कृतिक से उनका क्या अर्थ है, यह समझ में नहीं आता क्योंकि उनके विश्लेषण

तालिका-1
1991 की जनगणना में भाषाएँ

क्रम	भाषा	हिंदी %	अंग्रेज़ी %
1	असमिया	16.93	14.22
2	बांग्ला	6.64	9.04
3	गुजराती	23.91	10.60
4	हिंदी	–	8.85
5	कन्नड़	8.97	11.98
6	कश्मीरी	–	–
7	कोंकणी	25.04	34.85
8	मैथिली	–	–
9	मलयालम	19.07	24.35
10	मणिपुरी	24.31	26.27
11	मराठी	25.79	12.10
12	ओडिया	11.37	12.66
13	पंजाबी	36.25	23.72
14	संथाली	–	–
15	सिंधी	50.65	19.45
16	तमिल	1.56	14.05
17	तेलुगु	8.01	11.10
18	उर्दू	20.61	7.86

की कसौटी तो 'लाइफ चांसिस' पर टिकी थी। बहरहाल, अब इसी तालिका को एक दूसरे तरीक़े से भी पढ़ कर देखें।

इस तालिका के अनुसार सिंधी, पंजाबी, नेपाली, मराठी, गुजराती और उर्दू बरतने वालों के बीच हिंदी द्विभाषिता के मामले में पहले ही अंग्रेज़ी से बहुत आगे चल रही है। यह अंतर दोगुने से भी ज़्यादा से लेकर दस-बारह फ़ीसदी

[83] पॉल ब्रास, 'इलीट इंटरेस्ट्स, पॉपुलर पैशंस, ऐंड सोशल पॉवर इन दि लैंग्वेज पॉलिटिक्स ऑफ़ इण्डिया', संकलित : आशा सारंगी (सम्पा.), *लैंग्वेज ऐंड पॉलिटिक्स इन इण्डिया*, ऑक्सफ़र्ड युनिवर्सिटी प्रेस, दिल्ली, 2009 : 183-220.

तक दिखता है। असमिया के संदर्भ में भी हिंदी आगे है लेकिन वहाँ दोनों द्विभाषिताओं के बीच कुछ कम यानी 2.71 प्रतिशत का अंतर है। इसी तरह मणिपुरी और ओडिया के संदर्भ में अंग्रेज़ी आगे है लेकिन हिंदी केवल 1.96 और 1.26 प्रतिशत के बेहद मामूली अंतर से ही पिछड़ रही है। दक्षिण भारतीय भाषाओं के क्षेत्र में अंग्रेज़ी द्विभाषिता हिंदी से कहीं बेहतर है, लेकिन आँकड़ों की रोशनी में देखने पर हिंदी की स्थिति केवल तमिलनाडु के मामले में बेहद ख़राब निकलती है। यहाँ अंग्रेज़ी के 14 फ़ीसदी द्विभाषियों के मुक़ाबले हिंदी के द्विभाषी डेढ़ फ़ीसदी के आसपास ही हैं। लेकिन बाकी दक्षिणी क्षेत्र में स्थिति इतनी बुरी नहीं है।

सौ फ़ीसदी साक्षरता वाले क्षेत्र मलयालम में अंग्रेज़ी द्विभाषिता अगर 24.35 प्रतिशत है तो हिंदी-द्विभाषिता भी 19.07 फ़ीसदी है। इस आँकड़े को देख कर किसी भी हिंदी समर्थक को सुखद आश्चर्य हो सकता है। इसी तरह कन्नड़भाषी क्षेत्र में अंग्रेज़ी-हिंदी द्विभाषिताओं का अंतर महज तीन फ़ीसदी से अंग्रेज़ी के पक्ष में झुका हुआ है। इसी तरह तेलुगु क्षेत्र में भी द्विभाषिता का यह अंतर केवल दो फ़ीसदी है। दक्षिण भारत में उम्मीद से बेहतर परिणाम प्राप्त करने के बाद हिंदी जिस क्षेत्र में बहुत अच्छे नतीजे प्राप्त करती हुई दिखती है, वह है बंगाल। बंगाल में दोनों द्विभाषिताओं में अंग्रेज़ी हिंदी से केवल 2.40 प्रतिशत ही आगे है।

तीस साल पहले हुए 1961 की जनगणना में द्विभाषिता के आँकड़ों (तालिका-2) पर नज़र डालते ही पॉल ब्रास द्वारा किया गया सरलीकरण अपने आप ख़ारिज हो जाता है। हिंदी-विरोध के गढ़ समझे जाने वाले बंगाल में अंग्रेज़ी उस समय भी तीन फ़ीसदी से आगे थी। अर्थात् इस दौरान बंगाल में अंग्रेज़ी-द्विभाषिता में ज़रा भी बढ़ोतरी नहीं हुई, और हिंदी ने अपनी वृद्धि-दर क़ायम रखी। 1961 की जनगणना बताती है कि कन्नड़भाषी, तमिलभाषी और तेलुगुभाषी क्षेत्र में हिंदी-द्विभाषिता पूरी तरह से ग़ैर-हाज़िर थी। मलयालमभाषी क्षेत्र में वह आधे फ़ीसदी से भी कम थी।

इसका सीधा अर्थ यह निकलता है कि पिछले तीस सालों में दक्षिण के प्रमुख भाषाई क्षेत्रों में हिंदी-द्विभाषिता में उल्लेखनीय वृद्धि हुई है। मलयालम, कन्नड़ और तेलुगु में वह अंग्रेज़ी के निकट आती जा रही है, और तमिलनाडु में उसने अपनी उपस्थिति दर्ज करा दी है। जिन क्षेत्रों में हिंदी-द्विभाषिता ज़बरदस्त रूप से बढ़ी है वे हैं गुजरात और असम। असमियाभाषियों के बीच तो स्थिति उलट ही गयी है। 1961 में वहाँ अंग्रेज़ी-द्विभाषी अधिक थे, पर 1991 में हिंदी-

तालिका-2
1961 की जनगणना में भाषाएँ

क्रम	भाषा	कुल बोलने वाले	हिंदी	%	अंग्रेज़ी	%
1	असमिया	6803463	150326	2.21	158481	2.33
2	बांग्ला	33754408	614874	1.82	1563076	4.63
3	गुजराती	20105846	773919	3.85	424188	2.11
4	हिंदी	123025489			3315038	2.70
5	कन्नड़	17305629	–		–	
6	कश्मीरी	1914446	15018	0.78	8275	0.43
7	कोंकणी	1337134	–	–	92260	6.90
8	मैथिली	4984811	134784	2.70	44769	0.90
9	मलयालम	16944919	80667	0.48	762334	4.50
10	मणिपुरी	621244	18388	2.96	20610	3.32
11	मराठी	32767442	2017764	6.16	527655	1.61
12	ओडिया	15610736	253328	1.62	209175	1.34
13	पंजाबी	9868279	725602	7.35	406955	4.12
14	संथाली	3130829	228932	7.31	–	
15	सिंधी	977023	218826	22.40	86695	8.87
16	तमिल	30465442	–		1261762	4.14
17	तेलुगु	37642439	–		855030	2.27
18	उर्दू	23323047	1021001	4.38	–	

द्विभाषी आगे निकल गये हैं।

1961 और 1991 के बीच दोनों द्विभाषिताओं की वृद्धि-दर ग्राफ़-1 में दिखाई गयी है जिससे स्पष्ट है कि हिंदी-द्विभाषिता की रूपरेखा में उत्तर, मध्य और उत्तर-पूर्व के साथ दक्षिण भी जुड़ गया है।

अंग्रेज़ी और हिंदी के बीच द्विभाषिता की इस होड़ के लिए 1991 से लेकर 2001 के बीच की अवधि बहुत महत्त्वपूर्ण है। यह भूमण्डलीकरण का दौर है, और समझा जाता है कि इस दौरान अंग्रेज़ी की आर्थिक-सामाजिक उपयोगिता में पहले के मुक़ाबले बहुत बढ़ोतरी हुई होगी, क्योंकि उसने युरोप की स्थापित भाषाओं के दायरों में भी अतिक्रमण शुरू कर दिया है। हमारे पास 2001 की जनगणना के आँकड़े हैं जिनसे पता लगाया जा सकता है कि भूमण्डलीकरण के प्रभाव के तहत इस होड़ की दिशा अब क्या है। तालिका-3 में विभिन्न भाषाई

ग्राफ़-1 : 1961 से 1991 के बीच हुए परिवर्तन

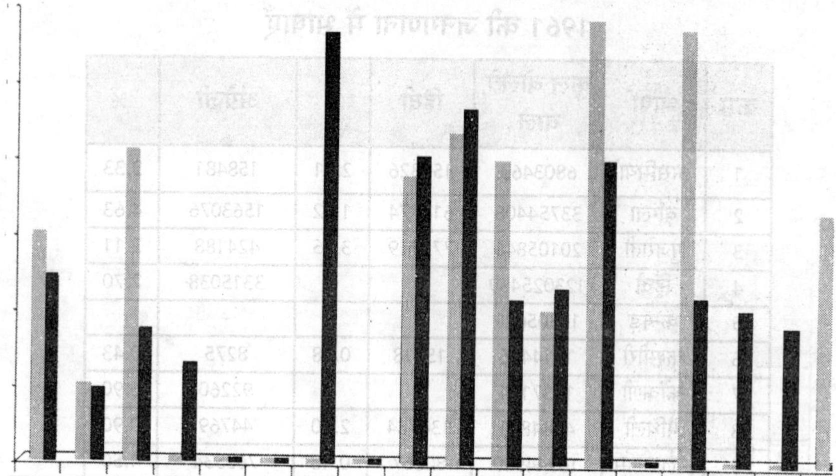

	असमिया	बंगाली	गुजराती	हिंदी	कन्नड़	कश्मीरी	कोंकणी	मैथिली	मलया.	मणिपुरी	मराठी	ओडिया	पंजाबी	संथाली	सिंधी	तमिल	तेलुगु	उर
▒	14.7	4.8	20.1	0.0	0.0	0.0	0.0	0.0	18.6	21.4	19.6	9.8	28.9	0.0	28.3	0.0	0.0	16.
■	11.9	4.4	8.5	6.2	0.0	0.0	28.0	0.0	19.9	23.0	10.5	11.3	19.6	0.0	10.6	9.9	8.8	0.

समूहों के बीच हिंदी और अंग्रेज़ी के संदर्भ में पहली पसंद और दूसरी पसंद के प्रतिशत दिये गये हैं। इस तालिका में जो प्रतिशत निकाले गये हैं वे हर भाषाई समूह के द्विभाषियों में से न हो कर उनके कुल बोलने वालों की संख्या के आधार पर हैं। फिर भी द्विभाषिता के स्तर पर हुए परिवर्तनों का अंदाज़ा इनसे निकाला जा सकता है। दक्षिण और पूर्वी भाषाओं में हुए द्विभाषिता संबंधी परिवर्तनों का विश्लेषण बताता है इन क्षेत्रों में हिंदी-द्विभाषिता का प्रतिशत कमोबेश दस साल पहले जितना ही बना हुआ है। असम में हिंदी अभी भी आगे है, बंगाल में हिंदी-द्विभाषी अंग्रेज़ी के और नज़दीक आये हैं, तमिल में हिंदी ने अपनी जो उपस्थिति दर्ज करायी थी उसमें अंग्रेज़ी की बढ़ी हुई प्रतिष्ठा कटौती नहीं कर पायी है, कन्नड़ में अंग्रेज़ी-द्विभाषिता हिंदी से केवल मामूली अंतर से ही आगे रह गयी है, मलयालम क्षेत्र में हिंदी-द्विभाषिता का मज़बूत प्रदर्शन ज़ारी है और तेलुगु क्षेत्र में हिंदी-द्विभाषिता की स्थिति पहले की तरह आश्वस्तिकारक बनी हुई है। ओड़िया क्षेत्र में दोनों द्विभाषिताएँ क़रीब-क़रीब बराबरी की स्थिति में हैं। दूसरी उल्लेखनीय बात यह है कि जिन क्षेत्रों में हिंदी अंग्रेज़ी से बहुत आगे थी, जैसे मराठी, गुजराती, उर्दू, पंजाबी, सिंधी, नेपाली, मैथिली और डोगरी, उनमें अंग्रेज़ी-द्विभाषिता अपनी स्थिति सुधारने में विफल रही है।

1991 से 2001 के बीच दोनों द्विभाषिताओं की वृद्धि-दर का एक अंदाज़ा ग्राफ़-2 से लगाया जा सकता है।

यहीं सवाल उठता है कि 1961, 1991 और 2001 की जनगणनाओं के इस विश्लेषण में हिंदी के अंग्रेज़ी-द्विभाषियों और उर्दू के अंग्रेज़ी-द्विभाषियों को

तालिका-3
2001 की जनगणना में भाषाएँ

क्रम	भाषा	कुल बोलने वाले	पहली भाषा हिंदी	दूसरी भाषा हिंदी	हिंदी %	पहली भाषा अंग्रेज़ी	दूसरी भाषा अंग्रेज़ी	अंग्रेज़ी %
1	असमिया	13168484	11.13	8.90	20.03	10.68	4.22	14.90
2	बांग्ला	83369769	6.04	4.02	10.06	11.09	1.92	13.01
3	बोडो	1350478	3.15	9.37	12.52	3.54	3.87	7.41
4	डोगरी	2282589	50.62	4.69	55.31	4.75	20.42	25.17
5	गुजराती	46091617	32.40	2.22	34.62	2.22	10.68	12.90
6	हिंदी	422048642				7.68	0.62	8.30
7	कन्नड़	37924011	5.81	6.77	12.58	9.82	3.22	13.04
8	कश्मीरी	5527698	3.23	1.19	4.42	3.86	2.10	5.96
9	कोंकणी	2489015	8.75	20.81	29.56	19.86	11.81	31.67
10	मैथिली	12179122	31.92	0.56	32.48	0.71	8.24	8.95
11	मलयालम	33066392	3.12	12.18	15.30	21.24	2.62	23.86
12	मणिपुरी	1466705	7.81	14.55	22.36	27.67	4.78	32.45
13	मराठी	71936894	35.93	2.63	38.56	2.22	12.00	14.22
14	नेपाली	2871749	30.27	11.39	41.66	7.35	1.15	8.50
15	ओडिया	33017446	8.05	8.74	16.79	15.32	3.54	18.86
16	पंजाबी	29102477	41.94	7.99	49.93	9.31	22.82	32.13
17	संस्कृत	14135	51.33	9.81	61.14	6.66	15.97	22.63
18	संथाली	6469600	16.64	1.97	18.61	0.60	2.91	3.51
19	सिंधी	2535485	45.58	6.55	52.13	6.22	14.74	20.96
20	तमिल	60793814	1.14	0.92	2.06	14.88	1.10	15.98
21	तेलुगु	74002856	5.37	5.84	11.21	10.48	3.65	14.13
22	उर्दू	51536111	25.45	6.33	31.78	3.79	5.81	9.60

ग्राफ़-2 : 1991 से 2001 के बीच हुए परिवर्तन

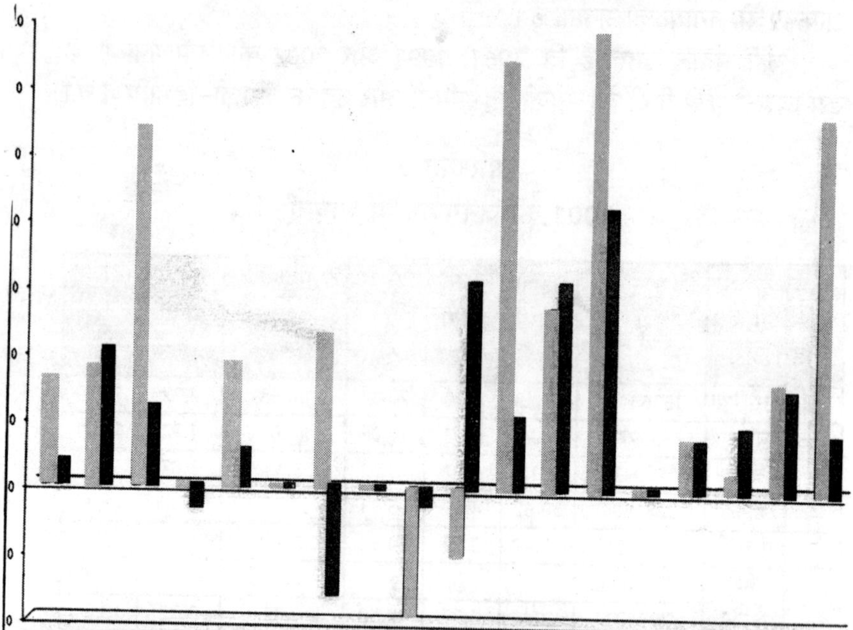

	असमिया	बंगाली	गुजराती	हिंदी	कन्नड़	कश्मीरी	कोंकणी	मैथिली	मलया.	मणिपुरी	मराठी	ओडिया	पंजाबी	संथाली	सिंधी	तमिल	तेलुगु	उर्दू
▪	3.1	3.4	10.7	0.0	3.6	0.0	4.5	0.0	−3.8	−2.0	12.8	5.4	13.7	0.0	1.5	0.5	3.2	11.2
ो ■	0.7	4.0	2.3	−0.6	1.1	0.0	−3.2	0.0	−0.5	6.2	2.1	6.2	8.4	0.0	1.5	1.9	3.0	1.7

किस श्रेणी में रखा जाना चाहिए? हिंदी और उर्दू का अंग्रेज़ी-द्विभाषी हर तरह से दोनों तरह की द्विभाषिताओं से सम्पन्न है। उसे द्विभाषिता की इस प्रतियोगिता से तटस्थ कर करके विश्लेषण करना चाहिए। 1961 की जनगणना में तो हिंदुस्तानी बोलने वाले भी अलग से दर्ज किये गये थे। हिंदुस्तानी के अंग्रेज़ी-द्विभाषी भी तटस्थ कर देने चाहिए। अगर इन तटस्थताओं को मिला कर एक तालिका बनाई जाए तो दोनों द्विभाषिताओं की प्रगति और प्रतियोगिता का ग्राफ़ इस तरह बनता है।

इन तालिकाओं और ग्राफ़ से पता चलता है कि अंग्रेज़ी के मुक़ाबले सम्पर्क-भाषा बनने के मामले में अखिल भारतीय पैमाने पर हिंदी की स्थिति उत्तरोत्तर सुदृढ़ हुई है। लेकिन सिर्फ़ द्विभाषिता के इन जनगणना प्रदत्त आँकड़ों के आधार पर सम्पर्क-भाषा के सभी पहलुओं पर विचार नहीं हो सकता। हिंदी-क्षेत्र में सम्पर्क-भाषा को युरोपीय क़िस्म की राष्ट्र-भाषा के आईने में देखने की प्रवृत्ति

काफ़ी प्रबल है। यह रवैया दो तरह की माँग करता है : पहली, उत्तर भारत की जनपदीय भाषाओं के पैरोकार अगर उन्हें आठवीं अनुसूची में माँग करने की राजनीति करेंगे, तो हिंदी की बहुसंख्यक दावेदारी कमज़ोर हो जाएगी;[84] और दूसरी, ग़ैर-हिंदीभाषियों के लिए हिंदी समझना-बोलना ही काफ़ी नहीं है, उन्हें उत्तर-भारतीयों की तरह हिंदी लिखना-पढ़ना भी आना चाहिए। यह आग्रह दृश्य-श्रव्य मीडिया के ज़रिये हुए हिंदी के प्रसार के प्रति असहज है क्योंकि यह प्रक्रिया अहिंदीभाषियों को हिंदी का 'लिटराटी' बनाने की तरफ़ नहीं ले जाती। दरअसल, यह दूसरी माँग हिंदी को उस खाने में फिट करना चाहती है जिसमें आजकल अंग्रेज़ी है। अंग्रेज़ी और भारतीय भाषाओं का रिश्ता डायग्लॉसिकल है जिसके तहत अंग्रेज़ी को सामाजिक-सांस्कृतिक तौर पर बेहतर मान कर सीखा-सिखाया जाता है। इस प्रक्रिया के साथ सीखने वाले की अपनी भाषा को जाने-अनजाने 'अनलर्न' करने का सिलसिला भी जुड़ा रहता है। हिंदी को सारे देश की सम्पर्क-भाषा बनते हुए देखने की इच्छा रखने वालों को यह तय करना पड़ेगा कि क्या वे भी अन्य भारतीय भाषाओं के साथ अंग्रेज़ी जैसा ही डायग्लॉसिक रिश्ता बनाना चाहते हैं ?

हाल ही में मीडिया द्वारा प्रचलित किये जा रहे हिंदी के अंग्रेज़ी मिलवाँ खिचड़ी-रूप ने इस भाषा के पैरोकारों के बीच कई तरह की चिंताएँ पैदा की हैं। इसे कुछ प्रेक्षकों ने क्रियोलीकरण का नाम दिया है, जो ग़लत है। क्रियोलीकरण का एक निश्चित ऐतिहासिक संदर्भ है जिसे भारत में देखना एक सांस्कृतिक ज़बरदस्ती होगी। मैं इस प्रक्रिया के लिए फिलहाल खिचड़ीकरण कहना पसंद करूँगा। दरअसल, इनमें एक हिस्सा उन लोगों का है जो हिंदी के लिखित और परिनिष्ठित रूप को सारे भारत के गले उतारने की इच्छा रखते हैं। लेकिन, एक हिस्सा ऐसे लोगों का भी है जो मीडिया के नये-पुराने रूपों द्वारा किये जा रहे हिंदी के खिचड़ीकरण के तात्पर्य और फलितार्थ जानना चाहते हैं। खिचड़ीकरण

[84] भारत भवन, भोपाल में हुई गोष्ठी में पेश किये गये तीन पर्चों में आठवीं अनुसूची में शामिल होने के लिए की जाने वाली राजनीति को आड़े हाथों लिया गया था. अमरनाथ और ऋषिकेश राय ने अपनी प्रस्तुतियों में क्रमशः 'हिंदी और उसकी बोलियाँ : अंतर्संबंध और अंतर्विरोध' और 'अस्मिता बनाम विखण्डन' में डर व्यक्त किया था कि जनपदीय भाषाओं के प्रभुजनों द्वारा की जा रही यह राजनीति हिंदी की अस्मिता के लिए बेहद नक़सानदेह साबित हो सकती है। लेकिन, एनसीईआरटी के परामर्शदाता प्रमोद कुमार तिवारी की प्रस्तुति 'जनपदीय भाषाएँ : हिंदी से अंतर्संबंध और अंतर्विरोध तथा आंचलिकता की आधुनिकता' में इन भाषाओं के विकास का पक्ष लेते हुए तर्क दिया गया था कि आठवीं अनुसूची में शामिल होने से इन भाषाओं का कोई भला नहीं होने वाला है। बजाय इसके बच्चों को अपनी इन मातृभाषाओं में शिक्षा देने पर ज़ोर दिया जाना चाहिए.

कई तरह के होते हैं और अलग-अलग देश-काल में उनके परिणाम भी भिन्न-भिन्न निकलने लाज़िमी हैं। अंग्रेज़ी को खिचड़ीकरण की प्रक्रियाओं का जो ऐतिहासिक लाभ हुआ, वह ज़रूरी नहीं कि तीसरी दुनिया के देशों की भाषाओं का भी हो। उन्हें नुक़सान भी हो सकता है, और ये तमाम संदेह निर्मूल भी साबित हो सकते हैं। जब भी कोई भाषा दूसरी भाषाओं से अन्योन्यक्रिया करती है, खिचड़ीकरण होना अनिवार्य है। सवाल यह है कि अन्योन्यक्रिया करने वाली भाषाओं के आपसी संबंध कैसे हैं? क्या वे डायग्लॉसिक हैं? अगर प्रभावित होने वाली भाषा में लम्बे अरसे से औपचारिक शिक्षा दी जा रही है और एक के बाद एक कई शिक्षित पीढ़ियाँ निकल चुकी हैं, अगर उस भाषा के पास लिखित साहित्य की समृद्ध परम्परा है, अगर उस भाषा का सार्वजनिक क्षेत्र विकसित है और अगर वह भाषा आत्मसातीकरण की क्षमता से सम्पन्न है, तो खिचड़ीकरण से उसके विस्तार और गहराई में वृद्धि होती है। अगर उसमें ये खूबियाँ नहीं हैं, तो खिचड़ीकरण उसके संहार का कारण भी बन सकता है। कुल मिला कर अनुसंधान की यह परियोजना मुख्यतः भाषाशास्त्रीय तो है ही, पर उसके सामाजिक-राजनीतिक पहलुओं से भी इनकार नहीं किया जा सकता।

अंत में विचार करने लायक़ एक प्रश्न बचता है कि क्या हिंदी कभी भारतीय संघ की वास्तविक राज-भाषा बन सकेगी? इसके उत्तर के लिए हमें अंग्रेज़ी के अभेद्य गढ़ (संघीय प्रशासनिक सेवाएँ) के संदर्भ में हिंदी की स्थिति जाँचनी होगी। हम ऊपर देख चुके हैं कि इस दुर्ग के रखवालों यानी अधिकारी-तंत्र ने हिंदी को भारतीय संघ के कामकाज में अंग्रेज़ी की जगह नहीं लेने दी थी। यही वह दुर्ग था जिसमें 1968 के सरकारी भाषा प्रस्ताव से पहले भारतीय भाषाओं का प्रवेश भी निषिद्ध था। इस प्रस्ताव ने आईएएस, आईपीएस और केंद्रीय सेवाओं के लिए होने वाली संयुक्त परीक्षा में बैठने लायक़ योग्यताओं में दो परिवर्तन किये। पहला 'अंग्रेज़ी या हिंदी' का ज्ञान अनिवार्य कर दिया; और दूसरा, आठवीं अनुसूची में दर्ज हिंदी समेत सभी भारतीय भाषाओं में संघ लोकसेवा आयोग की परीक्षाएँ देने की इजाज़त दे दी। 1979 में कोठारी कमीशन[85] की सिफ़ारिशों के अनुसार संघ लोक सेवा आयोग के परीक्षा-पैटर्न में परिवर्तन किया गया जिससे भारतीय भाषाओं के प्रतियोगियों के लिए अंग्रेज़ी के इस दुर्ग पर धावा बोलने का

[85] प्रोफ़ेसर दौलत सिंह कोठारी 1964 से 1966 के बीच राष्ट्रीय शिक्षा आयोग के अध्यक्ष रहे. इस आयोग की दो सिफ़ारिशों पर अगर अमल करने की कोशिश की जाती तो शिक्षा प्रणाली में आमूल-चूल परिवर्तन किया जा सकता था. कोठारी का कहना था कि देश भर में समान विद्यालय व्यवस्था लागू की जाए और स्नातकोत्तर स्तर तक शिक्षा का माध्यम भारतीय भाषाओं में ही हो. सिविल सेवा परीक्षा की समीक्षा समिति

रास्ता खुल गया। समान स्कूल शिक्षा प्रणाली की सिफ़ारिश करने के लिए विख्यात दौलत सिंह कोठारी ने सिविल सेवाओं के लिए जो संस्तुति की, उसके पीछे उनकी दलील देखने क़ाबिल है :

> अभी तक की परीक्षाओं में अभ्यार्थियों को अंग्रेज़ी में ही उत्तर देने होते हैं। उन्हें भारतीय भाषाओं में उत्तर देने की कोई सुविधा नहीं है। इससे वे विद्यार्थी जिन्होंने भारतीय भाषाओं के माध्यम से अपनी पढ़ाई की है, हतोत्साहित रहते हैं। ऐसे विद्यार्थियों की संख्या शिक्षा के प्रचार-प्रसार के साथ लगातार बढ़ रही है। उदाहरण के लिए दिल्ली विश्वविद्यालय, जहाँ से इन सेवाओं के लिए सबसे ज़्यादा चुने जाते हैं, वहाँ ऑनर्स डिग्री में हिंदी माध्यम में पढ़ने वाले लगातार बढ़ रहे हैं। 1974 में इतिहास, अर्थशास्त्र और राजनीतिशास्त्र में क्रमश: 18, 12 और 37 प्रतिशत छात्रों ने ऑनर्स की डिग्री हिंदी माध्यम से ली है। आगे यह संख्या और बढ़ेगी। ... हम पूरे विश्वास से कहना चाहते हैं कि जो अभ्यर्थी अखिल भारतीय सेवाओं की नौकरी में आना चाहते हैं, उन्हें आठवीं अनुसूची में उल्लिखित भाषाओं का ज्ञान होना अनिवार्य है। जिन्हें ये भाषाएँ नहीं आतीं, वे सरकारी सेवाओं के लिए क़तई उपयुक्त नहीं हैं।[86]

1970 से लेकर 1978 तक भारतीय भाषाओं में परीक्षा देने वालों का प्रतिशत कभी भी 10.1 फ़ीसदी से नहीं बढ़ पाया था। लेकिन 1979 के बाद कोठारी आयोग की इन सिफ़ारिशों का हालात पर गहरा असर पड़ा। 1950 में केवल 3,647 परीक्षार्थी सिविल सेवा के इम्तहान में बैठे थे जिनमें पास होने वालों की संख्या 240 थी। यह संख्या अगले बीस साल में बढ़ कर 11,710 हो गयी जिनमें उत्तीर्ण होने वालों की संख्या 428 थी। लेकिन 1979 के वर्ष में जैसे ही भारतीय भाषाओं में परीक्षा देने का प्रावधान किया गया, वैसे ही परीक्षार्थियों की संख्या 1,74,000 से अधिक हो गयी और पास होने वालों की संख्या 703 तक पहुँच गयी। ज़ाहिर है कि सिर्फ़ अंग्रेज़ी में प्रवेश-परीक्षा होने के कारण अधिसंख्य भारतीय इसमें भाग ही नहीं ले पाते थे। 2009 में प्रकाशित एक अध्ययन के अनुसार 1979 से 1988 के बीच पहले दशक में भारतीय भाषाओं में परीक्षाएँ देने वालों की संख्या में 15.6 फ़ीसदी इज़ाफ़ा हुआ जो अगले दस साल यानी 1989 से 1998 के बीच बढ़ कर 26.8 फ़ीसदी हो गया। अगले नौ साल में बढ़ोतरी यह आँकड़ा 41.6 प्रतिशत तक पहुँच गया। 1979 से 2007 के बीच के 29 वर्षों में भारतीय भाषाओं को माध्यम की तरह अपनाने वाले इन परीक्षार्थियों

की अध्यक्षता उन्हें 1974 में मिली जिसकी रपट पर 1979 से अमल किया गया.

[86] कोठारी कमीशन की रपट और उसके सिविल सेवाओं पर असर की विस्तृत समीक्षा के लिए देखें, मृणालिनी शर्मा, 'अंग्रेज़ी का वर्चस्व', *समयांतर,* जुलाई 2011, दिल्ली.

में हिंदीवालों की संख्या 90.1 फ़ीसदी थी। देखने की बात यह है कि यह प्रतिशत पहले दशक में ही 87.8 तक पहुँच गया था, दूसरे दशक में यह आँकड़ा 89.5 हुआ और तीसरे दशक के नौ वर्षों में 93.1 रहा। इस परीक्षा का पहला पर्चा भी भारतीय भाषाओं में लिखने वाले परीक्षार्थियों का प्रतिशत पहले दशक में 66.7, दूसरे दशक में 74.9 और तीसरे दशक में 76.9 रहा। इन परीक्षार्थियों को इंटरव्यू के लिए बुलाए जाने और उनके द्वारा साक्षात्कार के लिए किसी भारतीय भाषा को चुनने का प्रतिशत कहीं कम ज़रूर है लेकिन उसमें भी लगातार बढ़ोतरी हो रही है। 1987 से 1996 के बीच यह प्रतिशत 13.3 था जो बढ़ कर 1997 से 2006 के बीच 24.3 हो गया। साक्षात्कार के स्तर तक पहुँचने वाले परीक्षार्थियों का एक चौथाई से भी बड़ा हिस्सा (2007 में 32 फ़ीसदी) अब भारतीय भाषाओं में इंटरव्यू देना पसंद करता है। 2007 के 450 ऐसे उम्मीदवारों में से 330 ने हिंदी को अपना माध्यम बनाया।[87]

इस तथ्यगत अध्ययन के तीन नतीजे निकलते हैं : पहला, भारतीय भाषाओं में सिविल सर्विसेज़ का इम्तहान देने वाले परीक्षार्थियों की संख्या में तेज़ बढ़ोतरी हो रही है; दूसरा, इन परीक्षार्थियों में हिंदी अपनाने वालों की संख्या 85 से 90 के बीच में है, तीसरा, इन परीक्षाओं में बैठने वाले चार अंग्रेज़ीभाषियों में से एक का स्थान पिछले तीन दशकों में भारतीय भाषाओं के खाते में चला गया है। अध्ययनकर्त्ता मारुति पी. तंगीराला ने इन परीक्षार्थियों को मोटे तौर पर हिंदी का द्विभाषी क़रार दिया है, क्योंकि इन्हें अंग्रेज़ी की भी प्राथमिक जानकारी होती है। ख़ास बात यह है कि भारतीय भाषाओं का अनिवार्य पर्चा हिंदी में लिखने वालों का प्रतिशत 2001 के जनगणना में दर्ज हिंदीभाषियों के प्रतिशत से भी अधिक है। 76.9 फ़ीसदी परीक्षार्थियों ने यह पर्चा हिंदी में लिखते नज़र आये, जबकि देश की आबादी में ख़ुद को हिंदीभाषी कहने वालों की संख्या केवल 41.03 फ़ीसदी ही है। यहीं सवाल उठता है कि संघ लोक सेवा आयोग की परीक्षाओं में हिंदी वालों की सफलता दर कितनी है ? इस प्रश्न का उत्तर फिलहाल उपलब्ध नहीं है। मोटे तौर पर दस हज़ार छात्र जब आईएएस बनने बैठते हैं तो उनमें से एक को मौक़ा मिलता है। समझा जाता है सफलता का यह प्रतिशत .00025 है। इतने कम प्रतिशत में भाषा-माध्यम की शिनाख़्त कुछ मुश्किल हो सकती है।

[87] मारुति पी. तंगीराला, 'लैंग्वेज चॉयसिज़ ऐंड लाइफ चांसेज़ : एवीडेंस फ्रॉम दि सिविल सर्विसेज़ एज़्ज़ामिनेशन', *इकॉनॉमिक ऐंड पॉलिटिकल वीकली*, अंक 39, 26 सितम्बर, 2009 : 16-20.

लेकिन इसमें कोई शक नहीं कि हिंदी माध्यम से कामयाब होने वाले छात्रों की ख़बरों और साक्षात्कारों से नेट भरा पड़ा है। हर साल इस तरह की कहानियाँ आती हैं कि ग़रीब मज़दूरों, रिक्शेवालों, रेहड़ीवालों, ग्रामीण और अर्धशहरी इलाक़ों में ज़िंदगी गुज़ारने वाले हिंदी के माध्यम से प्रशासनिक सेवाओं में क़दम रख रहे हैं। उनकी संख्या जैसे-जैसे बढ़ेगी, नौकरशाह अभिजन की संरचना में फ़र्क़ पड़ने की उम्मीद की जा सकती है।

क्या हिंदी को भारतीय संघ की वास्तविक राज-भाषा बनाने की परियोजना के संदर्भ में यह प्रक्रिया 'गेम-चेंजर' साबित हो सकती है? इस प्रश्न का उत्तर किंतु-परंतु के बिना नहीं दिया जा सकता। कोठारी कमीशन की रपट के आधार पर सिविल सेवाओं की प्रवेश परीक्षा के मूल्यांकन के लिए 1988-89 में बनाई गयी सतीश चंद्र कमेटी ने भी कोठारी की सिफ़ारिशों को उचित ठहराया। इसके बाद 2000 में दूसरी पुनरीक्षण कमेटी योगेंद्र अलग़ के नेतृत्व में बैठी। इस कमेटी ने भी कोठारी की संस्तुतियों की भावना का साथ दिया। लेकिन 2011 में अचानक बिना किसी समीक्षा के सिविल सेवा की प्रवेश परीक्षा के पहले चरण में ही एक एप्टीट्यूड टेस्ट शामिल कर दिया गया है जिसमें तीस नंबर अंग्रेज़ी ज्ञान के लिए हैं लेकिन भारतीय भाषाओं के ज्ञान को उससे बाहर रखा गया है। अंग्रेज़ी का जो ज्ञान मुख्य परीक्षा के दूसरे चरण में जाँचा जाता था, उसे पहले चरण में डाल दिया गया है। सरकार के इस अकस्मात फ़ैसले के ऊपर कई जानकार टिप्पणीकारों ने प्रतिक्रिया की है। इस बहस में एक मान्यता यह भी है कि यह एप्टीट्यूड टेस्ट भारतीय भाषाओं के परीक्षार्थियों के लिए एक बड़ी बाधा साबित हो सकता है। क्या यह फ़ैसला आईएएस लॉबी के दबाव में आ कर किया गया है ताकि हिंदीभाषियों और अन्य भाषाई प्रतियोगियों से सिविल सेवा के भरने की ज़ारी प्रक्रिया को उलटा जा सके? यह प्रश्न अभी अनुत्तरित है।

VI

निष्कर्ष

उपनिवेशवाद विरोधी आंदोलन और उसके बाद संविधान सभा की भाषाई राजनीति अंतिम विश्लेषण में युरोप के 'एक भाषा-एक राष्ट्र' पैटर्न से अलग थी। इस राजनीति के लिए राष्ट्र-भाषा का मतलब था ज़्यादा से ज़्यादा सम्पर्क-भाषा, न कि सारे देश के लिए अनिवार्य कर दी जाने वाली कोई एक भाषा। बहुभाषिता के ऊपर एकभाषिता आरोपित करने की परियोजना के बजाय इस राजनीति ने क्षेत्रीय स्तर पर कई राज-भाषाओं का विचार प्रोत्साहित किया और

संघीय स्तर पर हिंदी के रूप में एक ऐसी राज-भाषा की पैरोकारी की जिसे क्षेत्रीय राज-भाषाओं के कार्यक्षेत्र का अतिक्रमण नहीं करना था। संविधान सभा के भाषाई प्रावधानों ने भारतीय संघ को इन्हीं राज-भाषाओं के विकास और प्रसार के लिए भाषा-नियोजन करने के निर्देश दिये थे। संविधान राज-भाषा के सवाल पर जितना मुखर है, राष्ट्र-भाषा / सम्पर्क-भाषा के मामले में उतना ही मौन था। न तो उसने किसी भाषा को राष्ट्र-भाषा का दर्जा दिया, और न ही भारतीय राज्य को इस सिलसिले में किसी क़िस्म का हस्तक्षेप करने की इजाज़त दी। भारतीय संघ ने सम्पर्क-भाषा बनने और विकसित करने की ज़िम्मेदारी ऐतिहासिक, सामाजिक और आर्थिक प्रक्रियाओं पर छोड़ दी। एक अत्यंत बहुभाषी राष्ट्र में सम्पर्क-भाषा के रूप में विकसित होने की संरचनागत सम्भावनाएँ केवल हिंदी के पास थीं। इस तरह हिंदी दो सेक्टरों में अलग-अलग पनपी। सरकारी क्षेत्र में और सामाजिक क्षेत्र में। उसका विमर्श दोहरा बन गया, जो कई जगह परस्परव्यापी होते हुए भी अपनी बुनियादी संरचनाओं में बहुत ज़्यादा अलग-अलग था।

संवैधानिक प्रावधानों द्वारा राज-भाषा और राष्ट्र-भाषा के प्रत्यय अलग-अलग कर दिये जाने की हक़ीक़त पहचानने में भाषा संबंधी विमर्श आम तौर पर विफल रहा। हिंदी के संदर्भ में राज-भाषा और राष्ट्र-भाषा को एक-दूसरे के पर्याय की तरह इस्तेमाल किया जाता रहा। या तो यह अफ़सोस व्यक्त किया गया कि हिंदी राष्ट्र-भाषा या राज-भाषा नहीं बन सकी, या यह आरोप लगाया गया कि भाषाई समस्याओं की जड़ सारे देश को एक भाषा के तहत लाने की कोशिश में निहित है। इस चक्कर में न तो सरकारी-क्षेत्र में होने वाले भाषा-नियोजन का पर्याप्त अध्ययन किया जा सका, और न ही सामाजिक क्षेत्र में चली सम्पर्क-भाषा बनने की प्रक्रिया का। भाषा-नियोजन के जो भी अध्ययन हुए, वे ज़्यादा से ज़्यादा संघीय स्तर पर हुए कमोबेश विफल प्रयासों की समीक्षा तक सीमित रहे। राज्यों के स्तर पर होने वाले असाधारण रूप से सफल भाषा-नियोजन पर न के बराबर ही ध्यान दिया गया। इस विमर्श में राष्ट्र-भाषा या सम्पर्क-भाषा बनने की प्रक्रिया के तरफ़ कुछ छिट-पुट इशारे तो मिलते हैं, पर सुचिंतित अध्ययनों का सर्वथा अभाव है। चूँकि व्यावहारिक स्तर पर हिंदी का विकास दो खानों में बँटा हुआ है, इसलिए अब विमर्श के स्तर पर भी हिंदी के संवैधानिक राज-भाषा स्वरूप और सामाजिक-सांस्कृतिक-आर्थिक सम्पर्क-भाषा स्वरूप को अलग-अलग करना होगा। पिछले पैंसठ वर्षों के अनुभव से यह हमारी समझ में आ जाना चाहिए कि ये दोनों अलग-अलग प्रक्रियाएँ हैं। दोनों का

अलग-अलग अध्ययन करना होगा। दोनों की उनके अपने संदर्भों में अलग-अलग समझ बनानी होगी। साथ ही यह भी देखना होगा कि दोनों प्रक्रियाएँ कहाँ-कहाँ परस्परव्यापी हैं। संविधान-निर्माता सम्भवतः यह समझते थे कि अगर भारतीय संघ द्वारा एक समयबद्ध कार्यक्रम के दम पर हिंदी को अंतरप्रांतीय प्रशासनिक संवाद-संचार की भाषा की तरह स्थापित कर दिया जाएगा, तो सम्पर्क-भाषा के रूप में उसकी प्रसार और हैसियत पर निर्णायक असर पड़ेगा। लेकिन संस्कृत-नैशनलिज़म, नौकरशाह अभिजन के भितरघात और राजनीतिक नेतृत्व की कमज़ोर इच्छा-शक्ति के कारण हिंदी राज-भाषा की यह भूमिका नहीं निभा सकी। दूसरी तरफ़ सामाजिक प्रक्रियाओं ने उसे सम्पर्क-भाषा बनने की दिशा में कभी धीरे तो कभी तेज़ी से आगे बढ़ाया। हमें नायर के दूरंदेशी से भरे इस अवलोकन को नहीं भूलना चाहिए :

> अगर भारत की राजनीतिक प्रणाली टिकाऊ रही, तो हिंदी की जानकारी ग़ैर-हिंदी क्षेत्रों में फैलने की सम्भावना है जिससे हिंदी को भारत की अधिक सार्वभौम लिंगुआ फ्रांका (जन-भाषा) के रूप में उभरने में मदद मिलेगी। लेकिन, यह एक दीर्घकालीन क्रमशः विकसित होने वाली प्रक्रिया होगी।[88]

यह लिखने के बाद नायर ने इसके बाद हिंदी विरोधी आंदोलन का नेतृत्व करने वाली पार्टी द्रमुक के नेताओं का कथन उद्धृत किया था जिसके मुताबिक़ वे न तो हिंदी के ख़िलाफ़ थे, और न ही उसके स्वयंसेवी प्रसार-प्रचार के। वे तो उसे सरकारी तौर से थोपने के ख़िलाफ़ थे, और चाहते थे कि राज-भाषा के प्रश्न को इतिहास की ताक़तों के लिए छोड़ दिया जाए। इतिहास की ताक़तों ने ही बलदेव राज नायर की इस भविष्यवाणी को एक हद तक साकार कर दिया है। अनौपचारिक सम्पर्क-भाषा के रूप में हिंदी की हैसियत जैसे-जैसे सुदृढ़ होगी, वैसे-वैसे उसके अंतर-प्रांतीय राज-भाषा बनने के रास्ते में जमी हुई ग़ैर-हिंदी प्रतिरोध की बर्फ़ पिघलने की सम्भावना से इनकार नहीं किया जा सकता। दूसरी तरफ़ औपचारिक शिक्षा से निकली हिंदी की नयी पीढ़ियों ने धीरे-धीरे प्रशासनिक सेवा और ज्ञान-रचना के उन दुर्ग-द्वारों पर दस्तक देनी शुरू कर दी है जिसमें उनका प्रवेश कुछ समय पहले तक वर्जित था। इन पीढ़ियों के राजनीतिक प्रतिनिधि संख्याबल के दम पर संसद और राजसत्ता के दायरों में अपना प्रवेश पहले ही दर्ज करा चुके हैं। अब ये पीढ़ियाँ उन क्षेत्रों में हस्तक्षेप करने की तैयारी में हैं जो चुनावी राजनीति के दबावों से प्रभावित नहीं होता।

---

88 बलदेव राज नायर, वही.

समाज–परिवर्तन की गति मंथर होती है। उसी की तर्ज़ पर हिंदी के सम्पर्क–भाषा और राज–भाषा बनने के अलग–अलग सिलसिले भी बहुत धीमे हैं। उनके उतार–चढ़ाव और अंदेशों का स्रोत भारतीय आधुनिकता की पेचीदा राजनीति में निहित है। लोकतंत्र की चक्की भाषा के मसले को भी धीरे–धीरे लेकिन निश्चित रूप से बारीक पीस रही है। इस मामले में अपार धैर्य की ज़रूरत है। चेन्नई नाम के महानगर की ऊँची इमारत में रहने वाली स्वाति के पास धीरज का यह फारमूला है जो उसे संत कबीर ने दिया है :

धीरे–धीरे रे मना, धीरे सब कुछ होए;
माली सींचे सौ घड़ा, रितु आये फल होए।

संदर्भ :

अभय कुमार दुबे (सम्पा.)(2014), *हिंदी आधुनिकता : एक पुनर्विचार* (तीन खण्ड), वाणी प्रकाशन, और आई आई एस (शिमला), नयी दिल्ली.

अवधेश मोहन गुप्त और सुशीला श्रावंती (सम्पा.)(1997), *पेनिलोपे बनाम राजभाषा का चरखा,* अभिरुचि प्रकाशन, नयी दिल्ली.

उदय नारायण सिंह (1992), *ऑन लैंग्वेज डिवेलपमेंट ऐंड प्लानिंग : ए प्लूरलिस्टिक पैराडाइम,* आईआईएस, शिमला और मुंशीराम मनोहरलाल, नयी दिल्ली.

उदय प्रकाश (15 सितम्बर, 2011), *दैनिक भास्कर.*

एम.के. गाँधी (1950), *थॉट्स ऑन नैशनल लैंग्वेज,* नवजीवन पब्लिशिंग हाउस, अहमदाबाद.

एम.एस. गोरे (1969), 'लैंग्वेज इन मेट्रोपॉलिटन लाइफ़', *इकॉनॉमिक ऐंड पॉलिटिकल वीकली,* खण्ड 4, अंक 28/30.

एस.के. चटर्जी (1960), *इंडो–आर्यन ऐंड हिंदी,* के.एल. मुखोपाध्याय, कलकत्ता.

एस. रोमेन, 'लैंग्वेज पॉलिसी इन मल्टीलिंगुअल कॉटेक्स्ट्स, जेकब मे (सम्पा.)(2009), *कंसाइज़ इनसाइक्लोपीडिया ऑफ़ प्रैगमेटिक्स,* एल्सेवियर, ऑक्सफ़र्ड युनिवर्सिटी प्रेस, दूसरा संस्करण.

कृष्ण कुमार, 'हिंदी–हिंदू–हिंदुस्तान : विंध्य–गांगेय क्षेत्र में भाषा और शिक्षा', संकलित : अभय कुमार दुबे (सम्पा.)(1993), *साम्प्रदायिकता के स्रोत,* विनय प्रकाशन, नयी दिल्ली.

ग्रेनविले ऑस्टिन, 'लैंग्वेज ऐंड द कांस्टीट्यूशन : द हाफ–हार्टिड कम्प्रोमाइज़', संकलित : आशा सारंगी (सम्पा.)(2009), *लैंग्वेज ऐंड पॉलिटिक्स इन इण्डिया,* ऑक्सफ़र्ड युनिवर्सिटी प्रेस, नयी दिल्ली.

गोपाल राव एकबोटे (1987), *राष्ट्रभाषा विहीन राष्ट्र,* अनु. खंडेराव कुलकर्णी, मैसर्स एकबोटे ब्रदर्स, हैदराबाद; डॉ. धर्मवीर ने एकबोटे के तर्कों की विस्तृत चर्चा अपनी पुस्तक में की है.

चार्ल्स फरग्युसन, दास गुप्ता और फ़िशमैन (सम्पा.)(1968), *लैंग्वेज प्रॉब्लम्स ऑफ़ डिवेलपिंग*

नेशंस, जॉन विली, न्यूयार्क.

जतींद्र मोहन दत्त (1948), 'लिंग्विस्टिक इम्पीरियलिज़म ऑफ़ हिंदी', *मॉडर्न रिव्यू,* जुलाई.

ज्योतिरिंद्र दास गुप्ता (1970), *लैंग्वेज कांफ़्लिक्ट ऐंड नैशनल डिवेलपमेंट,* युनिवर्सिटी ऑफ़ कैलिफ़ोर्निया प्रेस, बर्कले और लॉस एंजेलस.

जोनाथन पूल, 'नैशनल डिवेलपमेंट ऐंड लैंग्वेज डायवर्सिटी', जोशुआ ए. फ़िशमैन (सम्पा.), *एडवांसेज़ इन सोशियोलॅजी ऑफ़ लैंग्वेज,* द हेग : मौटन.

जोशुआ ए. फ़िशमैन (1969), 'नैशनल लेंग्वेजिज़ ऐंड लेंग्वेजिज़ ऑफ़ वायडर कम्युनिकेशन इन डिवेलपिंग नेशंस', *एंथ्रोपोलॅजीकल लिंग्विस्टिक्स,* खण्ड 11, अंक 4, अप्रैल.

-------------(1971), 'नैशनलिज़म ऐंड लैंग्वेज प्लानिंग इन नाइंटींथ सेंचुरी युरोप ऐंड ट्वेंटियथ सेंचुरी एशिया ऐंड अफ्रीका', जे. रूबिन और बी. जेरनड (सम्पा.), *कैन लैंग्वेज बी प्लांड ?,* ईडब्ल्यूसी प्रेस, होनोलूलू.

-------------(1973), 'लैंग्वेज मॉडर्नाइज़ेशन ऐंड प्लानिंग इन कम्परीज़न विद अदर टाइप्स ऑफ़ नैशनल मॉडर्नाइनज़ेशन ऐंड प्लानिंग', *लैंग्वेज इन सोसाइटी,* खण्ड 2, अंक 1.

डॉ. धर्मवीर (1998), *हिंदी की आत्मा,* समता प्रकाशन, नयी दिल्ली.

डॉ. अमरनाथ (सम्पा.)(2006), *हिंदी भाषा का समाजशास्त्र,* कोलकाता.

डेविड डी. लाइटिन (1988), 'लैंग्वेज गेम्स', *कम्परेटिव पॉलिटिक्स,* खण्ड 20, अंक 3.

-------------(1989), 'लैंग्वेज पॉलिसी ऐंड पॉलिटिकल स्ट्रैट्जी इन इण्डिया', *पॉलिसी साइंसिज़,* पॉलिसी मेकिंग इन डिवेलपिंग कंट्रीज़, खण्ड 22, अंक 3/4.

डंकन बी. फोरेस्टर (1966), 'दि मद्रास एंटी हिंदी एजीटेशन, 1965 : पॉलिटिकल प्रोटेस्ट्स ऐंड इट्स इफेक्ट्स ऑन लैंग्वेज पॉलिसी', *पेसिफिक एफ़ेयर्स,* खण्ड 39, अंक 1/2.

द इण्डियन एक्सप्रेस, नयी दिल्ली का रविवारीय, 14 अगस्त, 2011, 'सिम्बल्स ऑफ़ स्वराज'.

दैनिक भास्कर (14 सितम्बर, 2011), 'हिंदी हैं हम'.

धीरूभाई शेठ (2009), 'भाषा विवाद बनाम लोकतंत्रीकरण : अंग्रेज़ी का वर्चस्व ख़त्म होना चाहिए, पर कैसे ?' धीरूभाई शेठ , प्रस्तुति और सम्पादन : अभय कुमार दुबे, *सत्ता और समाज,* सीएसडीएस-वाणी, नयी दिल्ली : 321-350.

नरेश प्रसाद भोक्ता (2001), 'औपनिवेशिक भारत में लोकभाषा और लिपियाँ', रमाकांत अग्निहोत्री और संजय कुमार (सम्पा.) (2001), *भाषा, बोली और समाज : एक अंत:संवाद,* देशकाल प्रकाशन, नयी दिल्ली.

पॉल फ्रेड्रिख़ (1962), 'लैंग्वेज ऐंड पॉलिटिक्स इन इण्डिया', *डेडलस,* अंक 91, ग्रीष्म.

पी. महादेवन (1965), *ए स्टुडेंट्स गाइड टु एंटी-हिंदी,* अत्री पब्लिशर्स, मद्रास.

प्रियदर्शन (14 सितम्बर, 2011), *जनसत्ता.*

प्रेमपाल शर्मा (2011), 'एक फ़ैसले का महत्त्व', *समयांतर,* नयी दिल्ली, सिंतबर.

पॉल ब्रास (2009), 'इलीट इंटरेस्ट्स, पॉपुलर पैशंस, ऐंड सोशल पॉवर इन द लैंग्वेज पॉलिटिक्स ऑफ़ इण्डिया', आशा सारंगी (सम्पा.), *लैंग्वेज ऐंड पॉलिटिक्स इन इण्डिया,* ऑक्सफ़र्ड युनिवर्सिटी प्रेस, नयी दिल्ली.

बलदेव राज नायर (1968), 'हिंदी एज़ लिंक लैंग्वेज', *इकॉनॉमिक ऐंड पॉलिटिकल वीकली,* खण्ड 3, अंक 6, 10 फरवरी.

बलराज सिंह सिरोही (1987), *संघीय राजभाषा के संदर्भ में पारिभाषिक वैज्ञानिक शब्दावली के*

निर्माण की समस्याएँ, वाणी प्रकाशन, नयी दिल्ली.

बी.जी. खेर (1956), *रिपोर्ट ऑफ़ द ऑफ़िशियल लैंग्वेज कमीशन,* गवर्नमेंट ऑफ़ इण्डिया प्रेस, नयी दिल्ली.

महादेव एल. आप्टे (1970), 'सम सोशियोलिंग्विस्टिक आस्पेक्ट्स ऑफ़ इंटरलिंगुअल कम्युनिकेशन इन इण्डिया', *एंथ्रोपॅलजीकल लिंगुइस्टिक,* खण्ड 12, अंक 3, मार्च.

महावीर प्रसाद द्विवेदी (2001), *हिंदी भाषा की उत्पत्ति,* अनंग प्रकाशन, नयी दिल्ली.

मृणालिनी शर्मा (2011), 'अंग्रेज़ी का वर्चस्व', *समयांतर,* जुलाई, नयी दिल्ली.

मारुति पी. तंगीराला (2009), 'लैंग्वेज चॉसेज़ ऐंड लाइफ़ चांसेज़ : एवीडेंस फ्रॉम द सिविल सर्विसेज़ एग़्ज़ामिनेशन', *इकॉनॉमिक ऐंड पॉलिटिकल वीकली,* अंक 39, 26 सितम्बर.

मुख्तार ज़माँ (1984), द *लैंग्वेज पॉलिसी ऑफ़ इण्डिया : द प्रॉब्लम्स ऑफ़ इट्स इम्प्लीमेंटेशन ऐंड देयर सोल्यूशन,* नैशनल लैंग्वेज एथॉरिटी, इसलामाबाद.

मोहन राम (1968), *हिंदी अगेंस्ट इण्डिया : द मीनिंग ऑफ़ डीएमके,* रचना प्रकाशन, नयी दिल्ली.

मोहन कुमार मंगलम (1965), *इण्डियाज़ लैंग्वेज क्राइसिस,* न्यू सेंचुरी बुक हाउस, मद्रास.

रघुवीर (1998), *हिंदी की ऊर्जा,* अनु. रामचंद्र शर्मा, भगवती प्रकाशन, दिल्ली.

रजनी कोठारी (2005), *भारत में राजनीति : कल और आज,* (प्रस्तुति और सम्पादन : अभय कुमार दुबे (2005), सीएसडीएस-वाणी, नयी दिल्ली.

रॉबर्ट एल. हार्डग्रेव जूनियर (1965), 'द रॉइट्स इन तामिलनाड : प्रॉब्लम्स ऐंड प्रॉस्पेक्ट्स ऑफ़ इण्डियाज़ लैंग्वेज क्राइसिस', *एशियन सर्वे,* खण्ड 5, अंक 8, अगस्त : 399-407.

रामविलास शर्मा (1976), *भारत के प्राचीन भाषा परिवार और हिंदी* (तीन खण्ड), राजकमल प्रकाशन, नयी दिल्ली.

----------(1977), *महावीर प्रसाद द्विवेदी और और हिंदी नवजागरण,* राजकमल प्रकाशन, नयी दिल्ली.

----------(1981), *परम्परा का मूल्यांकन,* राजकमल प्रकाशन, नयी दिल्ली.

----------(1989), *भारतेंदु हरिश्चंद्र और और हिंदी नवजागरण की समस्याएँ,* राजकमल प्रकाशन, नयी दिल्ली.

----------(2009), *भारतीय संस्कृति और हिंदी प्रदेश,* दो खण्ड, किताबघर, नयी दिल्ली.

----------(2010), *भाषा और समाज,* राजकमल प्रकाशन, नयी दिल्ली.

----------(2011), *भारत की भाषा समस्या,* राजकमल प्रकाशन, नयी दिल्ली.

----------(1972), *निराला और उनकी साहित्य-साधना* (तीन खण्ड), राजकमल प्रकाशन, नयी दिल्ली.

विलियम गोल्ड (2002), 'कांग्रेस रैडिकल्स ऐंड हिंदू मिलिटेंसी : सम्पूर्णानंद ऐंड पुरुषोत्तमदास टंडन इन द पॉलिटिक्स ऑफ़ द यूनाइटेड प्रॉविंस, 1930-1947', *मॉडर्न एशियन स्टडीज़,* खण्ड 36, अंक 3, जुलाई.

विनय कंठ (2000), 'हिंदी निर्माण और राष्ट्र की अवधारणा', पुरुषोत्तम अग्रवाल और संजय कुमार (सम्पा.), *हिंदी नयी चाल में ढली : एक पुनर्विचार,* देशकाल प्रकाशन, नयी दिल्ली.

वी.के.आर.वी. राव का तर्क (1968), 'मैनी लैंग्वेजेज़, वन नेशन : क्वेस्ट फ़ॉर एन आल-इण्डिया लैंग्वेज', *इकॉनॉमिक ऐंड पॉलिटिकल वीकली,* खण्ड 13, अंक 25

वी. शोभा (2011), 'चेन्नई सेज़ इट इन हिंदी', *आई, द इण्डियन एक्सप्रेस,* रविवारीय पत्रिका, नयी दिल्ली, 14–20 अगस्त.

सुदीप्त कविराज (2009), 'राइटिंग, स्पीकिंग, बीइंग : लैंग्वेज ऐंड द हिस्टोरिकल फ़ॉर्मेशन ऑफ़ आइडेंटिटीज़ इन इण्डिया', आशा सारंगी (सम्पा.), लैंग्वेज ऐंड पॉलिटिक्स इन इण्डिया, ऑक्सफ़र्ड युनिवर्सिटी प्रेस, नयी दिल्ली.

सुमति रामस्वामी (2009), 'संस्कृत फ़ॉर द नेशन', संकलित : आशा सारंगी (सम्पा.), लैंग्वेज ऐंड पॉलिटिक्स इन इण्डिया, ऑक्सफ़र्ड युनिवर्सिटी प्रेस, नयी दिल्ली : 93–138.

सुरेश कुमार शर्मा (सम्पा.)(2006), *लैंग्वेज इन कंटेम्परेरी इण्डिया,* दो खण्ड, विस्टा इंटरनेशनल पब्लिशिंग हाउस, नयी दिल्ली.

हंस आर. दुआ (1993), 'द नैशनल लैंग्वेज ऐंड द एक्स-कोलोनियल लैंग्वेज एज़ राइवल्स : द केस ऑफ़ इण्डिया', *इंटरनेशनल पॉलिटिकल साइंस रिव्यू,* खण्ड 14, अंक 3, द इमरजेंट वर्ल्ड लैंग्वेज सिस्टम, जुलाई.

हिंदी के प्रयोग संबंधी आदेशों का संकलन, राज-भाषा विभाग, गृह मंत्रालय, भारत सरकार, तृतीय संस्करण, 1986.

'हिंदी समाज : अहिंदी भारत की दृष्टि'(2005), *लोकमत समाचार,* दीपावली अंक, दूसरा खण्ड, नागपुर.

2

अंग्रेज़ी में हिंदी

भाषाई इतिहास की एक उलट-यात्रा

हिंदी अभी आख़िरी तौर पर तय नहीं कर पायी है कि वह 'इंग्लिश' नामक शब्द के हिज्जे कैसे करेगी। उसके कोशकारों में इस सवाल पर आम सहमति नहीं है। कोई यह लफ़्ज़ 'अंग्रेजी' लिखता है, तो कोई 'अँगरेज़ी' और कोई 'अंग्रेज़ी'। कुछ और भी क़िस्में प्रचलित हो सकती हैं। यहाँ तक कि हिंदी के एक सम्मानित कोशकार ने भी इस शब्द को दो तरह से लिखना पसंद किया है।[1] यह भ्रम इस हक़ीक़त का प्रतीकात्मक सबूत है कि अंग्रेज़ी (मैंने इसे इसी रूप में लिखना तय किया है) शुरू से ही हिंदी के लिए उलझनों का सबब रही है। हिंदी और अंग्रेज़ी के रिश्ते 'डायग्लॉसिया' के हैं, यानी अगर एक व्यक्ति दोनों भाषाएँ बरतेगा, तो अंग्रेज़ी को सामाजिक और सांस्कृतिक लिहाज़ से ऊँची भाषा मानकर चलेगा और हिंदी को नीची।[2] अपनी इस स्थापित बढ़तरी के कारण ही अंग्रेज़ी वाले आम तौर पर हिंदी के अंदेशे से दुबले नहीं होते। लेकिन, पिछले बीस-पच्चीस साल में एक अजीब सा

---

[1] कामिल बुल्के का कोश 'अंग्रेज़ी' लिखना पसंद करता है. हरदेव बाहरी के राजपाल ऐंड संस द्वारा प्रकाशित कोश में 'अंग्रेजी' है, और ज्ञानमण्डल द्वारा दो खण्डों में प्रकाशित उन्हीं के बृहत कोश में 'अंग्रेज़ी' का प्रयोग किया गया है.

[2] 'डायग्लॉसिया' शब्द शब्दकोशों में आसानी से नहीं मिलता, हालाँकि इसका इस्तेमाल भाषाओं के समाजशास्त्र के संदर्भ में 1959 से ही हो रहा है. चार्ल्स फ़र्ग्युसन ने इसी शीर्षक की अपनी रचना में इस धारणा का प्रयोग किसी व्यक्ति या समुदाय द्वारा बोली-लिखी जाने वाली दो भाषाओं के ऊँचे-नीचे सामाजिक-सांस्कृतिक दर्जे

वाक़या यह हुआ है कि अंग्रेज़ी के हल्क़े में सक्रिय कुछ हमदर्द बुद्धिजीवियों के बीच हिंदी के इतिहास और वर्तमान को लेकर बेचैनियाँ पैदा हो गयी हैं। एक-दो नहीं, बल्कि कई किताबें लिखी गयी हैं। ख़ूब जम कर रिसर्च की गयी है। लम्बे-लम्बे अकादमीय लेख रचे गये हैं। हज़ारों पन्नों का ज़ख़ीरा जमा हो गया है। जिसे 'अंग्रेज़ी में हिंदी' की संज्ञा दी जा सकती है। इससे निकलने वाली बहसों की गूँज विदेशी विश्वविद्यालयों से लेकर दिल्ली के सेमिनार सर्किलों तक है। बहसों के तीखेपन और मोर्चेबंदी का अंदाज़ा इस बात से लगाया जा सकता है कि बाप ने जो किताब लिखी थी, बेटा उसी प्रोजेक्ट को आगे बढ़ाने के नाम पर कमोबेश उसका खण्डन करता नज़र आता है। जो दोस्त हमख़याल हैं, भाषा के इस मामले में वे भी बातचीत करते-करते तमतमा जाते हैं।[3]

को बताने के लिए किया था. देखें, चार्ल्स फ़र्ग्युसन, 'डायग्लॉसिया', *वर्ल्ड,* अंक 15 : 325-340. भारतीय समाज-विज्ञान में आशिस नंदी और सुदीप्त कविराज जैसे विद्वानों ने अपनी रचनाओं में कहीं 'डायग्लॉसिया' या कहीं 'हायपरग्लॉसिया' का इस्तेमाल किया है. ख़ास बात यह है कि हिंदी पर अंग्रेज़ी में तैयार किये गये विमर्श में मोटे तौर पर इस अभिव्यक्ति से बचने की कोशिश की गयी है, जबकि भारतीय संदर्भ में अंग्रेज़ी और हिंदी के रिश्तों में, संस्कृत और हिंदी के संबंधों में और फ़ारसीनिष्ठ उर्दू के साथ रेख़्ता या दक़नी हिंदी के रिश्तों में डायग्लॉसिया या हायपरग्लॉसिया का बोलबाला है. आधुनिक हिंदी के कई संस्थापक डायग्लॉसिया की इस बीमारी के प्रति बहुत पहले ही सचेत थे. गणेश शंकर विद्यार्थी ने 1930 में गोरखपुर में हुए हिंदी साहित्य सम्मेलन के अध्यक्ष पद से बोलते हुए इस समस्या की व्याख्या अपनी शैली में की थी. देखें, सुरेश सलिल (सम्पा.) (1998), *गणेश शंकर विद्यार्थी संचयन,* साहित्य अकादेमी, नयी दिल्ली : 279.

[3] यहाँ संदर्भ मुंशी प्रेमचंद के वंशज अमृत राय और उनके बेटे आलोक राय के परस्पर मतविरोध का है. अमृत राय की 1984 में प्रकाशित रचना *ए हाउस डिवाइडिड : द ऑरिजिन ऐंड डिवेलपमेंट ऑफ़ हिंदी / हिंदवी,* ऑक्सफ़र्ड युनिवर्सिटी प्रेस, नयी दिल्ली का केंद्रीय तर्क यह है कि उर्दू को हिंदी से अलग करने में अट्ठारहवीं सदी में शाह हातिम द्वारा चलाई गयी मतरूक़ात (छँटाई या पर्जिंग) मुहिम की प्रमुख भूमिका है. इसी के साथ वे सिलसिलेवार बताते हैं कि किस प्रकार उर्दू साहित्य के इतिहास से हिंदू साहित्यकारों के नाम मिटाये गये. इस तथ्य से स्वयं शम्सुर्रहमान फ़ारूक़ी ने भी कुछ संकोच के साथ सहमति प्रगट की है. अमृत राय के विमर्श से संदेश मिलता है कि इन प्रवृत्तियों के कारण गंगा-जमुनी संस्कृति की संरचना में हुए परिवर्तनों की जाँच की जानी चाहिए. वे साफ़ तौर से कहते नज़र आते हैं कि अगर ईस्वी 1000 से लेकर सात सौ साल तक स्वाभाविक रूप से संस्कृत-फ़ारसी परम्परा के तहत विकसित हो रही हिंदी को 'सुधारने' या 'शुद्ध' करने की मुहिम चला कर फ़ारसी-अरबी से बोझिल उर्दू नामक भाषा नहीं गढ़ी गयी होती तो फोर्ट विलियम कॉलेज इस भाषा को मुसलमान साबित करने की कारिस्तानी न कर पाता. लेकिन, उनके बेटे आलोक राय की 2000 में प्रकाशित रचना *हिंदी नैशनलिज़म,* ओरिएंट लांगमेन, ट्रैक्ट्स फार टाइम, हैदराबाद उर्दू-हिंदी विवाद के इस इतिहास में जाने से इनकार करती हुई गंगा-जमुनी संस्कृति से जुड़ी उस कल्पनाशीलता को ही अपना आधार बनाती है जो मुख्यत: नेहरूवादी सेकुलरवाद के अभिजनोन्मुखी बौद्धिक प्रयासों की देन है. यह अलग बात है कि आलोक राय का दावा अपने पिता के प्रोजेक्ट को आगे बढ़ाने का ही है, और वे नेहरूवादी सेकुलर अभिजन की आलोचना करते हुए भी नज़र आते हैं. एक बात यह भी विचित्र है कि वे अपनी रचना में अपने पिता की इस किताब का हवाला एक जगह नहीं, बल्कि दो जगह *द ऑरिजिन ऐंड डिवेलपमेंट ऑफ़ हिंदी-उर्दू* के रूप में देते हैं. *हिंदी/हिंदवी* की जगह *हिंदी/उर्दू* आ जाने से अंदाज़ा लग सकता है कि उनके ज़ेहन में किताब की क्या तस्वीर रही होगी. जहाँ तक भाषा समस्या पर आपसी बातचीत में तमतमा जाने की बात है, तो इस बात का तजरुबा इस लेखक को तो है ही, और आलोक राय ने भी अपने 2004 में प्रकाशित लेख 'द परसिस्टेंस ऑफ़ हिंदुस्तानी', *द एनुअल ऑफ़ उर्दू स्टडीज़* की शुरुआत में ही इस मसले पर इस बहस से पैदा होने वाली उत्तेजना का ज़िक्र किया है।

बक़ौल 'अंग्रेज़ी में हिंदी' के, अतीत तो हादसों का सिलसिला भर है। इसके मुताबिक़ पहली दुर्घटना उन्नीसवीं और बीसवीं सदी के संधिकाल पर हुई थी जब नागरी लिपि और रस्मुलख़त (अरबी-फ़ारसी लिपि का बदला हुआ रूप) साम्प्रदायिक मुक़ाबला हुआ था, और दोनों पक्ष अंग्रेज़ों को पंच बनाने पर राज़ी हो गये थे। दूसरी दुर्घटना संविधान सभा में संस्कृतनिष्ठ हिंदी की जीत और बोलचाल की हिंदुस्तानी की पराजय से शुरू होकर हिंदी की उत्तरोत्तर संस्कृतनिष्ठता तक पहुँची, जिससे राजभाषा और पाठयक्रम की हिंदी के रूप में यह भाषा जनता से कटती चली गयी। न केवल शब्द दुरूह हुए, बल्कि वाक्य रचना भी जटिल और भारी होती गयी जिससे विचारपरक हिंदी लेखक गरिष्ठ हो गया।

तीसरी दुर्घटना हिंदी क्षेत्र में हिंदुत्ववादी साम्प्रदायिकता के उभार के रूप में हुई जिसके कई वाहकों में अंग्रेज़ी का विमर्श हिंदी को भी शुमार करता है। इस विमर्श के मुताबिक़ हिंदी के बढ़ते हुए वर्चस्व के कारण क्षेत्रीय भाषाएँ अपने बोलने वालों को खोती जा रही हैं। हिंदी ने अंग्रेज़ी के साथ एक तरह की साठगाँठ कर ली है। एक विश्वव्यापी वर्चस्व वाली भाषा और भारत के भीतर वर्चस्व वाली भाषा ने सहअस्तित्व क़ायम कर लिया है। हिंदी का जो कुछ उद्धार पिछले दिनों हुआ है उसका श्रेय मीडिया और बाज़ार को है। हिंदी बोलने वालों की संख्या ज़्यादा थी, इसलिए उसने भूमण्डलीकरण की प्रक्रिया का फ़ायदा उठा लिया।

ऐसी बात नहीं है कि यह विमर्श हिंदी का केवल नकारात्मक चित्र ही उकेरता हो। इसका पाठ कुछ सकारात्मक गुजाइंशें भी पैदा करता है। इसके ज़रिये हम आधुनिकता के युग में एक नयी भाषा के उद्घाटन क्षण पर एक बार एक नये कोण से निगाह डाल सकते हैं। यही था वह दौर जब आधुनिक हिंदी के उदय से पहले जनपदीय भाषाओं के लोग मिल-जुल कर एक ऐसी भाषा बनाने की परियोजना चला रहे थे जो उनकी मातृभाषा नहीं थी। उन्हें उम्मीद थी कि वे इस नयी भाषा के ज़रिये सार्वजनिक जीवन में एक विशाल भाषाई और सांस्कृतिक समुदाय की रचना कर सकेंगे। ये लोग इस नयी भाषा के ज़रिये एक निर्माणाधीन राष्ट्र में परस्पर राजनीतिक-सामाजिक संवाद करना चाहते थे। वे उसे विमर्श की, स्थानीय संस्कृतियों के आर-पार मनोरंजन की, साहित्य की और पत्रकारिता की भाषा बनाना चाहते थे। वे चाहते थे कि यह नयी भाषा उर्दू और जनपदीय भाषाओं की सीमा से परे जाते हुए सभी तरह की वाचिक संस्कृतियों के लहज़े और नाद-सौंदर्य से सम्पन्न हो। इतिहास में ऐसे क्षण विरल होते हैं। भारतीय इतिहास में ऐसी भाषाई कल्पनाशीलता का कोई क्षण नहीं मिलता। हिंदी

पर किया गया अंग्रेज़ी का यह विमर्श हमें यह भी बताता है कि इस अद्‌भुत क्षण को पकड़ने के लिए सेकुलर–साम्प्रदायिक ख़ानों या हिंदू–मुसलमान ख़ानों या हिंदुस्तानी–संस्कृतनिष्ठता में बँटी हुई सतही दृष्टि किस क़दर नाकाफ़ी होती है। ऐसे चश्मे से इस परिघटना का ज़्यादा से ज़्यादा केवल एक अंश ही पकड़ में आ सकता है।

हिंदी के उद्‌घाटन–क्षण और उसके बाद विकसित हुए हिंदी के विभिन्न रूपों की कठोर आलोचना करने वाली अंग्रेज़ी में प्रकाशित यह ढेर सारी सामग्री कुछ अन्य दृष्टियों से भी उपयोगी है। इसके कारण आधुनिक हिंदी के साथ हुई तीन बड़ी दुर्घटनाओं पर नये सिरे से प्रकाश पड़ता है। हिंदी के अतीत का एक ऐसा पाठ निकलता है जिसके आधार पर कहा जा सकता है कि हिंदी का चमकदार वर्तमान उसके अतीत से कटा हुआ नहीं है। अंग्रेजी में लिखे गये इस विमर्श की रोशनी में हम पता लगा सकते हैं कि भीषण ऐतिहासिक दुर्घटनाओं के बावजूद आख़िर किस आंतरिक शक्ति और किस सामग्री के आधार पर इस भाषा की 'रिकवरी' हुई? उसने अपने घावों पर अपने ही हाथों से पट्टी कैसे बाँधी? वह कैसे इस मुक़ाम पर पहुँची कि उसकी मृत्यु या आसन्न मृत्यु की घोषणाएँ कर देने वाले अब भूमण्डलीकरण और बाज़ार के दायरों में उसके पनपने के सुराग तलाश रहे हैं। और, शायद हमें इस सवाल का जवाब मिल सकता है कि भूमण्डलीकरण के इस अनंत प्रतीत होने वाले सिलसिले में अंग्रेज़ी के मुक़ाबले हिंदी ख़त्म होगी या उसके पैर जमेंगे?

अंग्रेज़ी की इस सामग्री के अध्ययन पर आधारित यह लम्बा निबंध कोई नयी हक़ीक़त सामने लाने का दावा नहीं करता। छह खण्डों में बँटा यह लेख केवल यह बताना चाहता है कि अंग्रेज़ी के हल्कों में प्रचलित हिंदी संबंधी धारणा में गम्भीर संशोधन की आवश्यकता है, क्योंकि हिंदी का विकास अंग्रेज़ी में चल रही यह बहस छोड़ कर बहुत आगे निकल चुका है। अगर अंग्रेज़ी अपनी हिंदी संबंधी समझ को कोरा विमर्श बन कर रह जाने से बचाना चाहती है, तो उसे अपने नज़रिये में तब्दीली करनी पड़ेगी। पहले खण्ड में 'अंग्रेज़ी में हिंदी' विमर्श के तीन मुख्य रुझानों का वर्णन है, और हिंदी के नये उभरते हुए मानचित्र की रूपरेखा थोड़े विस्तार से पेश की गयी है। दूसरे खण्ड में हिंदी और अंग्रेज़ी वालों के संबंध और उसके 'डायग्लॉसिकल' चरित्र के बारे में चर्चा है। तीसरा और चौथा खण्ड हिंदी के भाषाई इतिहास की उलट–यात्रा के दो पड़ावों का प्रतिनिधित्व करता है।

पहला पड़ाव अंग्रेज़ी के विद्वानों को नागरी आंदोलन की दुनिया और दूसरा पड़ाव उन्हें संविधान सभा में हुई भाषाई राजनीति की दुनिया में ले जाता है और

उन्हीं की बताई हुई कसौटियों पर उनके विचारों और निष्कर्षों को कसता है। इस प्रक्रिया में अंग्रेज़ी के पृष्ठों पर दिये गये तथ्यों से ही हिंदी के 'काले इतिहास' का एक नया पाठ उभरता है। एक नयी चीज़ का पता भी लगाता है जिसे 'संस्कृत नैशनलिज़म' कहते हैं। ये दोनों खण्ड अंग्रेज़ी वालों को दावत देते हैं कि वे अपने विचारों और तथ्यों के साथ हिंदी की दुनिया में क़दम रखें, और फिर देखें कि इतिहास के मायने उनके लिए बदलते हैं या नहीं। पाँचवाँ खण्ड हिंदी के लोकतंत्र की शक्ल-सूरत उकेरते हुए दावा बताता है कि हिंदी में अगर कोई राष्ट्रवाद है तो वह दरअसल क्या है। छठा खण्ड साम्प्रदायिकता से डरे हुए आत्मविश्वासहीन सतही सेकुलरवाद की सीमाओं, द्वि-भाषिकता की समस्या, अंग्रेज़ी-हिंदी संबंधों और भूमण्डलीकरण के तहत इस भाषा के भविष्य पर चर्चा करता है। अंत में अंग्रेज़ी विमर्श के उन आधारभूत सिद्धांतों का विश्लेषण है जो सार्वजनिक जीवन में तो पिट चुके हैं, पर अकादमीय दायरों में उन्हें अभी तक खींचा जा रहा है।

I

हिंदी का चमकता मंज़र और इतिहास के काले साये

'अंग्रेज़ी में हिंदी' के पहले हिस्से में यह विमर्श आता है जो 'इतिहास के इतिहास' के बारे में या तो घोषित और जानी-बूझी चुप्पी रखता है, या फिर जिस इतिहास की वह चर्चा कर रहा है, उसकी निर्मितियों के कारणों पर एक चलताऊ नज़र डाल कर आगे बढ़ जाता है। उसकी दिलचस्पी केवल हिंदी के उस अतीत में है जो 1857 के बाद शुरू हुआ था। इस विमर्श के एक रचनाकार ने अपनी सांस्कृतिक व्यथा के प्रभाव में हताश भाव से उद्धरण चिह्नों (इनवर्टेड कॉमा) में बंद करके हिंदी को पोंगा-पण्डितों की भाषा क़रार दे दिया है। उन्होंने इस भाषा की मृत्यु की घोषणा भी कर डाली है, जो उनकी निगाह में 'हिंदी' है।[4] इसी तर्ज़ पर किये गये एक बहुचर्चित शोध में बताया गया है कि हिंदी का प्रोजेक्ट किस तरह उर्दू का वजूद कमतर करने और उत्तर भारत में पहले से प्रचलित

---

[4] आलोक राय (2000), *हिंदी नैशनलिज़म,* ओरिएंट लांगमेन, ट्रैक्ट्स फार टाइम, हैदराबाद. इस किताब की भूमिका में ही उनका कथन है कि उनके पिता की किताब 1870 में ख़त्म हो जाती है जहाँ से उनकी किताब शुरू होती है. उनका मुख्य सरोकार भाषाई विभाजन के कारणों से न होकर उसके नतीजों (अक्सर ग़ैर-इरादतन) से है.

भाषाओं को हज़म करने वाला है।[5] एक दूसरे विद्वान ने हिंदी के इतिहास को हिंदू परम्परा के राष्ट्रीयकरण के रूप में गढ़ा है।[6] एक अन्य रिसर्च, जो खोजबीन के लिहाज़ से बेहतरीन है, नतीजा निकालती है कि हिंदी आज भी राष्ट्रवादी इतिहास के खाँचे में फँसी हुई है। वहाँ से निकाले बिना उसकी मुक्ति नहीं हो सकती। इसका ज़िम्मेदार रामचंद्र शुक्ल नामक एक 'लैंग्वेज स्ट्रेट्जिस्ट' था जिसने हिंदी साहित्य का ऐसा विकट इतिहास लिखा कि हिंदी वहीं की वहीं जाम हो कर रह गयी।[7] इसी बात को आगे इस तरह बढ़ाया जाता है कि यह जाम पूरी बीसवीं सदी में लगा रहा, और इसके भीतर से निकली विकृतियों से साम्प्रदायिक राजनीति को पानी मिला। अंग्रेज़ी के इस विमर्श में संघ परिवार के राजनीतिक हिंदुत्व और हिंदी के इतिहास का संबंध जोड़ने में कभी थोड़ा संकोच दिखाया गया है, तो कभी यही बात खुल कर कही गयी है। एक शोध प्रबंध तो केवल इसी विषय पर लिखा गया है कि किस तरह हिंदी को उसकी संस्कृतनिष्ठता और हिंदू रुझानों के कारण विंध्य-गांगेय क्षेत्र में साम्प्रदायिक शक्तियों ने अपने स्वार्थचक्र का हिस्सा बना लिया। शोधकर्ताओं की यह टोली हिंदी के कथित साम्प्रदायिक चेहरे को संविधान सभा में खेली गयी भाषाई राजनीति का परिणाम बताती है। इन लोगों की मान्यता है कि संविधान निर्माण के दौरान संस्कृतनिष्ठ हिंदी का पक्ष लेने के लिए सामासिक संस्कृति से निकली हिंदुस्तानी के साथ छल किया गया।[8] इस विमर्श के रचनाकार हिंदी के प्रति अपनी हताशाओं का जो पहलू लिख कर बयान नहीं कर पाते, उसे मौखिक रूप से विभिन्न मंचों से व्यक्त करते रहते हैं। सेकुलरवाद और राष्ट्रवाद की अपनी पसंदीदा परिभाषाओं के आईने में हिंदी को देखते हुए ये विद्वानगण कभी 'हिंदी में बिंदी' का आग्रह करते हैं, तो कभी उसके ऊपर 'बोली की गोली'

---

[5] क्रिस्टोफ़र आर. किंग (1994), *वन लैंग्वेज, टू स्क्रिप्ट्स : द हिंदी मूवमेंट इन नाइंटीथ सेंचुरी नॉर्थ इण्डिया*, ऑक्सफ़र्ड युनिवर्सिटी प्रेस, नयी दिल्ली.

[6] वसुधा डालमिया (1997), *द नैशनलाइजेशन ऑफ़ हिंदू ट्रेडिशन : भारतेंदु हरिश्चंद्र ऐंड नाइंटीथ सेंचुरी बनारस*, नयी दिल्ली, ऑक्सफ़र्ड युनिवर्सिटी प्रेस, नयी दिल्ली.

[7] फ्रांचेस्का ऑर्सीनी (2002), *हिंदी पब्लिक स्फ़ियर, 1920-40 : लैंग्वेज ऐंड लिटरेचर इन द एज ऑफ़ नैशनलिज़म*, ऑक्सफ़र्ड, नयी दिल्ली. यहाँ साफ़ कर देना ज़रूरी है कि 'लैंग्वेज स्ट्रेट्जिस्ट' के रूप में रामचंद्र शुक्ल का वर्णन ऑर्सीनी का नहीं, मेरा है. इस धारणा के लिए देखें, ब्राइन वाइंस्टाइन (1979), 'लैंग्वेज स्ट्रेट्जिस्ट्स : रिडिफ़ाइनिंग पॉलिटिकल फ्रंटियर्स ऑन द बेसिस ऑफ़ लिंग्विस्टिक चॉयसेज़', *वर्ल्ड पॉलिटिक्स*, खण्ड 31, अंक 3 : 1 अप्रैल : 345-364.

[8] कृष्ण कुमार (1990), 'हिंदू रिवाइवलिज़म ऐंड एजुकेशन इन नॉर्थ-सेंट्रल इण्डिया', *सोशल साइंटिस्ट*, खण्ड 18, अंक 10 अक्टूबर : 4-26.

दागते हैं।[9] ये बुद्धिजीवी वैसे तो शिक्षा की भाषा, कोर्स की किताबों और सरकारी कामकाज की हिंदी को अपनी आपत्तियों का निशाना बनाते हैं, लेकिन उनका हमला यहीं तक नहीं रुकता। उनकी शैली कुछ इस तरह की है कि हिंदी के ताज़े विकास पर किसी भी कोण से नज़र डाले बिना उनके निष्कर्ष हिंदी के समग्र अस्तित्व के ऊपर एक नकारात्मक टिप्पणी बन जाते हैं। उन्हें आधुनिक हिंदी के उद्घाटन का क्षण ही संदिग्ध लगता है। इस तरह हिंदी के नाम पर जो कुछ बचता है वह उद्धरण चिह्नों में गिरफ़्तार हिंदी ही रह जाती है।

विमर्श का दूसरा हिस्सा प्रति-आलोचना का है। अंग्रेज़ी लेखकों की यह दूसरी टोली मुख्यतः दो दावे करती है : 'विमर्श के इतिहास' का हवाला देते हुए इसमें हिंदी और उर्दू के अलगाव की जड़ नागरी प्रचारिणी सभा के आंदोलन में न खोज कर मतरूक़ात की उन प्रवृत्तियों में बताई गयी है जिनके तहत अट्ठारहवीं सदी से ही दिल्ली और लखनऊ में प्रचलित भाषा से 'भाखा' यानी ब्रज, अवधी, भोजपुरी, दखनी आदि भाषाओं के शब्दों की छँटाई शुरू कर दी गयी थी। घोषित रूप से चलाई गयी इस मुहिम का पूरा ज़ोर फ़ारसी-अरबीनिष्ठ उर्दू बनाने का था।[10] इसी सिलसिले को आगे बढ़ाते हुए यह विमर्श दावा करता है कि हिंदी में नियोजित ढंग से बढ़ाई गयी संस्कृतनिष्ठता भले ही मतरूक़ात की प्रतिक्रिया में हुई हो, पर यह प्रक्रिया हिंदी के लिए कृत्रिम न होकर उसके स्वाभाविक

---

[9] अंग्रेज़ी के बुद्धिजीवियों की यह टोली सार्वजनिक मंचों पर भी काफ़ी सक्रिय है. हिंदी लेखन के नाम पर इसके कुछ सदस्यों ने अख़बारी लेखन या कहानी लेखन में तो हाथ आजमाया है, पर जिस विद्या में वे पारंगत हैं, यानी समाज-विज्ञान का हिंदी लेखन, उसका लेखन वे न के बराबर ही करते हैं. उसकी हिंदी संबंधी ज़्यादातर ऊर्जा उपदेश वर्षा करते हुए हिंदी की राजनीति में ख़र्च होती है. इसका एक उदाहरण अप्रैल, 2007 में सराय और अंकुर द्वारा प्रकाशित पुस्तक *बहुरूपिया शहर* के विमोचन समारोह में बोलने वाले एक वक़्ता के भाषण के रूप में देखा जा सकता है जिसमें उन्होंने हिंदी को कारागार में क़ैद भाषा की संज्ञा दी थी. 'हिंदी में बिंदी' से तात्पर्य है उर्दू शब्दों के नागरी में लिखने पर नुक़्तों का इस्तेमाल करने का आग्रह, और 'बोली की गोली' का मतलब है हिंदी के ब्रज, अवधी, भोजपुरी वग़ैरह से अलगाव का आरोप. हिंदी की समस्याओं पर कहीं भी कोई कार्यक्रम रखिए, ये बातें फ़ौरन कही जाएँगी, बिना इस बात की परवाह किये कि हिंदी जगत इन समस्याओं को हल करके आगे निकल चुका है. मार्च, 2003 में विकासशील समाज अध्ययन पीठ द्वारा शुरू किये गये भारतीय भाषा कार्यक्रम के विमोचन कार्यक्रम में एक वक़्ता ने हिंदी में समाज-विज्ञान लिखे जाने की समस्याओं पर बोलते हुए बोलियों का सवाल कुछ इस अंदाज़ में उठाया था मानो समस्या समाज-विज्ञान को भोजपुरी, अवधी और ब्रज में लिखे जाने की हो.

[10] मतरूक़ात का शाब्दिक मतलब है तर्क किया हुआ या छोड़ा हुआ. रामविलास शर्मा ने 1961 में प्रकाशित अपनी पुस्तक *भाषा और समाज*, राजकमल प्रकाशन, नयी दिल्ली में इस सिद्धांत का विशद विवेचन किया है. उर्दू के पैरोकार इस सवाल पर या तो चुप्पी साधे रहते हैं, या फिर कहते हैं कि इसका उर्दू पर कोई ख़ास असर नहीं पड़ा। इस तरह के तर्कों के लिए देखें, शम्सुर्रहमान फ़ारूक़ी (2003), 'ए लांग हिस्ट्री ऑफ़ उर्दू लिटरेरी कल्चर, पार्ट-1 : नेमिंग ऐंड प्लेसिंग ए लिटरेरी कल्चर', संकलित : शेल्डन पोलॉक (सम्पा.), *लिटरेरी कल्चर्स इन हिस्ट्री : रिकंस्ट्रक्शंस फ्रॉम साउथ एशिया*, ऑक्सफ़र्ड युनिवर्सिटी प्रेस, नयी दिल्ली : 805-863.

विकास की निशानी है।[11] हिंदी को इनवर्टेड कॉमा में बंद करने वालों और उसे हिंदू परम्परा के राष्ट्रीयकरण का वाहक बताने वालों को आड़े हाथों लेते हुए इन लोगों ने उन्हें उन तत्त्वों के साथ एक ही थैली का चट्टा–बट्टा बताया है जो हिंदी का वजूद मानने से इनकार करते रहे हैं। इन तत्त्वों का प्रतिनिधित्व अंग्रेज़ी में भी लिखने वाले उर्दू के एक दिग्गज के हाथ में है जिनके कहने का मतलब यह है कि हिंदी–फिंदी क्या है, यह तो सिर्फ़ 'हिंदू आइडेंटिटी' है। उनकी निगाह में आधुनिक हिंदी का कोई इतिहास ही नहीं है। ये सज्जन दूसरे उर्दू वालों से भी कम नाराज़ नहीं हैं, क्योंकि उन्होंने हिंदी के अस्तित्व को वैज्ञानिक रूप से ख़ारिज करने में आलस और मक्कारी दिखाई है। दिलचस्प बात यह है कि इस भाषाई इतिहास में वैज्ञानिकता का दावा केवल यहीं दिखाई देता है।[12]

विमर्श के तीसरे हिस्से को उर्दू–हिंदी विवाद में दिलचस्पी कम है। उसकी थियरी मातृभाषा को प्राथमिकता देने के आसपास घूमती है। इसमें उसे दो बाधाएँ नज़र आती हैं : पहली, शासक वर्ग किसी क़ीमत पर अंग्रेज़ी का पल्ला छोड़ने के लिए तैयार नहीं है। दूसरी, हिंदी पर संस्कृत का असर इतना ज़्यादा हो गया है कि उसने अंग्रेज़ी को चुनौती देने का ऐतिहासिक अवसर खो दिया है। ये लोग भूमण्डलीकरण के परिदृश्य में हिंदी का भविष्य अंधकारमय देखते हैं, और मानकर चलते हैं कि द्वि–भाषिकता की सम्भावनाएँ बुनियादी रूप से ग़ैरहाज़िर हैं। द्वि–भाषिकता और उसके साथ हिंदी का भी सूर्यास्त अवश्यम्भावी है। हिंदी और अंग्रेज़ी का सहअस्तित्व सम्भव नहीं है। इन लेखकों के मुताबिक़ ज़माना कुछ इस रफ़्तार से चल रहा है कि हिंदी के चक्कर में पड़े बिना लोग अंग्रेज़ी की तरफ़ झुकते चले जाएँगे।[13]

---

[11] हरीश त्रिवेदी (2003), 'प्रोग्रेस ऑफ़ हिंदी पार्ट-2 : हिंदी ऐंड नेशन', संकलित : शेल्डन पोलॉक (सम्पा.), *लिटरेरी कल्चर्स इन हिस्ट्री : रिकंस्ट्रक्शंस फ्रॉम साउथ एशिया,* ऑक्सफ़र्ड युनिवर्सिटी प्रेस, नयी दिल्ली : 958–1022.

[12] इस बहस की तल्ख़ी का एहसास अगर करना हो तो शम्सुर्रहमान फ़ारूक़ी को वागीश शुक्ल द्वारा दिया गया जवाब देखना चाहिए, जो वागीश शुक्ल की 2003 में प्रकाशित पुस्तक *उर्दू साहित्य का देवनागरी में लिपिकरण : कुछ समस्याएँ और सुझाव,* वाणी प्रकाशन, नयी दिल्ली में है. शम्सुर्रहमान फ़ारूक़ी का मत जानने के लिए देखें, वही.

[13] इन विचारों के लिए देखें पेगी मोहन और अनिरुद्ध देशपाण्डे के बीच *इकॉनॉमिक ऐंड पॉलिटिकल वीकली* के अंकों 8 अप्रैल, 6 मई, और 19 अगस्त 2000 में हुई बहस. हिंदी के भविष्य के बारे में पेगी मोहन की निराशा के लिए देखें उनका सेमिनार (जनवरी, 2005) में छपा लेख 'इज़ इंग्लिश द लैंग्वेज ऑफ़ इण्डियाज़ फ्यूचर?' और हिंदी में अनूदित हो कर छपा लेख : 'हिंदी–अंग्रेज़ी द्विभाष्यता : एक सूर्यास्त की कहानी', संकलित : पुरुषोत्तम अग्रवाल और संजय कुमार (सम्पा.), (2000) *हिंदी नयी चाल में ढली / एक पुनर्विचार,* देशकाल प्रकाशन : 128–30.

इतिहास की अपनी-अपनी व्याख्याएँ करके हिंदी के भविष्य पर टिप्पणी करने वाली इस तुर्क़ी-ब-तुर्क़ी बहस में एक-दूसरे को काफ़ी कड़े जवाब दिये गये हैं। मुद्रा सामने वाले को ख़ारिज कर देने की है। ख़ास बात यह है कि इन सभी लोगों के पास तथ्यों का कमोबेश एक ही सेट है। अंग्रेज़ी में लिखे गये हजारों पृष्ठों की यह दुनिया तथ्यों के इसी सेट को अपने-अपने हिसाब से कुछ छिपा कर और कभी कुछ ज़्यादा खोल कर तैयार की गयी है, ताकि राष्ट्रवाद, सेकुलरवाद और भूमण्डलीकरण से हिंदी का मनमाफ़िक रिश्ता साबित किया जा सके। समस्या यह नहीं है कि इस विमर्श के ज़्यादातर हिस्से पर इतिहास का अनुशासन हावी है, बल्कि उस समस्या का इतिहास-ग्रस्त होना है। शायद इसीलिए वह वर्तमान की तरफ़ से आँखें बंद किये हुए है। अंग्रेज़ी की यह बौद्धिकता समाज, साहित्य, मीडिया, व्यवसाय और भूमण्डलीकरण के हाथों बन रही और अंधे को भी दिखाई दे सकने वाली हिंदी की ताज़ा भाषाई हक़ीक़त के प्रति लगभग न के बराबर ही सचेत है। यह बौद्धिकता जो कुछ भी कहती है, वह हिंदी के बाहर खड़े होकर उसका अवलोकन करने जैसा ही है। वह हिंदी के भीतर एक क़दम भी नहीं रखती। अपनी तमाम हमदर्दियों और चिंताओं के बावजूद यह बौद्धिकता अंततः एक आउटसाइडर बन कर रह जाती है।

हिंदी का नया मानचित्र

भाषाशास्त्री जोशुआ फ़िशमैन की तर्ज़ पर हिंदी के नये मानचित्र की लुभावनी तस्वीर खींची जा सकती है। कहा जा सकता है कि यह लेख पढ़ते हुए आप दुनिया की छठे नम्बर की उस भाषा के पाठक होंगे जिसके बोलने, समझने, पढ़ने और लिखने वालों की संख्या कोई साठ से नब्बे करोड़ के बीच है।[14] भूमण्डलीकरण और भाषा के रिश्तों का अध्ययन करने वालों ने मान लिया है कि यदि दुनिया में भाषाओं की एक इमारत बनाई जाए तो अंग्रेज़ी, मंडारिन, स्पेनी, रूसी, अरबी, बांग्ला, पुर्तगीज, मलय, जापानी और जर्मन के साथ इस भाषा को भी ऊपर के तल्ले में रखना होगा। चूँकि इसके बोलने-समझने वाले भारत, नेपाल, पाकिस्तान, फ़ीजी, सूरीनाम, मॉरीशस, दक्षिण अफ़्रीका और तमाम पश्चिमी देशों में फैले हुए हैं, इसलिए इनकी ठीक-ठीक गिनती नहीं की जा

[14] जोशुआ ए, फिशमेन ने 1998-99 में प्रकाशित अंग्रेज़ी के ग्लोबल वर्चस्व का वर्णन करते हुए अपने लेख 'ए लिंग्विस्टिक ऑर्डर', *फ़ॉरेन पॉलिसी,* अंक 113, शरद : 26-32 और 34-40 की शुरुआत इसी तरह के वाक्य से की है.

सकती। केवल भारत में होने वाली जनगणना में दर्ज मातृभाषा वाले कॉलम के ज़रिये तो क़तई नहीं। वैसे भी इस कॉलम पर भरोसा करना ख़तरे से खाली नहीं है, क्योंकि तरह-तरह के राजनीतिक पूर्वाग्रहों के दबाव में लोग ऐसी भाषा को अपनी मादरी जबान घोषित कर देते हैं जिसका प्रयोग दरअसल वे न के बराबर ही करते हैं।[15] अंग्रेज़ी में छपने वाले मीडिया में प्रकाशित सामग्री पर अगर भरोसा किया जाए तो इस भाषा को विभिन्न स्तरों पर बरतने वालों की संख्या न केवल लगातार बढ़ती ही जा रही है, बल्कि सांस्कृतिक ताक़त के लिहाज़ से यह दुनिया की सबसे बड़ी भाषाओं में से एक बनने की तरफ़ बढ़ रही है।

हिंदी के इस नये मानचित्र में समाज-विज्ञान द्वारा मान्य रंगों की भी ख़ासी बहुतायत है। मसलन, समाज के लगातार बढ़ते हुए राजनीतीकरण की प्रक्रिया ने हिंदी को उन मंचों पर आसीन कर दिया है जहाँ पहले उसकी आवाज़ अंग्रेज़ी की अदाबाज़ी में दब जाती थी। ये मंच हैं विधायिकाओं के, यानी लोकसभा, राज्यसभा और विधानसभाओं के। सत्तर की दहाई से ही यह सिलसिला धीरे-धीरे आगे बढ़ रहा है। शूद्र और दलित जातियों के राजनीतिक उभार ने हमारी विधायिकाओं में हिंदी बोलने वाले भर दिये हैं।[16] वे बेहिचक तरह-तरह के लहज़ों की हिंदी में बहस करते हैं। हालाँकि विधायिकाओं में आशु-अनुवाद की मशीनी व्यवस्था होती है, पर हिंदी वालों की बढ़ती हुई संख्या की बातें मूल रूप में समझने के लिए ग़ैर-हिंदी भाषी सांसदों के बीच हिंदी सीखने की ज़रूरत का एहसास बढ़ता जा रहा है। संसदीय परिदृश्य में आया यह भाषाई परिवर्तन जिस चीज़ की तरफ़ इशारा करता है, वह है भारतीय अभिजनों के दायरे में एचएमटी वालों की संख्या बढ़ते चले जाना। एचएमटी यानी हिंदी मीडियम टाइप। अंग्रेज़ी का एक बड़ा सम्पादक घोषित कर चुका है कि एचएमटी वालों का ज़माना आ चुका है, और उसे मैकाले के ख़िलाफ़ बग़ावत या हमले के रूप में न देखकर 'मिडिल इण्डिया' की दावेदारी के रूप में समझना चाहिए कि अभिजनों के क्लब की सदस्यता अब अंग्रेज़ी वालों की ठेकेदारी नहीं रह सकती।[17] यह एचएमटी

---

[15] भाषाई समुदाय की रचना के लिए मातृभाषा का आधार होना ज़रूरी नहीं है. मातृभाषा सिद्धांत की आलोचना के लिए देखें, डेविड डी. लाइटिन (2000), 'व्हाट इज़ ए लैंग्वेज कम्युनिटी?', *अमेरिकन जनरल ऑफ़ पॉलिटिकल साइंस,* खण्ड 44, अंक 1, जनवरी : 142-155.

[16] इस पहलू का स्वागत करने के बजाय अंग्रेज़ी का विमर्श इसमें भी हिंदूकरण की प्रक्रिया देखता है. देखें, रंजीत साउ, 'फ्राम संस्कृटाइज़ेशन टु हिंदी-आइज़ेशन ऐंड हिंदू-आइज़ेशन', *इकॉनॉमिक ऐंड पॉलिटिकल वीकली,* 16-23 अक्टूबर.

[17] शेखर गुप्ता (2003), 'द एचएमटी एडवांटेज', द *इण्डियन एक्सप्रैस,* नयी दिल्ली, 15 फ़रवरी.

बड़ा प्रयोगधर्मी भी है। उसकी एक अंग्रेज़ी-पॉलिटिक्स भी है। वह सांस्कृतिक सत्ता का समीकरण उलटने के मक़सद से द्वि-भाषी बनने के लिए तैयार है, और अंग्रेज़ी सीखने पर आंदोलनकारी वेग के साथ नियोजित ज़ोर देना चाहता है। पिछले दिनों इसके एक दलित नुमाइंदे ने अपने बिरादरानों का आह्वान किया कि अगर वे भूमण्डलीकरण की दुनिया में भागीदार बनना चाहते हैं तो उन्हें 'इंग्लिश देवी' की पूजा करनी चाहिए और मैकाले का जन्मदिन मनाना चाहिए।[18] एचएमटी वालों के आगमन का सबसे ताज़ा उदाहरण भारतीय प्रशासनिक सेवा की परीक्षा में बैठने वालों द्वारा इम्तहान की भाषा चुनने के आँकड़ों से मिलता है। हर गुज़रते हुए साल के साथ हिंदी में यह परीक्षा देने वालों की संख्या बढ़ते हुए पच्चीस फ़ीसदी तक पहुँच चुकी है। सन् 2004 में चुने गये पहले बीस परीक्षार्थियों में दो हिंदी वाले थे जिन्होंने अपने पर्चे भी हिंदी में तोड़े और इंटरव्यू भी हिंदी में दिया।[19] जिन लोगों को यह समझ में न आ रहा हो कि सिविल सर्विस की परीक्षा में इतने हिंदी वाले कहाँ से आ गये, उन्हें दिल्ली विश्वविद्यालय में एम.फ़िल. और पीएचडी कर रहे छात्रों के भाषाई माध्यम पर निगाह डालनी चाहिए। केवल राजनीतिशास्त्र विभाग में ही पचास फ़ीसदी से ज़्यादा छात्र हिंदी माध्यम के हैं, और अब उन्हें अपना शोध प्रबंध भी हिंदी में लिखने में पहले की तरह संकोच नहीं रहा। 'पॉल-साइंस' में हुई हिंदी की इस भीड़ में शूद्र और दलित जातियों के पुत्रों की संख्या धीरे-धीरे बढ़ रही है। कुछ तो हिंदी-छात्रों की उपस्थिति के कारण और कुछ निजी स्तर पर राजनीतिक प्रतिबद्धता के चलते प्रोफ़ेसरों और रीडरों को हिंदी रीडिंग्स की जुगाड़ करते हुए और जॉन रॉल्स व विल किमलिका की किताबों के हिंदी अनुवादक तलाश करते हुए देखा जा सकता है।[20]

---

[18] चंद्रभान प्रसाद और मीरा सरोज, शिशुपाल सिंह (डेलही दलित युनिवर्सिटी ग्रुप) द्वारा ज़ारी 'इंग्लिश द दलित गॉडेस / लॉर्ड मैकाले बर्थ डे पार्टी', का निमंत्रण पत्र, 25 अक्टूबर, 2006.

[19] *द टाइम्स ऑफ़ इण्डिया* (1990), सम्पादकीय : 'लिंग्विस्टिक डेमॉक्रैसी / मदर टंग प्रिफ़र्ड बाइ मैनी आईएएस एसपिरेंट्स', नयी दिल्ली, 24 मई.

[20] एक वह भी ज़माना था जब हिंदी में शोधपत्र लिखने के लिए नेहरू विश्वविद्यालय में वेदप्रताप वैदिक को आमरण अनशन करना पड़ा था. उनके बाद भी कई छात्रों को हिंदी में शोध करने के अधिकार के लिए आंदोलन करना पड़ा. लेकिन, अब यह सिलसिला स्वाभाविक गति पकड़ चुका है. दिल्ली विश्वविद्यालय में निवेदिता मेनन, मधुलिका बनर्जी और उज्ज्वल कुमार सिंह जैसे राजनीतिशास्त्र के प्रोफ़ेसर हिंदी में शोधपत्र लिखने के लिए प्रोत्साहित तक करने लगे हैं. लेकिन, इसका मतलब यह नहीं निकाला जा सकता कि समाज-विज्ञान में अंग्रेज़ी का वर्चस्व कमज़ोर हुआ है. छात्रों की बढ़ती संख्या के कारण अंग्रेज़ी को मजबूरी में यह जगह छोड़नी पड़ी है.

बीसवीं सदी के आख़िरी वर्षों में आये हिंदी-बूम की जड़ में हिंदी की बढ़ी हुई व्यावसायिक ताक़त है। आज हिंदी में अख़बार और पत्रिका निकालना बहुत मुफ़ीद है। हर साल होने वाला राष्ट्रीय पाठक सर्वेक्षण बताता है कि हिंदी प्रकाशनों ने प्रसार संख्या में अंग्रेज़ी प्रकाशनों को बहुत पीछे छोड़ दिया है।[21] हिंदी में प्रति अख़बार पाठक संख्या तेज़ी से गिर रही है। पहले एक अख़बार को अगर अनुमानतः पाँच लोग पढ़ते थे, तो अब उनमें से दो लोग अपना अख़बार अलग से ख़रीदने लगे हैं। एक हिंदी प्रकाशक के अनुसार देश में इस समय 36 करोड़ लोग ऐसे हैं जो पढ़ सकते हैं, पर जिनके पास अभी तक अख़बार पहुँचा ही नहीं है या कहिये तो वे अभी ख़बर तक नहीं पहुँचे हैं। इनमें से दो तिहाई हिंदी के सम्भावित पाठक और विज्ञापकों की निगाह में सम्भावित उपभोक्ता हैं।[22] हिंदी अख़बारों और पत्रिकाओं का पाठक वर्ग टीवी के न्यूज़ चैनलों की दर्शक संख्या बढ़ने के साथ कम नहीं होता, बल्कि और बढ़ता है। यह एक दिलचस्प तथ्य है कि जब से समाचार चैनलों की संख्या बढ़ी है, अख़बार और भी बिकने शुरू हो गये हैं। छपा हुआ शब्द और देखा हुआ शब्द एक-दूसरे को पानी देता है।[23]

सांस्कृतिक सत्ता का समीकरण उलटने की शुरुआत की तरफ़ इशारा करने वाले कुछ और सबूत इस प्रकार हैं : पहले अंग्रेज़ी प्रैस के मालिक पूरक धंधे के रूप में हिंदी के अख़बार भी निकालते थे जिनकी हैसियत प्रकाशन गृह के भीतर सौत के पूत जैसी होती थी। अब हिंदी के दो बड़े अख़बार वालों ने अंग्रेज़ी का एक दैनिक निकालना शुरू किया है जिसकी कामयाबी ने पिछले दिनों सबका ध्यान खींचा है।[24] दूसरे, नयी दिल्ली का एक बड़ा समाचारपत्र समूह विज्ञापनदाताओं को घोषणापूर्वक बता चुका है कि उसके घराने से निकलने वाले हिंदी दैनिक के पाठकों का आर्थिक स्तर ऊँचा उठ चुका है। अब उन्हें सम्भावित ख़रीदारों की तरह देखना शुरू कर देना चाहिए। ज़ाहिर है कि अपने अंग्रेज़ी अख़बार के सम्पादक को 'देश के प्रधानमंत्री के बाद सबसे ताक़तवर आदमी' की तरह पेश करने वाले इस समाचारपत्र समूह की आँखें देर से ही खुली हैं।

---

[21] नैशनल रीडरशिप सर्वे, 2006 के बारे में *द हिंदू*, नयी दिल्ली की रपट, 30 अगस्त, 2006 : 13.

[22] एन. भास्कर राव, *द इण्डियन मीडिया सीन : द न्यूज पेपर्स / फ़ैक्ट शीट*, सीएमएस वेबसाइट.

[23] सीएमएस के उपरोक्त अध्ययन में इस परिघटना का उल्लेख है, पर साथ में यह भी माना गया है कि अभी इसकी और पुष्टि करने की ज़रूरत है.

[24] भारत के पहले और दूसरे नम्बर के अख़बारों, *दैनिक भास्कर* और *दैनिक जागरण*, ने मिल कर डीएनए (डेली न्यूज़ ऐंड एनालैसिस) प्रकाशित किया है, जो मुम्बई में पहले से स्थापित अख़बारों को क़रारी टक्कर दे रहा है.

देश भर के विज्ञापक पहले ही मान चुके थे कि हिंदी के पाठक वर्ग के पास ख़रीद की ताक़त आ चुकी है, और वह महानगरों में तेज़ी से उभरते हुए शॉपिंग मॉल्स में जाकर कॉफ़ी पीने से लेकर ब्राण्डेड वस्त्र ख़रीदने की शग़ल कर सकता है।[25] सन् 2006 के एक आँकड़े के अनुसार हिंदी के पत्र-पत्रिकाओं में साल में क़रीब 15,000 करोड़ रुपये के विज्ञापन छप रहे हैं। चूँकि बड़े शहरों का बाज़ार संतृप्त हो गया है, इसलिए विज्ञापक छोटे शहरों, ग्रामीण और अर्ध-ग्रामीण इलाक़ों पर ज़ोर दे रहे हैं, जहाँ केवल हिंदी प्रेस का ही बोलबाला है।[26] बहरहाल, इस घोषणा की ख़ास बात यह थी कि पहली बार अंग्रेज़ी के ठप्पे से पहचाने जाने वाले घराने का हिंदी अख़बार आनुषंगिक और मातहत भूमिका में न रह कर स्वायत्त दिखाई पड़ रहा था। उसकी स्वायत्तता स्वयं उस प्रबंधन को स्वीकार करनी पड़ रही थी जिसका लालन-पालन अंग्रेज़ी की श्रेष्ठता-दम्भ की नियमित ख़ुराक पर हुआ है।

हिंदी के प्रसार और अहमियत में बढ़ोतरी का एक उल्लेखनीय आयाम यह है कि उसने विभिन्न भारतीय भाषाओं के बीच बौद्धिक सम्पर्क सूत्र के रूप में धीरे-धीरे अंग्रेज़ी की जगह लेनी शुरू कर दी है। इसका सबसे बड़ा उदाहरण अनुवाद का क्षेत्र है। भारतीय भाषाओं में आपस में अनुवाद करने के लिए हिंदी में अनूदित कृति को आधारभूत टेक्स्ट बनाने का रुझान चालू हुआ है। पिछले पचास साल में अन्य भाषाओं के साहित्य का जितने बड़े पैमाने पर हिंदी में अनुवाद हुआ है, उसके कारण भी यह स्थिति बनी है। पूर्व या दक्षिण की कई महान् कृतियों का अनुवाद केवल हिंदी में उपलब्ध है। अगर उन्हें उर्दू या पंजाबी में ले जाना है, या मराठी में अनुवाद करना है, या मान लीजिए कि किसी तेलुगु कृति को बांग्ला में लाना है तो हिंदी के ज़रिये हो सकता है। समाज-विज्ञान के क्षेत्र में इस प्रवृत्ति की अभी शुरुआत ही हुई है। विकासशील समाज अध्ययन पीठ द्वारा प्रकाशित विचार साहित्य अन्य भारतीय भाषाओं में आते ही इस तरह के प्रयोगों की परम्परा और संस्थागत उपस्थिति बन जाएगी। हिंदी प्रकाशकों की समझ में भी आ रहा है कि समाज-विज्ञान की कृतियों का अनुवाद कराने में व्यवस्थित निवेश करके वे एक ऐसे बाज़ार का निर्माण कर सकते हैं, जो अभी कुछ वर्ष पहले तक तक़रीबन नामौजूद था। समाज-विज्ञान के क्षेत्र में अन्य भारतीय भाषाओं के अनुवादक अगर मूल अंग्रेज़ी को भी अपना आधार बनाते

---

[25] *इकॉनॉमिक टाइम्स* (ब्राण्ड इक्विटी), नयी दिल्ली में छपा आधे पन्ने का विज्ञापन, 8 जून, 2005.

[26] *बिज़नेस स्टैण्डर्ड*, 29 दिसम्बर, 2006 में छपी शुचि बंसल की ख़बर : 'हिंदी पेपर्स राइड मार्केट बूम'.

हैं, तो भी हिंदी के अनुवाद उनके लिए संदर्भ के तौर पर मौजूद रहेंगे, और अनुवाद की रचनात्मक प्रक्रिया में उनका हस्तक्षेप रहेगा। दरअसल, विचार साहित्य का क्षेत्र विकसित करने के लिए हिंदी के पास अच्छी-ख़ासी आधार सामग्री है। पिछले पचास साल में बौद्धिक-राजनीतिक साहित्य हिंदी में ख़ूब प्रकाशित हुआ है। सम्पूर्ण गाँधी वांङ्मय, सम्पूर्ण लोहिया साहित्य, अन्य समाजवादी विचार साहित्य, सर्वोदयी साहित्य, अन्य राजनीतिक विचारधारओं का साहित्य, धर्म संबंधी साहित्य और बड़े पैमाने पर मार्क्सवादी साहित्य पहले से ही हिंदी के पास मौजूद है।

एचएमटी वालों का यह बूम अभी और चलने वाला है। यह नये-नये क्षेत्रों में अपना प्रसार कर रहा है। तीस-पैंतीस साल पहले केवल साहित्य और साहित्यकारों की भाषा समझी जाने वाली हिंदी की पत्रकारिता अपनी स्वतंत्र भाषाई अस्मिता स्थापित कर चुकी है। अब उसने गम्भीर विमर्श की दुनिया में हस्तक्षेप करना शुरू कर दिया है। अनुवाद के ज़रिये शुरू होने वाली इस नियोजित मुहिम की मंजिल हिंदी में मूल शोध की परम्पराएँ डालना है। नतीजे उल्लेखनीय हैं। हिंदी में छपी समाज-विज्ञान की गम्भीर पुस्तकों के पुनर्मुद्रण बाज़ार में लगातार आ रहे हैं।[27] हिंदी के प्रकाशकों की चाँदी है। पहले वे केवल साहित्य छाप कर ही मालामाल हो रहे थे (हिंदी के प्रकाशकों की आमदनी बढ़ाने में तीन नये साहित्यिक हल्कों का ख़ासा योगदान है। ये हैं दलित लेखन, स्त्री लेखन और उर्दू साहित्य के लिप्यांतरित प्रकाशन), पर अब उनके हाथ समाज-विज्ञान की पुस्तकें ख़रीदने वाला एक नया तबक़ा लग गया है। दस-पंद्रह साल पहले पुस्तक मेले में हिंदी की औपचारिक उपस्थिति के बीच केवल अंग्रेज़ी के स्टालों की धूम होती थी। आज स्थिति बदल गयी है। हिंदी के बुक स्टालों के सामने लाइन लगा कर किताबें ख़रीदने के नज़ारे भी देखे जा सकते हैं।[28]

इनसान की ज़िंदगी में इंटरनेट से ज़्यादा नयी चीज़ अभी तक कोई और नहीं आयी है। हिंदी का यह नया मानचित्र इंटरनेट के साथ हिंदी के रिश्ते का ब्योरा दिये बिना पूरा नहीं हो सकता। निम्नलिखित उद्धरण में हिंदी की उस

[27] विकासशील समाज अध्ययन पीठ के भारतीय भाषा कार्यक्रम और सराय प्रोग्राम द्वारा प्रकाशित सामग्री हिंदी में ख़ासी लोकप्रिय साबित हुई है. भारतीय भाषा कार्यक्रम द्वारा प्रकाशित *आधुनिकता के आईने में दलित*, *भारत की भूमण्डलीकरण*, *बीच बहस में सेकुलरवाद*, *राजनीति की किताब* और *भारत में राजनीति* के एक से अधिक पुनर्मुद्रण हो चुके हैं. ये सभी पुस्तकें और सराय के प्रकाशन वाणी प्रकाशन, नयी दिल्ली से प्राप्त किये जा सकते हैं.

[28] वाणी प्रकाशन, नयी दिल्ली के प्रबंध निदेशक अरुण माहेश्वरी के साथ बातचीत के आधार पर।

दुनिया की आहटें मिलती हैं जहाँ 'वर्चुअल' अपनी निर्मिति के दौर में 'रियल' का मुक़ाबला करते हुए अपनी अनंत सम्भावनाएँ दिखा रहा है :

> इंटरनेट एक नया, लेकिन तेज़ी से फैलता हुआ माध्यम है। बतौर भाषा हिंदी का प्रौद्योगिकी के साथ एक उद्यमहीन और हिचकता हुआ रिश्ता रहा है। इसलिए यह देख कर ताज्जुब नहीं होता कि बीस और तीस के पेटे में चल रहे नौजवानों ने ब्लॉगिंग जैसा ताज़ातरीन माध्यम जमकर अपनाया है। हालाँकि हिंदी के ब्लॉग संख्या में पाँच सौ के आसपास पहुँच गये हैं, पर अभी यह इलाक़ा हिंदी के प्रारम्भिक दिनों की ही याद दिला रहा है।[29]

यहाँ प्रारम्भिक दिनों से मतलब शायद उन दिनों से है जब भाषा की सार्वजनिक सत्ता बन रही थी, और बोली हुई से लिखित भाषा के दौर में संक्रमण हो रहा था। इस पूरे विवरण का मतलब यह नहीं समझना चाहिए कि हिंदी का यह बूम केवल राजनीतीकरण, बाज़ार, पाठक सर्वेक्षण और विज्ञापन से होने वाली आमदनी और उपभोक्ताकरण की ही झलकियाँ मार रहा है। मुनाफ़े की बेरहम और निर-नैतिक दुनिया में कम से कम दिलचस्पी रखने वाला सैकड़ों हिंदी लघु पत्रिकाओं का संसार भी पहले से ज़्यादा समृद्ध हुआ है। मीडिया मार्केट के किनारे-किनारे पनप रही इस विचित्र दुनिया में कुछ पत्रिकाएँ लगातार मरती रहती हैं, लेकिन उनकी भरपाई करने के लिए उसी दर पर नयी पत्रिकाओं का जन्म होता रहता है। राष्ट्रीय पाठक सर्वेक्षण इन पत्रिकाओं के बारे में कुछ नहीं जानता। इनमें ज़्यादा से ज़्यादा दस हज़ार और कम से कम डेढ़ हज़ार छपने वाली सैकड़ों पत्रिकाएँ शामिल हैं जिनके पन्नों में हिंदी के साहित्यिक-सांस्कृतिक उद्यम के राजनीतिक स्वरों का लगातार उद्घोष होता रहता है।[30]

फिर भी इतिहास का काला साया पीछा नहीं छोड़ता

हिंदी की यह उछाल समझने के मामले में अंग्रेज़ी में लिखी गयी छोटी-छोटी हिंदी संबंधी टिप्पणियों की स्थिति समाज-वैज्ञानिक विमर्श से कुछ बेहतर है। इन्हें लिखने वालों का मानना है कि हिंदी की मौजूदा समस्याओं पर ग़ौर करने के लिए सौ-सवा सौ साल पहले के गड़े मुर्दे उखाड़ने से कुछ हासिल होने वाला नहीं है। अंग्रेज़ी में हिंदी पर ग़ौर करने की यह शैली इतिहास पर कम, और वर्तमान पर ज़्यादा ज़ोर देना चाहती है। हालाँकि, इन लोगों का बुनियादी नज़रिया

---

[29] रविकांत ( ), 'वर्चुअल कंफ्रंट्स द रियल', *तहलका*, नयी दिल्ली.

[30] लघु पत्रिकाओं की परिघटना की विशद व्याख्या के लिए देखें, रमेश उपाध्याय (1994), 'साहित्यिक पत्रिकाओं की समस्याएँ और सम्भावनाएँ', *उत्तरार्द्ध*, मथुरा (उप्र), अंक 38, 1 नवम्बर : 60-72.

भी हिंदी को 'हेजेमॅनिक' मानकर चलता है। उनकी निगाह में भी वह खाती है, चबाती है और पचा जाती है। वह साम्प्रदायिक तूफ़ानी दस्तों का हथियार है। लेकिन, इसके बावजूद इनकी टिप्पणियाँ कुछ नये पहलुओं की तरफ़ इशारा भी करती हैं।

अख़बारों में अंग्रेज़ी के एक नियमित लेखक के अनुसार मातृभाषा की सीमाएँ तोड़ते हुए 'हेजेमॅनी ऑफ़ हिंदी' कुछ इस तरह बन रही है :

> हाल के दशकों में भारत एक दिलचस्प भाषाई घटना से दो-चार हुआ है।... पहली बात तो यह है कि हर पीढ़ी का रुझान पहले के मुक़ाबले मातृभाषा में कम से कम लिखने, पढ़ने और बोलने पर है। और दूसरी बात यह है कि हिंदी के इस्तेमाल में उसकी कुशलता बढ़ती जा रही है।... हिंदी के विस्तार का एक बहुत बड़ा कारण है संस्कृति के लोकरंजक रूपों पर हिंदी फ़िल्मों का बोलबाला।... हिंदी में आयी इस उछाल का एक अन्य कारण है भाषाई दीवारों के आर-पार होने वाले प्रेम विवाहों की संख्या में हुई ज़बरदस्त बढ़ोतरी। हमारी जनगणना के रिकॉर्ड में यह आँकड़ा नहीं मिलता, लेकिन कहे-सुने सबूतों के आधार पर कहा जा सकता है कि बढ़ते हुए शहरीकरण के कारण ऐसे दसियों हज़ार विवाह हो रहे हैं। जब मियाँ-बीबी दो अलग-अलग भाषाई समूहों के हों, तो वे या तो हिंदी बोलते हैं, या अंग्रेज़ी, या थोड़ी-थोड़ी दोनों।... उनके बच्चे हिंदी और अंग्रेज़ी की ख़ुराक पर पलते हैं। ... अगर एक गोवावासी किसी असमी से मिलता है जो वे दोनों पिडगिन हिंदी में बात करेंगे।... जिस तरह अंग्रेज़ी युरोप पर छाती जा रही है, उसी तरह हिंदी क्षेत्रीय भाषाओं से आगे निकलती जा रही है।[31]

इस बयान के मुताबिक़ हिंदी की यह 'हेजेमनी' क्षेत्रीय भाषाओं के बरक्स है, और अंग्रेज़ी के साथ हिंदी का सहअस्तित्व चल रहा है। प्रेम विवाहों की बढ़ती हुई संख्या को नये भाषाई नज़ारे के सबूत बतौर पेश किया गया है। इन दोनों बहसतलब पहलुओं के बावजूद इससे हिंदी के नये बनते हुए भाषाई मानचित्र की एक झलक तो मिल ही सकती है। इससे यह भी पता चलता है कि इक्कीसवीं सदी के इन शुरुआती सालों में किसी भाषा के विकास या उसकी गिरावट का पता लगाना कितना पेचीदा काम हो गया है। मातृभाषा को आधार बनाने वाली पारम्परिक भाषाशास्त्रीय कसौटियाँ अब संदिग्ध होती जा रही हैं। सांस्कृतिक रूप से मिले-जुले प्रेम विवाहों को एक कसौटी मानने में फ़िलहाल हिचक भले ही हो, पर इससे नयी कसौटियों की ज़रूरत पर रोशनी तो पड़ती ही है।

हिंदी के नये मंज़र पर की गयी एक और टिप्पणी देखिए :

> हो सकता है कि हिंदी अभी भी एक घिरी हुई और संघर्ष में फँसी हुई भाषा की

[31] अरविंद काला (2007), 'हेजेमनी ऑफ़ हिंदी', *द टाइम्स ऑफ़ इण्डिया*, नयी दिल्ली, 6 जनवरी.

> छवि देती हो। आख़िरकार यह वही भाषा तो है जो अन्य भाषाओं पर तीखी परिभाषाएँ मढ़ने की कला में महारत हासिल करके अपना काम चलाती रही है। लेकिन, अब अगर यह बात है भी तो केवल पुरानी आदत के रूप में। ताज़ा हक़ीक़त तो यही है कि हिंदी अपनी मुख्य प्रतिद्वंद्वी उर्दू का तक़रीबन सफ़ाया करने में कामयाबी हासिल कर चुकी है, 'अपनी' बोलियों को लगभग पूरी तरह खा चुकी है और इस देश में उत्तर-औपनिवेशिक भाषाई महाशक्ति के रूप में अंग्रेज़ी की हैसियत के साथ उसने एक तरह का तालमेल बैठा लिया है। वैसे तो हिंदी वालों को शिकायत है कि सरकार ने उनसे किया गया वायदा पूरा नहीं किया, लेकिन वे भी वाणिज्य-बाज़ार की दुनिया को नीची निगाह से देखते रहे हैं। विडम्बना यह है कि ख़ास तौर से उदारीकरण के बाद आये ज़माने में तरह-तरह की सामग्री के भूखे और ज़्यादा से ज़्यादा श्रोताओं, पाठकों और दर्शकों के दम पर पनपने वाले मीडिया बाज़ार (जिसमें उन्नीसवीं सदी से पनप रहा प्रिंट मीडिया, तीस के दशक से बन रही फ़िल्में, फिर आया रेडियो और बाद में आया टीवी शामिल है) ने हिंदी को दुनिया की सबसे बड़ी भाषाओं में से एक बनने की सम्भावनाओं से लैस कर दिया है।[32]

टिप्पणीकार इस बात से खुश है कि हिंदी के लिए उसके इतिहास का काला साया अप्रासंगिक हो गया है। लेकिन, हमदर्दी की इस झलक के फ़ौरन बाद वह 'पुरानी आदत के रूप में ही' कहता दिखाई देता है कि विकास का लोकतांत्रिक तर्क बहुसंख्या में होने के कारण हिंदी वालों के पक्ष में चला गया है, पर इसकी बुनियाद भीषण सांस्कृतिक हिंसा पर आधारित है। यानी, हिंदी की बढ़ती हुई प्रधानता और उस प्रधानता को मिलती हुई स्वाभाविक स्वीकृति की बुनियाद में भाषाई रक्तपात और क़त्ल की गयी भाषाओं और बोलियों के कंकाल दबे पड़े हैं।

इतिहास को अप्रासंगिक बताते-बताते पक्ष-विपक्ष में मोर्चेबंदी करने लगने की ऐसी मिसालें और भी हैं। एक अन्य टिप्पणीकार हिंदी संबंधी अंग्रेज़ी लेखन की एक प्रतिनिधि रचना की बेहतरीन समीक्षा करते हुए कहता है कि इतिहास की ज़मीन वर्तमान की समस्याएँ सुलझाने के लिए हमेशा ही सुविधाजनक नहीं होती। जैसा कि अंर्स्ट रेनन ने एक बार कहा था कि एक राष्ट्र के भीतर साथ-साथ रहने के लिए जिन घावों को भुला देना ज़रूरी होता है, इतिहास का अध्ययन उन्हीं को फिर से हरा कर देता है। यह टिप्पणीकार भी तहेदिल से चाहता है कि उन्नीसवीं सदी के संधिकाल पर हुई घटनाओं को परे रख कर हिंदी में मानकीकरण की समस्याओं पर खुले दिमाग़ से ग़ौर किया

---

[32] रविकांत, वही.

जाए। इस काम को गति देने के लिए उसके पास कुछ दिलचस्प सुझाव भी हैं।[33] लेकिन, इतिहास को परे रखने का समर्थक यही टिप्पणीकार एक दूसरी जगह इतिहास की रोशनी में वर्तमान को गढ़ता हुआ हिंदी भाषी इलाक़े को 'हिंदी प्रदेश' कहने पर आपत्ति करता है (यह टुकड़ा अंग्रेज़ी से अनूदित नहीं है। बल्कि, इसे उस हिंदी में लिखा गया है जिसकी आत्मछवि 'हिंदी' वाली नहीं है) :

> एक गुज़ारिश है जिस पर तवज्जो दें तो बेहतर होगा।... भाषाई आधार पर इलाक़ों की पहचान करना वामपंथी राजनीति के नज़रिये से हर सूरत में बेहतर है मगर 'हिंदी प्रदेश' जैसे शब्द इस इलाक़े की भाषाई पेचीदगी को पकड़ने में नाकाम तो रहते ही हैं साथ ही अपने भीतर एक ज़बरदस्त साम्प्रदायिक विरासत को भी समेटे चलते हैं।... हमारी भाषा भी अगर जाने-अनजाने संस्कृतनिष्ठ हो जाती है तो हमें इस बात के लिए तैयार रहना चाहिए कि फिर हम हिंदुओं से मुख़ातिब हो पाएँगे। पचास साल के राष्ट्र निर्माण ने पहले मुसलमानों से लिपि छीनी, फिर शब्द भण्डार। एक मायने में पूरे मुसलमान समाज को अपने विचार जगत से बाहर कर दिया। संघी समरसता के प्रोजेक्ट को कांग्रेस और प्रगतिशीलों ने मिल कर काफ़ी हद तक पहले ही पूरा कर दिया है। हम सब उस गुनाह में शरीक़ हैं जिसके चलते भगवा तूफ़ानी दस्ते अपना जघन्य खेल खेल पा रहे हैं। 'हिंदी प्रदेश' और 'हिंदी जाति' के बीच फ़ासला बहुत ज़्यादा नहीं है, और इस जातीय पहचान को गढ़ने का श्रेय भी तो हमारे को ही जाता है।[34]

यानी, हिंदी का चमचमाता मंज़र भी तमाम सदिच्छाओं के बावजूद अंग्रेज़ी के विमर्श को इतिहास के काले साये से मुक्ति नहीं दिला पाया है। अंग्रेज़ी विमर्श या तो वर्तमान को फलाँग कर अतीत के अपने पसंदीदा तथ्यों के आधार पर सीधे भविष्य में झाँकना चाहता है, या अगर वर्तमान पर नज़र दौड़ाता भी है तो इतिहास के अड्डे पर खड़े होकर ही। इतिहास की गिरफ़्त इस क़दर है कि अवलोकन की इस शैली को ग़ैर-ज़रूरी मानने वाले भी घूम-फिर कर उसी के चक्कर में फँस जाते हैं।

II
हिंदी क्षेत्र के अंग्रेज़ी वाले

चूँकि बात हिंदी की है, और अंग्रेज़ी में की गयी है, इसलिए आगे बढ़ने से पहले अंग्रेज़ी वालों और हिंदी के रिश्ते पर एक नज़र डालना बेहतर होगा। इसकी

---

[33] आदित्य निगम (2001), 'हिंदीज़ अनहैपी कांशसनेस', *हिंदी : लैंग्वेज, डिस्कोर्स, राइटिंग,* खण्ड 2, अंक, 1 अप्रैल-जून : 213-231, महात्मा गाँधी अंतर्राष्ट्रीय हिंदी विश्वविद्यालय, नयी दिल्ली.

[34] *संधान / कृति, संस्कृति और सिद्धांत का मंच* (2001)के अक्टूबर-दिसंबर अंक में आदित्य निगम का सम्पादक के नाम पत्र.

ज़रूरत अंग्रेज़ी और हिंदी के बीच बने 'डायग्लॉसिया' जैसे रिश्तों के कारण पैदा हुई है। अंग्रेज़ी के मुक़ाम पर डायग्लॉसिया हर तरफ़ मौजूद है, और बेहिचक अभिव्यक्त होता है। अंग्रेज़ी की दुनिया में होना ही अपने आप में एक ऐसी वर्चस्वी स्थिति है जो इस भाषा के लेखकों को डायग्लॉसिया के प्रति सचेत संघर्ष नहीं चलाने देती। फिर चाहे वे हिंदी के भविष्य को लेकर हताश हों, या उसे लेकर उत्साहित हों।

डायग्लॉसिया की एक मिसाल अंग्रेज़ी के वर्चस्व के प्रति हिंदी वालों की शिकायत का चित्रण करते हुए श्रीराम कला केंद्र के बाहर हुए एक प्रदर्शन पर चर्चा में मिलती है। अंग्रेज़ी वाले यह प्रतीकात्मक विरोध सलमान रश्दी की किताब पर प्रतिबंध लगाये जाने की ख़बर के आधार पर कर रहे थे जो बाद में अफ़वाह निकली। थोड़ी दूर पर कुछ हिंदी वाले जमा थे, जिन्हें यह कार्यक्रम अंग्रेज़ी के सांस्कृतिक वर्चस्व का एक और नमूना लग रहा था। अंग्रेज़ी वालों द्वारा अपने वर्चस्व पर हिंदी वालों की इस प्रकार से की जा रही आपत्ति में हीनताबोध देखने का मतलब यह निकलता है कि अगर कोई हिंदी वाला अंग्रेज़ी अभिजनों के वर्चस्व की आलोचना उनकी भाषा और उनकी शर्तों पर नहीं करेगा, उनकी प्रतीकात्मक राजनीति में भाग नहीं लेगा या उसकी श्रेष्ठता नहीं मानेगा, या उनके सेकुलर कर्मकाण्डों का उसकी निगाह में कोई महत्त्व नहीं होगा, तो वे कहेंगे कि उसकी हीन-ग्रंथि है। और, अगर अंग्रेज़ी के वर्चस्व की यही आलोचना हिंदी का उद्धार करने के लिए उत्सुक अंग्रेज़ीवालों द्वारा की जाएगी, तो उसे 'जेनुइन' ठहरा दिया जाएगा।[35] दूसरी तरफ़ हिंदी को कई सदियों की विकास-यात्रा एक सदी में ही पूरा कर लेने का श्रेय देकर उसके प्रति सराहनाभाव रखने वाले विद्वान लेखक भी यह याद दिलाने से नहीं चूकते कि इस क़दर तेज़ रफ़्तार से बढ़ती भाषा होने के बावजूद जानने और बोलने के लिहाज़ से अंग्रेज़ी के मुक़ाबले कम प्रभावशाली और सक्षम है।[36] तीसरे पक्ष पर डायग्लॉसिया का असर तो इस हद तक चला गया है कि उसकी बातों और सलमान रश्दी के उस बयान में कोई फ़र्क़ ही नहीं लगता जिसमें कहा गया था कि भारतीय भाषाओं में रचा गया सारा साहित्य अंग्रेज़ी में रचे गये भारतीय साहित्य के मुक़ाबले हेय है। ये लोग इसी बात को अफ़सोस जताते हुए इस प्रकार कहते हैं कि पता नहीं हिंदी में कोई चेखव

---

[35] आलोक राय ने इस प्रकरण का ज़िक्र अपनी किताब के पृष्ठ तीन पर किया है.

[36] हरीश त्रिवेदी यह बात अपने उपरोक्त लेख के एकदम आख़िर में कहते हैं.

या कोई टॉलस्टॉय कब पैदा होगा।[37] ऐसे ही लोगों की तरफ़ से हिंदी साहित्य के बारे में यह प्रश्न उछाला जाता है कि उसकी 'भारतीयता' की जाँच क्यों नहीं की जानी चाहिए?[38]

कहना न होगा कि अंग्रेज़ी में उच्च शिक्षा प्राप्त सारे लोग डायग्लॉसिया के शिकार नहीं हैं। हिंदी इलाक़े के ऐसे लोगों और हिंदी के संबंध में पिछले पचास साल में बहुत कुछ सुधरे ही नहीं हैं, बल्कि सकारात्मक हुए हैं। एक बहुत बड़ा तबक़ा ऐसा है जो चाहता तो अंग्रेज़ी की दुनिया में रह कर कहीं ज़्यादा रंग-रुतबा और अमीरी हासिल कर सकता था, पर उसने अपने अंग्रेज़ी ज्ञान का लाभ हिंदी की रचनाशीलता को देने का सचेत निर्णय किया। बच्चन, अज्ञेय, रामविलास शर्मा, निर्मल वर्मा, रमेश चंद्र शाह, अशोक वाजपेयी से लेकर स्त्री साहित्यकारों में कई हस्ताक्षरों (जैसे, मृदुला गर्ग, मृणाल पाण्डेय, गगन गिल, तेज़ी ग्रोवर, गीतांजलि श्री, अनामिका आदि) का बौद्धिक प्रशिक्षण अंग्रेज़ी में हुआ है। लेकिन इन्होंने स्वेच्छा से रचनात्मक और अन्य लेखन के लिए हिंदी को अपना माध्यम चुना है। इस तरह के अनगिनत अंग्रेज़ी वालों का योगदान हिंदी के लिए अन्यतम है। आज साहित्यिक हिंदी, पत्रकारिता की हिंदी (प्रभाष जोशी, राजेंद्र माथुर का योगदान और यहाँ तक कि अरविंद नारायण दास का हिंदी प्रेम) और विचार जगत की हिंदी (श्यामा चरण दुबे, पूर्ण चंद्र जोशी, कृष्ण कुमार, सुधीर चंद्र, योगेंद्र यादव, धीरूभाई शेठ, रामाश्रय राय, आदित्य निगम, रविकांत, पुष्पेश पंत वग़ैरह) जहाँ खड़ी है, वह अंग्रेज़ी में प्रशिक्षित लोगों के बिना नामुमकिन थी। ये लोग अंग्रेज़ी की खाते रहे हैं और खाते हैं, लेकिन इसमें कोई शक नहीं कि कमोबेश बजाते हिंदी की हैं। लेकिन, यह स्थिति हमेशा नहीं थी। आज भी एक ऐसा तबक़ा है जो हिंदी क्षेत्र का होने के बावजूद आउटसाइडर की तरह पेश आता है। ऐसे अंग्रेज़ी दाँ लोगों के ख़िलाफ़ हिंदी की शिकायत भारतेंदु युग और रामचंद्र शुक्ल से चल कर रामविलास शर्मा के रास्ते नामवर सिंह तक पहुँची है। भारतेंदु युग में अंग्रेज़ी की उच्च शिक्षा पाए हुए लोग कम से कम यह तो नहीं ही कहते रहे होंगे, 'आई एम बॉर्न ऐंड ब्रॉट अप इन इंग्लिश'। द्विवेदी युग में कुछ सिलसिला शुरू हुआ, इस ठस्से के साथ कि मुझे तो हिंदी आती नहीं। फिर

---

[37] अनिरुद्ध देशपाण्डे ने *इकॉनॉमिक ऐंड पॉलिटिकल वीकली*, 8 अप्रैल, 2000 में छपे लेख 'हिंदुस्तानी इन इण्डिया' का अंत इसी अफ़सोस के साथ किया है.

[38] अक्षय कुमार ने हिंदी साहित्य की 'भारतीयता' जाँचने की राय आलोक राय की किताब की समीक्षा 'कल्चरल पॉलिटिक्स ऑफ़ हिंदी नैशनलिज़म' करते हुए दी है.

धीमी गति से अंग्रेज़ी वाले हिंदी पर एहसान करते हुए उसकी तरफ़ बढ़े। रामचंद्र शुक्ल के ज़माने तक यह हस्तक्षेप हिंदी को प्रभावित करने लगा, तो उस पर आलोचनात्मक दृष्टि डालने की ज़रूरत महसूस हुई। शुक्लजी ने लिखा :

> बहुत से लोगों ने हिंदी आने से पहले ही काम शुरू कर दिया। ... इस कालखण्ड के लेखकों की तारीफ़ में प्राय: यही कहा-सुना जाता रहा कि ये ... अंग्रेज़ी के अच्छे पंडित हैं। यह कहने की आवश्यकता नहीं समझी जाती थी कि ये हिंदी बहुत अच्छी जानते हैं। यह मालूम नहीं होता था कि हिंदी भी कोई जानने की चीज़ है। ... वे अंग्रेज़ी के शब्द, वाक्य और मुहावरे तक ज्यों के त्यों उठाकर रख देते हैं, यह नहीं देखने जाते कि भाषा हिंदी हुई या और कुछ।[39]

हिंदी का सुव्यवस्थित ज्ञान हासिल न करते हुए भी हिंदी की दुनिया में अपनी टाँग अड़ाते रहने (इसमें कैसी हिंदी लिखी जानी चाहिए जैसे आग्रह काफ़ी रहते हैं) की अंग्रेज़ी वालों में व्याप्त प्रवृत्ति की चर्चा कई जगह दिखाई देती है, और यह आज तक थमी नहीं है। रामविलास शर्मा ने इसके ख़िलाफ़ कठोर टिप्पणियाँ की हैं, और नामवर सिंह ने हिंदी क्षेत्र के अंग्रेज़ीदाँ लोगों को हिंदी का सबसे बड़ा दुश्मन क़रार दिया है :

> ये लोग अंग्रेज़ी में ही सोचते हैं, अंग्रेज़ी का ही खाते हैं। पश्चिम की नक़ल करते हैं, और अपने समाज से कट कर वहीं के समाज में अपनी जड़ें तलाशते हैं। इस तबक़े ने जो नया दर्शन गढ़ा है उसे मैं खण्ड-खण्ड-पाखण्ड कहता हूँ। यह दर्शन न सिर्फ़ अंग्रेज़ी के वर्चस्व और पश्चिमी विचारधारा की रक्षा करता है, बल्कि परोक्ष रूप से नवउपनिवेशवाद का हिमायती भी है। इसलिए हिंदी का प्रश्न सिर्फ़ अपनी भाषा के प्रति मोह का ही नहीं है, बल्कि एक नये क़िस्म के उपनिवेशवादी सोच के विरुद्ध लड़ने का भी है। दुर्भाग्य है कि इनमें से ज़्यादातर अंग्रेज़ीदाँ बौद्धिक हिंदी भाषा क्षेत्र के ही हैं। इसलिए मैं कहता हूँ कि हिंदी को आज सबसे बड़ा ख़तरा हिंदी क्षेत्र में जन्मे लेकिन यहाँ की ज़मीन से कटे इन इन अंग्रेज़ीदाँ बौद्धिकों से है।[40]

नामवर सिंह ने आरोप भी लगाया है कि लगभग कभी न प्रयोग होने वाले कुछ शब्दों का सहारा लेकर ऐसे अंग्रेज़ीदाँ हिंदी का मज़ाक उड़ाते रहते हैं, और उन्नीसवीं सदी में प्रताप नारायण मिश्र द्वारा दिये गये एक नारे का हवाला देकर साबित करते हैं कि हिंदी साम्प्रदायिक ताक़तों के हाथ का खिलौना है।

इस विवरण से लगता है कि हिंदी के संदर्भ में अंग्रेज़ी वाले सम्भवत: इनसाइडर और आउटसाइडर के दो ख़ानों में बँटे हुए हैं। आउटसाइडर-इनसाइडर

---

[39] रामविलास शर्मा, (1989) *आचार्य रामचंद्र शुक्ल और हिंदी आलोचना*, राजकमल प्रकाशन, नयी दिल्ली, के : 179.

[40] नामवर सिंह (2002), 'हिंदी इलाक़े के अंग्रेज़ीदाँ ही सबसे बड़े दुश्मन', *राष्ट्रीय सहारा*, हस्तक्षेप परिशिष्ट, 14 सितम्बर.

की इन श्रेणियों का ताल्लुक़ हिंदी के हल्क़े की बाक़ायदा मेम्बरी हासिल करने या न करने से उतना नहीं है, जितना एक ख़ास तरह के सांस्कृतिक मनोविज्ञान से है जो डायग्लॉसिया के दुष्प्रभावों से या उससे कमोबेश बेअसर रहने के कारण बनता है। आउटसाइडर मानस डायग्लॉसिया में डुबा हुआ है। वह हिंदी की लीडरशिप तो लेना चाहता है, लेकिन उससे हाथ भर दूर रहते हुए उसे उसके काले इतिहास की तोहमत से मुक्ति दिलाने और कथित कूढ़मगज़ी से छुटकारा दिलाने के लिए। वह हिंदी को सेकुलरवाद और राष्ट्रवाद की अपनी मनपसंद परिभाषाओं के हिसाब से बनते हुए देखना चाहता है। वह हिंदी पट्टी की संस्कृति को एक नाम देता है, और उसी के हिसाब से अपने इल्ज़ामों का सिलसिला तैयार करता है। हिंदी की अपनी मर्ज़ी से चली गयी कोई चाल उसे पसंद नहीं है। खोलने के नाम पर वह हिंदी को क़ैद करना चाहता है। उसका इरादा तो हिंदी को 'भिन्न' और 'संक्षिप्त' के कारागार से निकालने का है, लेकिन फिर वह उसी क़ैदखाने पर 'मुख़्तलिफ़' और 'मुख़्तसर' के ताले जड़ना चाहता है। वह तय कर देना चाहता है कि शब्द कैसे इस्तेमाल किये जाएँ, वाक्य कैसे बनाये जाएँ, अनुवाद कैसा किया जाए, और हिंदी की आधुनिकता कैसी बने। इलाहाबाद और बनारस से पढ़कर दिल्ली विश्वविद्यालय में दाख़िला लेने वाले छात्र ने अगर 'न्यूज़पेपर' को 'अख़बार' के बजाय 'समाचारपत्र' कह दिया तो यह मानसिकता उसकी हिंदी में हिंदुत्व की बू सूँघने लगती है। अंग्रेज़ी में प्रशिक्षित होने के बावजूद बहुत से लोगों ने इनसाइडर बनने का चुनाव किया है, और कुछ ने हिंदी से परिचय होते हुए भी आउटसाइडर होने का। कहना न होगा कि इन दोनों खित्तों में आवाजाही भी होती रहती है। हिंदी के अशांत इतिहास के दबाव में कुछ इनसाइडर कभी-कभी आउटसाइडर की तरह आचरण करते हुए भी नज़र आ सकते हैं, और कुछ ने इन दोनों दायरों के संधिस्थल पर डेरा डाल दिया है।

III

इतिहास की उलट यात्रा / पहला पड़ाव

हिंदी पर अंग्रेज़ी विमर्श की सर्वाधिक चर्चित पुस्तक है आलोक राय लिखित *हिंदी नैशनलिज़म*। यह किताब सन् 2000 में एक लोकप्रिय पुस्तक माला के तहत छापी गयी और ज़ाहिर है कि कोई साल भर पहले लिखी गयी होगी। हिंदी या भारतीय भाषाओं पर अंग्रेज़ी में कोई कुछ भी लिखे, मात्र 138 पन्नों की इस किताब को कहीं न कहीं से समर्थन में उद्धृत ज़रूर करता है। इसके नतीजों से कुछ-कुछ असहमत लोगों को भी आलोक राय के बुनियादी तर्कों से हमदर्दी है।

ऐसा लगता है कि अंग्रेज़ी वालों की निगाह में बतर्ज़ आलोक राय हिंदी जो कुछ भी है, वह उद्धरण चिह्नों में क़ैद 'हिंदी' है, पण्डिताऊ है, संस्कृतनिष्ठ है, सवर्ण-मध्यवर्गीय है, आम लोगों से कटी हुई है और बच्चे उसमें फेल होते रहते हैं। इसे राजनीतिक हिंदुत्व का पर्याय तो नहीं कहा जा सकता, पर इस साम्प्रदायिक राजनीति की निर्मितियों में इस हिंदी का ख़ासा योगदान है।

अपने इस तर्क पर और ज़ोर देने के लिए सम्भवतः लेखक की सहमति से पुस्तक के आवरण पर त्रिपुंड और रुद्राक्षधारी दो ब्राह्मणों का चित्र छाप दिया गया है जिसकी पृष्ठभूमि में सींखचों वाला एक शटर है। उसके भी पीछे भारतेंदु हरिश्चंद्र और *सरस्वती* के टिकटाकार चित्र हैं। मतलब साफ़ है। हिंदी और उसकी सरस्वती सींखचों के पीछे पण्डितों के पहरे में बंद है। जो 'हिंदी' बाहर है और पण्डितों के नेतृत्व में चल रही है वह मुरझा गयी है, मर गयी है या मर जाने वाली है। कुल जमा थीसिस यह है कि 'हिंदी' का यह नैशनलिज़म अगर सवर्ण अभिजनों ने इस देश पर न थोपा होता और अगर संविधान सभा और कांग्रेस में पण्डिताऊ हिंदी के पैरोकार न जीत गये होते तो आज चारों तरफ़ हिंदू-मुसलमानों के साझा वजूद की प्रतीक बोल-चाल वाली 'हिंदुस्तानी' के कहीं अधिक सेकुलर नैशनलिज़म का बोलबाला होता। तक़रीबन इसी थीसिस के आस-पास कृष्ण कुमार ने आलोक राय से दस साल पहले अपना प्रबंध 'हिंदू रिवाइवलिज़म ऐंड एजुकेशन इन नॉर्थ-सेंट्रल इण्डिया' लिखा था।[41] आलोक राय की किताब इस क़दर कामयाब हुई है कि लोग कृष्ण कुमार को इस थीसिस के जनक के रूप में याद करना भूल गये हैं। चूँकि लेखक प्रेमचंद और अमृत राय की पारिवारिक विरासत से भी जुड़ा हुआ है, इसलिए उसकी किताब विशेष रूप से आकर्षक हो जाती है। फिर, इस पुस्तक का छोटा होना भी शायद इसके पक्ष में जाता है। लोगों को लगता है कि फ्रांचेस्का ऑर्सीनी और वसुधा डालमिया के मोटे-मोटे ग्रंथों का पारायण करने के बजाय यह छोटी सी किताब पढ़ कर राय बना लेना सुविधाजनक रहेगा।

इस पुस्तक की थीसिस के साथ हाँ में हाँ मिलाते हुए आउटसाइडरों की शैली में इसका पाठ काफ़ी हो चुका है।[42] अब इसके इनसाइडर पाठ की बारी

---

[41] कृष्ण कुमार (1990), 'हिंदी रिवाइवलिज़म ऐंड एजुकेशन इन नॉर्थ-सेंट्रल इण्डिया', *सोशल साइंटिस्ट*, खण्ड 18, अंक 10, 1 अक्टूबर : 4-26.

[42] इस पुस्तक की कई समीक्षाएँ हुई हैं जिनमें आलोचनाएँ हैं, कुछ ज़रूरी प्रश्न भी उठाये गये हैं और आलोक राय के निष्कर्षों को आड़े हाथों भी लिया गया है. पर, सभी समीक्षकों का प्रस्थान बिंदु उनकी बुनियादी थीसिस के समर्थन के आस-पास ही है.

है, जिसे करते हुए लेखक के बारे में कुछ अजीब से एहसास होते हैं। पहला एहसास तो यह है कि अगर वह 1857 के बाद के ज़माने में ख़ुद सशरीर मौजूद रहा होता, और उसकी बौद्धिक चेतना उस समय भी वही रही होती जो आज है, तो वह ख़ुद भी नागरी के पक्ष में आंदोलन कर रहा होता। अगर नागरी के दो महान पैरोकारों में से एक को चुनने की नौबत आती, तो यह ज़रूर हो सकता है कि आलोक राय राजा शिवप्रसाद सितारेहिंद के साथ होते, और भारतेंदु हरिश्चंद्र को आलोचना भाव से देखते। भारतेंदु भी बाद में 'वेनिस के सौदागर' को 'वेनिस का व्यापारी' लिखने का आग्रह करने लगे थे, और शेक्सपीयर के अपने ही अनुवाद से उर्दू के शब्द निकाल कर संस्कृत के शब्द ठूँसने में जुट गये थे।[43] जबकि, राजा शिवप्रसाद उसी तरह की हिंदी नागरी लिपि में लिखने के हक़ में थे जिसे आलोक हिंदुस्तानी कहते हैं। उनकी किताब का इनसाइडर पाठ संदेश देता है कि आगे चलकर जब सन् 1900 में 'मैक्डॉनल मूमेंट' आया, उस समय अगर वे भी मौक़े पर मौजूद होते तो उस प्रतिनिधिमण्डल के सदस्य होना पसंद करते जिसके नेता मदनमोहन मालवीय थे। प्रतिनिधिमण्डल द्वारा सर एंथनी मैक्डॉनल (जिसे शम्सुर्रहमान फ़ारूक़ी 'वह कम्बख़्त मैक्डॉनल' कहते हैं)[44] को दिये ज्ञापन पर दस्तख़त करने में उन्हें कोई संकोच न होता। ये दोनों बातें इसलिए कही जा सकती हैं कि *हिंदी नैशनलिज़्म* के पन्नों पर नागरी व हिंदी का आधारभूत लोकतांत्रिक तर्क प्रमाणित करने वाली सामग्री मिलती है। आलोक राय ने एक जगह स्पष्ट रूप से माना है कि मालवीय द्वारा मेकडॉनल को दिया गया ज्ञापन 'इनलाइटेंड ऐंड डैमॉक्रैटिक क्लेम' था, न कि 'एरोगेंट, सैंस्कृटिक, हाईकल्चरल' था। आलोक राय की किताब मैक्डॉनल को मालवीय द्वारा दिये गये ज्ञापन की सेकुलर और लोकतांत्रिक तर्कशीलता स्पष्ट रूप से रेखांकित करती है।[45] दूसरे, नागरी अपना लेने से हिंदी का अलगाव सिर्फ़ उर्दू से होता था (जो

---

[43] ख़ास बात यह है कि यह प्रकरण हिंदी की कथित संस्कृतनिष्ठता के आलोचकों की जानकारी में है ही नहीं. इसके लिए देखें : वीरभारत तलवार, *रस्साकशी : उन्नीसवीं सदी का नवजागरण और पश्चिमोत्तर प्रांत,* सारांश प्रकाशन, नयी दिल्ली (2002). अंग्रेज़ी का विमर्श भारतेंदु हरिश्चंद्र की काफ़ी नरम तस्वीर पेश करता है, लेकिन हिंदी-उर्दू विवाद के प्रभाव में उन्होंने भीषण क़िस्म की संस्कृतनिष्ठ हिंदी भी लिखी थी.

[44] शम्सुर्रहमान फ़ारूक़ी ने हिंदी-उर्दू मसले पर नीलाभ से बातचीत करते हुए सर एंथनी मैक्डॉनल को इस तरह याद किया : 'मैक्डॉनल ने, जिस कम्बख्त के नाम से सड़क है पटने में, जहाँ कि हम रहा करते थे, उसने बिहार से शुरू किया यह काम'. शम्सुर्रहमान फ़ारूक़ी के इस इंटरव्यू के लिए देखें, इज़लाल मजीद, मंजूर एहतशाम और कमला प्रसाद (सम्पा.)(2002), *कि आती है उर्दू ज़बाँ आते आते,* पहला खण्ड, वाणी प्रकाशन, नयी दिल्ली.

[45] आलोक राय : 45.

मतरूक़ात के कारण पहले ही अपने ही क्षेत्र की अन्य भारतीय भाषाओं से काफ़ी अलग हो चुकी थी), लेकिन वह ब्रज, अवधी और भोजपुरी के साथ-साथ दक्षिण भारत को छोड़ कर बाक़ी भारतीय भाषाओं की लिपियों और स्वभाव के कहीं ज़्यादा नज़दीक आ सकती थी। उन्नीसवीं सदी के आख़िरी और बीसवीं सदी के शुरुआती सालों में नागरी आंदोलन के पक्ष में जाने वाले इस लोकतांत्रिक और व्यावहारिक तर्क की उपेक्षा करना उदारतावादी समझ रखने वाले किसी भी व्यक्ति के लिए नामुमकिन था। इसीलिए, यह मानना मुश्किल है कि अपनी किताब में ऐसी बातें लिखने वाला शख़्स अपनी आज की चेतना के आधार पर सौ-डेढ़ सौ साल पहले चले ऐसे किसी आंदोलन और मुहिम के ख़िलाफ़ उसकी ख़ामियों और अंतर्विरोधों के बावजूद खड़ा हो सकता था।

आइए, अब इसी इनसाइडर रवैये के साथ हिंदी के इतिहास में थोड़ा और आगे बढ़ें। उन्नीसवीं सदी ख़त्म हो चुकी है। 'मैक्डॉनल मूमेंट' निकल चुका है। उर्दू हिंदी के मुक़ाबले से हट चुकी है। उपनिवेशवादी आंदोलन के दौर में हिंदी साहित्य सम्मेलनों का ज़ोर है। उत्तर में ही नहीं दक्षिण भारत में भी लाखों लोग हिंदी सीख रहे हैं। हिंदी की परीक्षाओं में उत्तीर्ण हो रहे हैं।[46] हिंदी को राष्ट्रभाषा बनाने की वकालत हो रही है। हिंदी कैसी हो, बहस इस पर है। पाला खिंचा हुआ है, एक तरफ़ हिंदी है और दूसरी तरफ़ हिंदुस्तानी। ऑर्सीनी ने हिंदी की दुनिया के दो शिविरों में बँट जाने का दिलचस्प वर्णन किया है। इसके अनुसार हिंदुस्तानी के शिविर में राजेंद्र प्रसाद, नेहरू, विनोबा भावे, काका कालेलकर, राजगोपालाचारी, पण्डित सुंदरलाल और जमनालाल बजाज जैसे कांग्रेसी दिग्गजों के साथ गाँधी के अनुयायी, इंडो-पर्शियन संस्कृति से निकले बुद्धिजीवी और ऐसे लोग भी शामिल थे जो इस मुद्दे से कोई ख़ास चिंतित नहीं थे। ऑर्सीनी ने इन तीनों क़िस्म के लोगों में प्रेमचंद, डॉ. ताराचंद, जैनेंद्र कुमार और राय कृष्ण दास के नाम गिनाये हैं। दूसरी तरफ़ हिंदी का शिविर था जिसमें हिंदी की नेतागीरी करने वाले पुरुषोत्तम दास टण्डन, सम्पूर्णानंद, वी.एन. तिवारी और बालकृष्ण शर्मा 'नवीन' थे। ऑर्सीनी के अनुसार हिंदी के इस शिविर में मठाधीशों के साथ वे लोग भी शामिल थे जिन्हें हिंदी की ताक़त में यक़ीन था कि उसे खुला और सर्वसमावेशी बनाया जा सकता है। इन लोगों में शामिल थे शिव प्रसाद गुप्ता, बाबूराव विष्णु पराड़कर, निराला और रामविलास शर्मा। इसके बाद ऑर्सीनी ने उन लोगों की सूची गिनाई है जो हिंदी और हिंदू इतिहास की धारणा में यक़ीन

[46] ऑर्सीनी, वही : 359-360.

करते थे और मान कर चल रहे थे कि अब हिंदी की हुकूमत का वक़्त आ गया है। इसके अलावा इस शिविर में ऐसे लोग भी थे जिन्होंने हिंदी की सेवा में अपनी ज़िंदगी खपा दी थी। जैसे, लक्ष्मीधर वाजपेयी, श्रीनारायण चतुर्वेदी, अम्बिका प्रसाद वाजपेयी, वियोगी हरि, किशोरी दास वाजपेयी और देवीदत्त शुक्ल।[47]

इतिहास की उलट-यात्रा के इस मुक़ाम पर आलोक राय की किताब के इनसाइडर पाठक के सामने पेचीदा सवाल यह आ सकता है कि हिंदुस्तानी और हिंदी की इस खेमेबंदी में वे किस पाले में खड़े होते। ध्यान रहे कि इनसाइडर पाठक यह मान कर चल रहा है कि *हिंदी नैशनलिज़्म* के लेखक की उस स्वातंत्र्योत्तर युग में मौजूदगी आज के ज़माने की यथार्थ-चेतना के साथ होगी, उसे हिंदी पर हुई समस्त शोधों की जानकारी होगी, और उसे यह भी पता होगा कि हिंदुस्तानी या हिंदी का पक्ष लेने वालों ने आगे चलकर व्यवहार में क्या किया और क्या नहीं किया। इस आधार पर एक काफ़ी-कुछ सुरक्षित अनुमान यह लगाया जा सकता है कि आलोक राय ने 1935 के उस ज़माने में हिंदुस्तानी के नहीं बल्कि हिंदी के शिविर का ही चुनाव किया होता। वे इस बात से क़तई परेशान नहीं होते कि उन्हें अपने महान् पितामह के विरोधी खेमे का साथ देना पड़ रहा है। क्योंकि, उन्हें पता होता कि आज़ादी के बाद हिंदी की जो नयी दुनिया बनी, उसमें यह ख़ेमेबंदी किसी भी तरह से क़ायम नहीं रह पायी। ये सब लोग मिल कर एक हो गये। मूलतः उर्दू के लेखक रहे प्रेमचंद के रचनात्मक व्यवहार ने बताया कि कहानी, उपन्यास और कुल मिलाकर हिंदी गद्य की भाषा क्या होनी चाहिए। मुंशी जी ने जो भाषा लिखी, वही *प्रेमचंद की सर्वश्रेष्ठ कहानियाँ* नामक पुस्तक के ज़रिये नवीं और दसवीं के छात्र पूरे उत्तर भारत में हिंदी मानकर कम से कम पिछले चालीस साल से तो पढ़ ही रहे हैं, न कि 'हिंदी' मान कर :

> जीवन के प्रत्येक विभाग में आमोद-प्रमोद का प्राधान्य था। शासन विभाग में, साहित्य क्षेत्र में, सामाजिक व्यवस्था में, कला-कौशल में, उद्योग-धंधों में, आचार-व्यवहार में सर्वत्र विलासिता व्याप्त हो रही थी। ('शतरंज के खिलाड़ी' की इन्हीं पंक्तियों को 'शतरंज की बाज़ी' के उन्वान के साथ मुंशीजी उर्दू में इस तरह लिखते थे : ज़िंदगी के हर एक शोबे में रिंदी-ओ-मस्ती का ज़ोर था। उमर-ए-सियासत में, शेर-ओ-सुखन में, तर्ज़-ए-मुआशरात में, सनत-ओ-हरफ़त में, तिजारत-ओ-तबादले में, सभी जगह नफ़स-परस्ती की दुहाई थी।)[48]

[47] ऑर्सीनी, वही : 362.
[48] हरीश त्रिवेदी वही : 978.

यह इनसाइडर पाठक मान कर चलता है कि आलोक राय को निराला द्वारा भाषा और साहित्य के रूपों के मामले में की गयी 'न आये वीर जवाहरलाल' शैली की 'मुसलसल बग़ावत' का इल्म ज़रूर होगा (हालाँकि वे माओ की सतत क्रांति के अनुयायी न होकर विचारों से वेदांती थे)।[49] उन्हें यह भी पता होगा कि किशोरी दास वाजपेयी द्वारा लिखे गये हिंदी व्याकरण के महानतम ग्रंथ *हिंदी शब्दानुशासन* की बुनियादी थीसिस यही है कि हिंदी संस्कृत की बेटी नहीं है, पर उसकी अपनी स्वायत्तता और अपना जीनियस है।[50] आचार्य वाजपेयी थोड़े विनोद के साथ जो कहते हैं उसका मतलब यह है कि संस्कृत का हिंदी के साथ रिश्ता ज़्यादा से ज़्यादा एक बाँझ मौसी का हो सकता है। हिंदी का सारा व्याकरण इसी ग्रंथ पर निर्भर है, और वाक्य रचना (जिसे लेकर कृष्ण कुमार न जाने कब से निराश हैं) इसी की देन है। वाक्य रचना में अगर कुछ परिवर्तन हुआ है तो वह संस्कृत की नहीं, बल्कि अंग्रेज़ी की सोहबत के असर से है। इन्हीं हिंदी वालों के खित्ते में पराड़करजी थे, जो आधुनिक हिंदी पत्रकारिता के पुरोधा बने। बाद में प्रभाष जोशी, राजेंद्र माथुर और सुरेंद्र प्रताप सिंह जैसे नये ज़माने के

---

[49] साहित्यिक और भाषाई रूपों की सीमाओं का उल्लंघन करने और प्रयोगधर्मिता दृष्टि से निराला के विद्रोही व्यक्तित्व की चर्चाएँ हिंदी की दुनिया में बहुचर्चित हैं. रामविलास शर्मा ने *निराला और उनकी साहित्य साधना* शीर्षक से तीन खण्डों में एक पुरस्कृत ग्रंथमाला लिखी है. देखें, विशेष रूप से इसका दूसरा खण्ड (1972), राजकमल प्रकाशन, नयी दिल्ली. अगर कुछ कम समय खर्च करना चाहें तो निराला की रचनाओं की एक सम्पादित पुस्तक रमेशचंद्र शाह (सम्पा.)(2001), *निराला संचयिता,* वाणी प्रकाशन, नयी दिल्ली देखें. निराला की सांस्कृतिक राजनीति की एक झलक पाने के लिए देखें, लोकनीति, नयी दिल्ली द्वारा 2005 में आयोजित राष्ट्रीय सेमिनार में प्रस्तुत पर्चा अभय कुमार दुबे (2014), 'रैडिकल लोकतंत्र और हिंदी की कल्पनाशीलता' (इसी पुस्तक में).

[50] आचार्य किशोरी दास वाजपेयी ने यह ग्रंथ नागरी प्रचारिणी सभा के कहने पर लिखा था. वे स्वयं संस्कृत के विद्वान थे, फिर भी उन्होंने हिंदी के संस्कृत से स्वायत्त आधार को ही अपनी रचना के केंद्र में रखा. अम्बा प्रसाद सुमन ने आचार्य वाजपेयी के अनूठे व्यक्तित्व के बारे में लिखा है : 'बालक वाजपेयी ने निर्धनता के झंझावात से पीड़ित होकर अपनी जीविका चलाने के लिए उतरीपुरा स्टेशन पर कचालू बेचे, अपनी बहिन की ससुराल लछिमनपुर गाँव में मेहनत-मज़दूरी भी की, गाय-भैंस भी चराई. अपने गाँव राम नगर में खेत निराये ... तत्पश्चात कानपुर जाकर मकानों की पुताई करने वाले मज़दूरों के साथ काम किया और वृंदावन के मंदिरों में पूजा-पाठ से भी दिन काटे. राहगीरों को पानी भी पिलाया. संक्षेप में, ऐसे अन्य अनेक प्रकार के कठिन से कठिन, दुष्कर तथा अत्यधिक दयनीय कार्यों द्वारा दस वर्ष का बालक वाजपेयी अपने जीवन की अत्यंत दुरूह पर्वत श्रृंखलाएँ लाँघ पाया'. डॉ. धर्मवीर ने आचार्य वाजपेयी के मानस का वर्णन करते हुए लिखा है कि उनकी मनोभूमि कुछ उसी प्रकार की हो गयी थी जैसी इस देश में धार्मिक, सांस्कृतिक और राजनीतिक दृष्टि से उपेक्षित और उत्पीड़ित शूद्रों और नारियों की हो रही है. देखें, डॉ. धर्मवीर (1998), *हिंदी की आत्मा,* समता, नयी दिल्ली : 273.

हस्ताक्षरों ने पत्रकारिता की भाषा से संस्कृतनिष्ठता को मार-मार कर भगा दिया।[51]

हिंदी नैशनलिज़्म की ग्रंथावली में आलोक राय ने हिंदी के सबसे प्रतिष्ठित बुद्धिजीवी, आलोचक, चिंतक और भाषाशास्त्री रामविलास शर्मा की तीन किताबों का उल्लेख किया है। इस आधार पर इनसाइडर पाठक मानकर चलता है कि उन्हें शर्माजी की हिंदी का पता ही होगा, जो किसी अख़बार के कॉलमों में छपने वाली हिंदी की तरह सरल और छोटे-छोटे वाक्यों की हिंदी है। *भारतीय भाषा परिवार और हिंदी* जैसा तीन खण्डों का गुरु-गम्भीर ग्रंथ रचने वाले शर्माजी और आलोक राय में कई समानताएँ हैं : दोनों ताज़िंदगी अंग्रेज़ी पढ़ाते रहे, प्रोफ़ेसर बने, हिंदी पट्टी में पैदा हुए और दोनों ही मानते हैं कि हिंदी और उर्दू दो नहीं बल्कि एक भाषा थी। लेकिन, एक हिंदी का इनसाइडर बना, और दूसरा आउटसाइडर। एक ने मार्क्सवाद, सेकुलरवाद, लोकतंत्र, राष्ट्रवाद और लोकहितवाद का प्रयोग करके हिंदी के संस्थापकों में सकारात्मक पहलू तलाशे और हिंदी वालों की उस आत्म-छवि की रचना की जो स्वभाव से सेकुलर और वामपंथी है। दूसरे ने इन्हीं आधुनिक विचारश्रेणियों का प्रयोग करके हिंदी को इनवर्टेड कॉमा में बंद क़रार दिया, और यह देखने से इनकार कर दिया है कि अगर हिंदी के आस-पास उद्धरण चिह्न लगे हुए हैं, तो हिंदुस्तानी के नाम पर समाज में जो कुछ है (भले ही 'द परसिस्टेंस ऑफ़ हिंदुस्तानी' की तर्ज़ पर यह वजूद भुतहा ही क्यों न हो)[52] वह भी इन्हीं के बीच न केवल है, बल्कि आज की हिंदी का प्रधान स्वरूप है।

हम जानते हैं कि हिंदुस्तानी की कई क़िस्में हैं। एक क़िस्म वह थी जिसके समर्थक गाँधी थे, और एक वह थी जिसके झण्डाबरदार अब्दुल हक़ थे।[53] *हिंदी नैशनलिज़्म* पढ़ कर इनसाइडर पाठक के मन पर यही छाप पड़ती है कि आलोक

---

[51] अस्सी के दशक में पत्रकारिता की हिंदी ने अपनी अलग पहचान कैसे बनाई, इसके एक नमूने के लिए देखें, प्रभाष जोशी (1990), 'पुलिया संकीर्ण है', *मसि कागद*, प्रभात प्रकाशन, नयी दिल्ली : 9-17.

[52] आलोक राय (2004), 'द परसिस्टेंस ऑफ़ हिंदुस्तानी', *द एनुअल ऑफ़ उर्दू स्टडीज़*, खण्ड, अंक.

[53] बाबा-ए-उर्दू के ख़िताब से मशहूर मौलवी अब्दुल हक़ के विचार से हिंदुस्तानी वही थी जो गाँधी ने हकीम अजमल ख़ाँ को लिखे एक पत्र में इस्तेमाल की थी, यानी रस्मुलख़त में लिखी गयी उर्दू. अब्दुल हक़ ने बिहार में राजेंद्र प्रसाद के साथ एक पटना पैक्ट पर दस्तख़त भी किये थे जिसमें लिखा था, 'हम इस बात पर सहमत हैं कि भारत की सामान्य भाषा हिंदुस्तानी होनी चाहिए तथा वह उर्दू और देवनागरी दोनों लिपियों में लिखी जानी चाहिए, जो राज-काज तथा शैक्षिक दोनों उद्देश्यों के लिए स्वीकृत की जानी चाहिए'. हक़ बाद में पाकिस्तान चले गये और वहाँ उर्दू की उपेक्षा से आहत होकर उन्होंने दावा किया कि पाकिस्तान बनाने का श्रेय अगर किसी को मिलना चाहिए, तो वह उर्दू है.

राय किसी भी क़ीमत पर अब्दुल हक़ वाली हिंदुस्तानी के पक्ष में नहीं जा सकते थे। आदित्य निगम उनकी किताब की हमदर्द समीक्षा करते हुए थोड़े चिंतित दिखाई देते हैं कि कहीं रोज़मर्रा की भाषा के चक्कर में ज्ञान और विचार का उत्पादन कर सकने वाली भाषा बनाने की प्रक्रिया तो आँखों से ओझल नहीं हुई जा रही है। इनसाइडर पाठक की मान्यता यह है कि कहने के लिए आलोक राय और उनके साथी बोल–चाल की भाषा का आलाप चाहे जितना करते रहें, पर उनका मतलब यह हरगिज़ नहीं हो सकता कि सब कुछ हाट–बाज़ार में बोले जाने वाले थोड़े से शब्दों में ही लिखा जाना चाहिए। संविधान सभा में कोई घनश्याम सिंह गुप्ता 'सिंपिल हिंदुस्तानी' की तलाश में थे, इससे लगता है कि कोई ऐसी हिंदुस्तानी भी हो सकती है जो 'सिपिंल' न हो।[54] जो विनोबा 1935 में हिंदुस्तानी के ख़ेमे में थे, उन्होंने बाद में साफ़ किया वे तो जिस भाषा का समर्थन कर रहे थे, वह सरल संस्कृत थी। हरीश त्रिवेदी ने अंग्रेज़ी वालों की हिंदी संबंधी पॉलिमिक्स में दलील दी है कि आपसी बोल–चाल के पाँच–छह सौ शब्दों के आधार पर कोई भाषा नहीं बन सकती। उन्होंने यह भी बताया है कि हिंदुस्तानी के सबसे बड़े पैरोकार महात्मा गाँधी और प्रेमचंद भी हिंदुस्तानी में लिखे गये किसी गम्भीर टेक्स्ट का उदाहरण नहीं दे पाए थे। यहाँ तक कि हिंदी साहित्य सम्मेलन की तर्ज़ पर हिंदुस्तानी का संगठन बनाने के पीछे गाँधीजी का तर्क भी यही था कि अगर हिंदुस्तानी बन गयी होती तो फिर इस संगठन की ज़रूरत क्या होती। हरीशजी की बातें उस ज़माने के हिसाब से एकदम माकूल हैं, पर आज हिंदुस्तानी बन चुकी है। उसमें एक से एक बढ़िया चीज़ें लिखी जा रही हैं।

यही हिंदुस्तानी मुंशीजी ने लिखी थी, और हिंदी के उपन्यास सम्राट कहलाए। सन् 1953 के बाद से लगातार यही हिंदुस्तानी लिख कर भारतेंदु और महावीर प्रसाद द्विवेदी के बाद रामविलास शर्मा 'हिंदी जाति के सिद्धांतकार' बने। इसी हिंदुस्तानी में आज़ादी के बाद की हिंदी पीढ़ी ने अपनी कविताएँ लिखीं, और नागार्जुन, रघुवीर सहाय, धूमिल, सर्वेश्वर दयाल सक्सेना और श्रीकांत वर्मा का सिलसिला निकला जिसका सकारात्मक विकास अगर देखना हो तो सन् 2007 साल की भारतभूषण अग्रवाल पुरस्कार से नवाज़ी गयी गीत चतुर्वेदी की कविता 'मदर इण्डिया'[55] और 2007 का ही *नया ज्ञानोदय* का युवा साहित्य विशेषांक पढ़ लेना चाहिए।[56] जिस भाषा में *राग दरबारी, मैला आँचल, आधा गाँव* और

---

[54] घनश्याम सिंह गुप्ता का उद्धरण आलोक राय के लेख 'द परसिस्टेंस ऑफ़ हिंदुस्तानी' से.

[55] गीत चतुर्वेदी (2007), 'मदर इण्डिया' *हिंदुस्तान*, नयी दिल्ली, 20 मई : 9.

[56] युवा पीढ़ी की हिंदी की पर एक विस्तृत दृष्टि डालने के लिए देखें, *नया ज्ञानोदय* (2007), मई और जून, के विशेषांक, ज्ञानपीठ प्रकाशन, नयी दिल्ली.

काला जल लिखा गया, उसे हिंदुस्तानी न मानने की जुर्रत कोई नहीं कर सकता। यही हिंदुस्तानी लिख कर प्रभाष जोशी ने पत्रकारिता की दुनिया में भाषाई परिवर्तन किया। इसी हिंदुस्तानी के ज़रिये धर्मवीर दलित दायरों में अपना विमर्श चला रहे हैं। और, इसी हिंदुस्तानी में आज यह इनसाइडर संधिस्थल पर जमे हुए रविकांत और आदित्य निगम जैसे प्रयोगधर्मी साथियों एवं कमल नयन चौबे और नरेश गोस्वामी जैसे हिंदी में काम करने वालों के साथ समाज-विज्ञान लिखने-लिखाने की कोशिश कर रहा है। अब यह बताना वक़्त का काम है कि हम सब मिलकर साहित्य और पत्रकारिता की तरह इस हल्क़े में भी हिंदी के पैर ज़माने में कामयाब होते हैं या नहीं।

IV

इतिहास की उलट यात्रा / दूसरा पड़ाव

अंग्रेज़ी वालों द्वारा खँगाले गये हिंदी के इतिहास में बार-बार संविधान सभा और संविधान का ज़िक्र आता है। उनकी हिंदी से संबंधित निराशाओं की जड़ में हिंदुस्तानी की संवैधानिक पराजय और संस्कृतनिष्ठ हिंदी की जीत का विलाप दर्ज है। इसकी शुरुआत कृष्ण कुमार ने आलोक राय से कोई दस साल पहले संविधान के अनुच्छेद 351 के एक बहु-उद्धृत अंश को 'अद्‌भुत शब्दजाल' क़रार देकर की थी। भाषा के मामले में संविधान पर धोखा-धड़ी का आरोप लगाने वाले अंग्रेज़ी के विमर्श ने संविधान सभा की भी ख़बर ली है। लेकिन, हिंदी की दुनिया में इस संविधान प्रकरण का एक दूसरा पाठ भी मौजूद है। इनसाइडर पाठक ने जब इस दूसरे पाठ की रोशनी में संविधान सभा की बहस और संविधान के प्रावधान पढ़े तो लगा कि इतिहास की उलट यात्रा एक बार फिर करनी चाहिए।

संविधान तो बाद में बना, इसलिए पहले संविधान सभा के मुक़ाम पर ही चलना होगा। इस सभा में टक्कर केवल हिंदुस्तानीवालों, संस्कृतनिष्ठ हिंदीवालों और 'हिंदी इम्पीरियलिज़म' के अंदेशे से परेशान ग़ैर-हिंदी प्रांतों के नुमाइंदों के बीच ही नहीं थी। इस त्रिकोण का एक चौथा कोण भी था। वह थी 'संस्कृत नैशनलिज़म' की दावेदारी। इस नैशनलिज़म के पैरोकार न केवल अलग से संस्कृत को राष्ट्रभाषा बनाने की वकालत कर रहे थे, बल्कि वे हिंदुस्तानी, हिंदी और हिंदी साम्राज्यवादी विरोधी ख़ेमों में भी मौजूद थे। यह एक ऐसा राष्ट्रवाद था, जो चारों तरफ़, संविधान सभा के भीतर और बाहर खुले या भीतरी रूप में व्याप्त था।

हमने ऊपर देखा है कि हिंदुस्तानी के ख़ेमे में खड़े विनोबा ने बाद में माना कि वे तो सरल संस्कृत को राष्ट्रभाषा बनाये जाने के पक्ष में हैं। अंग्रेज़ी में प्रगट किये गये विनोबा के ये विचार एक पुस्तिका में संकलित हैं, जिनमें उन्होंने बार-बार संस्कृत को राष्ट्रीय एकता का प्रतीक बताया है, और दावा किया है कि सरल संस्कृत ही राष्ट्रभाषा होनी चाहिए, क्योंकि इसी के आधार पर उत्तर दक्षिण से जुड़ता रहा है, और आगे भी जोड़ा जाएगा।[57] विनोबा का यह नज़रिया उस समय आश्चर्यजनक नहीं लगता जब गाँधीजी के संस्कृत संबंधी विचारों पर निगाह जाती है। गाँधी की भाषा संबंधी समझ बाक़ायदा दो भागों में बँटी हुई थी। उत्तर भारत में वे हिंदी पर संस्कृत की छाया पड़ने देने के भी कड़े विरोधी थे, क्योंकि इससे मुसलमानों के अलगाव में पड़ जाने का ख़तरा था। पर, दक्षिण भारत में वे हिंदी का समर्थन इस आधार पर करते थे कि उसमें संस्कृत शब्द बड़े पैमाने पर मौजूद हैं और पुराने ज़माने में भी संस्कृत के ज़रिये ही उत्तर और दक्षिण में संवाद हो पाता था। गाँधी वाङ्मय में भाषा समस्या पर प्रगट किये गये विचारों में संस्कृत के प्रति उनका आकर्षण स्पष्ट रूप से उभर कर आता है। हालाँकि उन्होंने हिंदुस्तानी को रस्मुलख़त और नागरी दोनों में लिखने की वकालत की थी, पर प्राथमिकता के लिहाज़ से वे नागरी के पक्ष में थे। गाँधी की इस समझ के पीछे सभी भारतीय भाषाओं को संस्कृत की पुत्री मानने का प्रचलित आग्रह ही था। संस्कृत सीखने में अनुभव की गयी अपनी निजी कठिनाइयों के बावजूद अपनी आत्मकथा में भी उन्होंने प्रत्येक हिंदू लड़के और लड़की के लिए संस्कृत का ज्ञान होने की ज़रूरत पर बल दिया है।[58] इसी तरह हिंदुस्तानी के एक और प्रबल समर्थक और संविधान सभा में उसे अपने बाप-दादों की भाषा बताने वाले नेहरू मानते थे कि इतिहास ने भारतीय मानस और संस्कृत के बीच एक तरह का सहजात मैत्री सूत्र स्थापित कर रखा है। *भारत की खोज* में उन्होंने समस्या के संदर्भ में सरल संस्कृत को अखिल भारतीय स्तर पर सबके इस्तेमाल की भाषा के रूप में प्रोत्साहित करने के विचार का एक ख़ामोश सहमति के साथ उल्लेख किया है।[59] दलितों के नेता बाबा साहेब आम्बेडकर भी कहते थे : 'मुझे संस्कृत

[57] विनोबा भावे (1970), *लैंग्वेज प्रॉब्लम,* सर्व सेवा संघ प्रकाशन, वाराणसी 1970.

[58] गाँधी के ये विचार *रिपोर्ट ऑफ़ द संस्कृत कमीशन* के : 22 पर उद्धृत किये गये हैं. रपट के लेखकों ने इन विचारों का संकलन गाँधी की तीन रचनाओं *अवर लैंग्वेज प्रॉब्लम,* कराची, 1942 के अलावा *ईविल रॉट बाइ इंग्लिश मीडियम,* अहमदाबाद, 1958 और द *स्टोरी ऑफ़ माई एक्सपेरीमेंट विद ट्रुथ, बोस्टन,* 1957 से किया है. देखें, सुमति रामस्वामी, 'संस्कृत फॉर नेशन', *माडर्न एशियन स्टडीज़,* खण्ड 33, अंक 2, (1999), केम्ब्रिज युनिवर्सिटी प्रेस : 339-381.

[59] *रिपोर्ट ऑफ़ द संस्कृत कमीशन* के पृष्ठ 72 पर नेहरू के विचार उद्धृत हैं. सुमति रामस्वामी, वही.

पर अत्यंत अभिमान है और मैं चाहता था कि संस्कृत का विद्वान बनूँ, परंतु ब्राह्मण अध्यापक के संकुचित दृष्टिकोण से मुझे संस्कृत से वंचित हो जाना पड़ा।'[60] ध्यान रहे कि संविधान निर्माता की छवि से महिमामण्डित आम्बेडकर संविधान सभा में चल रही भाषाई राजनीति के दबावों के तहत संस्कृत को राजभाषा मान लेने के समर्थक हो गये थे।[61]

संविधान सभा में संस्कृत को सरकारी भाषा बनाने का जम कर प्रयास हुआ। ये लोग हिंदी के पक्ष में नहीं थे। 'हिंदी साम्राज्यवाद' का विरोध करने वाली लॉबी संस्कृत के साथ हो गयी थी, और बहस का रिकॉर्ड बताता है कि कुल 27 सदस्यों ने संस्कृत का झण्डा बुलंद किया जिनमें आम्बेडकर, टी.टी. कृष्णमचारी वग़ैरह के साथ बंगाल की मुस्लिम लीग के एक सदस्य नज़ीरुद्दीन अहमद भी थे। लेकिन, संविधान सभा ने इन लोगों की बात नहीं मानी, और वह पारित किया जिसे कृष्ण कुमार, 'अद्‌भुत शब्दजाल' कहते हैं। दरअसल, इसे पारित करने के लिए संस्कृत के समर्थकों की कोशिशें नाकाम करना ज़रूरी था। वह 'अद्‌भुत शब्दजाल' इस प्रकार था :

> हिंदी भाषा की प्रसार वृद्धि करना, उसका विकास करना ताकि वह भारत की सामासिक संस्कृति के सब तत्त्वों की अभिव्यक्ति का माध्यम हो सके, तथा उसकी आत्मीयता में हस्तक्षेप किये बिना हिंदुस्तानी और आठवीं सूची में उल्लिखित अन्य भारतीय भाषाओं के रूप, शैली और पदावली को आत्मसात् करते हुए तथा जहाँ तक आवश्यक एवं वांछनीय हो, वहाँ उसके शब्द भण्डार के लिए मुख्यतः संस्कृत से तथा गौणतः अन्य भाषाओं से शब्द ग्रहण करते हुए उसकी समृद्धि सुनिश्चित करना संघ का कर्तव्य होगा।

शिब्बन लाल सक्सेना ने इसमें संशोधन प्रस्तुत किया। उन्होंने जो वैकल्पिक पैरा पेश किया उससे हिंदी की आत्मीयता (इसे कृष्ण कुमार ने अपने अनुवाद में 'प्रवृत्ति' लिखा है) क़ायम रखने की बात निकाल दी गयी थी। इसके अलावा उन्होंने हिंदुस्तानी शब्द हटा दिया, 'गौणतः' शब्द को वाक्यांश समेत निकाल

---

[60] आम्बेडकर के इस वक़्तव्य के लिए देखें, डॉ. धर्मवीर, *हिंदी की आत्मा*, वही : 82.

[61] सुमति रामस्वामी, वही. आम्बेडकर के नागरी संबंधी विचार भी आँखें खोल देने वाले हैं. उन्होंने दक्षिण भारत की तरफ़ से होने वाले हिंदी विरोध की परवाह न करने का सुझाव दिया था. वे चाहते थे कि सारे देश में सभी लोग नागरी सीखें और सारे देश का कामकाज नागरी में हो. इस मक़सद के लिए उन्होंने अपनी मातृभाषा मराठी के दावे की भी उपेक्षा कर दी थी. देखें : डब्ल्यू.एन. कुबेर, *आम्बेडकर : ए क्रिटिकल स्टडी*, पीपुल्स पब्लिशिंग हाउस, नयी दिल्ली : 226. जहाँ तक संस्कृत के समर्थन का सवाल है, ऐसा लगता है कि भाषा के प्रश्न पर गतिरोध पैदा हो जाने के कारण बाबा साहेब ने बीच के रास्ते के रूप में संस्कृत का समर्थन किया होगा. बंगाल मुस्लिम लीग के नेता नज़ीरुद्दीन अहमद ने भी संस्कृत का समर्थन करते हुए कहा था कि अगर इसे राजभाषा बना दिया जाए तो कोई भी समुदाय फ़ायदे की स्थिति से शुरुआत नहीं कर पाएगा. संस्कृत सभी के लिए बराबर कठिन है.

दिया और समूचे भारत में संस्कृत के अध्ययन को बढ़ावा देने की बात इस रूप में जोड़ दी, 'यह संघ का कर्तव्य होगा कि वह समूचे भारत की टेरिटरी में संस्कृत के अध्ययन को बढ़ावा दे, क्योंकि यह भारत की अन्य भाषाओं का स्रोत है।' अगर शिब्बन लाल सक्सेना का यह संशोधन पारित हो जाता तो हिंदी की आड़ में 'सरल संस्कृत' ही सरकारी भाषा बन जाती। सक्सेना का प्रस्ताव सभा ने ख़ारिज कर दिया।[62] संविधान सभा की इस देन को 'शब्दजाल' क़रार देने वाले कृष्ण कुमार जो नहीं समझ पाए, वह दलित चिंतक धर्मवीर ने आसानी से समझ लिया :

> संविधान के इस अनुच्छेद को पढ़ने वाले लोगों को ध्यान रखना चाहिए कि यदि इसमें संस्कृत का विशेष रूप से नाम लेकर उल्लेख किया गया है, तो संस्कृत से पहले हिंदुस्तानी का विशेष रूप से नाम लेकर उल्लेख आया है। इसके सिवा जहाँ केवल संस्कृत से मात्र शब्द लेने की बात कही गयी है, वहाँ हिंदुस्तानी के रूप, शैली और पदावली तक को आत्मसात् करने की शर्त रखी गयी है। इससे पता चलता है कि हिंदी पहले हिंदुस्तानी के पास आती है, संस्कृत से अपनापा संबंध बहुत बाद में जोड़ती है। हिंदुस्तानी के बाद हिंदी को अन्य भारतीय भाषाओं के साथ मेलजोल बढ़ाना है।[63]

प्रश्न यह है कि हिंदी किसके पास गयी, संस्कृत के पास या हिंदुस्तानी के पास ? बिना इस बात का जवाब दिये यह नहीं कहा जा सकता कि संविधान का हिंदी संबंधी प्रोजेक्ट वास्तव में सफल हुआ, या वह कृष्ण कुमार के मुताबिक़ मात्र एक छल ही था जिसमें हिंदुस्तानी को केवल बहलाया गया था और असली इरादा संस्कृतनिष्ठ हिंदी लादने का था। इस बात पर लम्बा आख्यान लिखा जा सकता है, पर यहाँ इतना कहना काफ़ी होगा कि जिस वैज्ञानिक और तकनीकी शब्दावली आयोग द्वारा संस्कृत की मदद से बनाये गये क़रीब दो लाख शब्दों को हिंदी की संस्कृतनिष्ठता का प्रमाण समझा जाता है, उसकी स्मृतियाँ तक हिंदी के जगत में तिरोहित हो चुकी हैं। डॉ. रघुवीर द्वारा तैयार किया गया हिंदी-अंग्रेज़ी शब्दकोश अपनी सम्पूर्ण भयावहता के साथ पुस्तकालयों की अलमारियों में रखा हुआ सड़ रहा है। उस पर गिरने वाली धूल उसे इस्तेमाल करने वालों के हाथों से नहीं पुछती, बल्कि पुस्तकालय सहायक के हाथ ही उसे पोंछते हैं। इस कोश का हिंदी के मौजूदा विकास में कोई योगदान नहीं है। पिछले चालीस साल से इस हिंदी इनसाइडर के सामने कुछ अटपटे और उजबक सरकारी अनुवादों को

---

[62] इस प्रकरण के लिए देखें, डॉ. धर्मवीर, वही : 212 और 246.

[63] डॉ. धर्मवीर, वही : 212.

छोड़ कर संस्कृतनिष्ठ हिंदी के उदाहरण बिरले ही आये हैं। हिंदी के इस विशाल सागर में कहीं किसी अज्ञात कोने में कुछ लोग हैं जो संस्कृतनिष्ठ हिंदी लिख रहे हैं। यह न साहित्य में लिखी जाती है, न ही पत्रकारिता में, न ही हिंदी के थोड़े-बहुत विचार साहित्य में इसका प्रयोग होता है। नागरी के महान प्रचारक बाबू श्याम सुंदर दास, महान वैयाकरण किशोरी दास वाजपेयी, भाषाशास्त्री और आलोचक रामविलास शर्मा, भोलानाथ तिवारी, रामचंद्र वर्मा, इंद्र चंद्र शास्त्री, सरनाम सिंह 'अरुण' और न जाने कितने इनसाइडर विद्वान पिछले सौ साल से हिंदी के भीतर 'संस्कृत नैशनलिज़म' के प्रभाव से संग्राम चला रहे हैं। इन सबने बार-बार अथक स्वर में एक ही बात कही है कि हिंदी संस्कृत से स्वतंत्र भाषा है। इन सभी की मिली-जुली कामयाबी का सबूत हिंदी साहित्य और पत्रकारिता की स्थापित और समाज-विज्ञान की बनती हुई भाषा है। लेकिन, अंग्रेज़ी का विमर्श उनका वजूद ही स्वीकार नहीं करता। वह हिंदी को संस्कृतनिष्ठता के डण्डे से पीटता रहा है, और पीटता रहेगा, भले ही ये बेचारे लिख-लिख और बोल-बोल कर हाँफ जाएँ।

अंग्रेज़ी वालों की यह समस्या इतनी विकट है कि उन्हें सपना भी संस्कृतनिष्ठता का आता है। कहीं ऐसा तो नहीं है कि जो डॉ. रघुवीर उनके खलनायक समझे जाते हैं, असल में वे उनके प्रच्छन्न नायक हों। हिंदी के व्यवहार और परम्परा ने जिसे मार दिया, उसे अंग्रेज़ी का डिस्कोर्स ज़िंदा रखे हुए है। हिंदी में इस्तेमाल होने वाले तद्भव अंग्रेज़ी वालों द्वारा तत्सम समझे जाते हैं। अर्धतत्सम शब्दों की अनूठी रचनात्मकता के अन्वेषी फणीश्वरनाथ रेणु को संस्कृतनिष्ठ परम्परा का साहित्यकार कहा जाता है।[64] किसी भी अंग्रेज़ी वाले से पूछिए कि इस लेख में इस्तेमाल किया गया 'सहअस्तित्व' कैसा शब्द है, तो निन्यानवे फ़ीसदी सम्भावना यही है उसे संस्कृत से लिया गया शब्द बताया जाएगा। और, अगर संस्कृत का पर्चा तोड़ते हुए यह शब्द लिख दिया तो नम्बर कट जाएँगे। अर्थ के लिहाज़ से भी यह संस्कृत का नहीं है। इसी तरह का एक शब्द है 'सुअवसर' जिसे उर्दू दाँ क़िस्म की हिंदुस्तानी लिखने वाले कभी इस्तेमाल नहीं करेंगे, जबकि संस्कृत में तो यह शब्द हो ही नहीं सकता। हिंदी में आकर संस्कृत

[64] कैथरिन हेंसन, 'रेणुज़ रीजनलिज़म : लैंग्वेज ऐंड फॉर्म', *जर्नल ऑफ़ एशियन स्टडीज़*, खण्ड 40, अंक 2 : 273–294. हेंसन ने इस बेहतरीन अध्ययन में बताया है कि किस तरह रेणु ने मैथिली बोलने वाले पात्रों के लिए एक ऐसी हिंदी गढ़ी जो सारे हिंदी भाषी इलाक़े के लिए ग्राह्य साबित हुई. साथ में वह एक तरह की ग्रामीण हिंदी भी थी. लेकिन, हेंसन को ताज्जुब भी है कि 'सैंस्कृटिक' परम्परा का होने के बावजूद रेणु यह नवाचार कर सके.

के 'अन्यतम' का अर्थ 'श्रेष्ठ' हो जाता है। 'उपन्यास' का संस्कृत में मतलब है कथन-प्रतिपादन, जबकि हिंदी में यह शब्द बांग्ला अर्थों में अंग्रेज़ी के नॉवेल का अर्थ देता है। लगभग सभी भारतीय भाषाएँ संस्कृत के साथ यही सलूक करती हैं। बांग्ला में 'सत्कार' का अर्थ है मृतक का अंतिम संस्कार, मराठी में 'राग' का अर्थ है क्रोध और कन्नड़ में 'भद्र' का अर्थ है 'सुरक्षित'। इस लिहाज़ से हिंदी ही नहीं, सभी भारतीय भाषाओं पर संस्कृतनिष्ठता का आरोप एक दृष्टि से आंशिक ही है। हिंदी में ही नहीं, संस्कृतनिष्ठता की कोशिशों का सभी भाषाओं में सफल विरोध हुआ है, चाहे वह गुजराती हो या मराठी। नयी हिंदी में तो आतंकी, आरोपी, चयनित, समलैंगिक, किरदार, दो-फाड़ जैसे शब्द धड़ाके से चल रहे हैं। इनकी सूची बहुत लम्बी है।[65]

पश्चिम की सैद्धांतिक पदावलियों और वैचारिक धारणाओं को हिंदी में पेश करने के लिए संस्कृतनिष्ठ शब्दों का प्रयोग ज़रूर किया जाता है, पर वह भी मजबूरीवश और इस एहसास के साथ कि पाठकों पर जैसे कोई जुल्म किया जा रहा हो। लगातार कोशिश होती रहती है कि उनकी जगह कोई आमफ़हम शब्द मिल जाए। कभी कोशिश कामयाब होती है, कभी नहीं। रचनात्मक साहित्य और पत्रकारिता के मुक़ाबिले विचार साहित्य एक दूसरा ही मोर्चा है। इसमें संस्कृत व्याकरण का सहारा लेकर शब्द निर्माण की निंदा करना और शब्दों के प्रयोग की निंदा करना आसान है, पर उसकी मजबूरी से पार पाना नहीं। वजह यह है कि सीमित शब्द-सम्पदा वाली हिंदुस्तानी को तो जाने ही दीजिए, फ़ारसी-अरबीनिष्ठ उर्दू में भी ज़रूरत के मुताबिक़ शब्द नहीं मिलते। संस्कृत से आयात की गयी शब्द-निर्माण विधि ने हिंदी पर ढेर सारा अटपटापन लादा है, पर हमें एक 'वाद' जैसा शब्द भी दे दिया है, जिसे जोड़ कर हम अंग्रेज़ी के 'इज़म' का अनुवाद कर लेते हैं। मसलन, नारीवाद। अगर उर्दू में खोजने जाएँ तो इसके लिए शब्द मिलेगा 'तानीशियत' क्योंकि स्त्रीलिंग को वहाँ तानीश कहते हैं। यह शब्द भी अभी नया गढ़ा गया है। नब्बे के दशक से पहले पता नहीं था भी या नहीं।[66]

असल में शब्दों की समस्या हल करने के रास्ते पर कोई इनसाइडर कोशिश ही ले जा सकती है। हाथ भर दूर खड़े होकर इतिहास के मुक़ाम से हिंदी को गरियाने से यह नहीं होने वाला। इस सिलसिले में नये-नये सिद्धांत लाने और

---

[65] देखें, सहज *समांतर कोश* के रचयिता अरविंद कुमार से प्रमोद रंजन की बातचीत, 'हिंदी बदल रही है ... क्योंकि भाषा बहता नीर', *ग्राम परिवेश* का *मीडिया विमर्श* अंक (2005), शिमला (हि.प्र.), 8-14 सितम्बर.

[66] यह जानकारी अलीगढ़ मुस्लिम विश्वविद्यालय के प्रोफ़ेसर ख़ुर्शीद अहमद द्वारा इस लेखक को दी गयी।

उन पर प्रयोगधर्मी अमल की ज़रूरत है। हिंदी की शब्द सम्पदा बढ़ाने के बारे में शुरुआत महावीर प्रसाद द्विवेदी की कुछ हिदायतों से की जा सकती है जिनका हवाला किशोरीदास वाजपेयी ने *हिंदी शब्दानुशासन* में दिया है :

> हिंदी को कालसह बनाने के लिए बहुत ज़रूरी है कि इसकी रचना व्याकरण विरुद्ध न हो और इसमें सिर्फ़ ऐसे शब्दों का प्रयोग हो, जो विशेष व्यापक हों अर्थात् जिन्हें अधिक प्रांतों के आदमी समझ सकें। देश भर में एक भाषा होगी या नहीं, और होगी तो कब होगी, यह निश्चयपूर्वक नहीं कहा जा सकता। परंतु, तब तक हिंदी को अधिक व्यापक बनाने में लाभ है, इस बात को सभी स्वीकार करेंगे। अतएव, हिंदी के साहित्य में प्रांतीय (प्रादेशिक) और क्षणभंगुर शब्दों का आना अच्छा नहीं। जो शब्द किसी विशेष प्रांत के लोग ही समझ सकते हों, उन्हें 'प्रांतज' और जो किसी कारण विशेष से थोड़े दिनों के लिए उत्पन्न हो गये हों, उन्हें 'क्षणभंगुर' कहते हैं। ऐसे शब्दों का प्रयोग न होना चाहिए। संस्कृत के सरल शब्द और ऐसे विदेशी शब्द जिन्हें सब लोग समझते हैं, प्रयुक्त होने चाहिए। संस्कृत तक में विदेशी शब्द है। शब्द चिरस्थायी और सब के समझने लायक़ होने चाहिए।[67]

नयी कहानी आंदोलन के महारथी मोहन राकेश ने आगे चल कर साहित्यकारों द्वारा प्रांतीय भाषाओं से शब्द लेने के मामले में जो विचार व्यक्त किये उनमें महावीर प्रसाद द्विवेदी के इन्हीं विचारों का समर्थन दिखाई देता है।[68] फणीश्वर नाथ रेणु ने भी *मैला आँचल* में मैथिल इलाक़े के लोगों का जीवन का चित्रण करते हुए उनके संवादों में मैथिली के ऐसे शब्दों का प्रयोग नहीं किया जो अन्य हिंदी भाषियों की समझ में नहीं आ सकते थे। उन्होंने प्रयोगधर्मिता अपनाते हुए अर्धतत्सम क़िस्म की हिंदी बनाई और अंग्रेज़ी के आमफ़हम शब्दों का हिंदीकरण करते हुए अपनी कालजयी कृति रची।[69] आधुनिक हिंदी के उदय से पहले की भाषाओं से शब्द लेने के मामले में आचार्य द्विवेदी की हिदायतों में अगर धर्मवीर द्वारा दिये गये ये सुझाव भी जोड़ लिए जाएँ तो कुछ आगे बढ़ा जा सकता है :

> हिंदी न संस्कृत है, न फ़ारसी, न अंग्रेज़ी। इन सबसे अलग हिंदी संविधान की आठवीं अनुसूची में उल्लिखित एक जन-भाषा है। इसकी अपनी एक जीनियस है। इसके शब्द-भण्डार के लिए हिंदी में अंतर्राष्ट्रीय शब्दों को हिंदी की परम्परा के अनुरूप तद्भव बनाकर ज्यों के त्यों तत्सम रूप में अपनाने में ज़रा भी कठिनाई

---

[67] डॉ. धर्मवीर, वही : 217.

[68] मोहन राकेश, 'हिंदी कथा साहित्य : नवीन प्रवृत्तियाँ', *साहित्यिक और सांस्कृतिक दृष्टि*, राधाकृष्ण प्रकाशन, नयी दिल्ली : 30-36, वसुधा डालमिया द्वारा उद्धृत, 'द लोकेशंस ऑफ़ हिंदी', *इकॉनॉमिक ऐंड पॉलिटिकल वीकली*, 5 अप्रैल, 2003 : 1377-1384.

[69] कैथरिन हेंसन, वही.

नहीं होनी चाहिए। हिंदी में शब्द-निर्माण के लिए संस्कृत का बंधन ठीक नहीं है। संस्कृत से ऐसा कोई शब्द जो संधि से बनाया जाता है, हिंदी में नहीं लिया जाना चाहिए। उपसर्ग तथा प्रत्यय लगा कर शब्दों के निर्माण की हिंदी की प्रकृति नहीं है। हिंदी में संस्कृत से वे ही शब्द लेने पर विचार किया जा सकता है, जिनमें संधि, उपसर्ग तथा प्रत्यय न हों। इस कसौटी के बाद उन शब्दों को हिंदी के उच्चारण के प्रति ख़रा उतरना चाहिए। अगली कसौटी उनके सरल और सहज होने की है। ये हिंदी की कसौटियाँ हैं जिन पर हिंदी चलती आयी है। हिंदी की जीनियस में हस्तक्षेप न होने देने के लिए नियम बना लिया जाना चाहिए कि पाँच मात्राओं से बड़ा कोई भी शब्द हिंदी को नहीं दिया जाएगा।

हिंदी दो कारणों से कठिन बन जाती है। पहला, प्रत्येक अंग्रेज़ी शब्द का अनिवार्य रूप से अनुवाद किया जाना। दूसरा, अनुवाद में लिया गया प्रत्येक शब्द अनिवार्य रूप से संस्कृत का होना। ये दोनों अनिवार्यताएँ हिंदी के हित में ख़त्म कर देनी चाहिए।[70]

धर्मवीर की थीसिस क़ाबिल-ए-ग़ौर है। वे कहते हैं कि हिंदी का स्वभाव/ आत्मीयता / जीनियस नये शब्दों के निर्माण की उतनी नहीं है, जितनी दूसरी भाषाओं से पूरे के पूरे शब्द ले लेने की है। हिंदी इन शब्दों में अपने हिसाब से वर्तनी, उच्चारण और अर्थ की तरमीम का ख़याल रखती है। वे हिंदी को और सरल-सुबोध बनाने के लिए 'ष' नामक वर्ण वर्णमाला से हटा देने तक का प्रस्ताव करते हैं। उनका कहना है कि हिंदी में इस वर्ण का उच्चारण कोई कर ही नहीं सकता। चूँकि हिंदी जैसी बोली जाती है, वैसी ही लिखी जाती है, इसलिए इसे हटा देना ही ठीक होगा। हिंदी की फ़ोनेटिक विशेषता तभी भंग होती है जब उस पर संस्कृत, अरबी और फ़ारसी का प्रभाव बढ़ता है। ज़ाहिर है कि धर्मवीर की निगाह में अपनी स्वायत्तता के लिए हिंदी का संघर्ष केवल संस्कृत के साथ ही नहीं, बल्कि अरबी और फ़ारसी के साथ भी है। यह संघर्ष भविष्य में अंग्रेज़ी के साथ होगा। वे यह मानने के लिए तैयार नहीं हैं कि संस्कृतनिष्ठता जनविरोध को जन्म देती है, और फ़ारसीनिष्ठता किसी लोकहितवाद को। इसी संदर्भ में आदित्य निगम ने *हिंदी नैशनलिज़्म* की समीक्षा करते हुए विचारोत्तेजन के लिए कुछ नमूने पेश किये हैं जो नयी सम्भावनाओं का रास्ता खोलते हैं। उन्होंने सेल्फ़ के लिए ख़ुदी, अदरनेस के लिए ग़ैरियत, इंस्ट्रुमेंटलिटी के लिए निमित्त, बीइंग और एपियरेंस के लिए वजूद और शहूद, प्रैक्टिस के लिए अनुशीलन और को-डिटरमिनेशन के लिए प्रतीत समुत्पाद की तजवीज़ की है।

---

[70] डॉ. धर्मवीर, *हिंदी की आत्मा,* वही : 211.

यहाँ उस तर्क पर भी विचार कर लेना ज़रूरी है जो सम्भवतः दक्षिण भारत की तरफ़ से हिंदी की संस्कृतनिष्ठता के पक्ष में दिया जाता है। गुरुकुल कांगड़ी से संस्कृत शिक्षा प्राप्त करने वाले हिंदी के वरिष्ठ पत्रकार नारायण दत्त ने *मीडिया मीमांसा* पत्रिका के प्रवेशांक में इस रवैये की आलोचना करते हुए कहा है :

> यह दलील अक्सर दी जाती है कि हिंदी में संस्कृत के तत्सम शब्द अधिक बरते जाएँगे तो दूसरी भाषाएँ बोलने वालों को हिंदी सीखने-समझने में आसानी होगी। मेरा निवेदन यह है कि हम सारे भारत की चिंता न करके हिंदी भाषियों की सुविधा-असुविधा पर ध्यान दें।... हिंदी पर पहला दावा हिंदी भाषियों का है। हमारी पहली वफ़ादारी उनके प्रति होनी चाहिए।[71]

धर्मवीर ने ही व्यंग्य करते हुए लिखा है कि *ए कम्प्रहेंसिव इंग्लिश-हिंदी डिक्शनरी ऑफ़ गवर्नमेंटल एजुकेशन ऐंड वर्ड्स ऐंड फ्रेजिज़* का शीर्षक धोखे से ग़लत हो गया है। डॉ. रघुवीर को इसका नाम *ए कम्प्रहेंसिव इंग्लिश-संस्कृत डिक्शनरी ऑफ़ गवर्नमेंटल एजुकेशन ऐंड वर्ड्स ऐंड फ्रेज़िज* रखना चाहिए था। तब, हम हिंदी वाले इसका हिंदी में अनुवाद कर लेते, और ज़रूरत के मुताबिक़ इस्तेमाल करते। पूछा जा सकता है कि ऐसे कोश के निर्माण की नौबत क्यों आई, इसका अंदाज़ा 'संस्कृत नैशनलिज़म' की उस झलक से मिल सकता है, जो ऊपर संक्षेप में दी गयी है। उस वक़्त संस्कृत के सभी समर्थक थे, कोई विरोधी नहीं था। दलित हो, ब्राह्मण हो, बनिया हो, दक्षिण का हो, उत्तर का हो या बंगाल का हो, या कोई और हो। भारतीय अभिजनों के मानस की भीतरी तहों में छिपी हुई राष्ट्र नामक जो चीज़ थी, वह उतनी 'हिंदी नैशनलिज़म' नहीं थी जितनी 'संस्कृत नैशनलिज़म' थी। इसीलिए, यह इनसाइडर पाठक धर्मवीर की तर्ज़ पर कह सकता है कि आलोक राय की किताब का शीर्षक *हिंदी नैशनलिज़म* नहीं, *संस्कृत नैशनलिज़म* होना चाहिए था।

V
हिंदी का लोकतंत्र

अंग्रेज़ी के डिस्कोर्स ने तक़रीबन मान ही लिया है कि हिंदी का 'डेसीमेशन' हो चुका है। उसकी निगाह में हिंदी ही नहीं, समस्त भारतीय भाषाओं का भविष्य ख़तरे में है। हताशा भी लोगों में जोश भर सकती है, और वह जोश उनसे क्या-

---

[71] नारायण दत्त (2007), 'शुद्ध हिंदी और हिंदी पत्रकार', *मीडिया मीमांसा,* भोपाल, प्रवेशांक : 6-10.

क्या कहलवा सकता है, इसका एक छोटा-सा नमूना पेश है

> हिंदी और अन्य भारतीय भाषाओं का भविष्य इस बात पर निर्भर है कि उनमें महान् साहित्य का विकास होता है या नहीं। यह उनके पुनरुत्थान और क्रम-विकास की अनिवार्य शर्त है। क्या कभी टॉलस्टॉय और चेखव का भारत की धरती पर जन्म होगा?[72]

इसके लेखक को इस हक़ीक़त की कोई परवाह नहीं है कि आज हिंदी और अन्य भारतीय भाषाओं का संघर्ष साहित्य के विकास का नहीं रह गया है। वे तो अपने साहित्येतर विकास का मार्ग प्रशस्त करने के लिए जूझ रही हैं। बहरहाल, हिंदी की समस्याओं का अंग्रेज़ी में नियमित रूप से भाष्य करने वाली एक विद्वान उम्मीद के इस प्रश्नवाचक चिह्न से भी सहमत नहीं हैं। वे कहती हैं कि यह तो कुछ ज़्यादा ही नरम बात हो गयी। हालात तो उन सम्भावनाओं के परे जा चुके हैं जब गतिहीन टेक्स्ट समाज परिवर्तन का सिलसिला शुरू कर देता है और विनाश के गर्त में जाने की प्रक्रिया उलट जाती है।[73]

वसुधा डालमिया विनाश के इन भविष्यवक्ताओं के मुक़ाबले ज़्यादा समझदार हैं। उन्होंने *हिंदी नैशनलिज़्म* की समीक्षा करते हुए आधुनिक हिंदी के विकास में साहित्यिक गतिविधियों की भूमिका पर बल दिया है। वे छायावादी कविता और नयी कहानी आंदोलन से शुरू करके हिंदी के मुसलमान लेखकों और उर्दू की लिप्यांतरित रचनाओं के योगदान की चर्चा करते हुए स्त्री और दलित लेखन का शक्तिशाली उभार रेखांकित करती हैं।[74] यह हम बाद में देखेंगे कि साहित्यिक गतिविधियों की चर्चा करने की उनकी शैली क्या है। पर, उन्हें यह श्रेय तो देना ही होगा कि कम से कम वे रामचंद्र शुक्ल और डॉ. रघुवीर पर अटके हुए अंग्रेज़ी-विमर्श को धक्का देकर आज के ज़माने तक तो लायीं।

सवाल यह है कि हिंदी साहित्य का यह विविधीकरण कैसे हुआ? इसकी ज़मीन कैसे बनी? क्या यह ज़मीन दक्षिणपंथी, अनुदार, संकीर्ण और साम्प्रदायिक रुझानों ने बनाई? या इसके पीछे कोई वामपंथी, सेकुलर, लोकतांत्रिक, उदार और सर्वसमावेशी परियोजना काम कर रही थी? क्या हिंदी में केवल नागरी बनाम रस्मुलख़त वाला आंदोलन ही चला, या उसके विशाल ख़ित्ते को कोई

---

[72] अनिरुद्ध देशपाण्डे (2000), 'हिंदुस्तानी इन इण्डिया', *इकॉनॉमिक ऐंड पॉलिटिकल वीकली*, 8 अप्रैल : 1240-1242

[73] पेगी मोहन (2000), 'हिंदुस्तानी, हिंदी ऐंड इंग्लिश इन इण्डिया', *इकॉनॉमिक ऐंड पॉलिटिकल वीकली*, 6 मई : 1672-73.

[74] वसुधा डालमिया (2003), 'द लोकेशंस ऑफ़ हिंदी', *इकॉनॉमिक ऐंड पॉलिटिकल वीकली*, 5 अप्रैल 2003 : 1377-1384.

सेकुलर आंदोलन करने का श्रेय भी दिया जा सकता है? वसुधा डालमिया इन सवालों का जवाब देने के लिए कोई सुराग नहीं छोड़तीं। दरअसल, अंग्रेज़ी का कोई भी विद्वान इस मसले पर कुछ नहीं कहता। वह या तो चुप रहता है, या हिंदी की साहित्यिक विविधता और नवाचार का एक-दो लाइनों में हवाला देकर रह जाता है। हिंदी का यह लोकतंत्र कैसे बना, इसका एक सुराग तो हिंदी लेखकों की भाषा को संस्कृत से मुक्त कराने और एक भाषा के तौर पर हिंदी की स्वायत्तता स्थापित करने के संवैधानिक प्रकरण के दौरान और बाद में हुए प्रयासों के रूप में दिया जा चुका है। ये प्रयास आज भी ज़ारी हैं, और इन्हें ज़ारी रखना पड़ेगा, क्योंकि पूरी तरह से अलगाव में धकेल दिये जाने के बावजूद 'संस्कृत नैशनलिज़्म' के दावेदार थोड़ी-बहुत संख्या में बचे ही रहेंगे। फिर, उनकी अहमियत कम न होने देने में जिस वामपंथी आंदोलन की उल्लेखनीय भूमिका है उसे 'हिंदी जाति का आंदोलन' नाम से याद किया जाता है। इसकी दाग़बेल पचास के दशक में पड़ी थी, और इसके प्रणेता रामविलास शर्मा का निधन हो जाने के बावजूद हिंदी के लेखकों और पत्रकारों की चेतना पर इसकी छाप आज तक बरक़रार है। आंदोलन के सिद्धांतकार से अंग्रेज़ी वाले वाकिफ़ हैं। ऑर्सीनी ने 1935 की ख़ेमेबंदी के सिलसिले में उनका नाम उन लोगों की श्रेणी में गिनाया है जो हिंदी में खुलेपन और सर्वसमावेशी चरित्र की सम्भावनाएँ देख रहे थे। आलोक राय ने अपनी किताब में दो-तीन बार उनके उद्धरण दिये हैं।

1953 में रामविलास शर्मा[75] द्वारा रचित *भारतेंदु हरिश्चंद्र और हिंदी नवजागरण की समस्याएँ* नामक पुस्तक के प्रकाशन से इस थीसिस के बीज पड़े, और अस्सी के दशक तक विकसित होते-होते यह सिद्धांत *हिंदी जाति का साहित्य* में सूत्रबद्ध हो गया है (यहाँ जाति से मतलब जातिप्रथा वाली जाति से न होकर उससे है जिसे अंग्रेज़ी में एथ्निसिटी यानी जातीयता कहते हैं जो राष्ट्र का पूर्व-रूप है)। रामविलास शर्मा की भूमिका के बारे में कोई समझ बनाये बिना आधुनिक

---

[75] 10 अक्टूबर, 1992 को उन्नाव (उप्र) में जन्मे रामविलास शर्मा वैसे तो 1938 से 1974 तक अंग्रेज़ी साहित्य के अध्यापक रहे, पर 1933 में उनकी निराला से मुलाक़ात हुई जिसके बाद से वे हिंदी साहित्य की तरफ़ मुड़ गये. 1934 में *चाँद* में उनका पहला आलोचनात्मक लेख छपा जो निराला पर था. उन्होंने बाद में कविताएँ लिखीं और अज्ञेय द्वारा सम्पादित और हिंदी कविता में युग प्रवर्तक समझे जाने वाले *तार सप्तक* के सात कवियों में से एक बने. उन्हें अपने जीवन काल में ही रामचंद्र शुक्ल और हज़ारी प्रसाद द्विवेदी के बाद हिंदी का सर्वाधिक प्रभावशाली बुद्धिजीवी समझा जाने लगा था. आज़ादी के बाद हिंदी मानस बनाने के मामले में उनकी उपलब्धियों को नकारना नामुमकिन है. रामविलास शर्मा की एक और विशेषता थी कि वे कोई पुरस्कार नहीं लेते थे, हालाँकि ज्ञानपीठ को छोड़ कर ऐसा कोई पुरस्कार नहीं है जिसके लिए उनके नाम की घोषणा न की गयी हो.

हिंदी का विकास समझना नामुमकिन है। हिंदी जगत का कोई ऐसा कोना नहीं है, जहाँ उनका बौद्धिक प्रभाव और हिंदी जाति के साहित्य का विचार न पहुँच गया हो। जो लोग रामविलास शर्मा की शिष्यमण्डली में शामिल होना पसंद नहीं करते, या जो लोग उनकी तरह मार्क्सवादी मुहावरे में विमर्श चलाने के आदी नहीं हैं या मार्क्सवाद विरोधी हैं, वे भी उनके हिंदी जाति के विचार के क़ायल हैं। सन् 1930 में छपी धीरेंद्र वर्मा की एक पुस्तक *हिंदी राष्ट्र या सूबा हिंदुस्तान* पढ़कर रामविलास शर्मा ने इस विचार का आगे विकास करने का निश्चय किया। पचास के दशक में उभरी भाषावार राज्य की माँग ने उनकी धारणाओं को पानी दिया, और स्तालिन की अगुआई में हो रहे सोवियत संघ के जातीयता आधारित पुनर्गठन ने उनके विचारों को तत्कालीन दौर में मार्क्सवादी आभा प्रदान की। हिंदी जाति के सूत्रीकरण का अनूठापन रामविलास शर्मा की इस बौद्धिक उपलब्धि में निहित था कि उन्होंने इसके साथ रामचंद्र शुक्ल और हज़ारी प्रसाद द्विवेदी के साहित्येतिहास को जोड़ दिया, जबकि लोग द्विवेदी को शुक्ल के आलोचक के रूप में देख रहे थे। हालाँकि रामविलास शर्मा ने अपनी बातों का मुख्य आधार रामचंद्र शुक्ल को ही बनाया, और द्विवेदीजी की कई जगह आलोचना की, पर उन्होंने कई बातें उनकी व्याख्याओं से भी लीं। मुख्यतः इस आंदोलन ने हिंदी में चल रही कई वामपंथी धाराओं के साथ साहित्यिक पॉलिमिक्स की। उसने पचास के दशक में मार्क्सवाद के नाम पर हिंदी आलोचना में प्रचलित सतही समाजशास्त्र से लोहा लिया, उसके अंतर्विरोध और विरोधाभास दिखाये और उसे पृष्ठभूमि में धकेल कर जीत हासिल की। इस प्रक्रिया के तहत उसने कई आधुनिक विचारों की अपने तरह से परिभाषा की और हिंदी वालों की वह आत्मछवि बनाई, जो उस *हिंदी नैशनलिज़म* से क़तई मेल नहीं खाती जिसका प्रवर्तन आलोक राय वग़ैरह ने किया है।

हिंदी में इस थीसिस और उसके आधार पर चले वैचारिक आंदोलन की खूब आलोचना भी हुई है। दिल्ली विश्वविद्यालय के साउथ कैम्पस ने इसी विषयवस्तु पर रामविलास शर्मा के जीवन में ही एक बड़ी विचारगोष्ठी आयोजित की थी, जिसमें इसके पक्ष-विपक्ष में खूब जवाब-सवाल हुए थे। जैसा कि नाम से ज़ाहिर है कि इस आंदोलन का मक़सद हिंदी नैशनलिटी यानी हिंदी की उपराष्ट्रीयता यानी हिंदी की क्षेत्रीय पहचान बनाना रहा है। मोटे तौर इसका आग्रह रहा है सारे हिंदी भाषी इलाक़ों (संविधान के लिहाज़ से सात प्रांत) को हिंदी जाति के रूप में समझा जाना चाहिए, और इसका साहित्य हिंदी जाति का साहित्य

समझा जाना चाहिए।[76] भारत को भाषावार प्रांतों में बाँटने के लोकतांत्रिक आग्रह की हिंदी क्षेत्र में अगर कोई साहित्यिक गूँज हुई है, तो वह यही आंदोलन है। इस आंदोलन की अपनी दावेदारियों के एक नमूने से समझा जा सकता है कि दरअसल इसका इरादा क्या है :

> सवाल यह है कि हिंदी जाति का अस्तित्व कोई मानता भी है या नहीं। ... अगर कोई मुझसे पूछे कि हिंदी जाति कहाँ रहती है तो मैं कहूँगा कि उत्तर भारत के उन राज्यों में रहती है जहाँ हिंदी राजभाषा है। बिहार से लेकर मध्य प्रदेश तक और ऊपर दिल्ली हरियाणा तक, इन राज्यों को मिलाकर हिंदी प्रदेश बनता है। भारत में जातीय चेतना के अलग-अलग स्तर हैं। कहीं जातीय चेतना अधिक है, कहीं कम है। ... अब सवाल यह है कि हिंदी जाति का विकास कैसे हो? हिंदी भाषी लोगों में जातीय चेतना है या नहीं? जैसे महाराष्ट्र के लोगों में है, तमिलनाडु के लोगों में है, वैसी जातीय चेतना हमारे यहाँ है या नहीं? मेरी समझ में इस चेतना का बहुत कुछ अभाव है।
>
> हिंदी जाति के पुनर्गठन का अर्थ है हिंदीभाषी राज्यों में हिंदी को उच्चतम शिक्षा का माध्यम बनाना और अंग्रेज़ी के वर्चस्व को समाप्त करना। यह राष्ट्रीय एकता के लिए आपका बहुत बड़ा योगदान होगा। यदि निष्ठा का स्थान बदलता है, आप जाति-बिरादरी और हिंदू सम्प्रदाय और मुस्लिम सम्प्रदाय के प्रति निष्ठावान कम रहते हैं या नहीं रहते हैं और जातीय प्रदेश के प्रति निष्ठा रखते हैं, तो इससे यहाँ पर बहुत बड़ा क्रांतिकारी परिवर्तन होगा। चिंतन में बहुत बड़ा परिवर्तन होगा। जो सामंती-साम्राज्यवादी अवशेष हैं, उनका जो दबाव है, वह ख़त्म होगा और आप नये ढंग से सोचना शुरू करेंगे। ... यदि हिंदी प्रदेश पुनर्गठित हो तो मेरी कल्पना है कि प्रत्येक जनपद में एक विश्वविद्यालय होना चाहिए, उससे जनपदीय भाषा और वहाँ की लोक संस्कृति के अध्ययन का एक विभाग होना चाहिए। ... इससे हिंदी साहित्य को ... बहुत मदद मिलेगी।[77]

रामविलास शर्मा की मान्यता थी कि इस इलाक़े में हिंदी जाति की चेतना बहुत कम होने के बावजूद इतिहास की विशिष्टताओं और किसानों-मजदूरों की वर्गीय स्थिति के कारण ऐसी जातीय पहचान बनाने की सम्भावनाएँ हैं। चूँकि वे राजनेता नहीं थे, इसलिए हिंदी जाति के लिए आंदोलन का संगठन करने कभी नहीं निकले, पर उन्होंने लगातार दो दशक तक साहित्यिक और भाषाई तर्क देकर हिंदी की साहित्यिक और पत्रकारीय बौद्धिकता में इसके प्रति हमदर्दी पैदा कर

---

[76] इस विचार गोष्ठी में स्वयं रामविलास शर्मा ने बीज भाषण के रूप में हिंदी जाति की संकल्पना पर अपना निबंध पढ़ा था. गोष्ठी के दूसरे दिन इस इस लेखक ने हिंदी जाति के सिद्धांत की आलोचना करते हुए अपना आलेख पेश किया था. देखें, अभय कुमार दुबे (1994), 'हिंदी जाति बनाम राष्ट्रीय एकता : कुछ भ्रांतियों का निराकरण', *उत्तरार्द्ध*, मथुरा (उप्र), नवम्बर : 46-52.

[77] रामविलास शर्मा (1994), 'हिंदी जाति का पुनर्गठन', *उत्तरार्द्ध*, मथुरा (उप्र), नवम्बर : 39-45.

दी। उन्होंने एक स्वप्न की रचना की और हिंदी के साहित्यिक व पत्रकारीय अभिजन के अवचेतन में उसे स्थापित कर दिया। इस स्वप्न की सामग्री मार्क्सवाद, आधुनिक सेकुलर राष्ट्रवाद, हिंदू-मुस्लिम एकता के साथ-साथ ब्रज, अवधी और भोजपुरी के आधुनिक हिंदी के साथ तादात्म्य की शब्दावली में हुई थी।

बात यह नहीं है कि रामविलास शर्मा की इस थीसिस की आलोचना नहीं की जानी चाहिए या हिंदी में की नहीं गयी। बात यह है कि अंग्रेज़ी के विद्वानों को इसके बारे में कुछ पता क्यों नहीं है? अगर आज़ादी के बाद कोई हिंदी नैशनलिज़म हिंदी में बना है तो वह रामविलास शर्मा द्वारा प्रवर्तित और अधिकांश हिंदी जगत द्वारा समर्थित हिंदी जाति की अवधारणा है, जो हिंदी क्षेत्र को हिंदू-मुसलमान ख़ानों में रख कर देखने से इनकार करती है, और ब्रज, अवधी और भोजपुरी वग़ैरह से बने साहित्यिक रिश्तों के पक्ष में खड़ी होती है। इस धारणा में ख़ामियाँ हैं, इसमें संगीन अंदेशे निहित हैं, और हो सकता है कि मार्क्सवाद की कसौटियों पर यह धारणा एक क्षण भी न टिक पाए। लेकिन, इसकी जाँच-पड़ताल के ज़रिये हिंदी क्षेत्र में प्रचलित मार्क्सवाद की विशिष्ट संरचनाएँ हमारे सामने स्पष्ट हो सकती हैं। अंग्रेज़ी के विद्वान अगर वास्तव में हिंदी का भला चाहते तो वे इस वैचारिक प्रवृत्ति पर ध्यान देते जिसमें भारतेंदु से लेकर प्रेमचंद समेत निराला तक सभी की रचनात्मकता और व्यक्तित्व के पहलुओं को गहरी सहानुभूति के साथ मार्क्सवाद के औज़ारों के ज़रिये संसाधित किया गया है।

हिंदी के इलाक़े में साम्प्रदायिकता का खुल कर विरोध करने के मामले में कुछ अपवादों को छोड़कर सभी एक हैं, पर उसका मार्क्सवाद अंग्रेज़ी की शब्दावली में एक 'कंटेस्टिड ग्राउंड' है। हिंदी के कई मार्क्सवादी मार्क्स के भारत संबंधी विचारों से असहमत हैं। इस मार्क्सवादी बौद्धिक सियासत का कम्युनिस्ट पार्टियों की राजनीति से ताल्लुक़ तो है, पर पार्टियों के आइडॉलॉग उसे सीधे प्रभावित नहीं करते। हिंदी के मार्क्सवादियों के अपने-अपने झंडे और शिविर हैं, जो पार्टी सिद्धांतकारों की समझ में नहीं आते। रामविलास शर्मा समेत हिंदी के सभी मार्क्सवादियों ने मिल कर अपनी अनूठी विविधता के बावजूद एक ऐसी ज़मीन तैयार की जिस पर अस्सी के दशक से शुरू हुए स्त्री और दलित लेखन की दावेदारी बिना किसी दिक़्क़त के खड़ी हो सकती थी। हिंदी में शुरू के नारीवादियों पर मार्क्सवादी प्रभाव अच्छे-ख़ासे थे, और जब स्थापित आलोचक वर्ग ने दलित साहित्य की उपेक्षा की तो उसके पैरोकारों ने वरिष्ठों की यही कह कर लानत-मलालत की कि यह तो कोई मार्क्सवाद नहीं हुआ। क़रीब दस साल तक चली यह ख़ेमेबंदी आख़िर में हल हो गयी और मूर्धन्य मार्क्सवादी आलोचकों

(जो ऊँची जातियों से आये हैं को दलित साहित्यकारों के संगठन सम्मानित करने लगे, और बदले में इन आलोचकों ने अपनी तरफ़ से साहित्य के एक प्रमुख रुझान के रूप में दलित साहित्य को स्वीकार कर लिया। इस तरह एक मिला-जुला क्षेत्र बना, जिसमें एक साथ ग़ैर-दलित, दलित और नारीवादी साहित्यकार अन्योन्यक्रिया करते नज़र आये।

हिंदी के इस लोकतंत्र में जेण्डर के आईने में व्यक्ति और समाज को देखने वाली महिला बुद्धिजीवियों और साहित्यकारों की आजकल बड़ी अहमियत है। उनके उपन्यासों, कविताओं, आत्मकथाओं और विचारोत्तेजक तर्कों से भरे उनके लेखों की दलित लेखकों की कृतियों के साथ सबसे ज़्यादा बिकने वाली रचनाओं में शुमार होती है। अगर कोई लेखक स्त्री अथवा दलित है, तो प्रकाशक उसकी किताब फटाफट छापने के लिए तैयार हो जाता है। प्रतिष्ठित लेखिकाओं को तो प्रकाशकगण अच्छी ख़ासी रॉयल्टी अग्रिम देने के लिए न केवल आसानी से तैयार हो जाते हैं, बल्कि परस्पर होड़ भी करते हैं।

हैरत की बात यह है कि हिंदी के दिन गिनने में व्यस्त अंग्रेज़ी के विद्वान उसके विशाल दायरे में घटित हो रही इस लोकतांत्रिक परिघटना के बारे में इतने नाजानकार निकलते हैं। आख़िर वे कब तक आउटसाइडर बने रहेंगे, भीतर कब आएँगे? हिंदी की जागती हुई दुनिया उनकी प्रतीक्षा कर रही है कि वे उसकी मृत्यु की घोषणा करने का फ़ालतू शग़ल छोड़ कर अंग्रेज़ी में प्रशिक्षित उन इनसाइडरों की जमात में शामिल हो जाएँ, जिनमें से कई को इस परिघटना के विकास में सकारात्मक योगदान करने का श्रेय जाता है।

VI

हिंदू-मुसलमान प्रतिमान / गंगा-जमुनी संस्कृति / द्विभाषिकता / भूमण्डलीकरण

अंग्रेज़ी में हिंदी संबंधी विमर्श पेश करने वाले ज़्यादातर विद्वानों को 'कॉम्प्लेक्स' शब्द बड़ा प्रिय है। कुछ लेखक इस शब्द के दोहराव से बचने के लिए 'वैरी इंट्रीकेट ऐंड कॉम्प्लेक्स' जैसी अभिव्यक्तियाँ भी इस्तेमाल करते हैं। इनके ज़रिये वे बताना चाहते हैं कि उन्नीसवीं सदी की हिंदी-उर्दू राजनीति कितनी जटिल थी। भाषा के प्रश्न पर संविधान सभा में हुई बहस ने भी इस जटिलता की पुष्टि की है। इसमें कोई शक़ नहीं कि मामला जटिल था, लेकिन अंग्रेज़ी का डिस्कोर्स पढ़कर लगता है कि इसका हल 'वल्गर' यानी अतिसरलीकृत होने की हद तक आसान है। बस, हाथ में एक तराज़ू लीजिए जिसके एक पलड़े पर हिंदू, उनकी

वर्णव्यवस्था, हिंदी और संस्कृत रखी हो, और दूसरे पलड़े पर मुसलमान, उर्दू, हिंदुस्तानी और गंगा-जमुनी संस्कृति उर्फ़ सामासिक संस्कृति उर्फ़ सिंक्रेटिक कल्चर हो। सारी पेचीदगी के हल निकलते चले जाएँगे। इतिहास से लेकर भविष्य का पूरा डिस्कोर्स बनता चला जाएगा। शर्त यह है कि यह तराजू हाथ में लेकर हिंदी की परिवर्तनशील दुनिया के भीतर एक क़दम भी न रखा जाए। अगर उन्होंने धोखे से भी इनसाइडर होना स्वीकार कर लिया तो फिर उनके पास वाङ्मय में हिंदू समाज के बारे में की गयी चर्चाओं को पुनरुत्थानवादी कलंक से विभूषित करने की सुविधा नहीं रह जाएगी। तब *हिंदी नैशनलिज़्म* के आवरण पर छपे दो ब्राह्मण चेहरों के बारे में उनके मन में सवाल उठेगा कि क्या इन चेहरों से राहुल सांकृत्यायन, नरेंद्र देव और लोहिया समेत साम्प्रदायिकता के ख़िलाफ़ लड़ने वाले अनगिनत हिंदी वालों के चेहरों का प्रतिनिधित्व किया जाना उचित है ? तब उन्हें सोचना पड़ेगा कि अगर वे हिंदी को हिंदू-अनुदारवाद का प्रतीक बताना चाहते हैं तो क्या कर्मकाण्डी हिंदुओं के चेहरे आधुनिकता के इस पक्ष को व्यक्त कर पाने में समर्थ हैं ? उन्हें लगेगा कि कड़ी राजनीतिक प्रतियोगिता के माहौल में भी हिंदी के इतिहास में उर्दू और मुसलमानों के ख़िलाफ़ कही गयी बातें इतनी इकहरी नहीं हैं जितनी समझी जा रही हैं। उन बातों में केवल साम्प्रदायिकता ही नहीं पढ़ी जा सकती, हिंदी मानस का वह द्वैध भी पढ़ा जा सकता है जो आधुनिकता और परम्परा के द्वंद्व से पैदा हुआ था। ऐसा द्वैध हर तरफ़ था, हर भाषाई संस्कृति आधुनिक होने की प्रक्रिया में उससे गुज़र रही थी।[78] हिंदी के दायरे के भीतर आने पर वे स्वयं द्वैध के शिकार हो जाएँगे, क्योंकि तब उन्हें लगेगा कि संत साहित्य की सराहना में अपनी सारी प्रतिभा उड़ेल देने वाले रामचंद्र शुक्ल तो हिंदू और मुसलमानों के लिए एक संयुक्त भक्तिमार्ग की कल्पना करने में व्यस्त हैं। शुक्ल के उर्दू और उसके साहित्य संबंधी विचारों पर एक निगाह डालने से अंग्रेज़ी के विद्वानों को दिख जाएगा कि उनके साहित्य-इतिहास में उर्दू के कवि या काव्य-रूप उस तरह से ग़ायब नहीं हैं जिस तरह उन पर आरोप लगाया जाता है। उन्हें रामचंद्र शुक्ल में अमीर खुसरो, जायसी और नज़ीर ही

[78] साहित्यिक संस्कृति के मसलों पर इस तरह के द्वैध को ध्यान में रखते हुए भी समाज-विज्ञान में उल्लेखनीय काम हुआ है. एक ऐसे ही बेहतरीन अध्ययन के लिए देखें, सुधीर चंद्र (1993), *ऑप्रेसिव प्रज़ेंट : लिटरेचर ऐंड कांशसनेस इन कोलोनियल इण्डिया,* ऑक्सफ़र्ड युनिवर्सिटी प्रेस, नयी दिल्ली. बांग्ला साहित्य और इसलामिक विरासत के अंतर्संबंधों पर एक परिष्कृत वक्तव्य के लिए देखें, सुदीप्त कविराज (2003), 'टू हिस्ट्रीज़ ऑफ़ लिटरेरी कल्चर इन बंगाल', संकलित : शेल्डन (सम्पा.), *लिटरेरी कल्चर्स इन हिस्ट्री : रिकंस्ट्रक्शसंस फ्रॉम साउथ एशिया,* ऑक्सफ़र्ड युनिवर्सिटी प्रेस, नयी दिल्ली :503-566, विशेषकर : 529-532.

नहीं, नूर मुहम्मद जैसे प्रेममार्गी कवियों, क़ादिर और मुबारक जैसे सगुण धारा के कवियों के साथ-साथ गाहे-ब-गाहे इंशा, मीर, सौदा और हाली की चर्चा भी मिलेगी। वे देखेंगे कि रामचंद्र शुक्ल ने ग़ज़ल और मर्सिया पर ख़ास तौर से ग़ौर किया है। शुक्ल के इतिहास में दक़नी उर्दू में लिखी गयी नुसरती की रचना *गुलशने-इश्क़* का ज़िक्र है। वे मान कर चलते हैं कि खड़ी बोली उर्दू के रूप में मँजी है। 'उत्साह' शीर्षक से लिखे गये अपने निबंध में (शुक्ल का यह मशहूर निबंध उत्तर प्रदेश में नवीं की कक्षा में पिछले चालीस साल से तो पढ़ाया ही जा रहा है) वे स्वयं इस तरह की भाषा का प्रयोग करते हैं : 'इसी बात का विचार करके सलाम साधक लोग हाकिमों से मुलाक़ात करने के पहले अर्दलियों से उनके मिज़ाज़ पूछ लिया करते हैं।' एक साहित्यालोचक के रूप में वे बुलबुल, शराब-प्याला, शमा-परवाना आदि को कविता के सिद्ध प्रतीक मानते हैं। साहित्य के इतिहासकार के रूप में रामचंद्र शुक्ल ने अकबर का शासनकाल साहित्यिक रचनाशीलता की प्रभा से जगमगाता हुआ माना है। वे मुग़ल शासनकाल की नकारात्मक तस्वीर पेश नहीं करते। पर, आलोक राय की ही तरह वे उस उर्दू के ख़िलाफ़ हैं जिससे हिंदी निकाल दी गयी है, और जो ख़ुद मतरूक़ात की प्रवृत्तियों की देन है। वे मुल्ला वजही की देसी भाषा की प्रशंसा करते हैं। उन्हें वली दक़नी की वह शुरुआती शायरी पसंद है जो शाह गुलशन की नसीहतों के असर में फ़ारसीनिष्ठ नहीं हुई थी। वे सौदा की हिंदी ढंग की रचनाओं को उद्धृत करते हैं।[79] आलोक राय जैसे आउटसाइडर अगर चाहें तो देख लें कि इतिहास के जिस इतिहास में सिर खपाने से उन्होंने इनकार कर दिया था, उसमें 'मैक्डॉनल मूमेंट' के तर्ज़ पर कोई तीन सौ साल पहले एक 'तुलसीदास मूमेंट' भी आया था। रामचंद्र शुक्ल उसी तुलसीदास की आराधना में कविता लिखते हैं जिसने संस्कृत का विद्वान होते हुए भी अवधी भाषा में और नागरी लिपि (उन दिनों फ़ारसी लिपि में अवधी के ग्रंथ लिखे जाते थे) में रामकथा लिखने का आग्रह करके अपने लिए भीषण संकट मोल लिया था, और इस प्रकार संस्कृत और फ़ारसी दोनों से अलग एक भाषाई स्वायत्तता स्थापित करने की शुरुआत कर दी थी, जो आगे चलकर आधुनिक हिंदी के रूप में विकसित हुई।[80]

---

[79] रामचंद्र शुक्ल के इन विचारों के लिए देखें, जानकी प्रसाद शर्मा (2001), *उर्दू साहित्य की परम्परा*, वाणी प्रकाशन, 2001, विशेष रूप से इस पुस्तक का अध्याय 'आचार्य शुक्ल के उर्दू भाषा एवं साहित्य विषयक विचार' : 210-224.

[80] एस.सी.आर. वेटमेन (1982), 'रामचरितमानस एज़ ए रिलीजस ईवेंट', संकलित : गोपाल कृष्ण (सम्पा.), *कंट्रीब्यूशंस टु साउथ एशियन स्टडीज 2*, ऑक्सफ़र्ड युनिवर्सिटी प्रेस, नयी दिल्ली : 53-72.

हिंदी की दुनिया में आने के बाद अंग्रेज़ी में लिखा गया विमर्श इस तरह के अंतर्विरोधों और विरोधाभासों का शिकार होने से बच सकता था जिनके तहत सीताराम चतुर्वेदी जैसा व्यक्ति एक जगह अगर संस्कृतनिष्ठता का समर्थन करता है, तो दूसरी जगह उसकी एकदम उल्टी बात करता नज़र आता है।[81] तब इस विमर्श में तथ्यों का ऐसा इकतरफ़ा बयान भी नहीं होता जो ब्रज-हिंदी संबंधों के सिलसिले में सुमित्रानंदन पंत के संदर्भ में हुआ है। न ही हमारे आलोक राय को संघ के मुखपत्र *पांचजन्य* की इसलिए याद आती कि बेचारे पंत ने *पल्लव* में इस शब्द का इस्तेमाल करने की गुस्ताख़ी की है। वे पंत को कम से कम इतनी रियायत तो देते ही कि जिस ज़माने में *पल्लव* (1928) लिखा गया था, उन दिनों संघ की स्थापना हुई-हुई ही थी और उसके इस मुखपत्र का दूर-दूर तक पता नहीं था।[82] हिंदी में कविता लिखी जा सकती है या नहीं, यह एक सौंदर्यशास्त्रीय प्रश्न था। लेकिन, अंग्रेज़ी का विमर्श इसे भी हिंदू-मुसलमान द्वित्व में फिट करके देखता है। तब यह विमर्श ऐसी छवि देने से बच सकता था जिसके तहत नागरी आंदोलन के सभी नेता 'शुद्ध' हिंदी के पक्ष में लगते हैं। स्थिति यह थी कि नागरी के सबसे बड़े सिपहसालार श्यामसुंदर दास समेत इस आंदोलन की कई महत्त्वपूर्ण हस्तियों ने हिंदी से उर्दू के शब्द निकालने का विरोध किया था।

हिंदी की दुनिया में आकर अंग्रेज़ी के विद्वानों को हिंदी-पुरोधाओं की क्षमताओं पर रश्क होगा कि अपने समय की बंदिशों के बावजूद वे उनसे कितने परे जा सके, और उन्होंने एक ऐसे भविष्य की सम्भावनाओं का निर्माण किया जो सौ साल बाद हिंदी के चमकते मंज़र की बुनियाद में मौजूद हैं। आधुनिक हिंदी के उदय से पहले प्रचलित भाषाओं (जो या तो बोलचाल की थीं या मुख्यतः पद्य साहित्य की थीं) के संदर्भ में उनके सामने यह पूरी तरह स्पष्ट हो जाएगा कि सर्वथा नयी भाषाई संस्कृति का उद्घाटन करते हुए इन लोगों का पहला सरोकार गद्य की भाषा बनाना था जिसके बिना हिंदी भाषा समाज के आधुनिकीकरण के साथ क़दम से क़दम मिलाकर नहीं चल सकती थी। एकाधिक मातृभाषाओं वाले इलाक़े द्वारा केवल सौ साल में हिंदी को राजनीतिक, सामाजिक और बौद्धिक विमर्श की भाषा के रूप में अपना लेना इस बात का सबूत है कि इस क्षेत्र को इस तरह की भाषा की कितनी ज़रूरत थी। दिल्ली की 'उर्दू-ए-

---

[81] आलोक राय सीताराम चतुर्वेदी का एक ऐसा कथन उद्धृत करते हैं जिसमें वे मदनमोहन मालवीय के हवाले से कठिन संस्कृतनिष्ठ हिंदी का विरोध कर रहे हैं. दूसरी ओर कृष्ण कुमार उन्हीं सीताराम चतुर्वेदी का यह कथन उद्धृत करते हैं, 'राष्ट्रभाषा केवल संस्कृतनिष्ठ नागरी ही हो सकती है'.

[82] पंतजी के *पांचजन्य* का संबंध संघ के मुखपत्र से जोड़ने के लिए देखें, आलोक राय, उपरोक्त : 99.

मुअल्ला' और अवध के हिंदू-मुसलमान अभिजनों के 'हाई कल्चर' वाली उर्दू इस ऐतिहासिक ज़रूरत को पूरा नहीं कर सकती थी, क्योंकि लिपि और मतरूक़ात के कारण उसका क्षेत्र केवल अशराफ़ मुसलमान समाज, कायस्थ पुरुष समाज और कश्मीरी ब्राह्मण समाज के पुरुषों तक ही सीमित रह गया था।[83] वैसे भी हिंदी जिस विशाल क्षेत्र को अपना बनाना चाहती थी, उसमें भौगोलिक रूप से उर्दू हर तरफ़ समान रूप से उपस्थित नहीं थी।

हिंदी की दुनिया में आकर और कुछ देर उसकी सैर करने के बाद अंग्रेज़ी लेखकों को हिंदीवालों पर यह आरोप लगाने में भी कुछ दिक़्क़त होने लगेगी कि वे रामचंद्र शुक्ल द्वारा रचित हिंदी के इतिहास का वैकल्पिक पाठ तैयार नहीं कर पाए। उन्हें पता चलेगा कि हिंदी का इतिहास लिखने की समस्याएँ वास्तव में कितनी 'काम्प्लेक्स' हैं और उनका कोई 'वल्गर' हल नहीं ढूँढ़ा जा सकता। *हिंदी साहित्य का इतिहास* की धीरे-धीरे की गयी आलोचना के लम्बे सिलसिले के बाद ही हिंदी अपने वैकल्पिक इतिहास की चेतना से सम्पन्न हो सकती है। उनके सामने स्पष्ट हो जाएगा कि हिंदी साहित्य का विकास रामचंद्र शुक्ल द्वारा रचित इतिहास द्वारा निर्देशित नहीं है। यह इतिहास साहित्यालोचना के जो औज़ार देता है, उनसे छायावादी कविता को भी पूरी तरह नहीं समझा जा सकता, बाद की आधुनिक हिंदी कविता को तो छोड़ ही दीजिए। न ही रामचंद्र शुक्ल स्त्री और दलित साहित्य को समझने में कोई मदद कर सकते हैं। पत्रकारिता और टीवी की हिंदी की बात तो जाने ही दीजिए। तब उन्हें यह भी दिखेगा कि अतीत की तल्ख़ राजनीतिक होड़ के बावजूद उर्दू की रचनाशीलता अब किस तरह हिंदी के ज़रिये व्यापक पाठक समाज के पास पहुँच रही है, और यह सिलसिला किसी भी तरह रुकने वाला नहीं है। हिंदी के मुसलमान लेखकों की हिंदी में उर्दू के शब्द गिन कर विद्वत्ता दिखाने की सुविधा भी उनके पास नहीं रह जाएगी।[84] उन्हें दिखाई देगा कि हिंदी के मुसलमान लेखकों का सरोकार हिंदुस्तानी नामक किसी भुतहा भाषा की वापसी से जुड़ा हुआ नहीं है, बल्कि वे साहित्य और समाज से संबंधित कहीं गम्भीर प्रश्नों से दो-चार हो रहे हैं। वे पूछ रहे हैं कि हिंदी की रचनाओं में मुसलमान पात्रों की स्थिति क्या है, और इस प्रक्रिया में एक कहीं अधिक व्यापक प्रश्न यह पैदा हो रहा है कि साहित्यिक कल्पनाशीलता और

---

[83] उर्दू भाषी मुसलमान-हिंदू अभिजन की सामाजिक संरचना की विशेष बात यह थी कि इसके मुसलमान सदस्यों के घरों की स्त्रियाँ तो उर्दू भाषी ही थीं, पर इसके हिंदू सदस्यों के घरों की स्त्रियाँ इस संस्कृति से अलग थीं. वे फ़ारसीनिष्ठ उर्दू के बजाय अधिकांशतः स्थानीय भाषाएँ बोलती थीं.

[84] वसुधा डालमिया (2003), वही.

रचनाशीलता मिले-जुले समाज और मिले-जुले साहित्यिक दायरे के बावजूद अपने-अपने समुदाय तक ही सीमित क्यों रहनी चाहिए?[85]

अंग्रेज़ी के विद्वानों द्वारा अपनाये गये हिंदू-मुसलमान प्रतिमान के केंद्र में यह धारणा है कि हिंदी आंदोलन ने गंगा-जमुनी संस्कृति को भारी नुक़सान पहुँचाया है। अगर गंगा-जमुनी संस्कृति का उनका सबसे बड़ा प्रतीक हिंदुस्तानी है तो उन्हें चिंतित होने की ज़रूरत ही क्या है! इनवर्टेड कॉमा के भीतर और बाहर जो भी हिंदी है, वह अधिकांशतः हिंदुस्तानी से मिल कर ही बनी है। अगर गंगा-जमुनी संस्कृति का प्रतीक उनके लिए उर्दू है, तो भी उन्हें फ़िक्रमंद होने की ज़रूरत नहीं है। अगर वे खुली आँखों से हिंदी की दुनिया में आएँगे तो उन्हें यह देख खुशी होगी कि ख़त्म होना तो दूर, उर्दू एक ऐसी भाषा बन चुकी है जो एक नहीं, बल्कि दो-दो लिपियों में लिखी जा रही है। यह भारत की एकमात्र ऐसी भाषा है जिसके साहित्य को उसकी 'ऐतिहासिक दुश्मन' रही लिपि और भाषा अपने माध्यम से प्रसारित कर रही है। आज हिंदी का विशाल पाठक वर्ग अगर उर्दू के कठिन शब्दों के मतलब जानता है, तो नागरी के माध्यम से जानता है। उर्दू की दुनिया में चल रही अदबी बहसों का पता देने के लिए भी हिंदी में अलग से पत्रिका निकलती है।[86] उर्दू कविता का एक प्रधान काव्य रूप ग़ज़ल ख़ासी रचनात्मकता के साथ हिंदी के कवियों ने अपनाया है, और हिंदी में दुष्यंत कुमार जैसे कवि हुए हैं जिनके शेर उर्दू के लोकप्रिय शायरों के क़लाम की तरह ही लोगों की जबान पर रहते हैं। रामचंद्र शुक्ल ने ही नहीं, शमशेर बहादुर सिंह जैसे आधुनिक हिंदी कवि तक ने ग़ज़ल के रूप पर गम्भीरता से ग़ौर किया है।[87]

अंग्रेज़ी वाले इन आउटसाइडरों को हिंदी के भीतर घुस कर इस बात से थोड़ी रचनात्मक उलझन भी होगी कि यहाँ गंगा-जमुनी संस्कृति की परिभाषा केवल उर्दू बोलने और पढ़ने वाले अशराफ़ मुसलमानों के तबक़े तक ही महदूद नहीं रह गयी है। अंग्रेज़ी के विद्वानों को इतिहास के आख्यान के ज़रिये ही पता है कि गंगा-जमुना के इलाक़े की इस सांस्कृतिक सामासिकता में वर्चस्व और अधीनता की संरचनाएँ थीं। समाज-विज्ञान में इस प्रश्न पर गम्भीरता से विचार हुआ है कि इस सांस्कृतिक सामासिकता में भागीदार समुदायों के आपसी संबंध समतामूलक नहीं थे। समाज-वैज्ञानिकों ने यह विश्लेषण करके भी बताया है कि जिस चीज़

---

[85] यह प्रश्न *काला जल* के यशस्वी रचनाकार गुलशेर अहमद ख़ाँ शानी ने हिंदी जगत में उठाया था.

[86] देखें, *शेष / दो ज़बानों की एक किताब*, पेशकश : हसन जमाल, जोधपुर, राजस्थान.

[87] जानकी प्रसाद शर्मा, *वही*, विशेष रूप से इस पुस्तक का अध्याय 'कवि शमशेर : गज़ल पर बातचीत के दौरान' : 225.

को सामासिकता कहा जाता है, वह सेकुलरवाद का पर्याय नहीं है। ग़लतफ़हमी में सांस्कृतिक सामासिकता को सेकुलरवाद नहीं समझना चाहिए।[88] वैसे भी हाल ही में ऐसे विचार भी सामने आये हैं जिनके बाद हिंदुओं और मुसलमानों को एकाश्म समुदाय मान कर सेकुलर राष्ट्रवाद की भित्ति खड़ा करना नामुमकिन सा हो गया है।[89] हिंदी की दुनिया यह संदेश अच्छी तरह दे सकती है कि गंगा-जमुनी संस्कृति को इस 'वल्गर' सेकुलरवाद के आईने में नहीं देखा जाना चाहिए।

अगर उर्दू साहित्य गंगा-जमुनी संस्कृति का प्रतीक है तो फिर यह समझा जाना चाहिए कि हिंदी के ज़रिये गंगा-जमुनी संस्कृति अधिक विस्तृत और समृद्ध ही हुई है। मतरूक़ात जैसे रुझानों के ज़रिये उर्दू ने तो अट्ठारहवीं सदी से ही ख़ुद को 'भाखा' यानी ब्रज, अवधी, भोजपुरी वग़ैरह से कुछ इस तरह से दूर करना शुरू कर दिया था, जैसे किसी ज़माने में द्विज ख़ुद को अछूतों से दूर रखते थे। उर्दू में मतरूक़ात की प्रवृत्तियाँ लगातार मजबूत होती चली गयी हैं। उनके ख़िलाफ़ यदा-कदा कुछ सुगबुगाहट चलती रहती है, पर उसे फ़ारसी-अरबीकरण से मुक्ति दिलाने का नाममात्र का आंदोलन भी उसके भीतर नहीं दिखाई पड़ता (यह कोशिश हिंदुस्तान के बजाय पाकिस्तान में ज़्यादा दिखती है)।[90] यही कारण है कि व्यापक भारतीय समाज की पिछड़ी और दलित जातियों (जिनमें हिंदू और मुसलमान दोनों शामिल हैं) से उर्दू का ताल्लुक़ कभी बन ही नहीं पाया। दलित लेखन का तो दूर-दूर तक पता नहीं है। उर्दू के टिप्पणीकार जब दलित संबंधी विषयों पर किये गये लेखन के बारे में भी सोचते हैं तो उनकी पहली समस्या होती है कि उस रुझान को नाम क्या दिया जाए। मतरूक़ात के प्रभाव के कारण जो नाम तजवीज़ किये जाते हैं (जैसे, पसमांदा अदब, अदब-ए-पसमांदगी, अकबमांदा अदब, अदब मुस्तहसलीन या एततजाजी अदब), उनका मतलब वहाँ तक नहीं पहुँच पाता जो केवल एक 'दलित' शब्द स्वीकार करने से पहुँच सकता था (जबकि अंग्रेज़ी तक ने दलित शब्द अपना लिया है)। अर्थ के लिहाज़ से ये सभी शब्द या तो पिछड़ी जातियों की तरफ़ इशारा करते

---

[88] सुदीप्त कविराज (1990), 'ऑन द डिस्कोर्स ऑफ़ सेकुलरिज़म', संकलित : विद्युत चक्रवर्ती (सम्पा.), *सेकुलरिज़म ऐंड इण्डियन पॉलिटी*, सेगमेंट, नयी दिल्ली : 185-207.

[89] अली अनवर के नेतृत्व में चल रहा लोकप्रिय पसमांदा मुस्लिम समाज का आंदोलन इसका सबूत है. अल्पसंख्यकों पर बनी सच्चर कमेटी की रपट के बाद तो मुसलमान समाज को एकाश्म समाज मानना नामुमकिन हो गया है.

[90] यह हक़ीक़त प्रोफ़ेसर ख़ुर्शीद अहमद ने निजी बातचीत में स्वीकार की.

हैं, या प्रतिवादी साहित्य की बात करके रह जाते हैं।[91] आज़ादी के बाद प्रचलित हुई जिस 'सवर्ण' हिंदी पर पुनरुत्थानवादी असर की घनघोर चर्चा अंग्रेज़ी के डिस्कोर्स में की गयी है, और कुछ इस तरह का दावा किया गया है कि यह भाषा पिछड़ी और दलित जातियों के पुत्रों के काम की है ही नहीं, उसी हिंदी में पढ़ कर साहित्य और साहित्येतर लेखन का बहुत बड़ा पाठक वर्ग शूद्रों और दलितों के बीच से पैदा हुआ है। असलियत यह है कि हिंदी और नागरी के ज़रिये ही इतिहास में पहली बार उर्दू की रचनाएँ समाज के इस बहुसंख्यक तबक़े के नज़दीक पहुँच पा रही हैं।

हिंदू-मुसलमान प्रतिमान में फँसे अंग्रेज़ी के विद्वानों को हिंदी की दुनिया में आकर सबसे ज़्यादा दिलचस्प बात तो यह दिखेगी कि उनका डिस्कोर्स पचास के दशक में हिंदी के मूर्धन्य मार्क्सवादी आलोचकों के बीच हुई ज़ोरदार बहस के मुद्दों से इतना ज़्यादा प्रभावित है कि उसकी नक़ल जैसा लगता है। जैसे ही उन्हें शिवदान सिंह चौहान, रामविलास शर्मा, रांगेय राघव और प्रकाश चंद्र गुप्त आदि के तत्कालीन विचारों का पता चलेगा, वे इस चिंता से परेशान हो जाएँगे कि कहीं उनकी सांस्कृतिक समझ उस समय की सीपीआई की लाइन के आसपास तो नहीं है। उन्हें अफ़सोस होगा कि सदी आगे निकल गयी है, बदल गयी है, नयी सहस्त्राब्दी आ चुकी है, पर वे अभी वहीं अटके हुए हैं।

पिटे हुए सिद्धांतों का विमर्श

हिंदी में जन्मा, उसी में पला-बढ़ा और उसी के ज़रिये राज्य और समाज से अपना रिश्ता बनाने वाला कोई भी पाठक 'अंग्रेज़ी में हिंदी' के पन्नों से गुज़रते हुए कई भाववाचक निष्कर्षों पर पहुँच सकता है। ध्यान रहे कि यह पाठक अनिवार्यतः द्विज जातियों या द्विजों की समकक्ष जातियों (जैसे, कायस्थ और अशराफ मुसलमान जातियाँ) का पुत्र नहीं है। जहाँ तक हिंदी का बरताव करने का सवाल है, वह शूद्र और दलित और मुसलमानों में से कोई भी हो सकता है। वह पहली बात तो वह यही सोचेगा कि ज़्यादातर अंग्रेज़ी वालों की निगाह में हिंदी का सांस्कृतिक खलनायकत्व बेमिसाल है। उसकी रगों में जैसे कोई जहर बह रहा हो, जो वक़्त रहते खींच कर न निकाला गया तो यह भाषा भारतीय समाज में शांतिपूर्ण सहअस्तित्व की सम्भावनाएँ ही समाप्त कर देगी। यह डिस्कोर्स पढ़

---

[91] अयाज़ अहमद कुरैशी (2003), 'उर्दू अदब में दलित चेतना और सामाजिक न्याय के लिए संघर्ष', *वसुधा,* अंक 58, जुलाई-सितम्बर : 340-354.

कर वह अपने-आप से भी पूछ सकता है कि क्या हिंदी का बरताव करने वाले भारतीय नागरिक के रूप में वह हिंदुत्ववादी परियोजना का अंग है ? क्या अंग्रेज़ी वालों का यह निष्कर्ष पिछले पचास साल में बनी उसकी आत्मछवि से मेल खाता है ? एक बात उसके दिमाग़ में यह भी आ सकती है कि ऐसे भीषण नतीजे पर पहुँचने वाले ये विद्वानगण आख़िरकार कहीं न कहीं हिंदी के हमदर्द भी तो हैं। गुज़री सदी के जिन आख़िरी वर्षों में हिंदी बाज़ार और व्यावसायिकता समेत विभिन्न मोर्चों पर सबसे ज़्यादा कामयाब होती दिख रही थी, और जिस दौरान उसके विविध रूप एक समग्र प्रवाह के तहत रचनात्मक स्वायत्तता की दावेदारी पेश कर रहे थे, उसी अवधि में हिंदी के ये हमदर्द अपने समस्त संशयों और अपनी सभी हताशाओं के साथ क्यों सामने आये ? जिस अवधि को अतिशयोक्ति का ख़तरा उठाये बिना आधुनिक हिंदी का स्वर्णकाल या पुनर्जागरण काल कहा जा सकता है, अंग्रेज़ी वालों ने उसी अवधि को इनवर्टेड कॉमा में बंद करने के लिए क्यों चुना ?

'अंग्रेज़ी में हिंदी' के पूरे विमर्श को एक साथ पढ़ने पर एक बात यह भी लगती है कि अकादमीय रूप से यह एक ढीला-ढाला डिस्कोर्स है। 'वर्नाक्युलर' का मतलब दासों की भाषा होता है, फिर भी इस शब्द का जम कर इस्तेमाल हुआ है। सिर्फ़ द्विज जातियों के लिए 'सवर्ण' जैसे शब्दों का खूब जमकर प्रयोग किया गया है, मानो ग़ैर-द्विज पिछड़ी जातियाँ वर्णाश्रम का अंग ही न हों। एक साथ पढ़ने के कुछ और भी फ़ायदे हैं। इस विमर्श का एकतरफ़ापन, अंतर्विरोध और इसके विरोधाभास सामने आ जाते हैं जिनकी बखिया चुटकी बजाते उधेड़ी जा सकती है। पर, इससे कुछ हल होने वाला नहीं है। ऐसा करने की कोई ज़रूरत नहीं है, क्योंकि हिंदी का विकास इस विमर्श से स्वतंत्र चल रहा है। यह तो ऐसे बुद्धिजीवियों का विमर्श लगता है जो हिंदू साम्प्रदायिकता से बुरी तरह डरा हुआ है। पिछले पंद्रह-बीस सालों में समाज-विज्ञान के क्षेत्र में *हिंदू नैशनलिज़म* पर बेतहाशा लेखन के पीछे एक उल्लेखनीय कारण यही साम्प्रदायिकता-भीति है। हालाँकि इस लेखन से हिंदू मानस और उसकी राष्ट्रवादी आकांक्षाओं के बारे में कई छिपी हुई बातें सामने आयी हैं, लेकिन दूसरी तरफ़ साम्प्रदायिकता-भीति के कारण ही इन विद्वानों के बीच उन्नीसवीं सदी में आधुनिकता से दो-चार होने वाले द्वैधग्रस्त हिंदू समाज के बौद्धिक प्रवक्ताओं की एक-एक बात में साम्प्रदायिक इशारे पकड़ने की होड़ भी मची हुई है। अंग्रेज़ी वालों का हिंदी संबंधी डिस्कोर्स इस समस्या का विशेष रूप से शिकार लगता है। नब्बे के दशक में हिंदी प्रदेश में चले रामजन्मभूमि आंदोलन ने इस भीति को

और बढ़ाया ही है।

यह विमर्श कम से कम दो पिटे हुए सिद्धांतों को अपना आधार बनाता है। इन्हीं में एक सिद्धांत है 'वल्गर' सेकुलरवाद, जो ख़ास तरह की भारतीय निर्मिति है। एक बार इसके लक्षणों के प्रति सतर्क हो जाने के बाद इसकी शिनाख़्त करना मुश्किल नहीं रहता। इसका प्रमुखतम लक्षण है साम्प्रदायिकता के ख़िलाफ़ संघर्ष को मुख्य एजेण्डा बनाते हुए बहुसंख्यक समाज यानी हिंदुओं और उनसे संबंधित बातों को ही अपना केंद्रीय सरोकार बना लेना, और अल्पसंख्यकों से संबंधित स्थितियों और उनकी अंदरूनी संरचनाओं को लगातार दरकिनार करना। यह प्रवृत्ति ख़ुद को दो तरह से व्यक्त करती है। हिंदी के लेखकों में इसका नज़ारा उस समय मिलता है जब उसके लेखक और टिप्पणीकार सेकुलरवाद को केवल कट्‌टर और उदार हिंदुओं के आपसी द्वंद्व का मसला बता कर मुसलमानों को सेकुलर राष्ट्रनिर्माण के विमर्श से अनुपस्थित कर देते हैं। इस तरह साम्प्रदायिक तत्त्वों से संघर्ष करने के बावजूद 'सेकुलर हिंदू वर्चस्व' की संरचनाएँ बनती चली जाती हैं।[92] इसके विपरीत आंग्ल भाषा में यह प्रक्रिया दूसरे तरीक़े से चलती है। जहाँ कहीं भी हिंदू शब्द का इस्तेमाल किया गया है, या हिंदू संदर्भ में राष्ट्रत्व, अस्मिता या आधुनिकता की खोज पर चर्चा की गयी है, अगर यह चर्चा 'आश्वस्तिकारक' है, और खोज को 'संदिग्ध' नहीं ठहराया गया है या इसलामिक विरासत का संतुलनकारी ज़िक्र नहीं है, तो उन प्रकरणों को या साम्प्रदायिकता के खाने में डाल दिया जाता है, या फिर साम्प्रदायिकता का सम्भावित स्रोत क़रार दे दिया जाता है। 'वल्गर' सेकुलरवाद का हिंदी संस्करण अगर बहुसंख्यकवादी रुझानों से ग्रस्त है, तो अंग्रेज़ी संस्करण अल्पसंख्यकवादी रवैया अपनाता है। 'वल्गर' सेकुलरवाद के दोनों ही संस्करण मुसलमान समाज को अशराफ़ संस्कृति के आईने में एकाश्म संरचना की तरह देखने पर आमादा हैं।

हिंदी के हिंदू रुझानों की आलोचना करने के नाम पर की गयी यह क़वायद अपनी भाषा-शैली के कारण 'नैशनलिज़्म' की आलोचना का भ्रम पैदा करती है, जबकि असलियत में यह 'नैशनलिज़्म' की आलोचना नहीं है। ये विद्वान राष्ट्रवाद के आलोचक होते तो पहले भारतीय आधुनिकता की विस्तृत आलोचना करते। उसके निशाने पर उनकी ख़ुद की अंग्रेज़ियत हिंदी की समस्याओं से पहले

---

[92] अभय कुमार दुबे (2005), 'सेकुलर 'हिंदू' वर्चस्व : अनुवाद, निरपेक्षता और समभाव की राजनीति', अभय कुमार दुबे (सम्पा.), *बीच बहस में सेकुलरवाद,* लोक-चिंतन ग्रंथमाला, वाणी-सीएसडीएस, नयी दिल्ली.

आती। लेकिन, ऐसा न करके इस विमर्श ने सेकुलर नैशनलिज़म की उसी नेहरू युगीन निर्मिति के आधार पर सक्रिय रहना पसंद किया है जिसकी भाषाई अभिव्यक्ति देशी भाषाओं में कभी नहीं की गयी। उसे द्वि-भाषिकता तक से दूर रखा गया। वह सिर्फ़ और सिर्फ़ अंग्रेज़ी की दुनिया की चीज़ है। भारतीय जनता पार्टी की राजनीति ने सार्वजनिक जीवन में जिस सेकुलरवाद का पटरा कर दिया है, वह यही है। ऐसा सतही और सस्ता सेकुलरवाद भाषा संबंधी समझ को प्रतीकवाद से ग्रस्त कर देता है। वह भाषा से आग्रह करता है कि वह अपने स्वयंनिर्धारित सामाजिक दायित्व छोड़ कर उसके मन-माफ़िक सेकुलर प्रतीकों की भाषा बन जाए। चूँकि भाषा उनके मुताबिक़ नहीं बनती, इसलिए नाराज़ हो कर वह उसके सकारात्मक विकास की तरफ़ से आँखें बंद कर लेता है, और उसकी मृत्यु और आसन्न विनाश की घोषणाएँ करके कुंठाएँ निकालता है।

हिंदी संस्कृत की बेटी, या उर्दू की दुश्मन, या अंग्रेज़ी की चेरी नहीं है। अगर वह किसी की बेटी है तो भारतीय आधुनिकता की बेटी है। हिंदी की आलोचना करने के लिए आधुनिकता के उस कारख़ाने की आलोचना करनी होगी जिसकी कारीगरी का नतीजा यह अनूठी भाषा है। चूँकि इसका सीधा संबंध आधुनिकता से है, इसलिए यह आधुनिक विचारों के साथ बड़ी छूट लेती है, यहाँ तक कि मनमानी भी करती है। हिंदी लेखन से अगर कोई बहुसंख्यकवाद बना है, तो वह राष्ट्रीय स्वयंसेवक संघ के हिंदुत्ववादी बहुसंख्यकवाद से भिन्न है। उसमें आधुनिक प्रतिनिधित्वमूलक लोकतंत्र में अंतर्निहित बहुसंख्यकवादी प्रवृत्तियाँ हैं। वह साम्प्रदायिकता की समस्या नहीं है, वह तो भारतीय उदारतावाद और वामपंथ की समस्या है। हिंदी में अगर राष्ट्रवाद है, तो वह *हिंदी नैशनलिज़म* का संकीर्ण दक्षिणपंथी राष्ट्रवाद न होकर हिंदी जाति की दावेदारी है जिसकी अभिव्यक्ति मार्क्सवादी शब्दावली में हो रही है। जो लोग हिंदी पर साम्प्रदायिक ताक़तों का औज़ार होने का आरोप लगाते हैं, उन्हें चाहिए कि वे चालीस करोड़ लोगों की अभिव्यक्ति की ज़िम्मेदारी उठाने वाली इस जीवंत भाषा को सेकुलर ताक़तों का औज़ार बनाने में जुट जाएँ। अंग्रेज़ी के मुट्ठी-भर पाठकों तक अपनी बात पहुँचाने में अपनी सारी ज़िंदगी न खपा दें। जैसे ही वे अपनी प्राथमिकता बदलेंगे, उन्हें अपने आरोप के खोखलेपन का एहसास ख़ुद-ब-ख़ुद हो जाएगा।

चाहे लोकतंत्र हो, सेकुलरवाद हो, समतामूलक समाज की अवधारणाएँ हों, मार्क्सवाद हो, नारीवाद हो या फिर भारत में पैदा हुआ आम्बेडकरवाद हो, हिंदी की दुनिया में आकर इन विचारों के नाम वही रहते हैं, पर उनकी भीतरी संरचनाएँ और तात्पर्य बदल जाते हैं। यह प्रक्रिया समाज को फ़ायदा भी पहुँचाती है, और

फ़ायदा पहुँचाने की सम्भावनाएँ कभी-कभी संदिग्ध भी लगती हैं। कुल मिला कर सभी आधुनिक विचार हिंदी के दायरे में दोनों सिरों से खुले रहते हैं। अंग्रेज़ी के महारथियों को हिंदी की इसी कारीगरी से दिक़्क़त है, क्योंकि उनके पास आधुनिक विचारों के बने-बनाये ढाँचे हैं। इसलिए, वे या तो अंग्रेज़ी के अति-अल्पसंख्यक अभिजन संसार में सीमित रहते हैं, या फिर उन्हें आधुनिक हिंदी के विकास से पहले की भाषाओं की बात करना ज़्यादा सुविधाजनक लगता है, क्योंकि वे उनकी वैचारिकता प्रश्नांकित नहीं कर सकतीं।

सतही सेकुलरवाद के अलावा हिंदी संबंधी अंग्रेज़ी-विमर्श का दूसरा पिटा हुआ सिद्धांत मातृभाषा के आग्रह के आसपास विकसित हुई उन धारणाओं से चिपका है जिन्हें बीसवीं सदी के पहले पचास-साठ सालों के तजरुबे के बाद भाषाशास्त्री छोड़ते जा रहे हैं। हिंदी इस सिद्धांत को अँगूठा दिखाकर ही विकसित हुई है। आज एक ऐसी पीढ़ी ज़रूर बन गयी है, जो शायद ईमानदारी से हिंदी को अपनी मातृभाषा कह सकती है, वरना पिछले सौ साल के दौरान परवान चढ़ी इस भाषा को उत्साहपूर्वक अपनाने वाले और बनाने वाले लोगों की निगाह में उसकी हैसियत मातृभाषा की कभी नहीं थी। किसी की मातृभाषा ब्रज थी, किसी की अवधी, किसी की भोजपुरी। लेकिन, ये सब लोग किसी न किसी रूप में आधुनिकीकरण की प्रक्रिया में एक ऐसी भाषा की ज़रूरत महसूस कर रहे थे, जो गद्य की भाषा हो, स्थानीय संस्कृतियों के आर-पार मनोरंजन की भाषा हो, आधुनिक अर्थों में जिसके आधार पर एक विशाल भाषाई समुदाय रचा जा सके और जिसे चिंतन-मनन की भाषा भी बनाया जा सके। चूँकि ब्रज, भोजपुरी, कन्नौजी, बुंदेलखण्डी और अवधी बरतने वाले स्वयं हिंदी की खोज कर रहे थे, इसलिए हिंदी के साथ उनका रिश्ता कभी उस तरह 'डायग्लॉसिया' का नहीं बना जिस तरह कभी फ़ारसीनिष्ठ उर्दू और रेख़्ता/हिंदवी के बीच था, या संस्कृत और हिंदी के बीच था, या आज अंग्रेज़ी और हिंदी के बीच है।

चूँकि मातृभाषा का सिद्धांत नहीं चला, इसलिए अंग्रेज़ी में लिखने वाले विद्वानों ने भूमण्डलीकरण की प्रक्रिया में अंग्रेज़ी का बढ़ता हुआ ग्लोबल वर्चस्व देखते हुए हिंदी का भविष्य अंधकारमय मान लिया। लेकिन, हिंदी का चमकता मंज़र कुछ और ही कहता है। वह ग्लोबलाइज़ेशन के साथ-साथ लोकलाइज़ेशन के उतने ही प्रभावशाली सिलसिले की तरफ़ इशारा करता है। इस समय दुनिया में ऐसी भाषाओं की संख्या इतिहास में सबसे ज़्यादा (112) है जिनका टकसालीकरण (स्टेंडर्डाइज़ेशन) हो चुका है। ख़ास बात यह है कि यह लोकलाइज़ेशन उस ज़माने में हो रहा है जिसमें हिंदी बन चुकी है। कोस-कोस

पर बोली बदलने की हक़ीक़त आज भी है, पर अब इस इलाक़े के शिक्षितों की एक स्थापित भाषा भी है जो कोस-कोस पर नहीं बदलती। ग्लोबल के ज़माने में भी हिंदी का यह लोकल बहुत बड़ा, शक्तिशाली और बहुआयामी है। यह अपने आप में एक पूरा संसार है। यह डायग्लॉसिया से मुक्त द्वि-भाषिकता की बढ़ती हुई ज़रूरतों और सम्भावनाओं की तरफ़ और ख़ुद हिंदी की संरचनाओं के भीतर अंग्रेज़ी के प्रवेश की तरफ़ तो इशारा करता है, पर हिंदी के ख़त्म होने की तरफ़ नहीं। हिंदी-अंग्रेज़ी की यह अन्योन्यक्रिया अभी शुरू ही हुई है। इसमें लिखित के साथ-साथ टीवी पर देखी गयी और एफ़एम रेडियो जैसे माध्यमों पर सुनी गयी संवादपरक भाषा की विशेष भूमिका है। हिंदी की परम्परा के पास इस नयी बनती हुई भाषा को समझने के वैचारिक औज़ार नहीं हैं। इसलिए इसे अधिकतर निंदा और निराशा के भाव से देखा जा रहा है। ख़ास बात यह है कि यह निंदा और निराशा हिंदी के साहित्यिक और पत्रकारीय क्षेत्रों तक ही सीमित नहीं है, बल्कि अंग्रेज़ी के लेखकों में भी हिंदी के इस देखे और सुने गये रूप के प्रति नाराज़गी और निंदाभाव है। लेकिन, हिंदी के एकमात्र थिसॉरस के रचयिता की राय इस रवैये से भिन्न है :

> मैं नहीं समझता कि हिंदी ... की भाषा दरिद्र होती गयी है। मैं तो कहूँगा कि वह तो हर दिन समृद्ध हो रही है। नये ज़माने के नये शब्द बेहिचक, बेखटके, बेधड़के, निश्शंक, पूरे साहस के साथ ला रही है। ... कुछ शब्द देता हूँ : हॉट शॉट, बॉलीवुड, ट्रेलर, चैनल, किरदार, एसजीपीसी, नयी दिल्ली विवि, रजिस्ट्रार, फ्लाईओवर, स्टेडियम, पासवर्ड, इनफोटनमेंट, सब्सक्राइबर, नेटवर्किंग, डायरेक्ट टू होम, सेंट्रल लाइब्रेरी, ओपन स्कूल हाईवे, इन्वेस्टमेंट मूड, प्रॉपर्टी, लिविंग स्टाइल, लोकेशन, शॉपिंग सेंटर, वग़ैरह। आज अंग्रेज़ी अंग्रेज़ी इसलिए है कि उसने दुनिया भर के शब्द अपने में समेटे हैं। आपको आश्चर्य होगा कि अंग्रेज़ी में अधिकतर तारों के नाम अरबी से लिए गये हैं। हिंदी के शब्दों की उसमें भरमार है। यही खूबी हमारी हिंदी में भी है। पिछली सदियों में हमने हर भाषा से शब्द लिए, अब बढ़ते विश्व सम्पर्क के कारण और यकायक तकनीकी विस्फोट के कारण यह प्रक्रिया और भी तेज़ हो गयी है। स्वाभाविक है कि कुछ लोग इसे महापतन मानेंगे। पर, यही आज की बोलचाल की भाषा है।[93]

इसी बात को सुधीश पचौरी ने अलग लहज़े में कहते हुए उसका समाजशास्त्र बनाने की कोशिश की है। वे एक निहायत दिलचस्प प्रस्थापना के साथ सामने आते हैं कि पिछले सौ-सवा सौ साल में जो परिनिष्ठित हिंदी बनी थी, उसे दृश्य-

---

[93] *सहज समांतर कोश* के रचयिता अरविंद कुमार से प्रमोद रंजन की बातचीत, 'हिंदी बदल रही है ... क्योंकि भाषा बहता नीर', *ग्राम परिवेश* (2005) का मीडिया विमर्श अंक, शिमला (हि.प्र.), 8-14 सितम्बर, 2005

श्रव्य माध्यम एक विराट बोली में बदले दे रहे हैं :

> प्रिंट मीडिया ने ... एक परिनिष्ठित हिंदी बनाई थी, जो आज भी मौजूद है, जिसमें हम सब सोचते हैं, गोष्ठियाँ करते हैं। टीवी ने इस भाषा को ही एक विराट 'बोली' में बदल दिया है। यद्यपि ऐसा करते हुए उसने प्रिंट मीडिया को प्रभावित तो किया है, नष्ट नहीं किया है। इस तरह टीवी की भाषा के प्रति हर शिकायत टीवी-इतर-मीडिया की भाषा की शिकायत है। लेकिन, एक स्थिर, परिनिष्ठीकृत भाषा को ग्लोबल बनाकर उसे रोज़मर्रा की बोली-बातचीत में बदल डालना एक क्रांतिकारी कार्य है जो दूरदर्शन और अन्य हिंदी चैनलों ने किया है। सदियों बाद इस उपमहाद्वीप को एक ऐसी भाषा नसीब हुई है जिसमें श्रीलंका से लेकर खाड़ी के देशों तक संचार सम्भव हुआ है। इसे रूबी भाटिया, जावेद जाफरी, साजिद ने बनाया है। इसे चैट शो वालों ने बनाया है, इसे आमंत्रित जनता ने बनाया है। इसे देख कर शुद्धतावादी चित्त और शुद्धतावादी वैयाकरण रोते हैं तो क्या करें। यह श्रव्य और वाच्य भाषा है। इससे जीवन चलता है। ... यह मुक्त बाज़ार में निर्मित मध्यवर्ग की, बाज़ार द्वारा बाज़ार के लिए बनी भाषा है और सरेआम बनती भाषा है। ... अनेक चैनलों के भावी परिदृश्य में हम एक ऐसी भाषा पाएँगे जो और भी वर्णसंकर, और भी खिचड़ी होगी। ... बाज़ार की शक्तियों और उनके सहयोगी माध्यम टीवी ने यह मसला सुलझा दिया है कि कौन सी भाषा जन-संचार में सक्षम है। जो सक्षम है, वह बड़ी भाषा है। यह हिंदी है जिसे वर्णसंकर, भ्रष्ट और हिंग्रेज़ी कह सकते हैं।[94]

सुधीश पचौरी के लहज़े से बहुत से लोग सहमत नहीं होंगे। और, ज़रूरी नहीं कि उनसे असहमत लोग पण्डिताऊ और शुद्धतावादी ही हों। हो सकता है कि वे भाषा का संसार पूरी तरह बाज़ार की शक्तियों पर छोड़ने के लिए तैयार न हों। बाज़ार की बोली ज़रूर विकसित हो रही है, पर इससे यह नतीजा तो नहीं निकाला जा सकता कि परिनिष्ठित हिंदी का विकास बंद हो जाएगा। ज़ाहिर है कि हिंदी के अंतिम रूप या उसके सभी रूपों का उद्‌घाटन होना अभी बाक़ी है। हिंदी के पास अब दो बड़े-बड़े क्षेत्र हैं। एक में हिंदी की साहित्यिक-पत्रकारीय परम्परा का का बोलबाला है, और दूसरे में उस हिंदी का बोलबाला है जिसे सुधीशजी 'उपभोग की हिंदी' कहते हैं। हिंदी ने संस्कृत से संघर्ष किया है, अरबी-फ़ारसी से अपना पल्ला छुड़ाया है। अब अंग्रेज़ी से अन्योन्यक्रिया की बारी है। यह एक देखने और समझने लायक प्रक्रिया होगी, एक बहुत बड़ा सांस्कृतिक खेल होगा, क्योंकि विश्व मानवता के एक बहुत बड़े हिस्से के सांस्कृतिक नाक-नक़्श इसी आधार पर बनेंगे।

---

[94] सुधीश पचौरी (2000), 'हिंग्रेजी का समाजशास्त्र, संकलित : पुरुषोत्तम अग्रवाल और संजय कुमार' (सम्पा.), *हिंदी नयी चाल में ढली / एक पुनर्विचार*, देशकाल प्रकाशन : 91-101.

संदर्भ

अभय कुमार दुबे (1994), 'हिंदी जाति बनाम राष्ट्रीय एकता : कुछ भ्रांतियों का निराकरण', *उत्तरार्द्ध*, मथुरा (उप्र), नवम्बर.

-----------(2014), 'लोकतंत्र की लम्बी कविता', (इसी संकलन में).

अमृत राय (1984), *ए हाउस डिवाइडिड : द ओरिजिन ऐंड डिवेलपमेंट ऑफ़ हिंदी / हिंदवी*, ऑक्सफ़र्ड युनिवर्सिटी प्रेस, नयी दिल्ली.

अनिरुद्ध देशपाण्डे (2000), 'हिंदुस्तानी इन इण्डिया'. *इकॉनॉमिक ऐंड पॉलिटिकल वीकली*, 8 अप्रैल.

अरविंद कुमार से प्रमोद रंजन की बातचीत, 'हिंदी बदल रही है ... क्योंकि भाषा बहता नीर', *ग्राम परिवेश* का *मीडिया विमर्श* अंक (2005), शिमला (हि.प्र.), 8-14 सितम्बर.

अरविंद काला (2007), 'हेजेमनी ऑफ़ हिंदी', *द टाइम्स ऑफ़ इण्डिया*, नयी दिल्ली, 6 जनवरी.

अयाज़ अहमद कुरैशी (2003), 'उर्दू अदब में दलित चेतना और सामाजिक न्याय के लिए संघर्ष', *वसुधा*, अंक 58, जुलाई-सितम्बर.अरविंद कुमार से प्रमोद रंजन की बातचीत (2005), 'हिंदी बदल रही है ... क्योंकि भाषा बहता नीर', *ग्राम परिवेश* (2005) का मीडिया विमर्श अंक, शिमला.

आदित्य निगम (2001), 'हिंदीज़ अनहैपी कांशसनेस', *हिंदी : लैंग्वेज, डिस्कोर्स, राइटिंग*, खण्ड 2, अंक, 1 अप्रैल-जून : 213-231, महात्मा गाँधी अंतर्राष्ट्रीय हिंदी विश्वविद्यालय का प्रकाशन, नयी दिल्ली.

आलोक राय (2000), *हिंदी नैशनलिज़्म*, ओरिऐंट लांगमेन, ट्रैक्ट्स फार टाइम, हैदराबाद.

--------(2004), 'द परसिस्टेंस ऑफ़ हिंदुस्तानी', द *एनुअल ऑफ़ उर्दू स्टडीज़*, अंक.

इज़लाल मजीद, मंजूर एहतशाम और कमला प्रसाद (सम्पा.)(2002), *कि आती है उर्दू ज़बाँ आते आते*, पहला खण्ड, वाणी प्रकाशन, नयी दिल्ली.

एन. भास्कर राव, द *इण्डियन मीडिया सीन : द न्यूज पेपर्स / फैक्ट शीट*, सीएमएस वेबसाइट

बिज़नेस स्टैण्डर्ड, 29 दिसम्बर, 2006 में छपी शुचि बंसल की ख़बर : 'हिंदी पेपर्स राइड मार्केट बूम'.

एस.सी.आर. वेटमेन (1982), 'रामचरितमानस एज़ ए रिलीजस ईवेंट', गोपाल कृष्ण (सम्पा.), *कंट्रीब्यूशंस टु साउथ एशियन स्टडीज 2*, ऑक्सफ़र्ड युनिवर्सिटी प्रेस, नयी दिल्ली.

कृष्ण कुमार (1990), 'हिंदी रिवाइवलिज़्म ऐंड एजुकेशन इन नॉर्थ-सेंट्रल इण्डिया', *सोशल साइंटिस्ट*, खण्ड 18, अंक 10, 1 अक्टूबर.

कृष्ण कुमार (1990), 'हिंदू रिवाइवलिज़्म ऐंड एजुकेशन इन नॉर्थ-सेंट्रल इण्डिया', *सोशल साइंटिस्ट*, खण्ड 18, अंक 10 अक्टूबर.

क्रिस्टोफ़र आर. किंग (1994), *वन लैंग्वेज, टू स्क्रिप्ट्स : द हिंदी मूवमेंट इन नाइंटीथ सेंचुरी नॉर्थ इण्डिया*, ऑक्सफ़र्ड युनिवर्सिटी प्रेस, नयी दिल्ली.

कैथरिन हेंसन, 'रेणुज़ रीजलिज़्म : लैंग्वेज ऐंड फॉर्म', *जनरल ऑफ़ एशियन स्टडीज़*, खण्ड 40, अंक 2.

गीत चतुर्वेदी (2007), 'मदर इण्डिया', *हिंदुस्तान*, नयी दिल्ली, 20 मई.

चार्ल्स फ़र्ग्युसन, 'डायग्लॉसिया', *वर्ल्ड*, अंक 15.

चंद्रभान प्रसाद और मीरा सरोज, शिशुपाल सिंह (डेलही दलित युनिवर्सिटी ग्रुप) द्वारा ज़ारी 'इंग्लिश द दलित गॉडेस / लॉर्ड मैकाले बर्थ डे पार्टी', का निमंत्रण पत्र, 25 अक्टूबर, 2006.

जानकी प्रसाद शर्मा (2001), *उर्दू साहित्य की परम्परा,* वाणी प्रकाशन, नयी दिल्ली.

जोशुआ ए, फिशमेन (1998-99), 'ए लिंग्विस्टिक ऑर्डर', *फ़ॉरेन पॉलिसी,* अंक 113, शरद.

डब्ल्यू. एन. कुबेर, *आम्बेडकर : ए क्रिटिकल स्टडी,* पीपुल्स पब्लिशिंग हाउस, नयी दिल्ली.

डॉ. धर्मवीर (1998), *हिंदी की आत्मा,* समता, नयी दिल्ली.

डेविड डी. लाइटिन (2000), 'वाट इज़ ए लैंग्वेज कम्युनिटी ?', *अमेरिकन जनरल ऑफ़ पॉलिटिकल साइंस,* खण्ड 44, अंक 1, जनवरी.

द टाइम्स ऑफ़ इण्डिया (1990), सम्पादकीय : 'लिंग्विस्टिक डेमॉक्रैसी / मदर टंग प्रिफर्ड बाइ मैनी आईएएस एसपिरेंट्स', नयी दिल्ली, 24 मई.

नया ज्ञानोदय (2007), मई और जून, के विशेषांक, ज्ञानपीठ प्रकाशन, नयी दिल्ली.

नारायण दत्त (2007), 'शुद्ध हिंदी और हिंदी पत्रकार', *मीडिया मीमांसा,* भोपाल, प्रवेशांक.

नैशनल रीडरशिप सर्वे, 2006 के बारे में द *हिंदू,* नयी दिल्ली की रपट, 30 अगस्त, 2006.नामवर सिंह (2002), 'हिंदी इलाक़े के अंग्रेज़ीदाँ ही सबसे बड़े दुश्मन', *राष्ट्रीय सहारा,* हस्तक्षेप परिशिष्ट, 14 सितम्बर.

प्रभाष जोशी (1990), 'पुलिया संकीर्ण है', *मसि कागद,* प्रभात प्रकाशन, नयी दिल्ली.

पेगी मोहन (2000), 'इज़ इंग्लिश द लैंग्वेज ऑफ़ इण्डियाज़ फ्यूचर ?', *सेमिनार,* और हिंदी में अनूदित हो कर, 'हिंदी-अंग्रेज़ी द्विभाष्यता : एक सूर्यास्त की कहानी', पुरुषोत्तम अग्रवाल और संजय कुमार (सम्पा.), *हिंदी नयी चाल में ढली / एक पुनर्विचार,* देशकाल प्रकाशन, नयी दिल्ली.

------ (2000), 'हिंदुस्तानी, हिंदी ऐंड इंग्लिश इन इण्डिया', *इकॉनॉमिक ऐंड पॉलिटिकल वीकली,* 6 मई.ब्राइन वाइंस्टाइन (1979), 'लैंग्वेज स्ट्रेट्जिस्ट्स : रिडिफ़ाइनिंग पॉलिटिकल फ्रंटियर्स ऑन द बेसिस ऑफ़ लिंग्विस्टिकि चॉयसेज़', *वर्ल्ड पॉलिटिक्स,* खण्ड 31, अंक 3 : 1 अप्रैल.

फ्रंचेस्का ऑर्सीनी (2002), *हिंदी पब्लिक स्फियर, 1920-40 : लैंग्वेज ऐंड लिटरेचर इन द एज ऑफ़ नैशनलिज़म,* ऑक्सफ़र्ड युनिवर्सिटी प्रेस, नयी दिल्ली.

रंजीत साउ, 'फ्राम संस्कृटाइज़ेशन टु हिंदी-आइज़ेशन ऐंड हिंदू-आइजेशन', *इकॉनॉमिक ऐंड पॉलिटिकल वीकली,* 16-23 अक्टूबर.

रमेशचंद्र शाह (सम्पा.)(2001), *निराला संचयिता,* वाणी प्रकाशन, नयी दिल्ली.

रविकांत (2007), 'द न्यू हिंदी मीडियम', *तहलका,* 5 मई.

रमेश उपाध्याय (1994), 'साहित्यिक पत्रिकाओं की समस्याएँ और सम्भावनाएँ', *उत्तरार्द्ध,* मथुरा (उप्र), अंक 38, 1 नवम्बर.

रामविलास शर्मा (1961), *भाषा और समाज,* राजकमल प्रकाशन, नयी दिल्ली.

---------- (1972), *निराला और उनकी साहित्य साधना,* राजकमल प्रकाशन, नयी दिल्ली.

---------- (1994), 'हिंदी जाति का पुनर्गठन', *उत्तरार्द्ध,* मथुरा (उप्र), नवम्बर.

---------- (1998), *आचार्य रामचंद्र शुक्ल और हिंदी आलोचना,* राजकमल प्रकाशन, नयी दिल्ली.

वसुधा डालमिया (1997), *द नैशनलाइजेशन ऑफ़ हिंदू ट्रेडीशन : भारतेंदु हरिश्चंद्र ऐंड नाइंटीथ सेंचुरी बनारस,* नयी दिल्ली, ऑक्सफ़र्ड युनिवर्सिटी प्रेस, नयी दिल्ली.

---------- (2003), 'द लोकेशंस ऑफ़ हिंदी', *इकॉनॉमिक ऐंड पॉलिटिकल वीकली,* 5 अप्रैल.

विनोबा भावे (1970), *लैंग्वेज प्रॉब्लम,* सर्व सेवा संघ प्रकाशन, वाराणसी.

वागीश शुक्ल (2003), *उर्दू साहित्य का देवनागरी में लिपिकरण : कुछ समस्याएँ और सुझाव*, वाणी प्रकाशन, नयी दिल्ली.

वीरभारत तलवार (2002), *रस्साकशी : उन्नीसवीं सदी का नवजागरण और पश्चिमोत्तर प्रांत*, सारांश प्रकाशन, नयी दिल्ली.

शम्सुर्रहमान फ़ारूक़ी (2003), 'ए लांग हिस्ट्री ऑफ़ उर्दू लिटरेरी कल्चर, पार्ट-1 : नेमिंग ऐंड प्लेसिंग ए लिटरेरी कल्चर', संकलित : शेल्डन पोलॉक (सम्पा.), *लिटरेरी कल्चर्स इन हिस्ट्री : रिकंस्ट्रक्शंस फ़्रॉम साउथ एशिया*, ऑक्सफ़र्ड, नयी दिल्ली.

शेखर गुप्ता (2003), 'द एचएमटी एडवांटेज', *द इण्डियन एक्सप्रैस*, नयी दिल्ली, 15 फ़रवरी.

शेष / दो ज़बानों की एक किताब, पेशकश : हसन जमाल, जोधपुर (राजस्थान).

सुधीर चंद्र (1993), *ऑप्रेसिव प्रजेंट : लिटरेचर ऐंड कांशसनेस इन कोलोनियल इण्डिया*, ऑक्सफ़र्ड युनिवर्सिटी प्रेस, नयी दिल्ली. सुमति रामस्वामी (1999), 'संस्कृत फॉर नेशन', *माडर्न एशियन स्टडीज़*, खण्ड 33, अंक 2.

सुधीश पचौरी (2000), 'हिंग्रेजी का समाजशास्त्र, संकलित : पुरुषोत्तम अग्रवाल और संजय कुमार (सम्पा.), *हिंदी नयी चाल में ढली / एक पुनर्विचार*, देशकाल प्रकाशन, नयी दिल्ली.

सुदीप्त कविराज (1990), 'ऑन द डिस्कोर्स ऑफ़ सेकुलरिज़म', विद्युत चक्रवर्ती (सम्पा.), *सेकुलरिज़म ऐंड इण्डियन पॉलिटी*, सेगमेंट, नयी दिल्ली.

सुदीप्त कविराज (2003), 'टू हिस्ट्रीज़ ऑफ़ लिटरेरी कल्चर इन बंगाल', संकलित : शेल्डन पोलॉक (सम्पा.), *लिटरेरी कल्चर्स इन हिस्ट्री : रिकंस्ट्रक्शसंस फ़्रॉम साउथ एशिया*, ऑक्सफ़र्ड युनिवर्सिटी प्रेस, नयी दिल्ली.

सुरेश सलिल (सम्पा.) (1998), *गणेश शंकर विद्यार्थी संचयन*, साहित्य अकादेमी, नयी दिल्ली.

हरीश त्रिवेदी (2003), 'प्रोग्रेस ऑफ़ हिंदी पार्ट-2 : हिंदी ऐंड नेशन', संकलित : शेल्डन पोलॉक (सम्पा.), *लिटरेरी कल्चर्स इन हिस्ट्री : रिकंस्ट्रक्शंस फ़्रॉम साउथ एशिया*, ऑक्सफ़र्ड युनिवर्सिटी प्रेस, नयी दिल्ली.

3

हिंदी का ज्ञानकाण्ड

रामविलास शर्मा का 'अर्ली-मॉडर्न', परम्परा की आधुनिकता, और हिंदी-वर्चस्व का लोकतंत्रीकरण

नयी बौद्धिकता या तो पहले से मौजूद विचारों के नये समीकरणों का फलितार्थ होती है, या फिर उसका जन्म पुराने विचारों के खण्डन पर आधारित नये विचारों से होता है। बौद्धिक जगत के प्राणों में विवादों का लहू बहता है। भले ही बहसों के ज्वार-भाटे में उतराते हुए बुद्धिजीवी इस हक़ीक़त का एहसास न कर पाते हों, पर अपना इच्छित सत्य हासिल न कर पाने के कारण ही वे अपने पूर्ववर्तियों और समकालीनों पर आक्रमण करते हैं।[1]

मैं कहूँगा, वह (1857 का विद्रोह) आज़ादी की लड़ाई थी; वे कहेंगे, वह लड़ाई सामंतों ने अपने हित में लड़ी थी। मैं कहूँगा, अंग्रेज़ी राज में भारत का देहातीकरण हुआ; वे कहेंगे, अंग्रेज़ी राज में भारत का उद्योगीकरण हुआ। मैं कहूँगा, भारत के नवजागरण पर सन् 1857 के स्वाधीनता संग्राम का प्रभाव है; वे कहेंगे, उस संग्राम से इस जागरण को कुछ लेना-देना नहीं है। मैं कहूँगा, भारत में अंग्रेज़ी राज क़ायम होने से पहले यहाँ तमिल, बंगाली, हिंदी, मराठी आदि जातियों का निर्माण हुआ; वे कहेंगे, यह निर्माण नहीं हुआ और कुछ निर्माण हुआ तो अंग्रेज़ी राज में हुआ। मैं कहूँगा, भारत बहुजातीय राष्ट्र है; वे कहेंगे, भारत में अनेक राष्ट्रीयताएँ हैं और

---

[1] रैंडल कोलिंस (1998), द *सोशियोलॅजीज़ ऑफ़ फ़िलॉसफ़ीज़ : ए ग्लोबल थियरी ऑफ़ इंटलैक्चुअल चेंज,* द बेलनैप प्रेस ऑफ़ हार्वर्ड युनिवर्सिटी प्रेस, कैम्ब्रिज, मैसाचुसेट्स : 80 .

> वे सब एक-दूसरे से अलग-थलग हैं। मैं कहूँगा, तमिल, बंगाली जातियों की तरह हिंदी जाति भी एक है; वे कहेंगे, हिंदी जाति की बात करना अंधराष्ट्रवाद है।[2]

पहला कथन रैंडल कोलिंस का है और दूसरा रामविलास शर्मा का। भारत समेत दुनिया के प्रमुख दर्शनों के उद्गम और विकास का समाजशास्त्रीय अध्ययन करने वाले कोलिंस ने यह पता लगाने की कोशिश की है कि कोई महान बुद्धिजीवी अपने युग में बौद्धिक परिवर्तन की प्रक्रिया किस तरह प्रभावित करता है। रचनाशीलता दो चरणों में काम करती है। कोलिंस के मुताबिक़ पहले चरण में कोई विचारक किसी अनसुलझी समस्या की शिनाख़्त करता है। फिर दूसरे चरण में वह अपने ज़माने को उसे हल करने की अहमियत का यक़ीन दिलाने की कोशिश करता है। कोलिंस के मुताबिक़ ये दोनों प्रक्रियाएँ आपस में गुँथी हुई द्वंद्वात्मक गतिशीलता से आगे बढ़ती हैं। जो समाधान का क्षण है, वही समस्याओं को जन्म देने का क्षण भी है। मसलन, भारत में अगर बौद्धों ने कर्म के बंधनों से छुटकारा पाने का रास्ता प्रस्तावित न किया होता तो इस दार्शनिक उलझन का जन्म ही न होता। अगर एपीकुरुस ने देवताओं के डर से मुक्ति की व्याख्या न की होती तो दैवी शक्तियों का भय एक मुद्दा ही न बनता। कांट ने उसी क्षण विज्ञान के संकटग्रस्त होने की खोज की जब वे उस संकट को ख़त्म करने के लिए कोपरनिकसीय क्रांति का एलान कर रहे थे। कोलिंस के इस अवलोकन के ज़रिये रामविलास शर्मा के बौद्धिक मानस में झाँका जा सकता है।

यह कहना अनुचित न होगा कि रामविलास शर्मा ने जो कुछ लिखा और स्थापित किया, उसके 'प्राणों में विवादों का लहू बहता है'। हम जैसे-जैसे उनके विशाल वाङ्मय का अनुशीलन करते हैं, उस महाविवाद की जटिल और बहुआयामी तस्वीर उभरती जाती है जिसकी शुरुआत उन्होंने 1934 में निराला की कविता पर किये जाने वाले हमलों का जवाब देने वाले अपने लेख से की थी।[3] यह तस्वीर

---

[2] जुलाई, 1988 में वर्तमान सहित्य के लिए हरिनारायण मिश्र से बातचीत करते हुए रामविलास शर्मा का कथन, *मेरे साक्षात्कार* (2011), किताबघर प्रकाशन, नयी दिल्ली, (चौथा संस्करण) : 119.

[3] बीस और तीस की दहाइयों में हिंदी के पहले आधुनिक काव्य-आंदोलन छायावाद और उसके प्रमुख हस्ताक्षरों सूर्यकांत त्रिपाठी निराला, सुमित्रानंदन पंत और जयशंकर प्रसाद की थीं. इस त्रयी में महादेवी वर्मा की कविता बाद में जुड़ी. छायावादी कविता पर हुए आक्रमणों का सबसे ज़्यादा सामना निराला ने किया. उनकी काव्य-योजना का रबड़ छंद और केंचुआ छंद कह कर मज़ाक उड़ाया गया. ज्योति प्रसाद निर्मल द्वारा निराला पर किये गये हमले के जवाब में रामविलास शर्मा ने अपने लेख में साबित किया कि 'निराला की अतुकांत और दूरप्रवाही पंक्तियों वाली कविताएँ शैली और बायरन की कविताओं से बेहतर हैं'. देखें विश्वनाथ त्रिपाठी की संक्षिप्त टिप्पणी, 'रामविलास शर्मा का साहित्य विपुल और विविध है', रविभूषण (सम्पा.)(2011), *प्रभात ख़बर*, दीपावली विशेषांक : 79-82; इसके बाद के पैरे में आया विश्वनाथ त्रिपाठी का कथन भी इसी लेख से.

पूरी करने के लिए हमें इस कथन में रामविलास शर्मा की ही तरफ़ से कुछ पहलू और जोड़ने होंगे। मसलन, वामपंथी विमर्श जाति (जातीयता) या राष्ट्रीयता को एक ही चीज़ मानता है, पर रामविलास शर्मा का कहना है कि जाति व्यापारिक पूँजी के चरण में ही बन जाती है और राष्ट्रीयता औद्योगिक पूँजीपति वर्ग के उभार के साथ उभरती है। यानी रामविलास शर्मा के खाते में जाति राष्ट्रीयता का 'अर्ली-मॉडर्न' है। वामपंथी बुद्धिजीवी गंगा-जमुनी संस्कृति का गुणगान करते नहीं थकते, पर उर्दू-हिंदी साहित्य की एकताबद्ध परम्परा की ज़बरदस्त पैरोकारी करने के बावजूद वे इस धारणा को दरबारी क़िस्म की उर्दू लिखने वालों का सूत्रीकरण क़रार देते हैं। डी.डी. कोसम्बी, रोमिला थापर और रामशरण शर्मा जैसे प्राचीन भारत के इतिहासकारों का कहना है कि आर्य बाहर से आये थे, पर उन्हें को 1956 में ही आर्यों के आक्रमण की थीसिस पर शक हो गया था। बाद में वे साफ़ तौर से इसके ख़िलाफ़ होते चले गये। सभी लोग जिसे सामंतशाही के प्रभुत्व वाला भारतीय मध्ययुग कहते हैं, रामविलास शर्मा ने उसे 'सामंतशाही के खोल' में विकसित होती हुई व्यापारिक पूँजी के उभार के रूप में देख कर 'अर्ली-मॉडर्निटी' (पश्चिमी और औपनिवेशिक प्रभाव के आगमन के पहले की आधुनिकता) के संकेतों की तरह पेश किया। जिस भक्ति-साहित्य को निर्गुण और सगुण के बीच बाँट कर देखा जाता है, उसे उन्होंने प्रेममार्ग के एकल शीर्षक के तहत रखते हुए अखिल भारतीय लोकजागरण के रूप में पेश करते हैं; उस लोकजागरण की तरह जो उनकी निगाह में उन्नीसवीं सदी में हुए हिंदी नवजागरण की पूर्वपीठिका है। हिंदी का मार्क्सवादी चिंतन भारतीय परम्परा के जिन आयामों को पिछड़ा, दकियानूसी और ब्राह्मणवादी कह कर ख़ारिज करता है, रामविलास शर्मा ने उन्हीं आयामों में से भौतिकवाद और प्रगतिशीलता के पहलू निकाल-निकाल कर दिखाने में अपना पूरा जीवन ख़र्च कर दिया। कभी लांछन के रूप में तो कभी उपाधि के रूप में जिन रामविलास शर्मा को 'कट्टर मार्क्सवादी' कहा गया, वे भारतीय समाज को जड़ और परिवर्तनरोधी क़रार देने वाली मार्क्स की भारत संबंधी रचनाएँ ख़ारिज करते हुए साफ़ कहते हैं कि वे ज़रूरत पड़ने पर मार्क्स को संशोधित करने से भी नहीं चूकेंगे। रामविलास शर्मा एक पार्टी की हुक्मशाही और सर्वहारा की तानाशाही के सिद्धांत को भी अस्वीकार करते हैं। उनका तर्क है कि मार्क्सवाद ही भारत को समझने के लिए ज़रूरी नहीं है, भारत भी मार्क्सवाद को समझने के लिए ज़रूरी है।

मौलिक लेखन, सम्पादन, संकलन और अनुवाद मिला कर रामविलास शर्मा ने पूरी सौ पुस्तकों की रचना की। विश्वनाथ त्रिपाठी की राय है कि उनके द्वारा

'लिखित साहित्य को पूरा पढ़ लेना और उस पर अपनी कोई राय बना लेना दुष्कर है'। उन पर लिखने वालों ने प्रोफ़ेसर त्रिपाठी के इस कथन को अक्सर सही साबित किया है। उनकी समग्र परियोजना अक्सर हमारी पकड़ से दूर ही रही है। दूसरे, निहायत ही पारदर्शी भाषा में व्यक्त उनके विचार और स्थापनाएँ इतनी आकर्षक हैं कि ज़रा सी सावधानी हमें उनसे सहमत होने की तरफ़ धकेल देती है। मन में संदेह बने रहते हैं, पर साथ में दिल यह भी कहता रहता है कि क्यों न इस बात को मान लिया जाए। मुश्किल यह है कि उनके आलोचक भी इस दुविधा को दूर करने में कोई ख़ास मदद नहीं कर पाते। ज़्यादातर आलोचनाएँ उनके किसी एक पक्ष को ही सम्बोधित करती हैं। जो विद्वान उनके इतिहास-लेखन से सहमत नहीं हैं, वे उनके साहित्य-चिंतन पर कुछ कहने से परहेज़ करते हैं। मसलन, वीर भारत तलवार ने चार लम्बे-लम्बे लेख लिख कर रामविलास शर्मा के मार्क्सवाद की कठोर आलोचना की है,[4] पर वे यह भी कहते हैं कि 'रामविलास शर्मा की बहुत सी मान्यताएँ मेरे लिए महत्त्वपूर्ण हैं, वे चीज़ों को समझने और आगे बढ़ने में मेरी मदद करती हैं।' इसी तरह की एक क़वायद नब्बे के दशक में मैंने भी रामविलास शर्मा द्वारा प्रतिपादित हिंदी जाति की थीसिस को मार्क्सवादी कसौटियों पर कसने के लिए की थी। लेकिन मुझे पता है कि वह आलोचना किसी भी तरह से उनकी प्रतिनिधि आलोचना नहीं थी। मेरा वह प्रयास उस महावृत्तांत से भी सूचित नहीं था जिसे गढ़ने की प्रक्रिया में उस थीसिस का सूत्रीकरण किया गया था।[5] साहित्यालोचन के क्षेत्र में रामविलास शर्मा के मार्क्सवाद को परम्परापोषक क़रार देने वाले संजीव कुमार उनके अन्य पक्षों पर (जैसे, भाषा-विज्ञान संबंधी काम) पर केवल चुप ही नहीं रहते, बल्कि उन्हें यह भी लगता रहता है कि मैं 'बहुत ही सतही क़िस्म की बात शायद सतही तरीक़े से कह रहा हूँ ...। इस पर बहुत निर्णायक तरीक़े से अगर कोई बात कहनी

---

[4] वीर भारत तलवार (2005), *सामना : रामविलास शर्मा की विवेचन-पद्धति और मार्क्सवाद तथा अन्य निबंध*, वाणी प्रकाशन, नयी दिल्ली; वीर भारत का दूसरा कथन डॉ. जयनारायण बुधवार और डॉ. प्रमिला बुधवार द्वारा सम्पादित रामविलास शर्मा पर केंद्रित *कल के लिए* के विशेषांक में प्रकाशित परिसंवाद 'प्रश्नों के घेरे में रामविलास' से. यह विशेषांक 'युगपुरुष रामविलास' शर्मा के रूप में शीघ्र प्रकाश्य.

[5] यह आलेख मैंने दिल्ली विश्वविद्यालय के साउथ कैम्पस में तीन दिन तक हुई एक विचार-गोष्ठी के दूसरे दिन पेश किया था. गोष्ठी की विषय-वस्तु हिंदी जाति की स्थापना थी और इस सत्र की अध्यक्षता नामवर सिंह कर रहे थे. गोष्ठी के पहले दिन रामविलास शर्मा भी आये थे. हिंदी जाति की परिकल्पना को मार्क्सवाद विरोधी बताने वाला अपना पर्चा ख़त्म करने के बाद मुझे गोष्ठी में जिस तरह के ज़बरदस्त हमलों का सामना करना पड़ा, उससे स्पष्ट था कि हिंदी की साहित्यिक और बौद्धिक दुनिया ने हिंदी जाति और उससे जुड़े हुए रामविलास शर्मा के मार्क्सवाद को पूरी तरह से आत्मसात् कर लिया है. बाद में सव्यसाची ने *उत्तरार्ध* में मेरा लेख तो छापा ही, साथ ही रामविलास शर्मा का लेख भी साथ में प्रकाशित किया.

हो तो मुझे बहुत अधिक तैयारी करनी चाहिए'।[6] नामवर सिंह अगर एक साँस में उन्हें 'केवल जलती मशाल' और दूसरी साँस में उन्हें 'इतिहास की शव-साधना' में तल्लीन बताते हैं, तो साथ में यह कहना भी नहीं भूलते कि 'राहुलजी और द्विवेदीजी की ही तरह रामविलास शर्मा भी मेरे अंदर जीवंत और जागृत है'।[7] अपूर्वानंद जब कहते हैं कि 'एक-एक करके रामविलास शर्मा के चमकते हुए धारधार खाँडे के नीचे सब गिरे। सब के सिर, चाहे वह राहुल हों, यशपाल हों। राहुल जैसा महापंडित रामविलास शर्मा को चुनौती नहीं दे सका', तो साथ में वे यह बताना नहीं भूलते कि रामविलास शर्मा किस तरह से ख़ुद उनके भी हीरो थे।[8]

उनके आलोचक आधे-अधूरे प्रयासों के कारण अपनी आलोचना के प्रति एक तरफ़ तो संदेह के शिकार हैं, और दूसरी तरफ़ उनके भीतर रामविलास शर्मा का प्रशंसक भी कहीं छिपा बैठा है। शायद इसीलिए भगवान सिंह ने रामविलास शर्मा को पढ़ने की दिक़्क़तों और शर्तों की इस तरह व्याख्या की है, 'उनकी सभी स्थापनाओं से सहमत होना नासमझी है, और उनको ख़ारिज करना दुर्भाग्य-पूर्ण। रामविलास शर्मा को जिरह करते हुए पढ़ा जाना चाहिए। यह जिरह केवल उनसे ही नहीं चलानी चाहिए, स्वयं अपने साथ भी चलानी चाहिए। उनकी मान्यताओं की भी पड़ताल होनी चाहिए और अपनी मान्यताओं और पूर्वग्रहों की भी। रामविलास शर्मा बाज़ारू चिंतन के प्रतिपक्ष हैं। ब्योरों में जाने पर उनसे अनेक बिंदुओं पर गम्भीर असहमति हो सकती है। उनकी बहुत सी धारणाएँ अंतर्विरोधी भी मिलेंगी, पर उनकी मूलभूत स्थापनाएँ सुदृढ़ आधार पर टिकी हो सकती हैं, पर, सम्भव यह भी कि न हों।'[9]

सवाल यह है कि क्या इस महाविवाद का कोई केंद्रीय सार है ? रामविलास शर्मा क्या जानना और बताना चाहते थे ? उनका इच्छित सत्य क्या था ? वह आपस में गुँथी हुई द्वंद्वात्मक गतिशीलता क्या थी जिसे रामविलास शर्मा की रचनाशीलता

---

[6] संजीव कुमार (2012), 'हिंदी का मार्क्सवाद : जात्याभिमानी परचम के तले', अभय कुमार दुबे (सम्पा.), *हिंदी की आधुनिकता-एक पुनर्विचार,* दूसरा खण्ड, आईआईएएस-वाणी, नयी दिल्ली.

[7] नामवर सिंह के इन दोनों लेखों को एक साथ पढ़ने के लिए देखें विश्वनाथ त्रिपाठी और अरुण प्रकाश (सम्पा.)(2001), *वसुधा (51) / रामविलास शर्मा के कृतित्व पर केंद्रित,* जुलाई-सितम्बर.

[8] अपूर्वानंद (2012), 'रामविलास शर्मा का विजेता मार्क्सवाद और मुक्तिबोध क्षण', अभय कुमार दुबे, (सम्पा.), *हिंदी की आधुनिकता-एक पुनर्विचार,* दूसरा खण्ड, आईआईएएस-वाणी, नयी दिल्ली.

[9] भगवान सिंह (2011) ने रामविलास शर्मा के कम से कम दो पक्षों (इतिहास-लेखन और भाषा संबंधी कार्य) का बारीक अध्ययन किया है. देखें, 'रामविलास शर्मा : सांस्कृतिक मूलाधार की तलाश', प्राचीन भारत के इतिहासकार, सस्ता साहित्य मण्डल, नयी दिल्ली : 72-84; राहुल और रामविलास के बीच मतभेदों का गम्भीर विवेचन करने वाला एक लेख भी इसी संकलन में मिलता है.

की चालक-शक्ति कहा जा सकता है? इस लेख में मेरा इरादा यह दिखाने का है कि उनकी रचनात्मकता के केंद्र में एक नहीं, बल्कि तीन अनुत्तरित प्रश्न थे जिनका प्रतिपादन उन्होंने समाधान प्रस्तावित करने की उसी प्रक्रिया में किया है जिसकी शिनाख़्त रैंडल कोलिंस ने की है। इनमें पहली अनसुलझी उलझन यह थी कि मार्क्सवादी कसौटियों के मुताबिक़ जो समाज पिछड़ा हुआ मान लिया गया हो, उसमें दर्शन, कला और साहित्य का इतना उत्कृष्ट विकास कैसे और क्यों होता है? यह पिछड़ा हुआ समाज भारत भी हो सकता है और अफ़लातून के ज़माने का यूनान भी। दूसरी उलझन यह थी कि ॠग्वेद से चली आयी पाँच हज़ार साल पुरानी भारतीय परम्परा का मूल्यांकन कैसे किया जाना चाहिए? आधुनिकता के साथ इस परम्परा के रिश्ते की शिनाख़्त कैसे होगी? तीसरी उलझन यह थी कि एक बहुभाषी, बहुधार्मिक, बहुसांस्कृतिक और बहुजातीय देश में एक स्वदेशी सम्पर्क-भाषा का तर्क कैसे स्थापित किया जा सकता है? ये तीनों उलझनें अलग-अलग भी थीं, और आपस में गुँथी हुई भी।

रामविलास शर्मा ख़ुद अपने आत्म-कथनों में बताते हैं कि सत्तर के दशक के आसपास उन्होंने न केवल साहित्यालोचन त्याग दिया था, बल्कि नये साहित्यकारों की रचनाएँ भी पढ़नी बंद कर दी थीं। इसीलिए उन जैसे सक्षम आलोचक ने सत्तर और अस्सी के दशक की बेहतरीन हिंदी कविता पर कुछ नहीं लिखा। कुछ-कुछ नागार्जुन पर जुबानी टीका-टिप्पणियाँ तो उनके यहाँ मिलती हैं, पर रघुवीर सहाय, श्रीकांत वर्मा और धूमिल की चमकदार पीढ़ी पर वे कुछ नहीं कहते। साहित्य छोड़ कर पहले वे भाषा-विज्ञान में रमे, फिर इतिहास-लेखन और समाज-चिंतन में डूब गये। उन्होंने जिन श्रेणियों (राष्ट्रवाद, जातीयता, भाषा-समस्या, इतिहास-दृष्टि, उपनिवेशवाद का प्रभाव, दर्शन का विकास आदि) के इर्द-गिर्द अपना शास्त्र बुना, वे समाज-विज्ञान और मानविकी के क्षेत्र से अभिन्न संबंध रखती थीं। अगर वे महज साहित्यालोचक होते, तो समाज-वैज्ञानिक शोध की कसौटियों पर उन्हें कसने की ज़रूरत न पड़ती। पर, मुश्किल यह है कि रामविलास शर्मा का लेखन समाज-वैज्ञानिक दृष्टि से सुपरिभाषित पेशेवर अनुसंधान की प्रविधियों का इस्तेमाल नहीं करता। ऐसी बात नहीं कि अपनी रचनाओं में उन्होंने पाद टिप्पणियों का इस्तेमाल न किया हो। कहीं-कहीं ग्रंथावली भी मिल जाती है। लेकिन, शोध की विश्वसनीयता साबित करने के लिए समाज-वैज्ञानिक जिन सिक्काबंद तौर-तरीक़ों का कष्टसाध्य बारीकी से प्रयोग करते हैं, उनकी चिंता हिंदी के इस महा-विचारक को नहीं थी। एक स्वयंभू सिद्धांतकार की तरह वे एक के बाद एक स्थापना देते चले जाते

हैं। मेरी ज़मीन भी समाज-विज्ञान की है, इसलिए मैंने इस लेख में रामविलास शर्मा के सार को समाज-वैज्ञानिकों द्वारा की गयी निष्पत्तियों के आईने में देख कर समझने की कोशिश की है। यहाँ मेरी इच्छा यह भी पता लगाने की है कि जिस तरह का शोध विश्वविद्यालयों और शोध संस्थानों में होता है, उसके परिणामों पर हिंदी का यह ऊर्जस्वित चेतना-पुंज कहाँ तक ख़रा उतरता है।

पूरा लेख चार हिस्सों में बँटा है। पहले भाग में उनके इतिहास-लेखन की समीक्षा है। दूसरे में उनके समाज-चिंतक पक्ष का विश्लेषण है। तीसरे भाग के केंद्र में उनका भाषा-चिंतन है। चौथे में उनकी समग्र परियोजना का आकलन है। रामविलास शर्मा के मार्क्सवाद की खोज-ख़बर लेने से बचना लगभग असम्भव है, क्योंकि हर क़दम पर वे अपनी बौद्धिक वैधता मार्क्स से ही हासिल करते हैं। इसलिए हर भाग में उनके मार्क्सवाद को खँगाला गया है। अधिकतर उद्धरण उनके साक्षात्कारों से हैं। मैं उनकी पुस्तकों से भी उद्धरण ले सकता था, पर उस सूरत में यह लेख भी पुस्तकाकार हो जाता। वैसे भी उनके साक्षात्कार उनकी स्थापनाओं का निचोड़ होने के साथ-साथ उनके विशाल रचना-संसार के गुटके की तरह हैं। अंत में यह स्पष्ट कर देना ज़रूरी है कि रामविलास शर्मा की स्थापनाओं के पीछे मौजूद तथ्यों की सच्चाई और उनके अनुसंधान की गुणवत्ता जाँचना न तो मेरे इस प्रयास का उद्देश्य है और न ही यह काम इतने छोटे कलेवर में सम्भव है। मैं तो समाज-विज्ञान की मदद से केवल उन प्रवृत्तियों को रेखांकित करना चाहता हूँ जो रामविलास शर्मा के विमर्श की चालक-शक्ति थीं।

I
भारत की 'प्रारम्भिक' आधुनिकता : सांस्कृतिक आयाम

> एक बात मुझे बराबर दुख देती थी कि मार्क्स जैसे क्रांतिकारी कैसे इस नतीजे पर पहुँचे कि अंग्रेज़ न आते तो भारत में क्रांति ही न होती। वह जो द्वंद्वात्मक गतिवाद का सिद्धांत है, वह सिर्फ़ यूरोप के लिए है और भारत में आकर कैसे ठप्प हो गया। ... पिछड़े हुए समाज का मतलब है कि औद्योगिक क्रांति से पहले जितने समाज हैं वे सब पिछड़े हुए हैं और इन्हीं पिछड़े समाजों से मार्क्स सबसे ज़्यादा प्रभावित थे। हेगेल जब पैदा हुए थे और जब काम कर रहे थे, उनके दर्शन का प्रभाव पड़ा मार्क्स के ऊपर, लेकिन वहाँ पर उद्योगीकरण बहुत ही कम हुआ था, जर्मनी बहुत पिछड़ा हुआ देश था। इंग्लैण्ड के मुक़ाबले तो पिछड़ा हुआ था ही। इसी तरह उनके ऊपर यूनान के दार्शनिकों का बहुत प्रभाव था। इन्होंने जो अपना शोध प्रबंध लिखा था डॉक्टरेट के लिए, वह यूनान के दो दार्शनिकों पर ही लिखा था। मैंने ... प्रश्न किया है कि ये जो पिछड़े हुए समाज हैं उनका दर्शन मार्क्स

> जैसे प्रगतिशील विचारकों को क्यों प्रभावित करता है। और मैं इस नतीजे पर पहुँचा कि ये समाज इतने पिछड़े हुए नहीं थे जितना समझा जाता है ...।[10]

रामविलास शर्मा ने ये प्रश्न पहले अपनी विशाल तीन खण्डीय कृति भारत में *अंग्रेज़ी राज और मार्क्सवाद* (1982) में उठाए और फिर *मार्क्स और पिछड़े हुए समाज* (1986) में। इन रचनाओं में कमोबेश उन्हीं धारणाओं का बहुत से ऐतिहासिक और सैद्धांतिक साक्ष्यों समेत विस्तृत विवेचन था जो उन्होंने पचास और साठ के दशक में लिखे अपने निबंधों में सूत्र रूप में पेश की थीं। ज़ाहिर है कि वे पहले विद्वान नहीं थे जिन्होंने पश्चिम के भारत में क़दम पड़ने से पहले हमारे समाज में मौजूद आधुनिकता के लिए रास्ता साफ़ करने वाले पहलुओं की तरफ़ इशारा किया हो। पिछले पचास साल में हमारे पास धर्म, कला, साहित्य और मानवशास्त्र के क्षेत्र में काम करने वाले इतिहासकारों और विद्वानों की समृद्ध परम्परा रही है जिनकी रचनाएँ बार-बार बताती हैं कि दक्षिण एशियाई समाज और संस्कृति जड़ होने के बजाय ऊर्जावान और गतिशील थी। इसी परम्परा के हस्ताक्षर के तौर पर, रामविलास शर्मा की रचनाओं में ऐसे पहलुओं की कमी नहीं है जो उन्हें ई.एम.एस. नम्बूदिरीपाद की उस कोशिश के नज़दीक दिखाते हैं जिसमें इस कम्युनिस्ट राजनेता ने मलयाली समाज में पूँजीवाद के प्राक्-औपनिवेशिक रूपों की तरफ़ इशारा किया है। नम्बूदिरीपाद केरल में पंद्रहवीं और सोलहवीं सदी में 'राष्ट्र' जैसी संरचना का उदय देखते हैं।[11] इसी तरह वे इरफ़ान हबीब के उस प्रयास की याद भी दिलाते हैं जिसमें मुग़ल काल के इस इतिहासकार ने देशज पूँजीवाद की सम्भावनाओं के ऐसे प्रमाण दिये हैं जिनका अभी तक खण्डन नहीं किया जा सका है। हबीब ने दिखाया है कि मुग़ल काल में निजी उपभोग से परे जा कर बाज़ार के लिए होने वाला खेतिहर और ग़ैर-खेतिहर उत्पादन तत्कालीन अर्थव्यवस्था के बहुत बड़े हिस्से का निर्माण करता था। खेती में ख़ुद-काश्त कृषि की मौजूदगी थी यानी आज के ज़माने की पूँजीवादी खेती की तरह खेतिहर मज़दूरों को पगार पर रख कर खेती करवाई जाती थी जिसमें नक़दी फसलें होती थीं। व्यापारिक पूँजी शक्तिशाली थी और, अर्थव्यवस्था का काफ़ी मौद्रीकरण हो चुका था। दस्तकारी उत्पादन संगठित रूप से किया

---

[10] नंद भारद्वाज से रामविलास शर्मा की बातचीत, 'रचनाकर्म, साहित्य और समाज के अंतर्संबंध', वातायन (1992), वर्ष 31, अंक 1, (यह साक्षात्कार भी मेरे साक्षात्कार में संकलित है : 270.

[11] ई.एम.एस., नम्बूदिरीपाद (1951), द *नैशनल क्वेश्चन इन केरला,* बम्बई : 51-58.

जाता था। यहाँ हबीब मेक्स वेबर के अवलोकन से सहमत नहीं हैं कि जाति-प्रथा जैसी सामाजिक संस्थाओं की वजह से भारत में दस्तकारी उत्पादन में जड़ता आ गयी थी। वेबर के विपरीत हबीब बताते हैं कि केवल एक जाति ही एक दस्तकारी कला की वाहक नहीं होती थी। बल्कि एक ही क़िस्म की कारीगरी कई-कई जातियाँ करती थीं। दूसरे, कारीगर ज़रूरत पड़ने पर खेतिहर उत्पादन में लौट जाते थे, और माँग बढ़ने पर फिर दस्तकारी उत्पादन करने लगते थे।[12]

बहरहाल, अर्ली-मॉडर्न और इन विद्वानों की दृष्टि में एक अंतर यह ज़रूर रहा है कि इनमें से कोई उस ऊर्जा और गतिशीलता को आधुनिकता की नुमाइंदगी करने वाले सामाजिक-सांस्कृतिक रूपों की प्रारम्भिक शक्ल में नहीं देखता। जबकि रामविलास शर्मा दोनों काम करते दिखाई देते हैं। वे हबीब की तरह पूँजीवाद के देशी विकास की उन सम्भावनाओं की तरफ़ तो इशारा करते ही हैं जिन्हें अंग्रेज़ों ने नष्ट किया, साथ में वे अर्ली-मॉडर्न इतिहासकारों की तरह प्रारम्भिक आधुनिकता की नुमाइंदगी करने वाली सामाजिक-सांस्कृतिक अभिव्यक्तियों को भी रेखांकित करते हैं। इसीलिए मेरा ख़याल है इतिहास-लेखन का अर्ली-मॉडर्न स्कूल उनके उद्यम को समझने में हमारी कुछ मदद कर सकता है, हालाँकि जैसा कि आगे चल कर मैं दिखाऊँगा, महज़ पेशेवर इतिहासकार होने के बजाय एक सभ्यतामूलक चिंतक और सांस्कृतिक इतिहासकार होने के नाते रामविलास भारतीय सभ्यता की निरंतरता और सांस्कृतिक मूलाधार का आख्यान रच रहे थे। वे उन तीन सौ सालों (सोलहवीं से अट्ठारहवीं सदी) के दायरे में सीमित नहीं रह सकते थे जिस पर भारत की ज़्यादातर अर्ली-मॉडर्न हिस्ट्री अपना ध्यान केंद्रित रखती है। आइए, पहले एक छोटी सी चर्चा कर लें कि यह अर्ली-मॉडर्न इतिहास-लेखन का अनुशासन क्या है।

अर्ली-मॉडर्न इतिहास-लेखन : अनाल्स स्कूल के नाम से मशहूर इतिहास-लेखन की पद्धति के उत्तराधिकारी फर्नैंद ब्रॉदल ने अपने तीन खण्डों के महाग्रंथ *सिविलाइज़ेशन ऐंड कैपिटलिज़म, 15थ-18थ सेंचुरी* (फ्रेंच में पहली बार 1967 में प्रकाशित) में पंद्रहवीं से अट्ठारहवीं सदी के बीच की अवधि को मध्ययुग कहने के बजाय अर्ली-मॉडर्न क़रार दिया था। अनाल्स स्कूल इतिहास

---

[12] इरफ़ान हबीब (1969), 'पोटेंशियलिटीज़ ऑफ़ कैपिटलिस्ट डिवेलपमेंट इन द इकॉनॉमी ऑफ़ मुग़ल इण्डिया', द *जरनल ऑफ़ इकॉनॉमिक हिस्ट्री*, खण्ड 29, अंक 1, द *टास्क्स ऑफ़ इकॉनॉमिक हिस्ट्री*, मार्च : 32-78.

को प्राचीन, शुरुआती मध्य, बाद का मध्य और आधुनिक युगों में बाँट कर देखने का विरोध करते हुए आग्रह करता था कि सारी दुनिया के इतिहास को अलग-अलग करके पढ़ने के बजाय समग्र दृष्टि से देखना चाहिए। बहरहाल, ब्रॉदल द्वारा छोड़े गये इस सुराग को कुछ अध्यवसायी इतिहासकारों ने अस्सी और नब्बे के दशक में पकड़ा। यूरोप में आधुनिकता के शुरुआती रूपों की खोज करने वाले विद्वानों के अलावा इस मण्डली में ऐसे इतिहासकार भी थे जो उपनिवेशवाद से पीड़ित रहे देशों को यूरोकेंद्रित इतिहास-दृष्टि से मुक्ति दिलाने के लिए जद्दोजहद कर रहे थे। इन लोगों ने देखा और दिखाया, '1492 से पहले पूँजीवाद के उदय में अफ़्रीका, एशिया और यूरोप बराबर के साझीदार थे। इस तारीख़ के बाद यूरोप आगे बढ़ गया। ऐसा इसलिए हुआ ... कि यूरोप अमेरिका के नज़दीक स्थित था। यूरोपियनों ने न केवल अमेरिका की अकूत सम्पत्ति हासिल कर ली, बल्कि बाद में एशिया और अफ़्रीका की अकूत सम्पत्ति भी उन्हें मिल गयी। यूरोप इसलिए आगे नहीं बढ़ा कि वह ग़ैर-यूरोपियनों से अधिक प्रतिभाशाली, अधिक साहसी, अधिक बेहतर, अधिक आधुनिक, अधिक प्रगतिशील या अधिक बुद्धिसंगत था। ये बातें तो यूरोकेंद्रित प्रसार के मिथक के अलावा कुछ नहीं है जिन्हें जल्दी से जल्दी भुला दिया जाना चाहिए।'[13] इतिहास-लेखन का अर्ली-मॉडर्न उद्यम कितना कामयाब रहा, इसका अंदाज़ा इस स्वीकृति से लगाया जा सकता है जो उनके प्रशंसकों की नहीं बल्कि उसके आलोचकों की है : '... यह विद्वत्ता इस विचार को पलट देने में ज़बरदस्त रूप से कामयाब रही कि यूरोप से बाहर की दुनिया किसी न किसी तरह उत्पादन के 'सामंती' रूपों में फँस कर रह गयी थी या किसी अपरिवर्तनीय 'एशियाई उत्पादन पद्धति' का शिकार हो गयी थी।'[14] '... आधुनिकता के प्रारम्भिक रूप खोजने वाली विद्वत्ता ने औपनिवेशिक आधुनिकता को दिये गये निर्णायक महत्त्व का पर्दाफ़ाश करने और आधुनिक को औपनिवेशिक की गिरफ़्त से छुटकारा दिलाने की सराहनीय ज़िम्मेदारी पहले ही निभा दी है।'[15]

---

[13] युरोकेंद्रित विश्व-इतिहास के आलोचक जे.एम. ब्लॉट (1993) का यह उद्धरण (*द कोलोनाइज़र्स मॉडल ऑफ़ द वर्ल्ड*, गुइलफ़र्ड प्रेस, न्यूयार्क) रिचड्र्स, एफ़. जॉन (1997) के लेख अर्ली माडर्न इण्डिया ऐंड वर्ल्ड हिस्ट्री (*जरनल ऑफ़ वर्ल्ड हिस्ट्री*, खण्ड 8, अंक 2, युनिवर्सिटी ऑफ़ हवाई प्रेस : 197-209) से.

[14] जैक ए., गोल्डस्टोन (1998), 'द प्रॉब्लम ऑफ़ 'अर्ली मॉडर्न' वर्ल्ड', जर्नल ऑफ़ इकॉनॉमिक ऐंड सोशल हिस्ट्री ऑफ़ द ओरिएंट, खण्ड 41, अंक 3 : 249-284.

[15] प्रथमा बनर्जी (2012), *द मॉडर्न ऐंड अर्ली मॉडर्न : थॉट्स ऑन टाइम*, पीरियोडिसिटी ऐंड टेम्पोरल हेटरोडोक्सीज़, अप्रकाशित आलेख, सीएसडीएस, नयी दिल्ली.

अर्ली–मॉडर्न इतिहास–लेखन ने मध्ययुगीन समाज के उन रूपों को रेखांकित किया जिनके तहत व्यापारी वर्ग कारीगरों से माल बनवा कर मुनाफ़ा कमाने के लिए विश्व–मंडी में भागीदारी करता था। इस प्रक्रिया में स्थानीय बाज़ारों और विश्व–बाज़ार के बीच एक तरह का संश्रय बनता जाता था। इस व्यापारी वर्ग की प्रबंधन शैली तत्कालीन सामाजिक सत्ता पर हावी कुलीनता और जन्मना श्रेणीक्रम पर आधारित सामंती वर्ग के मुक़ाबले कहीं अधिक बुद्धिसंगत थी। इस अर्ली–मॉडर्न अवधि में शासन–व्यवस्था बड़ी–बड़ी एकीकृत राजशाहियों के हाथ में थी। दरअसल, ये राजशाहियाँ ख़ुद भी व्यापार में दिलचस्पी रखते हुए और भागीदारी करते हुए व्यापारियों और व्यापारिक मार्गों को संरक्षण देती थीं। इनके बिना व्यापारिक पूँजी और उसके वाहकों की सुरक्षा की गारंटी नहीं हो सकती थी।

पहले के इतिहासकार, चाहे वे मार्क्सवादी हों या राष्ट्रवादी या कोई अन्य, सोलहवीं से अट्ठारहवीं सदी की अवधि को 'मुग़ल भारत' या 'बाद के मध्ययुगीन भारत' या 'बाद का प्राक्–औपनिवेशिक भारत' के रूप में चिह्नित करते थे। दूसरे, भारत के इतिहास को विश्व–इतिहास के साथ जोड़ कर अध्ययन करना इन इतिहासकारों की प्राथमिकताओं में शामिल नहीं था। लेकिन, अर्ली–मॉडर्न के दावेदारों ने सोलहवीं से अट्ठारहवीं सदी के बीच दुनिया के विकास को बड़े पैमाने पर प्रभावित करने वाली छह विशिष्ट प्रक्रियाओं की शिनाख़्त की और पाया कि दक्षिण एशिया भी इन सभी पैमानों पर न केवल ख़रा उतरता है, बल्कि पश्चिम से कई मामलों में आगे दिखाई देता है। ये छह प्रक्रियाएँ थीं : सारी मानवता को आपस में जोड़ने वाले समुद्री रास्तों और उत्तरोत्तर सक्षमता से उनका इस्तेमाल करने वाले परिवहन नेटवर्क की रचना; लम्बी दूरी के व्यापार पर आधारित और प्रत्येक महाद्वीप में विस्तारमान अर्थव्यवस्थाओं को जोड़ने वाली एक सच्ची विश्व–मंडी का उदय; इन तीन सौ साल में दुनिया की आबादी का दोगुना हो जाना; सारी दुनिया में विशाल आकार की स्थिर, शक्तिशाली, सुसंगठित, सुसक्षम और लम्बी भू–क्षेत्रीय पहुँच वाली राज्य–संरचनाओं का उदय; उत्पादन के विस्तार के लिए धरती का उत्तरोत्तर सघन इस्तेमाल; बहुत सी नयी प्रौद्योगिकियों का प्रसार (जैसे, नयी दुनिया से आयी खेती की नयी तकनीकें, बारूद, छापे की तकनीक आदि)।

अर्ली–मॉडर्न परिघटना का दावा करने वाले अनुसंधानकर्त्ताओं ने सुव्यवस्थित तरीके से प्रमाणित किया कि अगर इन छह मानकों के कारण यूरोपीय समाज में आधुनिकता की ज़मीन बन रही थी, तो इनकी प्रबल मौजूदगी भारत के बारे में हमें यही पैग़ाम देती है। जॉन रिचर्ड्स के मुताबिक़ भारत अपने बंदरगाहों और

सक्रिय जहाजरानी के ज़रिये सदियों से बंगाल की खाड़ी, मलक्का जलडमरूमध्य, चीन सागर, अरब सागर, लाल सागर और भूमध्यसागर के परिवहन नेटवर्कों का अंग था। रिचड्र्स का आकलन है कि भारत हीरों, मिर्च, सूती और रेशमी कपड़ों, और अन्य वस्तुओं के व्यापार और निर्माण में बहुत आगे था।[16] डच ईस्ट इण्डिया कंपनी की बंगाल संबंधी गतिविधियों के अध्येता ओम प्रकाश का तो कहना है कि बंगाल से डच व्यापारी इतना कपड़ा ख़रीदते थे कि सत्रहवीं सदी में उनसे उस पूरे क्षेत्र के लिए एक लाख नये रोज़गारों का सृजन हो सकता था। रिचड्र्स का कहना है कि सारे भारत से टैक्स वसूलने, राजनीतिक स्थिरता कमोबेश क़ायम रखने, सबसे बड़ी फ़ौज का रखरखाव करने के मानकों के साथ अपनी विशालता, सक्षमता और अकूत सम्पत्ति के मामले में मुग़ल साम्राज्य की तुलना ऑटोमन और सफ़ाविद साम्राज्यों से की जा सकती है। *एटलस ऑफ़ वर्ल्ड पापुलेशन हिस्ट्री* का हवाला देते हुए रिचड्र्स ने यह भी दिखाया है कि पंद्रह सौ की शुरुआत में भारतीय उपमहाद्वीप की आबादी दस करोड़ थी जो अट्ठारह सौ तक साढ़े अट्ठारह करोड़ हो गयी। इरफ़ान हबीब ने द *कैम्ब्रिज इकॉनॉमिक हिस्ट्री ऑफ़ इण्डिया* में इससे भी आगे बढ़ कर कहा है कि सत्रहवीं सदी के शुरू में भारत की आबादी चौदह से पंद्रह करोड़ के बीच थी जो अट्ठारहवीं सदी में पूरी बीस करोड़ हो गयी। नयी दुनिया से लाई हुई तम्बाकू और जौ की खेती इन दिनों दक्षिण एशिया में तेज़ी से फैली। मिर्च की खेती की तकनीक धीरे-धीरे ही सही, पर सारे इलाक़े में फैल गयी। बारूद की प्रौद्योगिकी पर मुग़लों को महारत थी ही। भारत में फ़ौजी इस्तेमाल के लिए तोपें-बंदूकें ख़ूब बनती थीं। कुल मिला कर भारत की अर्थव्यवस्था न केवल लगभग दोगुनी हो चुकी आबादी की आवश्यकताएँ पूरी करने के लिए उत्पादन कर रही थी, बल्कि विश्व-मंडी की माँग के मुताबिक़ माल की आपूर्ति करने में भी सफल थी।

अपनी व्याख्या के इसी बिंदु पर आकर रिचड्र्स सबसे ज़्यादा चुनौती भरा सवाल उठाते हैं कि क्या भारत की इन 'अर्ली-मॉडर्न' सदियों में लोगों, जिंसों

---

[16] रिचड्र्स, वही. इसके आगे आने वाला ओम प्रकाश का हवाला भी रिचड्र्स की इसी रचना से (ओम प्रकाश, द डच *ईस्ट इण्डिया कम्पनी ऐंड इकॉनॉमी ऑफ़ बंगाल,* 1630-1720, प्रिंसटन युनिवर्सिटी प्रेस, प्रिंसटन, एनजे, 1985).

और विचारों का परिसंचरण आधुनिक युग से मिलता-जुलता यानी सघन और तीव्र था? समाज की गतिशीलता के इस प्रमाण के लिए रिचर्ड्स पूरे विश्वास के साथ लोकप्रिय धार्मिक आंदोलन के कारण होने वाले नये क़िस्म के सांस्कृतिक उत्पादन का उल्लेख करते हैं। रिचर्ड्स का कहना है कि मात्रा, सघनता और विविधता के लिहाज़ से उत्तरोत्तर बढ़ते हुए इस सांस्कृतिक उत्पादन का केंद्र उत्तर भारत था। उनकी चर्चा यहीं आ कर इस अपील के साथ ख़त्म हो जाती है कि हमें औपनिवेशिक चश्मा उतार कर नयी आँखों से इन तीन सौ सालों में बनी नयी संस्थाओं, नये सामाजिक रूपों, नयी सांस्कृतिक अभिव्यक्तियों और नयी उत्पादकता को देखना चाहिए।

रिचर्ड्स ने नवीन सांस्कृतिक उत्पादन का कारण बने जिस लोकप्रिय धार्मिक आंदोलन को उत्तर भारत में केंद्रित बताया था, और जिसे हम सब भक्ति आंदोलन के नाम से जानते हैं, वह एक अखिल भारतीय परिघटना था। रामविलास शर्मा के इतिहास लेखन में यह भक्ति आंदोलन लोक-जागरण की सामाजिक परिघटना के रूप में उभरता है जिस पर हम आगे चर्चा करेंगे। दरअसल, यही है वह विभाजक रेखा जिस पर खड़े हो कर वे अपनी योजनानुसार इतिहास में पीछे ऋग्वेद के दार्शनिक काव्य तक और आगे निराला की कविता तक आवागमन करते रहते हैं। एक मार्क्सवादी की तरह वे इतिहास की चालक-शक्ति की शिनाख़्त मोड ऑफ़ प्रोडक्शन में करने के लिए अपने अध्ययन-अनुसंधान को प्राचीन भारत से लेकर मध्ययुगीन भारत तक पगार-प्रथा (वेज लेबर) की प्रचुर मौजूदगी साबित करने में खपाते हैं। वे दिखाते हैं कि पगार देने वाले व्यापारी हैं, और व्यापारिक पूँजी घरेलू और विदेशी बाज़ार के लिए बड़े पैमाने पर उत्पादन कर रही है जिसमें बहुसंख्य कारीगर-शिल्पी वर्ग लगा हुआ है। रामविलास का मक़सद भारतीय आधुनिकता की प्राक्-औपनिवेशिक उर्वर ज़मीन की शिनाख़्त करना है और इस काम के लिए उन्हें मार्क्सवाद के औज़ार पर्याप्त लगते हैं। इसलिए वे मार्क्स और लेनिन के उद्धरणों का इस्तेमाल करते हुए व्यापारिक पूँजी और व्यापारियों की मौजूदगी को व्यापारिक पूँजीवाद की श्रेणी में बदल डालते हैं। रामविलास शर्मा की इस बौद्धिक कारीगरी पर अभी तक किसी समाज-वैज्ञानिक ने ध्यान नहीं दिया है।

मार्क्सवाद की कसौटियाँ और रामविलास शर्मा का अर्ली-मॉडर्न : चूँकि रामविलास अपनी सारी बातों को साबित करने के लिए मार्क्स के विचारों का हवाला देते हैं, इसलिए आलोचकों द्वारा उनकी स्थापनाओं की जाँच करने

के लिए मार्क्सवाद की पोथियाँ खोल कर बैठ जाना स्वाभाविक ही है। भला मार्क्सवादी होने के दावे से अपनी बौद्धिक वैधता हासिल करने वाला कोई विद्वान इस तरह की शास्त्रोक्त समीक्षा से कैसे बच सकता है! वीर भारत तलवार ने चार विशाल लेखों में *मार्क्स और पिछड़े हुए समाज* की विस्तृत आलोचना की है। उनके अनुसार 'भारत में पगार देने की प्रथा के सबूत पेश कर रामविलास शर्मा ने दिखाया है कि : 'इस प्रथा के आधार पर यहाँ व्यापारिक पूँजीवाद का विस्तार हुआ।' रामविलास शर्मा ने ध्यान दिलाया है कि : 'भारत के पिछड़ेपन पर जिन देशी-विदेशी विद्वानों ने लिखा है, उन्होंने पगारजीवी श्रम की परम्परा पर विचार नहीं किया।' उनका दावा है कि 'इस परम्परा से भारत के सामाजिक-सांस्कृतिक इतिहास के लिए जो निष्कर्ष निकलते हैं, उनकी वे कल्पना नहीं कर सकते।' वीर भारत पूछते हैं कि 'इससे निकलने वाले निष्कर्ष क्या हैं, यह रामविलास शर्मा को ज़रूर बतलाना चाहिए क्योंकि उन्होंने ऐसे श्रम की परम्परा पर विचार किया है। लेकिन वे हमें इस बारे में साफ़ तौर से नहीं बतलाते, बल्कि उपर्युक्त दावे के साथ ही उनका पगारजीवी श्रम के अध्ययन वाला अध्याय ख़त्म हो जाता है। शायद ये निष्कर्ष जो उन्होंने अंत में पेश नहीं किये, उनके विस्तृत विवेचन में ही कहीं मौजूद हों।'[17] वीर भारत ने रोमिला थापर, इरफ़ान हबीब और डी.डी. कोसम्बी के हवालों का इस्तेमाल करते हुए दिखाया है कि व्यापारिक पूँजी की प्रचुर मौजूदगी की बात इन इतिहासकारों ने पहले ही मान ली थी, इसलिए रामविलास शर्मा ने इसमें कोई नयी बात नहीं कही है। वीर भारत अपने श्रमसाध्य विश्लेषण के ज़रिये यह दिखाते हैं कि रामविलास ने मार्क्स के कथनों को तोड़-मरोड़ कर अपनी बात साबित की है। वे व्यापारिक पूँजी की मौजूदगी को इस बात का सबूत मान रहे हैं कि अगर अंग्रेज़ भारत में क़दम न भी रखते तो यह पूँजी इस देश में पूँजीवाद और आधुनिकता की वाहक बन सकती थी।

मार्क्सवादी विद्वानों के बीच सामाजिक संरचनाओं को पूँजीवादी बनाने में व्यापारिक पूँजी की भूमिका पर काफ़ी वाद-विवाद रहा है, क्योंकि इस मसले पर मार्क्स और एंगेल्स के अवलोकनों में भी अंतर था। एंगेल्स ने एक जगह तर्क दिया है कि व्यापारिक पूँजी ही वह वाहन था जिस पर सवार हो कर पूँजीवाद ने सामंती समाज को प्रतिस्थापित किया। दूसरी तरफ़ कैपिटल के तीसरे भाग के बीसवें अध्याय में मार्क्स साफ़ तौर पर कहते हैं कि व्यापारिक पूँजी अपने-आप में उस संक्रमण को प्रोत्साहित करने लायक क्षमता से लैस नहीं होती जिससे

---

[17] तलवार, वही : 86.

उत्पादन का एक रूप दूसरे में बदलता है। मार्क्स यह भी कहते हैं कि व्यापारिक पूँजी के प्रभुत्व वाली प्रणाली हर जगह पूँजीवादी उत्पादन रूपों के रास्ते में रुकावट डालती है। मार्क्स के इस विश्लेषण के आधार पर कुछ विद्वानों ने यहाँ तक कहा है कि व्यापारिक पूँजी उन स्थानीय प्रतिक्रियावादी तत्त्वों से साठगाँठ कर लेती है जो प्राक्-पूँजीवादी क़िस्म के होते हैं।[18]

इस आलोचना की रोशनी में अगर रामविलास की समग्र परियोजना पर ध्यान दिया जाए तो उनके दो मक़सद दिखाई पड़ सकते हैं जिनकी शिनाख़्त उनके आलोचकों ने शायद नहीं की है। वे पगार-प्रथा और व्यापारिक पूँजी का तानाबाना इसलिए बुन रहे हैं कि किसी न किसी तरह जातियों के निर्माण और विकास की भारतीय प्रक्रिया को एक मार्क्सवादी तर्क प्रदान कर सकें। और, प्रकारांतर से यह दिखा सकें कि उत्कृष्ट और रैडिकल क़िस्म के दार्शनिक और साहित्यिक उत्पादन के लिए व्यापारिक पूँजी की यथेष्ट मौजूदगी आवश्यक आर्थिक-सामाजिक आधार मुहैया कराने के लिए पर्याप्त है। उनके इन दो केंद्रीय उद्देश्यों पर हम इस लेख के तीसरे खण्ड में विचार करेंगे। बहरहाल, रामविलास के इतिहास-लेखन पर सरसरी नज़र डालने से ही साफ़ हो जाता है कि उसमें व्यापार के समुद्री रास्तों के नेटवर्क, ताक़तवर और विकासमान व्यापारिक पूँजी, सामंतशाही राज्य के साथ उसका द्वंद्व, स्थिर राजनीतिक व्यवस्था, नयी प्रौद्योगिकियाँ और पगार-प्रथा के प्रमाणों का जम कर उल्लेख किया गया है। ये अर्ली-मॉडर्न इतिहास-लेखन के लक्षण हैं। वैसे, इन्हें 'अर्ली-मॉडर्न के अर्ली-सिम्टम्स' भी कहा जा सकता है, क्योंकि दक्षिण एशिया पर इस इतिहास-लेखन का वैभव नब्बे के दशक में सामने आया, जबकि रामविलास की सभी तत्संबंधित रचनाएँ अस्सी के दशक में ही प्रकाशित हो चुकी थीं। रामविलास ने मध्ययुग के शुरुआती हिस्से में और उससे पहले प्राचीन भारत में नगरों के विकास की चर्चा की है, संस्कृत साहित्य की विशद व्याख्याएँ की हैं, भारत में दर्शन के विकास और दार्शनिकों के अखिल भारतीय नेटवर्क की तरफ़ ध्यान दिलाया है। इसके पीछे उनकी दिलचस्प मान्यता यह है : 'यूनान और अरबों का संबंध, भारत और अरबों का संबंध, यूनान और ईरान का संबंध, भारत और ईरान का संबंध, यूनान और अंग्रेज़ों का संबंध, भारत और अंग्रेज़ों का संबंध— यह हमारे अध्ययन का

---

[18] जी. के (1975), *डिवेलपमेंट ऐंड अंडरडिवेलपमेंट : ए मार्क्सिस्ट एनालैसिस*, मैकमिलन, लंदन, और डोर, एलिज़ाबेथ और जॉन, वीक्स, (1979) 'इंटरनेशनल एक्सचेंज ऐंड कॉज़िज़ ऑफ़ बेकवर्डनेस', *लैटिन अमेरिकन पर्सपेक्टिव्ज़*, 4.2 और 6.2.

विषय है। उसमें भारत की भूमिका कैसे उभर कर आती है और किन परिस्थितियों में यहाँ दर्शन का विकास हुआ— ये सब हमारे अध्ययन का विषय है।' ज़ाहिर है कि उनका अर्ली-मॉडर्न थोड़ा अलग क़िस्म का है। व्यापारिक पूँजी, जाति-निर्माण और भक्ति आंदोलन के बीच गर्भनाल के रिश्तों का जैसा व्याख्यात्मक इतिहास उनकी रचनाओं में मिलता है, वह अर्ली-मॉडर्न स्कूल के इतिहासकारों के लिए दुर्लभ है। यही है वह 'क्रिएटिव कल्चरल टर्न' जिसे रामविलास शर्मा के इतिहास लेखन की मौलिक विशेषता कहा जा सकता है।

रामविलास व्यापारिक पूँजी को क्यों टटोल रहे हैं, इसे और साफ़ करने के लिए उनका यह अवलोकन देखा जाना चाहिए कि जहाँ-जहाँ वित्त की टक्कर सामंतशाही से होती है, वहाँ-वहाँ सामाजिक धरातल पर जन्मना वर्ण-व्यवस्था को ख़ारिज करने वाले स्वर उठते हैं। व्यापारिक पूँजी, जाति-वर्ण संबंधी अभिजात्य का निषेध, किसान-कारीगरों का उभार, साहित्य-रचना में उसकी विपुल भागीदारी और उसके परिणामस्वरूप भक्ति-काव्य के ज़रिये लोकजागरण की परिघटना का अनूठा समीकरण प्रदर्शित करने वाला ऐसा सूत्रीकरण हिंदी के मंच पर पहले कभी किसी ने पेश नहीं किया। रामविलास पेशेवर मार्क्सवादी विद्वान या इतिहासकार नहीं हैं। वे तो साहित्य और संस्कृति के दायरे में मार्क्सवादी युक्तियों का रचनात्मक इस्तेमाल कर रहे हैं। एक मार्क्सवादी की तरह उनका अपने-आप से यह पूछना जायज़ है कि जब सारे भारत में भक्ति काव्य उमड़ रहा था, तो उसका कोई न कोई सामाजिक-आर्थिक आधार ज़रूर होगा। यह उसी प्रश्न का भारतीय रूप है जो उन्होंने मार्क्स पर यूनानी दर्शन के प्रभाव की टोह लेने के लिए पिछड़े समाजों में हुए दार्शनिक उन्मेष के बारे में उठाया था। वहाँ वे इस निष्कर्ष पर पहुँचे थे कि यूनान में व्यापारिक पूँजी के तहत होने वाले उत्पादन में केवल दासों की भूमिका नहीं थी। उसमें पगारजीवी कारीगरों की भी महत्त्वपूर्ण भूमिका थी। यही चिंतन करते-करते उन्हें भक्ति काल में साहित्य-व्यापारिक पूँजी-कारीगर वर्ग-लोकजागरण का अनूठा त्रिकोण दिखाई दिया। उनकी स्थापना बनी : व्यापारिक पूँजी (भले ही वह सामंतवाद के खोल में विकसित हो रही हो) की सक्रियता वाले समाजों में साहित्य और दर्शन के विकास के लिए उर्वर ज़मीन तैयार होती है जिसका सामाजिक संरचनाओं पर कुछ न कुछ प्रगतिशील असर पड़ना लाजमी है। यहाँ मैं उनका एक बहुत लम्बा उद्धरण देने का जोखिम उठा रहा हूँ। यह उद्धरण न केवल मेरे लेख के इस हिस्से के काम आयेगा, बल्कि वह उनकी अन्य धारणाओं पर चर्चा करने में भी हमारी मदद करेगा :

... भक्ति तो द्रविड़ों की देन है। द्रविड़ प्रदेश में मुसलमानों का राज नहीं था। सवाल उठता है कि तमिल भाषा में भक्ति साहित्य क्यों रचा गया? तमिलनाडु में आगरा और दिल्ली से पहले व्यापारिक मण्डियों का विकास हुआ। मदुरै इनका बहुत बड़ा व्यापारिक केंद्र था। इसका परिणाम यह है कि आज बोली जाने वाली भारतीय भाषाओं में सबसे पुराना साहित्य तमिल का है। दूसरी शताब्दी ईसा पूर्व की तमिल भाषा और आज की तमिल भाषा में बहुत फ़र्क़ नहीं है अर्थात् प्रत्येक आदमी, जो आज की तमिल जानता है, उस समय की तमिल पढ़कर समझ लेगा, इतनी निरंतरता है इस भाषा में। तमिलनाडु की विशेष परिस्थितियाँ व्यापारिक पूँजीवाद वाली परिस्थितियाँ हैं, उनको ध्यान में रखना चाहिए। सामंती खोल में व्यापारिक पूँजीवाद का विकास हुआ। पहले सिर्फ़ ज़मींदार और किसान थे। अब कारीगर भी हैं और व्यापारी भी। कारीगर के बिना व्यापारी माल ख़रीदेगा कहाँ से एवं बेचेगा कहाँ? व्यापारी और कारीगर इन दोनों का उद्‌भव लगभग एक साथ हुआ। व्यापारिक पूँजीवाद में जिस प्रकार की परिस्थितियाँ उत्पन्न हुईं, उनसे वित्त का चलन हुआ, उससे किसानों को थोड़ा करवट लेने का मौक़ा मिला। अभी तक ज़मींदार पूरी तरह उन पर हावी थे किंतु अब ज़मींदार का एक प्रतिद्वंद्वी आ गया। वह उसकी जागीर का हक़ मानने को तैयार नहीं था। यदि जागीर के हक़ माने तो उसका व्यापार सीमित हो जाएगा। जब तक आप खाने-ख़र्चने के लिए थोड़ा-सा बनियों वाला सौदा इधर-उधर करते हैं, तब तक तो वह चलता है किंतु जहाँ आपने बाज़ार को फैलाना शुरू किया, वहीं यह सामंती विघटन उसके आड़े आता है। सामंतवाद से व्यापारिक पूँजीवाद की टक्कर होती है। वह कभी उग्र संघर्ष का रूप लेती है तो कभी सांस्कृतिक संघर्ष के रूप में सामने आती है, किन्तु यह टक्कर होती अवश्य है। इस टक्कर से दो वर्ग लाभ उठाते हैं —एक कारीगरों का वर्ग, दूसरा किसानों का। यह भक्ति आंदोलन की सामाजिक पृष्ठभूमि है। यह कार्य सबसे पहले दक्षिण (तमिलनाडु) में हुआ। इसलिए भक्ति आंदोलन वहाँ पर पहले शुरू हुआ। शूद्र सबसे निम्न व दलित हैं, भक्ति आंदोलन का सूत्रपात्र सबसे आगे बढ़ कर वही करते हैं। कबीर से पहले रामानंद ने बहुत बड़ी क्रांति की— इस बात को नहीं भूलना चाहिए। रामानंद ब्राह्मण थे और उन्होंने इस बात का प्रण किया कि खान-पान में यह जो भेद है कि शूद्र से खाना नहीं खाएँगे— यह बात ख़त्म होनी चाहिए तथा शूद्र को ब्राह्मण शिक्षा नहीं देगा, यह बात भी ग़लत है। इसके बाद कबीर आये। वर्ण का आधार है— जन्म, और वर्ग का आधार है— कर्म। कारीगर कोई वर्ण नहीं— यह आपका पेशा है। आप किसान हैं तो किसान जन्म से कोई जाति नहीं, किसानी एक पेशा है और किसान एक वर्ग है। तुलसीदास कहते हैं :

खेती न किसान को, भिखारी को न भीख बलि
बनिक को बनिज न, चाकर को चाकरी

इसमें दो पर ध्यान दीजिए 'बनिक को' और 'किसान को'। वर्ण-व्यवस्था टूटती है और वर्ग-व्यवस्था बनती है। वर्ण-व्यवस्था की विशेषता यह है कि वह जन्म पर आधारित नहीं है। आप क्षत्रिय हैं और ज़मींदार हैं तो आपका बेटा ज़मींदार होगा। यदि बेटा ज़मींदार नहीं रह गया तो वर्ण-व्यवस्था टूटी। भारतीय साहित्य में

सबसे मज़ेदार है— कलियुग। कलियुग का रोना लोग क्यों रोते हैं ? इसलिए कि वर्ण-व्यवस्था टूट रही हैं। वर्ण-व्यवस्था का टूटना तो वे देख रहे हैं किंतु क्यों टूट रही है, यह उनकी समझ में नहीं आता। टूट इसलिए रही है कि वित्त का चलन प्रारम्भ हो गया है। जन्म से जो आभिजात्य है, उसकी जगह दूसरा आदमी आ गया, वित्त के कारण जो उससे श्रेष्ठ है। वित्त जन्म के ऊपर अथवा आभिजात्य के ऊपर हावी हो गया। वित्त ने बड़ी क्रांतिकारी भूमिका अदा की है। वह इन पुराने संबंधों को तोड़ रहा है। वर्ण-व्यवस्था टूट रही है और उसकी जगह वर्ग-व्यवस्था क़ायम हो रही है। इस परिस्थिति में व्यापारी वर्ग एवं किसान और कारीगर बागडोर सँभालने लगे। इंग्लैण्ड के साहित्य में किसान और कारीगर एक फ़ीसदी भी नहीं हैं। बड़ी मुश्किल से मिलेंगे और प्रसिद्ध नाम नहीं होंगे। क्रामवेल के समय बहुत से लोगों ने कविताएँ लिखीं। वे सब कारीगर एवं किसानों के वर्ग से हैं किंतु उनके नाम इतिहास की पुस्तकों में हम पढ़ लेते हैं। वे कोई प्रसिद्ध कवि मिल्टन अथवा शेक्सपीयर के स्तर के नहीं किंतु उनका सीधा संबंध किसानों एवं कारीगरों से है। यह सामाजिक उथल-पुथल व्यापारिक पूँजीवाद के विकास की वजह से होती है। जागीरदारों-ज़मींदारों की शक्ति में जो थोड़ा-सा धक्का लगता है, उससे किसान वर्ग लाभ उठाता है और यह परिस्थितियों पर निर्भर है, सांस्कृतिक विरासत पर निर्भर है तथा आर्थिक विकास के ऊपर निर्भर है कि किसान और कारीगर कितनी शक्ति से साहित्य में आये। मेरा दावा यह है कि सोलहवीं सदी में जितनी शक्ति से भारत के किसान और कारीगर कश्मीरी से लेकर तमिल तक और गुजराती से लेकर बांग्ला तक साहित्य में आये हैं उतनी शक्ति से दुनिया की किसी भाषा में किसी दूसरे देश में नहीं आये। इसका बहुत बड़ा कारण एक तो हमारी सांस्कृतिक परम्परा है। *महाभारत* और *रामायण* की परम्परा है जो आदमी से कहती है— लड़, झुक कर बर्दाश्त न कर। और दूसरी ओर हमारा व्यापरिक पूँजीवाद है, हमारा आर्थिक विकास है जिसकी वजह से इंग्लैण्ड का आदमी यहाँ का माल ख़रीदने के लिए आता, है, अपना माल यहाँ बेचने के लिए नहीं आता। ये दो तथ्य हैं जो इस बात को निर्धारित करते हैं कि यहाँ किसान और कारीगर अधिक शक्ति के साथ हमारे साहित्य में प्रवेश करते हैं। यह ऐसा लोकजागरण काल है। कहाँ प्रचलित लोकोक्तियाँ समाप्त होती हैं तथा कहाँ तुलसीदास की उक्तियाँ उनका स्थान ले लेती हैं, कोई इसकी सीमा निर्धारित नहीं कर सकता। लखनऊ में हमारे घर के पीछे एक मुसलमान परिवार रहता था। वहाँ सास और उसकी बहू में रोज झगड़ा होता था और वह तुलसीदास के दोहे सुनाया करती थी। तुलसीदास घर-घर में व्याप्त हैं। यहाँ तक कि मुसलमानों के घर में भी व्याप्त थे। लोकोक्तियों के रूप में लोग उनकी चौपाइयों का, दोहों का प्रयोग करते हैं—यह हमारे यहाँ की विशेषता है।[19]

[19] नीरव अडालजा से रामविलास शर्मा की बातचीत, 'साहित्येतिहास पर सामाजिक पृष्ठभूमि में विचार करें', *आजकल* (1987), अक्टूबर-दिसम्बर, (संकलित : *मेरे साक्षात्कार*, वही : 84-86; इसके बाद वाला कथन भी इसी साक्षात्कार से.

अपने जिस साक्षात्कार में रामविलास शर्मा ने ये विचार व्यक्त किये थे, वह मुख्यत: साहित्य का इतिहास लिखने की विधियों के बारे में था। उनका तर्क था कि इतिहास-लेखन में काल-निर्धारण समाज-व्यवस्था के आधार पर किया जाना चाहिए क्योंकि 'आधुनिक काल या मध्यकाल कहने से कोई सूत्र आपके हाथ में नहीं आता। मध्यकाल तो और भी उपहासास्पद है। ... भारत में संस्कृति की जो निरंतरता है, वह इंग्लैण्ड और जर्मनी में नहीं है। वैदिक काल के बाद एक हज़ार वर्ष तक आपने अंधकार का युग मान लिया। किंतु मौर्य काल से अंग्रेज़ों के आने तक हमारे यहाँ संस्कृति की निरंतरता बनी हुई है। ऐसा नहीं है कि काशी, मथुरा, उज्जयिनी, मदुरै— ये जो प्रसिद्ध नगर हैं इनके चिराग़ हमेशा के लिए गुल हो गये हों या ये देहात बन गये हों। ऐसा कोई समय हमारे यहाँ नहीं है। तो हम अपने यहाँ मध्यकाल की बात क्यों करें। और मध्यकाल कह कर आप कौन सी समाज-व्यवस्था की तरफ़ संकेत करते हैं? लोगों ने समाज-व्यवस्था को आधार बनाया ही नहीं। और वे समझते हैं कि साहित्य समाज-व्यवस्था से स्वतंत्र है। इसलिए उसका काल भी स्वतंत्र है और हम चाहे उसे आधुनिक कह दें, मध्य कह दें, प्राचीन कह दें, सब चलेगा। इसीलिए आदिकाल भी ग़लत है।' स्पष्ट है कि उनके ये तमाम आग्रह न केवल अर्ली-मॉडर्न इतिहास-लेखन जैसे हैं, बल्कि उसी दिशा में चलते हुए उसके परे जाते हैं और सारे भारत को अपने आगोश में समेटने की दावत देते हैं।

मार्क्सवाद और आधुनिकता का खूँटा : ऐसी बात नहीं कि रामविलास के अर्ली-मॉडर्न में कमियाँ न हों। उसमें खूबियाँ ही नहीं, कमियाँ भी वही हैं जो इतिहास-लेखन की इस प्रवृत्ति में समग्र रूप से पाई जाती हैं। उनके मार्क्सवादी आलोचकों के भीतर छिपे हुए उनके प्रशंसक को यह देख कर कुछ गुदगुदी महसूस हो सकती है कि जैक गोल्डस्टोन ने इस प्रवृत्ति को कड़ाई से आड़े हाथों लेते हुए कहा है कि यह इतिहास के विकास को चरणबद्ध ढंग से दिखाने की मार्क्सवादी थियरी प्रमाणित करने की नयी कोशिश है। चूँकि सामंतवाद और औद्योगिक पूँजीवाद के बीच अंतराल को पाटना था इसलिए व्यापारिक पूँजी की मदद ली गयी, उसके ज़रिये एक ग़ैर-सामंती मोड ऑफ़ प्रोडक्शन दिखाया गया, ताकि इतिहास की चालक शक्ति बेखटके उत्पादक शक्तियों के विकास के सुपुर्द की जा सके। गोल्डस्टोन यह भी कहते हैं कि दरअसल यह पश्चिमी इतिहास की श्रेणियों को पूर्व के समाजों पर आरोपित करने की ही एक युक्ति है।[20] इसी

[20] गोल्डस्टोन, वही.

जगह हम गोल्डस्टोन की इस आलोचना को भी नज़रअंदाज़ नहीं कर सकते कि व्यापारिक पूँजी की गतिविधियाँ तो पूरे एशिया में चार हज़ार साल पहले भी दिखाई पड़ती हैं। वे पूछते हैं कि 'क्या यह दावा करना सार्थक होगा कि असीरिया के प्राचीन बंदरगाहों, मिस्र, बेबीलोन, दसवीं सदी के चीन और ग्यारहवीं सदी के जावा में होने वाली व्यापारिक पूँजी की गतिविधियाँ इन क्षेत्रों के पूर्ण आधुनिकता में संक्रमण की नुमाइंदगी कर रही थीं। क्या यह तर्क दिया जा सकता है कि इन समाजों में अट्ठारहवीं सदी के इंग्लैण्ड और उन्नीसवीं सदी के फ्रांस के साथ समानताएँ थीं?' मुझे लगता है कि भारत के संदर्भ में गोल्डस्टोन से भी ज़्यादा गहरी आलोचना प्रथमा बनर्जी की है। वे कहती हैं कि अर्ली-मॉडर्न श्रेणी का इस्तेमाल करने से भारत में विकसित हुई विचार-प्रक्रिया और इतिहास पर बेवजह ही आधुनिकता का रुतबा ग़ालिब हो जाता है। प्रथमा आधुनिक को अंतहीन और कालातीत बनाने के ख़िलाफ़ हैं; और चाहती हैं कि आज की श्रेणियों में फँसने से इनकार करने वाले अतीत के साथ हमारी समकालीनता के संबंधों को खुला रखा जाए।[21]

आज अगर रामविलास शर्मा होते, और उन्हें इस आलोचना से अवगत कराया जाता कि आपने ख़ुद को मार्क्सवाद और आधुनिकता के खूँटे से क्यों बाँध रखा है, तो वे क्या कहते? वे आलोचनाओं का जवाब देते हों या न देते हों, पर उन्हें सुन कर अपनी स्थापनाओं का प्रतिरक्षा-तंत्र मज़बूत करने का यत्न ज़रूर करते थे। इसी प्रक्रिया में उन्होंने भारतीय और यूरोपीय सामंतवाद के बीच, भारत और यूरोप के स्वच्छंदतावाद (रोमांटिसिज़म) के बीच और भारत और यूरोप के राष्ट्रवाद के बीच फ़र्क़ दिखाने की कोशिश भी की थी। हालाँकि इस हक़ीक़त से इनकार नहीं किया जा सकता कि एक सांस्कृतिक इतिहासकार के रूप में उनकी परियोजना भारतीय समाज की उन आंतरिक शक्तियों को सामने लाने की थी जो अगर बेरोकटोक विकसित होती रहतीं तो आगे चल कर भारत को आधुनिक दुनिया में प्रतिष्ठित कर सकती थीं, लेकिन हमें यह भी देखना होगा कि मार्क्सवाद और आधुनिकता के खूँटे से वे कहाँ बँधे और कहाँ खुले थे।

वे अंग्रेज़ों को भारतीय आधुनिकता के विकास का कोई श्रेय देने के लिए तैयार नहीं थे। मार्क्स के निष्कर्षों (ब्रिटिश साम्राज्य की अनभिप्रेत प्रगतिशील भूमिका) को ख़ारिज करने और 'अंग्रेज़ी ज़माने में भारत का देहातीकरण हुआ' का दावा करने की प्रक्रिया में रामविलास ख़ुद को उस विद्वत्ता से जोड़ लेते हैं

[21] बनर्जी, वही.

जिसने विस्तृत शोध करके दिखाया है कि उन्नीसवीं सदी से ही भारत का वि-उद्योगीकरण शुरू हो गया था जो 1931 तक चलता रहा। यह एक पुराना विवाद है जो बीसवीं सदी के शुरुआती सालों में आर्थिक इतिहासकार रमेश चंद्र दत्त और विलियम डिग्बी की रचनाओं से शुरू हुआ। दत्त ने विस्तार से आँकड़े देते हुए दिखाया था कि ब्रिटिश आर्थिक नीति के परिणामस्वरूप भारत के दस्तकारी उत्पादन में ज़बरदस्त गिरावट आयी और उसकी भरपायी के रूप में औद्योगिक उत्पादन में बढ़ोतरी नहीं हुई। इसका नतीजा यह निकला कि भारतीय अर्थव्यवस्था पहले से कहीं ज़्यादा खेती पर निर्भर होने के लिए मजबूर हो गयी। जिन ब्रिटिश अधिकारियों ने इस स्थापना का विरोध किया, उनसे विपिन चंद्र वग़ैरह ने साठ के दशक में मोर्चा लिया। इसके बाद डैनियल थॉर्नर ने 1881 से 1931 के बीच जनगणना के आँकड़ों का सहारा लेकर भारत में औद्योगिक श्रम-शक्ति की तत्कालीन स्थिति की जाँच करते हुए वि-उद्योगीकरण की थीसिस का विरोध किया। उन्होंने यह दिखाने की कोशिश की कि अर्थव्यवस्था का देहातीकरण अगर कभी हुआ भी था तो वह अवधि 1815 और 1880 के बीच की रही होगी। थॉर्नर साम्राज्यवाद के पक्षपोषक नहीं थे, और उनकी मार्क्सवादी निष्ठाएँ स्पष्ट थीं। उन्हें पहला जवाब जे. कृष्णमूर्ति ने यह कह कर दिया कि भले ही औद्योगिक श्रम-शक्ति न घटी हो, लेकिन प्रति-व्यक्ति उत्पादन में आयी गिरावट वि-उद्योगीकरण की स्थापना को सही ठहराती है। 1975 में राघवेंद्र चट्टोपाध्याय ने थॉर्नर की दावेदारियों और कृष्णमूर्ति द्वारा उन्हें दिये गये जवाब का विधिवत् अध्ययन करके थॉर्नर की पद्धति की ख़ामियाँ बताईं और कृष्णमूर्ति के तर्क को भी अपर्याप्त ठहराया। उन्होंने एक वैकल्पिक कसौटी तैयार करके विस्तार से दिखाया कि अंग्रेज़ी शासन के तहत न केवल कुल श्रम-शक्ति और औद्योगिक श्रम-शक्ति में गिरावट आयी, बल्कि भारत की राष्ट्रीय आमदनी भी क़तई नहीं बढ़ी। न ही मज़दूरों के वेतन में कोई वृद्धि हुई। यानी बीस और तीस के दशक में जिस समय गाँधी ने उपनिवेशवाद विरोधी आंदोलन चलाया, उस समय तक अंग्रेज़ी हुकूमत के परिणामस्वरूप भारत की अर्थव्यवस्था खेतिहर उत्पादन पर निर्भर रहते हुए पूरी तरह से जड़ता की शिकार हो चुकी थी।[22]

हमें पता है कि रामविलास शर्मा ने सत्तर का दशक (पूरे ग्यारह साल) भाषा-विज्ञान पर काम करते हुए बिताए। लेकिन वे ख़ुद बताते हैं कि उनके

---

[22] राघवेंद्र चट्टोपाध्याय (1975), 'डि-इंडस्ट्रियलाइज़ेशन इन इण्डिया रिकंसीडर्ड', *इकॉनॉमिक ऐंड पॉलिटिकल वीकली,* खण्ड 10, अंक 12, 22 मार्च : 523+525-531.

दिमाग़ में लगातार यह प्रश्न मौजूद रहा। उन्होंने कम्युनिस्ट पार्टी की पचासवीं सालगिरह के मौके पर प्रकाशित डांगे के उस लेख से ख़ुद को पूरी तरह असहमत पाया जो मार्क्स की भारत संबंधी टिप्पणियों का सहारा लेकर भारतीय समाज को परिवर्तनरोधी दिखाने पर तुले हुए थे। अस्सी के दशक में भारत पर अंग्रेज़ी राज के प्रभावों का अध्ययन करने का प्रोजेक्ट शुरू करते हुए उन्होंने अपनी मार्क्सवादी निष्ठाओं को उन तथ्यों के ऊपर हावी नहीं होने दिया जिनका ज़िक्र ऊपर के पैरे में किया गया है। उन्होंने इसकी चिंता नहीं की कि वे मार्क्स का बेजा इस्तेमाल कर रहे हैं या वाजिब। पहले उन्होंने वणिकवाद (मर्केंटलिज़म) को व्यापारिक पूँजीवाद की संज्ञा दी जो मार्क्स द्वारा प्रतिपादित श्रेणियों के लिहाज़ से काफ़ी विवादास्पद था :

> हमें व्यापारिक पूँजीवाद जैसी किसी कोटि को मानना चाहिए या नहीं? ... विनिमय में विकास होगा, बाज़ार निर्मित होगा तब उसके बाद उद्योग-धंधों के विकास की ज़रूरत पड़ेगी। अगर बड़ा बाज़ार पहले से है नहीं तो माल किसके लिए तैयार करेंगे? ... फिर इसे व्यापारिक पूँजीवाद क्यों कहते हैं? ... व्यापारिक पूँजीवाद में व्यापारी का प्रभुत्व होता है, औद्योगिक पूँजीवाद में उद्योगपति का प्रभुत्व होता है और महाजनी पूँजीवाद में इन दोनों को दबा कर महाजन सबसे ऊपर रहता है। ... व्यापारिक पूँजीवाद में उत्पादन की क्या भूमिका थी? ... भारत में कारीगरों की बहुत महत्त्वपूर्ण भूमिका थी। उनको पगार देने की प्रथा थी। कौटिल्य के समय में यह प्रथा इतनी बढ़ी हुई थी कि राजा और राजघराने के लोग भी पगार पाते थे। राजा के बड़े बेटे से अधिक पगार राज्य का सबसे बड़े मिस्त्री को दी जाती थी। ... उत्पादन का विकास इस बात पर निर्भर है कि आप कारीगर को कैसे रखते हैं। भारत गोदाम बना हआ था सूती माल का— पगार प्रथा के कारण ही। हिंदुस्तान में लूटमार बहुत हुई। मैंने सवाल उठाया है कि दौलत लूट ले गये, फिर दौलत कैसे पैदा हुई। इसका उत्तर पगार-प्रथा है। चूँकि पगार-प्रथा का नाश नहीं हुआ, इसलिए हिंदुस्तान के नगर पूरी तरह से कभी तबाह नहीं हुए। थोड़ी देर के लिए देश पिछड़ा, फिर उठा। अंग्रेज़ी राज में जिस तरह का देहातीकरण हुआ, वैसा इस देश में कभी नहीं हुआ। एक सीधा सा प्रश्न है कि अंग्रेज़ी राज क़ायम होने के बाद देहात की आबादी बढ़ी या घटी? आम तौर से हम जानते हैं कि देहात की आबादी बढ़ी। उद्योगीकरण हो रहा है तो देहात की आबादी कम होनी चाहिए, शहर की आबादी बढ़नी चाहिए। यहाँ उल्टी प्रक्रिया है। यह सीधी सी बात लोगों की समझ में नहीं आती।[23]

यहाँ पर रामविलास शर्मा की एक ख़ास प्रवृत्ति सामने आती है। अपने विशिष्ट अंदाज़ में उन्होंने ख़ुद को मार्क्सवादी बनाये रखते हुए मार्क्स के निष्कर्षों का खण्डन

---

[23] अगस्त, 1988 के *साँचा* में प्रकाशित सुधीर रंजन सिंह से रामविलास शर्मा की बातचीत, 'इतिहास और दर्शन की समस्याएँ', (संकलित : *मेरे साक्षात्कार* : 170-172).

किया। उन्होंने दो दिलचस्प तर्क विकसित किये। पहला, मार्क्स का अध्ययन उनके निष्कर्षों के लिए नहीं बल्कि उनकी चिंतन-पद्धति के लिए किया जाना चाहिए। दूसरा, मार्क्स का चिंतन विकासमान था और उनके विचार बदलते रहते थे। उनके विचार इंग्लैण्ड के बारे में बदले, आयरलैण्ड के बारे में बदले, और इसी के आगे रामविलास शर्मा यह भी कहते हैं कि उनके भारत के बारे में भी विचार बदले। अब यह स्पष्ट नहीं होता कि मार्क्स के भारत संबंधी विचार कहाँ और कितने बदले। हाँ, एक जगह वे बताते हैं कि 1853 में मार्क्स ने पंचायतों को नकारात्मक तत्त्व के रूप में देखा था, पर 1881 में जो पत्र लिखे उनमें पंचायतों के सकारात्मक पक्ष पर ज़ोर दिया। इतना ज़रूर दिखता है कि मार्क्स अपने भारत संबंधी आग्रहों पर बहुत दृढ़ नहीं थे। जिस एशियाई उत्पादन विधि के आईने में मार्क्स ने भारत की सामाजिक जड़ता देखी थी, उसके ऊपर उन्होंने दोबारा लौट कर कभी विचार नहीं किया। बहरहाल, रामविलास शर्मा ख़ुद को जिन दो खूँटों से बँधा पाते थे, उनमें से एक यानी मार्क्सवाद से उनके संबंधों पर विचार करने के बाद लेख के अगले खण्ड में हम आधुनिकता से उनके संबंधों पर गौर करेंगे।

II

हिंदी का मार्क्सवाद और परम्परा की आधुनिकता

आधुनिकता के किसी भी झण्डाबरदार के लिए परम्परा के साथ अपना रिश्ता परिभाषित करना आसान नहीं है। देखा गया है कि मार्क्सवाद से अ-प्रभावित रह गया आधुनिक मानस यह रिश्ता अपेक्षाकृत अधिक सहजता से बना लेता है। लेकिन जो मार्क्सवादी हो गया, उस आधुनिक को दिक़्क़त होती है। उसके गले में परम्परा छछूँदर की तरह अटक जाती है। आगे चल कर हम देखेंगे कि समाज-विज्ञान के क्षेत्र में मोटे तौर पर वामपंथी पर ग़ैर-मार्क्सवादी आधुनिकों ने किस सैद्धांतिक कुशलता के साथ परम्परा को आधुनिकता के संयोग में संसाधित किया है, और इस सैद्धांतिक कौशल का मार्क्सवादी संस्करण केवल रामविलास शर्मा के यहाँ ही मिलता है।

आज़ादी के फ़ौरन बाद यानी 1948 के बाद से ही हिंदी साहित्य-जगत में ख़ुद को मार्क्सवाद से जुड़े लोगों के बीच परम्परा और आधुनिकता को लेकर भीषण बहस छिड़ गयी थी।[24] 1949 से 1953 के बीच प्रगतिशील लेखक संघ

[24] नामवर सिंह ने एक जगह कहा है, '1948 के बाद हिंदी में वह दौर शुरू हुआ, जिसमें 'परम्परा और आधुनिकता' पर बहस की शुरुआत हुई, इस बहस में रामविलास शर्मा ने कभी भाग लिया हो, याद नहीं आता।', उद्धृत : राजेंद्र कुमार, 'परम्परा, इतिहास और रामविलास शर्मा', बुधवार, वही.

के महासचिव रहे रामविलास शर्मा उस ज़माने में इस बहस के प्रमुख किरदारों में से एक थे। बहस में प्रगतिशील लेखक संघ की तत्कालीन राजनीति, कम्युनिस्ट पार्टी पर हावी बी.टी. रणदिवे की लाइन, पी.सी. जोशी प्रदत्त राजनीति और संस्कृति के संबंधों की व्याख्या और नम्बूदिरीपाद का लेखक संघ के प्रति रवैया भी तैर रहा था। अपनी विपुलता और विविधता के कारण हिंदी में मार्क्सवाद के इस प्रकरण पर अलग से विस्तृत शोध की आवश्यकता है, क्योंकि इसके बिना मार्क्सवादियों द्वारा किये गये परम्परा के विभिन्न मूल्यांकनों की समीक्षा अधूरी रह जाएगी। फिलहाल हमारा काम एक लम्बे उद्धरण से चल जाएगा। अपनी स्वघोषित मार्क्सवादी निष्ठाओं के लिए सुपरिचित, और हाल ही में पुरस्कृत, उदीयमान आलोचक संजीव कुमार ने इस बहस में रामविलास शर्मा की भूमिका की समीक्षा इस तरह की है :

> मैं उन बहसों के रास्ते हिंदी के मार्क्सवाद की रूपरेखा उभारना चाहता हूँ, जो प्रगतिशील आंदोलन के विकास के साथ-साथ हिंदी के मार्क्सवादियों के बीच शुरू हुईं और जिनमें मत-विभाजन के द्वारा जीत-हार का फ़ैसला होते ज़्यादा देर नहीं लगी। इन बहसों में किस तरह के उपागमों और तर्कों को हाशिये पर जाना पड़ा, और किनसे मार्क्सवादी मुख्यधारा का निर्माण हुआ, यह देखना वस्तुत: हिंदी के प्रभावी मार्क्सवादी मिज़ाज का साक्षात्कार करना है। भक्ति आंदोलन की विभिन्न धाराएँ, उन्नीसवीं सदी के उत्तरार्द्ध का हिंदी परिदृश्य, हिंदी की प्रकृति और भाषा तथा जातीयता के सवाल, अपनी समकालीन रचनाशीलता के संदर्भ में वर्गीय अंतर्वस्तु, यौन-नैतिकता आदि के सवाल— इन सबको लेकर मार्क्सवादियों के बीच बहसें चलीं और लगभग सभी मुद्दों पर ऐसे उपागमों एवं तर्कों को संख्या-बल से जीत मिली, जो अपनी परम्परा, अपनी भाषा, अपने राष्ट्र के प्रति गौरव-भावना को जगाने / सहलाने में सक्षम थे, तथा पूरी क्रांतिकारी मुद्रा के बावजूद ढेर सारे सामाजिक-नैतिक सवालों पर एक राष्ट्रवादी-सवर्ण-हिंदू-पुरुष मन के लिए ज़्यादा असुविधाजनक नहीं थे। इसके लिए, ज़ाहिर है, कई जगह मार्क्सवादी विश्व-दृष्टि का 'सार' और 'थोथा' अपने तरीक़े से तय करना पड़ा था (सार-सार को गहि लियो, थोथा दई उड़ाय), और उसके बाद भी जो तथ्य विसंवादी ठहरते थे, उन्हें चटक लाल गलीचे के नीचे दबा देना पड़ा था। इसका श्रेय व्यापक रूप से डॉ. रामविलास शर्मा को जाता है। उनकी कुछ बातों से हिंदी के बहुसंख्यक मार्क्सवादियों की मुखर सहमति न होने के बावजूद यह कहना ग़लत न होगा कि रामविलास शर्मा का मार्क्सवाद ही हिंदी का विजेता मार्क्सवाद है।
>
> उक्त सभी मुद्दों पर शिवदान सिंह चौहान, रांगेय राघव, प्रकाशचंद्र गुप्त, यशपाल आदि ने जो विश्लेषण सामने रखा, वह मार्क्सवादियों के मत-विभाजन में पराजित ही नहीं रहा, उसे दोहराने, सराहने या विकसित करने वाले आलोचक मार्क्सवादियों के बीच हमेशा अल्पमत में रहे। इन्हें 'प्रगतिशील आंदोलन का झाड़-झंखाड़' (चंद्रबली सिंह के शब्द) मानने वाली दृष्टि ही प्रबल रही। चंद्रबली सिंह

के इस रूपक में निहित साधर्म्य (तुलना की जाने वाली दो चीज़ों के बीच का वह समान गुण जो रूपक का आधार बनता है) को अगर थोड़ा बदल दें, तो ये सचमुच झाड़-झंखाड़ थे— कँटीले, असुविधाजनक, प्रदत्त संस्कारों के साथ प्रगति के विचार का तालमेल बिठाने की कोशिशों में बाधक। इन्हें परे हटा कर उन्नीसवीं सदी के उत्तरार्द्ध और बीसवीं सदी के पूर्वार्द्ध के परिवेश में संस्कारित मन ने मार्क्सवाद को अपने लिए अनुकूलित कर लिया। अब तरक़्क़ीपसंद और क्रांतिकारी कहलाने के लिए अपने संस्कारों के साथ कोई तक़लीफ़देह लड़ाई लड़ने की ज़रूरत नहीं रह गयी।

रामविलास शर्मा एक हिंदीदाँ को अपनी पूरी परम्परा पर गर्व करने का काफ़ी मौक़ा देते हैं। उस मौक़े के लिए उनके पास बहुत बृहद ढाँचा है। शुरुआत तो करते हैं वे तुलसीदास से। नवजागरण की बात जब करते हैं तो पूरे विस्तार के साथ बतलाते हैं कि हिंदी प्रदेश के उस समय के बुद्धिजीवी, साठ-सत्तर-अस्सी के दशकों के, वे एक ऐसा नवजागरण लाये जो बंगाल और महाराष्ट्र के नवजागरण से कहीं आगे है। यानी अगर कोई यह कहता है कि भारतीय नवजागरण के मूलतः दो ही वेरिएंट्स हैं, बंगाल और महाराष्ट्र, तो वह हिंदी के उन तमाम विद्वानों की अनदेखी कर रहा है जिन्होंने उस समय *कविवचन सुधा, ब्राह्मण* और *हिंदी प्रदीप* जैसी पत्रिकाओं में लिखा। हाँ, यह ज़रूर है कि यह मूलतः उन लेखकों के भीतर का नवजागरण था। यानी वे बहुत बड़े पैमाने पर समाज-सुधार में लगे नहीं थे, पर वह एक अद्‌भुत बौद्धिक नवजागरण था। और वे कहते हैं कि इस नवजागरण का पहला चरण तो अठ्ठारह सौ सत्तावन है जो मूलतः हिंदी प्रदेश की क्रांति है। इस हिंदी प्रदेश के किसानों ने सामंतों के साथ मिल कर और कई जगह सामंतों के विरुद्ध बड़ा संग्राम चलाया। इस संग्राम में वो बंगाल में गये हुए अवध के सैनिक, जिन्होंने विद्रोह की शुरुआत की, उन लोगों ने मद्रास और दूसरी जगह के सैनिकों से मदद माँगी, जो भारतीय थे। किसी ने मदद नहीं की। यानी इस देश में जो कई नैशनलिटीज़ हैं, उनमें हिंदी नैशनलिटी ऐसी है, जिसे भारत के प्रथम स्वाधीनता संग्राम का श्रेय जाता है। दूसरी नैशनलटीज़ ने उसका साथ नहीं दिया। दूसरी जातियों ने उसमें उनका कोई साथ नहीं दिया। और इसके साथ-साथ वे बहुत पीछे तक जाते हैं।

मतलब उनका यही है कि जो एक बार सोच लिया उसके हिसाब से उसका बृहद ढाँचा तैयार करना है। तो वे बहुत पीछे तक जाते हैं। वे इस हद तक जाते हैं कि अंततः कहते हैं कि नहीं, आर्य आक्रमणकारी नहीं थे। वे इस ज़मीन के ही थे। और इसकी झलक मिलती है उनकी 1956 की एक किताब में। *मानव-सभ्यता का विकास* नाम की पुस्तक, जिसमें मार्क्सवाद को सरल शब्दों में समझाया गया है, उस में ही वे एक जगह यह कहते हैं कि इतिहासकार बताते हैं कि आर्य बाहर से आये थे। फिर कोष्ठक में लिखते हैं, लेकिन यह विवादास्पद मत है। तो, एक तैयारी सी दिखती है कि इस विवादास्पद मत को अंततः ख़ारिज करेंगे! और उन आर्यों के, जो यहाँ के थे, तीन गण थे— भरत, मगध और कोसल। और भरत गण जो है वह जब पुरु गण के साथ मिल गया तो कुरु गण बना। इन गण समाजों से

फिर जन-समाज यानी जनपद विकसित हुए। उन जनपदों में एकता आने का काम शुरू हुआ व्यापारिक पूँजी के युग में। उस एकता के आने की वजह से हिंदी-जाति का गठन शुरू हुआ और यह हिंदी-जाति वही है जो मूलत: भरत और कोसल गणों से बनी है? और भरत वे गण हैं जिसके नाम पर यह भारत है। तो, मतलब हिंदी-जाति को मिलाकर चलना इस देश की राष्ट्रीय एकता के लिए बहुत ज़रूरी है। और इस हिंदी-जाति को अलग-अलग प्रांतों में बाँटने की जो साज़िश है, इस साज़िश को अब विफल किया जाना चाहिए, और पूरा हिंदी प्रदेश एक राज्य के रूप में होना चाहिए। और इसीलिए उसके बाद के जितने भी टुकड़े हैं, हिंदी प्रदेश के राज्यों के वे टुकड़े और भी ज़्यादा साज़िश की पैदावार लगते हैं। तो, कुल मिला कर यह एक विराट आख्यान उनके यहाँ उभर कर आता है जो अपनी परम्परा पर पूरा गर्व करना सिखलाता है हमें, हमारी परम्परा के जितने भी अंतर्विरोध रहे हैं, उसकी फाँकें रही हैं, उनको ढँक देना सिखलाता है।[25]

शिमला के उच्च अध्ययन संस्थान में की गयी अपनी इस लम्बी प्रस्तुति में संजीव ने एक अन्य जगह वीर भारत तलवार द्वारा की गयी आलोचना और *कैपिटल* के अपने अध्ययन के हवाले से व्यापारिक पूँजीवाद की रामविलासीय धारणा का ग़ैर-मार्क्सवादी चरित्र स्पष्ट करने की कोशिश की है। वीर भारत की आलोचना का ज़िक्र ऊपर किया जा चुका है। साथ ही हम यह भी देख चुके हैं कि रामविलास की इतिहास-दृष्टि और उस पर आधारित उनके विस्तृत विवरण अर्ली-मॉडर्न खोजने वाले इतिहासकारों से कितने मिलते हैं। बस उन्होंने थोड़ी सी ज़्यादती यह ज़रूर की है कि अर्ली-मॉडर्न इतिहास-लेखन के लिए जो व्यापारिक पूँजी एक मोड ऑफ़ प्रोडक्शन की हैसियत रखती है, उसे अपनी अंतर्दृष्टियों के सहारे व्यापारिक पूँजीवाद की सम्पूर्ण श्रेणी में बदलने की चेष्टा की है। बहरहाल, यह मेरा निष्कर्ष है। पर संजीव यहाँ अपने लिहाज़ से रामविलास शर्मा के हर पहलू पर चोट करते हुए उनकी सभी स्थापनाओं को पूरी तरह से नकारते हुए दिखते हैं।

संजीव ने जिस प्रकार की आलोचना की है उसका हिंदी की दुनिया में नरम जवाब भी मौजूद है, और मुँहतोड़ उत्तर भी। जिन राहुल, रांगेय राघव और शिवदान सिंह चौहान को वे हिंदी के पराजित, पर आदर्श और सही मार्क्सवाद के तौर पर दिखाते हैं, उनका नाम लिए बिना विश्वनाथ त्रिपाठी ने लिखा है कि 'प्रगतिशील आलोचना प्रारम्भ में अतीत के विरुद्ध एक प्रकार की जिहादी भावना से निर्णय देती थी। अतीत प्रतिक्रियावादी है, वर्तमान विषय है, भविष्य उत्तरोत्तर बेहतर होता जाएगा; यही बात साहित्य के बारे में भी लागू की जाती थी।

---

[25] संजीव कुमार, वही.

आदिकालीन काव्य, भक्तिकालीन काव्य, छायावादी काव्य— सबको साम्य विरोधी या वर्णाश्रमी ब्राह्मणवादी घोषित किया जाता था। अतीत में पहुँच कर आलोचना की दृष्टि द्वंद्व और अंतर्विरोध से रहित हो जाती थी।'[26] संजीव की निगाह में शायद प्रोफ़ेसर त्रिपाठी भी उसी संस्कारित 'राष्ट्रवादी-हिंदू-पुरुष मन' की श्रेणी में आएँगे जो उनके अनुसार रामविलास शर्मा की परम्परा संबंधी समझ की देन है। लेकिन, इस नरम जवाब के साथ तुर्क़ी-ब-तुर्क़ी जवाब भी है। रामविलास को प्रगतिशील हिंदी आलोचना का सर्वोच्च नायक मानने वालों की तरफ़ से अजय तिवारी ने दिखाया है कि 'शिवदानजी ने ... छायावाद को हिंदू महासभा और मुस्लिम लीग से ज़्यादा खतरनाक बताया था। मैथिलीशरण गुप्त की *भारत-भारती* को हिंदू फासिस्टों के लिए बाइबिल बनने योग्य बताया था।' अजय तिवारी के अनुसार शिवदान सिंह चौहान संत साहित्य को वैराग्य में डूबा हुआ, रीति साहित्य को व्यभिचार में लिप्त मानते थे। वे भारतेंदु-युग के शैशव काल के बाद सारे साहित्य को फ़ासिस्ट क़रार देते थे। भाकपा के एक नेता '... भवानी सेन ने रवींद्र गुप्त नाम से लिखा था कि रवींद्र नाथ ठाकुर के विचारों का हिंदू महासभा और राष्ट्रीय स्वंय सेवक संघ से कोई पार्थक्य नहीं है। ... राहुलजी ने वाल्मीकि को शुंग वंश का और कालिदास को गुप्त सम्राटों का चाटुकार घोषित किया। तुलसी तो ख़ैर ब्राह्मणवादी-प्रतिक्रियावादी थे ही।'[27] अजय तिवारी के इस विवरण में मैं यहाँ एक और फ़िकरा जोड़ देना चाहता हूँ जिसे मैंने शिवदानीय आलोचना के संदर्भ में कहीं सुना है कि अगर चौहान साहब की चलती तो वे सोलहवीं सदी में तुलसीदास को ब्राह्मण सभा का और कबीरदास को सीपीआई (एम) का सेक्रेटरी बना कर दम लेते। ज़ाहिर है कि हिंदी साहित्य की यह मार्क्सवादी बहस यहीं ख़त्म नहीं होती। इसमें आगे चल कर मुक्तिबोध भी जुड़ते हैं जिनकी कई प्रश्नों पर (जिनमें एक दिनकर की रचना *उर्वशी* का मूल्यांकन भी है) रामविलास शर्मा से ठनती है।

शिमला के जिस वर्कशॉप में संजीव ने अपना विश्लेषण पेश किया था, उसी में उनकी प्रस्तुति पर तुरंत कई प्रतिक्रियाएँ हुई थीं जिनमें दो दृष्टव्य हैं। हिंदी साहित्य के भीतर चलने वाली बहस से थोड़ा परे हटते हुए इन दोनों को यहाँ इसलिए दिया जा रहा है कि परम्परा, आधुनिकता और मार्क्सवाद के रिश्ते पर एक वैश्विक परिप्रेक्ष्य सामने आ सके :

---

[26] त्रिपाठी, विश्वनाथ, वही.

[27] अजय तिवारी, 'रामविलास शर्मा : प्रगतिशीलता के विवाद', *वसुधा-51*, वही : 160-176.

संजीव ने एक बात इसमें कही है कि रामविलास शर्मा के प्रभाव के कारण हिंदी के मार्क्सवादियों के लिए तरक़्क़ीपसन्द और क्रांतिकारी कहलाने के लिए अपने संस्कारों के साथ कोई तक़लीफ़देह लड़ाई की ज़रूरत नहीं रह गयी है। तो जब वे यह कहते हैं तो ऐसा लगता है कि समाज-परिवर्तन और व्यक्ति के बदलने की प्रक्रिया के बारे में एक ख़ास क़िस्म का वक्तव्य दे रहे हैं। वे मार्क्सवाद को एक ऐसे टूल के रूप में देखते हैं जिसके ज़रिये आदमी को रैडिकली बदल जाना चाहिए। उसे अपने शताब्दियों पुराने, पीढ़ी-दर-पीढ़ी उसके जींस में शामिल हो चुके तमाम संस्कारों को छोड़ देना चाहिए। इस लिहाज़ से उन्हें मार्क्सवाद से एक रैडिकल पुश की, एक ऐसे धक्के की भूमिका निभाने की उम्मीद है जो इनसान की चेतना से, उसकी मानसिकता से और उसके दिमाग़ से उसके जड़ जमाये बैठे तमाम संस्कारों को निकाल कर बाहर कर देगा। चाहे वे संस्कार धार्मिक हों, सभ्यतामूलक हों, जातीय हों या सांस्कृतिक हों। और अगर मार्क्सवाद इस तरह की भूमिका नहीं निभा पा रहा है तो फिर ... जो भी चीज़ बन रही है मार्क्सवाद के नाम पर, उस पर आपत्ति की जा सकती है। ... उनकी बात मार्क्सवाद को एक ऐसे रैडिकल धक्के के रूप में ग्रहण करने के बारे में है। मैं जानना चाहूँगा कि क्या युरोप में भी मार्क्सवाद को ऐसे ही रैडिकल धक्के के रूप में ग्रहण किया गया था जिसकी उम्मीद हम हिंदी की दुनिया से कर रहे हैं? क्या युरोप के विचारकों और चिंतकों ने अपने पूरे ईसाई और यहूदी विचारों को छोड़ दिया, उस मानस को एकदम धो डाला? मार्क्सवाद के कारण चिंतन के धरातल पर जो विश्लेषण और संश्लेषण हुआ, क्या उसके कारण वे अपना वैचारिक अतीत त्याग कर बिल्कुल एक़दम शुद्ध न्यूक्लियर इनसान बन गये। एक ऐसे इनसान बन गये जो किसी भी क़िस्म की परम्पराओं और पुराने संस्कारों, अध्यात्म, रहस्यवाद जैसी किसी भी चीज़ से पूरे तरीक़े से धुला-पुँछा था? उसके अंदर सिर्फ़ द्वंद्वात्मक भौतिकवाद और ऐतिहासिक भौतिकवाद रह गया? और इसके अलावा कुछ नहीं? ख़ास तौर से मैं फ्रेंकफ़र्ट स्कूल के सिद्धांतकारों, जो साहित्यकारों और संस्कृति की दुनिया में बहुत लोकप्रिय हैं और जिनका बड़े पैमाने पर उल्लेख किया जाता है, बड़े पैमाने पर उनके उद्धरण दिये जाते हैं, ... उनके अंदर का जो ईसाई यहूदी रहस्यवाद है और ईसाईपन है वह उनके मार्क्सवाद के साथ कैसे सहअस्तित्व में रहता है?[28]

फ्रेंकफ़र्ट स्कूल में ईसाइयत और यहूदी की स्थिति क्या है? पोलैण्ड ले लो, रूस ले लो, कुछ चंद आइडियॉलॉग की बात नहीं है केवल। क्या एंटीसेमेटिज़म रूस में या पोलैण्ड में कहीं कम हुआ? तो इस पर भी हमें ग़ौर करना होगा। तो मार्क्सवाद तो है ही, राष्ट्रवाद एक दूसरा मुखौटा मुहैया करा देता है। सोवियत विघटन के बाद राष्ट्रवाद की विजय नहीं हो रही तो और फिर यह क्या है? इतने दिनों तक हमने इसे दबा रखा। ... मैं सिर्फ़ इतनी तरमीम करना चाहता हूँ कि ... तुम्हारे अंतिम वक्तव्य के बारे में, तो वह मार्क्सवाद को लेकर नहीं, बल्कि

---

[28] संजीव के वक्तव्य पर अभय कुमार दुबे की टिप्पणी, *हिंदी की आधुनिकता-एक पुनर्विचार*, दूसरा खण्ड, वही.

आधुनिकता की तुम्हारी क्या कल्पना है, इसके बारे में है। ... मुझे एक ख़तरा लग रहा है कि रामविलास जिन चीज़ों को कर रहे हैं जो कि तुम्हें ग़लत दिखाई पड़ रही हैं, उस प्रक्रिया को ही तुम अगर सिरे से ख़ारिज कर देते हो कि वे एक व्यापारिक पूँजीवाद की बात करते हैं, और कहते हैं और हमारे यहाँ, फिर अगली कड़ी आती ही है, वह एक चीज़ है, लेकिन जब उन्नीसवीं सदी के भारतीय बौद्धिक राष्ट्रवादी बौद्धिक यह कहते हैं, और यह सब वे हैं जो अंग्रेज़ी राज्य को डिवाइन डिस्पेंसेशन मान रहे हैं। जब वे यह कहते हैं, जो मैं कहना चाह रहा था उस दिन, कि हमारी अपनी एक विकास-प्रक्रिया चल रही थी, हमारी अपनी परम्परा में पूरी सम्भावनाएँ थीं, और ये सारी सम्भावनाएँ एकाएक औपनिवेशिक हस्तक्षेप के कारण समाप्त हो गयीं। यह न हो कि उस सम्भावना को ही तुम सिरे से ख़ारिज कर दो इसलिए कि तुम रामविलास शर्मा को ख़ारिज कर रहे हो।[29]

इस जवाब-सवाल को यहीं छोड़ कर मैं जाँच करना चाहता हूँ कि आख़िर रामविलास शर्मा ने परम्परा के मूल्यांकन का ऐसा कौन सा तरीक़ा अपनाया था जिसकी विजय के कारण आरोप लग रहा है कि हिंदी के मार्क्सवाद पर संस्कारित क़िस्म का राष्ट्रवादी-हिंदू-पुरुष मन छा गया, और अतीत को सम्प्रदायवादियों की झोली में गिरने से रोकने की प्रक्रिया में मार्क्सवादियों ने ख़ुद को ही साम्प्रदायिकों के हवाले कर दिया। मैंने अपनी पड़ताल के औज़ार कुछ समाज-वैज्ञानिकों द्वारा की गयी उस स्थापना से लिए हैं जिसे 'परम्परा की आधुनिकता' (मॉडर्निटी ऑफ़ ट्रेडिशन) के फ़िकरे से जाना जाता है। 1967 में लॉयड और सुज़ैन रुडोल्फ़ की जोड़ी ने भारत के राजनीतिक विकास की व्याख्या करते हुए दिखाया कि भारतीय समाज का आधुनिकीकरण अंजाम देने के लिए किस तरह से पारम्परिक संरचनाओं का इस्तेमाल किया जा रहा है। रुडोल्फ़ों द्वारा किये गये इस बहुचर्चित अध्ययन में सामाजिक स्तरीकरण, करिश्माई नेतृत्व और क़ानून पर अधिक चर्चा की गयी थी।[30] रुडोल्फ़ इससे पहले जाति-प्रथा और आधुनिक राजनीति की अन्योन्यक्रिया का 'जाति के लोकतांत्रिक पुनर्जन्म' के रूप में अध्ययन कर चुके थे। तक़रीबन रुडोल्फ़ के समय में ही रजनी कोठारी भी जाति और आधुनिक चुनावी राजनीति के समागम का अध्ययन करते हुए दिखा रहे थे कि राजनीति में जातिवाद की परिघटना किस तरह राजनीति में जातिवाद का प्रवेश न हो कर जातियों का राजनीतीकरण है।[31] कोठारी कहना यह

---

[29] संजीव की प्रस्तुति पर इतिहासकार सुधीर चंद्र की टिप्पणी, *हिंदी की आधुनिकता-एक पुनर्विचार*, दूसरा खण्ड, वही.

[30] लॉयड आई. रुडोल्फ़, और सुज़ैन हूबर, रुडोल्फ़, (1967) द *मॉडर्निटी ऑफ़ ट्रेडिशन : पॉलिटिकल डिवेलपमेंट इन इण्डिया*, द युनिवर्सिटी ऑफ़ शिकागो प्रेस, शिकागो.

[31] रजनी, कोठारी (2005), *भारत में राजनीति : कल और आज*, अभय कुमार दुबे, सीएसडीएस-वाणी, नयी दिल्ली, कोठारी का कथन इसी पुस्तक से : 110-111 पर.

चाहते थे कि भारत जैसे परम्पराबद्ध समाज के आधुनिकीकरण का रास्ता राजनीतीकरण की मंज़िल से होकर गुज़रता है। इसके बाद 1979 में भीखू पारेख की दो बहुचर्चित रचनाएँ सामने आयीं जो गाँधी के विमर्श को उपनिवेशवाद, परम्परा और सुधार के परिप्रेक्ष्य में रख कर देखती थीं। प्रोफ़ेसर पारेख ने इन रचनाओं में प्रदर्शित किया था कि आधुनिक राष्ट्र के निर्माण के लिए गाँधी किस तरह परम्परा के कुछ पहलुओं की पुनर्रचना करते हैं।[32] इन समाज-वैज्ञानिकों के बीच कई मतभेद थे, जिनका ज़िक्र करना यहाँ विषयानुकूल नहीं होगा। समाज-विज्ञान की दुनिया ने उनकी प्रस्थापनाओं पर खूब बहसें भी कीं। उल्लेखनीय है कि ये विद्वान किसी भी तरीक़े से मार्क्सवादी शिविर के नहीं हैं, हालाँकि कोठारी पर मानवेंद्र नाथ राय का गहरा प्रभाव रहा है, और भीखू पारेख ने मार्क्स के विचारधारा-सिद्धांत पर एक विख्यात पुस्तक लिखी है। लेकिन मेरी समझ में कुल मिला कर तीनों की टेक वही है कि अगर भारतीय समाज को आधुनिकीकरण के रास्ते पर चलना है तो परम्परा के कुछ पहलुओं का इस प्रक्रिया में विनियोग करना होगा। दरअसल, मैं तो यहाँ तक कहना चाहता हूँ कि परम्परा और आधुनिकता के रिश्ते को सारी दुनिया में इसी तर्ज़ पर व्यावहारिक रूप से संसाधित किया गया है, भले ही शब्दाडम्बर के रूप में कितना भी विचारधारात्मक रैडिकलिज़्म क्यों न उगला गया हो। कोठारी ने आधुनिकीकरण की इस थियरी के भारतीय संदर्भ को इस प्रकार वाणी दी है :

> आधुनिकता के सम्पर्क में आने पर भारतवासियों ने सबसे बड़ा असर यह ग्रहण किया कि वे अपनी पारम्परिक अस्मिता के प्रति नये सिरे से सचेत होते चले गये. आधुनिकता के प्रभाव में उस अस्मिता की पुनर्व्याख्या करके उसमें नवजीवन का संचार किया गया और नयी संस्थाओं और विचारों के संदर्भ में उसका सुदृढ़ीकरण हुआ। यही था भारत के राजनीतिक आधुनिकीकरण का रास्ता। आधुनिकतावादी प्रेरणाओं ने लोगों को भारत की भारतीयता का दावा करने की, उस भारतीयता का पुनःसूत्रीकरण करने, और कुल मिला कर उसे एक आधुनिक चरित्र देने की गुंजाइश प्रदान की। भारत के आधुनिकीकरण पर परम्परा को ख़ारिज करने का मॉडल लागू नहीं होता। न ही आधुनिकता और आधुनिक संस्थाओं की शक्ति को नकार कर सिर्फ़ परम्परा की वांछनीयता पर ज़ोर देने वाला मॉडल भारत के मामले में कारगर है। इसी तरह आधुनिकता और परम्परा के कुछ-कुछ हिस्सों की ख़ास तरतीब पर ज़ोर देने वाला मध्यमार्गी मॉडल भी यह नहीं है।

---

[32] भीखू पारेख (1989), *कोलोनियलिज़्म, ट्रेडिशन ऐंड रिफ़ॉर्म : एन एनालैसिस ऑफ़ गाँधीज़ पॉलिटिकल डिस्कोर्स*, सेज, नयी दिल्ली, *गाँधीज़ पॉलिटिकल फ़िलॉसफ़ी : ए क्रिटिकल एग्ज़ामिनेशन*, मैकमिलन, लंदन.

इस व्याख्या के बाद कोठारी यह बताना नहीं भूलते कि परम्परा अपने आप अपना पुनर्जागरण नहीं कर सकती थी। समसामयिक अर्थ ग्रहण करने के लिए उसे आधुनिक संस्थाओं और मूल्यों की आवश्यकता थी। परम्परा और आधुनिकता पर अलग-अलग ज़ोर देने और एक-दूसरे की कीमत पर उनका महत्त्व समझने के बजाय हमें दोनों के संबंध को समझना होगा, उस प्रक्रिया को समझना होगा जिसने इस प्रक्रिया को जन्म दिया है और उस मिश्रण को समझना होगा जो उस समय पैदा होता है जब एक पारम्परिक समाज नये ज़माने की ज़रूरतों को पूरा करने के ज़रिये नैरंतर्य का संधान करता है, और इस सिलसिले में में अपनी समृद्ध विविधता को नष्ट किये बिना नयी एकता और नयी पहचान ग्रहण कर लेता है।

आइये देखें, रामविलास शर्मा ने परम्परा के साथ जिस तरह का सुलूक किया है, क्या उसे भी रुडोल्फ़ों, पारेख और कोठारी द्वारा प्रतिपादित इस श्रेणी में रखा जा सकता है? जैसा कि हम जानते हैं कि परम्परा उनके लिए ऋग्वेद से लेकर वर्तमान युग तक फैली हुई है। इस बेहद लम्बी अवधि के दौरान वे भारतीय परम्परा के भीतर कौन सा नैरंतर्य देखना चाहते हैं? उनके परम्परा संबंधी विचारों को समझने और उनके प्रस्तुतीकरण के लिए मैंने उनकी बातों का एक कोलाज बनाया है। इसे बनाते समय मैंने ध्यान रखा है कि हर विषय पर सुदीर्घ पुस्तकों की रचना करने वाले रामविलास शर्मा का परम्परा संबंधी चिंतन अत्यंत संक्षेप में क्रमिक रूप से पाठकों के सामने आ सके :

> **परम्परा बनाम रूढ़ि :** अद्वैत के भीतर जैसे द्वैत होता है, वैसे ही परम्परा के भीतर विविधता होती है। अगर भारत को आप एक इकाई मानते हैं, एक घटक मानते हैं, तो उसकी एक परम्परा होगी ही। ... यह सब आपके सोचने पर निर्भर करता है कि आप परम्परा के जो विविध घटक हैं, उन्हें स्वतंत्र मानते हैं या उसी परम्परा के अंतर्गत मान लेते हैं। ... कोई भी कला और सांस्कृतिक कर्म ऐसा नहीं जहाँ आप पहले से विद्यमान वस्तुओं और उपकरणों के आधार पर नयी इमारत न खड़ी करते हों। चाहे धर्म हो, चाहे राजनीति। चाहे अर्थशास्त्र हो और चाहे विज्ञान। हर क्षेत्र में जो पहले से सुलभ है उसी के अंश लेकर उसके ऊपर अपना नया भवन खड़ा करते हैं। यह कहना कि रचनाकार को अपनी पुरानी परम्परा से कुछ लेना-देना नहीं, यह असम्भव स्थिति है। ... यह भी शंका की गयी है कि परम्परा न केवल हमारी मौलिकता को नष्ट करती है, बल्कि हमें अतीतोन्मुख बनाती है और परिणामत: हमें वर्तमान की चुनौतियों का सामना करने से रोकती है। दरअसल यह बात रूढ़ियों के लिए कही जा सकती है। ... जहाँ परम्परा को जस का तस ग्रहण करने के पक्ष में हों, उसका अनुकरण करें, वहाँ रूढ़ि हो जाती है। जहाँ परम्परा जीवित है, वहाँ आप उसके कुछ अंश ग्रहण करते हैं। उसको आगे बढ़ाते हैं। ... किसी भी पुराने साहित्यकार अथवा युग के प्रगतिशील तत्त्वों का विवेचन करने पर कुछ विद्वानों की प्रतिक्रिया होती है कि उन्हें— यानी साहित्यकारों और पुराने युगों

को— मार्क्सवादी बनाया जा रहा है। इस प्रतिक्रिया के दो कारण हैं। पहला मार्क्सवाद की जानकारी न होना। दूसरा— पुराने युगों और साहित्यकारों की जानकारी न होना।

आध्यात्मिक बनाम भौतिकवादी : भारत के बारे में ज़्यादातर लोग सोचते हैं कि यह आध्यात्मिक चिंतन का देश है। पर यहाँ पर भाषा-विज्ञान का विकास, गणित का विकास, स्थापत्य कौशल का विकास, यह सब यथार्थवादी (भौतिकवादी) दृष्टि के बिना असम्भव था। भारतीय दर्शन की सबसे बड़ी उपलब्धि है एक यथार्थवादी चिंतन। कौटिल्य का अर्थशास्त्र, चरक का औषधि विज्ञान, पाणिनि का व्याकरण— भारत के यथार्थवादी चिंतन की ये परम उपलब्धियाँ अन्य किसी देश को नहीं मिलीं। यथार्थवाद को नकारना भारतीय संस्कृति के सबसे मूल्यवान तत्त्वों को नकारना है। ... मैं ... तीन आचार्यो पर लिखना चाहता हूँ। ये तीन आचार्य हैं पाणिनि, चरक और कौटिल्य। पिछले डेढ़ सौ साल में इस बात का खूब प्रचार किया गया कि भारत आध्यात्मवादी देश है और यथार्थ जीवन उसके लिए महत्त्वहीन था। किंतु यथार्थ जीवन पर ध्यान दिये बिना पाणिनि, चरक और कौटिल्य की व्याख्या नहीं की जा सकती।

आर्यों के आक्रमण की कहानी : ... आर्य नाम का कोई समाज नहीं था। इस नाम की कोई नस्ल नहीं थी। नस्ल के आधार पर कहीं भी किसी समाज का गठन नहीं हुआ। नस्ल की कल्पना उन्नीसवीं सदी में यूरोप के लोगों ने की। संस्कृत व्याकरण की सहायता से जब देखा कि लैटिन, ग्रीक, जर्मन आदि भाषाओं में बहुत समानता है, तो उन्होंने कल्पना कर ली कि ये सब लोग किसी आदि भाषा की शाखाएँ हैं, इस आदि भाषा को बोलने वाले एक नस्ल के लोग थे और भारत में रहते थे। ... उन्नीसवीं सदी के मध्य तक भारत के बाहर से आने वाले आर्यों की कल्पना लोकप्रिय न हुई थी। ... उन्नीसवीं सदी के उत्तरार्ध में ब्रिटिश साम्राज्य के सुदृढ़ होने और यूरोप की अन्य जातियों के प्रसार के साथ विद्वानों भारत को अपनी भाषाओं का स्रोत कहना उनके लिए अपमान की बात है। जिनको उन्होंने दास बनाया है उनके बाप-दादों को अपनी भाषाओं का जनक कहना सम्मान-विरुद्ध है। इसी वजह से उन्होंने भारत पर आर्यों के आक्रमण की कहानी गढ़ी। यह काम मुख्यतः जर्मनी में हुआ।

ऋग्वेद बनाम पुरोहित वर्ग : *ऋग्वेद* का अधिक भाग कर्मकाण्ड के लिए नहीं रचा गया। वास्तव में वह कर्मकाण्ड का विरोधी है। ... वह शिल्पी वर्ग की रचना है। ... *युधिष्ठिर मीमांसक* ने इस बात को अच्छी तरह पहचाना है कि कर्मकाण्डी पंडितों ने वैदिक ऋचाओं का कैसा दुरुपयोग किया है। ... भारत में पुरोहितों ने *ऋग्वेद* और उपनिषदों के दार्शनिक काव्य को धर्मशास्त्र बना डालने में कुछ उठा नहीं रखा। कुछ अपवादों को छोड़ अधिकांश पाश्चात्य विद्वान उन्हीं का अनुसरण करते हैं। दुर्भाग्य से भारत के अनेक मार्क्सवादी विवेचक *ऋग्वेद* को तो अपनी

विचार परिधि के बाहर ही रखते हैं। उपनिषदों में भी भाववाद के अतिरिक्त कुछ नहीं देखते। ... वैदिक साहित्य की मूल धारा जीवन की स्वीकृति की धारा है। वह संसार के मिथ्या होने का प्रसार नहीं करती। वह मनुष्य के सामाजिक जीवन बिताने पर बहुत ज़ोर देती है। ... *ऋग्वेद* में ऋषि अनेक प्रकार का शारीरिक श्रम करते हैं। किसी भी तरह का श्रम हो, उन्हें उससे घृणा नहीं है। इस शारीरिक श्रम के साथ वे काव्य भी रचते हैं, यज्ञ करते हैं, देवताओं के लिए स्तुतियाँ बनाते हैं। ... *ऋग्वेद* की यही विशेषता है कि यहाँ शारीरिक श्रम और मानसिक श्रम का भेद मिट गया है। यह हमारा अतीत है और जिस भविष्य में हमें जाना है, वह भी यही है। ... ऋग्वेद के कवियों का दृष्टिकोण इहलोकवादी है, वह जीवन की स्वीकृति का दृष्टिकोण है। इसलिए वह परवर्ती संसारविमुख धारणाओं से अधिक प्रगतिशील है। ... ऋग्वैदिक काल भारत का प्रथम नवजागरण है, उपनिषद काल उसका दूसरा नवजागरण है। दोनों के बीच आता है ब्राह्मणकाल। इस मध्य काल में भूस्वामी वर्ग सुदृढ़ हुआ, उसे सुदृढ़ करने में पुरोहित वर्ग ने अपने कर्मकाण्ड का विस्तार किया।

भारतीय दर्शन की रूपरेखा : ... षड्दर्शन का अपना महत्त्व है, लेकिन इनके बाहर जो दर्शन हैं, उनके साथ मिलाकर षड्दर्शन का अध्ययन करना चाहिए। जैसे, षड्दर्शन में लोकायत नहीं है, सांख्य है। सांख्य का अध्ययन लोकायत के साथ करना चाहिए। षड्दर्शन में न्याय है, अनेकांतवाद नहीं है। न्याय का अध्ययन अनेकांतवाद के साथ मिला कर करना चाहिए। षड्दर्शन में उत्तर मीमांसा अर्थात् वेदांत है, शून्यवाद नहीं है। वेदांत का अध्ययन शून्यवाद के साथ मिला कर करना चाहिए। इससे भारतीय दर्शन का भरा-पूरा चित्र दिखाई देने लगेगा। ... मार्क्स और एंगेल्स के चिंतन के अलावा अगर हम दार्शनिक यथार्थवाद पर ध्यान केंद्रित करें तो *ऋग्वेद*-उपनिषद-प्राचीन यूनानी दर्शन, फिर सत्रहवीं सदी में बेकन और लॉक के विचार, अट्ठारहवीं सदी में फ्रांस में भौतिकवाद का विकास, अगली कड़ी के रूप में मार्क्स और एंगेल्स का भौतिकवाद ... दार्शनिक चिंतन के विकास की यह बहुत आकर्षक रूपरेखा बनती है।

भक्ति आभिजात्य का निषेध : भक्ति का आधार वे किसान और कारीगर हैं जो अपने जीवन की परिस्थितियों से असंतुष्ट हैं, जो पुराने सामंती बंधनों से असंतुष्ट हैं, इनको तोड़ना चाहते हैं लेकिन चूँकि वर्ग संगठित नहीं है, वर्ग पूरी तरह से निर्मित नहीं है, इसलिए इनका सामाजिक संघर्ष भारतवर्ष में भक्ति का रूप लेता है और मनुष्य मात्र की समानता की घोषणा करता है। मनुष्य मात्र की समानता की घोषणा—यह भक्ति आंदोलन का मूल सूत्र है। तुम भले कुल में पैदा हुए, इसलिए राम के भक्त हो गये—भक्ति आंदोलन यह मानने के लिए तैयार नहीं। आभिजात्य का निषेध—यह भक्ति आन्दोलन की विशेषता है। अत: दक्षिण भारत, विशेषत: तमिलनाडु, से इसकी शुरुआत होती है। व्यापारिक पूँजीवाद का विकास सर्वाधिक वहाँ हुआ था। मात्र मदुरै को केंद्र बनाकर इसका इतिहास पढ़ें तो सारे भारत का इतिहास नये ढंग से दिखाई देगा। लोग भारत का इतिहास पढ़ें तो सारे भारत का

इतिहास नये ढंग से दिखाई देगा। लोग भारत के इतिहास को भी खण्डशः पढ़ते हैं। एशिया और यूरोप के साथ मिलाकर तो पढ़ते ही नहीं किंतु तमिलनाडु के इतिहास को जानना आवश्यक है। उत्तर भारत में कहाँ हमने क्या पाया और कहाँ क्या नहीं पाया, यह समझने के लिए तमिलनाडु का इतिहास जानना ज़रूरी है। ... भक्ति आंदोलन बहुत बड़ा सूत्र है। वह कश्मीर से लेकर कन्याकुमारी तक और गुजरात से लेकर बंगाल तक फैला हुआ है। भक्ति आंदोलन को ही आदमी सूत्र मान कर चले तो भारतीय साहित्य की बहुत बड़ी सामान्य विशेषता को पकड़ सकता है।

तुलसी, सूर और कबीर : वेद मनुष्यकृत नहीं हैं, ईश्वरकृत हैं, उनको थोड़े से आदमी ही समझ सकते हैं, इस प्रचार से पुरोहित वर्ग को लाभ होता था। तुलसीदास का मन इस प्रचार से मुक्त है। ... तुलसी और कबीर की जो सामान्य भूमि है, वह ऋग्वेद की उतनी नहीं जितनी उपनिषदों की है। उपनिषदों में ब्रह्म की अद्वैत सत्ता का प्रतिपादन है। इस सत्ता में कबीर और तुलसी दोनों का विश्वास है। ... तुलसीदास दरिद्रता के प्रति जितने सचेत हैं उतना सोलहवीं-सत्रहवीं सदी का कोई कवि नहीं है। और वे जो ग़रीबी देखते हैं वह केवल गाँवों की ग़रीबी नहीं है, शहरों की भी ग़रीबी है। ... दरिद्रता के प्रति यह सजगता निर्गुण-सगुण के भेद को मिटा देती है। देखना यह चाहिए कि यथार्थ इन कवियों में कहाँ तक प्रतिबिम्बित हुआ है, वर्ण-विभाजन इनमें कहाँ तक प्रतिविम्बित हुआ है। कबीर में ये चीज़ें पकड़ने में ज़्यादा आसानी है। ... सूर, तुलसी और कबीर तीनों भिन्न-भिन्न सामाजिक परिवेशों का बहुत अच्छी तरह से, बहुत गहराई से चित्रण करते हैं। कबीर जिस दुनिया में रहते हैं वह बाज़ार वाली दुनिया है, वहाँ माल लेकर बेचने जाना पड़ता है। ... वे शहर के रहने वाले हैं, बहुत लोगों से मिलते हैं ... लेकिन खेती की दुनिया से काफ़ी दूर हैं। ... कारीगर तबके के प्रतिनिधि हैं कबीरदास। ... पशुचारण सभ्यता के जो अवशेष सोलहवीं सदी में थे, वे सूरदास में परिलक्षित होते हैं। यह उनका सामाजिक परिवेश है। ... गाँव के पास जो आदमी सबसे ज़्यादा रहता है, वह तुलसीदास है। ... किसान को तुलसीदास सबसे अच्छी तरह जानते हैं। ... ये तीन तरह के सगुण परिवेश हैं जो इन भक्तों के यहाँ परिलक्षित हैं। सगुण-निर्गुण विवाद पंडितों का विवाद है। जो यथार्थ ढूँढ़ने चलेगा, वह इन तीन तरह के परिवेशों से टकराएगा। ये तीनों परिवेश एक-दूसरे के विरोधी नहीं, पूरक हैं। ... जहाँ तक निम्न जातियों का सवाल है, यह बात सही है कि निर्गुण पंथ में बहुत-सी निम्न जातियाँ रही हैं। इससे पहले सिद्धों और नाथपंथियों में भी बहुत सी निम्न जातियाँ रही हैं। लेकिन यह बात भी सही है कि वैष्णवों में भी बहुत से निम्न जातियों के लोग रहे हैं। सिक्खों को अगर निर्गुणपंथी माना जाए तो इनके यहाँ बहुत से व्यवसायी रहे हैं।

लोकजागरण और नवजागरण की तीन मंज़िलें : जो कार्य संस्कृत साहित्य नहीं कर सका, वह अखिल भारतीय स्तर पर भक्ति साहित्य ने किया। ... 1857 का संग्राम हमारा जातीय संग्राम है और भारत का राष्ट्रीय संग्राम भी है। उसका असर सारे देश पर हुआ, हिंदीभाषी प्रदेश पर सबसे ज़्यादा हुआ। ... सन् 57 का स्वाधीनता

संग्राम हिंदी-प्रदेश के नवजागरण की पहली मंज़िल है। दूसरी मंज़िल भारतेंदु हरिश्चंद्र का युग है। ... भारतेंदु युग का साहित्य व्यापक स्तर पर ग़दर से प्रभावित है, इसका पहला प्रमाण यह है कि इस साहित्य में किसानों को लक्ष्य करके, उन्हें संगठित और आंदोलित करने की दृष्टि से जितना गद्य-पद्य लिखा गया है, उतना दूसरी भारतीय भाषाओं में नहीं लिखा गया। दूसरा प्रमाण यह है कि इस साहित्य का माध्यम संस्कृतगर्भित भाषा नहीं है, जैसे कि वह बांग्ला साहित्य में है, वरन वह शहरी बोलचाल की भाषा है और जनपदीय उपभाषाओं से अपना नाता जोड़े हुए है। ... हिंदी नवजागरण की तीसरी मंज़िल महावीर प्रसाद द्विवेदी और उनके सहयोगियों का कार्यकाल है। ... अभी तक हिंदी का ऐसा कोई लेखक नहीं हुआ जो साहित्यकार हो और उसे अर्थशास्त्र का इतना गहरा ज्ञान भी हो। ... राजनीति और अर्थशास्त्र के साथ उन्होंने आधुनिक विज्ञान से परिचय प्राप्त किया और इतिहास तथा समाजशास्त्र का अध्ययन गहराई से किया। इसके साथ भारत के प्राचीन दर्शन और विज्ञान की ओर उन्होंने ध्यान दिया और यह जानने की कोशिश की कि हम कहाँ आगे बढ़े हुए हैं और कहाँ पिछड़े हैं। इस तरह की तैयारी उनसे पहले किसी सम्पादक या साहित्यकार ने न की थी। परिणाम यह हुआ कि हिंदी प्रदेश में नवीन सामाजिक चेतना के प्रसार के लिए वे सबसे उपयुक्त व्यक्ति सिद्ध हुए। ... जिस उत्सर्ग की भावना से द्विवेदीजी प्रेरित थे, उसे समझने में स्वाधीन भारत के साहित्यकारों को कुछ कठिनाई हो सकती है। ... रामचंद्र शुक्ल ने *विश्व प्रपंच* की भूमिका लिख कर दिखाया कि प्राचीन दर्शन और आधुनिक विज्ञान का अध्ययन और विवेचन नवजागरण के लिए क्यों ज़रूरी है और उसे कैसे सम्पन्न किया जा सकता है। ... शुक्लजी मनुष्य के इंद्रियबोध को, विचारबोध को और उसके भावबोध को— तीनों को समष्टि के रूप में देखते हैं। तीनों को मिला कर देखते हैं। ... इसीलिए मैं उन्हें भौतिकवादी आलोचक के रूप में देखता हूँ। ... शुक्लजी न होते तो जायसी को कोई जानता भी नहीं। ... मैथिलीशरण गुप्तजी ने सबसे बड़ा काम यह किया कि काव्य में ब्रजभाषा के स्थान पर गद्य में हिंदी को प्रतिष्ठित किया। उसे ऐसा रूप दिया कि वह हिंदी सारे हिंदी-प्रदेश में लोकप्रिय हुई। दूसरा बड़ा काम उन्होंने यह किया कि अपने गद्य लेखों द्वारा, उससे अधिक अपनी पद्य रचनाओं द्वारा नायिकाभेद, समस्यापूर्ति और अलंकारशास्त्र वाली रीतिवादी परम्पराओं को ध्वस्त कर दिया।[33]

रामविलास शर्मा की चुनिंदा उक्तियों, वाक्यों और पैराग्राफ़ों का यह कोलाज

[33] रामविलास शर्मा के साहित्य से सुपरिचित पाठक (और ऐसे पाठकों की कमी नहीं है) यह कोलाज पढ़ते ही समझ जाएँगे कि इसके वाक्यांश कहाँ-कहाँ से उठाये गये हैं. मैंने यह कोलाज बनाने के लिए अधिकतर *परम्परा का मूल्यांकन* (राजकमल : 1981), *भारतेंदु हरिश्चंद्र और और हिंदी नवजागरण की समस्याएँ* (राजकमल : 1989), *महावीर प्रसाद द्विवेदी और और हिंदी नवजागरण* (राजकमल : 1977), *भारतीय संस्कृति और हिंदी प्रदेश* (किताबघर : दो खण्ड : 2009) और *मेरे साक्षात्कार* (किताबघर : 2011) का इस्तेमाल किया है.

और भी लम्बा हो सकता है। मैंने वही पंक्तियाँ चुनी हैं जिनमें वे हर जगह परम्परा का मूल्यांकन करते नज़र आ रहे हैं, हालाँकि मुझसे कई चीज़ें ज़रूर छूट गयी होंगी। फिर भी मैं मानता हूँ कि इसमें उनके चिंतन की द्वंद्वात्मकता भी झलक रही है और वह महावृत्तांत भी दिख रहा है जिसकी तस्वीर वे सारी ज़िंदगी करीने से बनाते रहे। साथ में उनकी पसंदों और नापसंदगियों की एक बानगी भी इसमें मिलती है। अगर रामविलास का मार्क्सवाद हिंदी की दुनिया में विजयी हुआ है, तो उसके कारण भी इस कोलाज में दिखते हैं। क्या इस द्वंद्वात्मकता और महावृत्तांत में वह सांस्कृतिक फ़ैक्ट्री कहीं दिखती है जिसमें संजीव द्वारा चिह्नित संस्कारित 'राष्ट्रवादी-हिंदू-पुरुष मन' की मैन्यूफैक्चरिंग हुई हो? जो निर्विवाद रूप से दिखता है वह वही है जिसे रुडोल्फ़, कोठारी और पारेख ने संसाधित किया है : परम्परा का रूढ़ि से भेद करना, परम्परा की आधुनिकता, परम्परा की पुनर्रचना, इस प्रक्रिया में आधुनिकीकरण के रास्ते की समझ बनाना और भारतीय समाज के इतिहास में उसके संरचनात्मक आधार की शिनाख़्त करना। चूँकि यह परम्परा की आधुनिकता का मार्क्सवादी संस्करण है इसलिए यहाँ हर जगह आम जनता, किसान, कारीगर, शिल्पी वग़ैरह मौजूद हैं। ऋग्वेद से लेकर भक्तिकाल तक हर जगह पुरोहितों को अवांछित तत्त्वों की तरह पेश किया गया है। हर जगह यह दिखाने की कोशिश की गयी है कि भारत अध्यात्मवादी या भाववादी नहीं, बल्कि भौतिकवादी या यथार्थवादी देश है। ऋग्वेद से लेकर रामचंद्र शुक्ल तक, हर जगह भौतिकवाद देख लिया गया है। वाल्मीकि से लेकर तुलसीदास तक लिखी गयी महान कविता के केंद्र में देवता नहीं बल्कि मनुष्य हैं। कुल मिला कर इस लम्बे उद्धरण से यह निश्चित रूप से पता चलता है कि रामविलास शर्मा के 'विजेता' मार्क्सवाद ने परम्परा और आधुनिकता को जिस तरह संसाधित किया उससे एक परम न्यूक्लियर, परम बुद्धिवादी, परम रैडिकल, परम परम्परा-भंजक, राष्ट्रवाद का हंता, अंतर्राष्ट्रवाद का झण्डाबरदार, हिंदू-प्रदूषण से पूरी तरह मुक्त, जेण्डर-डेमॉक्रैसी बुलंद करने वाले और पुराने समाज को पूरी तरह से नष्ट करके नया समाज बनाने वाले उस क्रांतिधर्मी मन की रचना नहीं हो सकती जो संजीव का आदर्श है।

III

हिंदी-वर्चस्व की रक्षा / का लोकतंत्रीकरण

रामविलास शर्मा ने अपने बौद्धिक जीवन की शुरुआत तीस के दशक में विवेकानंद की तीन रचनाओं (*भक्ति और वेदांत, कर्म योग* और *राज योग*) के अनुवाद से की। 1941 तक उनका एक उपन्यास *चार दिन* और *प्रेमचंद* शीर्षक से एक पुस्तक छप कर आ चुकी थी। अर्थात् जो उनकी बौद्धिकता के जागृत होने का समय था, वही हिंदी के राजनीतिक-प्रभुत्व को वर्चस्व में बदलने के प्रयोगों का समय था। आम समझ यह थी कि उपनिवेशवाद विरोधी आंदोलन, गाँधी और प्रेमचंद के प्रयासों के कारण हिंदी का भविष्य तय सा हो गया है कि उसे तो आगे चल कर राष्ट्रभाषा बनना ही है। इस प्रभुत्व को वर्चस्व की आभा देने का काम न जाने कितने ग़ैर-हिंदीभाषी कर रहे थे। लेकिन हिंदी-क्षेत्र के बाहर जैसे ही इस प्रभुत्व की वर्चस्विता आजमाई जाती थी, राष्ट्रवादी शब्दाडम्बर की बहुतायत के बावजूद हिंदी की दावेदारियाँ प्रश्नांकित होने लगती थीं। हिंदी के प्रभुत्व और वर्चस्व के इस अंतर्विरोध को मैं एक सुदीर्घ अध्ययन में विस्तार से दिखा चुका हूँ :

> क्या वास्तव में आज़ादी से पहले भाषा के सवाल पर इतनी ही सहज और सुखद स्थिति थी? गाँधी के हिंदुस्तानी और 'हिंदी-हिंदुस्तानी' समर्थक वक्तव्यों को इस राष्ट्रीय सहमति के प्रमाण के तौर पर गिनाया जाता है। के.एम. मुंशी, वल्लभभाई पटेल, चक्रवर्ती राजगोपालाचारी, राजेंद्र लाल मित्र और सुनीति कुमार चाटुर्ज्या जैसे ग़ैर-हिंदीभाषियों के हिंदी-समर्थक बयान भी इस धारणा के पक्ष में पेश किये जा सकते हैं। लेकिन असलियत इतनी सपाट नहीं है। आज़ादी से पहले भी यह राष्ट्रीय सहमति केवल तभी तक एकताकारी भूमिका निभा पाती थी, जब तक राष्ट्र-भाषा का प्रश्न आश्वासन या राजनीतिक शब्दाडम्बर के रूप में रहता था। 1937 में जिस समय हिंदी को राष्ट्र-भाषा बनाने की सहमति सर्वाधिक प्रबल होनी चाहिए थी, उसी दौरान मद्रास की सरकार के मुखिया के तौर पर राजगोपालाचारी द्वारा हाई स्कूल स्तर पर हिंदुस्तानी को अनिवार्य विषय बनाते ही इसकी अंतर्निहित कमज़ोरियाँ साफ़ हो गयी थीं। राजगोपालाचारी का ख़याल था कि राष्ट्रवादी भावनाओं के प्रभाव में और 1918 से दक्षिण भारत में सक्रिय हिंदी प्रचारिणी सभाओं की सफलताओं के दम पर तमिलभाषी हिंदुस्तानी को स्वीकार कर लेंगे। लेकिन ऐसा नहीं हुआ। सरकारी फ़ैसला होते ही राजगोपालाचारी और उनके शिक्षा मंत्री सुब्बरायन के ख़िलाफ़ आंदोलन शुरू हो गया। इस तरह दक्षिण भारत में हिंदुस्तानी को राष्ट्रवादी आग्रहों के तहत राजकीय आदेश के ज़रिये स्थापित करने का पहला मंसूबा आज़ादी के एक दशक पहले पूरी तरह से नाकाम हो गया। हिंदुस्तानी के ख़िलाफ़ तमिलों में हुई यह प्रतिक्रिया कई हफ़्तों तक ज़ारी रही। इसका चरित्र उग्र और हिंसक क़िस्म का था। अट्ठाइस साल बाद तमिलनाडु और दक्षिण भारत के अन्य इलाक़ों में आये हिंदी विरोधी उभार का यह ट्रेलर था।

तमिलभाषी हिंदुस्तानी को एक ज़मीनी हक़ीक़त के तौर पर भला क्यों स्वीकार करते, जब कांग्रेस के पास भी इस भाषा के लिए केवल ज़ुबानी जमा-ख़र्च ही था। ऊपरी तौर पर कांग्रेस ने 1925 में ही अपने संविधान के अनुच्छेद 33 को संशोधित करके हिंदुस्तानी को अपनी अधिकारिक भाषा घोषित कर दिया था। क़ायदे से इसके बाद कांग्रेस अधिवेशनों की सारी कार्यवाही 'जहाँ तक सम्भव हो सके' हिंदुस्तानी में ही होनी चाहिए थी। लेकिन, संविधान-निर्माण की प्रक्रिया पर अपने अनुसंधान के लिए मशहूर ग्रेनविले ऑस्टिन ने स्पष्ट रूप से दिखाया है कि इस फ़ैसले के दो चेहरे थे। हिंदुस्तानी राष्ट्रीय आंदोलन की भाषा इस अर्थ में ज़रूर हो गयी कि उसके ज़रिये उत्तर भारत और दक्षिण को छोड़ कर देश के अन्य हिस्सों में जन-गोलबंदी की जाने लगी थी। लेकिन कांग्रेस के शीर्ष नेतृत्व की आपसी चर्चाओं की भाषा अंग्रेज़ी ही बनी रही। 1928 की मशहूर नेहरू रपट ने हिंदुस्तानी को पूरे भारत की मुश्तरक़ा ज़ुबान के रूप में क़ायम करने का चर्चित आग्रह करने वाला अपना मसविदा अंग्रेज़ी में ही लिखा था। नेहरू कमेटी की पूरी कार्यवाही अंग्रेज़ी में ही हुई थी, और सम्भवतः उसका हिंदी संस्करण कांग्रेस के हल्कों में बहुत दिनों तक भी उपलब्ध नहीं था। गाँधीजी ने हिंदुस्तानी के सवाल को सैद्धांतिक रूप से तो सभी के गले उतार दिया था, लेकिन वे व्यावहारिक रूप से हिंदुस्तानी को कांग्रेस की भाषा कभी नहीं बना पाए। गाँधी के हिंदी प्रेम पर कोई शक नहीं किया जा सकता। गाँधी ने कई नेताओं का सार्वजनिक रूप से अंग्रेज़ी बोलना छुड़वाया, पर यह अभी भी शोध का विषय है कि स्वयं उन्होंने कांग्रेस के शीर्ष नेताओं से अपनी ख़तो-क़िताबत कितने बार हिंदुस्तानी में की और कितने बार अंग्रेज़ी में। गाँधी ने रवींद्रनाथ ठाकुर को तो अपनी उपस्थिति में हिंदी में भाषण देने के लिए मजबूर किया, पर सवाल यह है कि क्या उन्होंने यही व्यवहार कभी नेहरू के साथ किया? कांग्रेसियों का जनता से सम्पर्क या तो हिंदुस्तानी में होता था या अन्य भारतीय भाषाओं में, पर राष्ट्रीय आंदोलन की भीतरी राजनीति पर अंग्रेज़ी निर्विवाद रूप से हावी रही। ऑस्टिन के अनुसार भाषाई आधार पर अपने आंदोलन और संगठन का गठन करने के अलावा कांग्रेस ने भाषा के प्रश्न पर विस्तार से कभी विचार नहीं किया। मद्रास में राजगोपालाचारी की कोशिशों की नाकामी ने भी कांग्रेस को मजबूर किया होगा कि उसे यह प्रश्न उठा कर आंदोलन में फूट को निमंत्रण नहीं देना चाहिए। अर्थात् कांग्रेस ने भाषाई प्रश्न का लाभ तो उठाया, लेकिन वह उससे हो सकने वाले नुक़सानों से बचती रही। उसने न तो इस बारे में विचार किया कि अदालतों की कार्यवाही किस भाषा में होगी, न यह तय किया कि संसद किस भाषा में बहस करेगी और संविधान किस भाषा में बनेगा। परिणाम क्या निकला? संविधान सभा जब नवोदित भारतीय राज्य के लिए नियम-क़ानूनों की कसौटियाँ बनाने बैठी तो लगा कि संविधान की भाषा के सवाल पर ही सारी राष्ट्रीय एकता नष्ट हो जाएगी।[34]

[34] अभय कुमार, दुबे (2012), 'हिंदी की हैसियत : राज-भाषा / राष्ट्र-भाषा-सरकारी / सामाजिक', इसी पुस्तक से.

आज़ादी के बाद संविधान सभा में भाषा के सवाल पर पेचीदा बहस हुई, और अंततः उसे राज-भाषा की हैसियत दे दी गयी। हिंदी के ज़्यादातर समर्थकों ने उसकी इसी संवैधानिक हैसियत में उसका राष्ट्र-भाषा हो जाना पढ़ लिया। यह माना गया कि संविधान की मुहर लग जाने के बाद अब हिंदी का प्रभुत्व अंतिम तौर पर वर्चस्व में बदल गया है। लेकिन भाषा से जुड़ी राजनीति इसी जगह ख़त्म नहीं हुई। दो विपरीत प्रक्रियाएँ भी चलीं। पहली मुख्यतः वामपंथी ख़ेमे के भीतर घटित हुई। वहाँ पूरे विद्रोही तेवर के साथ जनपदीय भाषाओं का प्रश्न उठा कर हिंदी के इस संविधानजनित वर्चस्व को चुनौती दी गयी। इसका मैदान प्रगतिशील लेखक संघ की राजनीति थी और इसकी बागडोर हिंदी के ही कुछ लेखकों के हाथ में थी। यह एक अंत:विस्फोट था। दूसरी प्रतिक्रिया ग़ैर-हिंदीभाषी क्षेत्रों से आयी जिसका मैदान पहला राज-भाषा आयोग था। हिंदी-क्षेत्र के बाहर होने वाले इस विस्फोट के कर्ताधर्ता आयोग के तमिल और बंगाली सदस्य (पी. सुब्बरायन और सुनीति कुमार चटर्जी) थे। हिंदी के वर्चस्व में ये दोनों पलीते उस समय लगे जब रामविलास शर्मा कम्युनिस्ट पार्टी की सांस्कृतिक सिपहसालारी में डूब-उतरा रहे थे। 1949 से 1953 के बीच प्रगतिशील लेखक संघ की बागडोर उनके हाथ रही। इस दौर में उन्हें एक से बढ़ कर एक तल्ख़ बहसों में भाग लेना पड़ा।[35] साठ का दशक ख़त्म होते-होते दक्षिण भारत में हिंदी के ख़िलाफ़ और उत्तर भारत में अंग्रेज़ी के ख़िलाफ़ आंदोलनों की लहर आ चुकी थी। यह समय भाषाई आधार पर राज्यों के पुनर्गठन की राजनीति का भी था। यह समय सम्भवतः भारतीय राजनीति का सबसे उत्तेजक और संकटग्रस्त समय था जब अमेरिकी बुद्धिजीवी सेलिग हैरिसन ने कह दिया था कि इसी राजनीति की वजह से ही 1967 का संसदीय चुनाव भारत का आख़िरी लोकतांत्रिक चुनाव हो सकता है।

अपने लेख के तीसरे खण्ड में मैं कहना यह चाहता हूँ कि रामविलास शर्मा ने इस नाज़ुक समय में और उसके बाद कम्युनिस्ट पार्टी के भीतर और बाहर वह भूमिका निभाई जो आज़ादी से पहले भाषा के सवाल पर गाँधी की भूमिका से मिलती-जुलती थी। गाँधी ने हिंदी का राजनीतिक प्रभुत्व क़ायम करते हुए उसके

---

[35] प्रगतिशील लेखक संघ की तत्कालीन राजनीति दो परस्पर विरोधी आख्यानों के लिए देखें, नलिनी उपाध्याय से रामविलास शर्मा की लम्बी बातचीत, 'आलोचना और प्रगतिशील साहित्य', *मेरे साक्षात्कार*, वही : 28-42; रामविलास शर्मा के कामकाज की कठोर आलोचना करने वाले शिवदान सिंह चौहान का संस्मरण, 'प्रगतिशील आंदोलन और मैं', *वसुधा-51*, वही : 294-310; रामविलास शर्मा की हमदर्द आलोचना के लिए देखें, अली अशरफ, 'लासानी हैसियत वाले रामविलास', *वसुधा-51*, वही : 311-321.

वर्चस्व के लिए रास्ता साफ़ किया था। वे संस्कृतनिष्ठ हिंदी के विरोधी और हिंदुस्तानीनुमा सरल-सहज बोलचाल की हिंदी के पक्षधर थे। रामविलास शर्मा ने हिंदी के संविधानजनित वर्चस्व की रक्षा करते हुए उसके लोकतंत्रीकरण का भगीरथ प्रयास किया। उन दिनों, और जीवन में बहुत बाद तक, वे मार्क्सवादी मुहावरे में गाँधी को पूँजीपति वर्ग का प्रतिनिधि मानते थे, पर भाषा के सवाल पर वे गाँधी के भूरि-भूरि प्रशंसक थे।[36] उन्होंने जो किया, उसे देख कर बेहिचक कहा जा सकता है कि इस सवाल पर उनके भीतर एक गाँधी छिपा बैठा था।

भाषा के मामले में रामविलास शर्मा को हिंदी जाति की थीसिस का प्रणेता माना जाता है। लेकिन मैं यह कहूँगा कि उनकी यह थीसिस हिंदी-वर्चस्व (जैसा कुछ भी वह उस समय था) का विलोप किये बिना उसके लोकतंत्रीकरण के प्रयासों का पहला आयाम थी। उसका दूसरा पहलू था भारतीय संघ की राज-भाषा के रूप में हिंदी की अनिवार्यता का विरोध। उसका तीसरा पहलू था अखिल भारतीय सम्पर्क भाषा के रूप में हिंदी की संरचनात्मक दावेदारी के सामाजिक-ऐतिहासिक सबूत पेश करना ताकि वह अंततः अंग्रेज़ी की जगह ले सके। ये तीनों आयाम विकसित करने की प्रक्रिया में रामविलास शर्मा ने भाषा के प्रश्न पर तितरफ़ा हस्तक्षेप किया। पहला, उन्होंने एक नयी राज-भाषा गढ़ने के प्रयासों के सरकारी प्रयासों की विस्तृत और गहरी आलोचना की। उर्दू-फ़ारसी परम्परा से कटी हुई एक संस्कृतनिष्ठ अटपटी हिंदी बनाने की सरकारी योजना का साथ देने से इनकार करते हुए उन्होंने उसके परख़चे उड़ा दिये और हिंदी को संस्कृत की बेटी बताने वाले राष्ट्रवादियों के ख़िलाफ़ जम कर मोर्चा लिया। दूसरा, कम्युनिस्ट पार्टी और प्रगतिशील लेखक संघ के भीतर हिंदी का प्रयोग करने के लिए कटिबद्ध अभियान चलाया। हिंदी और उसके क्षेत्र की जनपदीय भाषाओं का परस्पर विरोध दिखाने वालों के मुक़ाबले उन्होंने उन भाषाओं के साथ हिंदी की तारतम्यता स्थापित की। तीसरा, भाषा-विज्ञान के क्षेत्र में उन्होंने सोशल-लिंग्विस्टिक्स के आधार पर भाषा-गठन की स्वाभाविक प्रक्रिया पर बल देते हुए कहा कि बोली के आधार पर परिनिष्ठित भाषा का विकास होता है, परिनिष्ठित भाषा के आधार पर बोलियाँ उत्पन्न नहीं होतीं। खड़ी बोली के आधार पर हिंदी विकसित हुई, लंदन (या मिडलैण्ड) की बोली के आधार पर अंग्रेज़ी और मास्को की बोली के आधार पर रूसी विकसित हुई। इससे पहले प्रचलित यह था कि संस्कृत से

[36] देखें, गाँधी की भाषा-नीति पर रामविलास शर्मा का लेख, 'गाँधीजी और भाषा समस्या', *भारत की भाषा समस्या*, राजकमल प्रकाशन, नयी दिल्ली : 315-343.

प्राकृत, प्राकृत से अपभ्रंश और अपभ्रंश से हिंदी बनी। मैं यहाँ दो भागों में रामविलास शर्मा के इन सभी प्रयासों की व्याख्या करूँगा। पहला है वर्चस्व की रक्षा, और दूसरा है वर्चस्व का लोकतंत्रीकरण।

वर्चस्व की रक्षा यानी हिंदी जाति की थीसिस : हिंदी जाति की रामविलासीय स्थापना की एक प्रचलित कथा है, और दूसरी अ-प्रचलित अंतःकथा। दोनों में सच्चाई है। एक सबकी ज़ुबान पर है और उसके आधार पर हिंदी की दुनिया पक्ष-विपक्ष में बँटी हुई है। दूसरी के बारे में जो थोड़ी-बहुत चर्चा अस्फुट स्वर में होती भी है, उसकी तरफ़ कोई ध्यान नहीं देता। कथा को लोकप्रिय करने में ख़ुद रामविलास शर्मा के वक्तव्यों और व्याख्याओं के साथ-साथ इस स्थापना के अनगिनत समर्थकों का हाथ है। अंतःकथा कुछ अधिक गम्भीर समीक्षकों की रचनाओं में टुकड़ों-टुकड़ों में मिलती है। इस मसले को सहज माना जाता है, पर है यह जटिल।

कथा इस प्रकार है। 1922 में जबलपुर से निकलने वाली पत्रिका *श्री शारदा* में धीरेंद्र वर्मा के चार लेख प्रकाशित हुए जिसमें उन्होंने 'हिंदी-राष्ट्र' और 'सूबा-हिंदुस्तान' के साथ राष्ट्र के लक्षणों का विवेचन किया था। 1930 में लीडर प्रेस, प्रयाग से उनके यही विचार कुछ संशोधन के साथ *हिंदी-राष्ट्र या सूबा-हिंदुस्तान* के शीर्षक से पुस्तकाकार छपे। भाषा को राष्ट्र के प्रमुख लक्षण के रूप में चिह्नित करते हुए वर्मा ने इस पुस्तक में इच्छा व्यक्त की थी कि देश के जितने भूभाग में हिंदी या हिंदुस्तानी मातृभाषा के रूप में बोली जाती है और नागरी लिपि का चलन है, उसे एक राष्ट्र की तरह गठित होना चाहिए। वर्मा हिंदी और उर्दू को भी एक ही भाषा मानते थे, और उन्हें लगता था कि जब बंगाल में पचास फ़ीसदी बंगाली मुसलमानों की भाषा बांग्ला ही है, तो संयुक्त प्रांत में चौदह फ़ीसदी मुसलमानों की भाषा हिंदी क्यों नहीं हो सकती।[37] हिंदी-वर्चस्व के पैरोकारों को वर्मा की यह दलील बड़ी भायी। 1936 में कांग्रेस के लखनऊ अधिवेशन में बालकृष्ण शर्मा नवीन ने इस मसले को उठाने की कोशिश की, पर जवाहरलाल नेहरू की नाराज़गी के कारण वे इस बहस को उसके अंजाम तक नहीं ले जा सके। हम जानते हैं कि धीरेंद्र वर्मा का मार्क्सवाद से कुछ लेना-देना नहीं था। उनका प्रस्ताव तो विशुद्ध राष्ट्रवादी भावनाओं का प्रतिफलन था। लेकिन,

---

[37] अमरनाथ (2009), *हिंदी आलोचना की पारिभाषिक शब्दावली*, 'हिंदी जाति', राजकमल प्रकाशन, नयी दिल्ली : 558-563.

रामविलास शर्मा ने यह विचार धीरेंद्र वर्मा से ही पकड़ा, और पचास साल तक उसके इर्द-गिर्द लेखन कार्य करते हुए उसे एक सुव्यवस्थित 'मार्क्सवादी' प्रपत्ति की तरह विकसित किया। मुझे यक़ीन है कि लगभग सभी हिंदी-बुद्धिजीवियों ने हिंदी जाति की अवधारणा पर रामविलास शर्मा के लम्बे-लम्बे और प्रभावशाली आख्यान पढ़े हैं। मेरे पास इस संबंध में उनका सबसे ताज़ा वक्तव्य 1996 का है जिसे मैं यहाँ संक्षेप में अपनी ज़रूरत पूरा करने के लिए दे रहा हूँ :

> भारतीय संस्कृति यहाँ की जातीय संस्कृतियों से अलग हट कर कोई चीज़ नहीं है। जैसे यहाँ बंगाल है, जहाँ बाँग्ला-भाषी लोग रहते हैं, बंगाली जाति रहती है। ... ऐसे ही तमिलनाडु है जहाँ तमिल-भाषी जनता रहती है। ... हम लोग हिंदी जो बोलते हैं, उनमें जातीय चेतना कम है। बंगाल, महाराष्ट्र या तमिलनाडु की अपेक्षा हमारे हिंदी-भाषी क्षेत्र में जातीय चेतना कम है। ... जब तक जातीय चेतना की कड़ी को नहीं पकड़ा जाएगा, हिंदी जाति को संगठित नहीं किया जाएगा, हिंदी भाषा के सारे जनपदों को मिला कर एक बड़ा राज्य नहीं बनाया जाएगा, तब तक यहाँ जातीय विकास नहीं हो सकता। ... जैसे भारत का प्रबंध करते हैं और राज्यों को अधिकार देते हैं, उसी तरह सारे हिंदी-भाषी राज्यों को मिला कर एक राज्य हो। वहाँ केंद्र में जो सत्ता होगी, वह सामान्य नीति निर्धारित करेगी। जो हमारे यहाँ कमिश्नरियाँ हैं वे किस मर्ज़ की दवा हैं? इन कमिश्नरियों को जनपदीय आधार पर पुनर्गठित कीजिए। जितने जनपद हैं— जैसे अवधी, भोजपुरी, बुंदेली, मैथिली— इनको बुनियादी प्रशासनिक इकाइयाँ बनाइए।[38] ... (जनपदीय भाषाओं के विश्वविद्यालय बनाने वाला उद्धरण)

रामविलास शर्मा ने इसी बात को तरह-तरह से लाखों शब्दों में बार-बार पेश किया है। अपनी बात पर ज़ोर देने के लिए उन्होंने सोवियत उदाहरण का ज़बरदस्त दोहन किया, और 'स्तालिन की शपथ' के नाम से विख्यात उस भाषण को उद्धृत किया जिसमें अक्टूबर क्रांति की चौबीसवीं जयंती के मौक़े पर द्वितीय विश्व-युद्ध की परिस्थितियों में जर्मन आतताइयों को लक्ष्य करके स्तालिन ने पूरे सोवियत संघ की एक ही जाति यानी रूसी जाति बताई है।[39]

ज़ाहिर है कि रामविलास भारत के स्तालिन नहीं थे, न ही भारत सोवियत संघ था। वैसे भी उनका मक़सद तमिल या बंगाली जाति को हिंदी जाति बताना

---

[38] संजीव क्षितिज से रामविलास शर्मा की बातचीत, 'हिंदी जाति की एकता के लिए आंदोलन चलाना चाहिए', *मेरे साक्षात्कार*, वही : 330-343.

[39] रामविलास शर्मा ने इस उद्धरण का प्रयोग अपने लम्बे निबंध 'भारतेंदु हरिश्चंद्र और हिंदी नवजागरण की समस्याएँ' के बिल्कुल अंत में किया है. इसी शीर्षक से छपी किताब में संकलित इस निबंध का एक बड़ा हिस्सा मैनेजर पाण्डेय द्वारा की गयी आलोचना के खण्डन का है. पचास और साठ के दशक के दौरान लिखी गयी रामविलास शर्मा की ही रचनाओं के उद्धरणों से भरा यह लेख उनकी बुनियादी मंशा जानने का एक अच्छा संक्षिप्त ज़रिया हो सकता है.

न हो कर पंजाबी-उर्दू-हिंदुस्तानी-हिंदी-भोजपुरी-अवधी-ब्रज-मैथिली को मिला कर बनने वाली भारत की सबसे बड़ी स्पीच कम्युनिटी को हिंदी जाति के रूप में परिभाषित करना था। इसके लिए उन्होंने ज़बरदस्त बौद्धिक श्रम किया, सैद्धांतिक नवाचार किये, समाज-विज्ञान में मार्क्सवाद और राष्ट्रवाद के आपसी संबंधों पर प्रचलित बेनेडिक्ट ऐंडरसन, पार्थ चटर्जी और सुदीप्त कविराज की धारणाओं को ठुकराया। उन्होंने सबाल्टर्न इतिहास-लेखन को भी जम कर आड़े हाथों लिया।[40] कथा यहीं समाप्त हो जाती है।

अंत:कथा यह है कि रामविलास शर्मा ने जिस उत्साह से स्तालिन का भाषण उद्धृत किया, वैसी उत्साहपूर्ण निष्ठा उनके भीतर भाषा समस्या हल करने के लिए सोवियत संघ में अपनाये गये मॉडल के प्रति नहीं थी। मेरी समझ यह है कि वे इस मॉडल को सार्वभौम और हर जगह लागू करने लायक़ नहीं मानते थे। उनकी कोशिश यह थी कि यह मॉडल हिंदी-क्षेत्र पर लागू न किया जाए। इसके उलट वे स्थापना यह रख रहे थे कि तमाम जनपदीय भाषाओं के बीच से एक ऐतिहासिक प्रक्रिया के दौरान हिंदी नाम की एक जातीय भाषा उभर चुकी है। इसलिए अलग-अलग भाषाओं को मान्यता देने का मतलब होगा इस ऐतिहासिक प्रक्रिया की उपलब्धियों का तिरस्कार, और साथ में हिंदी-क्षेत्र की समग्र अस्मिता का तिरस्कार। दूसरी तरफ़, उनकी रणनीति यह थी कि हिंदी-क्षेत्र को छोड़ कर बाक़ी पूरे भारत के संदर्भ में इस मॉडल को लागू किया जा सकता है। उन्होंने अपनी तरफ़ से इस मॉडल के सैद्धांतिक आधार पर खड़े हो कर भारतीय राष्ट्रवाद को बहुजातीय-बहुभाषी अर्थों में परिभाषित किया। हिंदी-क्षेत्र में सोवियत मॉडल लागू करने के ठोस प्रस्ताव तो शिवदान सिंह चौहान और राहुल सांकृत्यायन की तरफ़ से आ रहे थे। ये दोनों विद्वान इस क्षेत्र की हर भाषा को पृथक् भाषा की तरह मान्यता देने के पक्ष में थे। राहुलजी 'जितनी भाषाएँ-उतनी जातियाँ' के उसूल के आधार पर हिंदी-क्षेत्र का भाषावार बँटवारा चाहते थे। राहुलजी भोजपुरी के तीन रूपों (मल्लिका, काशिका, बज्जिका) को भी अलग-अलग बताते

[40] रामविलास शर्मा ने जीवन के आख़िरी दौर में सबाल्टर्न इतिहासकारों पर ज़बरदस्त हमला किया. उन्होंने *भारतीय संस्कृति और हिंदी प्रदेश*, उपरोक्त के दूसरे खण्ड के छठें और सातवें अध्याय के साथ-साथ इसके परिशिष्ट में इस आलोचना पर कुल 127 पृष्ठ ख़र्च किये हैं. चूँकि यह विस्तृत आलोचना हिंदी में लिखी गयी है, इसलिए समाज-विज्ञान की अंग्रेज़ीपरस्त दुनिया में इसकी कोई चर्चा सुनने को नहीं मिलती. सबाल्टर्न स्कूल की आलोचना अन्य मार्क्सवादियों ने भी की है. उन आलोचनाओं और रामविलास शर्मा की आलोचनाओं के बीच अंतर देखते हुए इस प्रसंग पर अलग से अध्ययन की आवश्यकता है. रामविलास शर्मा के इन विचारों की बेलौस तरफ़दारी के लिए देखें, रविभूषण, 'सबाल्टर्न इतिहास की सीमा', *वसुधा-51*, वही : 113-13 .

थे। इस हिसाब से भोजपुरी-क्षेत्र भी तीन हिस्सों में बँटना चाहिए था।[41] सोवियत मॉडल पर इससे ज़्यादा परम-यांत्रिक अमल नहीं हो सकता था। अगर चौहान-राहुल थीसिस मान ली जाती तो उत्तर भारत का जो हाल होता वह तो होता ही, राज-भाषा के रूप में हिंदी के संविधानजनित वर्चस्व का न केवल नाश हो जाता, बल्कि अंग्रेज़ी को प्रतिस्थापित कर सकने वाली अखिल भारतीय सम्पर्क-भाषा के रूप में हिंदी की सम्भावनाएँ भी नष्ट हो जातीं। भला, जिस भाषा का अपना कोई सुपरिभाषित क्षेत्र न होता, उसे सारे भारत की लिंक-लैंग्वेज कैसे बनाया जा सकता था?

1949 में ही रामविलास शर्मा राहुल-शिवदान की जोड़ी से भिड़ गये और 'भारत की भाषा समस्या' शीर्षक निबंध में अपनी स्थापना पेश करते हुए पूछा कि अवधी, ब्रजभाषा, बुंदेलखण्डी आदि बोलियाँ हैं या भाषाएँ; उनके बोलने वाले हिंदुस्तानी जाति के अंतर्गत हैं या भिन्न-भिन्न स्वतंत्र जातियों के रूप में विकसित होंगे? भारतेंदु युग के सभी लेखक भोजपुरी, ब्रज या अवधी वग़ैरह क्षेत्रों के थे, पर उन्होंने गद्य के लिए उन्नीसवीं सदी में ही खड़ी बोली का प्रयोग शुरू कर दिया था। रामविलास ने मान्यता व्यक्त की कि अगर ब्रिटिश पूँजीवाद से टक्कर होने के कारण भारतीय पूँजीवाद के सहज विकास में बाधा न पड़ी होती तो व्यापारिक पूँजीवाद के रास्ते भारत में पूँजीवाद का देशज विकास हो गया होता। इसके बाद 1953, 1956 और 1961 की रचनाओं में वे बार-बार इस स्थापना की ओर लौटे, उसे आगे बढ़ाया और आग्रह किया कि हिंदी जाति की रचना भारतेंदु युग से नहीं हुई बल्कि बारहवीं सदी से शुरू हो गयी थी, और यही वह युग था जब सारे भारत में व्यापारिक पूँजी के प्रभाव में जातियों की रचना हो रही थी। कम्युनिस्ट घोषणापत्र के एक लम्बे उद्धरण का इस्तेमाल करके उन्होंने दिखाया कि पूँजीपति वर्ग की राजनीतिक प्रगति किस तरह क्रमशः होती है। पहले बिना कारख़ानों के व्यापार के ज़रिये वह आगे बढ़ता है, फिर दस्तकारी वाले कारख़ाने आते हैं और तब बाद में मशीनों वाले कारख़ानों के युग में वह अपनी सत्ता क़ायम करता है। मिखाइलोव्स्की की धारणाओं का खण्डन करने वाले लेनिन के उद्धरण का प्रयोग करके उन्होंने दिखाया कि जाति-निर्माण की प्रक्रिया के नेता किस प्रकार व्यापारी पूँजीपति होते हैं, इसलिए जातीय संबंधों का निर्माण पूँजीवादी संबंधों के निर्माण के अलावा कुछ नहीं है। आम तौर पर जाति, कौम और राष्ट्रीयता को पर्यायवाची माना जाता है, पर लेनिन के हवाले

[41] मैं अपने इस तर्क का श्रेय भगवान सिंह को दूँगा जिन्होंने 'राहुल सांकृत्यायन से रामविलास शर्मा का मतभेद' में इसकी तरफ़ संकेत किया है। देखें, प्राचीन भारत के इतिहासकार, वही : 114-139.

से रामविलास शर्मा की निष्पत्ति यह थी कि 'जाति वह मानव समुदाय है जो व्यापार द्वारा पूँजीवादी संबंधों के प्रसार के साथ गठित होती है।' इसके साथ ही उन्होंने स्तालिन द्वारा किये गये लघुजाति और महाजाति के बीच भेद का भी जिक्र किया।

विश्लेषण के इस मुक़ाम पर रामविलास शर्मा की सैद्धांतिक कारीगरी का एक जायज़ा ले लेना ज़रूरी है। इस कारीगरी के दौरान उनके लिए ज़रूरी नहीं था कि वे मार्क्सवाद से बँधा हुआ महसूस करें क्योंकि मार्क्स ने राष्ट्रवाद की कोई थियरी प्रस्तावित नहीं की है। उल्टे मार्क्स ने इस मसले पर जो विरासत छोड़ी है, उसके अंतर्विरोधों की विद्वानों द्वारा शिनाख़्त की जा चुकी है। यहाँ तक कि लेनिन द्वारा दिया गया राष्ट्रीयताओं के आत्म-निर्णय का उसूल भी कई राष्ट्रीयताओं वाली परिस्थितियों में अपनायी जाने वाली एक राजनीतिक रणनीति के रूप में देखा जाता है। इस रणनीति पर बोल्शेविकों ने ज़ार के साम्राज्य को तोड़ने के लिए तो अमल किया, पर अपनी सत्ता स्थापित होते ही उसे दूसरी तरह से परिभाषित करने लगे। 1913 में स्तालिन राष्ट्रवाद की अपनी परिभाषा लेकर आये। उन्होंने राष्ट्र को ऐतिहासिक रूप से विकसित एक भूभाग, एक भाषा, एक आर्थिक जीवन और एक ही प्रकार के मानस से युक्त सांस्कृतिक समुदाय का पर्याय क़रार दिया।[42] स्तालिन द्वारा दी गयी यह परिभाषा मार्क्सवादियों के बीच बहुत लोकप्रिय है। लेकिन, इसकी सरलता और सपाटपन ने बाद के विद्वानों को मज़बूर किया कि वे मार्क्स, एंगेल्स, लेनिन, काउत्स्की, रोज़ा लक्ज़ेमबर्ग और ऑटो बाउर के राष्ट्र संबंधी लेखन की तरफ़ लौटें। इस प्रक्रिया में मार्क्सवाद और राष्ट्रवाद के बीच अन्योन्यक्रिया का उत्तर-मार्क्स, उत्तर-लेनिन और उत्तर-स्तालिन विमर्श तैयार हुआ। इसमें सभी ने अपनी-अपनी समझ से मार्क्स की तत्संबंधित टिप्पणियों का इस्तेमाल किया है। रोनाल्ड मंक इसीलिए कहते हैं कि राष्ट्रवाद और मार्क्सवाद के बीच संवाद ख़ासा उलझा हुआ है।

पिछले तीस साल में जिस स्थापना ने मार्क्सवाद ही नहीं, बल्कि उसके बाहर के विद्वानों को प्रभावित किया है, वह है बेनेडिक्ट ऐंडरसन द्वारा प्रवर्तित राष्ट्र को कल्पित समुदाय मानने वाली थियरी।[43] विडम्बना यह है कि ख़ुद इस थियरी के जनक ऐंडरसन इस मान्यता के समाज-विज्ञानियों द्वारा किये जाने वाले

---

[42] जे.वी., स्तालिन (1983), *मार्क्सिज़म ऐंड नैशनल क्वेश्चन*, फॉरेन लैंग्वेज पब्लिशिंग हाउस, मास्को.
[43] बेनेडिक्ट ऐंडरसन, *इमेजिंड कम्युनिटीज़ : रिफ्लेक्शंस ऑन द ओरिजिंस ऐंड द स्प्रेड ऑफ़ नैशनलिज़म*, न्यू लेफ़्ट बुक्स, लंदन.

इस्तेमाल से असहज हैं। पिछले दिनों जब अंतर्राष्ट्रीय समाजशास्त्र सम्मेलन के विशिष्ट अतिथि के रूप में जब वे भारत आये तो मैंने उनका भाषण सुनते हुए महसूस किया कि वे अपनी इस विख्यात कृति से ख़ुद को दूर करने की कोशिश कर रहे हैं। उनका कहना था कि उनके लिए यह पुस्तक एक ऐसी प्यारी बेटी की तरह है जो बस कंडक्टर के साथ भाग गयी हो। दोपहर के भोजन पर जब हम लोग उनके इस फ़िकरे पर चर्चा कर रहे थे तो आदित्य निगम ने इसका मतलब निकालते हुए टिप्पणी की कि ऐंडरसन ने इस पुस्तक का लेखन राष्ट्रवाद की ताक़त दिखाने के लिए किया था, लेकिन मार्क्सवादी हल्क़ों में इसका इस्तेमाल बड़े पैमाने पर राष्ट्रवाद की आलोचना के लिए होने लगा है जो कि ऐंडरसन का मक़सद नहीं था।

रामविलास शर्मा ने भी अपने लिहाज़ से मार्क्सवाद और राष्ट्रवाद का एक समीकरण बनाया है। हालाँकि लोग उन्हें ढीले-ढाले ढंग से स्तालिनवादी कहते हैं, पर उन्होंने इस मामले में स्तालिन द्वारा दी गयी परिभाषा पर चलने के बजाय अपना स्वतंत्र विश्लेषण करना पसंद किया जो भारतीय इतिहास और संस्कृति की उनकी अपनी समझ पर आधारित था।

अगर मंक द्वारा मार्क्सवाद और राष्ट्रवाद से संबंधित विमर्श के सार-संकलन पर जाएँ, तो लगता है कि सांस्कृतिक और भाषाई जाति की परिकल्पना मार्क्सवादी विमर्श के लिए अजनबी नहीं है। इसका प्रतिपादन ऑटो बाउर ने किया था। रामविलास शर्मा ऑटो बाउर द्वारा दी गयी राष्ट्र की इसी सकारात्मक परिभाषा के काफ़ी नज़दीक खड़े हैं। थोड़ा फ़र्क़ यह है कि उन्होंने बाउर के मुक़ाबले भाषा पर ज़्यादा ज़ोर दिया है। उन्नीसवीं सदी के अंत और बीसवीं सदी की शुरुआत में सक्रिय ऑस्ट्रो-मार्क्सवादी स्कूल के विद्वान बाउर राष्ट्र को एक सांस्कृतिक और ऐतिहासिक समुदाय के रूप में देखते थे जो आगे चल कर राज्‍य का रूप ग्रहण कर लेता है। काउत्स्की ने बाउर की यह कह कर आलोचना की थी कि वे राष्ट्र के लिए एक भाषा की शर्त की अनदेखी कर रहे हैं, जिसके जवाब में बाउर ने साफ़ किया कि वे एक भाषा होने की शर्त मानते हैं, लेकिन संस्कृति आधारित समुदाय एक भाषा के आग्रह से परे जाकर भी राष्ट्र बन सकता है। बाउर की विशेषताएँ दो थीं। पहली, उन्होंने राष्ट्र की अवधारणा ऐतिहासिक भौतिकवाद के खाँचे के भीतर व्याख्यायित करते हुए भी ख़ुद को आर्थिक घटाववाद के चक्कर में नहीं फँसने दिया। दूसरी, वे हेगेल द्वारा प्रवर्तित ऐतिहासिक और अनैतिहासिक राष्ट्रों की उन श्रेणियों के शिकार भी नहीं हुए जिनके प्रभाव में मार्क्स और एंगेल्स ने क्रांतिकारी और ग़ैर-क्रांतिकारी राष्ट्रों की धारणा तैयार

कर ली थी। भारत जैसा देश हेगेल के लिए अनैतिहासिक राष्ट्र था जिसमें क्रांतिकारी सम्भावनाएँ नहीं थीं। बाउर ने कहा कि इतिहास से वंचित राष्ट्र भी जागरण के दौर से गुज़रते हैं और अपनी मुक्ति के लिए संघर्ष करते हैं।[44] मंक यह भी बताते हैं कि ऐसे मार्क्सवादी विद्वानों की दुनिया में कमी नहीं है जो बाउर की धारणाओं से मिलते-जुलते सूत्रीकरणों के ज़रिये आज के ज़माने के राष्ट्र-राज्यों के पीछे जातियों (राष्ट्रीयताएँ) को देखते हैं, उन जातियों को जिनकी रचना औद्योगिक पूँजीवाद के उभार से बहुत पहले सांस्कृतिक समुदाय के रूप में हुई होगी। कुल मिला कर रामविलास शर्मा की राष्ट्रवाद संबंधी मार्क्सवादी समझ यह है कि पहले सांस्कृतिक और भाषाई जातियाँ बनेंगी और उनके आधार पर राष्ट्र की रचना होगी। उन्होंने जातियों के निर्माण की प्रक्रिया औद्योगिक पूँजीवाद के उभार से सदियों पहले व्यापारिक पूँजीवाद की गतिविधियों के परिणाम की तरह देखी। चूँकि ऐंडरसन राष्ट्र को कल्पित क़रार देते हैं और उसे प्रिंट कैपिटलिज़म के उभार से जोड़ कर देखते हैं, इसलिए रामविलास उनसे सहमत होने के लिए तैयार नहीं हुए।

एक बार जब रामविलास शर्मा को संतोष हो गया कि उन्होंने मार्क्सवाद की मदद से व्यापारिक पूँजी (उनके शब्दों में व्यापारिक पूँजीवाद) और हिंदी जाति के उद्‌गम का बारहवीं सदी वाला रिश्ता साबित कर दिया है, तो फिर उन्होंने अपनी थीसिस सम्पूर्ण करने के लिए दो उद्यम और किये। पहला, हिंदी के उभार में जनपदीय भाषाओं की सहयोगी भूमिका का विस्तार से विवेचन करके राहुल-शिवदान की जोड़ी द्वारा हिंदी बनाम जनपदीय भाषाओं के फ़ारमूले को कोने में धकेल दिया।[45] दूसरा, उर्दू और हिंदी साहित्य की बुनियादी एकता को बार-बार स्थापित किया। एक तरफ़ उन्होंनें अपनी रचनाओं में हिंदी के संस्कृतनिष्ठ हिंदू रुझान वाले राष्ट्रवादियों की बेमिसाल धुनाई की।[46] दूसरी तरफ़

---

[44] मंक, रोनाल्डो, *द डिफीकल्ट डायलॉग: मार्क्सिज़म ऐंड नैशनलिज़म*, ऑक्सफ़र्ड, नयी दिल्ली, 1986; राष्ट्रवाद पर मार्क्सवादी विमर्श के सार-संकलन के लिए देखें : 144-161 और ऑटो बाउर के योगदान के लिए देख : 39-42.

[45] हिंदी के विकास में जनपदीय भाषाओं की महत्त्वपूर्ण भूमिका के भाषाशास्त्रीय प्रमाणों के लिए देखें : रामविलास शर्मा (1976), *भारत के प्राचीन भाषा परिवार और हिंदी* (तीन खण्ड), राजकमल प्रकाशन, नयी दिल्ली, (विशेष तौर से पहला खण्ड : आर्यभाषा केंद्र और हिंदी जनपद). निराला के उद्धरण के लिए देखें : कंठ, वही.

[46] रामविलास शर्मा (2011), 'राष्ट्र-भाषा हिंदी और हिंदू राष्ट्रवाद', *भारत की भाषा समस्या*, राजकमल प्रकाशन, नयी दिल्ली, तीसरा संस्करण, दूसरा पुनर्मुद्रण.

उनके प्रहारों से वे उर्दूदाँ भी न बच सके जो उन्नीसवीं सदी के हिंदी-उर्दू विवाद की शैली में हिंदी भाषा और साहित्य की छीछालेदर करने में लगे हुए थे।[47] यह सब करना उन्हें इसलिए ज़रूरी लगा होगा कि हिंदी-क्षेत्र की संरचना तमिल, बांग्ला या मराठी क्षेत्रों की तरह कमोबेश इकहरी न हो कर बहुकेंद्रीय थी।

वर्चस्व का लोकतंत्रीकरण : हिंदी के वर्चस्व की रक्षा करके ही रामविलास शर्मा के भाषा-संबंधी कर्तव्य की इतिश्री नहीं हुई। उनकी परियोजना में भारतीय मूल की एक अखिल भारतीय सम्पर्क भाषा को अंग्रेज़ी की जगह स्थापित करना भी शामिल था। इसके लिए ज़रूरी था कि वे हिंदी के प्रति अन्य भारतीय भाषाओं के अंदेशों को दूर करने का प्रयास करते।

नित्यानंद तिवारी ने 1986 में प्रकाशित *भारतीय साहित्य के इतिहास की समस्याएँ* के कुछ अंश उद्धृत करते हुए प्रदर्शित किया है कि रामविलास शर्मा किस तरह इंग्लैण्ड की बजाय स्विटज़रलैण्ड के नमूने को भारत के लिए अधिक उपयुक्त मानते थे। स्विस संविधान तीन-तीन भाषाओं को राज-भाषा का दर्जा देता है। चूँकि इंग्लैण्ड में अंग्रेज़ी का प्रभुत्व वेल्श और गेलिक के दमन पर आधारित है, इसलिए भाषाओं का दमन करने वाला राष्ट्रवाद भारत के लिए आदर्श नहीं हो सकता।[48] दरअसल, एक भाषा-एक जाति-एक राष्ट्र के प्रचलित मार्क्सवादी आग्रह के विपरीत रामविलास शर्मा ने बहुजातीय राष्ट्रवाद की अपनी थियरी का विकास 1949 से 1956 के बीच चली बहसों के दौरान ही कर लिया था। 1955 में कम्युनिस्ट पार्टी के मुख पत्र *न्यू एज* में प्रकाशित उनका अंग्रेज़ी में लिखा लम्बा विश्लेषणात्मक लेख 'दि क्वेश्चन ऑफ़ ऑब्लिगेटरी स्टेट लैंग्वेज ऑफ़ इण्डिया' एक ऐसी बेहतरीन कृति है जिसका अध्ययन उन सभी लोगों को करना चाहिए जिन्हें भारत की भाषा-समस्या के हल में दिलचस्पी है। पचास के दशक में कई राज्यों की विधान सभाओं ने राज-भाषा क़ानून पारित कर लिए थे, फिर भी उनके सरकारी कामकाज और शिक्षा पर हावी अंग्रेज़ी को हटाया नहीं जा सका था। हिंदीभाषी क्षेत्र में भी यही स्थिति थी। रामविलास ने इस लेख में अनिवार्य राज-भाषा और राज-भाषा की अवधारणाओं में फ़र्क़ करते हुए कहा कि देशी जड़ों वाली राज-भाषा आज़ाद भारत की एक

---

[47] रामविलास शर्मा (1981), 'हिंदी भाषा, साहित्य और फ़िराक़', *परम्परा का मूल्यांकन,* राजकमल प्रकाशन, नयी दिल्ली, 1981 : 218-253.
[48] नित्यानंद, तिवारी, 'साहित्य के इतिहास का नया दृष्टिकोण', *वसुधा-51,* वही : 11-18.

आवश्यकता है, पर अनिवार्य राज-भाषा एक जन-विरोधी और राष्ट्र-विरोधी तर्क है। उन्होंने पूछा : 'संविधान में हिंदी को राज-भाषा का पद दिया गया है, किंतु इस राज-भाषा का कार्यक्षेत्र क्या है ? अंग्रेज़ी ने राज-भाषा बन कर प्रादेशिक भाषाओं के बहुत से अधिकार छीन लिए थे। विभिन्न राज्यों को स्वायत्त शासन के काफ़ी अधिकार दिये बिना अंग्रेज़ी की जगह हिंदी को देने का मतलब है, दूसरी भाषाओं के अधिकार नियंत्रित करना। ... अपने-अपने प्रांतों में प्रादेशिक भाषाएँ ज्ञान-विज्ञान और राजकाज की भाषाएँ बन जाएँगी, तभी हिंदी सचमुच राष्ट्र-भाषा बनेगी।'[49]

अहिंदीभाषी इलाक़ों में हिंदी का प्रसार करने के लिए गाँधी द्वारा दक्षिण भारत हिंदी प्रचार सभा की स्थापना बीस के दशक के पहले ही कर दी गयी थी। गाँधी ने सम्पर्क-भाषा चुनने के लिए एक पाँच सूत्रीय फ़ारमूला सुझाया था। इसके अनुसार भारत की सम्पर्क-भाषा वह होनी चाहिए थी जिसे सरकारी अधिकारी आसानी से सीख सकें, जो पूरे भारत में धार्मिक, आर्थिक और राजनीतिक अन्योन्यक्रिया का आपसी माध्यम बनने में सक्षम हो, भारतवासियों का बहुलांश जिसे बोलता हो, पूरा देश जिसे आसानी से सीख सके और जिसका चुनाव अस्थायी या चलताऊ दिलचस्पियों से परे जा कर किया जाए।[50] यह फ़ारमूला 1917 में द्वितीय गुजरात शिक्षा सम्मेलन में राष्ट्र-भाषा के लक्षण बताते हुए दिया गया था। गाँधी का यह भी कहना था कि इन पाँच में से एक भी लक्षण अंग्रेज़ी भाषा में तो नहीं ही है, और इस लिहाज़ से हिंदी की होड़ करने वाली और कोई भाषा नहीं है। रामविलास शर्मा के भाषा संबंधी विवरणों और दलीलों को पढ़ कर लगता है कि जैसे उन्होंने गाँधी की बातों को पुष्ट करने के लिए ही सब-कुछ लिखा हो।

सम्पर्क-भाषा बनने की हिंदी की क्षमता से संबंधित गाँधी का उपरोक्त वक्तव्य केवल गाँधी की निजी आस्था पर ही आधारित नहीं था। इसके पीछे कुछ उल्लेखनीय संरचनागत कारण थे जिनसे साबित होता था कि हिंदी ही बहुभाषी भारत की सम्पर्क-भाषा बन सकती है। अपने विशाल प्रदेश की जनपदीय

---

[49] रामविलास शर्मा, *भारत की भाषा समस्या,* वही : 105; रामविलास के अंग्रेज़ी लेख के लिए देखें : सुरेश के. शर्मा (2006), *लैंग्वेज इन कंटेम्परेरी इण्डिया,* पहला खण्ड, विस्टा इंटरनेशनल पब्लिशिंग हाउस, नयी दिल्ली : 127-151; इसी लेख के हिंदी संस्करण के लिए देखें *भारत की भाषा समस्या.*

[50] उद्धृत : ज्योतिरिंद्र दास गुप्ता (1970), *लैंग्वेज काण्डफ्लक्ट ऐंड नैशनल डिवेलपमेंट,* युनिवर्सिटी ऑफ़ कैलिफोर्निया प्रेस, बर्कले और लॉस एंजेलस, : 109; विनय कंठ, (2000) 'हिंदी निर्माण और राष्ट्र की अवधारणा', संकलित : अग्रवाल, पुरुषोत्तम और संजय कुमार (सम्पा.), *हिंदी नयी चाल में ढली : एक पुनर्विचार,* देशकाल प्रकाशन, नयी दिल्ली, वही : 16-26.

भाषाओं के बीच तो हिंदी पहले से ही सम्पर्क-भाषा की भूमिका निभा रही थी, क्या व़ह ग़ैर-हिंदीभाषियों के बीच भी सम्पर्क-भाषा बनने की स्थिति में थी? इस प्रश्न का एक उत्तर रामविलास शर्मा ने इस प्रकार दिया है :

> कई शताब्दियों से देश की विशेष परिस्थितियों के कारण हिंदी अंतर्जातीय व्यवहार की भाषा बनती जा रही है। उत्तर भारत में केंद्रबद्ध मुगल शासन का होना, यहाँ आगरा जैसे व्यापार के बड़े-बड़े केंद्रों का निर्माण, उन्नीसवीं सदी के पूर्व ही यहाँ के लोगों का विभिन्न प्रदेशों में फैलना ऐसे ही कारण थे। अंग्रेज़ व्यापारी भी उस समय अपनी सुविधा के लिए हिंदी ही सीखते थे। वर्तमान काल में दक्षिण, पूर्व, पश्चिम, सर्वत्र ऐसे व्यापारी और पूँजीपति मिलेंगे जिनकी सांस्कृतिक भाषा हिंदी है। हिंदी के प्रसार का एक बहुत बड़ा कारण कलकत्ता-बंबई जैसे केंद्रों में लाखों 'हिंदुस्तानी' मज़दूरों का निवास है। इन बड़े-बड़े नगरों के अतिरिक्त प्रत्येक जातीय प्रदेश में अल्पसंख्यकों के रूप में हिंदुस्तानी मिलेंगे। विशाल आंध्र में हैदराबाद और उसके आस-पास हिंदुस्तानियों का भारी जमघट है। अहिंदी प्रदेशों में इस प्रकार हिंदी को अंतर्जातीय व्यवहार की भाषा बनाने में सुविधा मिली है। ... इनके सिवा हिंदी भाषा, लिपि और साहित्य की कुछ विशेषताएँ हैं जो इस कार्य में सहायता करती हैं।[51]

अपने इसी संक्षिप्त विवरण को रामविलास शर्मा ने काफ़ी विस्तार से अपनी महान रचना भाषा और समाज में पेश किया है। उन्होंने ऐसे तमाम प्रमाण जुटाए हैं जिनके मुताबिक़ हिंदी और उसके क्षेत्र की जनपदीय भाषाएँ अंग्रेज़ों के पहले से अहिंदीभाषियों की सांस्कृतिक चेतना से जुड़ी हुई थीं। वे दिल्ली के असिस्टेंट रेज़ीडेंट सी.टी. मेटकॉफ का जे.बी. गिलक्रिस्ट को 29 अगस्त, 1806 का लिखा एक पत्र उद्धृत करते हैं। गिलक्रिस्ट ने मेटकॉफ़ को हिंदुस्तानी सिखाई थी, इसलिए वे कृतज्ञता व्यक्त करते हुए कहते हैं कि 'मैं इसी वजह से कन्याकुमारी से कश्मीर तक और आवा से सिंधु के मुहाने तक इस विश्वास से यात्रा करने की हिम्मत कर सकता हूँ कि मुझे हर जगह ऐसे लोग मिल जाएँगे जो हिंदुस्तानी बोल लेते होंगे। ... हर कोई जानता है कि जिस विशाल इलाक़े का मैंने ज़िक्र किया है, उसमें बहुत सी भिन्न-भिन्न भाषाएँ बोली जाती हैं। इन भाषाओं का न बोला जाना एक ताज़्ज़ुब की बात होती, लेकिन हिंदुस्तानी एक ऐसी ज़ुबान है जो आम तौर पर उपयोगी साबित होती है और मेरी समझ में संसार की किसी भी भाषा के मुक़ाबले उसका व्यवहार बहुत बड़े पैमाने पर होता है।'[52] रामविलास

---

[51] रामविलास शर्मा, 'बहुजातीय राष्ट्रीयता और राष्ट्र-भाषा हिंदी', भारत की भाषा समस्या, वही : 124.
[52] रामविलास शर्मा (2010), *भाषा और समाज*, राजकमल प्रकाशन, नयी दिल्ली, पाँचवाँ संस्करण : 380-83; मेटकाफ़ के लिए देखें : जे.बी. गिलक्रिस्ट, *ए वोकैबुलरी, हिंदुस्तानी ऐंड इंग्लिश ऐंड हिंदुस्तानी*, एडिनबरा.

शर्मा ने व्यापारिक पूँजी के अखिल भारतीय प्रसार के आईने में हिंदी के प्रसार का यह चेहरा साठ और सत्तर के दशक में पेश किया था। हाल ही में विनोद शाही ने हिंदी की हैसियत पर हुई एक गोष्ठी में वितरित अपने पर्चे में कुछ ऐसा ही दावा किया है कि हिंदी का इस्तेमाल करने वाला वर्ग मुख्यतः शहरों के व्यापारियों, व्यवसायियों, दस्तकारों और शिल्पियों का था।[53]

जैसा कि हमने देखा कि रामविलास शर्मा का भाषा संबंधी उद्यम दो पैरों पर खड़ा है। एक तरफ़ वे विशाल और बहुकेंद्रीय हिंदी–क्षेत्र में इस भाषा का एकमेव वर्चस्व चाहते हैं। अपने रचनाकाल के शुरुआती हिस्से में वे हिंदी–क्षेत्र की भाषाओं को 'बोलियाँ' कहते हैं, बाद में रियायत दे कर 'भाषा' कहने लगते हैं, पर साथ में 'जनपदीय' लकब लगाना कभी नहीं भूलते। उनका विचार है कि जनपदीय भाषाओं को विकसित करने के लिए सुचिंतित नीतियाँ और कार्यक्रम चलाए जाने चाहिए, लेकिन यह प्रक्रिया हिंदी की छत्रछाया में ही चलेगी। लेकिन इस हिंदी की प्रकृति कैसी होगी? इस मामले में वे राज–भाषा बनाने की परियोजना के साथ खड़े होने के लिए तैयार नहीं हैं। कांग्रेस सरकार ने जब हिंदी के तकनीकी, वैज्ञानिक और प्रशासनिक पहलुओं को समृद्ध करने के लिए डॉ. विश्वनाथ प्रसाद की अध्यक्षता में पारिभाषिक शब्दकोश बनाने के लिए समिति बनाई तो रामविलास शर्मा को भी उसका सदस्य बनाया गया। जैसा कि उनका आग्रह रहता था, इस मामले में भी उन्होंने तय किया कि पहले परम्परा का मूल्यांकन किया जाना चाहिए। रामविलास ने डॉ. प्रसाद को सुझाया कि नया शब्दकोश बनाने से पहले हिंदी में जितने पारिभाषिक शब्द रचे गये हैं, जिनका ख़ास तौर पर उन्नीसवीं सदी में व्यवहार होता आ रहा था, उनका एक कोश तैयार किया जाए। उन्होंने यह बात रामधारी सिंह 'दिनकर' से भी कही जो उस समिति के सदस्य थे। पर किसी के कान पर जूँ भी न रेंगी। इस पर उन्होंने समिति से इस्तीफ़ा दे दिया। उनका तर्क था :

> जब आप (भाषा के) वैज्ञानिक विकास की बात करते हैं तो पहले इस बात का ज्ञान कर लें कि हिंदी में कितनी शब्द–सम्पदा है। यहाँ पर बहुत सारे कोश उन अंग्रेज़ों ने बनाये हैं जो अपने अफ़सरों को हिंदी पढ़ाया करते थे। अट्ठारहवीं सदी

[53] विनोद शाही का हस्तलिखित आलेख 'भाषा की ज्ञान–कुण्ठा उर्फ़ आधुनिकता का द्वैध और हिंदी' भारत भवन, भोपाल में 24–25 सितम्बर, 2011 को हुई विचार–गोष्ठी 'भूमण्डलीकरण और हिंदी की अस्मिता' में वितरित किया गया. इस पर्चे की स्थापनाएँ पहली नज़र में महत्त्वपूर्ण लगती हैं, लेकिन अगर विनोद शाही ने अपने दावों के कुछ प्रमाण भी पेश किये होते तो उनकी रचना और भी उपयोगी साबित हो सकती थी.

में दक्षिण में जितने भी ब्रिटिश अफ़सर थे, उनके लिए हैदराबादी हिंदी अनिवार्य थी। उनमें एक जॉन शेक्सपीयर थे, जिनकी पुस्तक मैंने देखी है। उस पुस्तक के अंत में एक शब्द-सूची है। उसमें वनस्पतिशास्त्र, भूगर्भशास्त्र के शब्द हैं। जहाजरानी के तो इतने शब्द हैं कि अंग्रेज़ी का एक शब्द है तो हिंदुस्तानी के पाँच। इसके बात सुखसम्पत राय भंडारी ने सन् 30 के बाद एक पारिभाषित शब्दकोश बनाया था, उसे देखना चाहिए। लेकिन कोई ऐसा नहीं करता और यह मान कर चलते हैं कि हिंदी दरिद्र है और इसे वैज्ञानिक बनाना है।[54]

जब पारिभाषिक शब्दकोश बन कर तैयार हो गया, तो रामविलास शर्मा ने उसकी समीक्षा करते हुए एक लम्बा लेख लिखा जिसमें उन्होंने साबित कर दिया कि शब्दों की उस पोथी में दो-ढाई सौ से अधिक नये शब्द नहीं थे। और, जिन्हें नयी शब्द-सूची कहा जा रहा था, वह हिंदी में पहले से प्रचलित और स्थापित है। उन्होंने गणना की ऐसे एक-एक 'नये' शब्द बनाने पर सरकार ने किस दर से जनता के पैसे की बरबादी की है।[55] अटपटे क़िस्म के पारिभाषिक शब्दों के इस्तेमाल के तो वे इतने ख़िलाफ़ थे कि कैपिटल के दूसरे भाग के अनुवाद को उन्होंने अपना अनुवाद मानने से ही इनकार कर दिया। इस अनुवाद की पाण्डुलिपि पीपुल्स पब्लिशिंग हाउस ने सम्पादित होने के लिए मास्को भिजवाई थी। वहाँ के सम्पादकों ने रामविलास शर्मा द्वारा इस्तेमाल किये गये बहुत से शब्दों की जगह सरकारी शब्दकोश में दिये गये अटपटे क़िस्म के पारिभाषिक शब्द रख दिये थे।[56]

दरअसल, हिंदी-वर्चस्व के लोकतंत्रीकरण का एक बेहद महत्त्वपूर्ण घटक था हिंदी के ग़ैर-मानकीय रूपों की वैधता और आवश्यकता पर लगातार बल और छोटे-छोटे सहज घोषणात्मक वाक्यों वाले भाषाई प्रवाह की पक्षधरता। उनके भीतर 'विचार की दरिद्रता को शब्दाडम्बर से छिपाने' के प्रति गहरा तिरस्कार था। इसी लिहाज़ से उन्होंने हिंदी के ग़ैर-मानकीय रूपों और हिंदी के शिष्ट, साहित्यिक, विमर्शी और परिनिष्ठित रूपों के बीच संबंध का इस प्रकार सूत्रीकरण किया :

भारत की किसी आम भाषा के इतने ग़ैर-मानक रूप नहीं हैं, जितने हिंदी के हैं। ... हिंदी भाषा के जितने साहित्येतर रूप प्रचलित हैं, उतने किसी और भाषा के नहीं। 1947 से पहले हैदराबाद की महत्त्वपूर्ण बोली दकनी हिंदी ग़ैर-मानकीय भाषा रही है। ... अंग्रेज़ी राज के पहले कलकत्ते की हिंदी बांग्ला से प्रभावित थी।

---

[54] दिलीप चौबे से रामविलास शर्मा की बातचीत, 'दरिद्र नहीं है हिंदी', *राष्ट्रीय सहारा*,(1993) 19 सितम्बर.

[55] रामविलास शर्मा (2011), 'सरकारी कोशकार और राष्ट्रभाषा', *भारत की भाषा समस्या*, वही : 124.

[56] राजकुमार सैनी से रामविलास शर्मा की बातचीत, 'अनुवाद कर्म की जटिलताएँ', *वसुधा-51*, वही : 360-379.

हमारे हिंदीभाषी प्रदेश में बनारसी हिंदी काफ़ी प्रचलित है। वह अपना अलग ही रंग दिखाती है। स्वाधीनता प्राप्ति के बाद दिल्ली की भाषा बिल्कुल बदल गयी। ज़बाने-दिल्ली हवा हो गयी। कहीं-कहीं गली-कूँचों में ही सुनने को मिलती है। अब पंजाबी प्रभावित हिंदी चल रही है। जो लोग कहते हैं कि हिंदी लादी जा रही है, वे लोग देखें कि यह पंजाबी प्रभावित हिंदी कैसे पैदा हो गयी। विभाजन के बाद सिंधी भारत में आये और उनसे हिंदी प्रभावित हुई। अमृतलाल नागर ... ने सिंधी प्रभावित हिंदी की भी मिसालें दी हैं। ... स्वाभाविक है कि दूसरी भाषा बोलने वाला जब हिंदी बोलेगा तो उसमें अपनी भाषा की कुछ रंगत उसमे लाएगा, रंग लाएगा, वह अपनी वाक्य रचना की छाप डालेगा, अपनी भाषा का जो ध्वनि-रंग है वह उसमें लगा देगा,उस भाषा को सरल रूप देगा जिससे उसे बोलने में आसानी हो। इन तमाम ग़ैर-मानक रूपों को देख कर अब हिंदी का जो शिष्ट रूप है, उसको इतना साधारण बनना चाहिए कि वह सबकी समझ में आये। यह केवल हिंदी की सेवा नहीं, केवल हिंदी साहित्य की सेवा नहीं है। हिंदुस्तान में जो राजनीतिक जागरण हो रहा है, वह होना है। उसके माध्यम के रूप में जो भाषा बनेगी उसकी कल्पना किया करता हूँ मैं कि वह हमारी जनपदीय बोलियों के बहुत नज़दीक होगी। ... हमारा प्रयत्न होना चाहिए कि हमारी हिंदी बोलियों के, ख़ास कर ब्रज भाषा के नज़दीक हो, उसकी ध्वनि-प्रकृति के बहुत नज़दीक हो। जो सरलता ब्रज भाषा में हो, वह हमारे गद्य में आये। ... दूसरी तरफ़ प्रदेशों में हिंदी के ग़ैर-मानक रूप चल रहे हैं, बंबई में बंबइया हिंदी, कलकत्ते में कलकतिया हिंदी, नयी दिल्ली में पंजाबी प्रभावित हिंदी, सिंधी प्रभावित हिंदी, इन ग़ैर-मानक रूपों के नज़दीक हमारी हिंदी को पहुँचना चाहिए।[57]

ख़ुद रामविलास शर्मा जिस तरह की हिंदी लिखते थे, वह उनकी इस लोकतांत्रिक कल्पनाशीलता का साकार रूप थी। उनके लिखे हुए हज़ारों-हज़ार पृष्ठों पर दर्ज लाखों-लाख शब्द किस भाषा के हैं? दर्शन, इतिहास, पुरातत्त्व, राजनीतिक सिद्धांत, मार्क्सवाद, संस्कृत साहित्य की गवेषणा, संत साहित्य की गवेषणा— यह सब उन्होंने किस भाषा में लिखा है? उसी भाषा में जिसे कभी हिंदुस्तानी कहा जाता था। जिसकी पैरोकारी गाँधी और प्रेमचंद करते थे। जो लोग कहते हैं कि हिंदुस्तानी में महान और प्रचुर रचनाएँ नहीं हुईं, उन्हें निरुत्तर करने के लिए रानी केतकी की कहानी जैसा पुराना उदाहरण रखने के बजाय रामविलास शर्मा की सौ पुस्तकें रख देनी चाहिए।

---

[57] *मधुमाधवी*, जनवरी-जून, में प्रकाशित नलिनी उपाध्याय से रामविलास शर्मा की बातचीत, 'आलोचना और प्रगतिशील साहित्य', *मेरे साक्षात्कार*, वही :35-37.

IV

हिंदी की उन्मोचक कल्पनाशीलता : कुछ प्रश्न

रामविलास शर्मा क्या थे, यह तय करने से पहले हमें यह तो जानना ही चाहिए कि रामचंद्र शुक्ल, महावीर प्रसाद द्विवेदी और हज़ारी प्रसाद द्विवेदी के बाद हिंदी की सबसे महान् हस्ती की अपनी आत्म-छवि क्या थी :

> मेरे जीवन का मुख्य लक्ष्य हिंदी-भाषी जनता को ऊपर उठाना है। उसे जागृत करना है, उसके ज्ञान को समृद्ध करना है। इसी के साथ स्वयं को शिक्षित करना है। जो बातें हम नहीं जानते, उनको जानना, अपनी जानकारी से दूसरों को लाभ उठाने का अवसर देना, इस प्रकार के लक्ष्य मेरे सामने बराबर रहे हैं। इनमें कोई परिवर्तन नहीं हुआ। ... मैं न तो मौलिक कलाकार हूँ और न ही मौलिक विचारक। अधिक से अधिक आप मुझे नये-पुराने कलाकारों और विचारकों का व्याख्याता कह सकते हैं। ... मेरा सारा प्रयत्न इस दिशा में है न तो हिंदी जाति डूबे, न उसके साथ सारा देश डूबे। कला कभी भी साहित्य के ज्ञान-काण्ड का स्थान नहीं ले सकती। मेरा कार्य जैसा भी इस ज्ञान-काण्ड से जुड़ा है ...। ... राजनीतिक परिवर्तन के लिए सामूहिक प्रयत्न आवश्यक है। परंतु साहित्य और कलाओं से बहुत बड़ा परिवर्तन हो सकता है। दो समर्पित साहित्यकार, दो समर्पित संगीतकार, दो निष्ठावान कलाकार समाज में ऐसा परिवर्तन कर सकते हैं जैसा सौ राजनीतिज्ञ मिल कर नहीं कर सकते। इसलिए अपनी विरासत से प्रेरणा लेनी चाहिए और यह विश्वास करना चाहिए कि निष्ठावान साहित्यकार या कलाकार की साधना कभी व्यर्थ नहीं जाती।[58]

चार कथनों का यह छोटा से कोलाज पर कई टिप्पणियाँ की जा सकती हैं। पहले कथन पर यही कहा जा सकता है कि प्रत्यक्ष को प्रमाण को ज़रूरत नहीं होती। रामविलास शर्मा ने हिंदी-भाषी जनता के बौद्धिक स्तर को ऊपर उठाने के लिए जो किया, उसकी मिसालें केवल अतीत में हैं वर्तमान में नहीं। जहाँ तक मौलिकता का सवाल है, उनके कथन को अतिशय विनम्रता के अलभ्य उदाहरण के रूप में ही लिया जा सकता है। जो व्यक्ति 1949 में व्यापारिक पूँजी की गतिविधियाँ देख कर भारतीय पूँजीवाद की देशज सम्भावनाओं की तरफ़ इशारा कर रहा है, वह इतिहास-लेखन संबंधी अपनी मौलिक अंतर्दृष्टियों में इरफ़ान हबीब का पूर्ववर्त्ती है। जो व्यक्ति भारत की प्राक्-औपनिवेशिक आधुनिकता का संधान सत्तर और अस्सी के दशक में ही करने लगा हो, वह नब्बे के दशक में भारत का अर्ली-मॉडर्न खोजने वाली इतिहासकार मण्डली का पूर्ववर्त्ती है। जो व्यक्ति 1961 में सामाजिक आधार पर भाषा के विकास की जाँच-पड़ताल करने

---

[58] *मेरे साक्षात्कार* और *युगपुरुष रामविलास शर्मा* से : 279, 254 और शीघ्र प्रकाश्य.

का आग्रह करता हुआ *भाषा और समाज* जैसी विराट पुस्तक लिख रहा था, वह सत्तर के दशक में स्थापित हुई सोशल-लिंग्विस्टिक्स की प्रतिष्ठा का पूर्ववर्त्ती है।[59] जहाँ तक वैदिक काल और आर्यों का सवाल है, *वैदिक हड़प्पंस* के रचयिता भगवान सिंह रामविलास शर्मा की मौलिक अंतदृष्टि के बारे में यह कह कर आश्चर्य ज़ाहिर कर ही चुके हैं, 'मैं कई बार यह देख कर भौंचक रह जाता हूँ कि जिन बातों की ओर मुझसे पहले किसी का ध्यान नहीं गया था, उनकी तरफ़ रामविलास शर्मा का ध्यान गया था।'[60] उनकी कल्पनाशीलता मुख्य तौर पर भारतीय साहित्य और मार्क्सवाद के अध्ययन के ज़रिये संसाधित हुई थी। वे एक प्रशिक्षित समाज-वैज्ञानिक, इतिहासकार या भाषा-विज्ञानी नहीं थे। और यह स्वीकारोक्ति एक-दो जगहों पर उन्होंने ख़ुद भी की है। तो फिर वे हिंदी के जिस ज्ञान-काण्ड की चर्चा करते हैं, उसे किस श्रेणी में रखा जाएगा?

उनके ज्ञान-काण्ड का संबंध उनके अंतिम कथन से है जिसमें वे समाज-परिवर्तन में साहित्यकार और कलाकार की भूमिका के केंद्रीय महत्त्व पर प्रकाश डालते हैं। यही वह जगह है जहाँ बरबस ब्राइन वाइंस्टीन का वह सूत्रीकरण याद आ जाता है जिसमें राजनीतिक भाषाशास्त्र के इस विद्वान ने एक ख़ास तरह की हस्ती का संरचनात्मक आविष्कार किया था। यह हस्ती थी लैंग्वेज स्ट्रैट्जिस्ट की, भाषा को रणनीति की तरह इस्तेमाल करने वाले समाज-चिंतक की। वाइंस्टीन ने कहा था :

> नयी राजनीति बनाने वाले आसानी से हमारा ध्यान आकर्षित कर लेते हैं। लेकिन उन्हीं के ज़माने में काम कर रहे संस्कृतिकर्मियों पर महज़ सरसरी नज़र डाल कर काम चला लिया जाता है, क्योंकि क़लम के तलवार से ज़्यादा ताकतवर होने की हक़ीक़त मानने के लिए कोई तैयार नहीं है। इतिहास-निर्माताओं की इस उपेक्षित श्रेणी में उन लेखकों, अनुवादकों, कवियों और शब्दकोश निर्माताओं का शुमार होता है जिन्होंने अपनी साहित्यिक रचनाशीलता के लिए एक ख़ास ज़ुबान चुन कर उस भाषा को अस्मिता के परचम में बदल डाला है।[61]

वाइंस्टीन ने भाषा-चिंतकों की इस उपेक्षित श्रेणी में बारहवीं सदी के महाकाव्य *एल सिड* के उस रचयिता को रखा है जिसकी वजह से कैस्टीलियन भाषा तेरहवीं सदी में पहुँच कर स्पेनिश में बदल पाई। उन्होंने इस श्रेणी में

---

[59] रामविलास शर्मा के भाषा-विज्ञान संबंधी योगदान पर विशद चर्चा के लिए देखें, कृष्ण दत्त शर्मा, 'भाषा चिंतन के विविध पक्ष', *वसुधा-51*, वही : 65-87.

[60] भगवान सिंह, वही : 73-74.

[61] ब्रायन, वाइंस्टीन (1979), 'लैंग्वेज स्ट्रैट्जिस्ट्स : रिडिफ़ाइनिंग पॉलिटिकल फ्रंटियर्स ऑन द बेसिस ऑफ़ लिंग्विस्टिक चॉयसेज़', *वर्ल्ड पॉलिटिक्स*, खण्ड 31, अंक 3, अप्रैल : 345-364.

जियॉफ़री चौसर, नोह वेब्सटर, वुक कार्डिज़, अलेक्सांदेर पुश्किन, इलाइज़ार बेन यहूदा, मार्टिन लूथर और दांते को गिनाया है। ये सभी लोग न केवल अपने ज़माने की प्रभु-भाषाओं में निपुण थे, बल्कि द्विभाषी और त्रिभाषी तक थे। अगर वे चाहते तो अपने ज़माने की उन भाषाओं में लाभकारी करियर बना सकते थे जिन्हें राजनीतिक और दरबारी प्रतिष्ठा प्राप्त थी। पर इन सभी ने मुश्किल रास्ता अपनाया। अपेक्षाकृत दबी हुई और अक्षम समझी जाने वाली उन भाषाओं के लिए काम किया जिनमें तत्कालीन सर्वसाधारण आपसी संवाद करता था। रामविलास शर्मा इस श्रेणी में शामिल होने के स्वाभाविक अधिकारी हैं। इन सभी महान् आत्माओं की तरह उनमें भी एक ख़ास गुण था। राजनीति में गहरी दिलचस्पी और उसकी विश्लेषणात्मक समझ, लेकिन उससे हाथ भर दूर रह कर अपने काम में दत्त-चित्त रहना। इन सभी हस्तियों की ही तरह वे जीवन की शुरुआत में ग्रहण किये गये बौद्धिक प्रभावों के संयोग से बने थे। उनके ऊपर विवेकानंद और दयानंद का प्रभाव तो था ही, साथ में हिंदुत्ववाद से मुक्त सावरकर के एकदम शुरुआती लेखन का प्रभाव भी था। पर ये सभी प्रभाव उस छलनी से हो कर गुज़रे थे जो उन्हें मार्क्सवाद ने प्रदान की थी। भाषा को केंद्र बना कर अपनी बौद्धिक रणनीति बनाने वाली उपरोक्त हस्तियों और रामविलास शर्मा के बीच एक सबसे बड़ा फ़र्क़ यह है कि उन्होंने जिस युग में हिंदी भाषा की वकालत की, उसमें कैस्टीलियन, अंग्रेज़ी, जर्मन या इतालवी की तरह यह भाषा साहित्यिक या राजनीतिक प्रतिष्ठा से वंचित नहीं थी। उन लोगों का युग राजशाही और धर्मशाही का था, पर यह लोकतंत्रों का युग है, मार्क्सवाद द्वारा की जाने वाली जनसाधारण की पैरोकारी का युग है। इस लिहाज़ से रामविलास शर्मा का उद्यम और भी पेचीदा और बहुआयामी है।

रामविलास शर्मा को कइयों ने भारतीय आधुनिकता का महावृत्तांत रचने वाला महारथी बताया है। मैं इसमें यह भी जोड़ देना चाहता हूँ कि वे भारतीय राष्ट्रवाद के सकारात्मक पहलुओं को उभारने वाले ऐसे विद्वान थे जिनकी समीक्षाओं में मार्क्सवाद और राष्ट्रवाद का संश्रय उभरता है। जो महावृत्तांत रचता है, उससे कुछ लघु-वृत्तांतों के साथ अन्याय हो ही जाता है। रामविलास शर्मा के हाथ से होने वाले अन्यायों को सूचीबद्ध करना आसान है। यह पूछा जा सकता है (और पूछा भी जाना चाहिए) कि उनके साहित्य में हिंदी से कहीं पहले से स्थापित साहित्य-रचना की भाषाएँ बोलियाँ क्यों बन कर रह गयीं, और क्यों उन्हें रहम करके इन बोलियों को आगे चल कर जनपदीय भाषा का थोड़ा सा भव्य सम्बोधन देना पड़ा? अगर इन जनपदीय भाषाओं का सत्रहवीं सदी तक

का साहित्य हिंदी की विरासत है, तो फिर वे उनके उन्नीसवीं और बीसवीं सदी के साहित्य को वे हिंदी के आधुनिक साहित्य की श्रेणी में क्यों नहीं मानते थे? अगर वे उर्दू और हिंदी की साहित्यिक परम्परा को एक ही मानते थे, तो हिंदी साहित्य के इतिहास में उर्दू के साहित्य को उन्होंने क्यों नहीं रखा? जो रियायतें उन्होंने निराला को दीं, वही मुक्तिबोध को क्यों नहीं दीं? मार्क्सवाद के लीक से हट कर इस्तेमाल की जो छूट उन्होंने ख़ुद को दी, वही छूट जब कोई और लेता था तो वे अचानक मार्क्सवाद के किताबी अनुयायी क्यों हो जाते थे? दूसरे, रामविलास शर्मा के समग्र विश्लेषण में 'वर्ग' की श्रेणी एक तरह के विकट रिडक्शनिज़्म की तरह सामने क्यों आती है? रिडक्शनिज़्म यानी ख़ुद उन्हीं के शब्दों में घटाववाद। वर्ग एक श्रेणी है जो अब सिर्फ़ मार्क्सवादी प्रत्यय नहीं रह गयी है। विभिन्न अनुशासनों के विद्वानों ने समाज में वर्गों के निर्माण और विकास की प्रक्रियाओं को मार्क्सवादी या ग़ैर-मार्क्सवादी प्रस्थानबिंदुओं से चिह्नित किया है। वैसे भी पिछले चार दशकों से भारतीय समाज के संदर्भ में जाति-प्रथा और आधुनिक राजनीतीकरण के सहमेल से बनने वाले नयी संरचनाओं का संधान करते समय वर्ग-घटाववाद से बच निकलने में बेहतरीन कामयाबी हासिल की गयी है। सवाल यह है कि आरक्षण के प्रश्न पर रामविलास इस घटाववाद से क्यों नहीं बच पाते? उनकी कल्पनाशीलता यहाँ काम क्यों नहीं आती?

भाषा के प्रश्न पर मार्क्सवाद उनके हाथों में जा कर नवाचार का औज़ार बन जाता था, और परम्परा का द्वंद्वात्मक मूल्यांकन करने के ज़रिये वे हिंदी की साहित्यिक आलोचना को रहस्यावरणों से मुक्त करने की भूमिका निभा पाते थे, पर शीतयुद्धीन राजनीति का चश्मा लगाए रहने के कारण उन्हें साहित्य पर अस्तित्ववाद के प्रभाव में अमेरिकी साज़िश नज़र आती थी। यह 'अमेरिकी साज़िश' एक ऐसा फ़िकरा है जो रामविलास शर्मा की कृतियों में अचानक स्प्रिंग की तरह उछल कर सामने आ जाता है। जिस पाठक को शीतयुद्धीन सांस्कृतिक राजनीति में दिलचस्पी नहीं है, वह परेशान हो जाता है कि आख़िर इतने आश्वस्तकारी विश्लेषण में इसे लाने की ज़रूरत क्या थी? ऐंडरसन, चटर्जी, कविराज और हार्डीमेन वग़ैरह से रामविलास शर्मा का यह सवाल पूछना जायज़ है कि आख़िर आप लोगों को भारत की हर चीज़ 'इमेजिंड' और 'कंस्ट्रक्टिड' क्यों लगती है? जिन संरचनाओं को आप काल्पनिक या गढ़ी हुई बताते हैं उनका किसी न किसी समय में कोई आधार भी तो रहा होगा? या उन्हें एकदम हवा में से इमेजिन और कंस्ट्रक्ट कर लिया गया है? इन विद्वानों से यह सवाल पूछना भी वाजिब है कि आप लोगों को अंग्रेज़ों से पहले के भारत में इतना अँधेरा क्यों

दिखता है ? क्या आपके इतिहास की बारीक़ियाँ इस बुनियादी प्रस्थापना पर नहीं खड़ी हैं कि अंग्रेज़ों ने ही हमें मानवता की उच्चतर अवस्था में पहुँचाया वरना हम तो निम्नतर अवस्था में पड़े रहने के लिए अभिशप्त थे ? रामविलास शर्मा के इन सवालों की रोशनी में भारतीय इतिहास-लेखन के सबाल्टर्न प्रसंग की एक बार फिर से जाँच करने की सम्भावनाएँ खुलती हैं, लेकिन ये सभी सवाल पूछते हुए जब वे इन इतिहासकारों को अमेरिकी पूँजी के हित में सक्रिय गिरोह की संज्ञा देने लगते हैं तो यह आलोचना छीछालेदर में बदल जाती है। चालीस के दशक में ख़ुद रामविलास शर्मा ने फ़िराक़ गोरखपुरी की इसलिए लानत-मलामत की थी कि उर्दू के इस शायर ने हिंदी के साहित्यकारों और और उनके भाषाई प्रयोगों को ब्राह्मण और कायस्थ की श्रेणियों में विभाजित करके निहायत सरलीकृत रवैये का परिचय दिया था। रामविलास ने छीछालेदर रहित आलोचना की वह पद्धति सबाल्टर्न स्कूल के प्रति क्यों नहीं अपनायी जिसकी वे ख़ुद वकालत करते रहे हैं ?

रामविलास शर्मा की कल्पनाशीलता पर उठाए गये सवालों की यह सूची और भी लम्बी हो सकती है, पर उनके पीछे के कारणों को एक व्यापक परिप्रेक्ष्य में रख कर समझना अपने आप में एक अलग प्रोजेक्ट है। उन्हें साठ वर्ष का रचनात्मक जीवन मिला, जो वैसे तो कम नहीं है लेकिन अगर उन्हें कुछ समय और मिला होता तो वे अपनी कई प्रस्थापनाओं में उसी तरह संशोधन कर लेते जैसे अस्सी वर्ष की उम्र में गाँधी-विचार का आद्योपांत अध्ययन करके उन्होंने गाँधी के मूल्यांकन में की गयी अपनी कई त्रुटियों को संशोधित कर लिया था। वैसे भी ऊपर उठाए गये सवाल उनका नकारात्मक मूल्यांकन करने के लिए बहुत कम हैं। बर्तोल्त ब्रेख़्त की भाषा में कहें तो 'मैं' और 'वे' के बीच हो रहे संघर्ष ने रामविलास शर्मा की वाणी को कई बार कर्कश बना दिया था। पर ज्ञान, प्रतिभा, समर्पण, प्रतिबद्धता और मौलिक कल्पनाशीलता के लिहाज़ से लासानी उनकी विरासत हिंदी-जगत के लिए उन्मोचक है और रहेगी। वे तीसरी दुनिया की उन सबसे चमकदार प्रतिभाओं में से एक थे जिन्होंने मार्क्सवाद को यूरोकेंद्रीयता से मुक्त करके न केवल भारत और हिंदी-क्षेत्र के लिए अपना बनाने का कठिन उद्यम किया; पश्चिम और अंग्रेज़ी की कथित श्रेष्ठता और दम्भ से पूरी तरह मुक्त बौद्धिकता का संधान किया; और सबसे अलग और सबसे ऊपर उठते हुए उन्होंने अपने अहर्निश रचना-कर्म से दुनिया के सामने चुनौती फेंकी कि विचारधारा कोई भी हो, पर पूर्व का ज्ञान प्राप्त करने के लिए पश्चिम की ज़मीन से हट कर पूर्व की धरती पर ही क़दम रखना ही होगा।

संदर्भ

अभय कुमार दुबे (सम्पा.) (2014), *हिंदी की आधुनिकता-एक पुनर्विचार,* तीन खण्ड, वाणी-आईआईएएस, शिमला, नयी दिल्ली.

अपूर्वानंद (2014), 'रामविलास शर्मा का विजेता मार्क्सवाद और मुक्तिबोध क्षण', अभय कुमार दुबे, (सम्पा.), *हिंदी की आधुनिकता-एक पुनर्विचार,* दूसरा खण्ड, आईआईएएस-वाणी, नयी दिल्ली.

ओम प्रकाश (1985), *द डच ईस्ट इण्डिया कम्पनी ऐंड इकॉनॉमी ऑफ़ बंगाल, 1630-1720,* प्रिंसटन युनिवर्सिटी प्रेस, प्रिंसटन, एनजे.

इरफ़ान हबीब (1969), 'पोटेंशियलिटीज़ ऑफ़ कैपिटलिस्ट डिवेलपमेंट इन द इकॉनॉमी ऑफ़ मुग़ल इण्डिया', द *जरनल ऑफ़ इकॉनॉमिक हिस्ट्री,* खण्ड 29, अंक 1, द *टास्क्स ऑफ़ इकॉनॉमिक हिस्ट्री,* मार्च.

ई.एम.एस. नम्बूदिरीपाद (1951), द *नैशनल क्वेश्चन इन केरला,* पापुलर प्रकाशन, बम्बई.

एफ़. जॉन रिचर्ड्स (1997), 'अर्ली माडर्न इण्डिया ऐंड वर्ल्ड हिस्ट्री', *जरनल ऑफ़ वर्ल्ड हिस्ट्री,* खण्ड 8, अंक 2, युनिवर्सिटी ऑफ़ हवाई प्रेस. अमरनाथ (2009), *हिंदी आलोचना की पारिभाषिक शब्दावली,* राजकमल प्रकाशन, नयी दिल्ली.

एलिज़ाबेथ डोर और जॉन वीक्स, (1979) 'इंटरनेशनल एक्सचेंज ऐंड कॉज़िज़ ऑफ़ बेकवर्डनेस', *लैटिन अमेरिकन पर्सपेक्टिव्ज़,* 4.2 और 6.2.

जी. के (1975), *डिवेलपमेंट ऐंड अंडरडिवेलपमेंट : ए मार्क्सिस्ट एनालैसिस,* मैकभिलन, लंदन.

जैक ए. गोल्डस्टोन (1998), 'द प्रॉब्लम ऑफ़ 'अर्ली मॉडर्न' वर्ल्ड', *जर्नल ऑफ़ इकॉनॉमिक ऐंड सोशल हिस्ट्री ऑफ़ द ओरिएंट,* खण्ड 41, अंक 3 : 249-284.

जे.वी. स्तालिन (1983), *मार्क्सिज़म ऐंड नैशनल क्वेश्चन,* फॉरेन लैंग्वेज पब्लिशिंग हाउस, मास्को.

ज्योतिरिंद्र दास गुप्ता (1970), *लैंग्वेज कांफ़्लिक्ट ऐंड नैशनल डिवेलपमेंट,* युनिवर्सिटी ऑफ़ कैलिफोर्निया प्रेस, बर्कले और लॉस एंजेलस.

प्रथमा बनर्जी (2012), द *मॉडर्न ऐंड अर्ली मॉडर्न : थॉट्स ऑन टाइम,* पीरियोडिसिटी ऐंड टेम्पोरल हेटरोडोक्सीज़, अप्रकाशित आलेख, सीएसडीएस, नयी दिल्ली.

पुरुषोत्तम अग्रवाल और संजय कुमार (सम्पा.), *हिंदी नयी चाल में ढली : एक पुनर्विचार,* देशकाल प्रकाशन, नयी दिल्ली.

बेनेडिक्ट ऐंडरसन, *इमेजिंड कम्युनिटीज़ : रिफ्लेक्शंस ऑन द ओरिजिंस ऐंड द स्प्रेड ऑफ़ नैशनलिज़म,* न्यू लेफ़्ट बुक्स, लंदन.

भगवान सिंह (2011), *प्राचीन भारत के इतिहासकार,* सस्ता साहित्य मण्डल, नयी दिल्ली.

भीखू पारेख (1989), *कोलोनियलिज़म, ट्रेडिशन ऐंड रिफॉर्म : एन एलालैसिस ऑफ़ गाँधीज़ पॉलिटिकल डिस्कोर्स,* सेज, नयी दिल्ली, *गाँधीज़ पॉलिटिकल फ़िलॉसफ़ी : ए क्रिटिकल एग्ज़ामिनेशन,* मैकमिलन, लंदन.

रजनी कोठारी (2005), *भारत में राजनीति : कल और आज,* अभय कुमार दुबे, सीएसडीएस-वाणी, नयी दिल्ली.

रविभूषण (सम्पा.)(2011), *प्रभात ख़बर,* दीपावली विशेषांक.

राघवेंद्र चट्टोपाध्याय (1975), 'डि-इण्डस्ट्रियलाइज़ेशन इन इण्डिया रिकंसीडर्ड', *इकॉनॉमिक ऐंड पॉलिटिकल वीकली,* खण्ड 10, अंक 12, 22 मार्च.

रामविलास शर्मा (1976), *भारत के प्राचीन भाषा परिवार और हिंदी* (तीन खण्ड), राजकमल प्रकाशन, नयी दिल्ली.

----------(1977), *महावीर प्रसाद द्विवेदी और और हिंदी नवजागरण,* राजकमल प्रकाशन, नयी दिल्ली.

----------(1981), *परम्परा का मूल्यांकन,* राजकमल प्रकाशन, नयी दिल्ली.

----------(1989), *भारतेंदु हरिश्चंद्र और और हिंदी नवजागरण की समस्याएँ,* राजकमल प्रकाशन, नयी दिल्ली.

----------(2009), *भारतीय संस्कृति और हिंदी प्रदेश,* दो खण्ड, किताबघर, नयी दिल्ली.

----------(2010), *भाषा और समाज,* राजकमल प्रकाशन, नयी दिल्ली.

----------(2011), *भारत की भाषा समस्या,* राजकमल प्रकाशन, नयी दिल्ली.

रामविलास शर्मा (2011), *मेरे साक्षात्कार,* किताबघर प्रकाशन, (चौथा संस्करण,) नयी दिल्ली.

रैंडल कोलिंस (1998), द *सोशियोलॅजीज़ ऑफ़ फ़िलॉसफ़ीज़ : ए ग्लोबल थियरी ऑफ़ इंटलैक्चुअल चेंज,* द बेलनैप प्रेस ऑफ़ हार्वर्ड युनिवर्सिटी प्रेस, केम्ब्रिज, मैसाचुसेट्स.

रोनाल्डो मंक (1986), द *डिफीकल्ट डायलॉग: मार्क्सिज़म ऐंड नैशनलिज़म,* ऑक्सफ़र्ड युनिवर्सिटी प्रेस, नयी दिल्ली.

संजीव कुमार (2012), 'हिंदी का मार्क्सवाद : जात्याभिमानी परचम के तले', अभय कुमार दुबे (सम्पा.), *हिंदी की आधुनिकता-एक पुनर्विचार,* दूसरा खण्ड, आईआईएएस-वाणी, नयी दिल्ली.

सुरेश के. शर्मा (2006), *लैंग्वेज इन कंटेम्परेरी इण्डिया,* पहला खण्ड, विस्टा इंटरनेशनल पब्लिशिंग हाउस, नयी दिल्ली.

लॉयड आई. रुडोल्फ़, और सुज़ैन हूबर, रुडोल्फ़, (1967) द *मॉडर्निटी ऑफ़ ट्रेडिशन : पॉलिटिकल डिवेलपमेंट इन इण्डिया,* द युनिवर्सिटी ऑफ़ शिकागो प्रेस, शिकागो.

विश्वनाथ त्रिपाठी और अरुण प्रकाश (सम्पा.)(2001), *वसुधा (51) / रामविलास शर्मा के कृतित्व पर केंद्रित,* जुलाई-सितम्बर.

वीरभारत तलवार (2005), *सामना : रामविलास शर्मा की विवेचन-पद्धति और मार्क्सवाद तथा अन्य निबंध,* वाणी प्रकाशन, नयी दिल्ली.

4

हिंदी में 'हिंदू' सेकुलर

अनुवाद, निरपेक्षता और समभाव की राजनीति

हिंदी के अ-साम्प्रदायिक बुद्धिजीवियों के बीच सेकुलरवाद की बहस पूरी तरह हिंदू दायरे में सिमटी हुई है। उनके बीच सेकुलरवाद की परिभाषा पर ख़ासे मतभेद हैं। सेकुलरवाद को 'सर्वधर्मसमभाव' की तरह लेने के बजाय वे कभी तो उसे धर्मों से निरपेक्षता के रूप में परिभाषित करते हैं, तो कभी धर्म को पंथ से श्रेष्ठ मान कर पंथों से निरपेक्षता का अर्थ देते हैं। यह पंथनिरपेक्षता भारतीय सेकुलरवाद को हिंदू 'सनातन धर्म' का पर्याय बना देती हैं। 'धर्म' को धारण करने वाले हिंदू राष्ट्रीयता के स्वाभाविक वाहक बन जाते हैं, और वह 'पंथ' को मानने वाले मुसलमानों पर अपनी राष्ट्रीयता साबित करने की ज़िम्मेदारी डाली जाती है। यह देख कर अचरज हो सकता है कि हिंदी के वामपंथी सेकुलर विमर्श में भी हिंदू-श्रेष्ठता राष्ट्रीयता के स्वाभाविक दावेदारी की पर्याय है। हिंदी का यह अ-साम्प्रदायिक बुद्धिजीवी वर्ग अल्पसंख्यकों के साथ बराबरी का व्यवहार करने के पक्ष में संघ परिवार के ख़िलाफ़ संघर्ष करने में अग्रणी है। लेकिन, साथ में वह मुसलमान और इसलाम की उसी रूढ़ छवि को अपने मानस में बसाये हुए है जो संघ परिवार के मुखपत्रों में अक्सर चित्रित होती रहती है। वामपंथी हों या ग़ैर-वामपंथी, हिंदी ख़ित्ते के लिए सेकुलर राष्ट्र बनाने का संघर्ष दरअसल हिंदू दायरों में किया जाने वाला संघर्ष ही है। मुसलमान तो हाशिये पर खड़े होकर अपने जान-माल की हिफ़ाज़त के लिए उदार

हिंदू बहुसंख्या का मोहताज होने के लिए अभिशप्त हैं। संघ परिवार ही नहीं, उसका जम कर विरोध करने वाले हिंदी के बुद्धिजीवी भी एक हिंदू-वर्चस्व की रचना करना चाहते हैं। फ़र्क़ यह है कि उनके हिंदू-वर्चस्व के आगे 'सेकुलर' शब्द भी लगा होगा।

क्या भारत जैसे धर्मबहुल देश में हिंदू-वर्चस्व को किसी प्रकार से सेकुलर माना जा सकता है? सेकुलरवाद पर मूलतः हिंदी में लिखी गयी सम्भवतः एकमात्र समाज-वैज्ञानिक रचना के हिसाब से इस प्रश्न का उत्तर सिर्फ़ नहीं में ही दिया जा सकता है।[1] सत्यपाल गौतम के इस लेख द्वारा प्रस्तुत तर्क को आगे बढ़ाते हुए कहा जा सकता है कि संविधान सभा ने राज्य की संस्था को किसी भी क़िस्म के धर्म से अलग रखने का प्रावधान किया था। चूँकि आधुनिक राज्य की पक्षधरता के बिना वर्चस्व की संरचनाएँ नहीं बन सकतीं, इसलिए हिंदू कितने भी बहुसंख्यक क्यों न हों, उनका वर्चस्व होने का सवाल ही नहीं उठता। अगर कुछ लोगों ने अपनी कल्पनाओं में इस वर्चस्व की रचना कर भी ली है, तो केवल इसी आधार पर उन्हें भारतीय सेकुलरवाद के मॉडल को परिभाषित करने की इजाज़त कैसे दी जा सकती है। इसी क्रम में कोई भी सेकुलरवादी इस प्रश्न के मुक़ाबले कई प्रति-प्रश्न खड़े कर सकता है : क्या किसी विशेष धर्म या संस्कृति पर आधारित सामाजिक-राजनीतिक प्रभुता अपने आप में सेकुलर विचारधारा की एंटीथीसिस नहीं है? संविधान सभा में हुई बहस के दौरान अल्पसंख्यकों के धार्मिक, सांस्कृतिक और राजनीतिक अधिकारों की सुरक्षा के विषय में काफ़ी चिंता व्यक्त की गयी थी। क्या बहुसंख्यकों की प्रभुता इन अधिकारों को और कमज़ोर नहीं कर देगी? क्या गुज़रात में किये गये हिंदुत्ववादी प्रयोगों में इसके नतीजे नहीं देखे जा सकते? वहाँ के मुसलमानों को अपनी कार की नम्बर प्लेट पर इसलाम के लिहाज़ से शुभ समझी जाने वाली संख्या 786 अंकित करवाने से पहले सौ बार सोचना पड़ता है।[2]

लेकिन, इन प्रति-प्रश्नों के रैडिकल आवेग में बह जाने से पहले विशाल हिंदी प्रदेश में साम्प्रदायिकता, राष्ट्रवाद और सेकुलरवाद पर चलने वाली बहस

---

[1] सेकुलरवाद की किताबी परिभाषा के लिए हरियाणा साहित्य अकादमी, चंडीगढ़ द्वारा 1991 में प्रकाशित सत्यपाल गौतम (1991) की पुस्तक *समाजदर्शन* का अध्याय 'धर्मनिरपेक्षता' देखें : 62.

[2] गुज़रात में गोधरा काण्ड के बाद हुए साम्प्रदायिक रक्तपात से मुसलमान अपने वाहनों की नम्बर प्लेट में 786 की शुभ संख्या शामिल करवाने के लिए बीस से तीस हज़ार रुपये तक ख़र्च करने के लिए तैयार रहते थे. आज असुरक्षा के डर से उनके लिए यह शुभ संख्या जोखिम भरी बन गयी है. देखें, 24 दिसंबर के *हिंदुस्तान टाइम्स (2002)*, नयी दिल्ली में : 13 पर रथिन दास की ख़बर, 'पोस्ट राइट्स, गुज़रात मुस्लिम्स शन लकी 786'.

पर एक गहरी निगाह डालना ज़रूरी है। पिछले पंद्रह-बीस साल में हुए हिंदी क्षेत्र के साम्प्रदायिकता विरोधी चिंतन को खँगालने से यह जानकारी मिलती है कि संघ परिवार ही नहीं, बल्कि उसका विरोध करने वाले भी एक समरूप राष्ट्रीय संस्कृति विकसित करने का एजेण्डा रखते हैं, और स्वाभाविक रूप से यह तब तक ज़मीन पर नहीं उतर सकता जब तक सभी हिंदू एकाश्म और अभेदित बहुसंख्यक समाज में नहीं बदल जाते। उनमें से कुछ साफ़ तौर से इसे 'सनातनी संस्कृति' कहने के लिए तैयार हैं, और कुछ चाहते हैं कि उसे एक सेकुलर संस्कृति का ही नाम दिया जाए। इस पर सहमति है कि इस संस्कृति में अल्पसंख्यकों के साथ बराबर का व्यवहार किया जाएगा और उनके हितों की रक्षा की जाएगी। लेकिन, इस संस्कृति के घटक के तौर पर उनकी भूमिका नगण्य या निष्क्रिय क़िस्म की होगी। वे लोकतंत्र में एक ऐसे जूनियर पार्टनर की हैसियत में रहेंगे जो अपने धार्मिक आग्रहों के कारण सेकुलर और पूरी तरह राष्ट्रीय न होने के लिए अभिशप्त होगा। इस राष्ट्रीय संस्कृति को बनाने का सारा संघर्ष हिंदू दायरों में ही किया जाएगा। उदार और सहिष्णु हिंदू प्रतिक्रियावादी कट्टर हिंदू के ख़िलाफ़ संघर्ष चलाएगा जिसमें अनिवार्यतः उदार हिंदू की जीत होगी। कट्टर, असहिष्णु, अनुदार, संकीर्ण, अंधविश्वास और अ-राष्ट्रीय प्रवृत्तियों के शिकार अल्पसंख्यकों से उम्मीद की जाएगी कि वे ख़ुद को बदलेंगे, हिंदुओं के मुताबिक़ ख़ुद को ढालेंगे, हिंदुओं द्वारा दिये गये लोकतांत्रिक अधिकारों का लाभ उठाएँगे और अपने जान-माल की हिफ़ाज़त के लिए उदार हिंदुओं की बहुसंख्या के मोहताज रहेंगे। जहाँ तक सेकुलरवाद का सवाल है, एक-दो अपवादों को छोड़ कर हिंदी के साम्प्रदायिकता विरोधी बुद्धिजीवी भी घुमा-फिरा कर मानते हैं कि भारतीय सेकुलरवाद का मॉडल त्रुटिपूर्ण है और उसके मुताबिक़ किया गया भारतीय राज्य का आचरण भी सेकुलरवाद की भावना के अनुकूल नहीं रहा है। इसी आधार पर सेकुलरवाद से उनकी नाराज़गी का मुख्य कारण यह निकल कर आता है कि इस मॉडल की क्षमताओं के कारण ही पचास साल के बाद भी देश में समरूप राष्ट्रीय संस्कृति की स्थापना नहीं हो पायी। अलग-अलग लेखकों के लिए ये अक्षमताएँ अलग-अलग हैं। यह दोष वे सेकुलरवाद पर ही मढ़ते हैं कि इसके कारण संघ परिवार को राष्ट्रवाद का मुद्दा हड़पने का मौक़ा मिल गया। इन बुद्धिजीवियों के इस चिंतन को 'सेकुलर' हिंदू-वर्चस्व के लिए किये गये चिंतन की संज्ञा दी जा सकती है। उनके लेखन की भाषा और तर्कपद्धति अनायास कई बार संघ परिवार के मुखपत्रों की भाषा जैसी ही लगती है। इसका एहसास साम्प्रदायिकता विरोधी बुद्धिजीवियों को भी है। जवाब में उनका दावा है कि वे

ठोस सच्चाइयों से मुख़ातिब होना चाहते हैं, भले ही उन्हें साम्प्रदायिक लगने का ख़तरा उठाना पड़े।

ज़ाहिर है कि लोकतंत्र और आधुनिक राज्य के तहत हिंदू-वर्चस्व क़ायम करने का एजेण्डा केवल राष्ट्रीय स्वयंसेवक संघ और उससे जुड़े संगठनों का ही नहीं है। राजनीतिशास्त्री इस निष्कर्ष पर तो पहुँच चुके हैं कि संविधान को धर्मतंत्रीय या मनु-स्मृति जैसी किसी संहिता के मुताबिक़ बनाने का आग्रह किये बिना हिंदुत्ववादी समूह लोकतंत्र में बहुमत के शासन को बहुसंख्यकवादी शासन में बदलने की परियोजना चला रहे हैं। वे आधुनिक राज्य की संस्था द्वारा प्रदत्त संसाधनों और शक्ति का इस्तेमाल करके एक ऐसी राष्ट्रीय संस्कृति की स्थापना करना चाहते हैं जिसमें अल्पसंख्यकों की हैसियत दूसरे दर्जे की होगी। इस राष्ट्रीय संस्कृति में नागरिकता की शक्ल-सूरत विविधतापूर्ण और बहुलतावादी न होकर समरूप होगी। आख़िरकार उसे हिंदू संदर्भों में ही परिभाषित किया जाएगा। इन हिंदुत्ववादियों को अपने बहुसंख्यकवादी आधुनिक राज्य के लिए सेकुलर के विशेषण से कोई आपत्ति नहीं है। यही कारण है कि हिंदू-वर्चस्व के पैरोकार हमेशा 'छद्म-सेकुलरवाद' की आलोचना करते नज़र आते हैं, न कि सेकुलरवाद की।[3] लेकिन, समाज-वैज्ञानिकों को यह देख कर ताज्जुब हो सकता है कि संघ परिवार की साम्प्रदायिकता का विरोध करने वाले हिंदी के लोकप्रिय बुद्धिजीवी भी भारतीय सेकुलरवाद के आदर्श रूप को हिंदू-वर्चस्व के रूप में व्याख्यायित करने में लगे हुए हैं। कहना न होगा कि ये सभी बुद्धिजीवी संघ परिवार की राजनीति के ख़िलाफ़ खुल कर संघर्षरत हैं। पिछले दस-पंद्रह साल में उन्होंने हिंदुत्ववादी सांस्कृतिक राष्ट्रवाद के विरोध में हज़ारों पृष्ठ रंग डाले हैं। उन्होंने सार्वजनिक मंचों और टीवी चैनलों पर भारतीय जनता पार्टी का जम कर विरोध किया है। उन्होंने साम्प्रदायिकता विरोधी मोर्चों में सक्रिय भागीदारी की है। साम्प्रदायिकता की मुखालफ़त करने वाले हिरावल दस्ते के सदस्यों के रूप में उनकी निष्ठाओं पर कोई संदेह नहीं किया जा सकता। यह भी नहीं कहा जा सकता कि उन्हें सेकुलरवाद की शास्त्रीय परिभाषाओं की जानकारी नहीं है। इनमें से सभी लोग लोकतंत्र के बेहिचक समर्थक हैं। वे मानते हैं कि मुसलमानों और अन्य अल्पसंख्यकों को हिंदुओं की भाँति ही नागरिकता के समान अधिकार बिना

---

[3] समाज-वैज्ञानिकों में आमतौर पर सहमति है कि राजनीतिक हिंदुत्व एक आधुनिकतावादी संरचना है और अल्पसंख्यकों से जुड़ी नीतियों को छोड़ कर उसका सेकुलर राज्य से कोई ख़ास मतभेद नहीं है. हिंदुत्व की राजनीतिक मुहिम की इस व्याख्या के थोड़े विस्तृत रूप के लिए देखें, पार्थ चटर्जी (1994), 'सेकुलरिज़म ऐंड टालरेंस', *इकॉनॉमिक ऐंड पॉलिटिकल वीकली*, 9 जुलाई.

शर्त मिलने चाहिए। उन्हें यह मानने में भी संकोच नहीं है कि साम्प्रदायिकता भारतीय राष्ट्र को नष्ट कर देगी। इनमें से सभी संविधान के रक्षक के तौर पर उभरते हैं। वे संविधान में भारतीय गणतंत्र के साथ सेकुलर विशेषण जोड़ने के आलोचक नहीं हैं। मेरे विचार से इनमें से शायद ही किसी ने प्रकट राजनीतिक स्वार्थ को सामने रख कर अपनी धारणाएँ बनाई होंगी। निर्विवाद रूप से ये भी लोग देश और राष्ट्र के हित में ही अपने निष्कर्षों पर पहुँचे हैं। कुछ लेखक तो यह भी बताते हैं कि साम्प्रदायिकता विरोधी लेखन के कारण उन्हें किस तरह नियोजित कुप्रचार का शिकार बनाया जा रहा है, और कुछ लेखकों को सत्ता का कोपभाजन भी बनना पड़ा है। कुछ लेखकों की तो छवि ही संघ परिवार विरोधी की बन गयी है और इस लेखन के ज़रिये वे अपने बौद्धिक जीवन के सर्वाधिक लोकप्रिय दौर से गुज़र रहे हैं।

हिंदी क्षेत्र का यह चिंतन किन्हीं एक दो प्रभावशाली बुद्धिजीवियों और उनकी रचनाओं की देन नहीं है। यह किसी दक्षिण, वाम या उदारतावादी विचारधारा के आधार पर की गयी निर्मिति नहीं है। इसमें हिंदी के बीसियों विख्यात और वरिष्ठ पत्रकार-साहित्यकार और लेखक-चिंतक शामिल हैं। इन महानुभावों का संबंध तरह-तरह की विचारधाराओं से है। इनमें मार्क्सवादी, वामपंथी-जनवादी सांस्कृतिक आंदोलन के पुराने सिपहसालार, लोहिया और जयप्रकाश में अपनी राजनीतिक विरासत खोजने वाले, गाँधी के प्रति भक्ति और श्रद्धा से आप्लावित, नेहरू का गुणगान करने वाले, यानी लगभग सभी ग़ैर-साम्प्रदायिक श्रेणियों के प्रतिनिधि शामिल हैं। अलग-अलग विचार परम्पराओं से आने के कारण इनके ख़यालों, व्याख्याओं और प्रतिपादनों में काफ़ी फ़र्क़ है। लेकिन, एक-दो अपवादों को छोड़कर सभी एक ही नतीजे पर पहुँचते प्रतीत होते हैं कि हिंदू-वर्चस्व ही भारतीय सेकुलरवाद का व्यावहारिक रूप हो सकता है, भले ही सिद्धांत की किताब कुछ और कहती रहे। इन सभी के लेखन से एक ध्वनि यह भी उभरती है कि सेकुलरवाद के अधिकारिक प्रवक्ताओं के आग्रह जो भी हों, सेकुलरवाद का भारतीय मॉडल हमेशा हिंदू-वर्चस्व वाला ही रहा है। पहले यह बात कहने की ज़रूरत नहीं पड़ती थी और सर्वधर्मसमभाव के उदार उसूल की आड़ में सब कुछ ठीक-ठाक चलता रहता था, पर संघ परिवार की राजनीति के कारण आज यही बात ज़ोर दे कर कहनी पड़ रही है। संघ परिवार से इन बुद्धिजीवियों की नाराज़गी का यह भी एक बड़ा कारण हो सकता है कि हिंदुत्व की राजनीतिक सफलता की वजह से उन्हें बहस इस शैली में चलाने के लिए मजबूर होना पड़ा।

हिंदी जगत के इस 'लोकप्रिय' साम्प्रदायिक विरोधी चिंतन में प्रशिक्षित समाजशास्त्रियों के बजाय साहित्यकार और पत्रकार छाये हुए हैं। यहाँ 'लोकप्रिय' शब्द का इस्तेमाल इस चिंतन को अकादमीय लेखन से अलग करने के लिए किया गया है। हिंदी में अकादमीय सेकुलर चिंतन का तक़रीबन अभाव ही है। एक-दो नामों (जैसे श्याम चरण दुबे) को छोड़ कर हिंदी के ये बुद्धिजीवी आमतौर पर समाज-विज्ञान की किसी विधा में प्रशिक्षित नहीं कहे जा सकते। इन्होंने शौक़िया कुछ किताबें ज़रूर पढ़ी होंगी, या फिर वे स्वशिक्षित समाज-चिंतक हैं (जैसे सच्चिदानंद सिन्हा और किशन पटनायक)। इन बुद्धिजीवियों के एक प्रमुख प्रतिनिधि (प्रभाष जोशी) तो मानते भी हैं कि इस विषय पर मिलने वाली अकादमीय पुस्तकों के अध्ययन से वे कितनी जल्दी उकता गये थे। लेकिन, अकादमीय पृष्ठभूमि के अभाव का मतलब यह नहीं निकाल लेना चाहिए कि इस लेखन में समाज-विज्ञानियों के लिए कुछ नहीं है। दरअसल, यह सारा लेखन समाज-विज्ञान की दुनिया के लिए बेहद विचारोत्तेजक और यहाँ तक कि शिक्षाप्रद भी है। ये लेखक बीच-बीच में समाज-विज्ञानियों को सम्बोधित भी करते हैं। उन्हें समाज-विज्ञानियों से कुछ अपेक्षाएँ भी हैं। हिंदी की एक प्रमुख हस्ती के लेखन में तो आशिस नंदी और धीरूभाई शेठ समेत विकासशील समाज अध्ययन पीठ के कुछ प्रमुख समाज-विज्ञानियों के नामों का हवाला भी कुछ इस तरह सामने आता है मानो उनके विचारों पर इन विद्वानों की प्रस्थापनाओं का ख़ासा असर पड़ा हो। हिंदी के इस साम्प्रदायिकता विरोधी लेखन में हिंदुत्व की राजनीति के खण्डन के लिए गाँधी और लोहिया का हवाला भी अक्सर आता है। साम्प्रदायिकता की आलोचना करने के लिए इन नेताओं की कुछ विख्यात रचनाओं का भी इस्तेमाल किया गया है। बहरहाल, समाज-विज्ञान का लेखन तो मुट्ठी भर लोग ही पढ़ते हैं, लेकिन हिंदी का यह लेखन दैनिक पत्रों और लोकप्रिय पत्रिकाओं में प्रकाशित हो कर लाखों-करोड़ों पाठकों तक पहुँचता है। इसने सेकुलरवाद के प्रति एक ख़ास तरह का जन-मानस बनाने में निर्णायक भूमिका अवश्य निभाई होगी।

हिंदी के इस लेखन में आधुनिकता, इतिहास, परम्परा, धर्म, अनीश्वरवाद, मिथक, संस्कृति, राष्ट्र, राज्य, फ़ासीवाद, लोकतंत्र और राजनीति संबंधी शब्दावली का बोलबाला है। आमतौर पर यह लेखन भारतीय राज्य के सेकुलर आचरण को त्रुटिपूर्ण साबित करने में दिलचस्पी नहीं रखता। वह मान कर चलता है कि भारतीय राज्य ने त्रुटियाँ की हैं और शायद इसलिए उसमें सेकुलरवाद को लागू करने में की गयी चर्चित ग़लतियों की ख़ास चर्चा नहीं मिलती। समाज-वैज्ञानिक सिद्धांतों में पटु न होने के बावजूद ये बुद्धिजीवी अपनी सारी ऊर्जा सैद्धांतिक

और वैचारिक प्रतिपादनों में ख़र्च करते हैं। अपनी-अपनी समझ के अनुसार वे बिना संकोच कई तरह के बौद्धिक नवाचार करते हैं। मसलन, कोई बुद्धिजीवी राज्य की संस्था की पूरी तरह उपेक्षा करके राष्ट्र और संविधान के लिए चिंतित नज़र आ सकता है। किसी के लेखन में यह दावा मिल सकता है कि संस्कृति आधारित राष्ट्रीय भावना और साम्प्रदायिक राष्ट्रवाद दो अलग-अलग बातें हैं। कोई कहता हुआ मिलेगा कि अल्पसंख्यक साम्प्रदायिकता का स्रोत सैयद अहमद ख़ाँ की राजनीति में था, तो कोई दावा करेगा कि सर सैयद ने मुसलमानों को कट्टरता के अँधेरे से निकाला। कहीं धर्म और पंथ में फ़र्क़ किया गया है। कभी धर्मों के प्रति समभाव और निरपेक्षता पर एक नहीं, पाँच-पाँच घोषणापत्र ज़ारी कर दिये हैं। एक लेखक ने प्रधानमंत्री से अपील की है कि अल्पसंख्यक नामक श्रेणी को बिना साम्प्रदायिक हुए सेकुलर ढंग से ख़त्म कर देना चाहिए।

कुल मिला कर इस वाङ्मय में सैद्धांतिक सजगता से परिपूर्ण लेख और टिप्पणियाँ यदाकदा ही मिलती हैं। अधिकांश सामग्री भावोद्रेक में लिखी गयी है और मुद्दों को मोटे तौर से घटनाओं की प्रतिक्रियास्वरूप उठाया गया है। सैद्धांतिक पहलुओं की परवाह किये बिना कई तरह की धारणाओं का घालमेल किया गया है, पर इन बुद्धिजीवियों की दुनिया है बड़ी दिलचस्प। इसमें भाषा का सौंदर्य, व्यंग्य, कटाक्ष, विवादात्मकता और तार्किकता की छटा तो है ही, साथ ही सेकुलरवाद जैसे सामाजिक-राजनीतिक प्रश्न को सांस्कृतिक चिंतन के ज़रिये हल करने की कोशिश भी है। इस लेखन में कहीं सांस्कृतिक और सभ्यतामूलक आत्महीनता से उपजा आत्म-धिक्कार है, तो कहीं आत्मगौरव की भावावेश भरी विरुदावलियाँ हैं। राजनीतिक क़िस्म के सांस्कृतिक चिंतन के माध्यम से ये बुद्धिजीवी अपने-अपने सपनों के देश की रचना करते नज़र आते हैं। इस प्रक्रिया में उनका लेखन जाने-अनजाने कुछ व्यापक अर्थों वाले सूत्रीकरणों की तरफ़ इशारा कर देता है।

हिंदी जगत के इसी सेकुलर चिंतन की प्रवृत्तियों का एक जायजा लेने के उद्देश्य से इस लेख में तक़रीबन डेढ़ हज़ार पृष्ठों में फैली हुई सामग्री का एक अध्ययन पेश किया गया है। इनमें बड़े आकार के लगभग साढ़े छह सौ पृष्ठ इण्डियन *एक्सप्रेस समूह* के दैनिक *जनसत्ता* के पूर्व प्रधान सम्पादक और मौजूदा सलाहकार प्रभाष जोशी की क़लम से निकले हैं। यह उनके 1992 से 2002 तक के साम्प्रदायिकता विरोधी लेखन की देन है।[4] लगभग पाँच सौ पृष्ठ की सामग्री

[4] प्रभाष जोशी (2003), *हिंदू होने का धर्म*, राजकमल प्रकाशन, नयी दिल्ली.

मासिक *हंस* के सम्पादक राजेंद्र यादव के सोच-विचार का परिणाम है। उनके लेखन में 1984 से लेकर सदी के अंत की अवधि समेटी गयी है।[5] इसके अलावा *टाइम्स ऑफ़ इण्डिया* समूह के दैनिक *नवभारत टाइम्स* के प्रधान सम्पादक राजेंद्र माथुर द्वारा रचे गये क़रीब सौ पृष्ठों का लेखन भी है। श्री माथुर आज हमारे बीच नहीं हैं और उनका सेकुलर चिंतन मुख्यत: 1981 से 1991 की घटनाओं की प्रतिक्रियास्वरूप विकसित हुआ है।[6] इसके अलावा विख्यात समाजवादी चिंतक किशन पटनायक द्वारा 85 पृष्ठों में लिखे गये बारह लेखों का जायज़ा भी लिया गया है।[7] इस लेख में हिंदी की क़रीब पाँच सौ पृष्ठों की अन्य सामग्री का विश्लेषण भी है जिसमें राजकिशोर, सच्चिदानंद सिन्हा, गिरधर राठी, सुधीश पचौरी, हंसराज रहबर, खगेंद्र ठाकुर और विद्यानिवास मिश्र सरीखे विख्यात लेखकों और टिप्पणीकारों के लेख फैले हुए हैं। यह लेखन मुख्यत: बाबरी मस्जिद ध्वंस के बाद प्रकाशित होता रहा है।[8]

नामों से जाना जा सकता है कि ये सभी लेखक हिंदू समाज में पले-बढ़े हैं और इनमें से कोई भी मुसलमान नहीं है। इस कारण से सेकुलर और असाम्प्रदायिक प्रतिनिधि के रूप में पेश किये गये हिंदी क्षेत्र के इस चिंतन में दो ख़ास बातें पैदा हो जाती हैं : पहली, इसमें मुसलमान समाज से निकलने वाले उस नज़रिये का अभाव हो जाता है जिसके तहत हमें सेकुलर मुसलमान मानस में हिंदू समाज की तस्वीर और उसके अपने जातीय-धार्मिक संस्कार का सुराग मिल सकता था, और दूसरी, हम ज़्यादा अच्छी तरह देख सकते हैं कि हिंदू परम्परा और संस्कार में पले-बढ़े ऐसे लेखकों के मानस में मुसलमान समाज की क्या छवि है। साथ ही हमें यह भी पता लग सकता है कि हिंदी का हिंदू प्रधान खित्ता साम्प्रदायिकता विरोधी संघर्ष में ख़ास तौर से मुसलमानों और आमतौर से अल्पसंख्यकों की भूमिका को किस प्रकार आँकता है। विश्लेषण का एक मक़सद यह भी देखना है कि इस लेखन पर अंग्रेज़ी में सेकुलरवाद पर चली बहस का क्या असर पड़ा है और क्या उसमें गाँधी और लोहिया के विचारों की झलक मिलती है। इस विशद सामग्री का विश्लेषण करने के लिए इन लेखकों के विचारों और कथनों के कोलाज बनाने की पद्धति अपनायी गयी है। इस पद्धति की कुछ

---

[5] राजेंद्र यादव, *कांटे की बात*, ग्यारह खण्ड, वाणी प्रकाशन, नयी दिल्ली.

[6] राजेंद्र माथुर (2003), *सपनों में बनता देश*, दो खण्ड, सामयिक प्रकाशन, नयी दिल्ली.

[7] किशन पटनायक (2000), *विकल्पहीन नहीं है दुनिया*, राजकमल प्रकाशन, नयी दिल्ली : 185 से 250 तक.

[8] ये तमाम लेख जनसत्ता, *नवभारत टाइम्स*, *हंस*, *देशज*, *चारवाक* और *समकालीन तीसरी दुनिया* जैसी पत्र-पत्रिकाओं में प्रकाशित हुए हैं.

सीमाएँ हैं, और कुछ विशेषताएँ भी। सीमा यह है कि कभी कोई कथन या वाक्यांश अपने संदर्भ से कट कर इस्तेमाल होने का डर रहता है। इस आशंका से भरसक बचने की कोशिश की गयी है। विशेषता यह है कि इस पद्धति के ज़रिये इन लेखकों की भारतीय समाज, धर्म, सेकुलरवाद, राष्ट्र, राज्य और अल्पसंख्यकों से संबंधित बिखरी हुई धारणाएँ एक जगह समेटी जा सकी हैं। विवेचना के दौरान कुछ लेखकों की दलीलों-प्रस्तावों के निहितार्थ अगर साम्प्रदायिक क़िस्म की दलीलों और प्रस्तावों जैसे प्रतीत हों, तो इसे आरोप की तरह लेने के बजाय भारतीय परिस्थिति की जटिलता के रूप में ग्रहण किया जाना चाहिए।

लेख के पहले हिस्से में 'सेकुलर' और 'सेकुलरवाद' जैसी अभिव्यक्तियों के अनुवाद की पेचीदा राजनीति पर चर्चा की गयी है, जिससे पता चलता है कि हिंदुत्व की राजनीति के उभार के पहले भारतीय सेकुलरवाद के प्रति हिंदी क्षेत्र की आपत्तियाँ किस तरह व्यक्त होती थीं।

लेख के दूसरे हिस्से में राजेंद्र यादव के सेकुलर लेखन की विवेचना का केंद्र बनाया गया है। वे मुख्य तौर पर वामपंथी, जनवादी, निरीश्वरवादी, धर्म और राजनीति को कड़ाई से अलग-अलग रखने की पक्षधर चिंतनधारा के नुमाइंदे के तौर पर उभरते हैं। श्री यादव की बातों को सबसे पहले रखने का एक कारण यह भी है कि उनकी क़लम सिख कट्टरपंथ और आतंकवाद के हाथों इंदिरा गाँधी की हत्या से लेकर हिंदुत्व की राजनीति के उभार और उसकी मौजूदा दशा की गवाह बन कर सामने आती है। श्री यादव के सेकुलर लेखन की प्रवृत्तियाँ जिन अन्य लेखकों (जैसे राजेंद्र माथुर, विष्णु नागर, खगेंद्र ठाकुर आदि) में पायी गयीं हैं, इस खण्ड के विश्लेषण में उनके उद्धरणों का इस्तेमाल भी है।

तीसरे हिस्से के केंद्र में प्रभाष जोशी का लेखन है। उनकी कृतियाँ किशन पटनायक और सच्चिदानंद सिन्हा के लेखन के साथ मिल कर गाँधीवादी, लोहियावादी, धर्म और संस्कृति को राष्ट्र-निर्माण के स्रोतों के रूप में लेने वाली चिंतन धारा का प्रतिनिधित्व करती हैं। वे राष्ट्रीय स्वयंसेवक संघ की रीति-नीति के हिंदू समाज पर पड़ने वाले असर के कठोर आलोचक के रूप में विख्यात हैं। बाबरी मस्जिद टूटने के बाद उन्होंने संघ परिवार की कार्रवाइयों के ख़िलाफ़ कटिबद्ध होकर लिखा है। इस खण्ड में भी उन लेखकों (जैसे किशन पटनायक और सच्चिदानंद सिन्हा आदि) की टिप्पणियों में से भी उद्धरण उठाये गये हैं जिनकी प्रवृत्तियाँ दूसरी चिंतन धारा से मेल खाती हैं।

चौथे खण्ड में कुछ निष्कर्ष हैं जिन्हें हिंदी जगत में प्रतिष्ठित इन पत्रकारों और साहित्यकारों की भारतीय सेकुलरवाद संबंधी प्रस्तावों के रूप में पेश किया

गया है। लेकिन, इन निष्कर्षों तक पहुँचने से पहले संविधान सभा में हुई संबंधित बहस और नेहरू के नेतृत्व में सम्पन्न राष्ट्र–निर्माण के पहले दौर की कुछ प्रवृत्तियों का जायज़ा लिया गया है। मेरी मान्यता है कि भारतीय सेकुलरवाद की बहुसंख्यक निर्मिति को इन्हीं प्रवृत्तियों की रोशनी में देखा जाना चाहिए। जिस 'सेकुलर' हिंदू वर्चस्व की वकालत हिंदी के बुद्धिजीवियों ने अस्सी और नब्बे के दशक में की है, उसका बीजारोपण संविधान निर्माताओं के चिंतन में पहले ही हो चुका था। डॉ. आम्बेडकर और जवाहरलाल नेहरू जैसे अल्पसंख्यक हितों के लिए चिंतित बुद्धिवादी नेताओं के कथनों और कार्यों में इसकी झलक देखी जा सकती है।

I

सेकुलरवाद के भारतीय मॉडल की आलोचना बज़रिये अनुवाद की राजनीति

देश के हिंदीभाषी इलाक़े में हिंदुत्ववादी राजनीति के लिए ज़मीन बनने का सिलसिला कोई बीस वर्ष पहले शुरू हुआ था। लेकिन, सेकुलरवाद की विचारधारा और भारतीय सेकुलरवाद के मॉडल की आलोचना पहले भी हुआ करती थी। चूँकि सार्वजनिक जीवन में सेकुलरवाद को चुनौती देने वाली ताक़तें मजबूत नहीं थीं, इसलिए इन बहसों का लहज़ा आज की तरह बेचैन और फ़ैसलाकुन अंदाज़ वाला नहीं था। इसके बावजूद मंद स्वर में चलने वाले इस विवाद को कम करके आँकना ग़लत होगा। सतही तौर पर देखने से ग़लतफ़हमी हो सकती है कि ये बहसें उस समय तक भारतीय सेकुलरवाद पर कोई गम्भीर सवालिया निशान लगाने में नाकाम रहीं जब तक अस्सी के दशक में शाहबानो के मामले ने तूल नहीं पकड़ा या फिर राजीव गाँधी की सरकार ने अयोध्या में विवादित स्थल के ताले खुलवा कर हिंदू और मुसलमान साम्प्रदायिकताओं के बीच संतुलन करने की ख़तरनाक कोशिशें नहीं की। दरअसल, ये बहसें बहुत गहराई तक मार करती थीं।

इन बहसों के केंद्र में होती थी अनुवाद की राजनीति।[9] यानी सेकुलर या सेकुलरवाद शब्द का सही–सही समानार्थक शब्द या हिंदी या उर्दू में कौन सा हो सकता है? ध्यान रहे अनुवाद की इस राजनीति का मक़सद केवल शब्द या

[9] सेकुलरवाद संबंधी अनुवाद की राजनीति पर अंग्रेज़ी में हुए विमर्श में भी ध्यान दिया गया है. जवाहरलाल नेहरू ने भी एक बार माना था कि सेकुलर के लिए हिंदी में कोई समानार्थक शब्द नहीं है. पार्थ चटर्जी ने अपने उपरोक्त लेख में कहा है कि भारतीय भाषाओं के पास ऐसा कोई मानक शब्द नहीं है जिसका प्रयोग करते ही आधुनिक राज्य और समाज में धर्म की भूमिका की जानकारी मिल जाती हो, और जिसका अर्थ पता लगाने के लिए अंग्रेज़ी के शब्द का हवाला देने की ज़रूरत न पड़ती हो.

अभिव्यक्ति खोजना या गढ़ना नहीं था। शब्द या अभिव्यक्ति में संशोधन या परिवर्तन के हर नये प्रस्ताव के पीछे एक पूरा ख़याल छिपा रहता था। सेकुलरवाद के लिए इस्तेमाल की जा सकने वाली नयी शाब्दिक संरचनाएँ अपने साथ भारतीय समाज की भिन्न समझ, धर्म की भिन्न परिभाषा, धर्म और राजनीति के संबंधों की भिन्न परिभाषा, साम्प्रदायिकता की जड़ों पर नयी रोशनी और अंत में भारतीय सेकुलरवाद के मॉडल में संशोधन की अलग-अलग पेशकश ले कर आती थीं। वह समय सेकुलरवाद पर विवाद के लिहाज़ से एक ख़ामोश वक़्त था, इसलिए अनुवाद की इस राजनीति के पूरे आयाम खुल कर सामने नहीं आ पाते थे। हिंदुत्व के उभार ने अब इन पहलुओं को पूरी तरह सामने ला दिया है। बीस साल पहले होने वाली अनुवाद की इस राजनीति में कई तरह के लोग भागीदारी करते थे। भाषाई बहस चलाने वालों में मार्क्सवाद से नज़दीकी रिश्ते रखने वाले, गाँधीवादी समाजवाद से निकटता रखने वाले और इन दोनों विचारधारात्मक रवैयों से अलग रहने वाले हिंदू और मुसलमान बुद्धिजीवी शामिल थे। इन बहसों को दो श्रेणियों में बाँट कर देखा जा सकता है।

पहली श्रेणी के तहत धर्म की सामाजिक-राजनीतिक भूमिका को सर्वोपरि महत्त्व देने वाले लोग शब्द और अभिव्यक्ति के प्रश्न उठा कर सेकुलरवाद के प्रति अपना असंतोष व्यक्त करते थे। यह असंतोष सेकुलरवाद के भारतीय मॉडल के प्रति तो होता ही था, इसमें सेकुलरवाद के बुनियादी विचार पर भी आपत्ति की अंतर्धारा चलती रहती थी। हिंदू पक्ष अपने अनादि-अनंत दायरे का हवाला दे कर यह कहता था कि उसका धर्म इसलाम या ईसाइयत जैसे पंथों के अर्थ में धर्म नहीं है। वह इन दोनों सामी, एकेश्वरवादी, संगठित और एहले-किताब पंथों की तरह कट्टर, असहिष्णु और धर्मांतरणवादी नहीं है। वह तो अपने आप में सम्प्रदायनिरपेक्ष या पंथनिरपेक्ष धर्म है। असंगठित, सहिष्णु और बहुदेववादी होने के साथ-साथ वह तो कहीं गहरे और व्यापक अर्थों में मनुष्य के कर्तव्य का आधार है और राजनीति किसी भी तरह से कर्तव्य-निरपेक्ष नहीं हो सकती। ऐसा कहने के बाद यह पक्ष संशोधनकारी प्रस्ताव लाता था कि सेकुलरवाद को धर्मनिरपेक्ष कहने के बजाय संप्रदायनिरपेक्ष या पंथनिरपेक्ष क्यों न कहा जाए। ज़ाहिर है इस तजवीज़ के ज़रिये लोग हिंदू धर्म को देश के बाक़ी धर्मों (जो इस दृष्टि के तहत कुछ कमतर क़िस्म के यानी मात्र पंथ हैं) के मुक़ाबले कुछ ऊँचे स्तर पर रखने का आग्रह करते हुए लगते थे। साथ ही वे मोटे तौर पर यह कहते हुए भी लगते थे कि भारतीय राज्य को पंथों के प्रति निरपेक्ष रहना हो तो रहे, पर वह हिंदू धर्म के प्रति निरपेक्ष नहीं रह सकता। सेकुलरवाद को पंथनिरपेक्ष कहने

के आग्रह में सर्वधर्मसमभाव के विचार की आलोचना साफ़ पढ़ी जा सकती थी। इस रवैये से कई तरह की वैचारिक दावेदारियाँ निकलती थीं जिनमें सबसे ज़बरदस्त यह थी कि हिंदू बहुसंख्यक अपने धर्म की ख़ासियतों के चलते स्वाभाविक और नैसर्गिक रूप से सेकुलर है और इस तरह वह इस राष्ट्र को धारण कर सकती है। इससे यह तर्क भी निकल सकता था कि हिंदू बहुसंख्यकों का वर्चस्व अपने स्वभाव में सहिष्णु और बहुलतावादी है, इसलिए उसे ही भारतीय सेकुलरवाद का अधिकृत या अनधिकृत रूप माने लेने में कोई ऐतराज नहीं होना चाहिए। एक बार धर्मनिरपेक्षता को पंथनिरपेक्षता के रूप में ढाल लेने के बाद धर्म को पंथ से बेहतर और सेकुलर मानने वालों के लिए सर्वधर्मसमभाव को एक धारणा के तौर पर स्वीकार करना आसान हो जाता था। भले ही सर्वधर्मसमभाव में धर्म शब्द आता हो, पर पंथनिरपेक्षता के संदर्भ में सर्व के साथ जुड़ा हुआ शब्द धर्म दरअसल पंथ के अर्थ में ही इस्तेमाल होता हुआ माना जा सकता था। सेकुलरवाद के अनुवाद बतौर पंथनिरपेक्षता को मान्यता देने वाली यह दलील विस्तृत होते-होते सेकुलरवाद को बहुसंख्यकों के 'सेकुलर वर्चस्व' के रूप में देखने तक पहुँच सकती थी। इसके पक्ष में युरोपीय इतिहास से कई तरह के तथ्य जुटाये जा सकते थे। यह कहा जा सकता था कि ज़रा देखिये, पश्चिमी देशों में अल्पसंख्यकों की दावेदारियों को किस सफ़ाई से निष्प्रभावी किया गया और किस तरह वहाँ बहुसंख्यकों के धार्मिक महापुरुषों और धर्मचिह्नों के इस्तेमाल को ही सेकुलर दर्जा मिल गया है।

बहस की दूसरी श्रेणी उन लोगों की थी जिनकी निगाह में धर्म और पंथ एक ही चीज़ थी। वे धर्म और राजनीति के बीच किसी भी तरह के मिलन को इसलिए ख़ारिज करते थे कि इसके ज़रिये राज्य के लिए कहीं न कहीं धर्म के साथ समायोजन करने की गुंजाइशें खुल जाती थीं। आधुनिकता, राष्ट्र-राज्य और युरोपीय ज्ञानोदय के बुद्धिवादी दायरों में सोचने वाले ये बुद्धिजीवी मानने के लिए तैयार नहीं थे कि धर्म या पंथ या किसी भी क़िस्म की धार्मिकता समता और मैत्री पर आधारित आधुनिक भारतीय समाज की रचना में सकारात्मक भूमिका निभा सकती है। इन लोगों की मान्यता थी कि राज्य भले ही खुल कर नास्तिक न हो, लेकिन उसे धर्म या पंथ को सार्वजनिक दायरे से पूरी तरह बहिष्कृत अवश्य कर देना चाहिए। इन लोगों को धर्म से निरपेक्षता का स्पष्ट शाब्दिक अर्थ देने वाली अभिव्यक्ति धर्मनिरपेक्षता पसंद थी, क्योंकि उसकी सहायता से वे सेकुलरवाद में अंतर्निहित लौकिकवाद के साथ राज्य के वैचारिक गठजोड़ की

गुंजाइशें पैदा करने की परियोजना चला सकते थे।[10] इन सेकुलरवादियों में अधिकतर मार्क्सवादी हावी थे, पर इनमें एक धारा लोहियावादी बुद्धिजीवियों की भी थी, जो राज्य द्वारा धर्म से निरपेक्ष रहने की समर्थक होते हुए भी सार्वजनिक जीवन में धर्म के नैतिक प्रभाव को श्रेयस्कर मानती थी।

इस बहस की तीसरी श्रेणी केवल मुसलमानों के दायरे में मिलती थी। उनकी तरफ़ से आने वाली सेकुलरवाद की भाषाई व्युत्पत्ति भी कम गम्भीर निहितार्थों वाली नहीं थी। उर्दू में सेकुलरवाद को 'ला-दीनियत' या 'ग़ैर-मजहबियत' जैसे शब्दों से व्यक्त किया जाता था। ला-दीनियत का मतलब होता है अ-धर्मी। इस हिसाब से यह होता था कि 'सेकुलर ट्रेंड्स इन कंटेम्परेरी मुस्लिम थॉट' जैसा शीर्षक अनुवाद हो कर 'मुस्लिम ज़ेहन पर मौजूदा ज़माने में ला-दीनी असरात' (आधुनिक मुस्लिम विचार पर अ-धर्मी प्रभाव) के रूप में सामने आता था। यानी इस भाषाई खेल के ज़रिये बड़े पैमाने पर सेकुलरवाद के विरोधियों को मुसलमानों में यह प्रचार करने का मौक़ा मिलता था कि इसलाम को नास्तिकता के साँचे में ढालने का प्रयास किया जा रहा है, साथ ही सेकुलरवाद की आड़ में भारत के इसलामी अतीत को जानबूझकर तोड़-मरोड़ कर ग़लत ढंग से पेश करने की हरकत भी ज़ारी है।[11]

हिंदी और उर्दू के संदर्भों में शब्द और अभिव्यक्ति के सवालों के पीछे साफ़ तौर से एक डिज़ाइन देखी जा सकती है। सेकुलर एक अ-भारतीय शब्द है और उसका समानार्थक शब्द भारतीय भाषाओं में उपलब्ध नहीं है। उसे वैसा का वैसा ही अपना लेने से अर्थ के घपले और उनसे निकलने वाली समस्याओं से निजात पायी जा सकती थी, लेकिन ऐसा नहीं किया गया। दोनों भाषाओं में उसका अनुवाद करने की ज़िद की गयी, जिससे सेकुलर के अपर्याप्त अर्थ और यहाँ तक कि मनमाने मतलब भी निकाले गये। इस तरह अनुवाद की राजनीति के ज़रिये सेकुलरवाद के प्रति वैचारिक, व्यावहारिक और राजनीतिक असंतोष को हिंदुओं और मुसलमानों के बीच वाणी मिली।

---

[10] सेकुलरवाद के अनुवाद के रूप में धर्मनिरपेक्षता को सही मानने वाले की मान्यता है कि पंथनिरपेक्षता का प्रयोग करने के समर्थक दरअसल सेकुलरवाद के ही विरोध में प्रतीत होते हैं. इस मान्यता के लिए सच्चिदानंद सिन्हा 1993 का लेख 'धर्मनिरपेक्षता : परम्परा और प्रासंगिकता' को नमूने के तौर पर लिया जा सकता है, संकलित, *आज के प्रश्न : अयोध्या और उसके आगे,* सम्पादक : राजकिशोर, वाणी प्रकाशन, नयी दिल्ली.

[11] मुशीर-उल-हक (1977), *धर्मनिरपेक्ष भारत में इसलाम,* अनुवाद : मुनीश सक्सेना, राधाकृष्ण, नयी दिल्ली : 12-13.

अनुवाद की राजनीति के अलावा बहस के कुछ दूसरे रूप भी थे। इनमें से एक था भारतीय राज्य की रोज़ाना की गतिविधियों में हिंदू रीति-रिवाजों और कर्मकाण्डों के प्रचलन से पैदा हुआ विवाद। आज़ादी के बाद अधिकांश राजकीय उद्घाटन और शिलान्यास नारियल फोड़ कर, नेताओं की आरती उतार कर, तिलक करके और अक्सर बाक़ायदा पूजा-हवन के साथ ही किये जाते रहे हैं। इससे होने वाली बेचैनी ग़ैर-हिंदुओं के बीच देखी तो नहीं जा सकती थी, पर ऐसे हर मौक़े पर उनके ऊहापोह और दुविधाओं का एहसास ज़रूर किया जा सकता था। इस एहसास को आवाज़ मिलती थी उन वामपंथियों के बीच जो अपनी नास्तिकता सीने पर बिल्ले की तरह टाँके रहते थे। आमतौर से हिंदू घरों में पैदा हुए ये वामपंथी हिंदू-धर्मविधियों को नीची निगाह से देखते रहे हैं। उनके ऊपर हिंदू समाज में चले सुधार आंदोलनों और मार्क्सवादी चेतना का मिला-जुला असर रहता है। आधुनिकता का अर्थ उनके लिए ग़ैर-धार्मिक होना है। वे वैज्ञानिक चिंतन और मानस की बात मंत्र की तरह जपते हैं। हिंदू-परम्पराओं का उपहास करना, उन्हें पिछड़ा, ग़ैर-आधुनिक, मध्ययुगीन और अंधकार युग का प्रतीक बताना इन लोगों का वैचारिक एजेण्डा रहता है। ये लोग नहीं मानते कि परम्परा में भी कोई आधुनिकता हो सकती है या परम्परा और आधुनिकता का कोई समीकरण बन सकता है। इस आग्रहों के मिले-जुले दबाव के कारण ये लोग सेकुलरवाद के उस रूप को पसंद करते थे जिसके तहत कभी युरोपीय इतिहास में चर्च और राज्य का सम्पूर्ण पार्थक्य हुआ था और एक ग़ैर-धार्मिक नागरिक समाज की अवधारणा उभरी थी। वे कहीं न कहीं चाहते थे कि भारतीय राज्य अगर लेनिन की भाँति आचरण न कर सके, तो कम से कम उसे मुस्तफ़ा कमाल अतातुर्क की भाँति सत्ता की ताक़त के दम पर राज्य और समाज के सेकुलरीकरण की तरफ़ अवश्य बढ़ जाना चाहिए। चूँकि भारतीय सेकुलरवाद इस तरह के पार्थक्य को बढ़ावा नहीं दे रहा था, इसलिए वे अपनी नाराज़गी व्यक्त करते रहते थे। दिक़्क़त यह थी कि उनके प्रलापों का निशाना ज़्यादातर हिंदू धर्म-परम्पराएँ ही रहती थीं। इस कट्टर सेकुलरवाद के निशाने पर अल्पसंख्यक धर्मों के रीति-रिवाज और धर्म-विधियाँ यदाकदा ही आयीं। इन लोगों ने इस हक़ीक़त की परवाह नहीं की कि भारतीय राज्य ने अगर राजकीय हस्तक्षेप के ज़रिये किसी धर्म के आधुनिकीकरण और सेकुलरीकरण की कोशिश की है तो वह हिंदू धर्म ही है। उन्होंने इस तथ्य पर भी ध्यान नहीं दिया कि अल्पसंख्यक धर्मों को राज्य की इस सेकुलर इंजीनियरिंग का सामना कभी नहीं करना पड़ा। इस तरह सेकुलर होने का दावा करने वालों की हिंदू-विरोधी छवि बनने की गुंजाइश पैदा हुई।

ऐसे ही सेकुलरवादियों को संघ परिवार के सिद्धांतकारों ने कालांतर में छद्म-सेकुलर क़रार दिया। दूसरी तरफ़, अल्पसंख्यक कट्टरपंथ ने उनके इस तर्क का इस्तेमाल किया कि भारतीय राज्य का सेकुलरवाद पाखण्ड है और दरअसल यह हिंदू-रुझान वाला राज्य है। ऐसे वामपंथी सेकुलरवादियों के पक्ष में सेकुलर को 'ला-दीनी' मानने वाले अल्पसंख्यक तो गोलबंद हो ही नहीं सकते थे, धर्मप्राण हिंदुओं ने भी उन्हें हमेशा संदेह की नज़रों से देखा।

आज़ादी के बाद अपनायी गयी सेकुलरवाद की गाँधी-नेहरू विरासत सर्वधर्मसमभाव के विचार पर आधारित थी। हम देख सकते हैं कि पहले तो अनुवाद की भाषाई राजनीति ने किस तरह पंथनिरपेक्षता और धर्मनिरपेक्षता जैसे शब्द प्रचलित करके इस विचार में संशोधन पेश किया और फिर किस तरह धार्मिक सुधारों से निकले रैडिकल आवेगों ने नास्तिकतावादी सरलीकरण का छौंक पा कर सर्वधर्मसमभाव की खिल्ली उड़ाई और भारतीय परिस्थितियों में उसकी अहमियत को नहीं स्वीकारा। इसलिए यह कहना ठीक नहीं होगा कि सर्वधर्मसमभाव पर आधारित भारतीय सेकुलरवाद को हिंदी क्षेत्र अस्सी के दशक तक बिना कोई बड़ा सवाल उठाए स्वीकार करता रहा है। हाँ, यह ज़रूर कहा जा सकता है कि भारतीय सेकुलरवाद की इन आलोचनाओं की शैली प्रकारांतर से की गयी आलोचनाओं की तरह थी। इनके पीछे सुव्यवस्थित और सतत पड़ताल करने की कोशिश नहीं थी कि हमारे सार्वजनिक जीवन के एक नियंत्रणकारी मानक के रूप में सेकुलरवाद के नतीजे क्या निकल रहे हैं और इसके कारण समाज किस दिशा में जा रहा है।

अस्सी के दशक में अकालियों द्वारा धार्मिक राजनीति के ज़रिये क्षेत्रीय और सांस्कृतिक स्वायत्तता की दावेदारी से हिंदी क्षेत्र का माथा ठनकना शुरू हुआ। उसे लगा कि सेकुलरवाद पर उसके दायरों में होने वाली बहस संबंधित मुद्दों की तरफ़ इशारा भर करती है और इस अघोषित बहस से सेकुलरवाद के सभी आयाम खुल कर सामने नहीं आते। उसने यह भी देखा कि सेकुलरवाद की प्रमुख पैरोकार कांग्रेस की सर्वेसर्वा इंदिरा गाँधी सार्वजनिक मंचों से अल्पसंख्यकों की राष्ट्रभक्ति पर शक कर रही हैं। इसके बाद हुए आपरेशन ब्लू स्टार, सिख कट्टरपंथ के हाथों बदले में की गयी इंदिरा गाँधी की हत्या, नयी दिल्ली में बेक़सूर सिखों का नरसंहार और उसमें सरकारी पार्टी की भूमिका ने हिंदी के हलक़े में सेकुलरवाद पर विस्तृत बहस की ज़रूरत को रेखांकित किया। हिंदी क्षेत्र के देखते-देखते हिंदू राष्ट्र बनाने का आग्रह छोड़ कर गाँधीवादी समाजवाद अपनाने वाली भारतीय जनता पार्टी फिर से भगवा राजनीति करने की तरफ़ चली गयी। शाहबानो विवाद

और अयोध्या में कथित रामजन्मभूमि के ताले खुलवाने से लेकर शिलान्यास तक की घटनाएँ, सलमान रश्दी के उपन्यास *सेटेनिक वर्सेज़* पर पाबंदी, लालकृष्ण आडवाणी की रथयात्रा और रामजन्मभूमि आंदोलन की लहर पर सवार होकर भारतीय जनता पार्टी के चुनावी उभार, अंत में बाबरी मस्जिद के ध्वंस और उसके बावजूद उत्तर प्रदेश के चुनाव में भाजपा की पराजय जैसे घटनाक्रम ने हिंदी क्षेत्र को मजबूर कर दिया कि वह सेकुलरवाद पर पूरे ज़ोरशोर से विचार करे। इस तरह आज़ादी के बाद पहली बार हिंदी जगत में सेकुलरवाद पर घोषित बहस शुरू हुई। सेकुलरवाद को लेकर हिंदी में हुआ यह चिंतन मोटे तौर से दो धाराओं में बाँटा जा सकता है।

पहली धारा मानती है कि सेकुलरवाद साम्प्रदायिकता का विलोम है। सही सेकुलरवाद तभी स्थापित हो सकता है जब धर्म की राजनीति से नाता पूरी तरह तोड़ दिया जाए। इसके अनुसार राष्ट्रवाद, सेकुलरवाद और आधुनिकता के बीच शुरुआत से ही सकारात्मक और विचाधारात्मक गठजोड़ रहा है जिसे धार्मिक राष्ट्रवाद तोड़ देना चाहता है। धार्मिक राष्ट्रवाद आधुनिक राष्ट्रवाद की ही बाद में विकसित हुई क़िस्म है जो चाहती है कि नैतिक, सामाजिक और राजनीतिक बंदोबस्त की आधारभूत प्रेरणाएँ तर्कबुद्धि पर आधारित भले ही हों, पर उनकी बुनियाद में बहुसंख्यकों के वर्चस्व वाला सांस्कृतिक या धार्मिक राष्ट्रवाद होना चाहिए। पहली धारा इस प्रचलित नतीजे पर पहुँचती है कि अगर साम्प्रदायिकता की जड़ों की सही-सही शिनाख़्त कर ली जाए तो उसका ख़ात्मा करने और सेकुलरवाद की भित्ति बनाने में आसानी होगी। साम्प्रदायिकता के स्रोतों की खोज करने के मामले में उसके बीच कई उपधाराएँ हैं। इस धारा की सर्वाधिक सरलीकृत समझ वह है जो मानती है कि राष्ट्रवाद, सेकुलरवाद आधुनिकता के तीनों विचार मूलतः ग़ैर-धार्मिक हैं। यह सरलीकरण धार्मिक राष्ट्रवाद को मध्ययुगीन और बर्बर तो क़रार देता ही है, साथ ही वह उसे जर्मनी और इटली में विकसित हुए फासीवाद के समकक्ष भी रख देता है।

दूसरी धारा चिंतन के इस तौर-तरीक़े से सहमत नहीं है। वह कहती है कि सेकुलरवाद को साम्प्रदायिकता के बरक्स देखना उचित नहीं होगा। सेकुलरवाद को अगर साम्प्रदायिकता-विरोध का पर्याय मान लिया जाए तो सेकुलर दायरे में चलायी जाने वाली बहसें साम्प्रदायिक विचार-श्रेणियों के आधार पर तय की जाने लगेंगी। साम्प्रदायिकता का विरोध भी तभी मजबूत हो सकता है जब सेकुलर दायरे ज़बर्दस्त आत्म-निरीक्षण और आत्म-विश्लेषण से गुज़रें। इस प्रक्रिया में सभी सेकुलरवादियों को अपनी सेकुलर समझ पर सवालिया निशान लगाना होगा

और अपने सेकुलर होने की नयी समझ पर पहुँचना होगा। इस धारा की कोशिश है कि सेकुलर होने के भीतर परम्परा और आधुनिकता का समीकरण तय किया जाए, नास्तिकता और आस्तिकता का संतुलन खोजा जाए, एक विचारधारा के तौर पर धर्म और रोज़मर्रा की ज़िंदगी में अपनाये जाने वाले धर्म के बीच फ़र्क़ किया जाए। इस चिंतनधारा में भी कई उपधाराएँ हैं। इसकी सर्वाधिक सरलीकृत समझ उस लेखन में मिलती है जो साम्प्रदायिकता का सारा दोषारोपण कथित पश्चिमी विचार-दृष्टि अथवा वामपंथी लफ़्फ़ाजी पर थोप कर पूरी समस्या का विश्लेषण कर डालता है। इस चिंतनधारा का सबसे ज़ोरदार तर्क आधुनिक जीवन की परिस्थितियों में धर्म को परस्पर सहिष्णुता के प्रमुख स्रोत के रूप में देखने की वकालत करना है। कहना न होगा कि ये चिंतन धाराएँ दो अलग-अलग ख़ानों में बंद नहीं हैं। इनकी सीमाएँ एक-दूसरे को छूती-काटती हुई परस्पर-व्यापी शैली में खिंचती चली जाती हैं।

II

धर्मों के प्रति समभाव या धर्म से निरपेक्षता?

अंग्रेज़ी के प्रबुद्ध पाठकों को आशिस नंदी के सेकुलरवाद विरोधी घोषणापत्र[12] ने 1985 में चौंकाया और त्रिलोकी नाथ मदन ने सेकुलरवाद को उसकी औकात[13] 1987 में बतायी, लेकिन सेकुलरवाद की इस आलोचना से पहले हिंदी के पाठकों के लिए राजेंद्र यादव ने 1984 में ही सुझाव दे दिया था कि अल्पसंख्यक नाम की राजनीतिक श्रेणी को ख़त्म कर दिया जाना चाहिए। मूर्धन्य कहानीकार, लोकप्रिय *हंस* पत्रिका के यशस्वी सम्पादक, राष्ट्रीय स्वयंसेवक संघ के सख़्त विरोधी और वामपंथी राजनीति के इस प्रतिबद्ध हामी ने यह सुझाव किसी साम्प्रदायिक रवैये से प्रेरित होकर नहीं, अपनी सेकुलर ज़िम्मेदारी के रूप में बिना किसी झिझक के देश के नये प्रधानमंत्री राजीव गाँधी को दिया था। प्रचलित मान्यता यह है कि सेकुलरवाद के ज़रिये अल्पसंख्यकों के राजनीतिक-सामाजिक-सांस्कृतिक अधिकार सुरक्षित किये जाते हैं। लेकिन, इसके विपरीत आज़ाद भारत के इतिहास में शायद पहली बार कोई वामपंथी सेकुलर बुद्धिजीवी सेकुलर राज्य के सर्वोच्च मुखिया से

---

[12] आशिस नंदी (1985), 'एन एंटीसेकुलर मेनीफ़ेस्टो', *सेमिनार*, अंक 34, अक्टूबर : 14.

[13] टी.एन. मदन (1987), 'सेकुलरिज़म इन इट्स प्लेस', द *जनरल ऑफ़ एशियन स्टडीज*, खण्ड 46, अंक 4, : 748.

कह रहा था कि बिना साम्प्रदायिक हुए यानी सेकुलर तरीक़े से एक श्रेणी के रूप में अल्पसंख्यकों को ख़त्म कर दिया जाना चाहिए :

> सबसे पहले समस्या तो यही है कि वर्तमान व्यवस्था में 'अल्पसंख्यक' नाम की स्थिति का समाधान क्या हो? चूँकि अभी हम इस आग के दरिया से गुज़र रहे हैं, इसलिए स्वाभाविक है कि सबसे पहले ध्यान इसी की तरफ़ आकर्षित हो। इस समस्या को देखने और सुलझाने का सारा रवैया हमें बदलना पड़ेगा। लगता है इन पर विचार करने का काम हमने सिर्फ़ साम्प्रदायिक सोच के लोगों के लिए छोड़ दिया है और हम जब भी बात करते हैं तो साम्प्रदायिक मान लिए जाते हैं। पिछले चालीस सालों में हमने सिर्फ़ इसके परिणाम भुगते हैं और इसी की आग में अपनी सदी के महानतम व्यक्तियों के साथ-साथ लाखों लोगों को झोंक दिया है। 'अपनी अलग पहचान, धार्मिक स्वतंत्रता और अपनी अलग विकास योजनाओं' के नाम पर सिर्फ़ जहालत, धर्मांधता, पिछड़ापन और विज्ञान-विरोध का ही बोलबाला रहा है। सिर्फ़ जातिवाद और प्रांतीयता का ही नंगा नाच होता रहा है। यहाँ हमें नहीं भूलना चाहिए कि जिन्ना की पहली माँग ही 'अपनी अलग पहचान' से शुरू हुई थी। ... अपने यहाँ तो हमारा अनुभव यही रहा है कि बात 'अपनी पहचान' और 'धार्मिक स्वतंत्रता' से शुरू होती है और देखते-देखते धार्मिक आधार पर संगठित होकर शासन को ब्लैकमेल करके सत्ता में हिस्सेदारी माँगती है ... ऐसे संगठनों का एकमात्र सरोकार 'बहुसंख्यकों' के शासन पर निरंतर अपना दबाव बनाये रखना होता है। 'अपनी पहचान और धार्मिक स्वतंत्रता' की ये माँगे कभी समाप्त होने के लिए शुरू नहीं होतीं। उधर संगठन कठमुल्लों, पोंगापंथियों, मूर्खों, गँवारों और आधुनिकता-विरोधियों के हाथों में सिमटते चले जाते हैं ... सारे 'अल्पसंख्यक' समुदाय आज धर्मयुद्ध चलाये हुए हैं-उद्दण्ड, उग्र और युद्धोन्मत्त। ... अगर लोकतंत्र का अर्थ ही 'अपनी अलग पहचान के नाम पर' अलगाववाद के बदलते पैंतरे हैं तो मुझे कुछ नहीं कहना। अगर इसका अर्थ सबसे पहले मजबूत राष्ट्र होता तो 'अल्पसंख्यकों' नाम पर चलने वाली ये सारी सौदेबाज़ियाँ तत्काल बंद कर दी जानी चाहिए। सारी दुनिया में राष्ट्र का जो अर्थ है उसे ठण्डे दिल से समझने की ज़रूरत सबसे पहले है। एक भाषा, एक मुद्रा, एक क़ानून व्यवस्था, एक न्यायपालिका ही राष्ट्र की पहचान है और इसके सिवा कोई पहचान नहीं होती। हमें किसी वर्ग की अलग पहचान की नहीं, राष्ट्र की अपनी पहचान को पहले तय करना होगा। समझ में नहीं आता कि धर्म, प्रांत, भाषा और नस्ल के आधार पर अलग-अलग पहचानों की बात क्यों शुरू हुई? 'हिंदी हैं हम, वतन हैं हिंदोस्ताँ हमारा' काफ़ी नहीं था? ... बिना साम्प्रदायिक हुए भी अल्पसंख्यकों को समझाया जा सकता है कि आज की दुनिया में सबसे पहले राष्ट्र ही होता है, धर्म या राजनीतिक दर्शन बाद में और दूसरे नम्बर पर आते हैं।[14]

---

[14] राजेंद्र यादव, *कांटे की बात-2 : अनपढ़ बनाये रखने की साजिश*, 'नये प्रधानमंत्री राजीव गाँधी के नाम खुला पत्र', वही.

नंदी द्वारा की गयी सेकुलरवाद की आलोचना आधुनिकतावाद और राष्ट्रवाद के विवादास्पद पहलुओं के संदर्भ में की गयी थी। मदन यह देखना चाहते थे कि भारत जैसे धर्मप्राण देश में सेकुलरवाद जैसी अवधारणा के लिए क्या गुंजाइश हो सकती है। ये दोनों विद्वान साबित करना चाहते थे कि आधुनिकता, राष्ट्र–राज्य, तर्कबुद्धिवाद और सेकुलरवाद जैसे पश्चिमी नज़रियों के आग्रह ने ही भारत जैसे सांस्कृतिक रूप से विविध, सहिष्णु और धार्मिक देश में धार्मिक कट्टरपंथ को बढ़ावा दिया है। इसलिए दोनों ही विविधिता, सहिष्णुता और सहजीवन को बचाने के लिए सेकुलरवाद का मौजूदा मॉडल ख़ारिज करने या उसमें संशोधन करने की सिफ़ारिश करते हुए नज़र आते हैं। ज़ाहिर है कि राजेंद्र यादव नंदी या मदन की तरह नहीं सोचते। वे आधुनिकता और राष्ट्र के नाम पर कठोर सेकुलर क़दम उठाने की वकालत करते हुए चाहते हैं कि धर्म को राजनीति की दुनिया से पूरी तरह बहिष्कृत करके सांस्कृतिक विविधताओं पर राष्ट्रवाद का पाटा चला दिया जाना चाहिए।

एक श्रेणी के रूप में अल्पसंख्यक राष्ट्रवाद में निहित समरूपीकरण के आग्रहों के सामने चुनौती पेश करते रहे हैं। उदारतावादी राज्य के सिद्धांत ने इस दिक़्क़त का सामना करने के लिए कई नफ़ीस विधियाँ विकसित की हैं। वह मानता है कि अल्पसंख्यक पहचानें धीरे–धीरे आधुनिकीकरण, शहरीकरण और बाज़ार की ताक़तों द्वारा किये जाने वाले सेकुलरीकरण के तहत अपनी धार खोती चली जाएँगी। अंततः वे ख़ुद को एक राष्ट्रीय सेकुलर संस्कृति के मातहत मान लेंगी। लेकिन, धार्मिक संघर्षों से बजबजाते हुए एक ख़ास तरह के इतिहास के कारण भारत जैसे धर्मबहुल देश में यह प्रक्रिया बहुत मंद गति से लड़खड़ाते हुए ही चलती है। कई बार ऐसा भी लग सकता है कि सेकुलरीकरण की प्रक्रिया नाकाम हुई जा रही है। सम्भवतः राजेंद्र यादव को ऐसा ही लगा होगा जिसके कारण उन्होंने अल्पसंख्यक पहचानों का ख़ात्मा करने की रैडिकल तजवीज़ राजीव गाँधी को सुझाई होगी। इसके पीछे उनकी सेकुलरवाद और आधुनिकता संबंधी समझ की एक निश्चित भूमिका है।

नंदी और मदन के साथ उनकी एक मान्यता मिलती है कि आज़ादी के बाद धर्मांधता को बढ़ावा मिला है। लेकिन, इसी के बाद मतभेद शुरू हो जाता है। नंदी और मदन इसका कारण धर्म को हाशिये पर डाल देने वाले सेकुलरवाद में खोजते हैं और तर्क देते हैं कि इसी सेकुलरवाद के कारण राजनीति धर्म के सकारात्मक प्रभावों से वंचित हो गयी है, लेकिन राजेंद्र यादव की शिकायत यह लगती है कि उसी सेकुलरवाद पर ठीक से अमल नहीं किया गया। दूसरे, नंदी और मदन सभी तरह की धर्मांधताओं के उभार से चिंतित हैं और उनकी चिंताओं

के दायरे में हिंदुओं यानी बहुसंख्यकों की धर्मांधता का उभार बहुत ज़्यादा जगह घेरता है। राजेंद्र यादव अस्सी के दशक में सिर्फ़ अल्पसंख्यक धर्मांधता से परेशान हैं और उनकी माँग है कि 'लोकतंत्र में हमारी आस्था जीवित रखने' के लिए नये प्रधानमंत्री को सबसे पहले अल्पसंख्यक राजनीति का ख़ात्मा करने की तरफ़ ध्यान देना चाहिए। ख़ास बात यह है कि अल्पसंख्यक साम्प्रदायिकता की इस आलोचना के ज़रिये राजेंद्र यादव किसी बहुसंख्यक साम्प्रदायिकता की तरफ़दारी में नहीं खड़े होते। वे साफ़ कहते हैं कि हिंदुस्तान में कोई बहुसंख्यक है ही नहीं। मुसलमान, सिख, ईसाई, जैन, बौद्ध, सनातनी और आर्यसमाजी समेत सभी अल्पसंख्यक हैं और अल्पसंख्यकों के बीच उनके संकीर्ण हितों को लेकर संघर्ष है जिससे सेकुलर राष्ट्र के वजूद को ख़तरा पैदा हो गया है। इस जगह राजेंद्र यादव रजनी कोठारी की विख्यात थीसिस[15] का समर्थन करते हुए दिखाई देते हैं जिसमें कोठारी ने दिखाया है कि कैसे भारतीय समाज अल्पसंख्यक अस्मिताओं का एकत्रीकरण है जिसके कारण कोई बहुसंख्यक अस्मिता उभर कर अपना वर्चस्व स्थापित नहीं कर पाती। लेकिन, यहाँ भी एक बड़ा फ़र्क़ है। कोठारी अल्पसंख्यक अस्मिताओं को लोकतंत्र की शक्ति मान कर चलते हैं, जबकि राजेंद्र यादव उन्हें लोकतंत्र के लिए ख़तरा मानते हैं। कोठारी के मुताबिक़ अल्पसंख्यक अस्मिताओं के आधार पर बना समाज अपनी अंतर्निहित बहुलता के कारण किसी बहुसंख्यकवादी राजनीति को कारगर नहीं होने देता। इसके मुक़ाबले राजेंद्र यादव को लगता है कि अल्पसंख्यक राजनीति प्रतिक्रियास्वरूप बहुसंख्यकवाद के मुहावरे को जन्म दे रही है। सामाजिक संरचना की समझ एक होने पर भी यहाँ दो परस्पर विपरीत नतीजे निकलते हुए देखे जा सकते हैं।

इसी तरह राजेंद्र यादव का विचार भारतीय राष्ट्र की विविधतामूलक संकल्पना के ख़िलाफ़ भी खड़ा हुआ लगता है। उनका स्पष्ट रुझान राष्ट्र-राज्य की पश्चिमी संकल्पना की तरफ़ है जिसका मुख्य एजेण्डा समरूपीकरण होता है। ख़ालिस्तान और गोरखालैण्ड के लिए चलाये जा रहे आंदोलनों के संदर्भ में वे समाज-विज्ञान की दुनिया में हस्तक्षेप करते हुए अपील करते हैं, 'समाजशास्त्रियों और राजनीति के विद्वानों को गहराई से इस सवाल पर विचार करना चाहिए कि 'अलग पहचान' का आग्रह 'अलगाववाद' का ही दूसरा नाम तो नहीं है।' इस तरह राजेंद्र यादव के मार्फ़त हिंदी के सेकुलर बुद्धिजीवियों ने

---

[15] रजनी कोठारी,(1993) 'बहुसंख्यकवाद से निकली साम्प्रदायिकता', संकलित : *साम्प्रदायिकता के स्रोत*, सम्पादक : अभय कुमार दुबे, विनय प्रकाशन, नयी दिल्ली.

अस्सी के दशक के मध्य में आज़ादी के बाद भारतीय राज्य द्वारा किये गये सेकुलर आचरण की आलोचना प्रस्तुत की। उस समय हिंदुत्ववादी राजनीति परवान नहीं चढ़ी थी, इसलिए उनकी निगाह में केवल ग़ैर-हिंदू साम्प्रदायिकताएँ ही आयीं। वह भिंडरावाले छाप सिख आतंकवाद का दौर था जिसने कांग्रेस की केंद्रीय हुकूमत को विभाजन पूर्व की मुस्लिम लीग की तर्ज़ पर हिंदू बहुसंख्यक का शासन कहने की जुर्रत की थी।

राजेंद्र यादव का लेखन बहते हुए पानी की तरह है : विचारों की दृष्टि से भी शैली के लिहाज़ से भी। वह एक जगह नहीं ठहरता। 1984 और 1986 में जिस केंद्रीकृत और समरूप राष्ट्र की वकालत कर रहे थे, वह सम्भवत: क्षेत्रीयतावादी और अलगाववादी आंदोलनों और हिंसा की प्रतिक्रिया में था। यह अंदाज़ा उस समय मजबूत होता है जब यादव 1994 में पहुँचते हैं और साम्प्रदायिकता के हिंदुत्ववादी संदर्भ पर विचार करते हैं :

> इस प्रकार धर्माधारित साम्प्रदायिकता बाहर म्लेच्छवाद है और भीतर जातिवाद की जननी है। दोनों एक ही सिक्के के दो पहलू हैं। आज जो सांस्कृतिक राष्ट्र की बातें कर रहे हैं, उनके दिमाग़ में बहुत साफ़ है कि किस शब्द के वास्तविक और दूसरों को परोसे जाने वाले अर्थ क्या हैं। वहाँ धर्म का अर्थ है, अवांछित और अधार्मिक 'कीड़ों' का वध, वर्णाधारित रामराज्य की स्थापना-भीतर और बाहर के 'शुद्धीकरण' को 'अंतिम समाधान' (हिटलर द्वारा यहूदियों के सफ़ाये के लिए प्रयुक्त) तक पहुँचाना, संस्कृति का अर्थ है मध्ययुगीन सांस्कृतिक मूल्यों, मान्यताओं को गरिमामय मुहावरों में जनता के गले उतारना, इतिहास का अर्थ है (नॉयपाल के शब्दों में) पिटे हुए कुत्ते की तरह बैठ कर घावों को चाटना (हिस्ट्री इज़ नॉट फॉर लिकिंग द वूंड्स) या मिथक का इतिहास या इतिहास का मिथक के रूप में घपलाकरण, और राष्ट्र की एकता-अखण्डता का अर्थ है, छोटी-छोटी क्षेत्रीयताओं या अस्मिताओं का कुचल कर एक केंद्रीयता का वर्चस्व ... सारे आधारभूत सूत्रों को अपने हाथों में रखने का कौशल, ... [16]

इस उद्धरण से ठीक पहले राजेंद्र यादव की राष्ट्र संबंधी समझ में ख़ासा विकास दिखाई देता है। कुछ वर्ष पहले सारी दुनिया में राष्ट्र के अर्थ (एक भाषा, एक मुद्रा, एक क़ानून-व्यवस्था और एक न्यायपालिका) को ठण्डे दिमाग़ से समझने की सलाह देने वाले यादव को भी धर्म, संस्कृति और इतिहास के साथ ही एक ऐसा मिथक बताते हुए दिखते हैं जिसकी सर्वमान्य-सार्वभौमिक परिभाषा नहीं दी जा सकती। इस उद्धरण में तो साफ़ देखा जा सकता है कि साम्प्रदायिकता

---

[16] राजेंद्र यादव, *काँटे की बात-5 : खामोश चिंतन चालू आहे.* 'दुधारी तलवार है साम्प्रदायिकता' : 141, वही.

के आक्रमण का मुक़ाबला करने के चक्कर में उन्हें छोटी-छोटी क्षेत्रीयताएँ या अस्मिताएँ भी याद आ गयीं। देश की आबादी के एक फ़ीसदी सिखों और उनसे भी कम गोरखाओं की स्वायत्तता जैसे आंदोलनों के कारण अल्पसंख्यक नामक श्रेणी को ही ख़त्म करने देने का सुझाव देने वाले राजेंद्र यादव के सामने विकट समस्या यह थी कि अब उन्हें बहुसंख्यक समुदाय में पैदा हुई अल्पसंख्यक मानसिकता की खोज-ख़बर लेनी थी। उन्हें हिंदुत्व की राजनीति और उसके उद्देश्यों की शिनाख़्त करनी थी। यहाँ राजेंद्र यादव के साम्प्रदायिकता विरोधी लेखन के एक ख़ास पहलू की शिनाख़्त करना ज़रूरी है। वे आम तौर पर हिंदुत्व की राजनीतिक विचारधारा और आम लोगों के हिंदू धर्म में फ़र्क़ करते नज़र नहीं आते। उनका लेखन अक्सर यह एहसास देता है कि वे इन दोनों को एक ही डण्डे से हाँक रहे हैं। कभी-कभी ऐसा ज़रूर लगता है कि उनके अवचेतन में संघ परिवार के हिंदुत्व को हिंदू धर्मावलंबियों से अलग करके देखने की कोई अनुभूति कहीं न कहीं मौजूद है। इसी तरह राजेंद्र यादव के विमर्श में धर्म और पंथों की परिभाषा अलग-अलग करने का कोई आग्रह मौजूद नहीं है। वे राष्ट्र-राज्य, राष्ट्र और राज्य के बीच भी कोई फ़र्क़ नहीं करते। उनके लेखन में धर्म शब्द और राष्ट्र शब्द का प्रयोग मोटे तौर से होता है।

सवाल यह है कि कई तरह के सामाजिक-राजनीतिक सवालों पर तीक्ष्ण दृष्टि प्रदर्शित करने वाले राजेंद्र यादव रोज़ाना की ज़िंदगी में आम लोगों द्वारा किये जाने वाले धार्मिक आचरण और राजनीति में धर्म के दोहन के ज़रिये हिंदुओं के राजनीतिक समुदाय की रचना करने की परियोजना में साफ़ अंतर क्यों नहीं कर पाते? इसका एक कारण समझ में आता है और वह है राजेंद्र यादव के चिंतन का उस धारा से संबंध होना जो सेकुलरवाद का अर्थ राजनीति से धर्म के सम्पूर्ण बहिष्करण के रूप में मानती है। सम्भवतः वे भारतीय सेकुलरवाद को धर्म और धार्मिक भावनाओं के साथ लोकतांत्रिक समायोजन के उपादान के रूप में नहीं देखते। न ही वे यह मानने के लिए तैयार हैं कि धार्मिक राजनीति भी आधुनिक प्रत्यय की ही देन है। साथ ही राजेंद्र यादव यह भी नहीं मानते कि आधुनिक जीवन में धर्म को सहिष्णुता और सहजीवन के स्रोत के रूप में भी देखा जा सकता है। ज़ाहिर है कि ऐसा मान लेने के बाद उन्हें हिंदुत्ववादी सांस्कृतिक राष्ट्रवाद एक मध्ययुगीन संरचना जैसा ही लगता है जो भारत में बर्बरता और अंधकारयुग का सूत्रपात कर देगा :

> चारों ओर आ-क्षितिज किसानों के खेत-खलिहानों, दलितों और विधर्मियों के झोंपड़े जल रहे हैं, चीख-पुकार, भूकम्प और आतंकवादी विस्फोटों से कान फटे जा रहे

हैं, ग़रीबी, बेकारी, महँगाई, अन्याय, शोषण, दमन के प्रेत उजाड़ और ऊसर धरती पर ताण्डव कर रहे हैं, घर-घर से कुलवधुओं के जलाये जाने की चिरायंध निकल रही है और इस मनोहारी दृश्यात्मक चित्र के बीच झांझ-मजीरे और करतालें बजाती, भगवान के नाम का कीर्तन करती, भगवे झण्डे फहराती-निरपेक्ष निरासक्त जययात्रा चली जा रही है-दिग्दिगांतर को गुँजाती एकता-यात्रा, घृणा, प्रतिशोध और हिंसा की धूल उड़ाती ...[17]

सम्भावित हिंदू राष्ट्र और उसके अंतर्विरोधों का एक और पूरक चित्र राजेंद्र यादव ने अपने लेख 'हिंदू-पद-पादशाही' में खींचा है। व्यंग्य और उपहास की शैली में लिखे गये इस लेख में बताया गया है कि प्रस्तावित हिंदू राष्ट्र एक धर्मराज्य होगा जिसका संविधान मनुस्मृति के अलावा और कुछ नहीं हो सकता। इस धर्मराज्य में नारियों, शूद्रों, विधर्मियों और विजातियों को बहुसंख्यकों के दबदबे में रहना होगा। राम को राष्ट्र-देवता बना दिया जाएगा। दलितों को एक दलिस्तान बनाकर वहाँ फेंक देने की रणनीति पर ग़ौर किया जा सकता है। हिंदू राष्ट्र को मध्ययुगीन और बर्बर क़रार दे कर ख़ारिज करने के साथ-साथ यादव के दिमाग़ के किसी एक हिस्से में संघ परिवार के अंतर्विरोधों की धुँधली सी रील भी चलती रहती है। उन्हें लगता है कि आडवाणी, वाजपेयी और जोशी (इस तिकड़ी को वे बड़े मनोरंजक ढंग से 'आवाजो' कहते हैं) ने जो साम्प्रदायिकता भड़काई है, वह उन्हीं का पिंड नहीं छोड़ेगी यानी उन्हें राजनीति नहीं करने देगी और बार-बार विश्व हिंदू परिषद, बजरंग दल और शिव सेना का दबाव उन्हें धर्मराज्य बनाने के एजेण्डे की तरफ़ धकेलेगा। लेकिन हिंदुत्व की राजनीति के इन अंतर्विरोधों और लोकतांत्रिक राजनीति के आग्रहों के बीच संबंध देखने में उनकी कोई रुचि नहीं है। दरअसल, उनके परिप्रेक्ष्य में लोकतांत्रिक राजनीति के पहलू का अभाव सा ही है। लोकतांत्रिक राजनीति के साथ साम्प्रदायिक राजनीति और सेकुलरवाद की अन्योन्यक्रिया और उसके परिणामों में उनकी रुचि नहीं लगती। यह रुचि उनमें उस समय भी नहीं जगती जब 1993 में उत्तर प्रदेश के विधानसभा चुनावों में पिछड़ी जातियों, दलितों और मुसलमानों ने समाजवादी पार्टी और बहुजन समाज पार्टी के गठजोड़ का समर्थन करके भारतीय जनता पार्टी को पराजित कर दिया था। राजेंद्र यादव वैसे तो मण्डल आयोग की सिफ़ारिश पर अमल का स्वागत करते हैं, पर वे राजनीति में जातियों के इस्तेमाल को संदेह की निगाह से देखते हैं। हालाँकि स्वयं उनका नाम

[17] राजेंद्र यादव, *कांटे की बात-3 : गुलामी का आनंद और स्वतंत्रता के ख़तरे*, 'सर्वांत यात्राएँ यानी सर्वांत के उपन्यास डॉन क्विग्ज़ोट पर गेरुआ-फ़िल्म' : 30, वही.

जातिसूचक है, पर वे उन साहित्यकारों का ख़ासतौर से प्रशंसात्मक उल्लेख करते हैं जिनके नामों से उनकी जाति का पता नहीं लगता।

संघ परिवार के सांस्कृतिक राष्ट्रवाद को मध्ययुगीन बर्बरता का पर्याय साबित करना वामपंथी साम्प्रदायिकता विरोधी लेखन का स्थापित शग़ल है। वह उसे आधुनिकता की उपज नहीं मानता। सेकुलरवाद की ही तरह आधुनिकता भी उसके लिए एक ग़ैर-धार्मिक शै है। प्रतिष्ठित वामपंथी साहित्यकार और पत्रकार विष्णु नागर के लेखन में भी इसका नमूना मिल सकता है। नागर पूछते हैं कि क्या हिंदू राष्ट्र के तहत मनुस्मृति के प्रावधान-स्वरूप हरिजनों और स्त्रियों के कानों में पिघला सीसा डालने की व्यवस्था नहीं होगी? उनके ख़याल से वह राष्ट्र वर्ण-व्यवस्था का समर्थक होगा। वे हिंदू राष्ट्र की कल्पना इस प्रकार करने की अपील करते हैं :

> थोड़ी देर के लिए हम कल्पना कर लेते हैं कि तमाम तरह के विध्वंसों को सफलतापूर्वक सम्पन्न कर हिंदू राष्ट्र बन ही गया (आख़िर हिटलर आया ही था जर्मनी में सत्ता में चुनकर) इस नये राष्ट्र का भगवा ध्वज किसी आचार्य, किसी परमहंस, किसी संत किसी 1008 ने बिड़ला मंदिर पर (गुलामी का प्रतीक लाल क़िला तब तक ढह चुका होगा) फहरा दिया। संविधान वग़ैरह की समस्याएँ मान लें कि मनुस्मृति से सुलझ गयीं। 'धर्म संसद' मान लें कि संसद बन गयी। 'संत-महंत' मान लें कि न्यायाधीश बन गये। 'हिंदू राष्ट्र' का काम किसी तरह चल निकला। व्यवस्था किसी तरह बन गयी। ... हिंदू राष्ट्रवादी अपने-आप को अखण्ड भारत का समर्थक कहते हैं। सो भारत के आस-पास पाकिस्तान, बांग्लादेश, अफ़ग़ानिस्तान, बर्मा, तिब्बत आदि में ग़ैर-हिंदुओं का बहुमत है। कुछ लोग माँग करेंगे कि अश्वमेघ का घोड़ा पड़ोसी देशों में भी छोड़ दो।[18]

राजेंद्र यादव और विष्णु नागर को पूरा यक़ीन है कि हिंदू राष्ट्र में मुसलमानों को नागरिकों के अधिकार प्राप्त नहीं होंगे। राष्ट्र संबंधी समझ में आये परिवर्तन से लगने लगा था कि अब शायद राजेंद्र यादव ने अल्पसंख्यक पहचानों के बारे में भिन्न क़िस्म की स्थापना तैयार कर ली होगी। लेकिन, बाबरी मस्जिद के ध्वंस के बाद भारतीय मुसलमानों के बारे में किये गये उनके चिंतन को भी देखना होगा कि वास्तव में इस तरह के सेकुलर चिंतन में भारत के सबसे बड़े अल्पसंख्यक समुदाय का क्या स्थान है। वे मुसलमानों को बराबरी के अधिकार देने के पूरे हक़ में हैं। इस मामले में उनकी सेकुलर प्रतिबद्धताओं पर कोई शक

---

[18] विष्णु नागर (1993), 'हिंदू राष्ट्र के मायने', संकलित : *आज के प्रश्न : अयोध्या और उसके आगे*, सम्पादक : राजकिशोर, वाणी प्रकाशन, नयी दिल्ली : 63.

नहीं किया जा सकता। ज़ाहिर है कि छह दिसम्बर को बाबरी मस्जिद के ध्वंस के बाद यादव भारतीय मुसलमानों के बारे में कुछ चिंतन करते। उन्होंने चिंतन किया और पाया कि अयोध्या की घटना 'सबसे महत्त्वपूर्ण ... इस अर्थ में है कि यह दोनों धार्मिक सम्प्रदायों के आपसी संबंधों को बिलकुल नये धरातल पर परिभाषित करने की शुरुआत है।' यादव इसे 'टर्निंग पाइंट' मानते हैं :

> ... भारतीय मुसलमान ने पहली बार बहुसंख्यकों के संदर्भ में अपनी राष्ट्रीयता को समझने का दबाव महसूस किया। ... बहुसंख्यक हिंदुओं, उनकी संस्कृति और धर्म की तुलना में अपने को ऊँचा और अलग दिखाने के उत्साह में वे मानसिक रूप से हमेशा दज़ला-फ़रात के उपनिवेश बने रहे। वे सदियों से हिंदुस्तान में रहे थे। यहीं उनके साम्राज्य और मक़बरे थे, मगर रहन-सहन, बोली-बानी, भाषा और धर्म के लिए वे हमेशा ईरान-तूरान पर निर्भर करते थे। वहाँ का फ़तवा पाए न कोई चीज़ वैध थी, न जायज़। ... जब शासक और सम्राट मानसिक गुलामी को गौरवान्वित कर रहे हों ... नतीजे में भारतीय मुसलमान प्रतिबद्ध रहा मक्का-मदीना के प्रति ... मुसलमानों में ज़मीन से जुड़ने या राष्ट्रीयता की वह मानसिकता या धारणा पनप ही नहीं पायी ... भारतीय मुसलमानों के लिए शायद यह 'रियलाइज़ेशन' का क्षण है, जब वे अपनी 'लॉयल्टी' इसलामी अंतर्राष्ट्रीयता पर न लटका कर भारतीय इसलाम पर ही लौटें।[19]

राजेंद्र यादव की यह दृढ़ मान्यता है कि इसलाम एक कबायली और सामंती क़िस्म का धर्म है। कभी तो वे कहते हैं कि यह धर्म 'शुरुआती तौर पर' ऐसा था, तो कभी लेखन के बहाव में कह जाते हैं कि इसलाम दरअसल ऐसा ही है। वे मुसलमानों के बीच 'अशराफ़' यानी मुस्लिम भद्र वर्ग और 'अजलाफ़' यानी साधारण मुसलमान के बीच भी कोई ख़ास फ़र्क़ नहीं करते। उनके लिए मुसलमान एकाश्म समुदाय हैं। उनके बीच न पसमांदा (पिछड़े) मुसलमान हैं और न लालबेगी और हलालख़ोर जैसे दलित मुसलमान। वे साफ़ कहते हैं कि साधारण मुसलमानों का अशराफ़ या शुरफ़ा मुसलमानों के वर्चस्व से अलग कोई वजूद नहीं है। वे मुसलमानों को बाहर से देखते हैं। उनके भीतरी विभेद और बेचैनियाँ राजेंद्र यादव को नहीं दिखतीं। उनके ख़याल से वैसे तो सभी धर्म सामंती ही होते हैं, पर इसलाम 'ख़ासतौर से सामंती' है। ऊपर से वह सबसे 'कम परिवर्तनकामी और आधुनिकतावाद विरोधी' भी है। मुसलमानों के बारे में बात करते समय राजेंद्र यादव पारम्परिक सेकुलर लेखन की प्रवृत्तियों का भी इस्तेमाल नहीं करते— मसलन, मध्य-पूर्व और एशियाई इसलाम की समृद्ध और आत्मविश्वस्त आधुनिक

---

[19] राजेंद्र यादव, *काँटे की बात-5 : खामोश चिंतन चालू आहे.* 'क्योंकि बहुसंख्यक हम हैं, आप नहीं!' 37, वही.

प्रवृत्तियों का आसानी से उपलब्ध इतिहास तो उनके लिए अलभ्य है ही, आधुनिक मुसलमानों की राष्ट्रीय आंदोलन में भागीदारी भी उन्हें याद नहीं आती। उन्हें ध्यान नहीं आता कि जिनके प्रति उन्होंने मक्का–मदीना या दज़ला–फ़रात के प्रति वफ़ादारी का इलजाम लगाया है, भारत के वे मुस्लिम शासक छह सौ साल की अवधि में कभी हज़ को नहीं गये। मुगलों ने तुर्की के खलीफ़ा की मान्यता की कभी परवाह नहीं की। एक मुसलमान शासक को छोड़ कर किसी ने ख़लीफ़ा का भेजा चोगा नहीं पहना। इन शासकों का तो कहना यह था कि अगर भारत में बनी दरगाहों की ज़ियारत कर ली जाए तो हज़ के बराबर सबाब मिल सकता है। मुसलमानों को जिस भारतीय इसलाम पर लौटा लाने की परिस्थितियाँ तैयार करने का सकारात्मक श्रेय उन्होंने बाबरी ध्वंस को दिया है वह भारतीय इसलाम क्या बाबरी विध्वंस से पहले कहीं मौजूद था? कम से कम राजेंद्र यादव के लेखन से तो इसका पता नहीं लगता। वे मुसलमानों के लिए एक ख़ास तरह की राष्ट्रीय धार्मिकता का फ़ार्मूला अवश्य पेश करते हैं। यह राष्ट्रीय धार्मिकता मुसलमानों के लिए कितनी अपरिहार्य है, इसका अंदाज़ा राजेंद्र यादव के इन शब्दों से लगाया जा सकता है :

> इस सच्चाई को वे आज समझ लें या पच्चीस–पचास हज़ार जानें गँवा कर इस नतीजे पर पहुँचें कि मज़हब आज न अर्थशास्त्र से बड़ा है, न भौगोलिक सीमाओं से, और न अपनी–अपनी राष्ट्रीयता से ... यही देश और यही राष्ट्र उनकी नियति है ... इसलिए देर–सवेर उन्हें अपने धार्मिक और सामाजिक रवैयों को राष्ट्रीयता के संदर्भ में बदलना होगा ...[20]

इस फ़ार्मूले के तहत मुसलमानों को अपनी धार्मिकता को राष्ट्रीयता के तहत कर लेना होगा। क्या यह राष्ट्रीयता सैयद अहमद ख़ाँ द्वारा मुसलमानों में प्रचारित आधुनिकता की देन होगी? या यह देवबंद स्कूल की धर्मशास्त्रीयता से निकलेगी? यहाँ राजेंद्र यादव के लिए एक सुराग हो सकता था। राष्ट्रीय आंदोलन के इतिहास में जाने पर वे देख सकते थे कि सर सैयद की आधुनिकतावादी तहरीक़ का नतीजा कैसे द्विराष्ट्र सिद्धांत में निकला, और देवबंद स्कूल की शास्त्रीय धार्मिकता कैसे भारत विभाजन का कड़ा विरोध करने में विकसित हुई। लेकिन, इतिहास के इन प्रचलित तथ्यों को भी राजेंद्र यादव के विमर्श में नज़रअंदाज़ कर दिया जाता है। पहले अल्पसंख्यक नाम की श्रेणी के ग़ैर–ज़रूरीपन के बारे में, फिर

---

[20] राजेंद्र यादव, *काँटे की बात–5 : खामोश चिंतन चालू आहे.* 'क्योंकि बहुसंख्यक हम हैं, आप नहीं!' : 42, वही.

भारतीय इसलाम और भारतीय मुसलमानों की ग़ैर-राष्ट्रीय प्रवृत्तियों के बारे में राजेंद्र यादव की संस्तुतियों को पढ़कर किसी को ऐसा लग सकता है कि ये सब संघ परिवार के प्रवक्ताओं के वही विचार हैं जो वे अल्पसंख्यक आयोग बनाने का विरोध करते समय या गुज़रात के मुस्लिम संहार के संदर्भ में व्यक्त करते रहे हैं। बाबरी मस्जिद ध्वंस के समय दिये गये इस 'सेकुलर' तर्क को अगर आज की परिस्थिति पर लागू किया जाए तो कहा जा सकता है कि पहले अयोध्या प्रकरण द्वारा मुसलमानों को राष्ट्रीय बनाने की तरफ़ ठोकर मार कर धकेला गया और अब गुज़रात में उनका क़त्लेआम करके (यानी पच्चीस-पचास हज़ार जानें लेकर) इसी सिलसिले को आगे बढ़ाया गया है। बहरहाल, हम जानते हैं कि राजेंद्र यादव संघ परिवार के कड़े विरोधी हैं। वे हिंदू धर्म की भी ज़बर्दस्त छिलाई करते हैं, लेकिन वहाँ उनकी नाराज़गी मूलतः हिंदुओं में सेकुलरवाद की कमी या ठोस शब्दों में कहें तो हिंदुओं में अपने धर्म के प्रति निरपेक्षता की कमी पर केंद्रित होती है। बीच-बीच में बहुदेववाद और सहिष्णुता की परम्पराएँ उन्हें हिंदू धर्म को थोड़े बहुत 'कृपांक' (यानी इसलाम से कम ख़राब) देने पर मजबूर अवश्य करती रहती हैं, पर कुल मिला कर उनका विमर्श स्पष्ट संदेश देता है कि धर्म की संरचनाओं के ज़रिये आधुनिक राज्य के सेकुलर आचरण को कोई ज़मीन नहीं मिल सकती।

अपने एक 'डायस्पोरा' दोस्त को लताड़ते हुए लिखे गये एक लम्बे पत्र के अंत में राजेंद्र यादव गर्व से अपने कई प्रिय महापुरुषों के नाम गिनाते हुए बताते हैं कि उनका हिंदुत्व (यहाँ भी वे हिंदू धर्म और हिंदुत्व में कोई भेद नहीं करते, लेकिन हम मान लेते हैं कि उनका मतलब राजनीतिक हिंदुत्व से नहीं रहा होगा) वही है जो विवेकानंद का था। स्वामी विवेकानंद हिंदी में लिखने और सोचने वाले वामपंथी चिंतकों के बीच काफ़ी प्रिय हैं और उनका हवाला देकर अक्सर साम्प्रदायिकता की आलोचना की जाती है। विवेकानंद के इस सेकुलर इस्तेमाल में इसलाम और मुसलमानों संबंधी उनके विचारों को उद्धृत करने से बचाने की होशियारी साफ़ देखी जा सकती है। सांस्कृतिक मोर्चेबंदी में राजेंद्र यादव के एक हमसफ़र खगेंद्र ठाकुर बाबरी ध्वंस के बाद लिखे गये अपने लेख 'सबसे अधिक मनुज मोहे भाए' में विवेकानंद का एक उद्धरण देते हैं जो भारत के उत्थान के लिए हिंदू और इसलाम के संश्लेषण की वकालत करता हुआ लगता है :

> व्यावहारिक इसलाम की मदद के बिना वेदांतवाद के सिद्धांत चाहे जितने ही सुंदर और अद्‌भुत क्यों न हों, विशाल जनसमुदाय के लिए मूल्यहीन हैं। हमारी मातृभूमि

के लिए दो महान् व्यवस्थाओं-हिंदुत्व और इसलाम-हिंदू मानस और इसलामिक शरीर ही आशा के स्रोत हैं।[21]

विवेकानंद का यह कथन सेकुलरवादियों के बहुत अनुकूल बैठता है। जवाहर लाल नेहरू ने भी 'भारत की खोज' में इसे उद्धृत किया था। वेदांत के चिंतन यानी हिंदू तत्त्व-ज्ञान और इसलाम के शरीर यानी सांगठनिक रूप का संश्लेषण। ज़ाहिर है कि विवेकानंद को इसलाम तत्त्व-ज्ञान काम का नहीं लगता। क्या कोई मुसलमान यह प्रस्ताव स्वीकार करेगा कि तुम्हारा सामाजिक-सामुदायिक संगठन तो बेहतर है, पर तुम्हें हिंदू तत्त्व-ज्ञान अपनाना पड़ेगा? विवेकानंद द्वारा इसलामिक चिंतन को नीची निगाह से देखने के पीछे उनकी धारणा यह थी कि 'मुसलमान बन गयी जातियों का क्या हुआ? वे ज्ञान और संस्कृति को ग्रहण करने की क्षमता खो बैठीं। अब उनके पास केवल युद्ध करने की प्रवृत्ति रह गयी है।' विवेकानंद मानते थे कि मुसलमानों से पहले के भारत में शांति और समृद्धि की धारा बहती थी, पर वे अपने साथ आग और तलवार ले कर आये। अगर यह कथन किसी भी क़िस्म के सेकुलरवाद का प्रतिनिधित्व करता है, तो हिंदुओं की वैचारिक श्रेष्ठता और मुसलमानों की वैचारिक हीनता की धारणा पर आधारित होने के कारण यह निश्चित रूप से सेकुलरवाद को बहुसंख्यकों के वर्चस्व की अनिवार्यता के परिप्रेक्ष्य में ही सूत्रबद्ध करता है।[22] दूसरे, मुसलमानों के लिए स्वाभाविक रूप से अरुचिकर होने के कारण यह कथन मुख्यतः हिंदुओं के लिए ज़ारी की गयी एक अपील जैसा रह जाता है। और, इसकी अपील वही है जो संघ परिवार हिंदुओं के लिए ज़ारी करता रहता है। हिंदुओं के समीकरण की अपील, उन्हें आक्रामक और संगठित बनाने की अपील। क्या यह हिंदी के सेकुलर चिंतन का विरोधाभास नहीं है कि संघ परिवार की जिस अपील के ख़िलाफ़ संघर्ष करने के लिए वह कृतसंकल्प है, उसी को मजबूत और प्रभावी बनाने में वह जाने-अनजाने अपना योगदान करता है। हिंदी के सेकुलर चिंतन में भी मुसलमान की रूढ़ छवि वही है जो साम्प्रदायिक चिंतन में है। यह कहना ग़लत होगा कि यह छवि उसने संघ परिवार से उधार ली है। यह वामपंथी सेकुलर चिंतन की अपनी 'सेकुलर' कृति है। इसके पीछे वह आग्रह है जो धर्म को आधुनिक समाज के कई विधेयक तत्वों में से एक की हैसियत देने से इनकार

---

[21] खगेंद्र ठाकुर, 'सबसे अधिक मनुज मोहे भाये', देशज, प्रवेशांक.

[22] इस विश्लेषण के लिए मैं जाविद आलम 1990 के लेख 'केन ट्रेडीशन इन इण्डिया बी एन आल्टनेंटिव टु द सेकुलर आइडियल', *सोशल साइंस प्राबिंग्स,* नयी दिल्ली, मार्च ,-सितम्बर 1991 का शुक्रगुज़ार हूँ. विवेकानंद का यह उद्धरण भी इसी लेख से. देखें, द *कम्प्लीट वर्क्स ऑफ़ विवेकानंद,* खण्ड 7 : 394-95.

करता है। वह धार्मिक समुदाय को एक सेकुलर राजनीतिक समुदाय में बदलते हुए देखना चाहता है। चूँकि मुसलमान उनकी मर्ज़ी के मुताबिक़ नहीं बदल रहे हैं, इसलिए वे उनके हितों के पैरोकार होने का दावा करते हुए उनसे सबसे ज़्यादा खफ़ा हैं। संघ परिवार वाले उसी रूढ़ छवि के आधार पर बहुसंख्यकवाद के तहत मुसलमान को हाशिये पर डाल कर दोयम दर्जे का नागरिक बना देना चाहते हैं, और सेकुलर टिप्पणीकार मुसलमान को उसी रूढ़ छवि के आधार पर वैचारिक रूप से धिक्कारते हुए राष्ट्रीय बनाना चाहते हैं। चाहे संघ परिवार हो या सेकुलर टिप्पणीकार, हिंदू धर्म और इसलाम में तुलना करने पर हिंदू धर्म की तुलनात्मक श्रेष्ठता में दोनों का यक़ीन है। दोनों के लिए हिंदू समुदाय राष्ट्रीयता का स्वाभाविक धारक है, और मुसलमानों को अभी अपनी राष्ट्रीयता साबित करनी बाक़ी है।

राजेंद्र यादव के लेखन को वामपंथी सेकुलर चिंतन की केंद्रीय अभिव्यक्ति के रूप में लेकर उसके आस-पास चल रही बहस पर नज़र डालने से लगता है कि हिंदी का यह ख़ित्ता सेकुलरवाद के उस रूप का हामी है जो राज्य और धर्म के बीच सम्पूर्ण पार्थक्य की वकालत करता है। वह राष्ट्रवाद के तहत राज्य द्वारा चलाई जाने वाली समरूपीकरण की परियोजना के अभी तक पूरी तरह सफल न होने को लेकर काफ़ी क्षुब्ध है। वह संघ परिवार की राजनीति पर कठोर प्रहार तो करता ही है, पर साथ-साथ यह भी मानता है कि अल्पसंख्यकों का राजनीतिक रवैया और अलग धार्मिक-सांस्कृतिक अस्मिता का उनका दावा ही सेकुलरीकरण की विफलता का प्रमाण है। एक तरह से लगता है कि वे सेकुलरीकरण को समरूपीकरण के औज़ार के रूप में देख रहे हैं। वे सेकुलरवाद को सभी धर्मों के साथ समान व्यवहार यानी सर्वधर्मसमभाव पर आधारित आचरण के रूप में स्वीकार करने के लिए तैयार नहीं हैं। उनके लिए सेकुलरवाद राज्य का औज़ार है, समाज का नहीं। हो भी कैसे सकता है, समाज में धर्म जो मौजूद है। दरअसल, वे सामाजिक संबंध बनाने की ज़िम्मेदारी भी राज्य को देने के लिए तैयार हैं। राजेंद्र यादव बिना किसी हीले-हवाले के सेकुलरवाद के संबंध में अपने विचार इस प्रकार पेश करते हैं :

> क्यों न सबसे पहले 'सेकुलरिज़्म' शब्द से ही शुरू किया जाए? मैं आज के संदर्भ में इसका अर्थ ज़रूर जानना चाहूँगा, मगर मुझे लगता है कि 'सर्वधर्मसमभाव' हमें बहुत दूर तक नहीं ले जा पाएगा। सब लोग अपने-अपने धर्म या सम्प्रदाय में क़ैद रहेंगे तो आपस में भाईचारा या दिलों का मिलाप कैसे होगा? मुहल्ले के सारे लोग अपने-अपने घरों में क़ैद होकर बाहर के सभी दरवाज़े बंद कर लेंगे तो खिड़कियों और छतों से सिर्फ़ 'कामचलाऊ' बातें ही होंगी-सामाजिक संबंध कभी नहीं बनेंगे। इसके लिए तो हम सबको अपने-अपने घर से बाहर जाना होगा। 'सर्वधर्मसमभाव'

नहीं, 'धर्मनिरपेक्ष' होना यानी अपने धर्म और सम्प्रदाय से बाहर आ कर सामाजिकता की तलाश–यानी गीता और कुरान को दफ़्ना कर अपनी एक मानव संहिता बनाने की दिशा में प्रयास।[23]

तीस के दशक में प्रगतिशील लेखक संघ के स्थापना सम्मेलन में मुंशी प्रेमचंद ने अपने अध्यक्षीय भाषण में मैत्री और सहअस्तित्व के स्रोतों के रूप में धर्म की उपादेयता को पूरी तरह नकार दिया था। तब प्रेमचंद एक स्वप्नदर्शी की तरह बोल रहे थे। स्वतंत्र भारतीय राज्य उस समय तक वजूद में नहीं आया था और सेकुलरवाद का वैचारिक वर्चस्व भी कमोबेश भविष्य के गर्भ में था। मुंशीजी के वक्तव्य में ढेर सारी उम्मीदों के साथ–साथ प्रगतिवाद का आवेश था जिसके महावृत्तांत के नीचे समता और समरूपता आपस में गड्डमड्ड हो गये थे। लेकिन, 1993 में प्रेमचंद द्वारा स्थापित पत्रिका के सम्पादक द्वारा ज़ारी किया गया सेकुलरवाद का यह फार्मूला अगर अल्पसंख्यकों को एक श्रेणी के रूप में ख़त्म कर देने के उनके प्रस्ताव के साथ पढ़ा जाए, तो साफ़ हो जाता है कि राष्ट्रीयता, सह–अस्तित्व और भाईचारे से समता और समभाव का लक्ष्य तिरोहित हो चुका है और समरूपता का आग्रह हावी हो चुका है। हिंदुओं की प्रबल बहुसंख्या वाले आधुनिक भारत राष्ट्र में यह समरूपता किस क़िस्म के सेकुलरवाद और किस क़िस्म की राष्ट्रीयता की तरफ़ ले जाएगी, इसके बारे में इस लेख के आख़िरी खण्ड में चर्चा की जाएगी।

विश्लेषण के इस खण्ड का उपसंहार करने से पहले ज़रूरी है कि हम हिंदी की इसी सेकुलर चिंतन धारा के एक और राजेंद्र के विचार भी जान लें। ये हैं राजेंद्र माथुर जो अपने देहांत के समय *नवभारत टाइम्स* के सम्पादक के रूप में यशस्वी हो चुके थे। उनके पास एक रूपक–प्रधान लेखन शैली थी और उन्हें हिंदी के पत्रकारों में नरम क़िस्म के वाम रुझान से सम्पन्न चिंतन का सर्वश्रेष्ठ उदाहरण माना जा सकता है। उनके एक लेख 'हमारे इतिहास की प्रथम और अंतिम समस्या' की पंक्तियों से बनाये गये इस कोलाज से समझा जा सकता है कि नेहरू के सेकुलरवाद की हिंदी के लोकप्रिय लेखन में कैसी अभिव्यक्ति हुई है और वह किस तरह से राजेंद्र यादव के चिंतन से अलग है :

> ... हमारा तिलिस्म खड़े रहने वाला नहीं, बल्कि बिछे रहने वाला था। हिमालय से सेतु रामेश्वरम तक एक भारतीय संस्कृति हमारी ज़मीन पर न जाने कैसे बिछ गयी। ... इस बिछे हुए, बिखरे हुए हिंदुस्तान को कोई खड़ा हुआ हमलावर, कोई गगनचुंबी राज्य जीत नहीं सकता था। और यदि वह ख़ुद बिछ जाने का फ़ैसला करे, तो वह

[23] राजेंद्र यादव, *कांटे की बात–5 : ख़ामोश चिंतन चालू आहे* 'लंका दहन' : 26, वही.

हमारे अविभाजित विभाजनों का अंग बन जाता था। ... भारत के नये मनुष्य की महत्त्वाकांक्षा यह रही है कि हज़ारों साल से बिछे हुए भारत का वारिस तो वह बने ही, लेकिन इस ज़मीन पर एक ऊँची इमारत भी बनाये जिसका दुनिया में सानी न हो। हम बिछा तिलिस्म भी चाहते हैं और खड़ा तिलिस्म भी।... अयोध्यावादी ... जन्मभूमि मंदिर की ऊँचाई को हिंदुस्तान की ऊँचाई मान कर और उसके गर्भगृह को भारत की नींव मान कर अपना अभियान चला रहे हैं। लेकिन, असल में हो यह रहा है कि वे भारत को अपने बिछे हुए, बिखरे हुए अतीत की ओर वापस ले जा रहे हैं। ... हिंदुओं का अजर-अमर संस्कृति-विश्व हमारे यहाँ हिंदुओं के अजर-अमर राजनीति-विश्व को जन्म नहीं दे सका।... इस ज़मीन पर अगर कोई स्थायी सांस्कृतिक इमारत बनती है तो सांस्कृतिक हिंदुत्व के अलावा भी काफ़ी नया बिल्डिंग मैटीरियल चाहिए। हिंदू ज़मीन पर जो बजरी, रेती, रोड़ी, गिट्टी उपलब्ध नहीं है, उसे कहीं ओर से ला कर अपनी संस्कृति के हॉट मिक्स प्लांट में ला कर हमें डालना होगा। यदि मुसलमान यहाँ न हों तब भी यह आयात करना होगा। ... जिन हिंदू सांस्कृतिक संसाधनों के उपयोग से हमारी यह बनती हुई इमारत मजबूत हुई है और टिकी हुई है, उनमें सबसे प्रमुख का नाम है— सहिष्णुता और विविधताओं को सहेजते हुए उन्हें एक हार में गूँथ सकने की क्षमता।[24]

राजेंद्र माथुर ने अपने इस बेहतरीन लेख में 'खड़ी हुई' और 'बिछी हुई' का जिस तरह इस्तेमाल किया है, उससे समाज-विज्ञान में अक्सर इस्तेमाल की जाने वाली 'स्तम्भीय' और 'क्षैतिज' अभिव्यक्तियों की याद आ जाती है। ज़ाहिर है कि राजेंद्र माथुर ने ये प्रयोग भिन्न अर्थों और संदर्भों में किये हैं। राजेंद्र यादव द्वारा हिंदुत्व और हिंदू धर्म के बीच किये गये घालमेल से वे उस समय बच निकलते हैं जब वे सांस्कृतिक हिंदुत्व और राजनीतिक हिंदुत्व की श्रेणियों को सामने लाते हैं। सांस्कृतिक हिंदुत्व सकारात्मक है और नये राष्ट्र की ऊँची इमारत बनाने में उसका महत्त्वपूर्ण योगदान होगा— राजेंद्र माथुर की निगाह में वह एक नाकाफ़ी सामग्री है। राजनीतिक हिंदुत्व तो उनके विचार में पूरी तरह नकारात्मक है ही, क्योंकि वह केवल हिंदू ईंट-गारे का प्रयोग करना चाहता है। लेकिन, अंतिम विश्लेषण के तौर पर दोनों राजेंद्रों में इस बात पर एकता है कि बिछे हुए हिंदुस्तान की ज़मीन पर बन रही ऊँची राजनीतिक इमारत में अल्पसंख्यकों के सांस्कृतिक ईंट-गारे की भूमिका का महत्त्व अभी तय नहीं है।

---

[24] राजेंद्र माथुर (2003), 'हमारे इतिहास की प्रथम और अंतिम समस्या', *सपनों में बनता देश*, दो खण्ड, सामयिक प्रकाशन, नयी दिल्ली : 221, वही.

III

सर्वधर्मसमभाव या सर्वपंथसमभाव और राष्ट्रीय भावना में धार्मिकता का घट

प्रभाष जोशी ने 655 पृष्ठों के बड़े आकार के अपने ग्रंथ *हिंदू होने का धर्म* (दैनिक *जनसत्ता* में छपे साम्प्रदायिकता विरोधी लेखों का संकलन) के एकदम शुरू में आभार जताते हुए उन विद्वानों और जानकार लोगों के नाम गिनाये हैं जिनसे उनके हिसाब उनकी राय से मिलती है। इनमें आशिस नंदी और धीरूभाई शेठ का नाम भी शामिल है। 'समाज और हिंदुत्व की बातों पर' आशिस नंदी के सोचने समझने और निष्कर्षों से वे सहमति रखते हैं, और 'जाति और वर्ण की सही समझ' उन्हें धीरूभाई से मिली है। हिंदुत्व के सिद्धांतकार विनायक दामोदर सावरकर को दोबारा पढ़ने की प्रेरणा उन्हें सुरेश शर्मा ने दी। इसके अलावा विजय प्रताप और योगेंद्र यादव के नामों का ज़िक्र है। ये सभी नाम सेकुलरवाद संबंधी चिंतन की एक ख़ास परम्परा से संबंधित हैं, एक ऐसी परम्परा से जो भारतीय सेकुलरवाद के सरकारी मॉडल की आलोचक है। यह चिंतन परम्परा धर्म को सार्वजनिक जीवन से क़तई अलग रखने और हिंदुओं को गरियाने वाले सख़्त सेकुलरवादी आग्रह (जिसकी पैरोकारी राजेंद्र यादव ऐंड कम्पनी ने अपने चिंतन में बड़ी ज़ोरदारी से की है) तथा साम्प्रदायिकताओं के बीच संतुलन करने की भारतीय राज्य की विनाशकारी कोशिश को साम्प्रदायिकता के उभार का एक प्रमुख ज़िम्मेदार मानती है। अगर आशिस नंदी के तर्कों को इस चिंतन का केंद्रीय प्रतिनिधि माना जाए (हालाँकि नंदी और विकासशील समाज अध्ययन पीठ के अन्य विद्वानों के बीच सेकुलरवाद, राष्ट्रवाद और आधुनिकता से जुड़े कई मुद्दों पर ख़ासे मतभेद भी हैं) तो कहा जा सकता है कि यह चिंतन धर्म को शांतिपूर्ण सामाजिक सहअस्तित्व सुनिश्चित करने के एक प्रमुख स्रोत के रूप में देखता है। वह ज़ोर दे कर कहता है कि सार्वजनिक जीवन को धर्म के सकारात्मक तत्वों से वंचित करने से धर्म उसमें पिछले दरवाज़े से घुसपैठ कर लेता है और तब उसके नकारात्मक पहलू ही राजनीति को विकृत करने के लिए शेष रह जाते हैं। यह चिंतन धारा बार-बार गाँधी का हवाला देकर अपनी वैधता साबित करती है। हालाँकि लोहिया का नाम इसमें उस प्रमुखता से नहीं आता, लेकिन गाँधी के रूढ़िमुक्त वैचारिक उत्तराधिकारी के रूप में उनके विचारों से भी यह प्रेरणा लेती हुई लगती है। प्रभाष जोशी के चिंतन को मोटे तौर से इस श्रेणी का अंग माना जा सकता है। लेकिन, उनकी रचनाओं में इस धारा से कई जगह महत्त्वपूर्ण विचलन भी है, और आख़िर में हम देखेंगे कि वह विचलन इतना बढ़ जाता है

कि वे आशिस नंदी से भले ही अपनी सहमति का दावा करें, लेकिन नंदी को उनसे अपनी सहमति का दावा करने से पहले अपने विचार पूरी तरह बदल देने होंगे।

अपने लेखों के संकलन की भूमिका में प्रभाष जोशी ने क़तई साफ़ कर दिया है कि हिंदुत्व और हिंदू धर्म में फ़र्क़ है। हिंदुत्व एक राजनीतिक अवधारणा है जिसे सावरकर ने विकसित किया था और वह हिंदू धर्म का प्रतिनिधित्व बिलकुल नहीं करती। अपने सभी लेखों में प्रभाष जोशी ने इस फ़र्क़ को लगातार बनाये रखा है। इस लिहाज़ से वे राजेंद्र यादव के मुक़ाबले अधिक सावधान टिप्पणीकार हैं। दरअसल, उनका मुख्य सरोकार हिंदुत्व की छाया से हिंदू धर्म और हिंदू समाज को बचाना है। उन्हें यह कहने से गुरेज़ नहीं है कि उनकी चिंता के केंद्र में सेकुलरवाद न होकर वह धर्म है जिसे साम्प्रदायिक राजनीति विकृत करने पर तुली हुई है। प्रभाष जोशी साम्प्रदायिकता की वामपंथी आलोचना के उस फ़ार्मूले से भी बचते हैं जिसके तहत हिंदुत्व को फ़ासीवाद की श्रेणी में रख कर देखा जाता है। उनके गणित में राज्य का ख़ास महत्त्व नहीं है, इसलिए वे समाज की ज़मीन पर क़लम के ज़रिये साम्प्रदायिकता विरोधी संग्राम चलाने में दिलचस्पी रखते हैं। लेकिन, राज्य का महत्त्व कम होने के बावजूद लेखक को राष्ट्र और उसके संविधान के साथ गहरा लगाव है। वे धर्म के साथ-साथ राष्ट्र और संविधान को भी हिंदुत्व की विकृति से बचाना चाहते हैं। यह काम उन्हें धर्म को बचाने से भी ज़्यादा ज़रूरी लगता है :

> ... ज़रूरी है कि हिंदुत्व से अपने धर्म और समाज में जो साम्प्रदायिक संकीर्णता पैदा करने की संगठित और लगातार कोशिशें की जा रही हैं उनसे लोगों को बचाया जाए। और शायद इससे भी ज़्यादा ज़रूरी है कि ब्रिटिश साम्राज्य और युरोप से हुई हमारी कोई दो सदी की मुठभेड़ में से जो भारतीय चेतना और भारतीय राष्ट्र निकला है उसके मूलाधार बदलने की कोशिशों से लोगों को सावधान किया जाए।[25]

प्रभाष जोशी जो समीकरण पेश करते हैं वह कुछ ख़ास क़िस्म का है। उसमें समाज और उसका धर्म है एवं उससे भी ज़्यादा महत्त्व राष्ट्र और उसके संविधान का है। यह एक जटिल प्रस्थापना है और समाजशास्त्र के प्रचलित सिद्धांतों में फ़िट नहीं बैठती। इसमें राष्ट्र के साथ राज्य नहीं है। यह राष्ट्रवाद की आलोचना से अलग चीज़ है। आशिस नंदी तो जिस राष्ट्रवाद को ख़ारिज करना चाहते हैं, वह राष्ट्र में राज्य को जोड़ कर राष्ट्र-राज्य की उस संस्था में

---

[25] प्रभाष जोशी, *हिंदू होने का धर्म*, 'भूमिका' : 17, वही.

मूर्तिमान होता है जो सांस्कृतिक समतारूप का पाटा चलाने वाले पश्चिमी राष्ट्रवाद की देन है। नंदी को इस बात में कोई संदेह नहीं है कि भारतीय चिंतन पर उन्नीसवीं सदी से राष्ट्र-राज्य का यही ख़याल हावी है। इसके विपरीत प्रभाष जोशी की बातों से स्पष्ट है कि वे भारतीय राष्ट्र को राज्य से अलग मान कर चलते हैं और उसके संविधान प्रदत्त मूलाधारों को अक्षुण्ण बनाये रखना अपनी मुख्य ज़िम्मेदारी समझते हैं।

राष्ट्रीय स्वयंसेवक संघ के ऊपर लगभग सभी आलोचक इलज़ाम लगाते हैं कि वह देश में सांस्कृतिक राष्ट्रवाद के नाम पर धार्मिक राष्ट्रवाद लागू करना चाहता है, लेकिन प्रभाष जोशी अपने तरह के अकेले आलोचक हैं जिनका चिंतन धर्म और राष्ट्रवाद को स्पष्ट रूप से जोड़ने के बाद भी राजनीतिक हिंदुत्व की कड़ी मुखालफ़त करता है। यहाँ तक कि उन्हें यह कहने से भी कोई संकोच नहीं है कि भारतीय सेकुलरवाद का आधार भी धर्म ही है। यह धर्म आशिस नंदी का धर्म नहीं है जिसमें हिंदू धर्म, इसलाम, ईसायत या कोई भी धर्म शामिल हो सकता है। नंदी के लिए तो धर्म वह है जिसे जन-साधारण अपनी रोज़मर्रा की ज़िंदगी में अपनाता और मानता है। लेकिन, प्रभाष जोशी का धर्म तो वह है जो इसलाम और ईसाइयत नहीं है। वह सनातन धर्म है। ऐसे धर्म पर आधारित सेकुलरवाद और ऐसे धर्म पर आधारित राष्ट्र की उनकी अनूठी साम्प्रदायिकता विरोधी एवं राष्ट्र और संविधान की रक्षा का दावा करने वाली थीसिस इस तरह सामने आती है :

> कई भारतीयों को भी अंग्रेज़ों की तरह समझने में मुश्किल होती है कि ... इस पंथनिरपेक्षता की जड़ें उस धर्म में हैं जिसमें सभी पंथों के लिए सम्मान की जगह है। इस मायने में हमारा राज्य हमेशा से ही पंथनिरपेक्ष रहा है क्योंकि उसने हमारे पूरे समाज को एक ही पंथ का बनाने की कोशिश कभी नहीं की। ... जैसा विधान लोकतंत्र में विधि के राज का है वैसे ही सनातन धर्म में। ... जिस तरह लोकतंत्र में साधारण नागरिक के मूलाधिकार और कर्तव्य राष्ट्रपति और प्रधानमंत्री के कर्तव्यों से भिन्न नहीं हैं वैसी ही स्थिति सनातन धर्म के साधारण धर्मावलम्बी और शंकराचार्य और महामण्डलेश्वर की है। ... यह धर्म इसलाम और ईसाइयत से मूल रूप से भिन्न है। इसमें साम्प्रदायिक संगठनीयता नहीं है। ... सच पूछिये तो सनातन धर्म सभी धर्मों की संसद है जिसमें आम सहमति से काम होता है, बहुमत का राजदंड नहीं चलता। उदार, लोकतांत्रिक हिंदू या भारतीय मानस इसी धर्म से बना है जो सनातन है और इसलिए सनातन माना गया ... इस धर्म से बने हुए मानस के आधार पर ही भारतीय लोकतंत्र और उसके गणराज्य और लोकतंत्र की पंथनिरपेक्षता टिकी हुई है। ... हमारा लोकतंत्र और पंथनिरपेक्षता ऊपर से भले ही पश्चिमी दिखती हो मूल में भारतीय है और उसकी आत्मा धार्मिक है ... भारतीय समाज और राष्ट्र हिंदू

धर्म के विराट, सर्वग्राही और सकारात्मक धारण तत्त्व पर टिका है। ... राज्य तो पंथ निरपेक्ष हो सकता है, पर समाज कभी धर्मनिरपेक्ष नहीं हो सकता। जिस अर्थ में धर्म अपने यहाँ समझा जाता है उस अर्थ में तो राज्य भी धर्म के अनुसार ही चलना चाहिए। ...[26]

राजेंद्र यादव तो धर्म-मात्र के ही विरोधी हैं इसलिए हिंदू धर्म की अन्य पंथों के मुक़ाबले श्रेष्ठता में उन्हें कोई दिलचस्पी नहीं हो सकती। धर्म हो या पंथ, वे राज्य और राष्ट्र को दोनों से निरपेक्ष रखना चाहते हैं। लेकिन प्रभाष जोशी लगातार धर्मनिरपेक्षता के बजाय पंथनिरपेक्षता का आग्रह करते हैं और उनके लिए वही सर्वधर्मसमभाव की पर्याय है। उनके 'सर्वधर्मसमभाव' को हमें 'सर्वपंथसमभाव' पढ़ना चाहिए क्योंकि धर्म तो सनातन धर्म है जिसके कारण यह सर्वपंथसमभाव सम्भव हो सका है। कुछ भ्रम हो सकता है इसलिए साफ़ कर देना ज़रूरी है कि प्रभाष जोशी अपने लेखन में जहाँ-जहाँ राष्ट्रीयता का आधार धर्म न होने का ज़ोरदार दावा करते हैं, वहाँ भी हमें धर्म की जगह पंथ ही पढ़ना चाहिए, क्योंकि यही उनका असली मतलब है। वे साफ़ तौर से कहते हैं कि भारतीय राष्ट्र तो अपने आधार सनातन धर्म के साथ अंग्रेज़ों, ईसाइयत, मुसलमानों, इसलाम, आधुनिक राष्ट-राज्य के वजूद में आने के पहले से मौजूद हैं। इस लेखन में हिंदुओं को एक सनातनी महा-अस्मिता में बाँधने का बौद्धिक उद्यम साफ़ दिखाई देता है। यह सनातनी महा-अस्मिता आधुनिक राष्ट्र-राज्य की दावेदार बन कर उभरती है और उसकी इस महत्त्वाकांक्षा पर इसलिए आश्चर्य नहीं होता कि उसका इतिहास आधुनिकता के मुक़ाबले पुराना नहीं है। यह आर्य समाज आंदोलन की प्रतिक्रिया में पनपी महा-अस्मिता ही है। सेकुलरवाद को पंथनिरपेक्षता का पर्याय मानने वाली सनातनी अस्मिता सर्वपंथसमभाव को किस तरह संचालित करती है, इसका एक नमूना हमें उन-उन जगहों पर देखने को मिलता है जहाँ प्रभाष जोशी मुसलमानों और इसलाम के स्वभाव की चर्चा करते हुए उनके पंथ के साथ 'समभाव' रखने की तजवीज़ करते हैं :

> ... अब हिंदू-मुसलमान संबंधों में राज्य पंचायत नहीं कर सकता ... आम मुसलमानों को तो उदार लोकतांत्रिक और हिंदू या भारतीय समाज ही बचाएगा। और वे बचेंगे इसलिए कि धर्म उन्होंने भले ही इसलाम स्वीकार कर लिया हो उनका मानस भी उसी धर्म से बना है जो भारत का सर्वव्यापी सनातन मानव धर्म है। ... यह तो अब बहुत से भारतीय मुसलमानों ने मान लिया है कि भारत अगर पंथनिरपेक्ष है तो इसका कारण यह है कि बहुसंख्यक हिंदू समाज पंथनिरपेक्ष है ... इसलाम जैसे धर्म जिसमें आस्था न रखने वाले को काफ़िर कहा गया और जिससे संसार को

[26] प्रभाष जोशी, *हिंदू होने का धर्म*, ये वाक्यांश : 60, 145, 158 और 184 पर देखे जा सकते हैं, वही.

> 'हम' और 'वे' में बाँटा ... हिंदुओं से मेलजोल से सूफ़ी मत निकला जो भक्ति आंदोलन की ही एक धारा है ... इसलाम भले ही बाहर से आया हो लेकिन इस देश के मुसलमान तो इस देश में ही जन्मे हैं। अपनी जातीय और मानसिक बनावट से इसलाम को मानने वाले हिंदू हैं। ...[27]

यहाँ हिंदू मानस वाले मुसलमान को हिंदू मानस वाला हिंदू उसके जान और माल की रक्षा का भरोसा दे रहा है। मुसलमान भले ही बाहर से न आये हों, लेकिन वे इस देश को धारण नहीं करते। धारण तत्त्व तो केवल सनातन धर्म में है और वह पृथ्वी की तरह धारण करता है। प्रभाष जोशी कहते हैं कि हिंदुओं को अपने इसी धारणा तत्त्व के कारण मुसलमानों पर लगने वाले संकीर्णता, हठधर्मिता, देशद्रोहिता आदि के आरोपों को पृथ्वी की तरह सहन करते रहना चाहिए। यहाँ सवाल पूछा जा सकता है कि इस देश को सेकुलर गणतंत्र बनाये रखने के लिए मुसलमानों जैसी विशाल अल्पसंख्यक आबादी के लिए प्रभाष जोशी के पास क्या प्रस्ताव है? जवाब यह है कि वास्तव में मुसलमानों के लिए उनके पास कोई सेकुलर कार्यक्रम नहीं है। वैसे भी प्रभाष जोशी की निगाह में मुसलमानों का 'पंथ' उन्हें सेकुलर होने या दूसरे पंथों के साथ भाईचारे और मेलमिलाप से रहने का संदेश देने के बजाय दुनिया को 'हम' और 'वे' में बाँट देता है। दरअसल, छद्म हिंदू और असली हिंदू के संघर्ष के इस नज़ारे से मुसलमान समाज तक़रीबन ग़ायब ही है। निष्क्रिय रूप से अपनी रक्षा की प्रत्याशा करते रहने के अलावा उसके पास कोई काम नहीं है।

ज़ाहिर है कि ये तमाम विचार और आग्रह आशिस नंदी या धीरूभाई शेठ के नहीं हो सकते। न ही इनसे सुरेश शर्मा या योगेंद्र यादव का कोई ताल्लुक़ हो सकता है। ये प्रभाष जोशी के अपने विचार हैं। उनके लेखन में बार-बार श्रद्धा के साथ गाँधी का नाम आता है। वे संघ परिवार को गाँधी का हत्यारा मानते हैं और कहते हैं कि धार्मिकता हो तो गाँधी जैसी हो। उनके पूरे साम्प्रदायिकता विरोधी लेखन में दो तरह के हिंदू हैं : सनातन धर्म को मानने वाले उनके जैसे स्वाभाविक रूप से सहिष्णु, उदार, लोकतांत्रिक और राष्ट्रीय हिंदू, और दूसरी तरफ़ हैं इसलाम और सिख जैसे सामी धर्मों की कट्टरता की प्रतिक्रिया में जल कर काले पड़ गये मुट्ठी भर हिंदू जो सनातन धर्म को नहीं, बल्कि सावरकर द्वारा प्रवर्तित राजनीतिक हिंदुत्व को मानते हैं। यहाँ ऐसा भ्रम हो सकता है कि

---

[27] प्रभाष जोशी, *हिंदू होने का धर्म*, ये वाक्यांश : 108, 142 और 184 पर देखे जा सकते हैं, वही.

शायद उन्होंने डॉ. लोहिया की विख्यात थीसिस 'हिंदू बनाम हिंदू' से प्रेरणा ली होगी। जाँच करने पर स्पष्ट हो जाता है कि गाँधी और लोहिया भी प्रभाष जोशी के प्रेरणास्त्रोत नहीं हैं।

क्या गाँधी की धार्मिकता और इसलाम जैसे पंथों से श्रेष्ठ सनातन धर्म की प्रभाष जोशी मार्का धार्मिकता एक ही बात है? धार्मिक चेतना पर सर्वाधिक बल देने वाले गाँधी धर्म और मनुष्य के संबंध पर अपनी स्थिति इस प्रकार साफ़ करते हैं, 'मेरी राय में जन्मजात और कर्मप्राप्त श्रेष्ठता जैसी कोई चीज़ नहीं है। मैं अद्वैत के मूलभूत सिद्धांत को मानता हूँ और अद्वैत के मेरे अर्थ में किसी भी स्थिति में श्रेष्ठता के विचार की कोई गुंजाइश नहीं है। ... जो श्रेष्ठता का दावा करता है, वह उसी क्षण मनुष्यता का दावा खो देता है।'[28] हिंदू धर्म की इसलाम पर श्रेष्ठता का दावा करने के लिए गाँधी ने दयानंद सरस्वती के *सत्यार्थ प्रकाश* की भी आलोचना की थी।[29] गाँधी ने अपने विशाल साहित्य में केवल एक बार अपवादस्वरूप ही मुस्लिम आक्रामकता की रूढ़ छवि को स्वीकृति प्रदान की है। सम्भव है कि उनका यह कथन उन्नीसवीं सदी के राष्ट्रवादी विमर्श के अपरोक्ष प्रभाव की देन हो। अन्यथा गाँधी उस विमर्श से अलग खड़े होने वाले महापुरुष हैं। गाँधी का नाम लेकर हिंदुओं की सहिष्णुता का राग अलापने वालों को आशिस नंदी ने अपनी सेकुलरवाद संबंधी रचनाओं में जम कर आड़े हाथों लिया है। नंदी के मुताबिक़ गाँधी धार्मिक सहिष्णुता को वास्तविक सहिष्णुता का दर्जा तभी देते थे जब वह दूसरे धर्मों को भी सहिष्णुता के स्त्रोत के रूप में स्वीकारने के लिए तैयार हों। इसी तरह गाँधी के लिए बहुलता की हिंदू प्रवृत्ति का तात्पर्य दूसरे धर्मों की बहुलतावादी प्रवृत्तियों को मान्यता देना था।[30]

जहाँ तक डॉ. लोहिया का सवाल है, वे धार्मिक और सांस्कृतिक चेतना पर ज़ोर डालने के बावजूद हिंदू श्रेष्ठता के मिथक से सर्वथा मुक्त रहे। उनके वाङ्मय में मुस्लिम आक्रामकता या कट्टरता का ज़िक्र तक नहीं है। उनका उदार हिंदू और कट्टर हिंदू तो एक ही हिंदू मानस की दो प्रवृत्तियों का प्रतिनिधित्व करता है। जब उनका उदार हिंदू ज़ोर मारता है तो हिंदू धर्म दूसरे धर्मों से भी प्रभाव ग्रहण करता है, और जब कट्टर हिंदू ज़ोर मारता है तो वह ऐसे विचारों के लिए

---

28 *जनसत्ता*, 'धर्म तो जीवन के हर क्षेत्र में होना चाहिए : गाँधीजी और धर्म' : 7, 2 अक्टूबर 1993.

29 *यंग इण्डिया*, 9 मई 1924 (कृष्ण कुमार ने अपने लेख 'हिंदू, हिंदी, हिंदुस्तान' में इसे उद्धृत किया है), संकलित : *साम्प्रदायिकता के स्त्रोत*, सम्पादक : अभय कुमार दुबे, विनय प्रकाशन, नयी दिल्ली, 1993.

30 आशिस नंदी (1988), *द पॉलिटिक्स ऑफ़ सेकुलरिज़्म ऐंड रिकवरी ऑफ़ रिलीजस टालरेंस, आल्टर्नेटिवज़*, खण्ड 13, अंक 2, अप्रैल.

अपने दरवाज़े बंद कर लेता है। लोहिया ने अपनी रचना *हिंदू बनाम हिंदू* में पश्चिमी दृष्टि और भारतीय दृष्टि का फ़र्क़ बताते हुए पश्चिम की तर्कबुद्धि और परम सत्य की भारतीय खोज के बीच रागात्मक समन्वय की ज़रूरत रेखांकित की थी।[31] उन्होंने माना था कि हिंदू अनंत ऊँचाइयों को छूता है, और इतना नीचे भी गिर जाता है जितना किसी धर्म का व्यक्ति नहीं गिर सका। लोहिया का उदार हिंदू श्रेष्ठता के दम्भ से ग्रस्त नहीं है। वह उदारता का दावा तो करता है, पर संयमित रूप से। वह लोकतंत्र और पंथनिरपेक्षता को अपनी पैदायशी ख़ूबी नहीं मानता। गाँधी हों या लोहिया, दोनों में से कोई हिंदू धर्म और इसलाम के बीच किसी तुलनात्मक टिप्पणी के चक्कर में नहीं पड़ते, किसी धर्म को राष्ट्र का आधार बताने का तो सवाल ही नहीं उठता।

चूँकि प्रभाष जोशी के विमर्श की बुनियादी ज़मीन धर्म है, इसलिए यह समझा जा सकता है कि उन्होंने अपने सनातन धर्म और दूसरों के पंथों के बीच अन्योन्यक्रिया पर ज़रूर ध्यान दिया होगा। लेकिन, इस पहलू को उन्होंने न के बराबर ही छुआ है। एक-आध जगह वे इतना-भर कहते हैं, 'हमें यह भी समझना चाहिए कि इसलाम और ईसाइयत से अच्छे और कल्याणकारी प्रभाव हमारे यहाँ आये तो उनसे बड़े पैमाने पर भारतीय संस्थाओं और मानस का विध्वंस भी हुआ है।' यह पता लगाना मुश्किल है कि अच्छे और कल्याणकारी प्रभाव क्या हैं, पर यह साफ़ ज़रूर हो जाता है कि नुक़सान क्या हुआ है। प्रभाष जोशी साम्प्रदायिक राजनीति की भारतीय जड़ों की तलाश करते हुए अखाड़ों की परम्परा का विस्तार से वर्णन करते हुए संघ की शाखा के अखाड़े जैसे चरित्र का ज़िक्र करते हैं। लेकिन, साथ में उनके पूरे विमर्श से छवि यह निकलती है कि इसलाम और ईसाइयत की सामी संरचनाओं ने कट्टर हिंदुओं को प्रेरित किया है, इसलिए ये कट्टरपंथी हिंदू धर्म को भी वैसा ही यानी धर्म से हीन पंथ बना देना चाहते हैं। इसी सिलसिले में जिस पहलू पर उन्होंने ख़ास तौर से ध्यान दिया है, वह है हिंदू समाज में धार्मिकता का बदलता स्वरूप। 'अमरनाथ और काँवड़ के गंगाजल का प्रदूषण' शीर्षक से लिखे गये अपने लेख में वे धार्मिकता की अपनी धारणा प्रतिपादित करते हैं :

> काँवड़ियों के झुंडों के चलते और उनकी चाल-ढाल को देखते और उनके उद्घोषों को सुनते हुए लगता है कि जैसे वे पटा-बनैठी घुमा रहे हों, या ख़म ठोक रहे हों। एक समाज के जीवन में ऐसे दौर आते हैं जब लोग इस तरह का व्यवहार करते हैं। लेकिन हिंदू और जीवन पद्धति के बुनियादी जीवन मूल्यों और समाज के व्यवहार

[31] राममनोहर लोहिया, (1993) 'हिंदू बनाम हिंदू', *परिवेश*, मुरादाबाद.

के साथ ये चीज़ें नहीं आतीं। क्या हिंदू समाज ऐसे दौर से गुज़र रहा है जिससे उसे अपनी धार्मिक ताक़त दिखाने और ख़म ठोकने की ज़रूरत महसूस हो रही हो?

हरिद्वार के उस बुजुर्ग की बात सुन कर मुझे लगा था कि यह सब अलग सिख धार्मिक राष्ट्र ख़ालिस्तान बनाने की आतंकवादी कोशिशों की प्रतिक्रिया में हो रहा है और काँवड़ के पवित्र गंगाजल में प्रतिक्रिया का प्रदूषण हो गया है। अब लगता है कि प्रतिक्रिया का प्रदूषण तो है ही, हिंदू समाज में कहीं न कहीं यह इच्छा पनपने लगी है कि वह भी अपनी धार्मिक निष्ठाओं का वैसा ही सार्वजनिक प्रदर्शन करे जैसा इसलाम और ईसाइयत को मानने वाले करते हैं। ... धर्म निजी आस्था और निष्ठा का स्रोत है, सामाजिकता का नहीं। इसलाम और ईसाइयत से अगर सामाजिक संगठन निकाल दिया जाए तो उसका पालन करने वाले के पास जो बचेगा वह सनातन धर्म से बिल्कुल अलग नहीं होगा।[32]

स्पष्ट है कि धार्मिकता संबंधी यह प्रस्थापना विवेकानंद की उस प्रस्थापना से एकदम अलग है जिसमें उन्होंने हिंदू तत्त्व-ज्ञान और इसलाम के सामाजिक संगठन के गठजोड़ में भारत की महानता के दर्शन किये हैं। प्रभाष जोशी नहीं चाहते कि यह समागम हो और इस तरह वे उन्नीसवीं सदी के राष्ट्रवादी विमर्श के उस ढलान से बच कर निकल जाते हैं जिस पर चलने की कोशिश में नेहरूवादी या वामपंथी सेकुलर विमर्श अक्सर फिसलता रहा है (देखें लेख के पिछले खण्ड में राजेंद्र यादव और खगेंद्र ठाकुर के विचार)। उनके विमर्श का यह एक महत्त्वपूर्ण सकारात्मक पहलू है। लेकिन, क्या इससे यह नहीं लगता कि प्रभाष जोशी की नज़र में सामाजिक संगठन के पहलू ने इसलाम और ईसाइयत के बचे हुए उन आयामों को प्रदूषित कर दिया है जो 'सनातन धर्म से बिलकुल अलग नहीं' हैं? या यूँ भी कहा जा सकता है कि इन्हीं प्रदूषक पहलुओं के कारण वे 'पंथ' हो गये, वरना सनातन धर्म जैसे 'धर्म' होते। यह धर्म की एक ख़ास तरह की सुविधाजनक परिभाषा है जिसमें तत्त्व-ज्ञान और सामाजिक संगठन के बीच कोई आपसी संबंध नहीं दिखता। इसका एक कारण यह हो सकता है कि अगर प्रभाष जोशी इसलामी सामाजिक संगठन का रिश्ता उसके तत्त्व-ज्ञान से मान लेते तो शायद हिंदू तत्त्व-ज्ञान और उसके जातिप्रथा नामक सामाजिक संगठन का भी कोई रिश्ता उन्हें खोजना पड़ता। उनके साम्प्रदायिकता विरोधी चिंतन में जाति की उपस्थिति काफ़ी दिलचस्प है। शब्दावली अलग है पर वे जाति को लगभग उन्हीं तात्पर्यों के साथ याद करते हैं जो राजेंद्र यादव ऐंड कंपनी के तात्पर्य हैं।

ज़ाहिर है कि इस दावे को क़तई नहीं माना जा सकता कि सनातन धर्म में अपना कोई निजी सांगठनिक पहलू है ही नहीं। वह सिर्फ़ तत्त्व-ज्ञान ही नहीं हो

[32] प्रभाष जोशी, ये वाक्यांश : 196 पर देखे जा सकते हैं, वही.

सकता। इस समाजशास्त्रीय यथार्थ को नहीं झुठलाया जा सकता कि कोई भी धर्म सदियों से केवल वैचारिक रूप से ही नहीं टिक सकता, उसका अस्तित्व भौतिक रूप से कर्मकाण्डों, उन्हें अपनाने वालों के संख्याबल और अपने युग की राजनीति में उनके प्रभुत्व से भी निर्धारित होता है। इसी कारण से धर्मावलम्बी या मतावलम्बी सामुदायिक श्रेणियों में बदल जाते हैं। हिंदू धर्म इसलाम और ईसाइयत से भिन्न सामाजिक संरचना के कारण राजनीति में जातिगत श्रेणियों का सामुदायिक योगदान करता है। हिंदुओं के बीच सारी राजनीति जातियों के समीकरणों के आस-पास गोलबंद होती है। रजनी कोठारी और धीरूभाई शेठ ने अपनी रचनाओं में दिखाया है कि राजनीति और जातियों के बीच किस तरह की अन्योन्यक्रिया होती है और उसका सेकुलरवाद या साम्प्रदायिक राजनीति पर कैसा असर पड़ता है। इन विद्वानों ने यह भी दिखाया है कि लोकतांत्रिक राजनीति, आधुनिकीकरण और शहरीकरण आदि के असर से जातियों का कर्मकाण्डीय श्रेणीगत रूप कमज़ोर हो जाता है और वे सामाजिक स्तरीकरण की प्रक्रिया में जा कर वर्ग-रचना के लिए गुंजाइशें छोड़ने लगती हैं।

प्रभाष जोशी की क़लम से निकले छह सौ से ज़्यादा पृष्ठों में जाति और जाति प्रथा नामक शब्द कहीं-कहीं ही आया है, लेकिन जब भी आया है तो कभी अफ़सोस के रूप में, तो कभी अपने-पराये में भेद न करने वाले सनातन धर्म की विकृति के रूप में। उन्होंने वर्णाश्रम धर्म और जातिप्रथा को हिंदू तत्त्व-चिंतन से निकले सहज सामाजिक संगठन के तौर पर स्वीकार करने के बजाय अपने पूरे विमर्श की संरचना करते हुए ख़याल रखा है कि सनातन धर्म के भव्य चित्र खींचते समय इस जाति प्रथा नामक चीज़ का ज़िक्र न आये। वे या तो चुनावी राजनीति के संदर्भ में जातिवाद की बुराई का ज़िक्र करते हैं, या फिर धर्मपरिवर्तन के संदर्भ में, जिसके तहत 'अत्याचारों और अधोपतित रहने' की विवशता से निकलने के लिए बहुत से हिंदू इसलाम और ईसाइयत अपनाने के लिए मजबूर हुए। हिंदुत्ववादी साम्प्रदायिकता के संबंध में वे यह ज़रूर मानते हैं कि महाराष्ट्र में हुए समाज सुधार आंदोलनों की प्रतिक्रिया में पुराणपंथी हुए हिंदू ही संघ परिवार के शुरुआती आधार थे। कुल मिलाकर वे कोठारी की इस थीसिस से सहमत नहीं हो सकते कि जातियों की राजनीतिक गोलबंदी का साम्प्रदायिकता विरोधी और सेकुलर इस्तेमाल भी हो सकता है, क्योंकि उन्हें पक्का यक़ीन है कि हिंदू समाज अपने विशिष्ट सामाजिक संगठन के कारण नहीं, बल्कि अपने सनातनी तत्त्व-ज्ञान के कारण ही पंथनिरपेक्षता को स्वाभाविक रूप से धारण करता है। यहाँ तक कि उत्तर प्रदेश में हुए 1993 के बहुचर्चित

चुनावों में समाजवादी पार्टी की अविस्मरणीय पराजय की व्याख्या करने वाली उनकी लेखमाला में एक बार भी जातियों की साम्प्रदायिक राजनीति विरोधी भूमिका की शिनाख़्त नहीं की गयी है। राजेंद्र यादव को अगर जाति-आधारित राजनीति साम्प्रदायिकता की देन लगती है, तो प्रभाष जोशी भी उसे उसी भाँति देखते हैं। लगता है कि ये दोनों टिप्पणीकार एक ऐसे भारत की तलाश में हैं जहाँ चुनावी राजनीति, साम्प्रदायिकता विरोधी संघर्ष और सेकुलर रणनीति का निर्माण जातियों के यथार्थ से कहीं अलग जातिमुक्त दायरे में रहना चाहिए। चूँकि वे जातियों के साथ आधुनिक राजनीति की जीवंत और परस्पर परिवर्तनकारी मुठभेड़ को नहीं देख पाते, इसलिए हिंदुत्व की राजनीति से पैदा हुई पेचीदगियों का समाधान उन्हें या तो धर्म के पूर्ण बहिष्कार में दिखाई देता है, या फिर राष्ट्र और समाज के धार्मिक आधार में।

हमारे देश में हितों की होड़ पर आधारित उदारतावादी लोकतंत्र है। इसमें विभिन्न समुदाय, वर्ग, जातियाँ और यहाँ तक कि विभिन्न धर्मावलम्बी अपने सामाजिक-सांस्कृतिक और आर्थिक हितों के साधन के लिए राजनीति करने के लिए स्वतंत्र हैं। कहना न होगा कि सार्वजनिक जीवन से धर्म को बहिष्कृत न करने के समर्थक साम्प्रदायिकता विरोधी लेखक प्रभाष जोशी के अलावा भी कई हैं। हालाँकि, उनमें से कोई भी इस अति तक नहीं गया है कि सनातन धर्म को ही राष्ट्र और राष्ट्रीयता का आधार बता बैठे, लेकिन जैसे ही हिंदू-मुस्लिम प्रश्न सामने आता है, वे अल्पसंख्यकों द्वारा अपने हितों को सूत्रबद्ध करने की शैली पर प्रश्नचिह्न लगाते हैं। मुसलमानों के संदर्भ में ख़ासतौर से यह सवाल उठाया जाता है कि वे रोटी या मस्जिद के बीच रोटी को अंतिम रूप से क्यों नहीं चुन लेते। मसलन, विख्यात विद्वान और बाबरी ध्वंस के समय *नवभारत टाइम्स* के प्रधान सम्पादक पद पर विराज़मान विद्यानिवास मिश्र ने राय दी थी कि बाबरी मस्जिद मुसलमानों की असली समस्या नहीं है, उनकी समस्याएँ तो ग़रीबी और अशिक्षा है।[33] यह कहते हुए विद्यानिवास मिश्र रामजन्मभूमि आंदोलन चलाने वाले हितों के स्वयंभू प्रवक्ताओं से यह कहना भूल जाते हैं कि राम मंदिर हिंदू समाज की असली समस्या नहीं हो सकती। उसकी असली समस्या तो राष्ट्रीय विकास, बेरोज़गारी और ग़रीबी का उन्मूलन होना चाहिए। यानी हिंदुओं के लिए अलग पैमाना और मुसलमानों के लिए अलग पैमाना।

[33] विद्यानिवास मिश्र का साक्षात्कार, *देशज*, वही.

साम्प्रदायिकता विरोधी लेखन के एक शीर्ष रचनाकार हैं राजकिशोर जिन्होंने अपने निजी लेखन के अलावा इस मसले पर पत्रकारीय लेखन के संकलन बतौर पाँच लोकप्रिय पुस्तकों का सम्पादन भी किया है। ये पुस्तकें हैं : *अयोध्या और उससे आगे, हिंदू होने का मतलब, हिंदुत्व की राजनीति, मुसलमान : मिथक और यथार्थ* और *मुसलमान क्या सोचते* हैं। राजकिशोर ने साम्प्रदायिकता से संघर्ष करने का एक दिलचस्प तरीक़ा यह बताया है कि मुसलमानों के बीच बहुविवाह के बारे में बात करते समय हिंदुओं में बहुविवाह के आँकड़ों को सामने नहीं लाना चाहिए क्योंकि यह कुतर्क होगा। इसमें और विद्यानिवास मिश्र वाली दलील में ख़ास अंतर नहीं है। यहाँ भी हिंदू और मुसलमानों के लिए अलग-अलग पैमाने अपनाने का आग्रह है।[34] राजकिशोर द्वारा सम्पादित पहली तीन पुस्तकें हिंदू समाज के नज़रिये से इस समस्या का संधान करने की कोशिश करती हैं और बाक़ी दो पुस्तकें मुसलमानों पर नज़र डालती हैं। यह सम्पादकीय योजना हिंदू और मुसलमानों को दो अलग-अलग ख़ानों में बाँट कर देखने पर आधारित है। इससे हिंदुओं और मुसलमानों को साथ-साथ रख कर साम्प्रदायिकता और सेकुलरवाद पर विचार करने की शर्त पूरी नहीं होती। और तो और, *मुसलमान : मिथक और यथार्थ* में तो एक घोर साम्प्रदायिक लेख भी शामिल किया गया है। रामेश्वर मिश्र 'पंकज' द्वारा लिखा गया यह लेख हिंदुओं पर मुसलमानों के अत्याचारों का उसी शिद्दत से वर्णन करता है जो बजरंग दल या विश्व हिंदू परिषद के मुखपत्रों या प्रकाशनों की ख़ास बात है। पंकज राष्ट्रीय स्वयंसेवक संघ को भारतीय बुद्धि की श्रेष्ठ अभिव्यक्ति क़रार देने वाला लेख भी लिख चुके हैं।

प्रभाष जोशी, विद्यानिवास मिश्र और राजकिशोर की तरह गाँधी-लोहिया विरासत के अन्य दावेदार हैं किशन पटनायकऔर सच्चिदानंद सिन्हा। इन दोनों चिंतकों को गाँधी-लोहिया हलक़े में ज़बरदस्त प्रतिष्ठा प्राप्त है। हिंदी क्षेत्र में ईमानदार कार्यकर्ताओं और बुद्धिजीवियों का एक प्रभावी हिस्सा इन दोनों की तरफ़ सैद्धांतिक प्रेरणाओं के लिए देखता है। अयोध्या काण्ड के बाद इनके चिंतन पर नज़र डालने से स्पष्ट हो जाता है कि एक ही विरासत की दावेदारी के अलावा इन दोनों के विचारों में कोई साम्य नहीं है।

किशन पटनायक ने 'सेकुलरवाद और उसका छद्म' शीर्षक से बारह लेखों की एक लेखमाला प्रकाशित कराई है। इस लेखमाला में धर्मनिरपेक्षता के लिए

---

[34] राजकिशोर (1993), 'साम्प्रदायिकता से संघर्ष कैसे न करें!', संकलित, *आज के प्रश्न : अयोध्या और उसके आगे*, सम्पादक : राजकिशोर, वाणी प्रकाशन, नयी दिल्ली.

पाँच घोषणापत्रों को भी शामिल किया गया है। 'धर्मनिरपेक्षता का घोषणापत्र-5' नामक लेख में उन्होंने बाक़ायदा एक 13 सूत्रीय घोषणापत्र पेश किया है जो हर तरह से सर्वधर्मसमभाव, राजनीति और धर्म के अलगाव और बहुसंख्यकों के साथ-साथ अल्पसंख्यक साम्प्रदायिकता के ख़िलाफ़ भी सतर्कता की भावनाओं से प्रेरित है। यह एक आकर्षक घोषणापत्र है, पर इसे अलग से पढ़ने पर किशन पटनायक के सेकुलर चिंतन की संरचनाएँ स्पष्ट नहीं होतीं। उनके सेकुलर चिंतन को जानने के लिए ज़रूरी है कि उनका लेख 'धर्मनिरपेक्षता का घोषणापत्र-3' ध्यान से पढ़ा जाए। ख़ास बात यह है कि यही लेख पहले 'धार्मिक राष्ट्रीयता बनाम आर्थिक राष्ट्रवाद' नाम से प्रकाशित हो चुका है। इस लेख में किशन पटनायक भारतीय सेकुलरवाद की समस्या को आर्थिक राष्ट्रवाद और धार्मिक राष्ट्रीयता के बीच द्वंद्व के रूप में प्रस्तुत करते हैं। उनकी निगाह में आर्थिक राष्ट्रवाद की पहली क़िस्म के पीछे कम्युनिस्ट, समाजवादी और उदारतावादी हैं, धार्मिक राष्ट्रीयता (जिसे किशन पटनायक के अनुसार आडवाणी ने सांस्कृतिक राष्ट्रीयता कहना शुरू कर दिया है) के पीछे भाजपा और संघ परिवारों के नेता हैं। इस लेख से निकाला गया पटनायक के विचारों का यह कोलाज भारतीय सेकुलरवाद की उनकी आलोचना के विभिन्न पहलू साफ़ कर देता है :

> जो जितना बड़ा धर्मनिरपेक्ष नेता है और जितना बड़ा धर्मनिरपेक्ष बुद्धिजीवी है, उसके लिए 'भारत माता' का उच्चारण उतना अधिक लज्जाजनक। ... 1962 में कम्युनिस्टों के देशप्रेम के बारे में ज़रूरत से अधिक प्रश्नचिह्न लग गया था। उन्हीं दिनों संघ परिवार का राष्ट्रवाद पहली बार विश्वसनीय होने लगा। ... भारतीय कम्युनिस्ट तो यहाँ तक चले गये थे कि उन्होंने रणकौशल के स्तर पर भी राष्ट्रीय भावना को त्याग दिया। ... भारतीय बुद्धिजीवी ... उनकी अंतर्राष्ट्रीयता एक छद्म है और राष्ट्रीय जिम्मेदारियों से पलायन का उपाय है। वे या तो अंतर्राष्ट्रीयतावादी बनेंगे या फिर क्षेत्रीयतावादी बनेंगे, लेकिन राष्ट्रीयवादी नहीं बनेंगे। युरोपीय मानवतावाद का जो अनुकरण तीसरी दुनिया के देशों के बौद्धिक जगत में हुआ, यही उसी का परिणाम है। ... तीसरी दुनिया के देशों में जहाँ राष्ट्रीय भावना की कमी हो गयी है, ऐसा ही हो रहा है। ... राष्ट्रीयता अगर भावुकता है तो उसमें क्या बुराई है? ... भावनाओं को संस्कृति से लैस करना पड़ता है। ... पिछले पच्चीस साल की (लोहिया के बाद की) राजनीति के बारे में यह कहा जा सकता है कि भाजपा-जनसंघ को छोड़ कर अन्य किसी दल या खेमा के लिए राष्ट्रवाद एक निर्णायक मुद्दा नहीं रहा है। राष्ट्रीय राजनीति में राष्ट्रवाद की अनिवार्यता है या नहीं? क्या एक अंतर्राष्ट्रीय विचारधारा के तहत संघ परिवार की आक्रामकता का मुक़ाबला किया जा सकता है? धर्मनिरपेक्षतावादी बौद्धिक जन इस प्रश्न का उत्तर देंगे? ... साम्प्रदायिकता एक विचारधारा है। यह विकृत राष्ट्रीयता की विचारधारा है। धनी बुर्जुआ वर्ग ... साम्प्रदायिक राष्ट्रवाद और आर्थिक राष्ट्रवाद में से चुनना

> होगा तो वह प्रथम को चुनेगा। ... नेताओं और बुद्धिजीवियों के न चाहने से राष्ट्रीय भावना ख़त्म नहीं होगी। किसी न किसी तरह वह अभिव्यक्त होगी। साम्राज्यवाद से बचने के संदर्भ में उसे अभिव्यक्त नहीं किया जाएगा, तो इतिहास का बदला लेने के लिए उसका उपयोग होगा। ... इस समय राष्ट्रीयता को व्यक्त करने का सबसे महत्त्वपूर्ण और व्यावहारिक संदर्भ आर्थिक नीतियाँ हैं।[35]

पटनायक के विचार एकदम नये क़िस्म के हैं। उन्हें भी समाजशास्त्र द्वारा प्रचलित किसी खाने में फ़िट नहीं किया जा सकता। उनके विमर्श में सांस्कृतिक आधार वाली राष्ट्रीय भावना और साम्प्रदायिक राष्ट्रवाद दो अलग-अलग चीज़ें हैं। राष्ट्रीय भावना (जिसे सांस्कृतिक राष्ट्रीयता के रूप में आडवाणी हड़पे ले रहे हैं) एक सकारात्मक भावात्मक घटक है जो राष्ट्रवाद के लिए ज़रूरी है, और साम्प्रदायिक राष्ट्रवाद एक विकृति है। 'भारतमाता' की अवधारणा का इतिहास युरोपीय है, पर पूरे युरोपीय मानवतावाद को आड़े हाथों लेने वाले पटनायक इसकी परवाह न करके अपनी दलीलों के ज़रिये उसे राष्ट्रीय भावना की लोकप्रिय अभिव्यक्ति के रूप में पेश करते हैं। सांस्कृतिक आधार वाली राष्ट्रीय भावना के स्पर्श से अछूती राजनीति उनके लिए 'अराष्ट्रीय' है, चाहे वह किसी की भी हो। किशन पटनायक की निगाह में कम्युनिस्ट और समाजवादी (और उदारतावादी भी), दोनों इस भावशून्य और निर्जीव राजनीति के ज़िम्मेदार हैं। इसके कारण ही संघ परिवार को राष्ट्रीयता की ठेकेदारी मिल गयी है।

किशन पटनायक के इस पूरे लेख में अल्पसंख्यकों या मुसलमानों या उनके धर्म या उनकी संस्कृति या उनके धर्म और संस्कृति के राष्ट्रवाद या राष्ट्रीयता से संबंध का कोई ज़िक्र नहीं है। इससे स्पष्ट नहीं हो पाता कि इस संबंध में उनके क्या विचार हैं। क्या उन्होंने भारत के बहुधर्मी और बहुसांस्कृतिक देश के होने के पहलू पर ग़ौर किये बिना ही 'धार्मिक राष्ट्रीयता बनाम आर्थिक राष्ट्रवाद' जैसा लेख लिख दिया होगा। मानने का मन तो नहीं करता, पर यह लेख यही संदेश देता है। लेख में उनका पूरा चिंतन एक ऐसी भावात्मक राष्ट्रीयता की पैरोकारी से भरा हुआ है जिसकी आधारभूत भावनाओं के सांस्कृतिक स्रोत स्पष्ट नहीं हैं। आर्थिक राष्ट्रवाद पर ज़ोर देने के कारण वे यह अपील तो करते हैं कि किसानों, मज़दूरों और अन्य सभी तबक़ों को अपनी राजनीतिक कार्रवाइयों का निर्णय राष्ट्रीय भावना के मुताबिक़ करना चाहिए, पर उनके विचारों के हाशिये में राष्ट्रीय भावनाओं के निर्माण में धर्म की भूमिका का भी आग्रहपूर्वक उल्लेख

---

[35] किशन पटनायक (1993), 'धार्मिक राष्ट्रीयता बनाम आर्थिक राष्ट्रवाद', संकलित : *आज के प्रश्न : अयोध्या और उसके आगे*, सम्पादक : राजकिशोर, वाणी प्रकाशन, नयी दिल्ली.

मिलता है। उनके अनुसार धर्म और राष्ट्र मनुष्य के दो आधारभूत तत्त्व हैं।

आख़िर में किशन पटनायक द्वारा प्रस्तावित भारतीय सेकुलरवाद की आलोचना और उसके विकल्प के तौर पर उनकी तजवीज़ पर एक नज़र डाल लेना भी उचित होगा :

> सेकुलर शब्द का अर्थ उल्टा हो गया है। ... हिंदुओं की जाति-प्रथा और मुसलमानों की शरिअत दोनों के विरुद्ध कुछ नहीं करना ही सेकुलर माना जाता है। असल में राजनीति, शिक्षा, खेल-जीवन के अधिक से अधिक क्षेत्रों को धर्म और ईश्वर से युक्त करना ही सेकुलर कार्यक्रम हो गया है। भारत की पलटन जहाँ जाती है, मंदिर और गुरुद्वारा, पण्डित और पुज़ारी साथ-साथ चलते हैं। पुलिस थानों में हनुमान की पूजा होती है। स्कूल, कॉलेज की पूजा में पण्डित को बुलाया जाता है। योजना के आरम्भ और चुनाव अभियान के श्रीगणेश के लिए ज्योतिषी और शंकराचार्य की ज़रूरत पड़ती है। ... भारतीय मनुष्य को एक धार्मिक समाज देना होगा, जो रूढ़िवाद, जाति-प्रथा और औरत पर अत्याचार जैसी संकीर्णताओं से मुक्त हो।[36]

हालाँकि वे मुसलमानों पर कट्टर होने का आरोप नहीं लगाते और इसलाम के बारे में उसके मन में ज़रा भी द्वेष नहीं है (किशन पटनायक बाबर के ऊपर राममंदिर तोड़ने के आरोप का स्पष्ट प्रतिवाद बाबर की उस वसीयत के आधार पर करते हैं जिसमें उसने अपने उत्तराधिकारियों को गाय का गोश्त न खाने और मंदिरों को न तोड़ने की सलाह दी थी), लेकिन सेकुलरवाद का छद्म साफ़ करने के लिए लिखे गये 85 पृष्ठों में फैले 12 गम्भीर लेखों में किशन पटनायक केवल तीन-चार बार ही मुसलमान शब्द का प्रयोग करते हैं और मुसलमानों के बारे में लिखे गये वाक्यों की संख्या आठ-दस से ज़्यादा नहीं निकलती। जैसे कि मुसलमान न राजनीति के विषय हों, न समाजनीति के। यह विचारक मुसलमानों और अल्पसंख्यकों के विषय में लगभग नहीं के बराबर चिंतित है। किशन पटनायक का यह भारतीय मनुष्य कौन है? ज़ाहिर है कि उसकी धार्मिकता प्रभाष जोशी के भारतीय मनुष्य की तरह कर्मकाण्डीयता और सनातनी पहचान से सनी हुई नहीं है। पर, क्या एक धर्मबहुल समाज का सदस्य होने के नाते उसके सेकुलर विकास के लिए कोई एकरूप फ़ार्मूला सुझाने से दिक़्क़तें पैदा नहीं हो जाएँगी? या हम यह मान लें कि उनका भारतीय मनुष्य भी हिंदू समाज का सदस्य ही है। वे जिस साम्प्रदायिकता विरोधी सांस्कृतिकआंदोलन का आह्वान करते हैं, उसका पहला लक्ष्य जातिवाद ख़त्म करना है जो कुल मिला कर हिंदुओं के बीच समाज सुधार की ही अपील है। बाक़ी दो लक्ष्य हैं औरत की आज़ादी और रूढ़िवाद

---

[36] किशन पटनायक (2000), *विकल्पहीन नहीं है दुनिया,* राजकमल प्रकाशन, नयी दिल्ली : 189 और 209.

ख़त्म करना। ये दोनों सेकुलरीकरण की आम प्रक्रिया से मिलने वाले नतीजे हो सकते हैं। मुसलमानों के लिए विशेष रूप से इस एजेण्डे में कुछ नहीं है।

अगर राष्ट्रवाद बिना राष्ट्रीय भावना के निर्जीव है, और यह भावना अपनी संरचना में आर्थिक नीतियों की भूमिका सर्वोपरि रखते हुए भी धर्म की भूमिका से पूरी तरह वंचित नहीं रह सकती तो मुसलमानों की राष्ट्रीय भावना का धार्मिक घटक क्या होगा? क्या उनकी राष्ट्रीयता का यह रूप हिंदुओं से अलग होगा? या किशन पटनायक के पास किसी एकरूप धार्मिक राष्ट्रीयता का प्रस्ताव है जिसे मानने पर बहुधर्मी समाज के विभिन्न धर्मावलम्बियों को कोई तकलीफ़ नहीं होगी? क्या इस पहलू के अस्पष्ट रह जाने के कारण यह नहीं लगता कि किशन पटनायक जिस राष्ट्रीयता की वकालत कर रहे हैं, वह धार्मिक दृष्टि से कभी एकरूप नहीं हो सकती। वह हमेशा किसी न किसी साम्प्रदायिकता से आवेशित ही रहेगी।

किशन पटनायक के विपरीत सच्चिदानंद सिन्हा के विचार एक बहुधार्मिक समाज में धर्मों से निरपेक्षता की आवश्यकता को रेखांकित करते हैं। उनका लेख 'धर्मनिरपेक्षता : परम्परा और धार्मिकता' सेकुलर शब्द के अनुवाद के पीछे की राजनीति पर संक्षेप में ध्यान देने से शुरू होता है, लेकिन वे इस विवाद से बचते हुए पंथनिरपेक्षता के बजाय धर्मनिरपेक्षता को ही सेकुलरवाद शब्द के समुचित अनुवाद के रूप में स्वीकार कर लेते हैं। सच्चिदानंद सिन्हा के विचारों का नीचे दिया गया कोलाज धर्मनिरपेक्षता और भारतीय परम्परा के अंतर्संबंधों की वह तस्वीर पेश करता है जो किशन पटनायक से भिन्न प्रकार की है :

> यह बात कुछ चौंकाने वाली लगती है कि कौटिल्य का अर्थशास्त्र, जो शास्त्रीय ढंग से राजनीति के सिद्धांतों का प्रतिपादन करने वाला एकमात्र प्राचीन ग्रंथ है, कहीं भी राजनीति में धार्मिक सिद्धांतों का घालमेल नहीं होने देता। ... कौटिल्य का अर्थशास्त्र प्राचीन भारत की असलियत को अभिव्यक्त करता है जिसमें राज्य का धार्मिक विवादों से कोई मतलब नहीं होता था और विभिन्न मतावलम्बी साथ-साथ रहते थे। ... मुसलमानों की कट्टरता की बात सबसे अधिक की जाती है, लेकिन इसलाम क़बूल करने के बाद भारत आने वाले अरब, तुर्क, अफ़गान ओर मुगल शासकों में कुछ अपवादों को छोड़, ऐसी कट्टरता देखने में नहीं आती। ... अनेक मूलों के मुस्लिम शासकों का शासन इस देश में रहा, ग़ैर-मुस्लिम प्रजा पर शरियत के अनुसार सिविल कोड नहीं लादा गया और हिंदुओं के विभिन्न सम्प्रदायों और सैकड़ों जनजातीय समूह, जो अपने अलग-अलग नियम क़ानूनों का पालन करते थे, बिना छेड़छाड़ के अपनी परम्पराओं का पालन करते रहे। इससे बढ़ कर सहिष्णुता का क्या नमूना हो सकता है। ... सच्चाई तो यह है कि मुसलमान शासकों का साम्राज्य जैसे-जैसे ग़ैर-इसलामी लोगों के ऊपर फैला, वैसे-वैसे ग़ैर-मुस्लिम आबादियों पर मुस्लिम रीति-रिवाजों या क़ानूनों को लादने का आग्रह छोड़ दिया

गया। ... जब भी समाज में एक से अधिक धर्म आदि वाले लोगों की एक राजनीतिक सत्ता के अंदर रहने की आवश्यकता आयी है, तब ... एक ऐसी नीति चलायी जाती है जिसमें राजनीति ... दूसरे समूहों के जीवन और विश्वासों पर प्रतिकूल दबाव न डाले। ... संविधान में धर्मनिरपेक्षता की जो नीति अपनायी गयी है वह बिलकुल साफ़ है और उसमें राष्ट्रीय आंदोलन की विरासत के अलावा पिछली सदियों के फ्रांस, अमेरिका और अन्य देशों की लोकतांत्रिक प्रक्रियाओं के अनुभवों को भी समाहित किया गया है। इसमें कुछ भी पक्षपातपूर्ण नहीं है।[37]

सच्चिदानंद सिन्हा के विमर्श की तीन विशेष बातें हैं जो उसे राजेंद्र यादव, प्रभाष जोशी और किशन पटनायक के सूत्रीकरणों से अलग कर देती हैं। पहली, वे इसलाम और मुसलमानों को कट्टर और संकीर्ण होने के लिए अभिशप्त न मानते हुए उनकी राजनीतिक परम्पराओं में सहिष्णुता और सेकुलर आचरण की मिसालों को रेखांकित करते हैं। दूसरी, वे मानते हैं कि सेकुलरवाद राजकाज चलाने की ज़रूरी शर्त है, यहाँ तक कि कट्टर धार्मिक शासन को भी सेकुलर होना पड़ता है, साथ ही भारत जैसे एक बहुधार्मिक समाज में सेकुलरवाद अनिवार्य है और भारत का संविधान प्रदत्त सेकुलरवाद का मॉडल केवल पश्चिमी अनुकृति नहीं है, बल्कि उसे भारतीय परिस्थितियों के मुताबिक़ गढ़ा गया है। तीसरे, बहुसंख्यकवाद की कोई गुंजाइश नहीं है क्योंकि राष्ट्र और राज्य की अवधारणा किसी धर्म विशेष और संस्कृति पर आधारित नहीं हो सकती। सच्चिदानंद सिन्हा के इसी लेख में गिरधर राठी का लेख '6 दिसम्बर का पाप' रखा जा सकता है जो कौशलपूर्वक रचे गये आवेशपूर्ण शब्दों में भारतीय सेकुलरवाद के सर्वधर्मसमभाव के मॉडल की वकालत करता है।

IV

'सेकुलर' हिंदू-वर्चस्व : उद्‌गम और निष्कर्ष

हिंदी क्षेत्र में सेकुलरवाद पर चल रही बहस के अध्ययन से निकले कुछ निष्कर्ष इस प्रकार हैं :

☐ हिंदी क्षेत्र भारतीय सेकुलरवाद के मॉडल को सर्वधर्मसमभाव के रूप में अपनाने से इंकार करता हुआ दिखता है। वामपंथी उसे धर्म से निरपेक्षता का रूप देना चाहते हैं और ग़ैर-वामपंथी उसे पंथ से निरपेक्षता का। ख़ास बात यह है कि धर्म से निरपेक्षता वाले मॉडल के भीतर भी एक बहस है। कुछ वामपंथियों

---

[37] सच्चिदानंद सिन्हा (1993), 'धर्मनिरपेक्षता : परम्परा और प्रासंगिकता', संकलित : *आज के प्रश्न : अयोध्या और उसके आगे,* सम्पादक : राजकिशोर, वाणी प्रकाशन, नयी दिल्ली.

की धर्मनिरपेक्षता धर्म की सार्वजनिक भूमिका के पूरी तरह विरोध पर टिकी है। ये लोग अतातुर्कवादियों की तरह दलील देते लगते हैं। शायद वे चाहते हैं कि सेकुलरीकरण की प्रक्रिया राज्य की भरपूर ताक़त के दम पर चलायी जाए। पर, कुछ वामपंथी राज्य के कामकाज और राजनीतिक गोलबंदी के मामले में ही धर्मनिरपेक्षता तक सीमित हैं। एक नैतिक प्रेरणा के रूप में धर्म उनके लिए त्याज्य नहीं है। दूसरी तरफ़, पंथ से निरपेक्षता वाले मॉडल का मूल तर्क है कि धर्म पंथ से श्रेष्ठ है। धर्म के बिना न समाज मुमकिन है, न राष्ट्र। पंथनिरपेक्ष हुआ जा सकता है, धर्मनिरपेक्ष नहीं। हिंदू धर्म से सम्पन्न हैं, अल्पसंख्यक पंथों के अनुयायी हैं। इसलिए राष्ट्र समाज और पंथनिरपेक्षता के स्वाभाविक आधार हिंदू ही हैं। सर्वधर्मसमभाव के इन दोनों आलोचकों में एक समानता है। दोनों में कोई भी अपने-अपने तरह के सेकुलरवाद के लिए संविधान के प्रावधानों में किसी संशोधन की पेशकश नहीं करता। ऐसा प्रतीत होता है कि संविधान में प्रदत्त सेकुलरवाद की संरचना में दोनों अपने-अपने पक्ष के तर्क तलाश कर लेते हैं। दोनों ही पक्ष संविधान की रक्षा करना चाहते हैं।

□ हिंदी क्षेत्र का साम्प्रदायिकता विरोधी चिंतन राष्ट्रीयता की तीन संरचनाएँ पेश करता है : पहली, धर्म, समुदाय, संस्कृति और जातीय पहचान से राष्ट्र बड़ा होता है। इसलिए राष्ट्रीयता एक ऐसी शै है जो इन तमाम पारम्परिक अस्मिताओं के प्रभाव से स्वायत्त होनी चाहिए। दूसरी, राष्ट्रीयता का आधार सनातन धर्म होना चाहिए, क्योंकि सनातन धर्म की संरचना एकदम आधुनिक लोकतंत्र की तरह है। वह समता, स्वतंत्रता, बंधुत्व और सेकुलरवाद की सभी शर्तें पूरी करता है। तीसरी, राष्ट्रीयता का मुख्य आयाम आर्थिक होना चाहिए। लेकिन, अगर इसमें धार्मिकता और संस्कृति की भावात्मकता का निवेश नहीं होगा तो यह आर्थिक राष्ट्रवाद काम नहीं करेगा।

□ हिंदी क्षेत्र के बुद्धिजीवियों के बीच एक विचार ख़ासा लोकप्रिय है कि साम्प्रदायिक राजनीति का मक़सद भारत को हिंदू धर्मतंत्रीय-राज्य में बदलना है। साम्प्रदायिक राजनीति की युरोपीय फ़ासीवाद के साथ समानताएँ ढूँढ़ना भी इन लोगों का प्रिय शगल है। इस रवैये के अपवाद भी हैं। मसलन, प्रभाष जोशी जैसे लेखक इन बातों पर ज़्यादा ज़ोर नहीं देते। कुल मिला कर साम्प्रदायिकता को आधुनिकीकरण से जुड़ी प्रक्रियाओं के नतीजे के तौर पर देखने में किसी को रुचि नहीं है। ज़्यादातर लेखकों की मान्यता है कि अगर अल्पसंख्यक समुदायों को राजनीतिक सौदेबाज़ी का मौक़ा न दिया जाता तो उसकी प्रतिक्रिया में साम्प्रदायिक राजनीति को हवा न मिलती। अगर अल्पसंख्यक अस्मिताएँ

अलगाववादी राजनीति न करतीं तो राष्ट्रीय-अखण्डता के प्रश्न प्रमुख न बनते। उनकी टिप्पणी में राजनीतिक शक्तियों की भूमिका कुछ इस प्रकार उभरती है : कांग्रेस अल्पसंख्यक साम्प्रदायिकता को बढ़ावा देने की ज़िम्मेदार है। कम्युनिस्टों, समाजवादियों और अंग्रेज़ीपरस्त सेकुलरवादियों के धर्मविरोधी रवैये की प्रतिक्रियास्वरूप धार्मिक अस्मिता के रुझानों के लिए गुंजाइश पैदा हुई। कांग्रेस समेत इन लोगों के कारण ही भारतीय जनता पार्टी को बहुसंख्यक साम्प्रदायिकता का झण्डा लेकर उभरने का मौक़ा मिला। इन टिप्पणीकारों में से किसी ने एक बार भी कांग्रेस पर अस्सी के दशक से ही हिंदू कार्ड खेलने का आरोप नहीं लगाया। लगता है कि उनमें से किसी को याद नहीं है कि जिस समय इंदिरा गाँधी सार्वजनिक मंचों से अल्पसंख्यकों की राष्ट्रभक्ति को शक की निगाह से देख रही थीं, उस समय भारतीय जनता पार्टी गाँधीवादी समाजवाद की वकालत कर रही थी। इंदिरा गाँधी के हिंदू कार्ड की सफलता देख कर ही जातीयतावादी संगठन शिवसेना के नायक बाल ठाकरे ने 'हिंदू हृदय सम्राट' के रूप में अवतार लेने का निर्णय किया था।

□ राजनीतिक विचारधारा कोई भी हो, टिप्पणीकार का बुनियादी रुझान धार्मिक हो या अ-धार्मिक, एक या दो अपवादों को छोड़ कर हिंदी क्षेत्र के सभी अ-साम्प्रदायिक और सेकुलर चिंतकों की निगाह में मुसलमानों या इसलाम की ठीक वही छवि है जो संघ परिवार की संस्थाओं द्वारा किये गये प्रचार से उभरती है। उनके लिए मुसलमान न केवल अपनी परम्परा और इतिहास के कारण कट्टर, धर्मांध, आधुनिकताविरोधी, श्रेष्ठ तत्त्वचिंतन से हीन, अलोकतांत्रिक, असहिष्णु, ग़ैर-सेकुलर, विजातीय सांस्कृतिक वफ़ादारियों के शिकार और अ-राष्ट्रीय हैं, बल्कि उनके इस चरित्र में बदलाव की कोई सम्भावना भी नहीं है। मुसलमानों के इस अरुचिकर चरित्र को साबित करने के लिए हिंदी के लेखक भारतीय इसलाम और दुनिया के दूसरे इसलामी देशों की ऐतिहासिक हक़ीक़तों की पूरी तरह उपेक्षा करते हैं। वामपंथी होने का दावा करने वाले लेखकों ने यह तथ्यात्मक घपला काफ़ी जोश के साथ किया है। मुसलमानों की राष्ट्रीय वफ़ादारी को लेकर भी वामपंथी लेखक ग़ैर-वामपंथी लेखकों के मुक़ाबले ज़्यादा आक्रामक हैं। वे कार्यभार तय करते हैं कि मुसलमानों को अभी अपनी राष्ट्रीय वफ़ादारी साबित करनी बाक़ी है। यह काम वे आसानी से कर लें तो ठीक है, वरना ठोकरें खा-खा कर, जानें गँवा कर और अपनी मस्जिदें तुड़वा कर उन्हें बदलना पड़ेगा। राष्ट्र की दुहाई देकर अल्पसंख्यक श्रेणी को ही ख़त्म कर देने की वकालत वामपंथियों की तरफ़ से ही सुनायी देती है। मुसलमानों के प्रति अगर कुछ सकारात्मक लगाने

वाली बात कही जाती है तो ग़ैर-वामपंथियों की तरफ़ से कि वे इसलाम के अनुयायी होने के बावजूद इस देश के अन्य सनातनी हिंदुओं की तरह ही सनातनी स्वभाव के हैं। इसलिए उन्हें उदार हिंदू समाज कट्टर हिंदुओं के हमलों से बचा लेगा। ज़ाहिर है कि जिन लोगों ने संघ के दिवंगत सरसंघचालक बाला साहेब देवरस के व्याख्यान सुने हैं, उन्हें ग़ैर-वामपंथियों के इस सूत्रीकरण में भी संघ परिवार की आवाज़ ही सुनायी पड़ेगी। देवरस को सावरकर का यह कथन बड़ा प्रिय था कि इस देश में सभी हिंदू हैं। केवल कुछ लोगों की पूजा पद्धतियाँ अलग-अलग हैं।

☐ अलग-अलग राजनीतिक विचारधाराओं के बावजूद हिंदी क्षेत्र के चिंतक हिंदू समाज के बारे में दो पहलुओं के प्रति एकमत हैं। पहला, सभी मानते हैं कि परम्परा और इतिहास से हिंदुओं को उदारता, बहुलता और सहिष्णुता की विरासत मिली है जिससे उनके सेकुलर और आधुनिक विकास की गुंजाइशें खुल गयी हैं। यह मानते हुए अ-धार्मिक और वामपंथी टिप्पणीकार हिंदुओं को कर्मकाण्डों और अंधविश्वासों में फँसे होने के कारण आड़े हाथों लेते हैं कि उनकी अधकचरी आधुनिकता उनका सेकुलर विकास नहीं होने दे रही है। लेकिन, ग़ैर-वामपंथी इस तरह नहीं सोचते। वे इसे हिंदुओं की खूबी मानते हैं। हालाँकि यह बात साफ़ तौर पर नहीं कही गयी है पर शायद इसमें आधुनिकता की एक हिंदू क़िस्म की तरफ़ इशारा पढ़ा जा सकता है। दूसरा, सभी मानते हैं कि जब राष्ट्रीयता की कसौटी पर कसने का नम्बर आता है, तो हिंदुओं को राष्ट्रीयता के मामले में सौ फ़ीसदी नम्बर दिये जाने चाहिए। इस मुद्दे पर किसी भी विचारधारा के अनुयायियों के बीच कोई बहस नहीं है।

☐ हिंदी के अधिकतर अ-साम्प्रदायिक लेखक अपना विमर्श हिंदुओं के दायरे में चलाते हैं। उनमें मुसलमान समाज से आये हुए लेखकों की संख्या न के बराबर ही है। इस लेख में विश्लेषित टिप्पणीकारों में तो एक भी मुसलमान नहीं है। मुसलमान समाज इन लोगों की चिंता का विषय नहीं है। सेकुलर राष्ट्र के निर्माण में मुसलमानों की भूमिका इन सभी के लिए शून्य है। हिंदी वालों के लिए सेकुलरवाद का संघर्ष केवल हिंदुओं के बीच ही सीमित है। मुसलमानों को उससे जोड़ने की तजवीज़ किसी के पास नहीं है।

इन तमाम मसलों के साथ ही जुड़ा है राष्ट्रीय राजनीतिक समुदाय का प्रश्न। सेकुलरवाद पर हिंदी के हलक़े में हुई बहस की एक बेहद महत्त्वपूर्ण बात यह है कि वामपंथी हों या ग़ैर-वामपंथी, दोनों ही हिंदुओं और मुसलमानों की चर्चा करते समय जाने-अनजाने उन्हें एकाश्म समुदायों की तरह देखते हैं। मुसलमानों

के मामले में उनका यह रवैया सचेत होता है। यह नहीं माना जा सकता कि ये टिप्पणीकार मुसलमानों में अशराफ़ (अगड़े) और अजलाफ़ (पिछड़े) के विभेद को न जानते हों। लेकिन, सम्भवत: उनकी चेतना में मुसलमानों का वजूद एकाश्म धार्मिक-राजनीतिक समुदाय के रूप में दर्ज हो चुका है। बावजूद इसके कि हिंदुओं के बीच सांस्कृतिक-विभेदीकरण के तथ्य उनकी रचनाओं में बार-बार सामने आते हैं, ये टिप्पणीकार हिंदुओं का ज़िक्र ज़्यादातर एक समरूप राजनीतिक समुदाय के रूप में करना पसंद करते हैं। इस तरह उनकी रचनाओं में अल्पसंख्यकों के समुच्चयों के मुक़ाबले हिंदुओं का एक बहुसंख्यक समुच्चय बन जाता है। सभी विचारधाराओं के लेखक मानते हैं कि हिंदू समाज अगर एक नहीं है, तो उसमें एकता करनी होगी। सभी लेखक जातिप्रथा को हिंदू समाज के लिए विधेयक न मान कर उसकी विकृति के रूप में देखते हैं। इसलिए उन्हें यह तर्क देने में दिक़्क़त नहीं होती कि राजनीति में जातिवाद उसी तरह की परिघटना है जिस तरह राजनीति में साम्प्रदायिकता। उनका विमर्श संदेश देने लगता है कि जातिभेद ख़त्म करके हिंदुओं को सेकुलर ढंग से एक विशाल अभेदित एकाश्म समुदाय में बदल जाना चाहिए। कुल मिलाकर कहा जा सकता है कि हिंदी के लेखक बड़े पैमाने पर हिंदी समाज को एक राजनीतिक समुदाय में बदलते हुए देखना चाहते हैं।

सवाल यह है कि हिंदी के साम्प्रदायिकता विरोधी चिंतन से निकलने वाले हिंदू-वर्चस्व का उद्‌गम क्या है? ऐसे हिंदू-वर्चस्व का बीजारोपण कब और कहाँ हुआ था जो 'आधुनिक', 'सेकुलर', 'लोकतांत्रिक' और 'अल्पसंख्यकों के सांस्कृतिक अधिकारों की पक्षधरता' का दावा करते हुए हिंदुत्ववादी साम्प्रदायिकता के ख़िलाफ़ संघर्ष करता है? इस प्रश्न का उत्तर देना आसान नहीं है, लेकिन संविधान सभा में सेकुलरवाद से जुड़े मुद्दों पर हुई बहस हमें कुछ उपयोगी सुराग दे सकती है।

यह बहस हमें बता सकती है कि बहुसंख्यकवाद को लोकतंत्र का पर्याय क़रार देने की कारिस्तानी केवल हिंदू राष्ट्रवादियों की ही नहीं थी। उदारतावाद का भारतीय संस्करण भी इसका ज़िम्मेदार रहा है। उसने शुरू से ही राजनीतिक बहुमत और राजनीतिक अल्पमत के आधार पर चलने वाले लोकतंत्र के साथ बहुसंख्या और अल्पसंख्याओं के घालमेल की इजाज़त दी है। लोकतंत्र में बहुमत शासन तो करता है, पर अल्पमत उसके आधीन नहीं होता। वह हमेशा बहुमत में विकसित होने और बहुमत को अल्पमत में सीमित करने की कोशिश करता रहता है और लोकतांत्रिक प्रक्रिया ऐसा करने के लिए गुंजाइशें पैदा करती है। यानी लोकतंत्र में बहुमत और अल्पमत अस्थायी और परिवर्तनशील होते हैं। इसी कारण वे अस्मिताओं का आधार बन नहीं पाते। इसके उलट अल्पसंख्यक होना

और बहुसंख्यक होना कमोबेश स्थायी संरचनाएँ हैं, जो अस्मिताओं का आधार बनती हैं। अस्मिताओं के अपने तर्क होते हैं। एक सीमा के बाद उनकी निगाह में भेदभाव और वर्चस्व की अनुभूति विधेयक रूप ग्रहण कर लेती है। किसी समुदाय का अल्पसंख्यक होना दुर्बलता की स्थायी अभिव्यक्ति भी है और इस दुर्बलता के स्थायी निवारण के लिए वह समुदाय ख़ुद को बहुसंख्यक में तब्दील करने की मुहिम चला सकता है। ऐसा करने के लिए उसे बहुसंख्यकों से अलग होने की मुहिम चलानी पड़ती है और ख़ुद को अलग राष्ट्र के रूप में कल्पित करना पड़ता है। भारत विभाजन अल्पसंख्यकों के एक हिस्से द्वारा बहुसंख्यक बन जाने के प्रयास की कामयाब मिसाल है। उदारतावादी चिंतक हिंदुओं की सांस्कृतिक बनावट की अंतर्निहित बहुलता को लेकर कुछ ज़्यादा ही निश्चिंत रहते आये हैं। उन्हें लगता रहा है कि जाति बहुल और श्रेणी बहुल हिंदू आपस में जुड़ कर सियामी धर्मों की तरह एकाश्म समाज नहीं बन सकते। अर्थात् लोकतांत्रिक बहुमत का चरित्र बहुसंख्यकवादी होने की सम्भावना नहीं है। उदारतावादियों ने इस विकल्प पर पर्याप्त विचार नहीं किया कि सांस्कृतिक बनावट में बहुलतावादी रहते हुए भी हिंदू राजनीतिक नज़रिये से एकाश्म बहुसंख्या बनने की तरफ़ क़दम बढ़ा सकते हैं।[38] सेकुलरीकरण की प्रक्रिया उन्हें जैसे-जैसे पहले के मुक़ाबले ज़्यादा एक करेगी, वैसे-वैसे वे ख़ुद को सेकुलर मक़सदों से ही नहीं साम्प्रदायिक मक़सदों से भी इस्तेमाल किये जा सकने लायक बनाते चले जाएँगे।

आज़ाद भारत के पहले दस वर्ष के दौरान सरकारी क़दमों और विधिनिर्माण के ज़रिये किये गये सेकुलरीकरण की छानबीन करने से भी शायद यह पता लग सकता है कि सेकुलरवाद की यह हिंदू क़िस्म कहाँ छिपी हुई थी। यह पड़ताल हमें बता सकती है कि सिर्फ़ बहुसंख्यकों के सांस्कृतिक जीवन को राज्य के हस्तक्षेप से बदलने और अल्पसंख्यकों के सांस्कृतिक जीवन को क़तई अछूता छोड़ देने के पीछे लोकतांत्रिक प्रतिनिधित्व की कौन सी भावना काम कर रही थी।

संविधान सभा की बहस में सेकुलरवाद की हिंदू बहुसंख्या के संदर्भ में परिभाषित करने का स्वर भी शामिल था। एक अध्येता ने इसे संविधान सभा में सेकुलरवाद पर अपनाये गये चार रवैयों में चौथा क़रार दिया है। पहला रवैया

---

[38] बहुमत-अल्पमत के राजनीतिक और परिवर्तनशील चरित्र के साथ-साथ बहुसंख्या-अल्पसंख्या की अपेक्षाकृत स्थायी संरचना की बेहतरीन व्याख्या के लिए सुदीप्त कविराज की रचना (1995) 'रिलीजन, पॉलिटिक्स ऐंड मॉडर्निटी' देखें. कविराज ने इस लेख में हिंदू बहुसंख्या के राजनीतिक चरित्र पर भी एक अंतदृष्टिपूर्ण टिप्पणी की है. यह लेख संकलित उपेंद्र बख़्शी और भीखू पारेख द्वारा सम्पादित पुस्तक *क्राइसिस ऐंड चेंज इन कंटेम्परेरी इण्डिया,* सेज दिल्ली में संकलित है.

सेकुलरवाद से अपेक्षा रखता था कि वह धर्म की जगह ले लेगा। दूसरा रवैया राज्य से उम्मीद रखता था कि न तो वह धर्म को प्रतिबंधित करेगा और न ही उससे कोई सरोकार रखेगा। तीसरा रवैया सर्वधर्मसमभाव का था। और चौथा रवैया सेकुलरवाद को अनिवार्यतः बहुसंख्या के पक्ष में झुका हुआ मानता था। उसका दावा था कि बहुसंख्या को धार्मिक आधार पर ही परिभाषित किया जाना चाहिए, ख़ास कर हिंदू आधार पर। उसकी दलील कहती थी कि चूँकि हिंदू धर्म सहिष्णुता और मतभेदों के सह अस्तित्व का मूर्तिमान रूप है, इसलिए उसे सेकुलरवाद की अभिव्यक्ति के रूप में ग्रहण किया जाना अनुचित न होगा।[39]

इतिहास गवाही दे सकता है कि संविधान सभा ने अंत में यह चौथी दलील नहीं मानी। उसने फ़ैसला किया कि भारतीय राज्य का कोई धर्म नहीं होगा। लेकिन, बहस में सेकुलरवाद के व्यावहारिक पक्षों पर रोशनी डालने वाली बातें भी पर्याप्त मिलती हैं जिनसे पता चलता है कि इस तकनीकी तौर पर धर्मविहीन राज्य द्वारा अपनाये जाने वाले सेकुलरवाद की सामाजिक चालक शक्ति के बारे में संविधान निर्माताओं के बीच क्या समझ थी। अल्पसंख्यकों के अधिकारों की रक्षा के प्रश्न पर बहस करते हुए डॉ. आम्बेडकर के विचारों से इसका अंदाज़ा लग सकता है :

> चूँकि भारत में प्रशासन पूरी तरह हिंदुओं के हाथों में है और स्वराज में तो विधायिका और कार्यपालिका भी हिंदुओं के हाथों में होगी। ... (भारतीय राष्ट्रवाद ने एक सिद्धांत विकसित कर लिया है जो) बहुसंख्या द्वारा अल्पसंख्या पर बहुसंख्यकों की इच्छा के मुताबिक़ शासन करने के दैवी अधिकार का सिद्धांत है। अल्पसंख्यकों द्वारा सत्ता में हिस्सेदारी का कोई भी दावा साम्प्रदायिकता क़रार दे दिया जाता है और बहुसंख्यकों द्वारा सत्ता पर पूरी तरह इजारेदारी को राष्ट्रवाद कहा जाता है।[40]
>
> अल्पसंख्यकों ने वफ़ादारी के साथ बहुसंख्यकों का शासन स्वीकार कर लिया है और यह बहुसंख्या राजनीतिक बहुमत न होकर साम्प्रदायिक बहुसंख्या है। अब यह बहुसंख्यकों का फ़र्ज़ है कि वे अल्पसंख्यकों के साथ भेदभाव न करें। अल्पसंख्यक रहेंगे या विलुप्त हो जाएँगे, यह बहुसंख्यकों के रवैये पर ही निर्भर करेगा। बहुसंख्यक जैसे ही अल्पसंख्यकों के साथ भेदभाव की आदत छोड़ेंगे, अल्पसंख्यकों के बने रहने का आधार ख़त्म हो जाएगा।[41]

---

[39] संविधान सभा में यह आवाज लोकनाथ मिश्र ने उठायी थी. वलेरियन रोड्रिग्ज ने संविधान सभा की बहस से निकलने वाली सेकुलरवाद की निर्मितियों पर तैयार किये गये अपने वक्तव्य में एक सेमिनार के दौरान यह हवाला दिया है. देखें, *कांस्टीट्यूएंट एसेंबली डिबेट*, खण्ड-3 : 822, 823 और 899.

[40] संविधान सभा की बहस में सेकुलरवाद के अध्ययन के लिए देखें शेफाली झा, 'सेकुलरिज़्म इन द कांस्टीट्यूएंट एसेंबली डिबेट-1946-1950', यह पर्चा इण्डियन इंस्टीट्यूट ऑफ़ स्टडी, शिमला द्वारा 1997 में आयोजित 'स्टडी वीक ऑन सेकुलर-कम्युनल क्वेश्चन' में पेश किया गया था. झा ने आम्बेडकर का यह उद्धरण बी. शिवा राव द्वारा संकलित पुस्तक द *फ्रेमिंग ऑफ़ इण्डियाज कांस्टीट्यूशन : सिलेक्ट डॉक्यूमेंट,* खण्ड-2, गवर्नमेंट ऑफ़ इंडिया प्रेस, नासिक, 1967 के : 193 से उठाया है.

[41] *कांस्टीट्यूएंट एसेंबली डिबेट* खण्ड-7 : 39.

पूरी तरह सेकुलर मंतव्य से दिये गये इन दो वक्तव्यों से स्पष्ट ध्वनि निकलती है कि भारतीय संदर्भ में लोकतांत्रिक बहुमत पहले दिन से ही बहुसंख्यकवाद की तरह परिभाषित होने के अंदेशे से ग्रस्त था। कुछ विद्वानों ने निष्कर्ष निकाला है कि नेहरू सरकार अपने सेकुलर और आधुनिकतावादी इरादों के कार्यान्वयन में कई बार ख़ुद को राजनीतिक बहुमत के आधार पर चुनी गयी सरकार न समझ कर हिंदू बहुसंख्या की नुमाइंदगी करने वाली सरकार की तरह आचरण करती नज़र आती थी :

> नेहरू का राज्य हिंदुओं के संदर्भ में हिंदू की भाँति ही आचरण करता था और हिंदुओं पर अपने हक़ का दावा करने में भी वह हिंदू राज्य की तरह ही था। ... क्योंकि न केवल नेहरू और उनके साथी हिंदू थे बल्कि ख़ुद को हिंदू मानते भी थे। ... इसलिए उन्होंने हिंदुओं के सांस्कृतिक जीवन में हस्तक्षेप किये, पर मुसलमानों और यहाँ तक कि सिखों के संदर्भ में वैसे ही हस्तक्षेप करने की हिम्मत वे नहीं जुटा पाये।[42]

भीखू पारेख की मान्यता है कि इसके पीछे कहीं गहरा कारण था। नेहरू और संविधान के अन्य निर्माता भारतीय सामाजिक यथार्थ को ग़ैर-हिंदू अल्पसंख्यकों और हिंदू बहुसंख्यकों के दो भागों में बाँट कर पहचानते थे। यह समझ संविधानसम्मत भी थी, क्योंकि संविधान कभी तो सिर्फ़ हिंदुओं की चर्चा करता है, तो कभी बौद्धों, जैनों और सिखों को भी हिंदुओं के खाने में रख देता है। संविधान आदिवासियों को भी हिंदू के रूप में ही देखता है। पहले ब्रिटिश उपनिवेशवादियों ने और फिर संविधान ने ईसाइयों और मुसलमानों को मौक़ा दिया कि वे ख़ुद को धार्मिक अल्पसंख्यक अस्मिता के रूप में परिभाषित करें। भारत में पैदा हुए ग़ैर-हिंदू धर्मों को हिंदू की श्रेणी में रख कर और भारत के बाहर जन्मी ईसाई, इसलामी, पारसी और यहूदी धार्मिक परम्पराओं को हिंदू श्रेणी से बाहर रख कर संविधान ने 'अपनी' और 'पराई' धार्मिकताओं के सूत्रीकरण का तर्क प्रदान किया, बावजूद इसके कि इसलाम और ईसाइयत की सिख़ों से काफ़ी पहले इस देश की धरती पर मौजूदगी थी। इस तरह संविधान हिंदू बहुसंख्या को और भी बड़ी बहुसंख्या बना कर अभेदित एकाश्म के रूप में समझने की ज़मीन तैयार करता है। यह केवल हिंदू राष्ट्रवादियों की ही नहीं, बल्कि एक आधुनिकतावादी और सेकुलर उम्मीद भी है कि एक दिन सारे हिंदू जाति और अन्य श्रेणियों को मिटा कर केवल राष्ट्र-हित के साथ सरोकार रखेंगे।

---

[42] टी.एन. मदन भीखू पारेख (1991) के इस निष्कर्ष से सहमत हैं कि नेहरू की सरकार में ख़ुद को हिंदुओं की सरकार की तरह देखने की प्रवृत्ति थी। मदन ने पारेख का यह नतीजा अपने चर्चित लेख 'विदर इण्डियन सेकुलरिज़म' में उद्धृत किया है। भीखू पारेख, 'नेहरू ऐंड द नैशनल फिलासफी ऑफ़ इण्डिया', *इकॉनामिक ऐंड पॉलिटिकल वीकली*, 5–12, जनवरी : 42.

1952 का आम चुनाव जीतते ही नेहरू ने हिंदुओं के सेकुलरीकरण के लिए एक के बाद एक क़दम उठाने शुरू कर दिये। 1956 तक हिंदू विवाह क़ानून, हिंदू उत्तराधिकार क़ानून और दत्तक व गुज़ारा भत्ता क़ानून पारित कर दिये गये। नेहरू और उनके साथियों के मन में ऐसा करने के पीछे एक ख़ास तरह की भावना थी जिसकी व्याख्या पारेख ने इस प्रकार की है :

> संविधान ने भी उन्हें ऐसा करने की इजाज़त दी क्योंकि राज्य के हस्तक्षेप के ख़िलाफ़ सुरक्षा केवल अल्पसंख्यकों को मिली हुई थी। नेहरू की ही तरह संविधान मान कर चलता था कि हिंदुओं के लिए राज्य के हस्तक्षेप से डरने की कोई वजह नहीं होनी चाहिए।... संविधान ने अनजाने में यह मान लिया था कि भारतीय राज्य हिंदुओं द्वारा संचालित किया जाएगा या उस पर हिंदुओं का वर्चस्व तो होगा ही। इसलिए हिंदुओं के लिए 'अपनी' सरकार से डरने का कोई कारण नहीं हो सकता। अगर संविधान के निर्माताओं ने किसी ग़ैर-हिंदू सरकार के सत्ता में आने की कल्पना भी की होती तो वे बहुसंख्यक समाज के रीति-रिवाजों को बदलने के लिए राज्य द्वारा किये जाने वाले हस्तक्षेप की कुछ सीमाएँ निर्धारित करते। हिंदू निजी क़ानून को सुधारने, हिंदू मंदिरों के प्रबंधन को विनियमित करने जैसे क़दम उठाते समय नेहरू सरकार एक हिंदू सरकार की ही तरह अपने अधिकारों का इस्तेमाल कर रही थी।[43]

पारेख के अनुसार सेकुलरीकरण के इन प्रयासों का विरोध होने पर नेहरू चिढ़ कर हिंदुओं के धार्मिक जीवन में राज्य के हस्तक्षेप की किसी भी मुखालफ़त को साम्प्रदायिकता क़रार देने की हद तक चले जाते थे। उनकी इस परियोजनाओं का लाभ हिंदुओं को निश्चित रूप से मिला। वे आधुनिक राष्ट्र के निर्माण की प्रक्रिया के हरावल में आये, जबकि अल्पसंख्यक उसके हाशिये में ही रह गये। लेकिन, इसका एक पहलू यह भी था कि हिंदुओं के एक हिस्से के भीतर सांस्कृतिक-उत्पीड़न का पहले से चला आ रहा एहसास मजबूत हुआ। 'गर्व से कहो, हम हिंदू हैं' जैसा नारा नेहरू के ज़माने में ही बुदबुदाया जाने लगा था। बनती हुई हिंदू बहुसंख्या के सेकुलर के अलावा कुछ और होने की गुंजाइशें भी मौजूद थीं। हिंदुत्ववादी ताक़तें 1925 से ही सांस्कृतिक उत्पीड़न की ऐतिहासिक अनुभूति का दोहन करने के लिए मौजूद थीं।

इस महादेश की एक अरब से ज़्यादा की आबादी सेकुलरीकरण और आधुनिक चुनावी राजनीति की माँगों के कारण बड़े-बड़े राजनीतिक समुदायों में पुनर्गठित होती जा रही है। हिंदू पचासी फ़ीसदी हैं और उनके बड़े-बड़े हिस्से राजनीतिक समुदायों में ख़ुद को गठित करने की प्रक्रिया से गुज़र रहे हैं। मसलन,

---

[43] भीखू पारेख (1991), 'नेहरू ऐंड सेकुलरिज़्म', *नेहरू रिविज़िटेड,* 5-12, जनवरी, जनवरी : 42.

पचासों जातियों में बँटे पूर्व-अछूत आज एकजुट हो कर अखिल भारतीय दलित राजनीतिक समुदाय में बदलने की तरफ़ आगे बढ़ रहे हैं। अगड़ों, पिछड़ों और दलितों में बँटे मुसलमान पहले से ही राजनीतिक समुदाय बन चुके हैं। राजनीतिक व्यवहार के तौर पर ऊँची जातियों को भी एक समुदाय के रूप में पहचानने का सिलसिला शुरू हो चुका है। हिंदुत्ववादी राजनीतिक ताक़तें अल्पसंख्यकों को 'पराये' के रूप में परिभाषित करते हुए हिंदुओं के बीच बन रहे इन विशाल राजनीतिक समुदायों को लेन-देन के आधार पर किये गये गठजोड़ों के ज़रिये नज़दीक लाने की रणनीति पर पिछले दस साल से अमल कर रही हैं।

ऐसे में यह पूछना स्वाभाविक होगा कि क्या सेकुलरीकरण का सिलसिला अपने अंतिम विश्लेषण में बहुसंख्यक पहचान उभारने का ज़रिया बन गया है? हिंदी क्षेत्र के ही एक अंतर्दृष्टि सम्पन्न प्रेक्षक सुधीश पचौरी ने सेकुलरवाद पर बहस में योगदान करते हुए इस ओर ध्यान खींचा है कि पूँजीवाद के विकास के एक ख़ास चरण में (जिसे भूमण्डलीकरण भी कहा जा सकता है) जब पहचान के प्रश्न किसी समाज के मानस से टकराने लगते हैं तो क्या होता है :

> विकास के चार दशक बाद अचानक लगा कि इस तरह के विकास में मैं कहाँ हूँ, मेरा नाम, पता, मेरा प्रतीक, मेरा देवता कहाँ है? पेट के कुछ भर जाने के बाद यह सोचना स्वाभाविक था कि मैं कौन हूँ। ... पूँजी की लूट ने इस पहचान को नये संगठन और नये मुहावरे दे दिये। निर्मम और नृशंस आधुनिक मुहावरे, बाज़ार की लूट की तरह, खुले चाकू की तरह निर्लज्ज मुहावरे, राज्यसत्ता से अलग निज समूह-सत्ता के मुहावरे-यही सत्ता का विकेंद्रीकरण है। राजसत्ता से अलग बनते हुए केंद्र. ... पहचान के 'रूप' के प्रश्न हैं, इस वस्तु जगत के प्रश्न हैं। अपने स्वरूप को पाने के प्रश्न हैं। आधुनिकीकरण और विकास ने वे तमाम परिस्थितियाँ तैयार कर दी हैं ... नये प्रतीकों का उभरना धर्म की पुनर्रचना जैसा है। धर्म का रूप बदल रहा है। धार्मिक अनुभव बदल रहा है। देखने की बात है कि धार्मिक अनुभव वैसे समाप्त नहीं हो रहा है जैसा कि औद्योगिक और आधुनिक तर्कवाद ने सोचा-विचारा था। ... आधुनिक जीवन का विकास मनुष्य को कुछ इस तरह तर्कवादी बनाता है कि वह अपने रहस्यात्मक अनुभवों को और भौतिक अनुभवों को (यद्यपि दोनों ही भौतिक होते हैं) आपस में नहीं टकराता। ... नये आधुनिकीकरण ने चेतना के प्रश्न, पहचान के प्रश्न, 'एजेण्डे' पर रख दिये हैं। ...इस परिदृश्य में हम देश के भीतर सूचना तकनीक के हस्तक्षेप को और जोड़ लें तो पहचान के प्रश्नों का समकालीन परिदृश्य पूर्ण हो जाता है। ... पहचान के प्रश्नों के इस ऊहापोह में अंतिम विचारणीय बात यह है कि इस पहचान उपक्रम में हिंदू समाज और उसकी धार्मिक संरचना कैसी बन रही है? क्या उसमें कोई वैचारिक ऊर्जा बन रही है जो उसे कोई नया भविष्य दे सके? अथवा वह पूँजी के हस्तक्षेप से उत्पन्न स्पर्धा मात्र है जो अपने लिए देश का ज़्यादा हिस्सा माँगती है और जब नहीं मिलता तो छीनती

है? इस क्रम में हिंदू समाज बदल रहा है। वह अधिक स्पर्धात्मक, अधिक युयुत्स और हिंसक होने लगा है। यह हिंसा वहाँ ज़्यादा है जहाँ देश के लिए स्पर्धा बहुत ज़्यादा है। वह बाज़ार में है। वह राजनीति में है। ...[44]

सुधीश पचौरी सम्भवत: हिंदी जगत के एकमात्र विचारक हैं जो पूँजीवाद और विकास के बेरहम हाथों द्वारा (क्या इन हाथों को सेकुलरीकरण के हाथ नहीं माना जा सकता?) बदलती दुनिया के ठोस धरातल पर सेकुलरवाद के संकट की जाँच करने की कोशिश करते हैं। उनका संदेश है कि भारतीय सेकुलरवाद का पुनर्सूत्रीकरण इन नयी हक़ीक़तों की उपेक्षा करके नहीं किया जा सकता, क्योंकि केवल इन्हीं के संदर्भ में समझा जा सकता है कि विश्व हिंदू परिषद को अचानक हिंदू समाज के एक बड़े हिस्से का समर्थन क्यों मिलने लगा। हिंदी की साम्प्रदायिकता विरोधी दुनिया में पचौरी की आवाज़ अकेली है, पर वह परिवर्तन की प्रक्रिया को एक ख़ासा संदर्भ देती है। वह बताती है कि परिवर्तन इतना व्यापक है कि उसने सनातन धर्म को भी सनातन नहीं रहने दिया है। वह आधुनिकता, पूँजीवाद, राष्ट्र-राज्य और साम्प्रदायिकता के ही नहीं, सेकुलरवाद के धरातल पर भी वर्चस्व की माँग करने लगा है।

संदर्भ

आशिस नंदी (1985), 'एन एंटीसेकुलर मेनीफ़ेस्टो', *सेमिनार,* अंक 34, अक्टूबर.

--------(1988), *द पॉलिटिक्स ऑफ़ सेकुलरिज़म ऐंड रिकवरी ऑफ़ रिलीजस टालरेंस, आल्टर्नेटिवज,* खण्ड 13, अंक 2, अप्रैल.

किशन पटनायक (1993), 'धार्मिक राष्ट्रीयता बनाम आर्थिक राष्ट्रवाद', राजकिशोर (सम्पा.), *आज के प्रश्न : अयोध्या और उसके आगे,* वाणी प्रकाशन, नयी दिल्ली.

----------(2000), *विकल्पहीन नहीं है दुनिया,* राजकमल प्रकाशन, नयी दिल्ली.

खगेंद्र ठाकुर (1993), 'सबसे अधिक मनुज मोहे भाये', *देशज,* प्रवेशांक.

जाविद आलम (1990), 'केन ट्रेडीशन इन इण्डिया बी एन आल्टर्नेटिव टु द सेकुलर आइडियल', *सोशल साइंस प्राबिंग्स,* नयी दिल्ली, मार्च-सितम्बर 1991.

टी.एन. मदन (1987), 'सेकुलरिज़म इन इट्स प्लेस', *द जनरल ऑफ़ एशियन स्टडीज,* खण्ड 46, अंक 4.

पार्थ चटर्जी (1994), 'सेकुलरिज़म ऐंड टालरेंस', *इकॉनॉमिक ऐंड पॉलिटिकल वीकली,* 9 जुलाई.

प्रभाष जोशी (2003), *हिंदू होने का धर्म,* राजकमल प्रकाशन, नयी दिल्ली.

---

[44] सुधीश पचौरी (1993), 'पहचान का प्रश्न ', संकलित, *आज के प्रश्न : अयोध्या और उसके आगे,* राजकिशोर (सम्पा.), वाणी प्रकाशन नयी दिल्ली.

भीखू पारेख (1991), 'नेहरू ऐंड द नैशनल फिलासफी ऑफ़ इण्डिया', *इकॉनामिक ऐंड पॉलिटिकल वीकली*, 5-12, जनवरी.

-------(1991), 'नेहरू ऐंड सेकुलरिज़्म', *नेहरू रिविजिटेड*, 5-12, जनवरी, जनवरी.

मुशीर-उल-हक (1977), *धर्मनिरपेक्ष भारत में इसलाम*, अनुवाद : मुनीश सक्सेना, राधाकृष्ण, नयी दिल्ली.

रजनी कोठारी,(1993) 'बहुसंख्यकवाद से निकली साम्प्रदायिकता', अभय कुमार दुबे (सम्पा.), *साम्प्रदायिकता के स्रोत*, विनय प्रकाशन, नयी दिल्ली.

राजेंद्र यादव, *कांटे की बात*, ग्यारह खण्ड, वाणी प्रकाशन, नयी दिल्ली.

राजेंद्र माथुर (2003), *सपनों में बनता देश*, दो खण्ड, सामयिक प्रकाशन, नयी दिल्ली.

राममनोहर लोहिया, (1993) 'हिंदू बनाम हिंदू', *परिवेश*, मुरादाबाद.

विष्णु नागर (1993), 'हिंदू राष्ट्र के मायने', राजकिशोर (सम्पा.), *आज के प्रश्न : अयोध्या और उसके आगे*, वाणी प्रकाशन, नयी दिल्ली.

शेफाली झा (1997), 'सेकुलरिज़्म इन द कांस्टीट्यूएंट एसेंबली डिबेट-1946-1950', स्टडी वीक ऑन सेकुलर-कम्युनल क्वेश्चन, शिमला संस्थान.

सच्चिदानंद सिन्हा (1993), 'धर्मनिरपेक्षता : परम्परा और प्रासंगिकता', राजकिशोर (सम्पा.), *आज के प्रश्न : अयोध्या और उसके आगे*, वाणी प्रकाशन, नयी दिल्ली.

सत्यपाल गौतम (1991), *समाजदर्शन*, 'धर्मनिरपेक्षता', हरियाणा साहित्य अकादमी, चंडीगढ़.

सुदीप्त कविराज (1995), 'रिलीजन, पॉलिटिक्स ऐंड मॉडर्निटी', उपेंद्र बख्शी और भीखू पारेख (सम्पा.), *क्राइसिस ऐंड चेंज इन कंटेम्परेरी इण्डिया*, सेज, नयी दिल्ली.

कांस्टीट्यूएंट एसेंबली डिबेट, खण्ड-3

सुधीश पचौरी (1993), 'पहचान का प्रश्न ', राजकिशोर (सम्पा.), *आज के प्रश्न : अयोध्या और उसके आगे*, वाणी प्रकाशन, नयी दिल्ली.

5

नारीवाद की हिंदी-कथा

सशक्तीकरण और मुक्ति के बीच हमारे युग की नायिकाएँ

I
कर्त्ता की मौत और आत्मकथा की दस्तक

> क्या कोई जीवन कभी शब्दों में अनूदित हो सकेगा? ... क्या एक जीवन, जिसका अभी अंत नहीं हुआ है, ... कभी ख़ुद को पूरी तरह समझ सकेगा? ... क्या हम किसी आत्मकथा के भीतर हक़ीक़त और फ़साने का फ़र्क़ करने में कामयाब हो पाएँगे ...? क्या स्मृति और कल्पना में बहनापा नहीं होता, क्या नॉस्टेल्जिया या आत्म-छलना से यादों की नातेदारी नहीं होती? ... इसलिए, क्या आत्मकथा किसी तलाश का रिकॉर्ड होने के बजाय ख़ुद में एक तलाश नहीं होती? क्या वह ख़ुद को व्यक्त करने या ख़ुद को जानने से कहीं ज़्यादा ख़ुद की रचना का अध्यवसाय नहीं होती?... और, क्या यह तलाश, ख़ुद को रचने के लिए की गयी मेहनत जीवन-मरण के चक्र में फँसे असली कर्त्ता पर अपना असर नहीं डालती?[1]

[1] इहाब हसन (1995), *र्‍यूमर्स ऑफ़ चेंज : एसेज़ ऑफ़ फ़ाइव डिकेड्स*, युनिवर्सिटी ऑफ़ अल्बामा प्रेस, उद्धृत : वेल एस. हसन (2002), 'अरब-अमेरिकन ऑटोबायोग्राफ़ी ऐंड द रिइन्वेंशन ऑफ़ आइडेंटिटी : टू इजिप्शियन निगोशिएशंस', *अलिफ़ : जर्नल ऑफ़ कम्परेटिव पोइटिक्स*, अंक 22, द लैंग्वेज ऑफ़ सेल्फ : ऑटोबायोग्राफ़ी ऐंड टेस्टिमनीज़ : 7-35.

ये सवाल अमेरिका में रह कर अंग्रेज़ी लेखन करने वाले मिस्त्री लेखक इहाब हसन ने अपनी बहुचर्चित आत्मकथा[2] प्रकाशित होने के सात-आठ साल बाद उठाये थे। शायद उन्हें लग रहा था कि आत्मकथा के आईने में उन्होंने ख़ुद को नयी आँखों से देख लिया है। आत्मकथा लिखने के बाद उन्हें स्वयं की नयी प्रतीति हुई होगी। इसीलिए निबंधों के जिस संकलन में उन्होंने अपने उत्तर-आत्मकथा जीवन पर खोजपूर्ण नज़र डाली, उसका शीर्षक भी *र्‌यूमर्स ऑफ़ चेंज* यानी *बदलाव की अफ़वाहें* था। आत्मकथ्य के बैरोमीटर से अपने ही बदलाव की डिग्री का पता लगाते हुए इहाब हसन का मक़सद जो भी रहा हो, उनका यह कथन हमें आत्मकथा की विधा में झाँकने की एक उपयोगी निगाह तो दे ही सकता है।

यह रवैया हक़ीक़त-निगारी की उस शैली से अलग है जिसके तहत आत्मकथा की समीक्षा करते हुए उसके एक-एक शब्द, प्रत्येक घटना और विवरण को सच या झूठ की कसौटी पर कसने में ही पूरी ताक़त ख़र्च कर दी जाती है। यह रवैया आत्मकथा लिखने वाले के इस 'स्पष्टीकरण' को भी अहमियत नहीं देता कि 'अपनी कहानी लिखते समय' सबसे पहले तो मुझे अपनी कल्पना के पर कतर एक ओर सरका देने पड़े'।[3] 'प्रामाणिकता' के दावे की जाँच-परख में भी इसकी दिलचस्पी नहीं होती, भले ही आत्मकथा का 'मैं' यह कहता फिरे कि वह 'प्रामाणिक रूप से अपनी यात्रा कर रहा है'।[4]

वैसे भी रचना की प्रक्रिया लाज़िमी तौर पर किसी स्पष्टता या प्रामाणिकता की हमजोली नहीं होती। तथ्य बिना कथ्य बने रचे ही नहीं जा सकते, और कथ्य बनते ही आत्मकथाएँ उपन्यास हो जाती हैं। बस, फ़र्क़ इतना है कि रचनाकार उसे उपन्यास कहने के लिए स्वतंत्र नहीं होता, क्योंकि वह कथ्य के साथ चलने वाले 'मैं' के साथ नत्थी रहने के लिए मजबूर है। इसी मैं की अ-प्रामाणिक 'प्रामाणिकता' और उसका अ-स्पष्ट 'स्पष्टीकरण' आत्मकथा को स्वतंत्र विधा का दर्जा दिला देता है। यानी, आत्मकथा का मज़ा यह है कि वह उपन्यास कहे जाने के लिए स्वतंत्र न होकर भी अंततः एक उपन्यास ही है जिसके पृष्ठों पर रचनाकार के पात्रों की नहीं, बल्कि उसकी अपनी इयत्ता (सेल्फ़) का आविष्कार घटित होता है। कथानक बुनने की परिचित परम्पराओं और तकनीकों से बनती हुई यह रचना हेनरी मिलर के उस कथन को ही सार्थक नहीं करती कि 'सभी

---

[2] इहाब हसन की आत्मकथा 1986 में *आउट ऑफ़ इजिप्ट : सींस ऐंड आर्गूमेंट्स ऑफ़ एन ऑटोबायोग्राफ़ी,* प्रकाशित हुई थी. इसे सदर्न इलिनॉइयस युनिवर्सिटी प्रेस ने छापा था.

[3] मन्नू भण्डारी (2007), *एक कहानी यह भी,* राजकमल प्रकाशन, नयी दिल्ली : 7.

[4] प्रभा खेतान (2007), *अन्या से अनन्या,* राजकमल प्रकाशन, नयी दिल्ली : 256.

तरह का लेखन आत्मकथात्मक होता है', बल्कि आगे बढ़ कर कहती है :

आत्मकथा का ताल्लुक़ सहज रूप से 'जीवन जो जिया गया' से न तो होता है, न ही हो सकता है। ... जब ऐसी कोई चीज़ होती ही नहीं जिसे 'जीवन जो जिया गया' कहा जा सके, तो उसका हवाला कैसे दिया जा सकता है। दरअसल, आत्मकथा लिखने की क्रिया जीवन रचने की क्रिया है।[5] सही भी है, कोई अपना जीवन एक साथ, एक पल और एक प्रवाह में तो जीता नहीं। न जाने कितने अलग-अलग क्षणों में, भीड़ में रह कर भी निर्जन लगने वाले द्वीपों पर, कितनी लहरों में, न जाने कितने तिलिस्मों में और बारिश की बूँदों की तरह रुकते-होते दोहराव में जीवन जिया जाता है। आत्मकथा अपनी ज़रूरत के मुताबिक़ इन प्रसंगों में से कुछ उठाती है, कुछ छोड़ती है, उसे एक सिलसिला देती है, एक तर्क देती है, और जो कहानी नहीं है उसे भी कहानी बनाती है।

जिस तरह हर आत्मकथा किसी भी जीवन की आंशिक कहानी रहने के लिए अभिशप्त है, उसी तरह आत्मकथा को ही पूरा जीवन मान कर उसके भीतर यथार्थ और अस्मिता के आदर्शीकृत पैटर्न देखने में जुट जाने वाली समीक्षा भी मुँह के बल गिरने के लिए अभिशप्त है। यह समीक्षा शब्दों और वाक्यों में एक जासूस की तरह घुसती है और हास्यास्पद तरीक़े से पता लगाना चाहती है कि कौन-कौन सा काम निस्वार्थ भाव से किया गया, कहाँ-कहाँ त्याग किया, कहाँ छल किया, कितना क़बूला, कितनी बोल्डनैस दिखाई, कहाँ चुप्पी साधी और स्वघोषित विचारधारात्मक ज़मीन पर आत्मकथा कितनी खरी उतरी। पिछले चार-पाँच साल में प्रकाशित हुई स्त्री-लेखकों की आत्मकथाओं के साथ समीक्षकों ने तक़रीबन यही सलूक किया है। इसका ताज़ा उदाहरण देखना हो तो अप्रैल और मई, 2007 के *हंस* के पृष्ठों पर देखा जा सकता है जहाँ पहले प्रभा खेतान की आत्मकथा *अन्या से अनन्या* और फिर मन्नू भण्डारी की आत्मकथा *एक कहानी यह भी* को जम कर आटे की तरह गूँथा गया है। प्रभा खेतान नारीवाद के साथ अपनी बौद्धिक प्रतिबद्धता के लिए जानी जाती हैं, इसलिए समीक्षक के दिल से हाय निकलती है कि अरे, नारीवादी होकर भी वे यह या वह काम नहीं कर पाईं, अमुक परिस्थिति का सामना नहीं कर पाईं![6] मानो ज़िंदगी विचारधारा के साँचे

---

[5] जेरोम ब्रुनर, 'द ऑटोबायोग्राफ़ीकल प्रोसेस', *इन फ़ोकेफ़्लिफ़,* पृष्ठ 38-56, उद्धृत : वेल एस. हसन, वही.

[6] लता शर्मा (2007), 'सूखाग्रस्त क्षेत्र में पहली फुहार की गंध', *हंस,* नयी दिल्ली, अप्रैल : 79-81, कुछ अधिक गहराई में जाने की कोशिश करने वाली समीक्षा के लिए देखें : अर्चना वर्मा (2007), 'एक मुक्त स्त्री का रेखाचित्र', *हंस,* नयी दिल्ली, जून : 58-79.

से ढल कर निकलने के लिए मजबूर हो। दूसरी तरफ़ मन्नू भण्डारी नारीवाद की स्व-घोषित विरोधी हैं, इसलिए समीक्षक को सुविधा मिल जाती है कि उन पर 'बड़बोलेपन' का लेबल चस्पाँ करके घोषित कर दिया जाए कि वे 'चारों खाने चित' हो गयी हैं।[7] मन्नू भण्डारी का आत्मकथा-प्रकरण तो इतना नाज़ुक हो गया है कि उनके परिजन भी क़लम उठा कर मैदान में आ गये हैं।[8] ऊपर से ये सभी फ़तवे हिंदी जगत में चल रही उस चिरंतन बहस की छाया में दिये गये हैं जिसके तहत मान लिया गया है कि हिंदी में स्त्री-लेखन तो खूब है, पर स्त्रीवादी लेखन कुछ कम ही है।[9]

आत्मकथाएँ पहले भी लिखी जाती थीं, पर ये समीक्षक भूल जाते हैं कि एक स्वतंत्र विधा के तौर पर आत्मकथा ने रचनात्मकता के दरवाज़े पर अपनी दस्तक उस ज़माने में दी जब रोलाँ बार्थ और मिशेल फ़ूको जैसे उत्तर-आधुनिक चिंतकों ने 'लेखक की मृत्यु' का उद्घोष कर दिया। इसके ज़रिये ये विचारक युरोपीय ज्ञानोदय द्वारा सार्वभौमिकता के क्षितिज पर क़ाबिज़ उस कर्त्ता के नाकारा हो जाने की घोषणा कर रहे थे जिसने बीसवीं सदी के दो-तिहाई बरसों पर सांस्कृतिक हुकूमत की थी। यह कर्त्ता इनसानी मुक्ति का दावा लेकर आया था। उसका रंग-रुतबा इतना ज़बरदस्त था कि उसके मुक्तिकामी महावृत्तांतों के बोझ तले छोटी पहचानों की आवाज़ दब गयी थी। ऐसे कर्त्ता के वर्चस्व में आत्मकथा एक विधा के तौर पर अपनी स्वायत्तता प्राप्त नहीं कर सकती थी। 'लेखक की मृत्यु' जैसे युगप्रवर्तक एलान ने जैसे ही महावृत्तांतों की 'निर्भूलता' को मंच से धकियाया, वैसे ही वहाँ स्पेस बन गया जिसे भरने के लिए नयी सांस्कृतिक निर्मितियों का अवतरण होने लगा। ख़ालीपन भरने के लिए न केवल अवाँगार्द और पहले से जमे हुए उपन्यासकारों ने अपने आत्मकथ्य पेश किये, बल्कि एकाधिक हाशियों पर अपनी बेचैनियों में खदबदा रहे तरह-तरह के सामाजिक किरदार लिंग, नस्ल, जातीयता और जाति के आधार पर अपने वंचित होने की कथा कहने लगे। समाज जितना बहुसांस्कृतिक, बहुभाषी और बहुधार्मिक था,

---

[7] रोहिणी अग्रवाल (2007), 'एक कहानी यह भी : कटघरे में खड़े अहं', *हंस*, नयी दिल्ली, मई : 84-89.

[8] रचना यादव (2007), 'बेटी नहीं, पाठक का प्रतिरोध', *हंस*, नयी दिल्ली, जून : 8.

[9] रवींद्र त्रिपाठी (2007) ने प्रभा खेतान की आत्मकथा की समीक्षा करते हुए यह बात कही है। देखें, 'आत्मकथा में नारीवादी विमर्श', *हंस*, नयी दिल्ली, अप्रैल : 76-78; नारी-लेखन और नारीवादी लेखन के बीच फ़र्क़ करने से जुड़ी समस्याओं की सुचिंतित व्याख्या के लिए देखें : सुधीश पचौरी (2004), 'हिंदी में स्त्रीत्ववादी विमर्श : साहित्य में अधीनता से मुक्ति के सवाल', अरविंद जैन और लीलाधर मण्डलोई (सम्पा.)(2004), *स्त्री : मुक्ति का सपना*, वाणी प्रकाशन, नयी दिल्ली : 445-455.

उतने ही ज़्यादा आत्मकथ्य सामने आये। बहुसांस्कृतिकता चूँकि अमेरिकी समाज का विधेयक तत्त्व था, इसलिए सबसे ज़्यादा आत्मकथाएँ वहीं लिखी गयीं। ये *ऑटोबायाग्राफ़ी ऑफ़ बेंजामिन फ्रेंकलिन* की तरह नायकत्व की आभा से दमकते शासकवर्गीय ब्योरे नहीं थे। इनका मुख्य तत्त्व था हाशियाकरण का विरोध और उत्पीड़ित की निगाह से समकालीन संस्कृति की समीक्षा। ऐसी आत्मकथाओं का ज़माना जब आया, तो उसने अमेरिकी इयत्ता में नये-नये पहलुओं का समावेश किया। आत्मकथा लिखना इतना लोकप्रिय हुआ कि बीसवीं सदी के अमेरिका में 55,000 आत्मकथाएँ लिखी गयीं। आत्मकथाओं का आगमन एक शिल्पगत बहस ले कर भी आया। पूछा गया कि अगर यह एक स्वतंत्र विधा है, तो इसमें अन्य विधाओं से अलग ख़ास बात क्या है ? क्या यह रचनाकार की आंतरिक इच्छा का उत्पाद है या बाहरी दबावों का ? आत्मकथाओं की बढ़ती हुई संख्या ने लोगों को यह पूछने पर भी मजबूर किया कि एक विधा के रूप में स्थापित होने के बाद कहीं आत्मकथा लिखना अपने आप में एक सांस्कृतिक रिवाज़ तो नहीं बनता जा रहा है ?[10]

भारतीय ज़मीन पर, ख़ास कर हिंदी के ख़ित्ते में 'लेखक की मृत्यु' की चर्चा कुछ देर से ही सही, पर 'न लिख पाने के संकट' या 'विचार के संकट' के रूप में हुई। सदी का जब अंत हुआ तो कुछ दृष्टि-सम्पन्न प्रेक्षकों ने समझा कि 'अधिकांश हिंदी लेखन या तो जीवन विहीन है या भयानक रक्ताल्पता का शिकार। अपनी इस कमज़ोरी को वह बौद्धिक घटाटोप से पूरा करता है।'[11] इस रक्ताल्पता में जो भी सुर्ख़ चमक थी, वह स्त्री, दलित और मुसलमान लेखन से निकली। मुसलमानों का लेखन अगर अतीत-मोह से छूटने की छटपटाहट और पहचान की खोज था, तो स्त्री और दलित लेखन की भावभूमि विशेष तौर से आत्मकथात्मक थी। यह विशुद्ध हाशियाकृत लोगों का लेखन था। इसकी पेचीदगियाँ केवल उन विचारधारात्मक औज़ारों से नहीं समझी जा सकती थीं जो प्रचलित सिद्धांत-शास्त्र की देन थे। ख़ास कर स्त्री और दलित लेखन तो समझ के नये तौर-तरीक़ों की भी माँग कर रहा था। वह महज़ विचारों के ज़रिये रचनाकार के व्यक्तित्व-अंतरण से संतुष्ट होने के लिए तैयार नहीं था। अपने व्यक्तित्व, अपने अनुभव और अपनी स्थानिकता में रमे होने के कारण इस रचनाकार का मुक़ाम सार्वभौम नहीं हो सकता था। इसलिए, उसने अपने मुक़ाम पर खड़े होकर कभी कहानी-उपन्यास लिखकर संस्कृति-समीक्षा की, कभी आत्मकथा लिख कर।

---

[10] वेल एस. हसन के पूर्वोद्धृत लेख के अलावा देखें : बेटी बर्गलैण्ड (1993), 'ऑटोबायोग्राफ़ी ऐंड अमेरिकन कल्चर', *अमेरिकन क्वार्टरली*, खण्ड 45, अंक 3, सितम्बर : 445-458.

[11] राजेंद्र यादव (2006), 'सदी का औपन्यासिक अंत', *आदमी की निगाह में औरत*, राजकमल प्रकाशन, नयी दिल्ली : 161-187.

आत्मकथाओं की यह दुनिया हिंदी में अभी नयी ही है। लेकिन, सिलसिला चल निकला है। दलित और स्त्री लेखक दो-दो और तीन-तीन खण्डों में आत्मकथाएँ लिख रहे हैं। भारत अमेरिका से कम बहुसांस्कृतिक नहीं है। समाज-विज्ञान के एक सिद्धांत के अनुसार आधुनिक भारत की रचना ही अल्पसंख्यक अस्मिताओं से मिल-जुल कर हुई है। यहाँ कोई बहुसंख्यक नहीं है।[12] जो व्यक्ति किनारे पर खड़ा है, अगर उसका हाशियाकरण किसी मार्जिनलाइजेशन थियरी के बँधे-बँधाये क़ायदे से समझने की कोशिश करने पर भारतीय संदर्भ में उसकी हक़ीक़त का एक हिस्सा भी शायद ठीक से समझा न जा सके। वैसे तो हर आत्मकथा परिवार और समुदाय के आसपास बुनी जाती है। लेकिन, उसकी बुनावट तय करने में उन कारणों का बहुत हाथ होता है जो लिखने वाले के हाशियाकरण और उसकी क़िस्मों की पैदाइश होते हैं। मसलन,चाहे वह मराठी के हों या हिंदी के, आम तौर पर दलित लेखकों या लेखिकाओं की आत्मकथाओं में परिवार का दायरा एक समस्याग्रस्त निर्मिति के रूप में उभरता है। सामंती, जातिगत और वर्णगत उत्पीड़न ने दलित परिवार पर ऐसे-ऐसे क़हर ढाये हैं कि वह व्यक्ति को किसी भी क्षण सुरक्षित ज़मीन देने में असमर्थ है। उसके भीतर निरंतर अशांति है, निरंतर विस्फोट है, पितृत्व और मातृत्व की संरचनाओं में प्रामाणिकता की समस्या है। ज़रूरी नहीं कि दलित परिवार का यह यथार्थ दलित रचनाकार को अपनी कहानियों और उपन्यासों में परिवार की संस्था को आड़े हाथों लेने की तरफ़ ले जाए। अक्सर दलित कहानीकार आत्मकथाओं में दिखाये गये अशांत परिवार के बरक्स अपनी कल्पनाशीलता का सहारा लेकर एक आदर्श परिवार गढ़ते नज़र आते हैं। ऐसी बहुत सी दलित कहानियाँ मिल जाएँगी जिनमें स्त्री-पुरुष संबंध एकदम तनाव रहित हैं, यहाँ तक कि ऊँच-नीच की लैंगिक संरचनाओं के मातहत भी नहीं हैं। ऐसा लगता है कि दलितों को एक आदर्श परिवार चाहिए, इसलिए वे अपने बीच से पैदा हुए धर्मवीर जैसे आदर्श परिवार के सिद्धांतकार से पूरी तरह सहमत न होते हुए भी उन्हें सराहना भाव से देखते हैं।[13]

---

[12] यह थीसिस रजनी कोठारी (2003) की है। देखें, 'साम्प्रदायिकता का अष्टावक्र', *राजनीति की किताब / रजनी कोठारी का कृतित्व*, सम्पादक : अभय कुमार दुबे, वाणी प्रकाशन, नयी दिल्ली : 250-275.

[13] आदर्श परिवार और आदर्श स्त्री-पुरुष संबंधों पर धर्मवीर (2006-2007) के विचार जानने के लिए देखें सात खण्डों में प्रकाशित उनकी रचना-माला *पितृसत्ता, मातृसत्ता और जारसत्ता*, वाणी प्रकाशन, नयी दिल्ली.

आत्मकथाएँ हों या कथाएँ, स्त्री-रचनाकार परिवार की संस्था और स्त्री-पुरुष संबंधों से अलग तरह का सुलूक करती हैं। कारण यह कि उनका हाशियाकरण और उसकी क़िस्में अलग तरह की हैं। कभी यह सुलूक नारीवाद के साथ बौद्धिक प्रतिबद्धता के तहत अंजाम दिया जाता है, तो कभी उत्पीड़ित की सहज-स्वाभाविक विद्रोही चेतना के आधार पर। कभी ये दोनों पहलू एक साथ काम करते नज़र आते हैं। कभी ऐसा भी लगता है कि स्त्री रचनाकार के मानस में आदर्श परिवार और स्त्री-पुरुष संबंधों की आदर्श स्थिति की कामना पूरी तरह नहीं मरी है। उनके चिंतन में इन फैंटेसियों की बार-बार वापसी होती है। बार-बार हक़ीक़त की कठोर ज़मीन पर सिर पटक कर ये स्वैर-कल्पनाएँ लहूलुहान होती हैं। फिर घोषित या अघोषित, प्रतिबद्ध या अप्रतिबद्ध बग़ावतों में लौट जाती हैं। यह एक पेचीदा स्थिति है। इस लिहाज़ से नारीवाद के प्रचलित ख़ानों में रख कर न तो प्रभा खेतान की आत्मकथा पढ़ी जा सकती है, न ही नारी की नैसर्गिक आत्मचेतना और रचनाशीलता के नाम पर मन्नू भण्डारी की कहानी। अभी तक दोनों आत्मकथाएँ समीक्षकों द्वारा सुविधापूर्वक अलग-अलग पढ़ी गयी हैं, जिसके नतीजे बेहद असंतोषजनक निकले हैं। मैंने इस लेख में उनका साथ-साथ पाठ करने की कोशिश की है। इस क्रिया में कुछ जोखिम हो सकता है, इसलिए यहाँ स्पष्टीकरण ज़रूरी है।

पहली बात तो यह है कि शुरू में मेरी कोशिश प्रभा खेतान और मन्नू भण्डारी के साथ-साथ मैत्रेयी पुष्पा और रमणिका गुप्ता की आत्मकथाओं का पाठ पेश करने की भी थी। लेकिन, चारों आत्मकथाएँ पढ़ने के बाद मुझे इस निष्कर्ष पर पहुँचना पड़ा कि मैत्रेयी पुष्पा की आत्मकथा का सद्य:प्रकाशित दूसरा खण्ड आने के बाद ही उसे विश्लेषित करना चाहिए। पहला खण्ड *कस्तूरी कुंडल बसै* अपनी तमाम कलात्मक ताक़त के बावजूद अंतत: बेटी (मैत्रेयी) के नज़रिये से कही गयी कस्तूरी (माँ) की कथा है। इसमें लेखिका के पास ख़ुद ही यह प्रश्न उठाने की सुविधा है कि वे इसे उपन्यास कहें या आपबीती। उन्हें यह मान लेने में कोई दिक़्क़त नहीं है कि इसे रचने में 'उन्हें कल्पनाओं और अनुमानों से सूत्र जोड़ने पड़े।'[14] दूसरे खण्ड में उन्हें ऐसी कोई दुविधा नहीं होगी। वे प्रामाणिकता के दावे के साथ सामने आएँगी, और उन्हें ऐसा कोई संदेह नहीं होगा कि वे उपन्यास लिख रही हैं या आत्मकथा। जहाँ तक रमणिका गुप्ता की आत्मकथा *हादसे* का सवाल है, यह एक महिला राजनीतिक कार्यकर्ता की कथा है, जिसे एक अन्य

[14] मैत्रेयी पुष्पा (2002), *कस्तूरी कुण्डल बसै*, राजकमल प्रकाशन, नयी दिल्ली, शुरुआत का पृष्ठ.

नज़रिये से बेशकीमती माना जा सकता है।[15] इसका पाठ सार्वजनिक जीवन में लैंगिक प्रश्न की अभिव्यक्ति का संधान करने के लिए ज़रूरी है। इसे तेलगांना के हथियारबंध संग्राम और नक्सली आंदोलन में स्त्रियों की भूमिका में पुरुषों के कंधे से कंधे मिला कर लड़ने वाली स्त्रियों के वाचिक इतिहास के साथ पढ़ने की योजना बनाई जा सकती है जो अब तक प्रकाशित हो कर चर्चा में आ चुका है।[16] सुना है कि रमणिका गुप्ता ने भी अपने जीवन के अंतरंग प्रसंगों के इर्द-गिर्द कुछ बुना है जिसके छपने की प्रतीक्षा करने योग्य है।

दूसरा स्पष्टीकरण शायद सबसे ज़्यादा ज़रूरी है। मन्नू भण्डारी और प्रभा खेतान का साथ-साथ पाठ करने का मतलब यह नहीं निकाला जाना चाहिए कि दोनों के जीवन किसी भी तरीक़े से गुँथे हुए हैं, या उनमें कोई परस्पर कटान बिंदु है। दोनों रचनाओं में एक-दूसरे का ज़िक्र शायद संयोगवश ही एक-एक दफ़ा आया है। उनकी आत्मकथाओं से नहीं लगता कि अच्छे-ख़ासे आपसी परिचय के बावजूद दोनों लेखिकाओं ने किन्हीं उल्लेखनीय अर्थों में एक-दूसरे को प्रभावित किया है। प्रभा बताती हैं कि वे मन्नू भण्डारी की छात्रा रही हैं और एक प्रसंग में मन्नू मानती हैं कि छात्र जीवन में ही उत्साही और शख़्सियत की झलक उनमें दिखने लगी थी। प्रभा की आत्मकथा में केवल एक प्रसंग ऐसा है जो दोनों को कहीं जोड़ता लगता है। माँ जैसी शिक्षिका एक बार साहित्यकार पति की बेवफ़ाई पर अपनी प्रिय छात्रा के सामने अपना मन खोलती है, और क्षोभ में आकर किशोर प्रभा राजेंद्र यादव से जवाबतलबी की मुद्रा में बहस करते हुए नज़र आती है।[17] *अन्या से अनन्या* में यही एक जगह है जब छात्रा अपनी शिक्षिका के जीवनानुभव से कुछ संदेश ग्रहण करती है। अंदाज़ा लगाया जा सकता है कि स्त्री-पुरुष संबंध, पति-पत्नी द्वित्व और परिवार संबंधी अंतर्विरोधों की शुरुआती छाप युवा होते हुए किशोर मन पर ज़रूर पड़ी होगी। इस प्रकरण के अलावा भी दोनों आत्मकथाओं में बहुत कुछ संरचनागत साम्य है, पर उसका ताल्लुक़ किसी व्यक्तिगत प्रसंग से नहीं जोड़ा जा सकता। इन समानताओं का ताल्लुक़ शायद उस समय से है जिसके साथ साक्षात्कार करते-करते दोनों का मानस बना होगा। इसके अलावा इन समानताओं का संबंध दो अलग-अलग प्रेम त्रिकोणों की सेक्शुअल राजनीति से भी है जिनमें आत्मकथाओं की नायिकाएँ

---

[15] रमणिका गुप्ता (2005), *हादसे*, *राधकृष्ण प्रकाशन*, नयी दिल्ली.

[16] इलीना सेन (सम्पा.)(2001), *संघर्ष के बीच : संघर्ष के बीज / जनांदोलनों में स्त्रियों की भागीदारी*, *सारांश*, नयी दिल्ली.

[17] प्रभा खेतान, वही : 45.

आजीवन गिरफ़्तार रहीं। आलेख में चर्चा पहले *अन्या से अनन्या* की है, बाद में *एक कहानी यह भी* का नम्बर आया है। कहीं कोई इसे वरिष्ठता-क्रम समझने की ग़लती न कर दे, इसलिए यह कहना भी ज़रूरी है कि ऐसा केवल विश्लेषणात्मक सुविधा के लिए किया गया है।

तीसरी बात यह है कि इस बौद्धिक क़वायद के पीछे मेरा मक़सद दोनों में से किसी भी आत्मकथा की साहित्यिक समीक्षा की नहीं है। न ही मेरी दिलचस्पी किसी क़िस्म की साहित्यिक उखाड़-पछाड़ में है। मेरा आत्मकथा लेखकों के जीवन में बने निजी समीकरणों से भी कोई वास्ता नहीं है। मेरे पास इन स्त्रियों के अंतरंग जीवन के बारे में जानने का न तो कोई स्रोत है, और न ही मैं किसी और स्रोत का इस्तेमाल करना चाहता हूँ। जिस तरह दोनों आत्मकथाएँ यथार्थ को कथानक में बदलने की तकनीक से निकली हैं, उसी तरह मेरा लेख भी सैद्धांतिक विश्लेषण और कथ्य के बीच छिपे हुए अर्थों को पढ़ने की समाज-वैज्ञानिक उपक्रम का नतीजा है। मैं तो सिर्फ़ इन आत्मकथाओं के पृष्ठों पर जो कुछ लिखा है, उसी को आधार बना कर और कुछ अन्य लेखिकाओं की रचनाओं का सहारा लेते हुए भारतीय नारीवाद की हिंदी-कथा पेश करूँगा।

वैसे तो बौद्धिक दुनिया में नारीवाद की बहुत सी बारीक़ और पेचीदा व्याख्याएँ मौजूद हैं, पर इस लेख में नारीवाद को सशक्तीकरण (इम्पॉवरमेंट) के उस सिलसिले की तरह लिया गया है जिसमें उम्मीद की जाती है कि वह अंततः मुक्ति (इमेंसिपेशन) की मंज़िल पर ले जाएगा। इसके अलावा नारीवाद को दो चरणों में देखा गया है। पहला, चरण वह है जब नारी का लक्ष्य पुरुष की बराबरी करना है और इस कोशिश में वह पुरुष जैसी बन कर दिखाती है। दूसरा चरण वह है जब वह पुरुष से अलग अपनी भिन्न शख़्सियत बनाना चाहती है। उसकी यह भिन्नता जैविक तो है ही, मनोगत भी है। सत्तर के दशक में चली नारीवाद की दूसरी लहर के रैडिकल आवेग के तहत इस भिन्नता का दावा तरह-तरह से किया गया था। कैरल गिलिगन द्वारा प्रतिपादित 'डिफ़रेंस फ़ेमिनिज़म' उन दिनों नारीवादियों और ग़ैर-नारीवादियों के बीच बहुत चर्चित था। गिलिगन का कहना था कि स्त्री की आवाज़ अलग होती है। वह एक अलग नैतिक मुक़ाम से बोलती है। उसके लिए ज़रूरी नहीं है कि अपनी अस्मिता स्थापित करने के चक्कर में वह अपनी प्रकृति प्रदत्त ख़ूबियों से वंचित हो जाए, और पुरुष की ही तरह आक्रामक, निष्ठुर और रैखिक चिंतन में बँधे हुए नेतृत्वकारी गुणों को अपना ले। 'डिफ़रेंस फ़ेमिनिज़म' की इस थियरी का नारीवादी और उसके बाहर के हल्कों में कड़ा विरोध भी हुआ। कहा गया कि इन तथाकथित प्रकृति प्रदत्त ख़ूबियों यानी पारम्परिक लैंगिक आग्रहों द्वारा थमायी गयी स्त्रीत्व की संरचनाओं पर क़ायम

रहने के कारण औरत कभी सरकारी, अदालती और कारपोरेट ओहदों तक नहीं पहुँच पाएगी। दूसरी तरफ़ 'डिफ़रेंस फ़ेमिनिज़म' के पैरोकारों का कहना था कि नारीवाद के पहले दौर ने स्त्री के जिन 'नैसर्गिक' गुणों को ख़ारिज कर दिया था (जैसे, जज़्बाती स्वभाव, बुद्धिसंगत व्यवहार-शैली की कमी और समाज के सूत्रों धारण करने की विशेषता), उन्हें पुरुष के मुक़ाबले हीनता या मातहती के भाव से नहीं, बल्कि श्रेष्ठता के भाव से स्थापित करने की ज़रूरत है। इस तरह 'डिफ़रेंस फेमिनिज़म' के समर्थक लैंगिक श्रेष्ठता के आग्रहों को सिर के बल खड़ा करने चाहते थे। मैंने 'डिफ़रेंस फ़ेमिनिज़म' की जिस धारणा को लिया है, वह यही है।

अन्या से अनन्या और *एक कहानी यह भी* को मैंने स्त्री द्वारा स्वयं के सशक्तीकरण की सफल परियोजनाओं के रूप में पढ़ा है। इसीलिए, मैं इन दोनों स्त्रियों को हमारे समय की ऐसी नायिकाओं के रूप में देखता हूँ जिन्होंने तरह-तरह के हाशियाकरण से संघर्ष करते हुए अपना विशिष्ट संसार रच कर दिखाया। सशक्तीकरण के लिए की गयी आजीवन जद्दोजहद रेखांकित करने के बाद यह लेख उन प्रश्नों से दो-चार होने की कोशिश करता है जो आधुनिक स्त्री के अपनी देह से और पुरुष से संबंधों के चलते पैदा होते हैं। प्रेम और सेक्शुअलिटी के इन मुद्दों पर चर्चा किये बिना यह आख्यान पूरा नहीं हो सकता। आख़िरकार हम एक ऐसे समय में रह रहे हैं जो समाज और व्यक्ति को अंतरंगता की भीतरी दुनिया में बदल रहा है।

ये आत्मकथाएँ पढ़ने से पहले भी मुझे लगता रहा है कि नारीवाद के प्रचलित मानकों के साथ हिंदी की दुनिया कुछ अलग तरह से पेश आ रही है। हिंदी का नारीवाद, जो अनिवार्यतः भारतीय नारीवाद का ही एक प्रमुख पहलू होने के अलावा कुछ नहीं हो सकता, वैसा नहीं है जो नारीवाद की रूढ़ छवियों में झलकता है। हमारे यहाँ सशक्तीकरण स्त्री के लिए विवाह, परिवार, प्रजनन और पुरुष-निर्भरता से मुक्ति की तरफ़ जाने वाला मार्ग प्रशस्त नहीं करता। इसलिए, हिंदी की नारीवादी इयत्ता (फ़ेमिनिस्ट सेल्फ़) की बुनावट भिन्न है। हिंदी का नारीवाद सैद्धांतिक डिस्कोर्स के ज़रिये कम उभरा है, बल्कि इसकी शक्ल-सूरत साहित्यिक रचनाशीलता के गर्भ में ज़्यादा बनी है। इसका ज़्यादातर हिस्सा विचारधारात्मक नहीं है। वैसे भी विचारधाराएँ केवल घोषित प्रतिबद्धताओं के दम पर स्वयं को सार्वभौम साबित नहीं कर पातीं। वे मनुष्य की चेतना में तभी जगह बना पाती हैं जब उनका विरोध करने की कोशिश करने वाले मानस भी अंततः उन्हीं के नक्शे-क़दम पर चलते हुए दिखाई दें। इसीलिए, अगर कोई नारीवाद के प्रति बौद्धिक रूप से प्रतिबद्ध है, तो इसका मतलब यह नहीं निकाला जा सकता कि उसकी रचनाओं या जीवन में इस विचारधारा की किताबी संरचनाएँ

मिलनी ही चाहिए। इसी तरह अगर कोई लेखिका नारीवाद से किसी तरह का ताल्लुक़ होने से इनकार करती है, तो केवल इस दावे को ही उसके संसार में नारीवाद की अनुपस्थिति का पर्याय नहीं माना जा सकता।

II

प्रभा खेतान / हाशियों का जीवन, सशक्तीकरण की सीमाएँ और नारीवादी होने की दिक़्क़तें

नारीवाद एक मुश्किल विचारधारा है। दुनिया के किसी भी समाज में औरत के लिए नारीवादी बनना आसान नहीं है। केवल अपने बौद्धिक पाठ की जटिलता के कारण नहीं, हज़ारों साल से बन रहे स्त्री के निजी जीवन को बदलने के दुर्निवार आग्रह के कारण। इस लिहाज़ से अन्य विचारधाराएँ ख़ासी आसान हैं। उनका ज़ोर सार्वजनिक जीवन बदलने पर ज़्यादा रहता है। उनके तहत निजी जीवन में प्रतिगामी रह कर घर के बाहर प्रगतिशील आचरण करते रहने की सुविधा रहती है। पर, नारीवाद की कसौटियाँ ऐसी गुंज़ाइश नहीं छोड़तीं।

प्रभा खेतान की आत्मकथा बताती है कि भारतीय समाज में तो नारीवाद होना विशेष रूप से कठिन है। *अन्या से अनन्या तक* पढ़ते हुए एक बार यह भी लग सकता है कि शायद भारत में नारीवादी होना असम्भव ही है। फिर भी यह नारीवाद की बौद्धिक शक्ति का सबूत है कि प्रभा जैसी बहुत सी स्त्रियाँ भारतीय ज़मीन पर यही असम्भव सम्भव बनाने में जुटी हुई हैं, भले ही उन्हें निजी तौर पर कितनी भी क़ीमत चुकानी पड़े। हिंदी में स्त्री लेखन के प्रबल हस्तक्षेप पर नज़र दौड़ाने से पता लगता है कि नारीवाद अपनाने के नतीजों को लेकर हिंदी की स्त्री किस तरह से शंकालु है :

> कुछ लोग समझ रहे हैं अब / नारी मुक्ति के कुछ फ़ायदे
> देखिए किस तरह ढो रही हैं औरतें / पहले से आठ गुना भार
> पैदा कर रही हैं पाल रही हैं बच्चे अकेले
> चला रही हैं देश और समाज / कमा रही हैं खा रही हैं अपना
> ...
> वैसे भी कब चाहिए थीं औरतें प्रेम के लिए किसी को
> जिनके साथ करना पड़ता था साझा तन से ज़्यादा धन का
> अच्छा है मुक्त हो रही हैं मिल सकेंगी स्वच्छंद अब / सम्भोग के लिए
> एक समय जैसे मुक्त हुए थे श्रमिक पूँजी के लिए
> आज भी प्रेम के बहाने उन्हें ले जाया जा सकता है / अँधेरों में[18]

---

[18] सविता सिंह, 'नयी उलझन', अरविंद जैन और लीलाधर मण्डलोई (सम्पा.) (2004), *स्त्री : मुक्ति का सपना*, वाणी प्रकाशन, नयी दिल्ली : 144.

इस कविता की आख़िरी पंक्तियों और मन्नू भण्डारी द्वारा नारीवाद के ख़िलाफ़ व्यक्त किये गये आक्रोश का फ़र्क़ समझना ज़रूरी है। उनकी तरह यह कविता नारीवाद को अविवाहित रह कर सेक्स-फ्रीडम की माँग से नहीं जोड़ती। मन्नू ने *सण्डे पोस्ट* को दिये गये एक लम्बे साक्षात्कार में नारीवाद को यौन-स्वच्छंदता का पर्याय बताया है, और बिना किसी लाग-लपेट के दावा किया है कि स्त्रियों के विकास में नारीवाद का कोई योगदान नहीं है।[19] सविता सिंह की कविता तो यहाँ अधिक परिष्कृत ढंग से नारीवाद, प्रेम और सेक्शुअलिटी का त्रिकोण सामने लाती है। उनकी पंक्तियाँ नारीवाद के व्याख्याताओं पर ज़िम्मेदारी डालती हैं कि वे भारतीय ज़मीन पर स्त्री-जीवन के संदर्भ में प्रेम के रूपों में हो रहे परिवर्तनों पर नये सिरे से गौर करें।

हिंदी की एक अन्य प्रतिष्ठित कवि अपने एक साक्षात्कार में कह चुकी हैं कि स्त्री तो पके हुए फल की तरह है जो उसे सहलाने वाले की गोद में गिर जाता है। *अन्या से अनन्या* का केंद्रीय प्रकरण वह है जब आत्मकथा की नायिका प्रौढ़, चरित्रगत रूप से संदिग्ध लेकिन सुदर्शन पुरुष प्रेमी से मुलाक़ात करती है। नायिका की आँखों की गहराई और ख़ूबसूरती की तारीफ़ से पका हुआ फल पुरुष की गोद में गिर पड़ता है। लेकिन, गोद में गिरने की पृष्ठभूमि में हाशिये पर गुज़ारे गये उत्पीड़न का अंतहीन सा प्रतीत होने वाला सिलसिला है। मसला सिर्फ़ प्रेमी चुनने का ही नहीं है, बल्कि जीवन के हर क्षेत्र में किये गये फ़ैसलों में इस पृष्ठभूमि की भूमिका देखी जा सकती है।

अन्या से अनन्या की एक बहुत बड़ी उपलब्धि प्रभा खेतान नामक व्यक्ति के हाशियाकरण की बेचैन करने वाली दास्तान है। इस हाशियाकरण को अलग-अलग भी देखा जा सकता है, पर यहाँ उसे उत्पीड़न की कई परतों के रूप में देखना उचित होगा। यह एक ऐसी स्त्री का हाशियाकरण है जो आर्थिक और सामाजिक रूप से किसी वंचित वर्ग में पैदा नहीं हुई है। वह समाज के सबसे ज़्यादा सम्पन्न और शक्तिशाली कहे जाने वाले तबक़े की सदस्य है। जाति के लिहाज़ से उसकी गिनती द्विजों में होती है। फिर भी उसे एक नहीं, न जाने कितने हाशियों पर जीवन गुज़ारना पड़ता है। मसलन, बचपन में परिवार के हाशिये पर वह अपनी माँ के कमरे के बाहर उस ममत्व भरे निमंत्रण का कभी न ख़त्म होने वाला इंतज़ार कर रही है जिसके बिना किसी बच्चे का मानस परिपूर्ण

---

[19] मन्नू भण्डारी से उमाशंकर सिंह की बातचीत (2007), 'राजेंद्र ने मेरे पत्नी पक्ष को त्रस्त किया', *सण्डे पोस्ट*, नोएडा, अंक 24, 29 अप्रैल.

नहीं हो सकता। यह ममता न मिलने और भाई-बहिनों द्वारा खेल-खेल में प्रताड़ना के पीछे साँवले और काले रंग को हीन या असुंदर मानने का वह भारतीय रंगभेद है जिसकी संरचनाओं की चर्चा करने में हम भारतीयों को हमेशा ही बौद्धिक संकोच रहा है। किसी भी शब्दकोश में देख लीजिए, 'श्वेता' शब्द का मतलब 'सुंदर स्त्री' मिल जाएगा, लेकिन 'श्यामा' का अर्थ सुंदर स्त्री नहीं होगा। यहाँ ईश्वर के अवतार और देवता तो साँवले या नीले हो सकते हैं, पर देवियाँ नहीं। देवी अगर गोरी नहीं है, तो काली की तरह भयंकर और संहारक है। वह किसी स्त्री के लिए सौंदर्य का मानक नहीं बन सकती। गोरे रंग से भारतीय मोह की इस परम्परा का ठीकरा अंग्रेज़ों के मत्थे नहीं फोड़ा जा सकता। अंग्रेज़ों का रंग भारतवासियों को कभी पसंद नहीं आया। उन्हें तो फ़िरंगी या बदरंगी की तरह देखा जाता था। भारतीयों का पसंदीदा गोरा रंग तो कुछ और ही शै है, जिसे *अन्या से अनन्या* की नायिका सारे जीवन सुंदरता के मानक की तरह तलाशती रही। चाहे डॉक्टर साहब का गोरा चेहरा हो, या विदेशी स्त्रियों के गोरे पैर हों। सौंदर्य की यह भारतीय दृष्टि रंग और रूप का अलग-अलग अस्तित्व नहीं मानती। इसी भारतीय रंगभेद के कारण आत्मकथा की नायिका ने पूरे बचपन और कैशोर्य में स्वयं को हाशिए पर पाया, और हाशियाग्रस्त लोग (नौकर-चाकर-दाई) ही उसके लिए स्नेह के स्रोत बन पाए। पहली बार किसी ने अगर साँवले रंग के कारण अ-प्रकट सौंदर्य की प्रशंसा की तो वे डॉक्टर श्रॉफ ही थे। प्रत्युत्तर में वह आजीवन उनकी 'अनन्या' या 'चीज़' बनने के लिए तैयार हो गयी। ख़ुद की बागडोर तक उनके हाथों में सौंप दी। बार-बार होने वाला भीषण अपमान भी सौंदर्य-सराहना के उस प्रारम्भिक सम्मोहन को तोड़ नहीं सका। स्त्री की सौंदर्य-ग्रंथि किस तरह उसे लगातार एक ख़ास तरह के हाशिये पर बनाये रखती है, प्रभा के जीवन-प्रसंग इसके गवाह हैं। क्या इसी पहलू से जोड़ कर उनके जीवन का वह निर्णय नहीं देखा जा सकता जब वे आत्मकथा के पृष्ठों पर एक अति-आधुनिक ब्यूटी पार्लर खोल कर भारत में सौंदर्य उद्योग के शुरुआती वाहकों में से एक की भूमिका निभाती पाई जाती हैं।

दूसरा हाशियाकरण वैसा था जैसा अल्पसंख्यक अक्सर झेलते हैं। हिंदू समाज में पैदा होने के बावजूद प्रभा खेतान को यह हाशिया बंगाली समाज में मारवाड़ियों की अल्पसंख्यक उपस्थिति के कारण मिला। सार्वजनिक जीवन में, ख़ास कर कॉलेज में उन्हें बंगाली दोस्तों द्वारा अपने शोषक और लुटेरू होने की अनुभूति कराई गयी जिससे वे भौंचक्की रह गयीं। *अन्या से अनन्या* में शुरू से आख़िर तक अल्पसंख्यक होने का यह एहसास मौजूद है। अल्पसंख्यक मनोवृत्ति

की विशेषता होती है कि वह अपने आप को वक़्त के साथ बदलती तो है, पर बहुसंख्यकों द्वारा निर्धारित कसौटी के मुताबिक़ नहीं। प्रभा ने बताया भी है कि शाकाहारी मारवाड़ी अपने सार्वदेशिकीकरण की प्रक्रिया में ऐग-रोल या मटन कटलेट खाने के लिए तो तैयार हो सकते हैं, पर मच्छी-फ्राई किसी क़ीमत पर नहीं खाएँगे। वे मांसाहारी भी बंगाली शैली में नहीं होंगे। यह अल्पसंख्यकीकरण बंगाल के मारवाड़ियों को अपने समुदाय की सीमाओं में उत्तरोत्तर क़ैद रखने की तरफ़ भी ले गया होगा। प्रभा खेतान के जीवन के जो हिस्से उनकी आत्मकथा के ज़रिये सामने आये हैं, उनमें सार्वदेशिकता के कई सुराग़ मिलते हैं, पर वे अपनी निजी दुनिया का कोई अंश मारवाड़ी घेटो के बाहर प्राप्त करने की कोशिश करते हुए नहीं दिखतीं। इसके और भी कारण रहे होंगे, क्योंकि भारतीय समाज में समुदायगत वफ़ादारियाँ कई देखे-अनदेखे स्तरों पर काम करती हैं। पर, कलकत्ता के मारवाड़ियों के ख़ास मामले में अल्पसंख्यकीकरण और परिणामस्वरूप घेटोकरण की भूमिका की शिनाख़्त ज़रूरी है।

इसके बाद नम्बर आता है लैंगिक ऊँच-नीच के उन हाशियों का जो स्त्री होने के नाते प्रभा खेतान के हिस्से में आते हैं। इनमें सबसे ज़्यादा त्रासकारी है इंसेस्ट यानी कौटुम्बिक व्यभिचार। रिश्तेदारों या रक्तसंबंधियों के हाथों बचपन में इस कुकृत्य का शिकार होने के बाद स्त्री-जीवन में एक गोपनीय सेक्शुअल अँधेरा छा जाता है जिसका डरावना तिलिस्म शायद ही कभी टूट पाता हो। खुशक़िस्मत स्त्रियाँ किसी संवेदनशील पति या रोमानी प्रेम के किसी प्रसंग के ज़रिये अपनी देह और मानस पर हुए इस अत्याचार को पृष्ठभूमि में धकेलने में अस्थायी रूप से कामयाब ज़रूर हो जाती हैं, पर *अन्या से अनन्या* बताती है कि यह डरावनी याद सदैव के लिए तिरोहित नहीं होती।

प्रभा खेतान के हाशिए आम स्त्री के हाशियों से कुछ अलग तरह के हैं, क्योंकि वे अपने सशक्तीकरण की सचेत कोशिश में लगी हुई दिखती हैं। सशक्त होना यूँ तो आधुनिक क्रिया है और पैसा कमा कर सशक्त होने की प्रक्रिया का एक आधुनिक पाठ भी होता है, पर प्रभा खेतान के जीवन में यह सिलसिला मारवाड़ियों के जातीय मंत्र के रूप में आता है। परिवार और समुदाय का माहौल तो है ही ऐसा, और माँ बचपन से बेटी को इसी मंत्र में दीक्षित करती है। बाद में पैसा कमाने के बाद वे समाज के साथ कई तरह के समतामूलक संबंध विकसित करने की कोशिश में वह रिश्ता बना बैठती है जिसे क्रिस्टोफर कॉडवेल ने 'कैश रिलेशन' कहा था। वे ख़ुद को जानबूझ कर ठगवाती हैं, खुले हाथ से पैसा देती हैं। इससे उन्हें कुछ-कुछ उछाल जैसा एहसास होता है।

स्त्री होने के नाते धनी बनने के इस परम्परागत मंत्र का इस्तेमाल वे तब तक नहीं कर सकती थीं, जब तक नारीवाद के कुछ आयामों का अपनी ज़िंदगी में समावेश न करें। परम्परा उन्हें अपने पति के नाम पर ही धन का स्वामी बना सकती थी। यहाँ अविवाहित और अकेली रहने की नारीवादी शर्त उनके काम आयी। आत्मनिर्भर होने की ज़िद और अहर्निश अध्यवसाय से उन्हें पत्नी के रूप में किसी सेठ के मातहत ज़िंदगी गुज़ारने के बजाय एक स्वतंत्रचेता व्यवसायी और अंत में व्यवसायियों का नेता बनने का मौक़ा दिया। यह अलग बात है कि यह सब कुछ अल्पसंख्यकीकरण के तहत समुदाय के भीतर ही घटित हो रहा था। इसलिए दायरे से बाहर की सार्वदेशिकता का फ़ायदा उन्हें नहीं मिला। मारवाड़ी मंत्र के ज़रिये होने वाला सशक्तीकरण प्रभा के जीवन में सर्वप्रमुख है। लेखन और रचनात्मकता के ज़रिये शनैः शनैः स्वाभाविक रूप से होने वाला सशक्तीकरण उनकी आत्मकथा में एक सचेत निर्मिति के रूप में अनुपस्थित ही है। हक़ीक़त जो भी हो, पर आत्मकथा में उन्होंने सशक्तीकरण का श्रेय अपनी व्यवसाय-बुद्धि और धनोपार्जन की क्षमता को ही दिया है। ध्यान रहे कि यहाँ प्रश्न 'यह या वह' वाला नहीं है। यह तो आत्मछवि का प्रश्न है। धनोपार्जन की क्षमता और पुरुषों का भी नेतृत्व कर सकने लायक़ गुणों के दम पर वे अपने जीवन के अकेलेपन को रचनामय एकांत में बदल पाईं। उन्होंने पैसा कमाने के साथ-साथ एक रचनाकार होने का यश और कलात्मक संयम भी कमाया। यही कारण है कि व्यक्तिगत संबंधों के जिस त्रिकोण में वे फँसी रहीं, उसमें केवल वे ही आत्मकथा लिख पाईं, वरना *अन्या से अनन्या* में प्रभा की क़लम से किया गया श्रीमती श्रॉफ की व्यवहार-शैली और मानस का बेहतरीन आकलन एकबारगी यह इच्छा तो पैदा कर ही देता है कि काश पति की निगाह में 'फूहड़ और गँवार' यह औरत भी अपना आत्मकथा लिख पाती।

बकौल सविता सिंह प्रभा ने आठ गुना भार भी ढोया, बच्चे न पैदा करने के बावजूद दूसरे के पैदा किये गये बच्चों का करियर बनाया, व्यवसाय जगत के नेता के रूप में देश और समाज भी चलाया, और प्रेम में भरमा कर उस अँधेरे में भी ले जाई गयीं जहाँ उन्हें एक 'झूठे चाँद' को सच्चा मानना पड़ा। परत-दर-परत हाशियों की शिकार एक स्त्री की निजता नारीवादी होने की कोशिश में अपने जीवन का सार इस तरह पेश करती है :

> ... मेरी यह आवाज़ एक भिन्न आवाज़ है, और इस आवाज़ का ख़तरा यही था कि यह आवाज़ अनसुनी रह जाती, क्योंकि न मैं पूरी तरह उदारतावादी थी और न ही मार्क्सवादी, न परम्परा से चिपकी रही और न ही आधुनिकता को भली-भाँति

ओढ़ पायी। बस दिक् काल के निश्चित दायरे में अपने स्वभावगत तमाम विरोधाभासों को लिए जीती रही। मेरे लिए एक ओर मुक्ति की नयी-नयी उड़ानें थीं, तो दूसरी ओर पुनः लौट कर उसी दायरे में बँधे रहने की विवशता भी थी।[20]

तो क्या हम मान लें कि उनका नारीवाद व्यक्तिगत जीवन के अंतर्विरोधों और विरोधाभासों में ग़र्क़ हो गया, या फिर महज पुस्तकीय क़िस्म की बौद्धिक प्रतिबद्धता रह गया? क्या यह आत्म-स्वीकृति उनकी आत्मकथा-पूर्व छवि में अंतिम संशोधन की तरह ग्रहण की जानी चाहिए? क्या इन शब्दों को लिखने के बाद वे पति-परिवार की परम्परा को ठेंगा दिखाने वाली विद्रोहिणी, स्वयंवरा और स्वतंत्रचेता नहीं रहीं?

मेरा विचार है कि उनकी आत्मकथा का यह बीज-वक्तव्य आधुनिकीकरण के ज़रिये मुक्त होने के संघर्ष में डूबी हुई भारतीय स्त्री की निर्माणाधीन आज़ादी के घोषणापत्र की तरह पढ़ा जा सकता है। इस इयत्ता को अगर कोई नारीवादी होने की सनद न देना चाहे तो यह उसका किताबीपन ही होगा। बाक़ायदा नारीवादी न हो पाना प्रभा खेतान के लिए आत्मालोचना की वजह ज़रूर बन सकता है, पर निजी धरातल पर सशक्तीकरण हो जाने के बावजूद मनचाही मुक्ति न मिलने के पीछे भारतीय और पश्चिमी इयत्ता के अंतर की समस्या मौजूद है। जैसा कि हम जानते हैं कि भारतीय आधुनिकता की अपनी अलग क़िस्म है। यहाँ व्यक्ति की चेतना विशुद्ध वैयक्तीयन (इनडिविडुएशन) के माध्यम से संसाधित नहीं होती। सामुदायिक जीवन के साथ गर्भ-नाल के रिश्ते पूरी तरह कभी ख़त्म नहीं होते। शायद इसीलिए प्रभा खेतान की दुनिया में हम राजनीतिक रूप से सचेत स्त्री बनते हुए देखते हैं, भारतीय क़िस्म के रंगभेद और इंसेस्ट के बावजूद सेक्शुअल और रोमानी चेतना से लैस स्त्री का उदय होते देखते हैं, अपने अधिकारों की दावेदारी करती हुई स्त्री भी वहाँ है, लेकिन वैयक्तीयन के आदर्श रूप उपस्थित नहीं हैं। ऐसी बात नहीं कि प्रभा के पास सशक्तीकरण के इस आयाम की प्राप्ति का मौक़ा न रहा हो। अगर वे एक रचनाकार के तौर पर अपने सशक्तीकरण की स्वाभाविक प्रक्रिया को धनोपार्जन के साथ-साथ सचेत अहमियत देतीं, तो उनका वैयक्तीयन अलग तरह का होता। सशक्तीकरण का यह रूप हमें मन्नू भण्डारी की दुनिया में मिलता है।

---

[20] प्रभा खेतान, वही : 261.

II

मन्नू भण्डारी / अकेलेपन का द्वीप, सशक्तीकरण के अन्य पहलू और अघोषित नारीवाद का दस्तावेज़

अगर हम चाहें तो प्रभा खेतान के जीवन की तरह सविता सिंह की कविता के आईने में ही मन्नू भण्डारी के जीवन का अक्स एक हद तक देख सकते हैं। मन्नू भण्डारी को भी आठ गुना काम करना पड़ा, संतान भी अकेले ही पालनी पड़ी, अपना खाया और यहाँ तक कि पति को न केवल अपना कमाया खिलाना पड़ा, बल्कि अपने एक उपन्यास की थीम भी उसके खाते में लिख देनी पड़ी। बहरहाल, समानताएँ यहाँ के बाद ख़त्म हो जाती हैं, और इसकी दो वज़हें हैं। पहली है मन्नू का विकट अकेलापन जो परिवार बसाने से कम होने के बजाय और उभर आया, और दूसरी है सशक्तीकरण के भिन्न रास्ते का चुनाव, हालाँकि उनके पास प्रभा जैसा धनोपार्जन का विकल्प नहीं था। प्रभा और मन्नू का यह फ़र्क़ हमारे सामने एक दूसरी कविता की दरकार पेश करता है :

सोने से पहले / जाँच कर बंद करती हैं / खिड़की दरवाज़े
अकेली औरतें फिर / दोबारा जाँचती हैं
अकेली औरतों के घर / बहुत साफ़ होते हैं
वे मकड़ियों को जाले नहीं बुनने देतीं
किसी-किसी दिन / भर उठते हैं पकी मक्का जैसी धूप से
अकेली औरतों के उदास घर / वे गुनगुनाती हैं / वे अधबिसरी धुनें
जो लोग नहीं जानते / कि उन्हें याद हैं / अब भी
अकेली औरतें पकाती हैं / ऐसे व्यंजन
जिनकी पाकविधियाँ सिर्फ़ वही जानती हैं
वे अपनी इच्छा से पढ़ती हैं अख़बार
ख़बरों के बीच टीवी बंद कर लेती हैं
अकेली औरतों के घर द्वीप होते हैं![21]

यह किसी एकांतप्रिय स्त्री का वैसा घर नहीं है जिसके बारे में राजेंद्र यादव ने लिखा था : 'बेहद क़रीने से रखा हुआ घर, चलने-फिरने से लेकर चाय-पीने में वही पर फ़ैक्शनिस्ट सलीक़ा, लेकिन अंदाज़ ऐसा लापरवाह और 'कैज़ुअल' जैसे यह सब तो यूँ ही है।'[22] कृष्णा सोबती के घर की यह झलक एक ग्रहण किये गये संस्कार की तरह उभरती है, पर मधु बी. जोशी की यह कविता हमें दक्षिण दिल्ली में बने मन्नू भण्डारी के घर और फिर उनके उस मानस में ले

---

[21] मधु बी. जोशी (2005), *अकेली औरतों के घर, राजकमल प्रकाशन,* नयी दिल्ली : 83.

[22] राजेंद्र यादव, 'व्यक्तिव की खोज : कृष्णा सोबती', वही : 122–133.

जाती है जो अकेलेपन का द्वीप है। यह अकेलापन उन्होंने स्वेच्छा से ग्रहण नहीं किया है। वे तो इससे निजात पाना चाहती थीं, पर उनकी ज़िंदगी में इसका प्रसार बढ़ता ही गया। कृष्णा सोबती का घर उन्हें अकेलेपन के बजाय एकांत देता है, जिसमें वे मनचाहा लिख-पढ़ सकती हैं। पर मन्नू भण्डारी को बार-बार लेखन के लिए अकेलापन छोड़ कर एकांत में जाना पड़ता है। यहाँ तक कि वे लेखन के लिए होस्टल का कमरा बुक कराती हैं, और अपनी बेटी को छोड़ कर उस ख़रीदे हुए एकांत में *आपका बंटी* लिखती हैं। प्रभा खेतान भी अकेलेपन की शिकार रहीं, पर हम देख चुके हैं कि वे अपनी अन्य क्षमताओं के बल पर उसे एकांत में बदल पाईं। पर, मन्नू भण्डारी नहीं। ऐसे ही रचनामय एकांत के लिए उन्होंने राजेंद्र यादव को अपना पति चुना था। बदले में उन्हें अकेलापन मिला।

प्रभा खेतान की तरह मन्नू भण्डारी नाम की स्त्री भी सौंदर्य-ग्रंथि की शिकार है। उसे भी भारतीय क़िस्म के रंगभेद ने बचपन से ही सताया है। नारी सुंदरता को लेकर भारतीय सौंदर्य की दृष्टि की यह समस्या कितनी गहरी है और मन्नू भण्डारी द्वारा जीवन साथी के चुनाव के पीछे इस मनोग्रंथि की भूमिका क्या रही होगी, इसका केवल अंदाज़ा लगाया जा सकता है :

> मैं काली हूँ, बचपन में दुबली और मरियल भी थी। गोरा रंग पिताजी की कमज़ोरी थी सो बचपन में मुझसे दो साल बड़ी, खूब गोरी, स्वस्थ और हँसमुख बहिन सुशीला से हर बात में तुलना और फिर उसकी प्रशंसा ने ही क्या मेरे भीतर ऐसे गहरे हीनभाव की ग्रंथि पैदा नहीं कर दी कि नाम, सम्मान और प्रतिष्ठा पाने के बावजूद आज तक मैं उससे उबर नहीं पाई ? आज भी परिचय करवाते समय जब कोई तरह-तरह के विशेषण लगाकर मेरी लेखकीय उपलब्धियों का ज़िक्र करने लगता है तो मैं संकोच से सिमट ही नहीं जाती बल्कि गड़ने-गड़ने को हो आती हूँ। शायद अचेतन की किसी परत के नीचे दबी इसी हीनभावना के चलते ही मैं अपनी किसी भी उपलब्धि पर भरोसा नहीं कर पाती ... सब कुछ मुझे तुक्का ही लगता है।[23]

एक कहानी यह भी के पूरे पाठ में जहाँ मौक़ा मिलता है, मन्नू वहीं नारीवादियों को चिकोटी काटने से नहीं चूकतीं। लेकिन इसका मतलब यह नहीं निकाला जा सकता कि इन पृष्ठों पर सशक्तीकरण की खोज के ब्योरे नहीं हैं। दरअसल, उनका पूरा आत्माख्यान लेखन और रचनाकर्म के ज़रिये अपने सशक्तीकरण की कोशिश ही है। उनके पास एक नैसर्गिक क़िस्म की सार्वदेशिकता है जिसके लिए न विदेश यात्राओं की आवश्यकता होती है, न ही समतामूलक

[23] मन्नू भण्डारी, वही : 18.

और अति-आधुनिक मुहावरे में सोचने की। बचपन में घर के भीतर पाए गये माहौल (राजनीतिक बहसों, समाज सुधार और पिता की बौद्धिकता) ने सम्भवतः उनके व्यक्तित्व में यह खूबी पैदा की होगी। कारण और भी रहे होंगे, पर कुल मिला कर उनकी आत्मकथा साफ़ तौर से बताती है कि वे जिस समाज में पैदा हुईं उसकी सामुदायिक विरासत पकड़ने या छोड़ने की दुविधा से उन्हें नहीं गुज़रना पड़ा। अपने निजी जीवन के फ़ैसलों को लेकर अपने समुदाय के बाहर जाना उनके लिए इतना सहज रहा होगा कि वे इस सार्वदेशिकता को विशेष तौर से चिह्नित नहीं करतीं। अपने पिता की वे चाहे कितनी आलोचना करें, पर इतना तय है कि अगर कोई पिता भारत जैसे समाज में अपनी संतान को समुदाय की क़ैद से मुक्ति का उपहार दे सकता है, तो वह अपनी तमाम पुरुषगत और मानवगत ख़ामियों के बावजूद सौ मे से साठ नम्बर पाने का हक़दार तो हो ही जाता है।[24] यानी, नारीवाद की घोषित विरोधी मन्नू भण्डारी के रास्ते से बचपन में ही सामुदायिक वफ़ादारी या घेटोकरण का वह शिकंजा हट गया था, जिसका फँसाव प्रभा खेतान को सारे जीवन एक निश्चित संदर्भ में गतिहीन किये रहा। अब मन्नू भण्डारी अघोषित नारीवादी होने के लिए एक हद तक आज़ाद थीं। सशक्तीकरण प्राप्त करने की उन्होंने जो विधि अपनायी उससे भी पता लगता है कि विचारधारा के साथ बौद्धिक प्रतिबद्धता न होते हुए भी उन्होंने अंततः वही सब कुछ किया जो अपनी सीमाओं में एक अचेत नारीवादी कर सकती थी।

प्रभा खेतान के मामले में हम देख चुके हैं कि भारतीय समाज में नारीवादी होना कितना कठिन है। मन्नू भण्डारी की ज़िंदगी में सशक्तीकरण का क्षण वह केंद्रीय निर्णय था जब उन्होंने बिरादरी से बाहर एक साहित्यकार से विवाह करने का फ़ैसला किया। यह कोई रोमानी प्रेम की स्टैण्डर्ड घटना नहीं थी। आत्मकथा पढ़ने पर यह एक सुनिश्चित आकलन का परिणाम लगता है। एक अनिवार्य तत्त्व के रूप में इस फ़ैसले के पीछे प्रेम भी रहा होगा।[25] पर मन्नू का आत्मकथ्य प्रेम-व्यापार के क्षणों को दस-पंद्रह पंक्तियों में ही निबटा देता है। दरअसल, प्रेम से कहीं अधिक इस निर्णय के पीछे एक संकल्प था, जो तमाम चेतावनियों के बावजूद मजबूत होता चला जा रहा था :

---

[24] देखें मन्नू भण्डारी में पिता से संबंधित प्रकरण जहाँ वे मानती हैं कि उनके प्रति आलोचना भाव रखने के बावजूद उनके भीतर पिता का बहुत सा अंश है, वही : 8 और 15-29.

[25] राजेंद्र यादव के साथ विवाह संबंध में प्रेम के पहलुओं का वर्णन मन्नू भण्डारी की आत्मकथा में बहुत कम है. पृष्ठ 45 की पहली उन्नीस पंक्तियाँ पढ़ कर जाना जा सकता है कि प्रेम की वह क़िस्म किस तरह से आवेगहीन रही होगी.

घण्टे-डेढ़ घण्टे तक राकेशजी जाने क्या-क्या समझाते रहे, पर उनकी हर बात का तोड़ एक ही जगह होता : 'मन्नू, तुमको लेखक से शादी करने की बात दिमाग़ से निकाल देना चाहिए। ... निहायत अनिश्चित, अस्थिर ज़िंदगी के साथ बँध कर तुम कभी सुखी नहीं रह सकोगी।' पर मुझे तो इस तरह की सारी बातें अपने लिए चुनौती लगतीं जो मेरे संकल्प पर एक परत और चढ़ा देतीं। राकेशजी से मैंने यही कहा कि रोमांटिक दुनिया में रहने वाली सोलह साल की उम्र मैं बहुत पीछे छोड़ चुकी हूँ। ठेठ यथार्थ की भूमि पर खड़े होकर ही मैंने यह निर्णय लिया है क्योंकि अब मुझे ज़िंदगी से जो चाहिए, वह लेखक के साथ ही मिल सकता है।[26]

ज़ाहिर है कि यहाँ प्रेम की स्थिति महज कारक की है जिसे कोई काम वाज़िब ठहराने के लिए ज़रूरत के मुताबिक़ इस्तेमाल कर लिया जाता है। वे तो लेखक होने, साहित्यकार की तरह विकसित होने, और अंततः अपने जीवन की कमियाँ लेखन के ज़रिये पूरी करने का मौक़ा चाहती थीं। लेखन-जीवी पति के रूप में एक यशस्वी और बौद्धिकता-सम्पन्न साहित्यकार का चयन सशक्तीकरण की इस योजना के केंद्रीय माध्यम की तरह उभरता है। कहीं कोई यह न मान ले कि मैं मन्नू के इस निर्णय को एक अंतरंग साज़िश की तरह चित्रित कर रहा हूँ, इसलिए यह कहना ज़रूरी है कि ज़िंदगी के फ़ैसले साजिशों की तरह केवल फ़िल्मों में ही दिखाये जाते हैं। हक़ीक़त में तो वे कुछ संयोगों का प्रतिफल ही होते हैं। संबंध किस तरह आगे चला, उस संबंध से किस तरह की अपेक्षा थी, और जब संबंध टूटा तो मुख्य शिकायत क्या रही, इसी आधार पर अंदाज़ा लगाया जा सकता है कि संबंध बनाते समय मन की चालक शक्ति क्या रही होगी।

साहित्यकार पति के ज़रिये लेखन का भरपूर स्पेस प्राप्त करने में मन्नू को भले ही आंशिक कामयाबी मिली हो, पर सशक्तीकरण का यह रास्ता कुल मिला कर नाकाम नहीं रहा। लोग चाहें तो *एक कहानी यह भी* को एक विफल दाम्पत्य की कथा कह सकते हैं और कह भी रहे हैं, पर मेरे लिए दाम्पत्य की यह विफलता उसी तरह से मानीख़ेज रही है जिस तरह से दाम्पत्य से इतर क्षेत्रों में लेखक होने के माध्यम से मन्नू भण्डारी के सशक्तीकरण की सफलता। लेखन के भरोसे रहने के कारण ही वे अपने भीतर से निकल पायीं। उनका लेखन केवल आत्मकथात्मक नहीं रहा। वे बुद्धिजीवी औरतों के चिंतन के तयशुदा दायरे लाँघ कर ऐसी विषयवस्तुओं के साथ संवाद कर पायीं जो अक्सर पुरुषों के ही लायक़ मानी जाती हैं। उन्होंने *महाभोज* जैसा राजनीतिक उपन्यास लिखा और कीर्ति के शिखर पर विराज़मान हुईं। वे विभिन्न विधाओं में गयीं।

---

[26] मन्नू भण्डारी, वही : 201.

नाटक लिखे, पटकथाएँ लिखीं, टीवी सीरियल लिखे और क्लासिक कहानियों का पुनर्लेखन करने का अनूठा काम किया। एक रचनाकार को और क्या चाहिए! इसके अलावा भी अगर पति से संबंध विच्छेद की दुर्घटना छोड़ कर अगर मन्नू के जीवन पर निगाह डालें तो उनकी आत्मकथा कहती है कि शायद एक लेखक के रूप में उनकी निरंतर उन्नत हो रही संवेदनशीलताओं के कारण उन्हें सारे भारत में फैला हुआ स्नेही-जनों का एक ऐसा संसार मिला, जो कम लोगों को ही मिल पाता है। लेखन के ज़रिये वे आज एक ऐसी स्त्री के रूप में उभर कर सामने आयी हैं जिसे अपनी उम्मीदों पर खरे न उतर पाने वाले पुरुष से मुक्ति पाने के लिए उसकी मृत्यु का इंतजार करना मंजूर नहीं हुआ। उनकी ये बातें अघोषित नारीवाद के दस्तावेज़ की तरह हैं :

> एक दिन देखा कि बिना मौसम और प्रत्यक्ष कारण के एक गमले की ढेर सारी पत्तियाँ झड़ गयीं और दो-तीन दिन में वह पौधा चंद पत्तियों के साथ टहनियों का एक झुण्ड-भर रह गया— मात्र ठूँठ, कुछ-कुछ मेरी ही तरह। माली ने देखा तो बड़ी बेरहमी से ही बची-खुची पत्तियों को भी नोच फेंका। मेरे मुँह से निकले 'अरे-अरे' को सुन कर बड़ी सहजता से उसने अपनी भाषा में कहा, 'इन पत्तियों को तो अब झड़ना ही होगा, इनसे मोह रख कर अब काम नहीं चलेगा, क्योंकि ये जान नहीं देने वालीं इस पौधे को ... अब तो जड़ को देखना होगा।' और, उसने गमले की मिट्टी उलट दी। गमले की निचली गहराई से निकला जड़ों का गुच्छा ... मिट्टी में लिथड़े, एक-दूसरे से उलझे अनेक रेशे। जो सड़े-गले रेशे थे और जिन्होंने पौधे की जीवनी-शक्ति को कुंद कर दिया था, उन्हें बड़ी निर्ममता से उसने तोड़ फेंका। जो स्वस्थ थे, उन्हें साफ़ करके सहेजा-सँवारा। इन्हीं से अब पौधा रस ग्रहण करेगा, फलेगा-फूलेगा, वह पूरी तरह आश्वस्त था। तो क्या अपने को पुनर्जीवित करने के लिए मैं भी अपनी जड़ों की ओर लौटूँ। ... कौन जाने इन ठूँठ जैसी टहनियों में भी कुछ अंकुरित होने की प्रक्रिया शुरू हो जाए।[27]

एक कहानी यह भी का यह बीज-वक्तव्य है। साफ़ तौर पर यह आत्मकथा के ज़रिये अपने आप से नया परिचय करने और अपने पुनः आविष्कार की भाषा है। यह भाषा सिर्फ़ एक ही ओर ले जा सकती है, उसी ओर जहाँ भारतीय नारी के जीवट की प्रतीक कात्यायनी रचित ये पंक्तियाँ ले जाती हैं:

> सात भाइयों के बीच चम्पा सयानी हुई।
> बाँस की टहनी सी लचक वाली,
> बाप की छाती पर साँप सी लोटती / सपनों में काली छाया सी डोलती
> सात भाइयों के बीच चम्पा सयानी हुई।

---

[27] मन्नू भण्डारी, वही : 14-15.

ओखल में धान के साथ कूट दी गयी
भूसी के साथ कूड़े पर फेंक दी गयी।
वहाँ अमरबेल बन कर उगी।
झरबेरी के साथ कँटीले झाड़ों के बीच
चम्पा अमरबेल बन कर सयानी हुई।
फिर से घर आ धमकी।
सात भाइयों के बीच सयानी चम्पा / एक दिन घर की छत से लटकती पायी गयी।
तालाब में जलकुम्भी के जालों के बीच दबा दी गयी।
वहाँ एक नीलकमल उग आया।
जलकुम्भी के जालों से उठ कर चम्पा फिर घर आ गयी / देवता पर चढ़ाई गयी
मुरझाने पर मसल कर फेंक दी गयी / जलाई गयी।
उसकी राख बिखेर दी गयी पूरे गाँव में।
रात को बारिश हुई उमड़ कर।
अगले ही दिन हर दरवाज़े के बाहर
नागफनी के बीहड़ घेरों के बीच
निर्भय-निस्संग चम्पा मुस्कराती पायी गयी।[28]

IV

प्रेम त्रिकोण की सेक्शुअल राजनीति

मन्नू भण्डारी उम्र में प्रभा खेतान से वरिष्ठ हैं। लेकिन, नौ-दस साल का यह फ़र्क़ उस युग के लिहाज़ से कुछ नहीं है जिसमें दोनों ने अपनी ज़िंदगियाँ गुज़ारीं। दोनों ही आत्मकथाओं में जिस राजनीतिक-सामाजिक समय का वर्णन हुआ है, वह एक सा है। बीसवीं सदी में साठ का वह उत्पाती दशक, जिसे सेलिग हैरिसन ने 'दि डेंजरस डिकेड' की संज्ञा देकर भारतीय लोकतंत्र के अवसान की भविष्यवाणी कर दी थी, एक अहम प्रसंग के तौर पर दोनों कृतियों में उभरता है। लोकतंत्र तो नष्ट नहीं हुआ, लेकिन पहले चीन के हमले ने, फिर कांग्रेस 'प्रणाली' के वर्चस्व-भंग ने और फिर नक्सलवाद ने उपनिवेशवाद विरोधी आंदोलन से निकली आश्वस्ति को भंग कर दिया। राष्ट्रनिर्माण के एकात्मक मॉडल पर प्रश्नचिह्न लग गया। लोकतंत्र की यह अस्थिरता जयप्रकाश आंदोलन, आपातकाल, आरक्षण, हिंदुत्व और फिर गठजोड़ राजनीति की उखाड़-पछाड़ तक किसी न किसी रूप में आज तक ज़ारी है। यह हमारी राजनीति का ऐसा बनता-बिगड़ता

---

[28] कात्यायनी, 'सात भाइयों के बीच चम्पा', संकलित : अरविंद जैन और लीलाधर मण्डलोई (सम्पा.), *स्त्री : मुक्ति का सपना*, वाणी प्रकाशन, नयी दिल्ली, 2004 : 141-142.

रूप है जो किसी को भी संकटग्रस्त लग सकता है। प्रभा और मन्नू के राजनीतिक मानस का द्वैध इसी घटनाक्रम की देन है। दोनों की साहित्यिक कृतियों में राजनीति संबंधी प्रसंग उल्लेखनीय मात्रा में मिलते हैं, और मन्नू को तो एक मशहूर राजनीतिक उपन्यास लिखने का श्रेय भी जाता है। पर, आत्मकथाओं में राजनीति का जो विवरण है, उससे पता चलता है कि हमारे युग की दोनों नायिकाएँ सार्वजनिक जीवन को आदर्शीकृत और किताबी आँख से ही देखती हैं। जैसे ही व्यावहारिक पार्टी-पॉलिटिक्स और हितों की टकराहट के कारण यह आदर्शीकृत छवि टूटती है, उन्हें राजनीति के प्रति संशय होने लगता हैं। वे सामान्य जीवन की नैतिकता और राजनीतिक नैतिकता को अलग-अलग नहीं देख पातीं। इसलिए उन्हें पार्टी-पॉलिटिक्स और उसके कारण पैदा होने वाला हितों का टकराव देख कर लगता है कि करनी कथनी का मुँह चिढ़ा रही हैं। उन्हें राजनीति से अरुचि सी होने लगती है, और इसी अरुचि के प्रभाव में वे रोज़मर्रा की राजनीति और राजनीतीकरण की सतत चलती परिवर्तनकारी प्रक्रिया में अंतर नहीं दिखाई देता। वे राजनीतीकरण और सेकुलरीकरण के दो निरंतर कार्यरत हाथों से गढ़े जा रहे नये भारतीय मानस को नहीं देख पातीं। अंततः आधुनिकीकरण का वह भारतीय चरण उनकी दिलचस्पी के दायरे से निकल जाता है, जिसकी नवीनता स्त्री-जीवन के विशिष्ट संदर्भ में अंतरंगता के बदलते हुए रूपों से जुड़ी हुई है। यही सवाल उठता है कि क्या स्त्री लेखन का उत्तर-आधुनिक स्वभाव (यानी जो महावृत्तांतों के चक्कर में नहीं फँसता और जिसकी दिलचस्पी के केंद्र में छोटी-छोटी हक़ीक़तें रहती हैं) ही इन लेखिकाओं को राजनीतीकरण और आधुनिकीकरण की प्रक्रिया के अंतर्संबंध देखने से रोक देता है? अगर ऐसा ही हुआ है तो मानना पड़ेगा कि उत्तर-आधुनिक मिजाज़ के फ़ायदे ही नहीं, नुक़सान भी हैं।

शायद इन्हीं में से एक नुक़सान यह भी है कि ये आत्मकथाएँ भारतीय समाज में पिछले दिनों बने स्त्री जीवन और सेक्शुअलिटी के नये संबंध की तरफ़ कोई अर्थपूर्ण इशारा नहीं करतीं। अगर वे आधुनिकीकरण के इस नये चरण को पकड़ पातीं तो निश्चित रूप से उन्हें प्रेम त्रिकोण की सेक्शुअल राजनीति की गहराई में जाने का मौक़ा मिलता जिसमें वे ख़ुद सारी ज़िंदगी फँसी रहीं। दोनों ही आत्मकथाएँ इसी त्रिकोण और उसके भीतर होती हुई राजनीति के आस-पास बुनी गयी हैं। *अन्या से अनन्या* में प्रभा-डॉ. श्रॉफ-श्रीमती श्रॉफ का त्रिकोण है, तो *एक कहानी यह भी* में मन्नू-राजेंद्र यादव-मीता का त्रिकोण है। ये प्रेमिका, इच्छुक-अनिच्छुक प्रेमी और प्रेमहीन विवाह के त्रिकोण भी हैं। दोनों त्रिकोणों में पुरुषों का चरित्र मुख्यतः नकारात्मक रंगों से उकेरा गया है। लेकिन, ये शास्त्रीय

क़िस्म के खलपात्र न होकर ज़्यादा से ज़्यादा अ–नायक हैं। अंतरंग संबंधों के ये तिगड्डे इतने एक जैसे लगते हैं, और इनकी अन्योन्यक्रिया इतनी मिलती–जुलती है कि इनके पात्रों की अदल–बदल करके नये अर्थ निकालने का लोभ होने लगता है। लेकिन, ऐसी कोशिशें अर्थ का अनर्थ भी कर सकती हैं, इसलिए यह जोखिम किसी रचनात्मक कारीगरी के जिम्मे छोड़कर मैं यहाँ सेक्शुअलिटी स्टडीज़ के कुछ प्रत्ययों[29] की मदद से दोनों प्रसंगों में प्रेम के दो–दो रूपों की शिनाख़्त करने तक सीमित रहना पसंद करूँगा।

प्रभा-श्रॉफ युगल : प्रभा खेतान और डॉ. श्रॉफ का संबंध अधूरे रोमानी प्रेम (रोमांटिक लव) की श्रेणी में डाला जा सकता है। रोमानी प्रेम अंतरंगता की बहुप्रचलित आधुनिक निर्मिति है, जिसमें प्रेमी युगल अपना सम्पूर्ण भावात्मक और दैहिक निवेश एक–दूसरे में कर देते हैं। प्रेमियों के लिए यह ज़रूरी होता है कि वे आकर्षण के पहले ज्वार में ही अपने–अपने अस्तित्व अनावृत्त कर दें, ताकि उनके रिश्ते की शुरुआत ही प्रामाणिकता से हो। प्रभा–श्रॉफ युगल का रोमानी प्रेम अधूरा इसलिए है कि अपनी इयत्ता के अनावरण की क्रिया केवल नायिका की तरफ़ से ही घटती है, लेकिन अ–नायक की तरफ़ से नहीं। अ–नायक धीरे–धीरे खुलता है, और पूरी आत्मकथा पढ़ने के बाद भी लगता है कि उसका अनावरण अभी शेष है। उसे रोमानी प्रेम की श्रेणी में आने वाले प्रेमी की हैसियत नहीं दी जा सकती। *अन्या से अनन्या* का अ–नायक सेक्शुअल राजनीति के महारथी के रूप में सामने आता है। वह अपने नेतृत्व और देख रेख में नियोजित रूप से रोमानी प्रेम (जिसे प्रभा खेतान 'रुग्ण प्रेम' भी कहती हैं) में कमज़ोर हो चुकी प्रेमिका के लिए अवमानना की संरचनाएँ तैयार करता रहता है। वह प्रेमिका के पूरे अस्तित्व पर अपनी मुहर लगा देना चाहता है। यहाँ तक कि भूल हो जाने का अभिनय करते हुए उसे गर्भवती करने में भी नहीं चूकता। बार–बार परित्याग की धमकी देकर प्रेमिका जी जज़्बाती असुरक्षा बढ़ाता है। चूँकि दूसरा पक्ष सौ फ़ीसदी समर्पित है, इसलिए उसकी किसी चाल की काट करने के बजाय उसके साथ और चिपकता चला जाता है। रोमानी प्रेम की दूसरी विशेषता यह होती है कि स्थिर और दीर्घकालिक होने की स्थिति में वह लैंगिक ऊँच–नीच में पतित

---

[29] इस विश्लेषण में प्रयुक्त रोमानी प्रेम और संगमी प्रेम की धारणाओं के लिए देखें, एंथनी गिडेंस की बेहतरीन रचना द *ट्रांसफ़र्मेशन ऑफ़ इंटीमेसी : सेक्शुअलिटी, लव ऐंड इरोटिसिज़म इन मॉडर्न सोसाइटीज़*, पॉलिटी प्रेस; भारत में आधुनिकता के नये चरण के तहत अंतरंगता के बदलते हुए रूपों पर एक विहंगम दृष्टि के लिए देखें , अभय कुमार दुबे (2005), 'फुटपाथ पर कामसूत्र : नयी सेक्सी दिल्ली', *दीवान–ए–सराय 2* / शहरनामा, वाणी प्रकाशन : 115–139.

हो जाता है। शादी होते ही पारम्परिक विवाह से बने पति-पत्नी और प्रेम विवाह करने वाले पति-पत्नी में कोई फ़र्क़ नहीं रह जाता। प्रभा खेतान की आत्मकथा रोमानी प्रेम के इस शास्त्र में एक नया आयाम जोड़ती है कि अगर शादी न भी की जाए, और आधुनिक सहजीवन (लिव-इन रिलेशनशिप) में रहा जाए, तो भी स्त्री द्वारा किया गया सम्पूर्ण भावात्मक निवेश उसे लैंगिक कमतरी की स्थिति में पहुँचा ही देगा। स्त्री की दृष्टि से रोमानी प्रेम की यह बहुत बड़ी ख़ामी है, जो उसे अंततः पुरुष द्वारा फेंके गये एक फंदे में तब्दील कर देती है। लेकिन, दूसरी तरफ़ यह रिश्ता जब तक लैंगिक ऊँच-नीच में नहीं बदलता, उस समय तक परस्पर एकांत-निष्ठा के कारण इसमें स्त्री के ऑर्गाज़म यानी चरम सुख की सम्भावनाएँ अधिक उज्ज्वल रहती हैं। अगर प्रेमी युगल थोड़ी सेक्शुअल लिटरेसी (कामकला) का परिचय दें, तो इस रिश्ते में शुरू के यौन प्रसंग स्त्री के मानस में सारी ज़िंदगी के लिए यादगार बनकर टँक सकते हैं। हमें ध्यान रखना चाहिए कि प्रभा-श्रॉफ प्रकरण में अ-नायक पहले से ही सेक्शुअली लिटरेट है। अगर वह एक शास्त्रीय रोमानी प्रेमी की तरह आचरण करता, यानी वह भी नायिका में उसी तरह अपना निवेश करता जिस तरह नायिका करती है, तो अ-नायक न कहलाता। उस स्थिति में प्रभा खेतान की आत्मकथा कुछ और होती।

मन्नू-राजेंद्र युगल : मन्नू भण्डारी और राजेंद्र यादव का रिश्ता रोमानी प्रेम की श्रेणी में नहीं माना जा सकता। कारण यह कि नायिका और अ-नायक दोनों ही एक-दूसरे में अपना सम्पूर्ण भावनात्मक निवेश नहीं करते। *अन्या से अनन्या* के विपरीत *एक कहानी यह भी* में ऐसा कोई वर्णन नहीं है जो ऐसी आवेगपूर्ण स्थितियों की तरफ़ इशारा करता हो। यह प्रेम संबंध की वह श्रेणी है जिसे संगमी प्रेम (कॉन्फ़्लुएट लव) के रूप में समझा जाता है। इस जटिल रिश्ते में दो नदियों का किसी बिंदु पर संगम तो होता है, पर दोनों एक-दूसरे में क्षण भर समाने के बावजूद अपने-अपने रास्ते पर बहती रहती हैं। रोमानी प्रेम के मुक़ाबले संगमी प्रेम की यह श्रेणी कहीं आधुनिक है, क्योंकि यह वैयक्तीयन की सम्भावनाओं को ज़्यादा उजागर करती है। संगमी प्रेम के तहत प्रेमी युगल एक-दूसरे के सामने केवल आंशिक रूप से ही खुलते हैं। शादी करने के निर्णय पर पहुँचते समय मन्नू-राजेंद्र के पास अपने-अपने इरादे हैं, जो दोनों एक-दूसरे के सामने स्पष्ट करना ज़रूरी नहीं समझते। सुरक्षा-बोध के लिए वे अपने मंतव्य के संकेत भर छोड़ते हैं और इसी बहाने मान लेते हैं कि दोनों को एक-दूसरे के इरादों के बारे में पता होगा। लेकिन, पैंतीस साल के संगम में दोनों की ज़िंदगी एक-दूसरे से अलग-अलग बहती है। यहाँ भावनात्मक निवेश हमेशा ही अधूरा रहने के लिए अभिशप्त है। जब ज़रूरत पड़ती है तो मन का कोई कोना खोल दिया जाता

है। कभी अ–नायक का 'ब्लैक स्पॉट' (मीता से चलता हुआ समांतर संबंध) सामने आता है, तो कभी नायिका के मन में छिपी हुई सिद्ध रचनाकार–पति के साथ भीतर ही भीतर चलने वाली होड़ (*डेढ़ इंच मुस्कान* वाला प्रकरण) सामने आती है। कुल मिलाकर दोनों अपनी इयत्ताओं के सूत्र अपने–अपने पास रखते हैं। संगमी प्रेम की यह स्थिति स्त्री के लिए रोमानी प्रेम के मुक़ाबले अधिक अनुकूल है, क्योंकि इसके तहत बनने वाली लैंगिक ऊँच–नीच में संशोधन की सम्भावनाएँ हमेशा रहती हैं। स्त्री थोड़ा प्रयास या पहलक़दमी करके संतुलन ठीक कर सकती है। पुरुष को हमेशा लगता है कि स्त्री पूरी तरह उसके अधीन नहीं है। कुल मिला कर संगमी प्रेम पुरुष की तरफ़ से ही नहीं, स्त्री की तरफ़ से भी सेक्शुअल और मनोभावों की नफ़ीस राजनीति की गुंजाइशें पैदा करता है। जहाँ तक स्त्री के यौन–जीवन का सवाल है, संगमी प्रेम के तहत वह केवल तभी पनप सकता है जब वह यौन क्रिया और प्रजनन को अवधारणात्मक दृष्टि से अलग–अलग मान कर जीवनयापन करे। संगमी प्रेम संतानोत्पति की मनाही नहीं करता और एकनिष्ठ संबंध का बोलबाला भी स्वीकार करता है। पर वहाँ सेक्स रि–प्रोडक्शन का मातहत नहीं है, और एकनिष्ठता जन्म–जन्म का बंधन न होकर सीरियल मोनोगैमी की तरह सामने आती है। इस दृष्टि से संगमी प्रेम न तो व्यभिचार या यौन–स्वच्छंदता की समस्याओं से चिंतित होता है, न ही वह यौन शुचिता के आग्रह को जीवन–मरण का प्रश्न मानता है। चूँकि दोनों पार्टनर अपनी–अपनी इयत्ता का परस्पर समर्पण नहीं करते इसलिए अगले एकनिष्ठ संबंध की सम्भावनाएँ हमेशा खुली रहती हैं।

इस लिहाज़ से देखा जाए तो न मन्नू भण्डारी ने, और न ही राजेंद्र यादव ने अपने संगमी प्रेम की पूरी शर्तें निभायीं। *एक कहानी यह भी* में मन्नू ने एक अर्थपूर्ण अवलोकन यह किया है कि जब–जब वे अपने प्रयासों और निश्चय द्वारा पति से दूर होती हैं, उसके रवैये में अधिक अंतरंगता दिखाई पड़ती है। अलगाव की स्थिति में वह पत्नी के अधिक निकट आने की कोशिश करता है। उसकी अधिक परवाह करता है। एक जगह तो मन्नू को यह भी लगता है कि जैसा संबंध वे चाहती थीं, वह तो ऐसी ही परिस्थिति में निकल कर आ रहा है। ज़ाहिर है कि अपने ही प्रेम की प्रकृति को न समझ कर वे पत्नीत्व की पारम्परिक धारणा से चिपकी रहीं, और छूटने में पैंतीस साल लगा दिये। दूसरी तरफ़, राजेंद्र यादव ने भी एकनिष्ठता का जी भर कर उल्लंघन किया और जम कर सेक्शुअल पॉलिटिक्स खेली। अगर ये दोनों बेहतरीन लेखक संगमी प्रेम के क़ायदे पर चलते तो *एक कहानी यह भी* कुछ और भी हो सकती थी।

त्रिकोण का तीसरा पक्ष : इन दोनों त्रिकोणों के तीसरे पक्ष भी हैं, और उनके बारे में कुछ कहे बिना यह विश्लेषण अधूरा रहेगा। एक किरदार है मिसेज श्रॉफ का, और दूसरा किरदार है मीता का। ये दोनों हस्तियाँ आत्मकथाओं में तक़रीबन ग़ैर-हाज़िर हैं, और रचनाकार के अपने दृष्टिकोण के लिहाज़ से ज़रूरत के मुताबिक़ कथानक में लाई जाती हैं। इनमें श्रीमती श्रॉफ की सेक्शुअलिटी मन्नू भण्डारी जैसी है : एकनिष्ठ, घरेलू, शांत और प्रजननकारी। मीता की सेक्शुअलिटी प्रभा खेतान जैसी है : पहलक़दमीयुक्त, आक्रामक, अशांत और प्रजनन के आग्रह से कमोबेश मुक्त। प्रभा के मन में मिसेज श्रॉफ की भूमिका के प्रति और मन्नू के मन में मीता के रवैये के प्रति ख़ासा द्वैध है, पर आत्मकथाएँ पढ़ कर मेरे ऊपर प्रभाव यह पड़ा है कि प्रेम त्रिकोणों के दौरान अ-नायकों द्वारा नायिकाओं के साथ की गयी नाइंसाफ़ी का थोड़ा-बहुत प्रतिकार अगर कहीं हुआ है, तो इन अ-नायिकाओं के हाथों ही। हमारे अ-नायक प्रेमिकाओं से तो खेल रहे हैं, पर अ-नायिकाओं से उनकी फूँक सरकती है। डॉ. श्रॉफ की पत्नी उनका जीवन नर्क बनाने में कोई कसर नहीं छोड़तीं, और मीता राजेंद्र यादव के अधूरेपन को अपने सान्निध्य के बावजूद कभी पूर्ण नहीं होने देती।

कहना न होगा कि प्रेम-त्रिकोण और उसकी अंतर्निहित सेक्शुअल राजनीति का यह विवेचन केवल सैद्धांतिक दृष्टि से किया गया है। हम जानते हैं कि व्यक्ति का जीवन सिद्धांतों के हिसाब से नहीं चलता। सिद्धांत जीवन के अनुभव से बनते और पुष्ट होते हैं। हमारे युग की दो नायिकाओं का जीवन बताता है कि रोमानी प्रेम किसी संवेदनशील स्त्री के मानस को कितना आहत कर सकता है, और आधे-अधूरे संगमी प्रेम की कहानी कितनी दारुण हो सकती है। ये दोनों जीवन यह भी बताते हैं कि पुरुषों के लिए नायक बनना कितना असम्भव होता जा रहा है। औरत पर क़ब्ज़ा करने की पितृसत्तात्मक नीयत के कारण वे ज़्यादा से ज़्यादा अ-नायक बन कर रह जाने के लिए ही अभिशप्त हैं।

V
'नेक लड़की' का नारीवाद

अब प्रश्न यह रह जाता है कि नारीवाद का इस पूरे विमर्श से क्या ताल्लुक़ है? हिंदी की नारीवादी इयत्ता (फेमिनिस्ट सेल्फ़) के निर्देशांक क्या-क्या हैं? इस इयत्ता की शक्ल-सूरत का पता लगाने के लिए हमें दो बातों पर ग़ौर करना होगा। पहला, हमें अंदाज़ा लगाना होगा कि प्रभा खेतान अपनी पहलक़दमीयुक्त शख़्सियत के बावजूद रोमानी प्रेम के चंगुल में क्यों फँसी रहीं, और मन्नू भण्डारी

संगमी प्रेम के रास्ते पर चलते हुए भी प्रजननकारी सेक्शुअलिटी के पचड़े से क्यों नहीं निकल पाईं। दूसरा, हमें देखना होगा कि रिश्तों के चंगुल में फँसे होने के बावजूद क्या सशक्तीकरण की इच्छुक और प्रयासरत स्त्री रिश्तों की परिभाषा बदलने की कोशिश करती हुई दिखाई देती है या नहीं।

हिंदी की एक कवि ने रिश्ते बनने के बाद न तोड़ पाने की समस्या पर इस तरह विचार किया है :

कोई टाँके तो नहीं सिलाई के / जिन्हें उधेड़ डालूँ
रिश्ते / सिये तो नहीं जाते कपड़ों से
जिन्हें फाड़ डालूँ / जीते-जी जो भी आ गया है मेरे हिस्से में
चाहे अनचाहे / ब्याहे-अनब्याहे
शरीक हो गया है मेरे अपनेपन में
यह कोई ओढ़ा हुआ दुपट्टा तो नहीं जिसे उतार डालूँ
ज़िंदगी के धागों के आगे भी है / सिलाइयाँ जिसकी नहीं होतीं
रिश्तों के आगे भी होते हैं संबंध / बुनाइयाँ जिसकी नहीं होतीं
फिर भी सब कुछ होता इतना घना बिना बना
झील का पानी सा तरल
अलग नहीं किया जा सकता उसे काट कर।[30]

नारीवादी दृष्टिकोण से देखें तो माधुरी भटनागर की यह कविता रिश्ता तोड़ने की इच्छा की तरफ़ इशारा करती हुई लग सकती है। भारतीय स्त्री के लिए यह कठिन इच्छा है। वह रिश्तों की अंतर्निहित विषमताएँ समझ लेने के बावजूद उन्हें ख़ारिज करने के लिए ख़ुद को नहीं समझा पा रही है। इसी कविता की भाँति दोनों आत्मकथाएँ भी अपने-अपने हिस्से में आये ब्याहे-अनब्याहे रिश्ते जोड़ने की इच्छा का आख्यान हैं। रिश्ते की इस जकड़बंदी का कारण पता लगाने की शुरुआत नारीवादी कवि अनामिका की एक छोटी-सी कविता से की जा सकती है :

एक गुफ़ा है / मेरी नाभि के नीचे
अपनी ही खूँखारिता से थके / शेर-चीते अजगर
आते हैं कुछ देर सोने यहाँ पर!
एक नये आखेट की ख़ातिर / जाते हैं जब अगले दिन बाहर,
उनके वे टूटे नाखून, राल, केंचुल
एक अजब बहनापे से देखते हैं मुझे!
मकड़ी के जालों से आती हुई / सूरज की पहली किरण
पड़ती है बुझी हुई धूनी पर![31]

---

[30] माधुरी भटनागर (2004), 'संबंध', संकलित : अरविंद जैन और लीलाधर मण्डलोई (सम्पा.), *स्त्री : मुक्ति का सपना*, वाणी प्रकाशन, नयी दिल्ली : 166.
[31] अनामिका (2006), 'यौन-दासी', *पहल 83*, जून-जुलाई : 80.

पहली नज़र में यह कविता राजेंद्र यादव द्वारा दी गयी उस थीसिस का अनभिप्रेरित काव्यानुवाद लगती है जिसमें मैत्रेयी पुष्पा के लिखे गये एक लम्बे पत्र में उन्होंने कमर के ऊपर की स्त्री और कमर के नीचे की स्त्री को अलग-अलग करते हुए सूत्रीकरण किया था कि औरत की कमर के ऊपर वाले हिस्से को तो पुरुष ने जीत लिया है, पर नीचे वाले हिस्से का प्रयोग करके वह अपनी हारों को जीतों में बदल लेती है।[32] लेकिन, ऐसा मानना एक सरलीकरण होगा। यह एक जटिल कविता है, और इसे हिंदी के मौजूदा नारीवादी चरण के रूपक की तरह पढ़ा जा सकता है। इस कविता में बुझी हुई धूनी पर पड़ने वाली सूरज की पहली किरण के गहरे तात्पर्य हैं, जिसके बारे में हम लेख के एकदम आख़िर में चर्चा करेंगे। अनामिका ने इस कविता का शीर्षक 'यौन-दासी' दिया है। इस शीर्षक का मतलब है कि स्त्री अपना कोई भी हिस्सा पुरुष को विजित प्रदेश की तरह उपलब्ध कराने के लिए तैयार नहीं है। दास जैसे ही स्वयं के दासत्व का भाष्य करना शुरू करता है, वैसे ही अधीनस्थता की संरचनाएँ सामने आने लगती हैं। नारीवाद की डिक्शनरी में पत्नी भी लगभग यौन-दासी के रूप में ही मानी जाती है। वहाँ 'वैवाहिक बलात्कार' की अवधारणा भी है, और पत्नी को 'सेक्स-सप्लाई' के सुरक्षित स्रोत की तरह भी चिह्नित किया गया है। दूसरी तरफ़, इस प्रतिरोध-भाव के साथ-साथ यह कविता अपनी देह के प्रति, अपने गुप्तांगों के प्रति और कुल मिला कर अपनी सेक्शुअलिटी के प्रति स्त्री की अ-सहजता का प्रभावशाली वक्तव्य भी है।

मेरा कहना यह है कि सेक्शुअलिटी के प्रति स्त्री की यह असहजता 'गुड गर्ल' बनाम 'बैड गर्ल' के मनोसंलक्षण (सिंड्रॉम) की देन है, जो माँ के दूध के साथ ही स्त्री की चेतना में रोप दिया जाता है। हर स्त्री नेक लड़की बनना चाहती है, न कि वह बुरी स्त्री जिसके बारे में यशपाल का उपन्यास *दिव्या* कहता है कि वह स्वतंत्र हो सकती है पर केवल वेश्या बन कर ही। हमारी दोनों नायिकाएँ भी शुरू से 'नेक लड़की' वाले सिंड्रॉम की शिकार हैं। प्रभा खेतान व्यथित होकर बार-बार यही तो सवाल पूछ रही हैं कि पत्नी से भी ज़्यादा पत्नी के कर्तव्य निभा कर वे 'नेक लड़की' न बन पाने के लिए क्यों अभिशप्त हैं। मन्नू भण्डारी की पीड़ा है कि विधिवत् 'नेक लड़की' के ढाँचे में ज़िंदगी गुज़ारने के बावजूद उन्हें 'नेक लड़का' क्यों नहीं मिला। प्रभा खेतान के घोषित नारीवाद में यह 'नेक

---

[32] राजेंद्र यादव (2006), 'अपनी नियति पहचानो मैत्रेयी' *हंस*, नयी दिल्ली : 2-8.

लड़कीवाद' देह के स्तर पर उभर कर आता है, और मन्नू भण्डारी के अघोषित नारीवाद में विचार के स्तर पर।

आइए, पहले मन्नू भण्डारी के 'नेक लड़कीवाद' पर विचार करें, जो नारीवाद को सेक्स-फ्रीडम और पुरुष-विरोध का पर्याय मानती हैं। दरअसल, उनकी यह धारणा इस ग़लतफ़हमी पर आधारित है कि यौन क्रिया के सहभागी की तलाश में खुल कर घूम रही स्त्री को इच्छुक पुरुष आसानी से उपलब्ध हो जाते हैं, या पुरुष भी ऐसी ही किसी स्त्री की तलाश में घूमते रहते हैं। हक़ीक़त इसकी ठीक उल्टी है। *हंस* में ही प्रकाशित हो चुके रामशरण जोशी के 'विश्वासघातों' का एक प्रसंग बताता है कि निशा-निमंत्रण देने वाली स्त्री आकर्षक होने के बावजूद पुरुष को दैहिक समागम का उपयुक्त पात्र नहीं लगती।[33] उससे वह दूर भागता है, क्योंकि वह उस पर क़ब्ज़ा नहीं कर सकता। न पैसे से (ग़रीब आदिवासी औरतों की देह ख़रीदने वाला प्रसंग), न ही परम्परा से (विवाह के ज़रिये) और न ही बौद्धिक फ़ंदे के ज़रिये (मार्क्सवाद वग़ैरह का जाल फेंकने से)। उसकी निगाह में तो वह औरत तो किसी को भी निशा-निमंत्रण दे सकती है। मन्नू भण्डारी के पारिवारिक मित्र कमलेश्वर ने भी अपने संस्मरणों की किताब *यादों के चिराग* में भी एक फ़ाइव स्टार होटल के कमरे में घटी घटना का ज़िक्र किया है, जहाँ वे यौन-क्रिया के लिए प्रस्तुत साहित्यिक यश की अभिलाषी एक स्त्री से कतरा कर निकल भागे थे।[34] दरअसल, भारतीय मर्दानगी की विशेषता यह है कि सम्भोग के लिए पहलक़दमी करने की हिम्मत करने वाली स्त्री से अधिकतर पुरुष दूर ही भागते हैं, भले ही मुँह से अपनी उद्दाम यौन क्षमताओं की कितनी भी डींग मारते रहें। यहाँ तक कि अगर पत्नी भी यौन-क्रिया में पहलक़दमी दिखाये, तो पति का मन सहम जाता है। ऐसी कोई भी स्त्री पुरुष को ख़तरनाक कामेच्छा की वाहक लगती है। पुरुष के मानस-पटल पर बनी ऐसी स्त्रियों की छवि मनोविश्लेषक सुधीर कक्कड़ की भाषा में अजगर के समान विकराल योनि वाली होती है। पुरुष को लगता है कि यह मुझे समूचा खा जाएगी।[35] दरअसल, व्यावहारिक जीवन में ऐसी स्त्री केवल अपवाद स्वरूप ही होती है, और अपवादों

---

[33] रामशरण जोशी (2004), 'मेरे विश्वासघात', *हंस*, नयी दिल्ली, अक्टूबर-नवंबर.

[34] कमलेश्वर, *यादों के चिराग*, नयी दिल्ली.

[35] इस तर्क से संबंधित सुधीर कक्कड़ (2007) के अवलोकनों के लिए देखें उनका लेख 'नर-नारी युद्ध', संकलित : *अंतरंगता का स्वप्न / भारतीय समाज में प्रेम और सेक्स*, (अनुवाद : अभय कुमार दुबे), वाणी प्रकाशन, नयी दिल्ली : 75-106.

के आधार पर सामाजिक-वैचारिक निर्मितियाँ नहीं बनतीं। तीस-पैंतीस साल के यौन जीवन में एक-दो पुरुषों के साथ दैहिक संबंध क़ायम करने वाली स्त्री को तो यौन-स्वच्छंद की श्रेणी में नहीं ही रखा जा सकता। आश्चर्य होता है कि मन्नू भण्डारी जैसी ज़हीन और संवेदनशील स्त्री ऐसा सरलीकृत वक्तव्य बार-बार देती हैं, और समाज में अंतरंगता के बदलते हुए रूपों का संदर्भ भी उन्हें अपने इस वैचारिक रवैये पर पुनर्विचार करने के लिए बाध्य नहीं करता। समझ में नहीं आता कि वे नारीवाद में पुरुष-विरोध के बजाय पुरुष पर निर्भरता का विरोध क्यों नहीं देख पातीं! अंततः उनका अघोषित नारीवाद 'नेक लड़की' की अवधारणा में बुरी तरह जकड़ा हुआ लगता है। उसके अघोषित रह जाने का कारण भी इसी में तलाशा जाना चाहिए।

प्रभा खेतान की आत्मकथा में ऐसे कई प्रकरण हैं जो उनके 'नेक लड़कीवाद' का पता देते हैं। उनका यह अफ़सोस साफ़ तौर पर उभर कर आता है कि 'अन्या' बनाने की नाइंसाफ़ी करने के बजाय डॉ. श्रॉफ के जीवन में उन्हें एक ऐसी जगह मिलनी चाहिए, जहाँ वे इस संबंध के लांछन से मुक्त हो सकें। प्रभा खेतान के भीतर 'नेक लड़कीवाद' कितना प्रबल है इसका अंदाज़ा आत्मकथा के उन ऐंद्रिक प्रसंगों से लगाया जा सकता है जो विदेश में घटते हैं। सेक्शुअलिटी स्टडीज़ में आम तौर से समझा जाता है कि लोग जब अपने सांस्कृतिक दायरे को छोड़ कर ऐसी ज़मीन पर जाते हैं जहाँ उनकी निगरानी करने वाली सामुदायिक आँख मौजूद न हो, तो उनके भीतर सेक्शुअल एडवेंचर की सम्भावनाएँ जाग जाती हैं। लेकिन, *अन्या से अनन्या* में ये प्रसंग 'नेक लड़कीवाद' में निहित स्त्री देह की शुचिता के विचार के साथ उनका गहरा जुड़ाव व्यक्त करते हैं। आत्मकथा की नायिका की प्रतिक्रिया वैसी ही है जैसी किसी 'नेक लड़की' की हो सकती है। दूसरी बार भारत में एक अन्य पुरुष से उनके दैहिक संबंध बनते हैं। उस समय तक डॉ. श्रॉफ के साथ उनके संबंध मातृमूलक पोषक की भूमिका में आ चुके थे। उन्हें एक साथी की ज़रूरत थी, जिसके साथ वे कमोबेश लोकतांत्रिक धरातल पर रिश्ता बना सकें। इस संबंध को उन्होंने क्यों तोड़ा, इसका कोई ठोस सुराग वे नहीं देतीं। पहली घटना नेक लड़की के अनिवार्य इतरलैंगिक (हेटरोसेक्शुअल) मानस का पता देती है जो कई मामलों में सचेत या अचेत ढंग से होमोफ़ोबिया (समलैंगिकभीति) का शिकार होती है। दूसरी घटना रोमानी प्रेम से संगमी प्रेम की तरफ़ स्थानांतरण की विफल कोशिश का प्रतीक है।

नारीवादी नायिका की चेतना में गहरे बैठी हुई नेक लड़की केवल प्रभा खेतान या मन्नू भण्डारी की समस्या नहीं है। यह भारतीय नारीवाद की समस्या

है। पिछले पच्चीस-तीस साल में नारीवादियों ने स्त्री को बाज़ार की वस्तु बनाने और स्त्री के सेक्शुअल निरूपण से संबंधित प्रश्नों पर जितनी भी सार्वजनिक मुहिमें चलाई हैं, उनमें अंतर्विरोध हमेशा रहा है। इन आंदोलनों में कई ऐसे मोड़ आये हैं जिन पर नारीवादियों के रवैये और परम्परानिष्ठ होने का दावा करने वाले दक्षिणपंथी संगठनों के रवैये में फ़र्क़ करना मुश्किल हो गया था। यहाँ तक कि विश्व सुंदरी प्रतियोगिता का विरोध करते-करते भारतीय नारीवादी संगठन दक्षिणपंथी संगठनों के साथ पूरे गठजोड़ में चले गये थे।[37] भारतीय नारीवादियों के इतरलैंगिक आग्रह कितने प्रबल होते हैं, और होमोफ़ोबिया कितना गहरे जड़ जमाये होता है, यह दीपा मेहता की फ़िल्म *फ़ायर* के पक्ष में चले आंदोलन के दौरान लेस्बियन स्त्रियों के अनुभवों से जाना जा सकता है।[38]

विश्व नारीवादी आंदोलन अपने विकास के पहले दौर में इस तरह की समस्याओं से ग्रस्त था। इसी चक्कर में उसने वेश्याओं को अपनी मुक्तिकामी धार का हिस्सा बनाने में संकोच दिखाया था, और इसी वजह से दुनिया भर में वेश्याओं को अपने अलग संगठन बनाने पड़े थे। लेस्बियनों को भी नारीवादी संरचनाओं का अंग बनने के लिए काफ़ी बौद्धिक और व्यावहारिक संघर्ष चलाना पड़ा है। चाहे घोषित नारीवाद का क़िस्सा हो, या अघोषित नारीवाद का, नारीवाद की हिंदी-कथा धीरे-धीरे आगे बढ़ते हुए अपने पहले चरण का समापन करने जा रही है। यह पहला चरण हमारे सामने हाशियों पर जीने के लिए अभिशप्त स्त्री के सशक्तीकरण की दास्तान पेश करता है। यह एक ऐसी दास्तान है जिसमें सशक्तीकरण की गोचर डिग्री हासिल करने में स्त्री का पूरा जीवन खप जाता है, और सशक्त होने के बावजूद वह जेण्डर-लोकतंत्र के आग्रहों के मुताबिक़ संबंध बनाने का दबाव पुरुष पर डालने में नाकाम रहती है। वह पारम्परिक ढंग के सेवा-पोषण के ज़रिये पुरुष को जीतने की कोशिश में है, जिसका नाकाम होना एक तयशुदा हक़ीक़त है।

आत्मकथाओं के पन्नों पर उभरने वाला सशक्तीकरण पुरुष से भिन्न अस्मिता की स्थापना के आग्रह की देन नहीं है। यह पुरुष की तरह ही श्रेष्ठ बनने की

---

[37] देखें सोहिनी घोष का बेहतरीन लेख 'सेक्स और सेक्शुअलिटी : भारतीय नारीवाद की दिक़्क़तें', मैरी ई. जॉन और जानकी नायर (सम्पा.) (2008), *कामसूत्र से 'कामसूत्र' तक : आधुनिक भारत में सेक्शुअलिटी के सरोकार*, अनु. अभय कुमार दुबे, वाणी प्रकाशन नयी दिल्ली.

[38] देखें विभिन्न विद्वानों और प्रेक्षकों द्वारा लिखी गयी सामग्री का संकलन, *स्त्री समलैंगिकता की आग उर्फ़ 'फायर' प्रसंग*, मैरी ई. जॉन, वही.

कोशिश है। हमारे युग की एक नायिका व्यापार-धंधे के माध्यम से न केवल स्वतंत्र उद्यमी बन जाती है, बल्कि अन्य उद्यमियों को अपना नेतृत्व स्वीकार करने पर मजबूर तक कर देती है। भारत में बहुत सी स्त्रियों ने (इंदिरा गाँधी समेत) इस तरह का सशक्तीकरण करके दिखाया है। इस सफलता की क़ीमत कम करके नहीं आँकी जा सकती, पर अंततः यह सशक्तीकरण का पहला चरण ही है। यह संघर्ष पुरुष से भिन्न स्त्री-अस्मिता स्थापित करने की तरफ़ ले जाने वाला नहीं है। हमारी दूसरी नायिका लेखक पति से अपने अवचेतन में होड़ करती रहती है। उधर, लेखक पति इस ग़लतफ़हमी में मुब्तिला है कि वह अपने बौद्धिक औज़ारों से एक लेखिका की रचना कर रहा है। जवाब में लेखिका अपनी रचनाशीलता का दावा लेखक पति की ही तरह और कुछ मायनों में उससे भी ज़्यादा साबित करके दिखाती है। उसकी आत्मकथा इस प्रयास की कामयाबी पर उसकी अपनी क़लम से लगायी गयी मुहर की तरह है। सशक्तीकरण के इस स्तर को नारीवाद 'पुरुष की बराबरी करने की इच्छा' के रूप में परिभाषित करता है।

इस विश्लेषण का समाहार करने के लिए मैं फिर से अनामिका की पूर्वोद्धृत कविता की तरफ़ लौटूँगा जहाँ सुबह की पहली किरण मकड़ी के जालों में से भीतर आते हुए बुझी हुई धूनी पर पड़ रही है। यह कामना की वह अल्पकालीन धूनी है, जो भभकी थी। यह उन संबंधों की धूनी है जिसमें अब उष्णता नहीं रही। इस धूनी में प्रेम के स्थायी संबंधों की मद्धम आँच नहीं है। धूनी पर पड़ती हुई सुबह की पहली किरण एक नयी शुरुआत है, प्रेम की, संबंधों की, जीवन की। प्रभा खेतान और मन्नू भण्डारी के आत्माख्यानों का संदेश है कि सशक्तीकरण की प्रक्रिया कहीं न कहीं मौजूदा संबंधों को नये सिरे से परिभाषित करने की गुजांइश भी देती है। अगर ऐसा नहीं होता तो प्रभा खेतान का एक अंश डॉ. श्रॉफ से मुक्त होते नहीं दिखाई देता। भले ही वे किसी और से मनचाहा संबंध आगे नहीं चला पायीं, पर यह सशक्तीकरण के प्रयासों का ही परिणाम था कि दुनिया की सैर करके बार-बार परम्परा के खूँटे पर लौटने वाली स्त्री अँधेरे में कुछ टटोलती हुई मिलती है। इसी तरह अगर मन्नू भण्डारी अपनी रचनाशीलता के औज़ारों से अपना सशक्तीकरण न करतीं, तो देर से ही सही वे राजेंद्र यादव को हाथ भर दूर धकेल कर संबंधों को नयी निगाह से देखने के लिए बाध्य करने का दुस्साहस न कर पातीं।

ज़ाहिर है कि हमारे युग की नायिकाओं की नारीवादी इयत्ता अभी निर्माणाधीन है। संक्रमण की इस प्रक्रिया का संदेश यह है कि संबंध ख़ुद चुने

गये हों या थमाये गये हों, ऊष्माहीन हो चुके संबंधों को थामे-थामे भारतीय नारी सशक्तीकरण की समांतर कोशिशें तो चला सकती है और लम्बे धीरज, अध्यवसाय और त्याग-तपस्या द्वारा उन्हें सफलीभूत भी कर सकती है, पर नारीवाद के दूसरे चरण में नहीं पहुँच सकती, यह दूसरा चरण स्त्री द्वारा अपनी भिन्नता स्थापित करने का है जिसमें स्त्री पुरुष जैसी या उसके बराबर बनने के बजाय उससे अलग बनना पसंद करेगी। हिंदी की नारीवादी इयत्ता में इसकी प्रखर सम्भावनाएँ हैं, क्योंकि हम देख चुके हैं कि पुरुष के समकक्ष बनने के प्रयासों के बावजूद यह स्त्री अपनी उपलब्धियों से संतुष्ट नहीं है। प्रभा खेतान और मन्नू भण्डारी काफ़ी कुछ हासिल करने के बाद भी ख़ुद को प्रश्नांकित कर रही हैं। इस स्त्री को दरअसल मुक्ति चाहिए, और वह इसके लिए अपनी भिन्नता स्थापित करके रहेगी। अपने जिन गुणों के कारण उसे सशक्तीकरण के बावजूद कमतरी का आईना देखना पड़ा, उन्हीं गुणों की दावेदारी एक भिन्न मुक़ाम की प्रतीक्षा कर रही है। यह वही मुक़ाम होगा जब हमारे युग की नायिकाओं को पुरुष पर निर्भरता से छुटकारा पाने के लिए सारी ज़िंदगी प्रतीक्षा करने की ज़रूरत नहीं रह जाएगी।

संदर्भ

अभय कुमार दुबे (2005), 'फुटपाथ पर कामसूत्र : नयी सेक्सी दिल्ली', *दीवान-ए-सराय 2 / शहरनामा*, वाणी प्रकाशन, नयी दिल्ली.

अनामिका (2006), 'यौन-दासी', *पहल 83*, जून-जुलाई.

इहाब हसन (1986), *आउट ऑफ़ इजिप्ट : सींस ऐंड आर्गूमेंट्स ऑफ़ एन ऑटोबायोग्राफ़ी*, सदर्न इलिनॉय युनिवर्सिटी, इलिनॉय.

इहाब हसन (1995), *रयूमर्स ऑफ़ चेंज : एसेज़ ऑफ़ फ़ाइव डिकेड्स*, युनिवर्सिटी ऑफ़ अल्बामा प्रेस, उद्धृत : वेल एस. हसन (2002), 'अरब-अमेरिकन ऑटोबायोग्राफ़ी ऐंड द रिइन्वेंशन ऑफ़ आइडेंटिटी : टू इजिप्शियन निगोशिएशंस', *अलिफ़ : जर्नल ऑफ़ कम्परेटिव पोइटिक्स*, अंक 22, द लैंग्वेज ऑफ़ सेल्फ : ऑटोबायोग्राफ़ी ऐंड टेस्टिमनीज़.

इलीना सेन (सम्पा.)(2001), *संघर्ष के बीच : संघर्ष के बीज / जनांदोलनों में स्त्रियों की भागीदारी, सारांश*, नयी दिल्ली.

एंथनी गिडेंस ( ), *द ट्रांसफ़र्मेशन ऑफ़ इंटीमेसी : सेक्शुअलिटी, लव ऐंड इरोटिसिज़म इन मॉडर्न सोसाइटीज़*, पॉलिटी प्रेस.

कमलेश्वर, *यादों के चिराग*, नयी दिल्ली.

कात्यायनी (2004), 'सात भाइयों के बीच चम्पा', संकलित : अरविंद जैन और लीलाधर मण्डलोई (सम्पा.), *स्त्री : मुक्ति का सपना*, वाणी प्रकाशन, नयी दिल्ली.

धर्मवीर (2006-2007), *पितृसत्ता, मातृसत्ता और जारसत्ता*, सात खण्ड, वाणी प्रकाशन, नयी दिल्ली.

प्रभा खेतान (2007), *अन्या से अनन्या*, राजकमल प्रकाशन, नयी दिल्ली.

बेटी बर्गलैण्ड (1993), 'ऑटोबायाग्राफ़ी ऐंड अमेरिकन कल्चर', *अमेरिकन क्वार्टरली,* खण्ड 45, अंक 3, सितम्बर.

मधु बी. जोशी (2005), *अकेली औरतों के घर, राजकमल प्रकाशन,* नयी दिल्ली.

मन्नू भण्डारी (2007), *एक कहानी यह भी,* राजकमल प्रकाशन, नयी दिल्ली.

माधुरी भटनागर (2004), 'संबंध', संकलित : अरविंद जैन और लीलाधर मण्डलोई (सम्पा.), *स्त्री : मुक्ति का सपना,* वाणी प्रकाशन, नयी दिल्ली.

मैरी ई. जॉन और जानकी नायर (सम्पा.) (2008), *कामसूत्र से 'कामसूत्र' तक : आधुनिक भारत में सेक्शुअलिटी के सरोकार,* अनु. अभय कुमार दुबे, वाणी प्रकाशन, नयी दिल्ली.

मैत्रेयी पुष्पा (2002), *कस्तूरी कुण्डल बसै,* राजकमल प्रकाशन, नयी दिल्ली, शुरुआत का पृष्ठ.

रजनी कोठारी (2003), 'साम्प्रदायिकता का अष्टावक्र', *राजनीति की किताब/ रजनी कोठारी का कृतित्व,* सम्पादक : अभय कुमार दुबे, वाणी प्रकाशन, नयी दिल्ली.

रमणिका गुप्ता (2005), *हादसे, राधाकृष्ण,* नयी दिल्ली.

राजेंद्र यादव (2006), 'सदी का औपन्यासिक अंत', *आदमी की निगाह में औरत,* राजकमल प्रकाशन, नयी दिल्ली.

रामशरण जोशी (2004), 'मेरे विश्वासघात', *हंस,* नयी दिल्ली, अक्टूबर-नवंबर.

सविता सिंह, 'नयी उलझन', अरविंद जैन और लीलाधर मण्डलोई (सम्पा.) (2004), *स्त्री : मुक्ति का सपना,* वाणी प्रकाशन, नयी दिल्ली.

सुधीर कक्कड़ (2007), 'नर-नारी युद्ध', संकलित : *अंतरंगता का स्वप्न/ भारतीय समाज में प्रेम और सेक्स,* (अनुवाद : अभय कुमार दुबे), वाणी प्रकाशन, नयी दिल्ली : 75-106.

सुधीश पचौरी (2004), 'हिंदी में स्त्रीत्ववादी विमर्श : साहित्य में अधीनता से मुक्ति के सवाल', अरविंद जैन और लीलाधर मण्डलोई (सम्पा.)(2004), *स्त्री : मुक्ति का सपना,* वाणी प्रकाशन, नयी दिल्ली.

हंस (2007), अप्रैल, जून, मई.

6

हिंदी में कवर ड्राइव

युद्ध का रूपक और क्रिकेट का राष्ट्रवाद

*नगाड़े बजाइये, शंख फूँकिये और जय-जयकार कीजिये। फिर अपने
निजी और सामूहिक धनुष पर प्रत्यंचा चढ़ाइए
और उसकी टंकार से दिग-दिगंत गुँजा दीजिये।*

– प्रभाष जोशी

*खेल से हर क़ीमत पर दुर्भाव पैदा होता है और उसका ईमानदारी से
कोई ताल्लुक़ नहीं है। उसमें घृणा, ईर्ष्या, शेख़ीख़ोरी, हर नियम
की उपेक्षा और हिंसा को देखने में परपीड़क जैसा सुख भरा
हुआ है। खेल गोलीबारी से रहित युद्ध ही है।*

– जार्ज ऑरवेल

पहले कवर ड्राइव हिंदी में नहीं सिर्फ़ अंग्रेज़ी में लगा करता था। जब रेडियो ने 1933 में पहली बार क्रिकेट मैचों का आँखों देखा हाल सुनाना शुरू किया तो हिंदी या अन्य किसी भारतीय भाषा की कमेंटरी का दूर-दूर तक पता नहीं था। क्रिकेट का इतिहास बताता है कि इसके साल भर पहले ही भारत ने अपना पहला टेस्ट मैच खेला था। चालीस और पचास के दशक तक यही चलता रहा। टेस्ट मैच होते रहे और क्रिकेट का समाजशास्त्र भी उसी मंद और अनिर्णय की शिकार गति से आगे बढ़ता रहा। साठ के दशक में जब पहली बार हिंदी में कवर ड्राइव

लगा तो गेंद इतनी तेज़ी के साथ बाउंडरी की तरफ़ भागी कि देखते-देखते सिर्फ़ तीस साल में उसे पार करके सी.एल.आर. जेम्स की भाषा में 'बाउंडरी के परे' किसी अज्ञात स्पेस में चली गयी। उस गेंद को क्षेत्ररक्षक खिलाड़ी आज तक ढूँढ़ कर नहीं ला पाए हैं। अस्सी के दशक में आशिस नंदी ने काफ़ी कोशिश की कि वे सामाजिक और व्यक्तिगत मनोविज्ञान के आतिशी शीशे से उसे खोज निकालें। लेकिन इससे पहले कि वे क्रिकेट को अंग्रेज़ों द्वारा खोजे गये एक भारतीय खेल के रूप में स्थापित कर पाते और इससे पहले कि यह खेल उपनिवेशवाद के ख़िलाफ़ सांस्कृतिक प्रतिरोध के एक माध्यम के रूप में चिह्नित हो पाता, नब्बे के दशक में हिंदी पत्रकारिता और टेलिविज़न के उपग्रही चैनलों ने सूचना दी कि वह गेंद नवोदित भारतीय राष्ट्रवाद के उग्र दायरे में पड़ी हुई है। और, जिन लोगों को असल में उसे वापस खेल के मैदान में लाने की ज़िम्मेदारी निभानी चाहिए थी वे उसे दृढ़तापूर्वक वहीं रखने पर आमादा हैं, भले ही उससे अंतर्राष्ट्रीय वित्तीय पूँजी का ही स्वार्थ क्यों न सिद्ध हो रहा हो।

क्रिकेट का सर्वश्रेष्ठ ऐतिहासिक-सामाजिक आख्यान लिखने वाले ट्राट्स्कीवादी चिंतक सी.एल.आर. जेम्स ने कैरेबियन संदर्भों में कहा था कि वेस्ट इंडिजी के बल्लेबाजों ने क्रिकेट के सौंदर्यशास्त्र में ड्राइव के बजाय कट नामक स्ट्रोक स्थापित करके उन दास मालिकों की परियोजना को भीतर से उलट दिया जो अपने पूर्व गुलामों पर क्रिकेट के ज़रिये औपनिवेशिक संस्कृति का ठप्पा लगाना चाहती थी। ड्राइव बल्ले के ऊपर से नीचे आते हुए प्रवाहपूर्ण अर्धवृत्ताकार प्रहार के लिए जाना जाता है। अच्छा ड्राइव वह होता है जिसमें बल्ला गेंद को हिट करने के बाद भी वृत्त को पूरा करते हुए बल्लेबाज़ के दूसरे कंधे के ऊपर से वापसी में निकल जाए। जबकि कट क्षैतिज बल्ले से खेला जाता है। वह एक आघात की तरह है और उसमें बल्ले की अधूरी वापसी ही होती है। जेम्स ने जो भी समझ कर लिखा हो, लेकिन ड्राइव एक तरह से स्तम्भीय संरचना है और कट क्षैतिज। समाज-विज्ञान की दुनिया में स्तम्भीय संरचनाएँ आम तौर पर ऊँच-नीच की और क्षैतिज संरचनाएँ अपेक्षाकृत समतामूलक प्रवृत्तियों की वाहक मानी जाती हैं। इस लिहाज़ से हिंदी में कवर ड्राइव का रूपक एक विशेष तात्पर्य से सम्पन्न होकर सामने आता है।

मेरे लिए इस रूपक का जन्म कैसे हुआ, इसकी एक छोटी सी कहानी है। क़रीब पाँच साल पहले हिंदी के कवि विष्णु खरे को विट्ठलभाई पटेल हाउस के सभागार में रघुवीर सहाय पुरस्कार दिया जा रहा था। वहाँ उपस्थित कवियों, लेखकों और अन्य साहित्यकारों ने ताज्जुब से देखा कि खरे अपने साथ एक बल्ला

लेकर आये हैं। जब वे अपनी कविताओं का पाठ करने लगे तो बीच में उन्होंने बताया कि अपनी कविता 'कवर ड्राइव' का पाठ करने से पहले वे उपस्थित श्रोताओं के सामने क्रिकेट के इस स्ट्रोक का प्रदर्शन करना चाहेंगे। विष्णु खरे का ख़याल था कि जब तक कवर ड्राइव की सौंदर्यानुभूति से श्रोताओं की सीधी वाक़फ़ियत नहीं होती तब तक वे कविता का पूरा आनंद नहीं उठा पाएँगे। इसके बाद खरे मंच से उतरे और उन्होंने कवर ड्राइव मार कर दिखाया और उस ख़ास तरह के शारीरिक संतुलन और प्रवाह की व्याख्या की जो इस स्ट्रोक के लिए ज़रूरी होता है। विष्णु खरे की क्रिकेट संबंधी कविताएँ 'स्कोर बुक', 'कवर ड्राइव', और 'सिंगल विकेट सीरिज़' हिंदी साहित्य की अनूठी उपलब्धि हैं। 'सिंगल विकेट सीरीज़' मुझे विशेष तौर पर प्रिय है। शिल्प के स्तर मुझे हर बार इसके ज़रिये बोरिस पास्तरनाक की कविता 'दोबारा वसंत' की याद आ जाती है। खेल पर हिंदी पत्रकारिता और टीवी द्वारा आरोपित युद्धानुभूतियों के विपरीत यह कविता बताती है कि क्रिकेट का कभी ऐसी दुनिया से भी ताल्लुक़ हुआ करता था जिसमें आप अपने विपक्षी को अपने मानस का ही एक अंग मान सकते थे। वह आपके कंधे पर आश्वस्तिदायक हाथ रख सकता था और आप कह सकते थे : वेल बोल्ड सर!

हिंदी कविता में क्रिकेट के प्रवेश का यह अनायास उत्सव जिन दिनों हो रहा था तक़रीबन उन्हीं दिनों के आसपास हिंदी के ज़रिये क्रिकेटीय राष्ट्रवाद की इबारत बन रही थी। इसमें पाकिस्तान-विरोध, खेल के ज़रिये हिंसा, कारगिल युद्ध, मैदान में होने वाले रक्तपात, हिसाब चुकाने, बदला लेने, पीट देने, ठोक डालने, रौंद देने, सरफ़रोशी और क़यामत की छवियों को सीधी अभिव्यक्ति देने वाली शब्दावली का खुल कर इस्तेमाल हो रहा था। युद्ध और क्रिकेट के खेल का सीधा संबंध स्थापित हो चुका था। ऑरवेल ने बिना गोलाबारी के जिस युद्ध के रूप में आधुनिक खेलों की आलोचना फ़ुटबाल के संदर्भ में की थी, भारतीय उपमहाद्वीप और यहाँ खेली जाने वाली क्रिकेट के संदर्भ में उनका कथन कहीं ज़्यादा साकार होते हुए लग रहा था। ख़ास बात यह है कि इस परिघटना के वाहक कोई संघ परिवार के बुद्धिजीवी या पैरोकार ही नहीं थे, इसमें क्रिकेट के सामान्य प्रेमियों से लेकर निष्पक्ष समझे जाने वाले पत्रकारों के लेखों और बहुराष्ट्रीय कम्पनियों द्वारा बनाये गये टीवी प्रसारण के पैकेजों की भी स्पष्ट भूमिका थी। हिंदी के प्रतिष्ठित दैनिक समाचार पत्र *जनसत्ता* के कॉलम और उनमें नियमित रूप से छपने वाले उसके प्रधान सम्पादक प्रभाष जोशी के लेखों, समीक्षाओं, भावोद्‌गारों, संस्मरणों और रिपोर्टिंगों को इस सिलसिले में एक प्रतिनिधि मिसाल

के तौर पर लिया जा सकता है। दूसरी मिसाल के रूप में उपग्रहीय टीवी के चैनलों पर हिंदी के क्रिकेट प्रसारण पर नज़र दौड़ाई जा सकती है। टीवी चैनलों की हिंदी और क्रिकेट का रिश्ता किस तरह अंग्रेज़ी के मुक़ाबले गहन और व्यापक हो चुका है इसका एक प्रमाण 'आजतक' नामक चौबीस घंटे का हिंदी समाचार चैनल है। अंग्रेज़ी के सभी चैनलों के विपरीत 'आजतक' इस खेल को अपने आम खेल प्रसारण का अंग नहीं बनाता बल्कि 'खेल आजतक' के साथ-साथ उसके पास अपने दर्शकों के लिए 'क्रिकेट आजतक' अलग से है। लेकिन 'आज तक' केवल ख़बरें देता है, क्रिकेट का लाइव प्रसारण नहीं करता। यह काम 'स्टार स्पोर्ट्स' और 'ईएसपीएन' का है।

जनसत्ता के संस्थापक-सम्पादक के रूप में प्रभाष जोशी को श्रेय जाता है कि उन्होंने अस्सी के दशक की शुरुआत में एक नया अख़बार परिकल्पित करते हुए राष्ट्रीय जीवन में खेल-कूद के महत्त्व का ध्यान रखा। वरना पहले होता यह था कि हिंदी पत्रकारिता में खेल पक्ष को ग़ैर-गम्भीर समझा जाता था। अज्ञेय ने *दिनमान* कल्पित करते समय खेल के साथ ऐसा ही सुलूक करते हुए अपने ऊपर शोध करने वाले एक छात्र (योगराज थानी) को खेल डेस्क का इंचार्ज बनाकर हिंदी में खेल पत्रकारिता के भविष्य पर प्रश्नचिह्न लगा दिया था। हिंदी पत्रकारिता पर साहित्यकारों के हावी होने के कुछ दुष्परिणामों में से एक यह भी था। ये साहित्यकार-सम्पादक हिंदी पत्रकारिता को एक अलग और स्वतंत्र विधा के रूप में विकसित करने का उद्यम कभी नहीं चला पाए। पत्रकारिता से अपनी रोज़ी कमाने वाले साहित्यकारों ने इसे हमेशा दोयम दर्जे का काम समझा। इसके विपरीत प्रभाष जोशी ने अच्छे खेल पत्रकारों को चुन कर *जनसत्ता* की मजबूत खेल डेस्क बनाई और उन्हें वाहन भत्ता देकर हिंदी में स्वतंत्र खेल रिपोर्टिंग की नींव डाली। उन्होंने दैनंदिन खेल पृष्ठ के साथ-साथ हफ़्ते में एक पन्ने का खेल परिशिष्ट भी शुरू किया। ख़ुद भी बड़े पैमाने पर क्रिकेट और टेनिस पर लेखन किया और दूसरों को भी प्रोत्साहित किया। वे विश्व कप की रिपोर्टिंग के लिए विदेश यात्राओं पर गये। उनसे पहले हिंदी पत्रकारिता में यह सब नहीं होता था। वे एशियाड और ओलंपिक में भारतीयों के न जीत पाने की समस्या से भी जूझे और एक दिलचस्प सवाल उठाया भोजन और मैथुन के अलावा पसीने-पसीने होकर उछलने-कूदने के शारीरिक आनंद को भारतीय मानस मान्यता क्यों नहीं देता? ज़ाहिर है कि उनके इस सवाल के एक पहलू में शारीरिक व्यायाम की संस्कृति स्थापित करने का वह आग्रह छिपा हुआ लगता था जो पश्चिमी उपनिवेशवाद अक्सर पूर्वी समाजों पर आरोपित करने की कोशिश करता रहा है। वियतनाम,

कोरिया, मलेशिया, जापान, सिंगापुर और फ़िलिस्तीन को लेकर किये गये अध्ययन इसके गवाह हैं। लेकिन प्रभाष जोशी ने भारतीय संस्कृति के भीतर मौजूद शारीरिक व्यायाम की संस्कृति के गुप्त रूपों की तरफ़ भी इशारा किया और यह भी माना कि राजनीतिक पराजयों और समाज के वर्णवादी विभाजनों के कारण सम्भवतः भारतीयों की रुचि इहलोक के बजाय परलोक में ज़्यादा होती चली गयी है। कुल मिलाकर खेलों के बहाने उनकी यह टिप्पणी भारतीय सभ्यता की सांस्कृतिक आलोचना ही थी। कहने का तात्पर्य यह है कि उनके और उनके अख़बार से ज़्यादा खेल प्रेमी हिंदी पत्रकारिता में कोई दूसरा आज तक नहीं हुआ। खेलों के प्रति (ख़ास कर क्रिकेट के प्रति) अपनी निजी दीवानगी की वे अनगिनत बार *जनसत्ता* के पाठकों को जानकारी दे चुके हैं। जितनी उत्कटता से वे आतंकवाद और साम्प्रदायिकता पर लिखते हैं, उतनी ही शिद्दत के साथ वे खेलों पर भी क़लम चलाते हैं। उनके इस लेखन के प्रशंसकों की संख्या बहुत है और यह भी माना जाता है कि उन्होंने क्रिकेट और टेनिस पर लेखन के ज़रिये एक नवीन हिंदी मुहावरा विकसित कर डाला है।

जनसत्ता और प्रभाष जोशी के उदाहरण को चुनने से क्रिकेटीय राष्ट्रवाद की ताक़त और उसके गहन अर्थों का खुलासा ज़्यादा आसानी से हो सकता है क्योंकि यह अख़बार हिंदी पत्रकारिता में सबसे गम्भीर, राजनीति-उन्मुख और व्यवस्था विरोधी माना जाता है। इसमें छपने वाले विचार-साहित्य में आधुनिक पूँजीवाद के भूमण्डलीय रूपों की मुखर आलोचना होती है, बार-बार गाँधीवाद का हवाला दिया जाता है और संघ परिवार के सांस्कृतिक राष्ट्रवाद को आपत्तिजनक बता कर आड़े हाथों लिया जाता है। देखने की बात यह है कि खेलों से निर्मल आनंद की अपेक्षा रखने वाले हिंदी के सर्वाधिक प्रतिष्ठित और वरिष्ठ पत्रकार द्वारा क्रिकेट, ख़ास कर भारत-पाक की होड़ पर नब्बे के दशक में हुए लेखन में बदला, खुंदक, हिसाब चुकाने और युद्ध की वही हाहाकारी ध्वनियाँ कहाँ से उभरीं जिन्हें रूपर्ट मरडॉक के स्पोर्ट्स चैनल ईएसपीएन ने विशुद्ध मुनाफ़ा कमाने के लिए टीवी दर्शकों के सामने परोसा। क्रिकेटीय राष्ट्रवाद पर विचार करते समय बहुराष्ट्रीय कम्पनियों और उपभोक्ता क्रांति की भूमिका पर विचार करना भी ज़रूरी हो जाता है। समकालीन भारतीय समाज में अंतर्राष्ट्रीय वित्तीय पूँजी के इन वर्चस्व-वाहकों ने क्रिकेट के खेल को कामनाओं के व्यापार से कुछ इस तरह जोड़ दिया है कि उग्रराष्ट्रवाद अपने धनकुबेर प्रायोजकों की अस्मिता के साथ एकाकार होकर वक़्त का स्वाभाविक मुहावरा ही बन गया है।

क्रिकेट : उत्तर-औपनिवेशिक राष्ट्रवाद

क्रिकेट की सामाजिक-राजनीतिक-आर्थिक भूमिका पर निगाह रखने वाले लगभग सभी समीक्षक कम से कम निम्नालिखित बातों पर सहमत हैं :

- ☐ क्रिकेट का आनंद पूरी तरह उठाने के लिए ज़रूरी है कि आप क्रिकेट के बारे में ही नहीं, उसके अलावा भी कुछ जानते हों। विख्यात क्रिकेटविज्ञ नेविल कार्ड्स के इस कथन पर आधारित मान्यता इस खेल को उसकी तकनीकी और ऐंद्रिक अनुभूतियों के दायरे से निकाल कर एक अधिक व्यापक सामाजिक धरातल पर ले जाती है। आशिस नंदी इसमें दूसरी मान्यता जोड़ते हैं कि क्रिकेट एक ऐसा खेल है जो अपने नैसर्गिक चरित्र के बारे में कम और अपने व्याख्याता के बारे में ज़्यादा जानकारी देता है। मनोविज्ञान की भाषा में नंदी इसे प्रोजेक्टिव टेस्ट कहते हैं। उनके अनुसार क्रिकेट ने उपनिवेशवाद के शिकार समाजों को मौक़ा दिया कि वे उपनिवेशवादियों को उन्हीं के मूल्यों की कसौटी पर कस कर देखें। और, जब इन समाजों ने देखा कि औपनिवेशिक प्रभु इस परीक्षा में खरे नहीं उतर पा रहे हैं तो क्रिकेट ने सांस्कृतिक वर्चस्व का वाहक बनने के बजाय सांस्कृतिक प्रतिरोध के माध्यम की भूमिका ग्रहण कर ली।
- ☐ नेविल कार्ड्स और नंदी की धारणाओं से नतीजा निकाला जा सकता है कि इस तरह क्रिकेट में राष्ट्रवाद की प्रमुख अभिव्यक्ति की तरह उभरने की सम्भावनाएँ पैदा हुई होंगी। इसी तर्ज़ पर अर्जुन अप्पादुरै क्रिकेट को भूमण्डलीकरण की सांस्कृतिक समीक्षा का प्रभावी माध्यम मानते हुए निष्कर्ष निकालते हैं कि भारतीय संदर्भों में देशी भाषाओं से उसकी अन्योन्यक्रिया होते ही यानी बहुभाषी होते हुए ही वह औपनिवेशिक विरासत नहीं रह गया। आगे चल कर यह खेल एक ऐसे राष्ट्रवाद का वाहक बना जो बहुराष्ट्रीय तमाशों और समाज के बाज़ारीकरण के लिए जनमानस तैयार करता है। वे इसे 'राष्ट्रवाद के कामशास्त्र' की संज्ञा देते हैं।
- ☐ इन सारगर्भित प्रेक्षणों में यदि आधुनिक खेलों के बारे में एरिक हॉब्सबॉम का यह कथन जोड़ दिया जाए कि खेल राष्ट्रीय अस्मिताओं के वाहक होते हैं और आधुनिक राष्ट्रों की आक्रामकता उनके ज़रिये अभिव्यक्त होती है तो क्रिकेटीय राष्ट्रवाद के भारतीय आख्यान की आधारशिला पड़ते हुए देखी जा सकती है। इन मान्यताओं को क्रिकेट, राष्ट्रवाद, भूमण्डलीकरण और भारतीय भाषाओं के अंतर्संबंध पर लागू करते ही तस्वीर साफ़ होने लगती है। इस बात के सुराग मिलने लगते हैं कि क्रिकेट को युद्ध का रूपक कैसे मिला। जो खेल भद्रता का प्रतिरूप माना जाता था और जिसे उपनिवेशवादियों ने भारतीयों को

विक्टोरियन क़िस्म की संयमित आक्रामकता का पाठ पढ़ाने के लिए सिखाया था, वह पाकिस्तान विरोध पर आधारित उग्र-राष्ट्रवाद का वाहक कैसे बन गया।

क्रिकेट का इतिहास बताता है कि उसके पास राष्ट्रवाद की कोई स्वातंत्र्यपूर्व विरासत नहीं है। अंग्रेज़ों के ज़माने में भारतीय क्रिकेट ने ऐसा कोई कारनामा नहीं किया जो उपनिवेशवाद विरोधी संघर्ष में प्रतिरोध के किसी अध्याय का योगदान करता हो। क्रिकेट के पास मोहन बागान की तरह राष्ट्रवाद का गौरव समझा जाने वाला कोई क्लब नहीं रहा। 1911 में ही बागान की नंगे पैर खेलने वाली एक टीम ने ईस्ट यार्कशायर रेजिमेंट की टीम को आईएफ़ए शील्ड के मैच में पराजित करके एक राष्ट्रवादी गौरव गाथा लिख डाली थी। इसके उलट क्रिकेट में भारतीयता का प्रवेश राष्ट्रीय आंदोलन के दायरों और कांग्रेस के प्रभाव से अलग पर्यावरण में हुआ। कांग्रेस के क्रिकेट से ताल्लुक़ात के कुछ कमज़ोर से उदाहरण ही मिलते हैं। मसलन, कैसे आज के क्रिकेट-प्रशासक राजनेता एन.के.पी. साल्वे बचपन में अंग्रेज़ खिलाड़ियों के प्रयोगार्थ बनाई गयी पिच पर खेलने से किसी मिस्टर थामस द्वारा वंचित किये गये और कैसे उनके स्वतंत्रता सेनानी पिता ने हस्तक्षेप करके उन्हें उस पिच पर खेलने का अधिकार दिलाया। बहरहाल, क्रिकेट का स्वतंत्रता आंदोलन से कोई उल्लेखनीय संबंध कभी नहीं बन पाया। पुराने स्वतंत्रता सेनानी, गाँधीवादी और समाजवादी हमेशा क्रिकेट को व्यंग्य और उपेक्षा के साथ औपनिवेशिक अवशेष के रूप में ही देखते रहे। इन महानुभावों ने कभी नहीं माना कि भारतीयता के विकास का राष्ट्रवाद से भिन्न दायरा भी हो सकता है। क्रिकेटीय भारतीयता का विकास खेल के तकनीकी दायरों में ही होता रहा। वह भारतीयता सी.के. नायडू और मुश्ताक अली जैसे मध्यवर्ग के पुत्रों, लाला अमरनाथ और डी.डी. हिंडालकर जैसे खेतिहर-वंशजों, अमीर इलाही जैसे क़साई जाति के पिता की संतान और बालू पलवनकर जैसे दलित समाज के पुत्रों की खाँटी शैली की देन थी। इस भारतीयता का पहला प्रामाणिक विस्फोट आर्थर गिलगिन की एमसीसी टीम के मुक़ाबले नायडू के धुँआधार 153 रनों के ज़रिये हुआ। पर इसे लोकप्रिय जन-आयाम सत्तर के दशक में मिला जब भारत की टीम ने अपनी स्पिन चौकड़ी और गावस्कर की बल्लेबाजी के दम पर इंग्लैण्ड और वेस्टइण्डीज़ को उसकी धरती पर पराजित करके दिखाया। रेडियो ने हिंदी की क्रिकेट कमेंटरी के माध्यम से इन जीतों का दूर-दूर तक प्रसार किया। इस बुनियाद पर उत्तर-औपनिवेशिक राष्ट्रवाद के क्रिकेटीय पहलू की इमारत खड़ी की जा सकती थी। भारतीय राज्य भी इसमें योगदान करने के लिए तत्पर था। पब्लिक सेक्टर के स्टेट बैंक जैसे संस्थान खिलाड़ियों को नौकरी दे

कर प्रायोजित कर रहे थे (हालाँकि क्रिकेटीय राष्ट्रवाद से भारतीय राज्य ने जो मुनाफ़ा कमाया उसके मुक़ाबले यह निवेश न के बराबर ही था)। निजी क्षेत्र भी इसी तर्ज़ पर आगे आया। यह नज़ारा औपनिवेशिक अवधि से अलग क़िस्म का था। अंग्रेज़ों के ज़माने में भारतीय क्रिकेट सामुदायिक, धार्मिक और जातीय आधार पर गठित किये गये क्लबों के बीच खेली जाती थी और उसे प्रायोजित करने वालों में देसी रियासतों की प्रमुखता थी। अंग्रेज़ों द्वारा प्रोत्साहित यह जातीय आधार उनकी अपनी क्रिकेट के सांगठनिक आधार से भिन्न था। इंग्लैण्ड का क्रिकेट 'कंट्री' और 'काउंटी' से बनने वाले आधुनिक राष्ट्र से जुड़ा हुआ था। आज़ादी ने भारतीय क्रिकेट के इस परिदृश्य को बदल दिया। सत्तर के दशक तक आर्थिक राष्ट्रवाद का उत्तर-औपनिवेशिक विकास हो चुका था और उत्तर-औपनिवेशिक अवधि में राष्ट्रवाद की दूसरी क़िस्म के अंकुर फूटने वाले थे।

यह कहा जा सकता है कि क्रिकेट में राष्ट्रीयता का यह प्रवेश बहुत देर से हुआ। 1965 में भारत-पाकिस्तान की फ़ौजें जब सीमा के पार एक-दूसरे के ख़िलाफ़ संघर्ष में उतरीं तो भारतीय टीम के कप्तान मंसूर अली ख़ाँ पटौदी और पाकिस्तानी टीम के कप्तान हनीफ़ मुहम्मद इंग्लैण्ड के ख़िलाफ़ यार्कशायर काउंटी में स्केयरबरो के मैदान में शेष विश्व की टीम की तरफ़ से खेल रहे थे। अपने-अपने देशों में क्रिकेट के प्रतीक इन दोनों खिलाड़ियों ने दोनों सरकारों को एक संयुक्त टेलिग्राम भेजा जिसमें लिखा हुआ था, 'हमें भारत और पाकिस्तान के बीच युद्ध छिड़ने पर गहरा अफ़सोस है। (पर) क्रिकेट के मैदान पर एक मुश्तरका मक़सद हासिल करने के लिए हम एक हैं। हमें तहे दिल से उम्मीद है कि आप भी आपस में मिल कर एक दोस्ताना हल ढूँढ़ लेंगे।' ज़ाहिर है कि आज के क्रिकेटीय राष्ट्रवाद के माहौल में भारत और पाकिस्तान के खिलाड़ी मिल कर ऐसी कोई अपील नहीं कर सकते। आज तो कपिल देव, अजय जाडेजा और कीर्ति आज़ाद जैसे खिलाड़ी बाल ठाकरे के साथ क़दम से क़दम मिलाते हुए भारत-पाक क्रिकेट संबंधों को स्थगित कर देने के पैरोकार बने हुए हैं।

टेस्ट क्रिकेट जब तक खेल का एकमात्र अंतर्राष्ट्रीय रूप बना रहा, क्रिकेट से राष्ट्रीय भावनाएँ आत्यंतिक रूप से नहीं जुड़ पायीं। टेस्ट क्रिकेट की संरचना में विजय एकमात्र मूल्य के रूप में कभी स्थापित नहीं रही। जीत और हार के साथ-साथ अनिर्णीत रहने की अधिक सम्भावना रहना टेस्ट मैच की ख़ास विशेषता मानी जाती थी। क्रिकेट के बुद्धिजीवियों ने खेल के इस पहलू के प्रति कभी शर्म या संकोच का प्रदर्शन नहीं किया बल्कि वे हमेशा इसे बनाये रखने पर बल देते रहे। फुटबाल के विपरीत टेस्ट धीमी गति से, भद्रता के साथ और खिलाड़ियों के

शारीरिक सम्पर्क के बिना अक्सर बिना किसी फ़ैसले के पाँच दिन तक चलते रहते थे। इस तरह के खेल की कोई व्यावहारिक विश्व चैंपियनशिप भी नहीं हो सकती थी (आज भी अंतर्राष्ट्रीय क्रिकेट परिषद— *आईसीसी* द्वारा आयोजित टेस्ट चैंपियनशिप को एक हास्यास्पद तमाशा ही माना जाता है)। इसके उलट आर-पार फ़ैसला कर देने वाले फुटबाल मैच में खिलाड़ी आपस में शारीरिक रूप से भिड़ते हुए युद्ध जैसा माहौल पैदा कर सकते थे। इसीलिए इंग्लैण्ड का क्रिकेट कभी आयरलैण्ड से युद्ध के प्रतीक का वाहक नहीं बन पाया, जबकि वहाँ फुटबॉल 'नब्बे मिनट के राष्ट्रवाद' में परिवर्तित होता चला गया। इंग्लैण्ड और आयरलैण्ड के बीच हुए फुटबाल के निर्मम मैच बिना गोलीबारी के युद्ध ही होते रहे हैं। फुटबाल के साथ इस बहस में क्रिकेट उस समय हार गया जब उसने एक दिवसीय मैचों की विश्व प्रतियोगिता आयोजित करने का फ़ैसला किया। एक दिन के क्रिकेट में जीत या हार सौ में से तक़रीबन सौ मौक़ों पर सम्भावित थी। अनिर्णय के पहलू के तिरोहित होते ही क्रिकेट का यह रूप आधुनिक राष्ट्रवादी मानसिकता के अनुकूल होता चला गया।

एक दिन के क्रिकेट में घटे पैकर प्रकरण ने खेल को राष्ट्रवाद के दायरे से निकालने के बजाय उसे और भी ज़्यादा राष्ट्रवादी बनाया। राष्ट्रीय प्रतिनिधित्व की सीमा से निकाल कर खेल को बाज़ार के दायरे में लाने वाले पहले आक्रामक प्रयोग का हश्र यह हुआ कि प्रसारण कम्पनियों और क्रिकेटरों को अलग क़िस्म का संदेश मिला। उन्हें पता चला कि राष्ट्र और बाज़ार को अलग-अलग करने से दोनों के साथ-साथ क्रिकेट को भी नुक़सान हो सकता है। आस्ट्रेलियाई टीवी टाइकून कैरी पैकर ने वर्ल्ड सीरीज़ कप की शक्ल में एक रंगीन टीवी तमाशे की कल्पना की थी। दुनिया के बड़े-बड़े खिलाड़ी (भारत को छोड़कर) पैसे के लालच में अपने-अपने क्रिकेट बोर्डों से बग़ावत करके फ़्लड लाइट्स, सफ़ेद गेंद, काली स्क्रीनों और रंगीन पोशाकों वाली प्रतियोगिता में भाग लेने के लिए तैयार हो गये। यह क्रिकेट में विक्टोरियान एमेच्योरिज़्म का अंत था। शुरू में ये प्रतियोगिताएँ काफ़ी लोकप्रिय हुईं, लेकिन इनकी व्याख्या केवल तकनीकी कौशल की शब्दावली में ही हो सकती थी। इन प्रतियोगिताओं के पास कोई सामाजिकता नहीं थी। राष्ट्रीय टीमें जब अपने स्थापित खिलाड़ियों से वंचित हो गयीं तो उनमें नये खिलाड़ियों को भर लिया गया। ऐसे ही विकट समय में भारतीय टीम का आस्ट्रेलिया दौरा हुआ। आस्ट्रेलियाई दर्शकों के सामने अब चुनाव का वक़्त था। एक तरफ़ चैपल बंधुओं, लिली-थामसन, लॉयड और रिचर्ड्स जैसे सनसनीख़ेज़ खिलाड़ियों से भरे पैकर के मैच थे, और दूसरी तरफ़ पीटर टूही, यलप या बार्डर

जैसे नये खिलाड़ियों का बिशन सिंह बेदी की भारतीय टीम से मुक़ाबला था। आस्ट्रेलियाई दर्शकों ने राष्ट्रवाद का साथ दिया। बूढ़े हो चुके बॉब सिम्पसन की कप्तानी में उन्होंने राष्ट्रीय टीम को खेलते देखना पसंद किया। यह सभी पक्षों के लिए एक स्पष्ट संदेश था जिसमें भारतीय टीम की उल्लेखनीय भूमिका थी। उस समय तक भले ही क्रिकेट में फुटबाल की तरह राष्ट्रवादी उत्तेजनाएँ व्यक्त नहीं होती थीं, लेकिन उसे राष्ट्रवाद से अलग करके केवल तकनीकी श्रेष्ठता के दायरे में भी नहीं क़ैद किया जा सकता था।

क्रिकेट : भूमण्डलीकरण की सेवा में राष्ट्रवाद

भारतीय संदर्भ में क्रिकेटीय राष्ट्रवाद का जन्म 1983 में हुआ जब भारत ने इंग्लैण्ड और आस्ट्रेलिया को हराते हुए लाड्र्स के मैदान पर वेस्ट इण्डीज़ को पराजित करके एक दिवसीय विश्व कप जीता। दुनिया के किसी ग़ैर-भारतीय इलाक़े में (वह भी गौरांग महाप्रभुओं की धरती पर) विजय के उत्साह में पहली बार तिरंगा फहराया गया। जैसे ही मोहिंदर अमरनाथ ने विपक्ष का आख़िरी विकेट लिया, अनिवासी भारतीयों की भीड़ राष्ट्रीय झण्डा लेकर मैदान में घुस आयी और एक समूह के रूप में तेज़ी से इधर-उधर दौड़ने लगी। भारतीय डायसपोरा की यह पहली राष्ट्रवादी अभिव्यक्ति थी जिसके आधार में कोई ठोस सामाजिक-राजनीतिक-आर्थिक उपलब्धि नहीं गिनाई जा सकती थी। यानी इस अनुभूति की प्रकृति अपरिभाषित लहज़े सांस्कृतिक ज़्यादा थी। इसके बाद के कई वर्षों में विदेशी मैदानों में अनिवासी भारतीय पूरे उत्साह से भारतीय टीम की जयजयकार करते नज़र आये। चाहे वह आस्ट्रेलिया में वर्ल्ड सीरीज़ कप हो या शारजाह के टूर्नामेंट हों। क्रिकेट के समाजशास्त्र में डायसपोरा का यह हस्तक्षेप अभी तक उपनिवेशवाद विरोधी चरित्र ही लिए हुए था। आस्ट्रेलिया में जब भारतीय और पाकिस्तानी टीम 1985 के विश्व चैंम्पियनशिप फ़ाइनल में पहुँची तो मैच देखने के लिए आस्ट्रेलियाई दर्शक काफ़ी कम संख्या में पहुँचे। जो आये भी, वे पोस्टर लिए हुए थे : बस ड्राइवर्स वर्सेस ट्रैम कंडक्टर्स। उपमहाद्वीप की दो टीमों की क्रिकेट श्रेष्ठता का जवाब आस्ट्रेलियाई दर्शकों ने उनका मज़ाक उड़ा कर दिया। उन दिनों वहाँ भारतीय और पाकिस्तानी आम तौर पर इसी तरह की नौकरियाँ करते नज़र आते थे। उपमहाद्वीपीय डायसपोरा के इस आचरण की प्रतिक्रिया में ही सम्भवत: ब्रिटिश टोरी पार्टी के चेयरमैन नार्मन टेबिट ने टिप्पणी की थी कि किसी व्यक्ति के ब्रिटिशपन की असली कसौटी यह है कि वह ब्रिटिश क्रिकेट टीम से मैच के वक़्त उसका पक्ष लेता है या नहीं।

भारत में दिल्ली एशियाड की मेहरबानी से रंगीन टीवी के क़दम पड़ चुके थे। क्रिकेट कमेंटरी सुनने के लिए जो भीड़ कभी छोटे शहरों के चौराहों, रेलवे स्टेशनों और चायघरों पर हुआ करती थी, वह सार्वजनिक टीवी सेट के आसपास होने लगी। कानपुर जैसे उत्तर भारत के पुराने टेस्ट सेंटर की हालत तो उन दिनों यह थी कि जितने लोग ग्रीन पार्क के मैदान में होते थे, उससे ज़्यादा लोग अस्थायी तौर से लगा दिये गये टीवी सेटों के सामने जमा होते थे। लार्ड्स पर विश्व चैंपियन होने के बाद अगला विश्व कप भारतीय उपमहाद्वीप की धरती पर ही हुआ। पाकिस्तान के साथ मिल कर किये गये इस विश्व कप को रिलाइंस इंडस्ट्रीज़ ने प्रायोजित किया था जो ख़ुद में उत्तर-औपनिवेशिक भारतीय पूँजीवाद की सबसे ताक़तवर प्रतिनिधि थी। इस समय तक भी क्रिकेटीय राष्ट्रवाद में उग्रता, संकीर्णता और साम्प्रदायिकता के पहलू मौजूद नहीं थे। संयोग से किसी भी विश्व कप में भारत और पाकिस्तान का मुक़ाबला नहीं हुआ था। 1983 में जब कपिल देव की टीम लार्ड्स के मैदान पर दो बार के विश्व विजेता वेस्ट इंडीज़ को अपदस्थ करने के लिए जूझ रही थी तो पाकिस्तानी खिलाड़ियों की हमदर्दी भारत के साथ थी। दोनों देश अपने-अपने देशों में एक-एक टेस्ट सीरीज़ जीत चुके थे। टक्कर ज़ोरदार और तनाव भरी थी, लेकिन उसका मनोविज्ञान खेल के दायरों से बाहर नहीं निकला था।

यह सीमा टूटी शारजाह के उस मैच से जिसमें जावेद मियाँदाद ने चेतन शर्मा की आख़िरी गेंद पर छक्का मार कर पाकिस्तान को हारता हुआ मैच जिता दिया। इस पराजय को भारतीय क्रिकेट प्रेमी सम्भवतः आज तक नहीं भूल पाए। प्रभाष जोशी इसे हीनता की ग्रंथि कहते हैं और जब भी किसी काँटे के मैच में भारत पाकिस्तान को हरा देता है तो वे संतोष के साथ लिखते हैं कि हमने बदला ले लिया। बहरहाल, इसी के बाद से भारतीय टीम में किलर इंस्टिंक्ट की कमी की चर्चा होने लगी। इसी के बाद से एक नये भारतीय दर्शक का जन्म हुआ जिसके पास तर्क यह था कि भारतीय टीम हार भले ही जाए पर उसे हारते हुए नहीं लगना चाहिए। उसके कंधे नहीं झुकने चाहिए। चेहरे नहीं लटकने चाहिए। उसे हमेशा आक्रामक रहना चाहिए। ऐसे ही भारतीय दर्शक ने कभी आस्ट्रेलिया में चैंपियंस ऑफ़ चैंपियंस घोषित किये गये रवि शास्त्री को भारतीय मैदान पर हूटिंग करके हताश कर दिया था। इस दर्शक की एक ही माँग थी : मारो, मारो और मारो। गेंद को रोकने वाला खिलाड़ी उसे पसंद नहीं था। बदलते ज़माने के साथ मैदान पर नब्बे मिनट के फुटबालीय राष्ट्रवाद की तर्ज़ पर रँगे चेहरों वाले, अपनी ही टीम के खिलाड़ियों की पोशाक पहने, दूरबीन और ऑटोग्राफ़ बुक

लिए हुए, अपने-अपने राष्ट्रीय झण्डों से लैस और मैक्सिकन वेव बनाते हुए दर्शक छा गये। इन दर्शकों की हिंसा के कगार पर कुलबुलाती प्रवृत्तियों ने स्टेडियम के जन-स्थान को क्रिकेट का रस लेने के इच्छुक लोगों के लिए असुरक्षित कर दिया। घरेलू महिलाओं के लिए तो मैच टिकट ख़रीद कर देखना मुश्किल हो गया। इन हालात ने टीवी पर मैच के प्रसारण को पहले से कहीं ज़्यादा कामयाब बना दिया। घरों के ड्राइंगरूम मिनियेचर मैदानों में तब्दील हो गये। गृहिणियों और बच्चों ने ईएसपीएन चैनल पर देखा कि 'क़यामत' आने वाली है, 'बदला' लिया जाने वाला है और उनके प्रिय खिलाड़ी 'सरफ़रोश' में तब्दील हो चुके हैं। ख़ास बात यह है कि क्रिकेट प्रसारण के अंग्रेज़ी संस्करणों में इस तरह का प्रस्तुतीकरण नहीं दिखाई देता था।

टीवी चैनल का यह तर्क उस मानस को फ़ौरन रास आ गया जो अस्सी के दशक से ही छपे हुए शब्द के ज़रिये क्रिकेट खिलाड़ियों को महानायक या राष्ट्रीय नायक की शक्ल में पेश किये जाते देख रहा था। *जनसत्ता* में छपे प्रभाष जोशी के उस लेख को कौन भूल सकता है जो उन्होंने अज़हरुद्दीन द्वारा लगातार तीन शतक मारने पर लिखा था। इसका शीर्षक था, 'अज़हर तेरा नाम रहेगा'। इसमें बताया गया था कि अज़हर की नसें फ़ौलाद की हैं और उनमें संकल्प बहता है या कुछ बिजली सी कड़कती है। इस शीर्षक में मिथ-निर्माण की कोशिशें आराम से पढ़ी जा सकती हैं। यह वही तकनीक है जो संजय गाँधी के लम्पट अनुयायियों ने उनका राजनीतिक नेतृत्व स्थापित करने के लिए अपनायी थी। तब नारा भी यही लगाया गया था कि 'जब तक सूरज चाँद रहेगा, संजय तेरा नाम रहेगा'। जब कपिल देव ने लाड्र्स के मैदान पर छक्का लगा कर इंग्लैण्ड को टेस्ट सीरीज़ में हरा दिया तो प्रभाष जोशी ने इस प्रकरण को भी राष्ट्रवाद का पूरा स्पर्श दिया। उनका शीर्षक था, 'लाड्र्स पर छक्के साथ हमारा तिरंगा'।

भारतीय टीम के पक्ष में युद्ध का आह्वान करते-करते प्रभाष जोशी की भाषा में विकट हिंसा आ जाती है। वे लिखते हैं, 'कांबली ने एंब्रोस को छक्का जड़ दिया। जैसे घूँसा मार कर कहा हो— यह ले।' ये तो वेस्ट इंडीज़ के मुक़ाबले एक मैच के बारे में लिखते समय उनके उद्‌गार हैं। पाकिस्तान के साथ होने वाले मैचों में वे ये सीमाएँ भी पार कर जाते हैं और उनका मुख्य लहजा 'बदला ... खुंदक ... लहूलुहान ... दचक दिया ... रगड़-रगड़ मारा' हो जाता है। इस लेख के शुरू में दिया गया उनका उद्धरण तब का है जब भारत ने इंग्लैण्ड में हो रहे पिछले विश्व कप के दौरान प्रतियोगिता से बाहर होते-होते सुपर सिक्स यानी सर्वश्रेष्ठ छह टीमों के दौर में जगह बना ली थी। ज़ाहिर है, भारतीय टीम को

फ़ायनल जीतना बाकी था। क्रिकेट अगर युद्ध था तो क्या वह युद्ध फ़ायनल में पहुँच कर विश्व कप जीतने का नहीं होना चाहिए था? नहीं, प्रभाष जोशी के लिए यह युद्ध फायनल में पहुँचने से पहले ही जुलाई का पहला हफ़्ता ख़त्म होते-होते घटित हो गया जब अजहरुद्दीन की भारतीय टीम को वसीम अकरम की पाकिस्तानी टीम से टकराना पड़ा। सम्पादक महोदय ने साफ़ लिखा कि ओल्ड ट्रैफर्ड के मैदान में होने वाला यह मुक़ाबला कारगिल की मुठभेड़ जैसा ही है। ऐसी बात नहीं कि अगर उस समय कारगिल प्रकरण गर्म न होता तो इन दो देशों के क्रिकेट मैच को युद्ध के रूप में न देखा जाता। 1996 के विश्व कप के दौरान वे लिख चुके थे कि 'पाकिस्तान के दक्षिण अफ्रीका से हारने से अपने राहत में हैं'। उन्हें पाकिस्तान की हार का सुख इतना था 'जितना भारत के आस्ट्रेलिया के हाथों पिटने का दुख नहीं हुआ था'।

क्रिकेटीय राष्ट्रवाद की प्रधान अभिव्यक्ति पूरे नब्बे के दशक में यही रही। ओल्ड ट्रैफ़र्ड के मैदान पर जैसे-जैसे भारतीय गेंदबाजों के सामने पाकिस्तानी विकेट ढहते गये, वैसे-वैसे कारगिल के दुर्गम मोर्चे पर तैनात भारतीय फ़ौजियों ने खुशी में गोलियों की बौछारें कीं। पाकिस्तानी सैनिक उदास हो गये, हालाँकि मैच शुरू होने के पहले पाक सीमा की तरफ़ से होने वाली गोला-बारी में तेज़ी आ गयी थी। कारगिल में तैनात एक भारतीय कर्नल ने कहा, 'ऐसे मौक़े पर थोड़ी-बहुत अनुशासनहीनता चलती है। हमें इतने ज़ोरदार नतीजे की क़तई उम्मीद नहीं थी। यह एक शानदार जीत है और इससे हमें कारगिल में टिके रहने में मदद मिलेगी।' *एशियन एज, पायनियर, इण्डियन एक्सप्रेस, हिंदुस्तान टाइम्स* जैसे अंग्रेज़ी के अख़बारों के शीर्षक थे : 'पाक फ़ाल्स एट इण्डियाज़ लाइन ऑफ़ कंट्रोल ... इण्डिया ट्रायम्फ़ इन गेम ऑफ़ डैथ ... पार्टी अवे, फ़ील द वार्म ऑफ़ ग्लो ... ।' हिंदी पत्रकारिता भी पीछे नहीं रही। उसका नेतृत्व किया *जनसत्ता* के सम्पादक ने। हिंदी के पत्रकारों में वे शायद अकेले ही थे जो उस ब्रिटिश मैदान पर मौजूद थे। उन्होंने यह भी देखा ही होगा कि कुछ पाकिस्तानियों ने अपनी टीम के हार जाने की नाराज़गी में भारतीय तिरंगा जला दिया। प्रभाष जोशी ने पाकिस्तानी झण्डा तो नहीं जलाया, पर उनकी भावना कुछ इस तरह की थी कि अगर अब भारत विश्व कप न भी जीते तो क्या हुआ। उसने पाकिस्तान को तो हरा ही दिया है। ठीक ऐसी ही भावना वे 1996 में बंगलूर के चिन्नस्वामी स्टेडियम में पाक के साथ हुए क्वार्टर फ़ाइनल में भारतीय जीत के समय व्यक्त कर चुके थे। तब उनका मानना था कि भारत ने कई हिसाब चुका दिये हैं। शारजाह की हार (मियाँदाद का छक्का) का बदला ले लिया है। उसकी हीनता

की ग्रंथि खुल कर टूट गयी है। इमरान की टीम के ख़िलाफ़ बंगलूर टेस्ट की पराजय भी चुकता कर दी गयी है। प्रभाष जोशी के इस संतोष की एक ख़ास वजह भी थी। इस मैच से एक दिन पहले ही उन्होंने भारतीय खिलाड़ियों की पाकिस्तान के ख़िलाफ़ जीतने की इच्छा शक्ति पर शक किया था। उनकी व्याख्या थी कि पाकिस्तानी खिलाड़ी घबराहट में बड़बोले और आक्रामक हो जाते हैं और भारतीय खिलाड़ियों के कंधे लटक जाते हैं। लेकिन अगले दिन जब उन्होंने देखा कि उनके 'प्रसाद (भारतीय गेंदबाज) ने सुहैल के बदतमीजी के चव्वे का जवाब' किस तरह उसके डंडे उड़ा कर दिया तो उनकी तबियत बाग़-बाग़ हो गयी। उन्होंने यह भी देखा कि कैसे 'जाडेजा ने वकार की गेंदों में मार-मार भुस भर दिया है' तो उन्हें लगा कि एकबारगी आक्रामक भारतीय क्रिकेट टीम का उनका सपना सच होता लग रहा है।

इसी महीने के आख़िरी हफ़्ते में *जनसत्ता* में छपे एक लेख में प्रभाष जोशी बंगलूर मैच की अपनी रिपोर्टिंग पर हुई प्रतिक्रियाओं पर टिप्पणी करते नज़र आये। उन्होंने माना कि उनकी रिपोर्टिंग का साया उनकी पंथनिरपेक्ष छवि पर पड़ा है और उनकी आलोचना की गयी है कि उन्होंने हिंदू-मुस्लिम दुश्मनी को हवा दी है यानी साम्प्रदायिकता को अभिव्यक्त किया है। अपनी रिपोर्टिंग के ऐसे असर पर अफ़सोस व्यक्त करने के बाद उन्होंने घोषित किया कि 'वास्तविकता को उधेड़ कर उसका सामना करने के अलावा कोई चारा नहीं है'। साम्प्रदायिकता एक भारतीय वास्तविकता है पर क्या इस यथार्थ के सामने समर्पण किया जाना चाहिए? क्या प्रभाष जोशी ने बाबरी मस्जिद प्रकरण पर भी इस यथार्थ को इसी तरह स्वीकार किया था? हिंदी द्वारा क्रिकेट के वर्णन में यह कोई नया योगदान नहीं था। अंग्रेज़ी की खेल पत्रकारिता ट्राउंस, क्रश, बीट, पल्प आदि शब्दावली का लम्बे अरसे से प्रयोग करती रही है जिनमें हिंसा की ध्वनियाँ हैं। लेकिन जिस ब्रिटिश पत्रकारिता ने इस लेखन को जन्म दिया है उसमें यह प्रवृत्ति ख़ास तौर पर *डेली मिरर* जैसी टेबलॉयड पत्रकारिता के खाने में आती है। *ऑब्जर्वर, टाइम्स* और *गार्जियन* जैसे गम्भीर अख़बार इस भाषा का प्रयोग करने में कहीं अधिक संयम बरतना पसंद करते हैं। हम जानते हैं कि टेबिलॉयड पत्रकारिता से ही 'पीत' या 'यलो' या सस्ती पत्रकारिता का मुहावरा शुरू हुआ है।

प्रभाष जोशी क्रिकेट के कोई मामूली चाहने वाले नहीं हैं। उनका क्रिकेट से नाता उस ज़माने का है जब इंदौर में होलकरों की टीम अपने जौहर दिखाया करती थी। सी.के. नायडू और मुश्ताक़ अली के बल्ले की करामातें उन्हें आज तक याद हैं और अक्सर उनकी क्रिकेटीय स्मृतियों में अतीत की ये तरंगें उठती

रहती हैं। उसूलन वे यक़ीन करते हैं कि क्रिकेट निर्मल आनंद के लिए खेला और देखा जाना चाहिए। टेनिस पर लिखते समय वे वास्तव में यही निर्मल आनंद प्राप्त करते हैं और पाठकों को भी उपलब्ध कराते हैं (उदाहरण के लिए डेविस कप के मैच में रमेश कृष्णन की कलाकारी, यूएस ओपन के फायनल में एडबर्ग और चैंग के लम्बे संघर्षपूर्ण मैच और मार्टिना नवरातिलोवा के रिटायर होने पर लिखे गये जज़्बाती लेख)। क्रिकेट में भी वे यह आदर्श स्थिति प्राप्त कर सकते हैं बशर्ते मैच भारत और पाकिस्तान के बीच न हो रहा हो और उनके लिए सबसे अच्छी स्थिति तो यह होती है कि खेलने वाली दोनों टीमों में न भारत की टीम हो और न पाकिस्तान की। पाकिस्तान के साथ अगर श्रीलंका या आस्ट्रेलिया की टीम भी खेल रही हो, तो वे फ़ौरन उनके समर्थक हो जाते हैं और वसीम और वकार की गेंदों में विपक्षी बल्लेबाजों द्वारा भरे जा रहे भुस का हिंसक वर्णन करने से उनकी क़लम परहेज नहीं करती। प्रभाष जोशी कोई शिव सेना शैली में पाकिस्तानी क्रिकेट के विरोधी नहीं हैं। शिव सेना द्वारा पिचें खोदने की उन्होंने कड़ी निंदा की है। वे पंथनिरपेक्ष राष्ट्रवाद के समर्थक और संघ परिवार के आलोचक के रूप में भी मशहूर हैं। उन्हें यह भी अच्छा लगता है कि भारतीय टीम में मुसलमान खिलाड़ियों के साथ-साथ अन्य धर्मों के खिलाड़ी भी हैं। क़ायदे से उन्हें उग्रराष्ट्रवाद का विरोधी होना चाहिए। राजनीति और समाजनीति के सिलसिले में वे ऐसे दिखते भी हैं, लेकिन पाकिस्तान और क्रिकेट का संदर्भ आते ही एक क्रिकेटविज्ञ के रूप में उनके व्यक्तित्व का क्रिकेट-प्रेम स्थगित हो जाता है। वे क्रिकेट के भारतीय इतिहास से कट जाते हैं और उन्हें सिर्फ़ युद्ध याद रह जाता है। वे किसी पाकिस्तानी खिलाड़ी के क्रिकेट कौशल की ज़रा भी तारीफ़ नहीं करते। उन्हें न तो वसीम की बायें हाथ की तेज़ गेंदबाजी में दिलचस्पी है और न ही वकार की यॉर्कर गेंदों में। इमरान की कप्तानी की उन्होंने शायद ही कभी खुले दिन और निर्मल हृदय से प्रशंसा की हो। 'महान जुझारू बल्लेबाज़' जावेद मियाँदाद उनकी निगाह में 'दंभ और खोखले गर्व' से भरा हुआ है। खेल के सौंदर्यशास्त्र की दृष्टि से वे अपने पाठकों को उसकी बारीकियों के बारे में शायद ही कभी कुछ बताते हों। वे लगातार सांस्कृतिक उग्रता का आख्यान रचते रहते हैं। जीतने की इच्छा, आक्रामकता और महानायकी उनका प्रिय विषय है। नायडू उनके पहले महानायक थे, फिर उन्हें गावस्कर में महानायकी दिखी, कपिल देव में मिली, आजकल उनके महानायक सचिन तेंदुलकर हैं। सचिन की विफलताओं की वे कम से कम चर्चा करते हैं। उन्हें आज तक नहीं दिखा कि टेस्ट मैचों की दूसरी पारी में उनके महानायक का औसत दस से भी कम का है

और इसलिए वह अक्सर न अपनी टीम को जिता पाता है और न ही मैच ड्रा करा पाता है। उपमहाद्वीप से बाहर होने वाली एक दिवसीय प्रतियोगिताओं में उनका यह महानायक अक्सर फ़ायनल मैचों में नाक़ाम हो जाता है। सचिन की महानायकी को अपना स्पर्श देने के चक्कर में प्रभाष जोशी ब्रायन लारा से निजी मुलाक़ात से बचते हैं और अपने लेख में स्वीकार करते हैं कि ऐसा करते समय उनके मन में यह बात भी थी कि लारा दुनिया के सर्वश्रेष्ठ कहलाने के मामले में सचिन के प्रतिद्वंद्वी हैं। खेल में राष्ट्रवादी तरफ़दारी के कारण हुआ यह है कि इतना पुराना क्रिकेट प्रेमी इस खेल के परम्परा-बोध से वंचित हो गया है। उनका इतिहास-बोध ज़्यादा से ज़्यादा निजी संस्मरणों की शक्ल में पाठकों के सामने आ पाता है। वे उसका सामान्यीकरण करने में नाक़ाम रहते हैं। लाला अमरनाथ जैसे इतिहास-पुरुष की मृत्यु तक उसे उन्हें उनको श्रद्धांजलि देने के लिए प्रेरित नहीं करती।

क्रिकेट को युद्धप्रिय उग्रराष्ट्रवाद का वाहक बनाने वाली यह हस्ती पश्चिमी वैचारिक साम्राज्यवाद की भी आलोचक है और लोहिया की तर्ज़ पर मानती है कि गाँधी आश्रम में पश्चिम का अश्वमेधी घोड़ा बँधा हुआ है। वे भूमण्डलीकरण और बाज़ार की ताक़तों को अक्सर आड़े हाथों लेते रहते हैं। बाज़ार का क्रिकेटीय संदर्भ भी उनकी निगाहों से ओझल नहीं है और वे खेल पर टीवी और विज्ञापन के वर्चस्व का अफ़सोस करते हुए सवाल उठाते हैं कि क्रिकेट बाज़ार का यह हमला कैसे बर्दाश्त कर पाएगा। उनकी निगाह में टेस्ट क्रिकेट असल है और एक दिन का क्रिकेट छाया। बाज़ार वाले छाया को पकड़े रहना चाहते हैं और बाज़ार के बोलबाले से खेल की भावना और आत्मा का हनन हो जाता है। पर इस हनन में उनका ख़ुद का योगदान कितना है यह देख पाना उनके लिए तक़रीबन नामुमकिन ही हो गया है। वे समझ पाने में नाकाम हैं कि क्रिकेटीय राष्ट्रवाद के प्रमुख पैरोकार के रूप में उनका लेखन भारत-पाकिस्तान की क्रिकेटीय होड़ की उग्र व्याख्या करके भूमण्डलीय पूँजीवाद का ही हित साधन कर रहा है और वे विरोधी होते हुए भी भूमण्डलीकरण के औज़ार बने हुए हैं, ठीक उसी तरह जैसे साम्प्रदायिकता विरोधी होते हुए भी वे अपने खेल संबंधी लेखन के साम्प्रदायिक असर को समझने के लिए तैयार नहीं हैं। यहाँ साम्प्रदायिक असर उनके लिए वास्तविकता की पुष्टि बन जाता है। यह क्रिकेटीय राष्ट्रवाद की ताक़त ही है कि वह गाँधीवादी, पंथनिरपेक्ष और भूमण्डलीकरण विरोधी प्रभाष जोशी को अपने जाल में फँसा लेता है। वे फटाफट क्रिकेट के उस 'मॉडर्न फ़ैन' की तरह हो जाते हैं जो सिर्फ़ इंस्टेंट जीत चाहता है। एक 'फ़ैन' के रूप में प्रभाष जोशी अमेरिकी बेसबाल के उस फ़ैन से अलग नहीं हैं जो खेल के मैदान में पूरी तरह स्मृतिभ्रंश

का शिकार हो कर समझता यह है कि खेल देखने से उसकी तबियत पहले से हल्की हो जाती है। रोज़मर्रा के तनावों, संयमों और वैचारिक आग्रहों से परेशान यह फ़ैन पिच पर बल्लेबाज़ी करती हुई अपनी टीम के साथ जुड़ते ही महसूस करता है कि उसका रक्तचाप बेहतर हो गया है।

क्रिकेट-समाजशास्त्रियों की मान्यता है कि यह खेल अपनी स्वाभाविक संरचना में टीवी के लिए ही बना लगता है। हर ओवर ही नहीं, हर गेंद के बाद क्रिकेट में एक्शन कम से कम इतनी देर के लिए तो रुक ही जाता है कि विज्ञापनों के लिए गुंजाइश निकलती रहे। खेल दिन भर या फिर पाँच दिन के लिए चलता है। यानी विज्ञापन का ज़्यादा से ज़्यादा मौक़ा मिलता है। टीवी दर्शक और मैदान में बैठे हुए दर्शक के बीच बुनियादी फ़र्क़ यह होता है कि मैदान वाला दर्शक टीवी दर्शक को नहीं देख सकता लेकिन टीवी दर्शक उसे हँसते, चिल्लाते और उदास होते हुए देख सकता है। स्लो मोशन में रिप्ले देखने के साथ-साथ वह केवल खेल और खिलाड़ी ही नहीं, झण्डा फहराते हुए, रंग-बिरंगे दर्शकों को भी देखता है। इस अंतर को स्टेडियम में बैठा दर्शक वर्ग जानता है कि टीवी का कैमरा उसे भी दिखा रहा है इसलिए उसकी व्यवहार-शैली सायास और असामान्य होती है। वह अपनी वफ़ादारियों, नफ़रतों, ग़म और खुशी को बढ़-चढ़ कर शिद्दत के साथ ज़ाहिर करता है। इस तरह टीवी स्क्रीन पर बनने वाला समूचा दृश्य एक अलग तरह के सामाजिक-राजनीतिक संदेश के साथ घरों के बैठकख़ानों में पहुँचता है। जो खिलाड़ी खेल रहे होते हैं, वही विज्ञापनों में भी मौजूद होते हैं। लोकप्रियता में वे लगभग फ़िल्म स्टारों जैसी हैसियत प्राप्त कर चुके हैं। युवा मानस में वे देवता जैसे हैं। भारतीय और हिंदू संदर्भों में यह विशेषता उस समय और बढ़ जाती है जब हम दैनंदिन जीवन में दर्शन के धार्मिक महत्त्व पर विचार करते हैं। टीवी पर दिखने वाले ये खिलाड़ी-देवता पुराण की पोथी में बंद देवताओं से भी ज़्यादा प्रभावी हैं। वे उन कामनाओं को साकार करने की उम्मीद बँधाते हैं जो मनों के गहरे अतल में छिपी बैठी होती है। पीठ के दर्द से परेशान होकर क्रिकेट से कुछ दिनों तक दूर रहने वाले सचिन के लिए उनके आराधक मनौती मनाते हैं कि वह आये और पीट-पीट कर बॉलरों के धुर्रे उड़ा दे। बाज़ार के रणनीतिकारों को और क्या चाहिए!

क्रिकेट से जुड़ी उपभोक्ता क्रांति के ब्रिटिश और भारतीय संदर्भ को भी एक ही पलड़े में रख कर नहीं देखा जाना चाहिए। इंग्लैण्ड में क्रिकेट को एक उदास परम्परावाद के चश्मे से देखा जाता है। इसलिए वहाँ बैंक और बीमा कम्पनियाँ उसकी प्रायोजक हैं। पर भारत में विज्ञापकों के लिए क्रिकेट सेक्सी और ट्रेंडी है

इसलिए यहाँ उसे कार, मोटरसाइकिल, सिगरेट और शीतल पेय बनाने वाली कम्पनियाँ प्रायोजित करती हैं। वर्ल्ड टेल के भारतीय संचालक मार्क मस्करनहैस का मानना था कि खेल के प्रसारण की रणनीति देशों के हिसाब से अलग-अलग बनाई जाती है। जो भारत में चल सकता है वह इंग्लैण्ड में नहीं चल सकता। टीवी कम्पनियाँ जानती हैं कि मैच किसी भी रफ़तार से चल रहा हो, वे दर्शकों के एक हिस्से पर कैमरा केंद्रित करके और अम्पायर के किसी विवादास्पद फ़ैसले का रिप्ले बार-बार दिखा कर कम से कम ड्राइंग रूम में तो मैच हिट करवा ही सकती है।

क्रिकेट का टीवी प्रसारण भारतीय दर्शकों को खिलाड़ियों के वे रूप दिखाता है जो वे रेडियो कमेंटरी के ज़रिये कल्पित भी नहीं कर सकते थे। अस्सी के दशक से पहले की रेडियो कमेंटरी और अख़बारी लेखन भारतीय खिलाड़ियों के साथ-साथ विदेशी खिलाड़ियों को भी महिमामण्डित कर देता था।

युद्ध और योद्धा की महिमा से मंडित हो जाने के बाद खिलाड़ी की समस्या यह हो जाती है कि हारते हुए दिखने पर उसे दर्शकों की नाराज़गी का सामना करना पड़ता है। कोलकाता में भारत और श्रीलंका के बीच हुए विश्व कप सेमीफ़ायनल में दर्शकों का व्यवहार इसका प्रमाण है। लेकिन उस अत्यंत भद्दे दृश्य से भी प्रसारण कम्पनियाँ हतोत्साहित नहीं हुईं। दरअसल, टीवी ने विजय और आक्रामकता के लिए छटपटाते क्रिकेटीय राष्ट्रवाद को मुनाफ़े के लिए भूखे कॉरपोरेट क्षेत्र के हाथों में रख दिया है। अमेरिका में जो व्यावसायिक हैसियत बास्केटबॉल की और युरोप में जो स्थिति फुटबॉल की है, भारत में टीवी प्रसारण व्यवसाय के लिए क्रिकेट की है। यहाँ टीवी प्रसारण के अधिकार करोड़ों रुपयों में बेचे जाते हैं। स्पोर्ट्स मार्केटिंग की दुनिया के सबसे बड़े व्यावसायिक समूह इंटरनेशनल मैनेजमेंट ग्रुप (आईएमजी) के सामने समस्या यह थी कि कोलकाता की घटना और शिव सेना जैसे उग्रराष्ट्रवादी दल द्वारा पाकिस्तान को भारत की धरती पर न खेलने देने की ज़िद के बाद भी उपमहाद्वीप की क्रिकेट शक्तियों की मुठभेड़ें कैसे करायी जाएँ। आईएमजी के कर्ताधर्ता मार्क मेककॉरमैक (विश्व की सबसे ज़्यादा बिकने वाली स्पोर्ट्स पत्रिका *स्पोर्ट्स इलस्ट्रेटिड* के अनुसार खेलों की दुनिया का सबसे ताक़तवर आदमी) ने इसके लिए एक नया तरीक़ा खोज निकाला। विश्व कप के बाद एक प्रेस सम्मेलन करके उन्होंने ऐलान किया कि दोनों देशों के बीच कनाडा में एक सालाना फ्रेंडशिप कप आयोजित किया जाएगा। भारतीय और पाकिस्तानी क्रिकेट अधिकारियों के बीच घिरे बैठे मेककॉरमैक ने दावा किया कि उत्तरी अमेरिका के निवासियों के दिल में क्रिकेट बहुत बड़ी जगह बना लेगा। प्रेस कांफ्रेंस के बाद आईएमजी के एक अधिकारी

ने असली बात कही कि असली बाज़ार तो दक्षिण एशिया में है और इसके दोहन की तो अब शुरुआत हुई है। यही वास्तविकता थी। कनाडा के टोरंटो में सुबह साढ़े नौ बजे मैच शुरू होने थे। उस वक़्त भारत में शाम के छह बजे मध्य और उच्च-मध्यवर्गीय टीवी दर्शक दफ़्तर और दुकानों से आ कर ख़ाली बैठे होते हैं। उनकी शाम को क्रिकेटमय करने का इंतज़ाम था यह। कनाडा का भारतीय और पाकिस्तानी डायसपोरा भी इस मैच को देख ले तो वह बोनस हो गया। आईएमजी ने इस प्रतियोगिता को अपनी देखरेख में कराने का निर्णय किया। भारत और पाकिस्तान की युद्धोन्माद से भरी हुई टक्कर से ज़्यादा टीवी दर्शक आईएमजी को दक्षिण एशिया में क्रिकेट को छोड़ कर किसी और बहाने नहीं मिल सकते थे।

खेलों का निर्मल आनंद बनाम क्रिकेटीय राष्ट्रीयता की रचना

ज़ाहिर है कि पाकिस्तान से दुश्मनी पर आधारित उग्रराष्ट्रवाद ने क्रिकेट को भारतीय अस्मिता की कुछ लोकप्रिय परिभाषाओं में से एक बना दिया है। फिलहाल नियंत्रण रेखा पर तैनात जवान के बाद अगर कोई चीज़ भारतीयों को राष्ट्रीय और देशभक्तिपूर्ण लगती है तो वह क्रिकेट के मैदान में पाकिस्तान को हराते हुए भारतीय खिलाड़ी ही लगते हैं। सीमा के उस तरफ़ भी ऐसा ही माहौल है। पाकिस्तानियों को लगता है कि वे अपने से कहीं ज़्यादा ताक़तवर पड़ोसी को जंग के मैदान में तो कभी हरा नहीं सकते पर क्रिकेट मैच में उन्हें यह मौक़ा मिल सकता है। इस तरह वे भी अपनी भारत विरोधी उग्रराष्ट्रवादी कामनाओं की पूर्ति कर सकते हैं। पाकिस्तान की सामरिक कमज़ोरियों को देखते हुए क्रिकेट पर उसके भरोसे का एक तर्क बनता है। एक राष्ट्र के तौर पर उसे पहचान की तलाश भी है जो उसे भारत को ही नहीं, दुनिया की दूसरी महत्त्वपूर्ण क्रिकेट टीमों को हरा कर मिल सकती है। लेकिन भारत के पास तो एक राष्ट्र के तौर पर पहले से ही एक सुपरिभाषित पहचान है जिस पर सभी भारतीय गर्व भी करते हैं। फिर उसके राष्ट्रवाद को क्रिकेट की बैसाखी की क्या ज़रूरत होनी चाहिए? वह उस शक्तिशाली सिंह की तरह आचरण क्यों नहीं कर सकता जिसे अपने ऊपर उछल-कूद मचाने वाले चूहों की कोई चिंता नहीं होती? पर यथार्थ यह है कि यह मुहावरा राष्ट्रवाद के संदर्भ में काम नहीं करता।

एक ताक़तवर राष्ट्र और कमज़ोर पड़ोसी का यह रिश्ता राजस्थान में प्रचलित बूँदी के क़िले की लड़ाई की दिलचस्प कहानी से समझा जा सकता है। एक राणा ने बूँदी का दुर्ग जीतने का प्रण किया लेकिन काफ़ी कोशिशें करने के बाद भी वह जब उस क़िले की दुर्जेयता पर पार नहीं पा सका। सलाहकारों की तरक़ीब

के मुताबिक़ उसने क़िले की एक छोटी सी अनुकृति बनवाई ताकि उस पर चढ़ाई करके अपना हठ पूरा कर सके। राणा के आक्रमणों से क़िले की सफलतापूर्वक रक्षा करने वालों को जब यह पता चला तो उन्होंने फ़ौज लेकर नक़ली क़िले की हिफ़ाज़त के लिए प्रस्थान कर दिया। विजय का जो खेल प्रतीकात्मक रूप से बिना किसी हिंसा के थोड़ी देर में ही ख़त्म हो जाने वाला था, एक वास्तविक रक्तरंजित युद्ध में बदल गया। लाशों के अम्बार लग गये। असली किला अपनी जगह खड़ा रहा और हार-जीत का फ़ैसला प्रतीकात्मक किले की लड़ाई में हुआ। क्रिकेटीय राष्ट्रवाद पर यह रूपक एकदम फिट बैठता है। भारतीय राष्ट्रवाद पाकिस्तान को राष्ट्रवाद की प्रतीकात्मक लड़ाई भी जीतने से वंचित कर देना चाहता है। अगर राष्ट्रवाद की ऐतिहासिक प्रवृत्तियों पर नज़र दौड़ाई जाए तो मानना पड़ेगा कि उसकी संरचना में प्रतीकों का केंद्रीय महत्त्व है और जैसे राष्ट्रवाद विकास, प्रगति और सीमाबद्धता के ठोस दायरों को लाँघता है, वायवीय प्रतीक उसके आधार की जगह ले लेते हैं। सवाल यह है कि हमारे राष्ट्रीय समुदाय की रचना-प्रक्रिया में क्रिकेट जैसे प्रतीक की क्या भूमिका हो सकती है ?

खेलों और अस्मिताओं के अंतर्संबंध की गहराइयों में जाने वालों की सिफ़ारिशों के अनुसार हमें इस बारे में ज़्यादा चिंतित नहीं होना चाहिए क्योंकि खेल के आधार पर बनने वाली अस्मिता ठोस नहीं होती। उसकी प्रामाणिकता संदिग्ध होती है क्योंकि वह जीतने पर कुछ ज़्यादा ही निर्भर करती है और खेल में, ख़ास कर क्रिकेट में सदैव जीतना सम्भव नहीं होता। यह एक क्षणजीवी अस्मिता है जो खेल के मैदान पर संघर्ष और टकराव का लम्हा गुज़र जाने के बाद तिरोहित हो जाती है। इतिहासशास्त्री रिचर्ड सी. क्रेप्यू का यह निष्कर्ष विचारणीय है लेकिन इसे राष्ट्रवादी अस्मिता के बरक्स रखते ही तस्वीर बदल जाती है। किसी स्पोर्ट्स क्लब के प्रति वफ़ादारियों के आसपास बनी अस्मिता और किसी ख़ास खिलाड़ी के महानायकत्व से जुड़ने के कारण बनी अस्मिता बुनियादी तौर पर अराजनीतिक होती है। उसकी तुलना खेलों के आधार पर बनी राष्ट्रीय अस्मिता से नहीं की जा सकती। खेल आधारित राष्ट्रीय अस्मिता अविकसित ही नहीं, विकसित देशों को भी सामूहिकता के बोध से आवेशित करने की भूमिका निभाती है। उसके ज़रिये विशिष्ट राजनीतिक उद्देश्य पूरे करने की कोशिश की जा सकती है। अमेरिका और सोवियत संघ के बीच होने वाले आइस हॉकी के मैच शीतयुद्धीन राजनीति के अध्याय की तरह पढ़े जा सकते हैं। बोरिस स्पास्की और बॉबी फ़िशर के बीच हुई शतरंज की चैंपियनशिप और

उसके बाद कारपोव और कोर्चनॉय के बीच हुई बाज़ियों का प्रकट राजनीतिक आख्यान यही था। इसी तर्ज़ पर भारत और पाकिस्तान के बीच होने वाली क्रिकेट की राजनीतिक शक्ल पहचानी जानी चाहिए। इन मैचों की उत्तेजना क्षण से आगे जाती है, कभी तिरोहित नहीं होती और दो टूर्नामेंटों के अंतराल में अवचेतन को मथती रहती है। अख़बारी लेखन हर नये मैच की पूर्व संध्या पर किसी पुरानी अवमानना की याद दिलाता है, राष्ट्रीय चरित्र का प्रश्न उठाता है और आह्वान करता है कि इस बार तो बदला ले ही लेना है। टीवी में बार-बार दिखाये जाने वाले तनाव के उन विगत क्षणों के ज़रिये सुनिश्चित कर लिया जाता है कि टीआरपी रेटिंग किसी तरह न गिर पाए। अक्सर 'कर्टेन रेज़र' मैदान में होने वाली होड़ से भी ज़्यादा भड़काऊ होता है।

अलग-अलग देश-काल में खेलों का राष्ट्रवाद भिन्न-भिन्न असर डाल सकता है। अर्जेंटीना और इंग्लैण्ड के बीच होने वाले फुटबॉल मैचों में फ़ॉकलैण्ड युद्ध की पटकथा दोहराई जाती है और ईरान-इराक के मैचों में खाड़ी युद्ध की प्रतिध्वनियाँ सुनाई पड़ती रही हैं। भारत और पाकिस्तान का क्रिकेट संदर्भ इन उदाहरणों से परे जाकर एक अधिक बृहत्तर ऐतिहासिक, सांस्कृतिक और राजनीतिक संदर्भ की ओर ध्यान खींचता है। पाकिस्तान के मुक़ाबले जीतने और हारने का मतलब अक्सर बूँदी के क़िले के लिए हुए प्रतीकात्मक युद्ध तक ही सीमित नहीं होता। उसमें भारतीय चरित्र और स्वभाव की वे व्याख्याएँ भी शामिल रहती हैं जो उन्नीसवीं सदी से ही भारतीय (यानी हिंदू) में ऐतिहासिकता, आक्रामकता, प्रतिहिंसा, दृढ़निश्चय, मर्दानगी और सामूहिकता की कमी बताती रही हैं। हम जानते हैं कि संघ परिवार का सांस्कृतिक राष्ट्रवाद इसी भित्ति पर टिका हुआ है। इसके जवाब में उदारतावादी विमर्श (इसे गाँधीवादी और लोहियावादी विमर्श भी कह सकते हैं) भारतीय चरित्र को परस्पर सहिष्णुता, स्वाभाविक बहुलता, बहुसांस्कृतिकता, सर्वधर्मसमभाव, सभ्यतामूलक समावेशन और वसुधैव कुटुम्बम के बोध से सम्पन्न बताता है। क्रिकेट पर होने वाले लेखन के अनुसार भारतीय खिलाड़ी पाकिस्तान के मुक़ाबले हीनता की मनोग्रंथि के शिकार हैं। उनमें पाकिस्तानियों का बड़बोलापन और बदतमीज़ी नहीं है। उनमें जीतने की इच्छा का ज्वालामुखी नहीं खदबदा रहा है। भारतीय खिलाड़ी अपनी हार पर उतना बुरा नहीं मानता, जितना अन्य देशों के खिलाड़ी मानते हैं। टीवी इस व्याख्या में कुछ नये दृश्य और बिम्ब जोड़ देता है। वह हार जाने के बाद ड्रेसिंग रूम में उदास बैठे हुए भारतीय खिलाड़ियों को दिखाता है। साथ में की गयी टिप्पणी का तात्पर्य यह होता है कि अब भारतीय खिलाड़ी हार से ज़्यादा

प्रभावित होने लगे हैं जबकि पहले ऐसा नहीं था और हार जाने के बावजूद वे आपस में चुहलबाज़ी करते रहते थे।

आशिस नंदी भले ही क्रिकेट को अर्धनारीश्वर प्रवृत्तियों वाले खेल के रूप में (जिसमें बल्ला मर्द की और गेंद औरत की भूमिका निभाती है) अर्थात् भारतीय स्वभाव के ज़्यादा नज़दीक खेल के रूप में व्याख्यायित करते रहें, खिलाड़ियों के पूर्ण पुरुष बनने पर भी हिंदी लेखन ख़ासा चिंतित है। वह सचिन तेंदुलकर के विवाह के मौक़े पर उम्मीद जताता है कि आज वह पूर्ण पुरुष बन जाएगा। पुरुषत्व की दूसरी भूमिका परिवार के मुखिया की होती है और हिंदी लेखन को इस मामले में अज़हरुद्दीन और संदीप पाटिल जैसे खिलाड़ियों के आचरण पर आपत्ति है। आख़िर इन खिलाड़ियों ने 'परिवार तोड़ा, तलाक लिया, खेल डुबाया, देश डुबाया'।

ज़ाहिर है कि हिंदी के क्रिकेट लेखन और टीवी प्रसारण की हिंदी प्रस्तुतियों ने इस खेल को निर्मल आनंद का स्त्रोत नहीं रहने दिया है। खेल अब निजी धरातल पर सांस्कृतिक और दैहिक स्वैरकल्पनओं की फ़सल नहीं उगाता। अगर यह कहीं सम्भव रह गया है तो सिर्फ़ कविता की दुनिया में ही :

तभी दूसरे छोर से प्रकट होता है वह
अश्वारोही जैसा तेज़ फिर भी मानो चाँद पर चलता हुआ
काली सी पोशाक में जैसे चोगा उड़ रहा हो पीछे
फेंकता है वह गेंद सिर झटक कर
उसका पंजा झलकता है एक पल के लिए
कनपटी और जबड़े की रेखाएँ उभरती हैं
आँखें धँसी हुई इसलिए सिर्फ़ काले विवर दिखते हैं
उसके दाँत चमकेथे एक बार देखा हुआ सा लगता है फिर भी
कौन है पोशीदा वह जिसका मुक़ाबला मैंने पहले कभी नहीं किया
... ...
फिर अँधेरे में ही उसके काले नक़्श पहचान कर कहता हूँ
वैल बोल्ड सर
पिच मैदान बुझी बत्तियाँ अँधेरा स्टेडियम
सब जैसे नीचे होते जाते हैं तब तलक
फिर वह गेंद फेंकता रहता है मेरे हाथों में और मैं वापस उसे
जब हम ओझल होते चलते हैं
कहीं और किसी अगले दौर के एकल खेल के लिए

संदर्भ :

क्रिकेट में राष्ट्रवाद और भूमण्डलीकरण की ताक़तों द्वारा उसके दोहन में हिंदी पत्रकारिता की भूमिका का परिप्रेक्ष्य विकसित करने में माइक मार्क्यूजी, शारदा उग्र, बोड़िया मजूमदार, सुभयु बनर्जी, राजगोपाल अभयनायके, शर्मिला टैगोर, आई.एस. बिंद्रा, क्रोकर स्नो जूनियर, अमृत माथुर, कैथराइन जुन, स्टीफ़न विसिंक, हर्षा भोगले, फ्रांकोइस गोतिये, संदीप बामजई, रामचंद्र गुहा, उमर कुरैशी, साईं सुरेश शिवस्वामी और चंदन मित्रा के लेखों और टिप्पणियों से काफ़ी मदद मिली. लेख के विश्लेषण और तात्पर्यों की ज़िम्मेदारी सिर्फ़ मेरी है. सामग्री के पुस्तकीय स्रोत इस प्रकार हैं :

प्रभाष जोशी का समूचा खेल संबंधी लेखन इण्डियन एक्सप्रेस समूह के हिंदी दैनिक *जनसत्ता* में प्रकाशित हुआ है. खेलों पर उनके तीन लेख उनकी रचनाओं के संकलन *मसि कागद* में भी प्रकाशित हुए हैं. यह किताब प्रभात प्रकाशन, नयी दिल्ली ने 1990 में छापी थी.

विष्णु खरे (1994), *सब की आवाज़ के पर्दे में* (कविता संकलन), राधाकृष्ण प्रकाशन, नयी दिल्ली.

आशिस नंदी (1989), *द ताओ ऑफ़ क्रिकेट : ऑन गेम्स डेस्टिनी ऑफ़ गेम्स,* वाइकिंग.

सी.एल.आर. जेम्स (1993), *बियॉण्ड ए बाउंडरी,* डयूक युनिवर्सिटी प्रेस.

एड्रियन बियर्ड (1998), *द लैंग्वेज ऑफ़ स्पोर्ट्स इंटरटेक्स्ट सीरीज़,* रुटलेज, न्यूयार्क.

अर्जुन अप्पादुरै (1998), *मॉडर्निटी एट लार्ज : कल्चरल डाइमेंशंस ऑफ़ ग्लोबलाइज़ेशन,* युनिवर्सिटी ऑफ़ मिनेसोटा प्रेस, चौथा मुद्रण.

7

हिंदी में रैडिकल लोकतंत्र

कविता में सांस्कृतिक राजनीति

नयी सहस्राब्दी की चौथी गर्मियों में बारिश की उदास प्रतीक्षा करते हुए मुझे ब्लादीमिर मायकोव्स्की की तर्ज़ पर एक 'असाधारण जोखिम' उठाना पड़ा।[1] मैं हालात के हाथों मजबूर था। मेरी समस्या यह थी कि पत्रकारिता, रैडिकल राजनीति और समाज-विज्ञान के ज़रिये ख़ासी कोशिशें करने के बावजूद मुझसे वह लोकतंत्र नहीं बन पा रहा था, जिसकी कल्पना दुनिया भर के तमाम सिद्धांतकारों ने मुझे थमायी थी। हर बार लोकतंत्र की जो शक्ल बनती थी, वह तरह-तरह के तनावों का शिकार होती, और उसका वजूद कुलबुला कर कोई नया आकार लेने के लिए बेचैन नज़र आता। ब्रेख़्त की कविता का वह व्यंग्य मुझे लगातार आहत कर

---

[1] मुझे यह मानने में कोई हिचक नहीं है कि कविता पढ़ते समय मुझे सबसे ज़्यादा आनंद अपनी भाषा यानी आधुनिक हिंदी में ही आता है. जिस समय मेरे बौद्धिक मानस की रचना हो रही थी, सौभाग्य से मुझे दुनिया की विभिन्न भाषाओं में लिखी गयी कविताओं के बेहतरीन हिंदी अनुवाद पढ़ने के लिए मिले. इन कविताओं के अनुवादक साठ और सत्तर की पीढ़ियों के श्रेष्ठ हिंदी-रचनाकार थे. मायकोव्स्की की मशहूर कविता 'रिस्क एक्स्ट्राऑर्डिनियेर' का हिंदी अनुवाद 'एक असाधारण जोखिम' 1978 से ही उपलब्ध है. देखें, नामवर सिंह (सम्पा.) (1978), *आधुनिक रूसी कविताएँ*, राजकमल प्रकाशन, नयी दिल्ली : 86.

यहाँ इस बात की सफ़ाई देनी भी ज़रूरी है कि मैं इन अनुवादों की भाषा को आधुनिक हिंदी क्यों कह रहा हूँ, केवल हिंदी क्यों नहीं? मेरा विचार है कि आधुनिक हिंदी विभिन्न संस्थाओं के राजनीतिक-

रहा था जिसमें जनता द्वारा चुना गया प्रतिनिधि ही जनता को भंग करके एक नयी जनता चुनने की तजवीज़ करने लगता है।[2]

मेरी लोकतंत्र संबंधी नाकामियाँ मुझे अकुलोव पहाड़ी पर गर्मी की छुट्टियाँ बिताते उस कवि के पास ले गयीं जिससे कविता नहीं बन पा रही थी, हालाँकि वह रूपकों का बादशाह कहलाता था। कविता के इतिहास में दर्ज है कि जब मायकोव्स्की कविता लिखने की ज़िम्मेदारी निभाने में नाकाम हो गये, तो मदद के लिए उन्होंने कामरेड आफ़ताब को चाय और मुरब्बे की दावत दी। लेकिन, निमंत्रण स्वीकार करके सूरज दैत्याकार डगों के साथ जैसे ही खिड़की के अंदर आया, कवि पसीने से सराबोर हो गया। घबराये हुए कवि को मजबूरन सूरज से संवाद करना पड़ा, पर नतीजे ज़ोरदार निकले। उनकी दोनाली मार ने अँधेरे की दीवार ढहा दी और थथर-मथर करता हुआ कविता और प्रकाश का फ़व्वारा फूट पड़ा। मायकोव्स्की के इस जोखिम का संदेश यह था कि अगर कविता और सूरज की जुगलबंदी हो सकती है, तो कविता और समाज-विज्ञान की भी हो सकती है। यह विचार मुझे उन कविताओं की खोज की तरफ़ ले गया जो लोकतंत्र बनाने में राजनीति और समाज-विज्ञान में मदद कर सकती थीं। हिंदी में ऐसी राजनीतिक कविताएँ बड़े पैमाने पर मौजूद थीं। जब मैंने उनके काव्यात्मक प्रेक्षण पर एक विहंगम दृष्टि डाली तो मुझे चार बड़े तनाव दिखाई दिये जो एक आदर्श लोकतंत्र की बनावट हासिल करने में बाधक लग रहे थे।

पहला और सबसे महत्त्वपूर्ण तनाव राज्य और लोक के बीच था। इसकी वजह से भारतीय रचनात्मक मानस में एक स्थायी फाँक पड़ गयी थी। एक चिढ़ा देने वाला लम्बा दुचित्तापन न जाने कब से चला आ रहा था। हमारी भविष्य-

---

सांस्कृतिक प्रयासों से परवान चढ़ी है और इस प्रक्रिया में वह एक ख़ास तरह की शब्द-सम्पदा से लैस हो गयी है जिसका श्रेय बहुत-कुछ छायावादी कविता को जाता है. छायावादी कविता के आलोचकों की कमी नहीं है, पर आधुनिक हिंदी के इतिहास में इस कविता की सकारात्मक भूमिका की अनदेखी नहीं की जा सकती. हिंदी के पहले आधुनिक काव्यांदोलन को अपने रोमानी व्यक्तिवाद के लिए जाना जाता है.

[2] अपनी इस बहु-उद्धृत कविता में ब्रेख़्त स्तेलेनी शहर की चर्चा करते हैं। इससे यह अंदाज़ लगाना मुश्किल नहीं है कि उनका इशारा स्तालिनवाद की तरफ़ है. लेकिन, इससे इस सर्वकालीन महान राजनीतिक कविता का महत्त्व और दायरा कम नहीं होता. दरअसल, यह कविता किसी भी क़िस्म के उस राजनीतिक अभिजन, चाहे वह कम्युनिस्ट हो या उदारतावादी, पर एक करारे व्यंग्य की तरह पढ़ी जानी चाहिए जो समाज को अपनी ही छवि के साँचे में गढ़ने की कोशिश करने के मक़सद से तरह-तरह की युक्तियों का इस्तेमाल करते हैं. और, जब वे युक्तियाँ सफल नहीं होतीं और जनता परिवर्तन की थमाई गयी संहिताओं के मुताबिक़ बदलने से इनकार कर देती है तो वे जनता से नाराज़ हो जाते हैं और उसे अपनी विफलताओं का कसूरवार ठहराने लगते हैं.

दृष्टि राज्य के लोकतांत्रिक इरादों को शक की निगाह से देखने लगी थी। राज्य की छवि कुछ परायी-परायी सी बनती थी। वह हुकूमत करता नज़र आता था, सुशासन नहीं। निश्चित रूप से उसके पास बंदूक और बूट तो दिखते थे, पर लोक की तकलीफ़ों का एहसास करने वाला बैरोमीटर अक्सर दिखाई नहीं पड़ता था। इस दुचित्तेपन की प्रतीक योजनाओं में राज्य के वृक्ष में जन-कल्याण के हरे पत्ते नहीं, बल्कि जले हुए ठूँठ का चित्र उभरता था जिस पर बैठकर कूकने वाली कोयलिया भी शासन की बंदूक को चुनौती देती हुई लगती थी।[3] राज्य लोकतंत्र के दायरे को फैलता हुआ तो लगता था, पर उसके ऊपर लोकतंत्र को समृद्ध और गहन न करने का संदेह होता था। इस फाँक को दुचित्तापन इसलिए कहा जा सकता था कि राज्य पर अविश्वास होते हुए भी उसकी वजह से भारतीय मानस राज्य के मौजूदा रूप को ख़ारिज करने और किसी नये क़िस्म के राज्य की रचना के लिए किसी दीर्घकालीन सुसंगत प्रयास में लगा नज़र नहीं दिख रहा था। कविताओं में राज्य पर भरोसे की कमी और साथ ही कुछ न कुछ उम्मीद का सहअस्तित्व मौजूद था। कविताएँ प्रत्यक्ष लोकतंत्र और एक अधिक जवाबदेह लोकतंत्र के अंतराल में कहीं थीं।

दूसरे तनाव की शिनाख़्त प्रतिनिधि और लोक के बीच हो रही थी। लोकसभा के सफल ऐतिहासिक चुनाव हो चुके थे, और हमारा वोटर तक़रीबन तीन महीने से अंग्रेज़ों के बनाये हुए ऐतिहासिक कौंसिल हाउस की दीवार पर कान सटाये इंतज़ार कर रहा था। उसे पता था कि उसका प्रतिनिधि लगातार भीतर है। शोरगुल की आहटों में निश्चित रूप से उसकी आवाज़ भी शामिल थी। संसद में कुछ हो ज़रूर रहा था, पर हवाओं में सवाल भी था कि आख़िरकार वहाँ जो हो रहा है, वह क्या है? उससे न तो आसमान पर पानी से भरे हुए मेघों की गारंटी हो पा रही थी और न ही ज़मीन पर जन-कल्याण करने वाले लोकतंत्र की। मनोरमा देवी की आठ गोलियों से छिदी लाश के आस-पास मणिपुर जैसे वैष्णव प्रांत की सारी जनता विलाप कर रही थी, पर उस हत्या की करुण कथा सुनाने का दुस्साहस करने वाले प्रतिनिधि के लिए लोकतंत्र का सभा-कक्ष तरस रहा था। प्रतिनिधिगण अपनी विडम्बनापूर्ण कामयाबियों पर इतरा ज़रूर रहे थे, लेकिन उनके पास सूखा

[3] देखें, नागार्जुन की विख्यात कविता 'शासन की बंदूक', *नागार्जुन रचनावली,* (2003), खण्ड 1, राजकमल प्रकाशन, नयी दिल्ली : 450.

पीड़ित साल में न तो बारिश बनाने का कोई ठोस इंतज़ाम था, और न ही वे लोकतंत्र की कमी दूर करने की क़ाबिलियत रखते थे। उनके पास न तो कोई फ़ौरी योजना थी, न दूरगामी। केवल एक ही तरीक़ा रह गया था कि क़त्ल हुआ नागरिक ख़ुद लोकतंत्र के सभाकक्ष में जाए और तुँदीले प्रतिनिधियों की मटकती हुई हँसी के बीच स्वयं अपनी हत्या का प्रमाण दे और आँखों में उँगलियाँ कोंचते हुए उन्हें अपनी मातृभूमि का उजाड़ दिखाए।[4]

तीसरे तनाव का प्रमुख स्रोत सिविल सोसाइटी या नागरिक समाज के अधबने वजूद में था। न केवल संरचना के लिहाज़ से, बल्कि अभिव्यक्ति के लिहाज़ से भी यह नागरिक समाज जब बोलता तो उसके मुँह से निकलने वाली सिद्धांतों की इबारत उन भाषाओं में नहीं होती जो लोग माँ के पेट से सीख कर आते हैं, बल्कि सभी लोगों को ठीक से न समझ में आने वाली एक ओढ़ी हुई भाषा में होती। नतीजा यह होता कि लोकतंत्र के लिए ज़रूरी सभी विचार, सभी उसूल और सभी आग्रह अपनी कलात्मकता में बेजोड़ पोस्टर की तरह चारों तरफ़ चिपके नज़र आते, पर समूचा गणराज्य विचारों की कमी के लिए अभिशप्त हो जाता।[5] इससे यह मतलब निकाला जा सकता था कि विचारों की कमी नागरिक का निर्माण नहीं होने दे रही है, जिससे गणराज्य मरणोन्मुखता के लिए अभिशप्त हो गया है। चूँकि अधकचरा होने के कारण नागरिक समाज परम्परा के पौधे में किसी भी नये विचार की क़लम नहीं लगा पा रहा है, इसलिए स्वाभाविक रूप से होने वाली विचारों के प्रजनन की कोई प्रक्रिया नहीं चल रही है। अगर यह प्रजनन हो पाता तो हर बार विचार कुछ नया लेकर और पहले वाले रूप में कुछ छोड़ कर पैदा होता। थोड़े दिनों के बाद जो विचार बाहर से आये भी थे, वे पालतूपन के दौर के बाद पूरी तरह घरेलू बन जाते। वे हमारे अपने विचार होते, भले ही नाम उनका विदेशी बना रहता जैसे, सेकुलरवाद, उदारतावाद, हित आधारित वर्ग-रचना आदि-आदि।

---

[4] इस गद्यांश को दो संदर्भों की मदद से लिखा गया है : मनोरमा देवी के संदर्भ के लिए देखें मणिपुर संबंधी संकट पर ए. विमल अकोइजाम का अप्रकाशित लेख 'द आर्म्स फ़ोर्स स्पेशल पॉवर एक्ट : टाइम टु रिथिंक इण्डिया'. बाकी के गद्यांश के लिए रघुवीर सहाय की कविता 'मेरा प्रतिनिधि' देखें, सुरेश शर्मा (सम्पा.) (2000), *रघुवीर सहाय रचनावली,* खण्ड 1, राजकमल प्रकाशन, नयी दिल्ली : 109.

[5] इस गद्यांश की रचना जिन विचारों के आधार पर की गयी है, उनके लिए देखें, सुदीप्त कविराज (1990), 'ऑन दि डिस्कोर्स ऑफ़ सेकुलरिज़म', विद्युत चक्रवर्ती (सम्पा.) (1990), *सेकुलरिज़म ऐंड इण्डियन पॉलिटी,* सेगमेंट, नयी दिल्ली : 185-207; और, श्रीकांत वर्मा (1991), 'कोसल में विचारों की कमी है', *मगध,* राजकमल प्रकाशन, नयी दिल्ली : 45.

चौथा तनाव अभिजन और आमजन के बीच दिखाई पड़ रहा था। यह अभिजन अपने से बाहर के लोगों को अपनी सदस्यता देने के मामले में बड़ा कृपण साबित हुआ है। अपने छोटे से क्लब की सदस्यता वह कभी-कभी ही विज्ञापित करता है। प्रतिपक्ष और असहमति की आंदोलनकारी राजनीति के दबाव में वह अक्सर नये तत्त्वों को लोकतांत्रिक राजनीति के दायरे में प्रवेश देने के लिए तैयार हो जाता है, पर नवागंतुकों का हस्तक्षेप उसे डरा भी देता है। उस अभिजन को लगने लगता है कि आगंतुकों की यह नर-वानर सेना उसे सत्ता के स्वर्ण-शिखर से धकेल देगी। जन-उभार के सामने पर वह अभिजन स्वयं को 'लकड़ी के रावण' की तरह अशक्त पाता है। उसकी ज़्यादातर कार्रवाइयाँ महानगरों के लिए सुलभ सीक्रेट लाइफ़ के अँधेरों के तले अंजाम दी जाती रही हैं। उसके जुलूस रात में ही निकलते हैं और जिनमें शहर के कुख्यात बदमाशों से लेकर नेताओं, अफ़सरों और बुद्धिजीवियों तक की शिरक़त होती है। दिक़्क़त यह है कि इस जुलूस को हमेशा और हर जगह गोपनीय नहीं रखा जा सकता। जब इसके हवाले मिलते हैं तो यह या तो चोर-चोर मौसेरे भाइयों की तरह सामने आता है या फिर क़ानून की भाषा बोलने वाले 'अपराधियों के संयुक्त परिवार' की तरह उभरता है।[6]

मुझे पता था कि ये चारों तनाव अंतिम रूप से हल होने वाले नहीं हैं। लेकिन, इन अंतर्विरोधों को शत्रुतापूर्ण से मित्रतापूर्ण में तो बदला ही जा सकता था। इसके लिए लोकतंत्र के ऐसे सकारात्मक आलोचकों की ज़रूरत थी जो उसके पौधे की बाग़बानी की किसी मानक पुस्तक में मिलने वाली विधि के ज़रिये नहीं, बल्कि मिट्टी और आबो-हवा के मुताबिक़ पनपाने की कोशिश करें। राजनीतिशास्त्रियों और अन्य समाज-वैज्ञानिकों की दुनिया में ऐसे हमदर्द आलोचक मिलने थोड़े मुश्किल थे। उनसे मेरी उम्मीदें कमज़ोर होने की वजह यह थी कि कुछ अपवादों को छोड़कर ज़्यादातर समाज-वैज्ञानिकों ने अपना लोकतंत्र संबंधी विमर्श तीन साफ़-सुथरे खानों में बाँट लिया था। एक तरफ़ वे आलोचक थे जिन्होंने लोकतंत्र को लोक और उसके अभिभावकों में बाँट दिया था। इन अफ़लातूनियों का ख़याल था कि लोकतंत्र अभिभावकत्व से आगे जा तो सकता

---

[6] चौथे तनाव से संबंधित गद्यांश की रचना मुक्तिबोध की दो और धूमिल की एक कविता की मदद से की गयी है. मुक्तिबोध की 'अंधेरे में' और 'लकड़ी का रावण' के लिए देखें नेमिचंद जैन (सम्पा.) (1998), खण्ड 2, *मुक्तिबोध रचनावली*, राजकमल प्रकाशन, नयी दिल्ली : 320 और 368.

है, लेकिन आख़िरकार इस अवांछनीय मंजिल की तरफ़ जाने की ज़रूरत ही क्या है! लोकतंत्र के दूसरे आलोचक वे थे जिनके हिसाब से अगर उसकी स्थापना सम्भव होती तो उसकी तीसरी तरह के आलोचक वे थे जिन्हें लोकतंत्र पसंद था, लेकिन जो किसी न किसी पहलू से उसकी कमियाँ गिनाते रहते थे। मैं जिन हमदर्द आलोचकों की खोज कर रहा था वे इस तीसरे खाने में मिल सकते थे, पर समस्या यह थी कि उनकी लोकतांत्रिक कल्पनाशीलता न जाने कब से राज्य की संस्था के प्रतिमान की क़ैद में फड़फड़ा रही थी। वे लोकतंत्र को एक शासन-पद्धति से आगे जाकर देखने के लिए तैयार नहीं थे। युरोपीय ज़मीन पर उगे सिद्धांतों को लागू करके उन्होंने एक विशाल वाङ्मय रच दिया था, जिसकी ज्ञानमीमांसीय दीवारें फाँदना उनके लिए समाज-विज्ञान में नयी फ्रांसीसी क्रांति करने के समान था।[7] मुझे लोकतंत्र के जिन हमदर्द आलोचकों की खोज थी, वे साहित्य की विशाल दुनिया के उस अहम कोने में ही मिल सकते थे जिसे राजनीतिक कविता का जनपद कहा जाता है। मैंने अपने काव्याध्ययन पर भरोसा किया और हिंदी के छह महाकवि चुने जो आज़ादी से पहले पैदा होकर इक्कीसवीं सदी आने से पहले ही चल बसे थे। वरिष्ठता क्रम के अनुसार इनमें पहले थे गजानन माधव मुक्तिबोध, दूसरे थे भवानी प्रसाद मिश्र और तीसरे थे बाबा नागार्जुन उर्फ़ यात्री उर्फ़ वैद्यनाथ मिश्र। बाक़ी तीनों कवि, रघुवीर सहाय, सुदामा प्रसाद पांडेय 'धूमिल' और श्रीकांत वर्मा इनके बाद की पीढ़ी के थे। मैंने एक लम्बा निमंत्रण-पत्र लिखा और इन कवियों के पते पर रवाना कर दिया।

मेरा ख़याल था कि अगर ये छह कवि मेरे बुलाने पर आ जाते हैं तो भारतीय समाज में लोकतंत्र बनाने की तजवीज़ ढूँढ़ने के लिए एक ख़ास तरह का वर्कशॉप किया जा सकेगा। मैं ऐसे बौद्धिक कारीगरों को एक जगह लाना चाहता था जो 'ज्ञानात्मक संवेदना' और 'संवेदनात्मक ज्ञान' के तनाव में जीने के आदी हों।[8] जिनकी कल्पनाशीलता ज्ञानमीमांसा और सत्तामीमांसा की किसी पूर्वनिर्धारित चौहद्दी में क़ैद न थी। जिनकी रचनात्मकता और राजनीतिक प्रतिबद्धता दोस्ताना अंतर्विरोधों के समीकरण में बँधी हुई हो। जिनकी फेंटेसियाँ दिक् और काल की

---

[7] देखें, रॉबर्ट ए. डाह्ल (1991), *डेमॉक्रैसी ऐंड इट्स क्रिटिक्स,* ओरिएंट लांगमेन, नयी दिल्ली : 2.

[8] ज्ञानात्मक संवेदन और संवेदनात्मक ज्ञान जैसी मानीख़ेज़ अभिव्यक्तियों की रचना का श्रेय मुक्तिबोध की अनूठी प्रतिभा को जाता है. मुक्तिबोध पर बेहतरीन विमर्श रचने वाले नामवर सिंह ने भारतीय भाषाओं में समाज-विज्ञान रचने से संबंधित समस्याओं की ध्यान खींचते समय इन दो अभिव्यक्तियों को रेखांकित किया है.

सीमाओं में बनती बिगड़ती हों। जिन्होंने लोकतंत्र को अपने हिसाब से एक आभासी यथार्थ की तरह रच लिया हो। मेरी समझ में ये सभी कवि हिंदी की राजनीतिक कविता के सर्वश्रेष्ठ हस्ताक्षर थे। जो निमंत्रण-पत्र मैंने उन्हें भेजा वह कुछ इस प्रकार था :

प्रिय कविगण,

यह निमंत्रण किसी कवि-सम्मेलन या साहित्यिक गोष्ठी के लिए नहीं है। यह तो एक वर्कशॉप के लिए बुलावा है, जिनमें विचारों और सिद्धांतों के औज़ारों के तथ्यों को ठोक-पीट करके लोकतंत्र बनाया जाएगा। आप अपनी कविताओं के साथ आयें और उस काम में मदद करें जिसे राजनीति और समाज-विज्ञान की दुनिया आधा-अधूरा ही कर पायी है।

मैं जानता हूँ कि इतिहास में कविता और लोकतंत्र के रिश्ते कुछ अच्छे नहीं रहे हैं। लोकतंत्र के पुराकाल में ही प्लेटो ने अपने *रिपब्लिक* में होमर सरीखे कवियों के प्रवेश की सख़्त मुमानियत कर दी थी। अफलातून की दार्शनिक कल्पनाशीलता का आग्रह था कि लोकतंत्र तो राज्य करने का विज्ञान है जिसमें अनुभूतियों और आत्मगत निष्ठाओं से आप्लावित कवियों का क्या काम।आधुनिक युग में भी जब अलैक्सिस टॉकवील ने अमेरिका में लोकतंत्र के विकास का क्लासिक ब्यौरा पेश किया तो इस संबंध के निराशापूर्ण आयाम ही सामने आये। टॉकवील का निष्कर्ष था कि अमेरिका में लोकतंत्र उच्चकोटि के साहित्य के विकास में योगदान देने के बजाय पर्चेबाज़ी, पत्रकारिता और भड़काऊ साहित्य को ज़्यादा बढ़ावा देगा।[9] मेरा अपना तजरुबा भी यही कहता है कि आज भी बहुत से सिद्धांतवेत्ता काव्यात्मक कल्पनाशीलता में फ़ासीवादी अंदेशों के दर्शन करते हैं। उनकी मान्यता यह होती है कि कवि ऐसे लोकतंत्र की वकालत करता है जिसके अंतर्निहित जैकोबिन रवैयों के कारण व्यवस्था की भित्ति दरक सकती है। हिंदी के एक वरिष्ठ कवि ने लोकतंत्र और कविता के बीच तनाव का एक नया आयाम भी पेश किया है, '...जहाँ कहीं सर्वसत्तावादी, एकदलीय, तानाशाही शासन आता है, वहीं लिखित शब्द पर सरकारी निगाह कड़ी हो जाती है। और उसी अनुपात में पाठक के मन में कविता के प्रति आदर-मान बढ़ता जाता है! लोकतांत्रिक पूँजीवादी 'मुक्त' समाज में— वह अमेरिका हो या फ्रांस या जर्मनी—

---

[9] अलेक्सिस डि टॉकवील (1835/2003), *डेमॉक्रैसी इन अमेरिका*, अनु. जेराल्ड बेवन और परिचय इसाक क्रेमनिक, पेंगुइन क्लासिक्स, लंदन, देखें, अध्याय 'लिटरेरी करेक्टरिस्टिक्स ऑफ़ डेमॉक्रैसी'.

कविता की कोई ख़ास औकात नहीं है।'[10] आप समझ सकते हैं कि ऐसी ऐतिहासिक पृष्ठभूमि के साथ लोकतंत्र पर कवियों का वर्कशॉप करना कितना जोखिम भरा काम होगा। लेकिन, मैं समझता हूँ कि समाज-विज्ञान के किसी प्रशिक्षण के बिना भी आपकी कविता के केंद्र में 'डेमॉस' (जनता) और 'क्रेटिया' (सत्ता) के बीच मौजूद प्रतिनिधि की भूमिका, उसकी पात्रता, डेमॉस की संरचना, हुकूमत बनाम लोकतांत्रिक सुशासन जैसे सवाल हैं। किसी समाज-वैज्ञानिक पृष्ठभूमि के बिना किया गया यह रचनात्मक प्रेक्षण राज्य और लोक के रिश्ते के साथ-साथ राष्ट्र और राज्य के बीच के रिश्ते पर फिर से ग़ौर करने का आग्रह कर रहा है।

कविवर, यह निमंत्रण-पत्र कुछ लम्बा हो गया है, इसलिए अंत में मैं सिर्फ़ इतना ही कहना चाहता हूँ कि आख़िरकार आपने जीवन में सिर्फ़ कविताएँ ही नहीं लिखी हैं। आपने उपनिवेशवाद विरोधी संघर्ष से लेकर आज़ाद भारत में लोकतंत्र को समृद्ध करने वाले राजनीतिक आंदोलनों में भी भाग लिया है, आपने जेलयात्राएँ की हैं, आपने सेंसरशिप का मुक़ाबला किया है। मुझे आशा ही नहीं, वरन् पूर्ण विश्वास है कि आप ज़रूर आएँगे और मेरे साथ मिलकर लोकतंत्र संबंधी अपनी तमाम स्वैरकल्पनाओं को साकार करने का प्रयास करेंगे। हो सकता है कि कविता और सिद्धांत की दोनाली मार उस निराशा उस दीवार को गिरा दे जो हमारे लोकतंत्र को अक्सर ढँके रहती है।

अग्रिम धन्यवाद सहित

— स्नेहाकांक्षी
अभय कुमार दुबे

प्रथम सत्र
निराला का प्रतिवाद उर्फ़ स्वायत्तता और मौलिकता का दावा उर्फ़ राज्य-पूर्व लोकतांत्रिक समाज का विचार

वर्कशॉप की नियत तिथि पर एक-एक करके वे सभी आये जिनका आना सूरज की ही तरह असम्भव था। मुझे अंदेशा था कि कवि-चयन के प्रश्न पर मुझे आलोचना का सामना करना पड़ सकता है। दरअसल, मैं किधर से भी चुनता, इस सूची को विवादास्पद होना ही था। इसलिए, मैंने तय किया कि ऐतराज उठने

---

[10] गिरधर राठी (1998), 'शीत युद्ध की समाप्ति पर कविता', *ऊहापोह*, राधाकृष्ण प्रकाशन, नयी दिल्ली : 24.

से पहले ही शुरुआत में ही मैं अपनी चयन-पद्धति के बारे में सब-कुछ खोल कर बता दूँगा। लेकिन, इससे पहले कि मैं कुछ कह पाता और कवियों के सामने वर्कशॉप के विभिन्न सत्रों की योजना रख पाता, नागार्जुन ने अपने चिर-परिचित अंदाज़ में एक साथ कई ऐतराज पेश कर दिये और नाराज होकर तुरंत वाकआउट की मुद्रा में आ गये। मुझे पता था कि अपने निजीपन में बेहद आत्मीय और खुशमिज़ाज नागार्जुन का यह पुराना सार्वजनिक पैंतरा था, लेकिन फिर भी मैं कुछ घबरा सा गया। मुक्तिबोध चुप-चुप और निर्लिप्त से थे। भवानी बाबू ने मेरी रक्षा की और नागार्जुन को बाहर जाने से रोका। ज़ाहिर है कि मेरे भूमिका बनाने से पहले ही वर्कशॉप में लोकतंत्र के लिए कारीगरी शुरू हो चुकी थी।

नागार्जुन की बातें क्या थीं, उन्होंने मेरे निमंत्रण के धुर्रे ही उड़ा दिये : 'तुम अफ़लातूनी बहुत करते हो। निमंत्रण में भी कुछ टॉकवील-फाकवील का ज़िक्र किया है। पूरा फण्डा ही ग़लत है। बात इण्डिया की करते हो, और मिसालें यूनान और अमेरिका की देते हो। तुमने हिंदी के जिस कवि की बात लिखी है, वह मुझे मालूम है कि गिरधर राठी की है। उसका भी ग़लत मतलब निकाला है। राठी ने लोकतंत्र और कविता के बीच तनाव का नहीं, संगति का ज़िक्र किया है। उसका मतलब है कि कविता लोकतंत्र को सच्चा बनाने के लिए लड़ती है, इसलिए आदर पाती है। जो पूँजीवादी है, वह लोकतंत्र कैसे हुआ?' इसके बाद नागार्जुन ने चिढ़ते हुए पूछा, 'निरालाजी कहाँ हैं? उन्हें क्यों नहीं बुलाया? जो विषय है तुम्हारा, उसके लिए उनसे बेहतर और कौन होता?'

कविगण नागार्जुन की शैली की तरफ़ ध्यान न देकर उनसे सहमत लग रहे थे। मुझे शक हुआ कि मेरी सफ़ाई शायद ही उनके गले उतरे! लेकिन, इन महाकवियों की एक साथ उपस्थिति के भावातीत प्रभाव ने कुछ नया सोचने की इजाज़त नहीं दी और मैंने वही कहा जो पहले से सोच रखा था। एक तरह से अच्छा ही हुआ क्योंकि मेरे तैयारशुदा वक्तव्य में ऐसे कई झोल थे जिनकी तरफ़ इशारा करके कविगण लोकतंत्र और उसके भारतीय इतिहास के बारे में कई पते की बातें कह सके।

मेरी भूमिका कम सफ़ाई इस तरह शुरू हुई : 'आप महानुभावों ने मेरा निमंत्रण स्वीकार किया, इसके लिए आपको बहुत-बहुत धन्यवाद। आज आप सभी को यहाँ देखकर मेरी एक पुरानी फ़ैंटेसी साकार हो गयी है। आपकी कविताएँ पढ़ते हुए मैं हमेशा आपसे निजी तौर पर मिलना भी चाहता था। आज के बाद मैं गर्व के साथ कह सकूँगा कि मुझे हिंदी के छह महाकवियों के साथ काम करने का सौभाग्य मिला है।

'आप मुझे नहीं जानते होंगे। मैं आपकी कविताओं का एक पाठक तो हूँ ही, साथ ही समाज-विज्ञान को भारतीय भाषाओं की दुनिया में लाने के विचित्र उद्यम में भी लगा हुआ हूँ। मेरे पास साहित्य, राजनीति और पत्रकारिता में नाकामियों के लम्बे तजरुबे हैं जिनके कारण मुझमें एक ऐसी बात पैदा हो गयी है, जो उन लोगों में होती है जिनके दायरे निर्धारित नहीं होते। इसलिए मैं आप लोगों को ऐसे ग़ैर-काव्यात्मक मक़सद के लिए बुलाने का दुस्साहस कर पाया।

'बाबा नागार्जुन से मेरा निवेदन है कि नाराज़ होने से पहले जान लें कि कवियों के चयन के पीछे मेरी योजना क्या थी। देखिये, चुनाव में अगर मेरी पसंद चलती तो यहाँ छह नहीं, कम से कम साठ कवि होते। मैं तो इसमें उर्दू के कवि भी जोड़ता। लेकिन, तब हमारा वर्कशॉप न हो पाता और कवियों की कांफ्रेंस हो जाती। आप लोगों को चुनने का मतलब है कविता और लोकतंत्र के आपसी संबंध की छह प्रतिनिधि प्रवृत्तियों को चुनना। मोटे तौर पर मैं कह सकता हूँ कि मुक्तिबोध मार्क्सवादी विचारधारा के कवि हैं। भवानी बाबू गाँधीवादी विचार के पैरोकार हैं। नागार्जुन मार्क्सवादी होने के साथ-साथ किसान चेतना के कवि माने जाते हैं। रघुवीर सहाय का स्थान लोहियावादी है। धूमिल ने नक्सलवाद के समर्थन में ज़ोरदारी से लिखा है और कौन नहीं जानता कि श्रीकांत वर्मा कांग्रेस के बड़े पदाधिकारी रह चुके हैं। बाक़ी सभी राजनीतिक कवियों का इन्हीं श्रेणियों में प्रतिनिधित्व हो जाता है। जहाँ तक निरालाजी का सवाल है, वे महाप्राण हैं और उनमें अद्‌भुत विपुलता और विविधता है। उन्होंने राजनीतिक कविताएँ भी लिखी हैं, पर वे मुख्यतः राजनीतिक कवि नहीं हैं।'

इसके बाद मैंने लोकतंत्र को हासिल करने में बाधा बन रहे चारों तनावों का ज़िक्र किया और इस अपेक्षा के साथ वक्तव्य ख़त्म कर दिया कि कविगण निराला की मदद के बिना ही इन तनावों को मित्रतापूर्ण बनाने में अपना रचनात्मक योगदान कर सकेंगे।

कवियों के चेहरे चुगली खा रहे थे कि वे न तो मेरे बयान की औपचारिकता से प्रभावित हुए हैं, और न ही मेरी चयन पद्धति से। अपने आवेश को दबाने के लिए नागार्जुन को बड़बड़ाना पड़ रहा था। भवानीबाबू उनके घुटने पर अपना हाथ दबाये हुए थे। मेरे कान में उनके कुछ अस्फुट स्वर पड़े। वे कह रहे थे, 'भैया, इसे कुछ नहीं आता। यह तो प्रतिनिधित्व के चक्कर में फँसा है। इसे चाहिए था कि कवियों के बीच वोट पड़वा लेता और जो-जो जीतते उन्हें प्रतिनिधि के रूप में बुलाकर वर्कशॉप कर लेता। कुछ देर बाद ये कहना शुरू कर देगा कि साठ कवियों के प्रतिनिधि हुए आप छह लोग और अब आप छह कवि मिल कर

अपना प्रतिनिधि चुन लीजिए। केवल वही बोलेगा। वह जो कह देगा वही हम सबकी ही नहीं, उन साठ कवियों की भी बात मानी जाएगी।'

बाबा नागार्जुन की यह बड़बड़ाहट सुन कर मुझे इतना अंदाज़ा हो गया कि वे लोकतंत्र के प्रतिनिधित्वमूलक रूप से सहमत नहीं हैं। मुक्तिबोध अभी भी चुप थे। मुझे लगा कि वे अपने रावण-हत्थे की वैचारिक खूँटियाँ कस रहे हैं। वे जब बोले तो एकदम सटीक बोले, 'पार्टनर, आपके वक्तव्य की पहली दिक़्क़त यह है कि आप प्रतिनिधित्व आधारित लोकतंत्र के विचार से कुछ ज़्यादा ही प्रभावित लग रहे हैं और उसी की तर्ज़ पर यह वर्कशॉप चलाना चाहते हैं। प्रतिनिधियों के चक्कर में जनता लोकतंत्र से बाहर रह जाती है। इस प्रतिनिधित्वमूलक लोकतंत्र की हिमायत में सिद्धांतशास्त्रियों ने इतनी कलाबाज़ियाँ खायी हैं कि लोकतंत्र का आदर्श ही पराजय के कगार पर पहुँच गया है। दूसरे, कवि और राजनीति के संबंध की आपकी व्याख्या उसी तरह से भौंडी है जिसके ख़िलाफ़ मुझे अपनी रचना-प्रक्रिया में लगातार संघर्ष करना पड़ा। अगर निराला राजनीतिक कवि नहीं थे, तो केवल वे ही कविताएँ राजनीतिक मानी जाएँगी जिनमें राजनीतिक शब्दावली प्रयुक्त हुई हो। इसी से जुड़ी हुई तीसरी बात यह है कि आपको अमेरिका में लोकतंत्र और साहित्य के संबंधों के इतिहास की जानकारी तो है, पर भारत में साहित्य और लोकतंत्र के रिश्तों के बारे में कुछ पता नहीं है। अगर आपको इस इतिहास के बारे में कुछ भी पता होता तो राजनीतिक शब्दावली और राजनीतिक विचारधारा के आधार पर राजनीतिक कविताओं की शिनाख़्त न करते। अगर आप इस इतिहास के बारे में जान लेंगे तो आपके द्वारा चिह्नित उस तनाव का निराकरण हो सकता है जिसे आपने अधबने नागरिक समाज के रूप में पेश किया है। आप की यह समस्या भी हल हो सकती है कि नागरिक समाज में विचारों की कमी क्यों है और नये विचारों का बार-बार सुधरे हुए रूपों में प्रजनन क्यों नहीं हो रहा है।'

इतना कह कर मुक्तिबोध ने एक अर्थपूर्ण इशारा किया जिसके नतीजे में भवानीबाबू ने अपने हस्तक्षेप की शुरुआत की। उन्होंने कहा : 'जो लोकतंत्र वहाँ बाहर चल रहा है अगर हम उसी की शैली में सोचेंगे और व्यवहार करेंगे तो यह कार्यशाला शुरू होने से पहले नाकाम हो जाएगी। इस लोकतंत्र के केंद्र में तो राज्य इस क़दर है कि यह व्यवस्था लोक को पूरी तरह तंत्र की मातहती में डाल देने पर आमादा है। हम कविगण भारतीय लोकतंत्र के इतिहास को दूसरी निगाह से देखते हैं। हमारा इतिहास राज्य को नकारता नहीं, पर उसमें राज्य के पूर्व भी एक लोकतंत्र मौजूद है जिसके केंद्र में विभिन्न भाषा-भाषी समुदायों के भीतर

चल रहा सांस्कृतिक विमर्श था। इस सांस्कृतिक विमर्श के साँचे में एक ख़ास तरह का बुद्धिवाद ढल रहा था जिससे भविष्य की सांस्कृतिक राजनीतिक निकल सकती थी। राज्य का व्याकरण भिन्न क़िस्म का होता है, वह भाषा को खुल कर खेलने में बाधा डालता है। अगर इस सांस्कृतिक राजनीति को पनपने दिया जाता तो आज आप समाज-वैज्ञानिकों के पास सिविल सोसाइटी या पब्लिक स्फ़ेयर जैसी उधार की अवधारणाओं के बजाय कुछ अपनी ज़मीन या मौलिकता से निकले विचार भी होते। दूसरा लोकतंत्र वह है जो राज्य की स्थापना के बाद बना है जिसके केंद्र में राज्य है। दरअसल, यह दूसरा लोकतंत्र तो पूरी तरह राज्यमय है। राज्य को निकाल दीजिए, यह लोकतंत्र शून्य हो जाएगा।

'हम फिर कहना चाहते हैं कि हम राज्य को अनावश्यक नहीं मानते। आप चाहें तो अपनी भाषा में कह सकते हैं कि हम हिंदी के कवि अराजकतावादी नहीं हैं, पर हम राज्यवादी भी नहीं हैं। हमारे लिए लोकतंत्र सिर्फ़ राज्य करने की प्रणाली-भर नहीं है जिसमें अपने शासक चुनने की व्यावहारिक छूट के अलावा जनता को कुछ नसीब नहीं होता। हम तो राज्य-पूर्व लोकतंत्र के पहलू पर ज़ोर देना चाहते हैं।[11] आपको इस सूत्रीकरण से कितनी भी सैद्धांतिक दिक़्क़त हो, पर इतिहास हमें बताता है कि भारत की विशेष परिस्थितियों में राज्य से पूर्व भी लोकतंत्र था। बन तो दोनों ही चीज़ें रही थीं, लोक भी और तंत्र भी। हम नागरिक समाज शब्द का इसलिए भी इस्तेमाल नहीं करना चाहते, क्योंकि इसमें शीतयुद्धीन राजनीति की बू आती है, पर हम यह ज़रूर कहेंगे कि सांस्कृतिक विमर्श के ज़रिये राजनीति से इतर स्वायत्तता और मौलिकता की कुछ ठोस संरचनाएँ बन रही थीं। भारतीय समाज के भीतर एक लोकतांत्रिक समाज का निर्माण उस समय तक कई सोपान तय कर चुका था, जब तंत्र बनने की शुरुआत भी नहीं हुई थी। तंत्र तो कौंसिल के चुनावों और विधायिकाओं में कांग्रेस की भागीदारी के भ्रूण-रूप में पनपना शुरू हुआ। मैंने तो 1937 में ही 'मंत्रियों का स्वागत' कविता लिखकर इस तंत्र का स्वागत करने की शर्तें स्पष्ट कर दी थीं।[12] बीसवीं सदी के चौथे और पाँचवें दशक में साहित्य के जनपद ने कोशिश की थी कि समाज के भीतर एक ऐसा समाज बन जाए जो तंत्राधीन न हो और जिसकी ताक़त मुख्यत:

---

[11] राज्य-पूर्व लोकतंत्र के विचार के लिए मैं कविराज की पूर्वोक्त रचना का आभारी हूँ. इस अंतर्दृष्टि की मदद से ही मैं स्वातंत्र्यपूर्व अवधि की सांस्कृतिक राजनीति का सूत्रीकरण कर सका.

[12] देखें, भवानीबाबू की कविता 'मंत्रियों का स्वागत' के लिए देखें, विजय बहादुर सिंह (सम्पा.) (2002), *भवानी प्रसाद मिश्र रचनावली*, खण्ड 1, अनामिका प्रकाशन, नयी दिल्ली : 38-39.

सांस्कृतिक विमर्श से तय होती हो। उन प्रवृत्तियों से लगातार संघर्ष किया गया जो इस बनते हुए लोकतांत्रिक समाज को उस तंत्र के मातहत कर देना चाहती थीं जो भारत को आज़ादी मिलने के बाद पूरी तरह बनने वाला था। निरालाजी को निमंत्रित करने के आग्रह के पीछे यह नज़रिया है, क्योंकि वे उस ज़माने में राजनीति से इतर उस बनते हुए समाज के सर्वश्रेष्ठ पैरोकारों में से एक थे। वे कहते थे कि कविताएँ देश हित का खयाल रखने के लिए ही लिखी जाती हैं। वे यह भी कहते थे कि कवि ही यदि देश की देश की दशा का अध्ययन न करेगा तो फिर करेगा कौन? गाँधी की तरह वे सिर्फ़ राजनीतिक आज़ादी पाने के लिए नहीं लड़ रहे थे। वे समाज के वि-औपनिवेशीकरण के लिए प्रतिबद्ध थे। यह राजनीति के प्रति अरुचि नहीं, बल्कि राजनीति के स्थूल रूपों के मुक़ाबले कहीं नफ़ीस और अतिआधुनिक सांस्कृतिक राजनीति की शुरुआत थी।'

भवानीबाबू का यह व्याख्यान राज्य-पूर्व लोकतंत्र जैसी नयी बात कह रहा था जिसका ज़िक्र राजनीतिशास्त्र की किताब में आसानी से नहीं मिल सकता था। भले ही वे नागरिक समाज या सिविल सोसाइटी की शब्दावली का प्रयोग न कर रहे हों, पर मेरे ख़याल से वे एक ख़ास तरह के नागरिक समाज की ही चर्चा कर रहे थे। इसने मेरी सैद्धांतिक दिलचस्पी को हवा दी और मैंने आग्रह किया कि वे समाज के भीतर राज्य-पूर्व लोकतांत्रिक समाज की भूमिका के बारे में मिसाल दे कर समझाएँ।

भवानीबाबू ने आगे कहा, 'देखिए, मैं इस हद तक गाँधीवादी हूँ कि मैंने गाँधीजी के पैरों तले कुचला खाना तक कृत-कृत्य होकर खाया है।[13] और मैं यह भी जानता हूँ कि निरालाजी ने गाँधीजी से मिलने के बाद उनकी जो छवि उकेरी है उसमें बापू एक चालाक क़िस्म के और साहित्य के बारे में बिना सोचे-समझे बोलने वाले व्यक्ति के रूप में उभरते हैं।[14] लेकिन यह निरालाजी ही थे जिन्होंने 1937 में फ़ैज़ाबाद में आयोजित हिंदी साहित्य सम्मेलन में स्थूल राष्ट्रवादी राजनीति के मुक़ाबले साहित्य की स्वायत्तता का प्रश्न उठाया, हूटिंग बर्दाश्त की और दूसरे दिन आ कर पहले तो एक ज़ोरदार स्पीच में साहित्यकार की स्वायत्तता का बखान किया और फिर तीसरे दशक में लिखी गयी 'बादल राग' कविता सुन

[13] इस प्रकरण के लिए देखें, *भवानी प्रसाद मिश्र रचनावली* की भूमिका 'वे तो अपनी ही राह चल रहे थे', पृष्ठ 26.

[14] निराला (2001), 'गाँधी से बाचतीत', रमेश चंद्र शाह (सम्पा.), *निराला संचयिता,* वाणी प्रकाशन, नयी दिल्ली : 337.

कर वि-औपनिवेशीकरण की वैचारिक विधि का मुज़ाहिरा कर दिखाया। उस मंच पर साहित्य और राजनीति में बराबर की पैठ रखने वाले आचार्य नरेंद्र देव, पुरुषोत्तम दास टंडन और सम्पूर्णानंद (कांग्रेस की प्रांतीय सरकार के शिक्षा मंत्री) जैसे लोग मौजूद थे।[15] और, जानते हैं कि मंच से दिये जा रहे तर्क क्या थे? सम्पूर्णानंद और टंडन मंच से अपील कर रहे थे कि कवियों को राजनेताओं के नक़्शे-क़दम पर चलना चाहिए। इसके पीछे उनका और टंडन का तर्क यह था कि ऐसे कथ्य और शैली का साहित्य लिखा जाना चाहिए जो राष्ट्रीय भावनाओं को प्रोत्साहित करता हो। यहाँ राजनेता राष्ट्रीय भावनाओं के पर्यायवाची बन जाते थे। वे साहित्य का रूप और विषयवस्तु तय करना चाहते थे। मंच से नीचे बैठे निरालाजी की दलील थी कि साहित्य राजनीति का अनुयायी नहीं हो सकता, उसे स्वायत्त रहना होगा वरना मौलिकता उसके हाथ से निकल जाएगी। साहित्य के दायरे को अपना स्वतंत्र प्राधिकार स्थापित करना होगा। लेखक की मौलिकता अपने-आप में राजनीतिक उपलब्धि समझी जानी चाहिए। मौलिक रचना करके लेखक सांस्कृतिक वि-औपनिवेशीकरण की प्रक्रिया अंजाम देता है। जब ऐसा होता है तभी नये विचार पैदा होते हैं। बाहर से आये विचारों को भी सांस्कृतिक प्रदूषण से डरे बिना अपनाने का आत्मविश्वास आता है। निराला साहित्य के भीतर रूप और वस्तु के लोकतंत्र के लिए संघर्ष कर रहे थे। उन्होंने अधिकारों की सामाजिक राजनीति पर भी एक विमर्श किया था जिसमें उनके चिंतन की मौलिकता तो झलकती ही है, साथ ही मौलिकता अपने-आप में साम्य अथवा समता की शर्त बनकर सामने आती है।[16] दरअसल, निराला जैसा कोई व्यक्ति जैसे ही अपने क्षेत्र में स्वायत्तता का दावा करता है, वैसे ही लोकतांत्रिक समाज का पैरोकार बन जाता है। ऐसा लोकतांत्रिक समाज तंत्र की आंतरिक आलोचना का अधिकार सुरक्षित कर लेता है। जिस लोकतंत्र के केंद्र में राज्य ही राज्य हो, उसका नागरिक समाज निष्प्रभावी होगा और लोक किसी भी तरह की पहलक़दमी से वंचित होता चला जाएगा। भारतीय लोकतंत्र की ख़ूबी यही है कि वहाँ राज्य बनने से पहले ही लोकतांत्रिक समाज घटित होने लगा था। साहित्य की भूमिका इसमें नेतृत्वकारी थी।'

---

[15] इस प्रकरण को विस्तार से पढ़ने के लिए देखें, फ्रांचेस्का ऑर्सीनी (2002), *द हिंदी पब्लिक स्फ़ेयर 1920-1940 / लैंग्वेज ऐंड लिटरेचर इन द एज ऑफ़ नैशनलिज़्म,* ऑक्सफर्ड युनिवर्सिटी प्रेस, नयी दिल्ली : 365-375.

[16] *निराला संचयिता*, 'अधिकार समस्या', वही : 360.

इससे पहले कि मैं कुछ प्रतिक्रिया करता नागार्जुन उद्धत भाव से बोल पड़े, 'कुछ समझे कि अभी वहीं टिके हुए हो कि मुक्तिबोध और मैं मार्क्सवादी हैं या रघुवीर सहाय लोहियावादी हैं या श्रीकांत वर्मा कांग्रेसी हैं?' नागार्जुन के कटाक्ष से आहत होने के बावजूद मेरे मन में सवाल उठा कि उन्होंने तो नब्बे के दशक तक कविता लिखी, भवानी बाबू ने अस्सी के दशक तक और मुक्तिबोध ने साठ के दशक तक। लेकिन, वह लोकतांत्रिक समाज जो बन रहा था, आज़ादी के बाद कहाँ चला गया? नागार्जुन कुछ ख़ास तरह की क्षमताओं से लैस लग रहे थे। वे भाँप गये और व्यंग्य से बोले, 'मायकोव्स्की की बात करते हो और भूल जाते हो कि 'बादलों में गद्देदार जगह' किसे कहते हैं। ऐसी ही गद्देदार जगह समाज-विज्ञान के बादलों में तुम लोगों ने हासिल कर रखी है। युनिवर्सिटियों और रिसर्च संस्थानों की माखन-मिसरी खाते हो। पता क्यों नहीं लगाते कि वह समाज कहाँ चला गया! राजनीतिक लोकतंत्र का जो इंटर्नल क्रिटीक बन रहा था, वह राज्य के ताम-झाम में क्यों घुस गया? अब यह भी हम बता दें! तुम भी तो कुछ करो।'

मैंने बहस को आगे बढ़ाया और कहा, 'जिस मौलिकता-स्वायत्तता के प्रत्यय की चर्चा आप निराला के माध्यम से कर रहे हैं और जिसे भवानीबाबू ने राजनीतिक लोकतंत्र की स्थूल राजनीति के मुक़ाबले नफ़ीस क़िस्म की सांस्कृतिक राजनीति की संज्ञा दी है, क्या उस पर पुनरुत्थानवादी छायाएँ नहीं थीं? यह मैं नहीं कह रहा हूँ, क्या इन्हीं आरोपों के साथ निराला को बाद के बुद्धिवादी आलोचकों ने आड़े हाथों नहीं लिया है?'

मेरे इस आरोप का जवाब नागार्जुन ने बड़े इत्मीनान से दिया। संस्कृत के उस सद्‌विद्यार्थी, पिंगल के आचार्य, कालिदास के महा-प्रशंसक और बौद्ध धर्म के अनुयायी ने थोड़ी देर के लिए अपने क्षोभ को स्थगित करके कहा, 'सवाल यह है कि बुद्धिवाद क्या है और उसका स्रोत क्या है? क्या उसका स्रोत सिर्फ़ युरोपीय ज्ञानोदय ही है? युरोपीय ज्ञानोदय ने बुद्धिवाद क्या हवा से पैदा किया था? क्या उसे यूनानी दर्शन से उसके सूत्र नहीं मिले थे? हमारे बुद्धिवाद के भारतीय स्रोत कहाँ हैं? क्या सिर्फ़ लोकायतों में, नास्तिकवाद में? क्या धार्मिक परम्पराओं में किसी तरह के सेकुलर तत्त्व नहीं हैं? क्या इतना विशाल हिंदू समाज सदियों से बुद्धिवाद की अपनी आंतरिक संरचनाओं के बिना ही गुज़र-बसर कर रहा था? फिर भक्ति-काव्यधारा कहाँ से आयी? उसमें समाज की जो प्रखर आलोचना थी, क्या वह बिना किसी धार्मिकता के सम्पन्न हो गयी थी? क्या वह एक तरह का भारतीय बुद्धिवाद नहीं था? क्या यह आज के सेकुलर

बुद्धिवाद का पूर्वज नहीं हो सकता? निराला उन लोगों में से नहीं थे कि रातों-रात मार्क्सवादी हो जाएँ और उनका दावा यह था कि वर्णाश्रम के खम्भे चूर-चूर हो रहे हैं। वे बीस और तीस के दशक में भविष्य का स्वप्न देखते हुए आर्थिक विकास को मनुष्य की आख़िरी मंजिल बताने के चक्कर को संदेह की निगाह से देख रहे थे। उन्हें लग रहा था कि अधिकारों की दावेदारी का निबटारा राष्ट्र के प्रतिमान के दायरे में पूरी तरह कभी नहीं हो सकता। उनका बुद्धिवाद धार्मिक परम्पराओं के आधुनिकीकरण की प्रक्रिया का नतीजा था। वे जिस छायावाद के शीर्ष कवि थे वह स्वच्छंदतावादी प्रवृत्तियों से लैस था इसलिए उसमें उदारतावाद के सांस्कृतिक पहलू पनप रहे थे। कृपा करके धार्मिकता और पुनरुत्थानवाद में घपला न कीजिए! निराला के साथ यह बदसलूकी ठीक वैसी ही है, जैसी गाँधी के साथ की जाती रही है।'[17]

इससे पहले कि कोई और कवि मेरे आक्षेप का जवाब देता, मुक्तिबोध ने एक पते की बात कह दी और मुझे उनके वक्तव्य को ही इस सत्र का उपसंहार घोषित करने का मौक़ा मिल गया। लम्बी कविताओं और आत्मसंघर्ष का वह महाकवि इस वर्कशॉप में बड़ी खूबी से बहस को आगे बढ़ा रहा था। उसका कहना था, 'फ़ैज़ाबाद के उस सम्मेलन में सम्पूर्णानंद के भाषण के बीच में निराला ने चीख कर जो हस्तक्षेप किया था वह आज तक मेरे कानों में गूँज रहा है। उन्होंने कहा था कि हिंदी के कवि नेताओं से बहुत आगे हैं। आप समझ सकते हैं कि निराला तुकबंदी या समस्यापूर्ति की किसी प्रतियोगिता में नेताओं को पीछे छोड़ने की बात नहीं कह रहे थे। अगर आप उन दिनों हो रही छायावादी कविता में निहित आधुनिकता के पहलुओं पर गौर करें तो पाएँगे कि वह उसी इण्डिविडुएशन या वैयक्तीयन की कविता थी जो किसी इंसान के लिए आधुनिक होने की पहली शर्त होती है। इसी वैयक्तीन के चलते सुमित्रानंदन पंत *पल्लव* से *ग्राम्या* और *युगांत* तक पहुँच गये थे। अगर वह कविता न होती तो मेरी कविता के लिए या रघुवीर सहाय की कविता के लिए ज़मीन कैसे तैयार होती। कवि की निजी दुनिया को वैयक्तीयन की जटिल प्रक्रिया में जाने की सुविधा नेताओं और राजनेताओं के मुक़ाबले ज़्यादा रहती है। इसी विशेष सुविधा के कारण वह कभी-कभी राजनीति और समाज-विज्ञान से आगे की बात सोच लेता है। वैयक्तीयन

[17] इस प्रसंग से जुड़े निराला के उद्धरणों के लिए देखें, निर्मला जैन (1998), 'निराला का समय और उनकी मानसिक बनावट', *समकालीन भारतीय साहित्य*, अंक 75, जन.-फर. 1998. : 5.

का वह छायावादी सिलसिला ही मेरी कविता में 'आत्मसम्भवा अभिव्यक्ति' की खोज तक पहुँचा। हमारा मार्क्सवाद हो, गाँधीवाद हो या लोहियावाद दरअसल उस वैयक्तीयन के ही अलग-अलग नाम हैं। और, ये सभी रूप प्रबल बुद्धिवाद, समाज-चिंता, राष्ट्र-चिंता, उपनिवेशवाद के राजनीतिक और सांस्कृतिक विरोध, निजी और सामाजिक अस्मिता की तलाश के मिले-जुले रंगों से बने हैं। ध्यान रहे राज्य के प्रति निष्ठा वैयक्तीयन की इस परम्परा का अंग नहीं थी। हमने किसी भी विचारधारा पर अपनी दावेदारी की हो, स्तालिन की तारीफ़ में कविताएँ लिखी हों या हमारी पंक्तियों में लोहिया का नाम आया हो, हर हालत में हम उस नागरिक की तलाश कर रहे थे जिसकी सम्भावनाएँ भवानीबाबू और नागार्जुन को किसानों और निचली जातियों में दिखाई देती थीं। मुझे और रघुवीर सहाय को उस नागरिक की आहटें शहर के निम्न-मध्यमवर्ग में मिलती थीं। रघुवीर सहाय का हरचरना हो, रमेश हो या मुसद्दीलाल, या कोई रिक्शेवाला, दरअसल वही था। धूमिल की कविता में आपको एक ऐसा नागरिक दिखाई देगा जिसका चेहरा तरह-तरह की टोपियों, नारों और जुलूसों में कहीं गिर कर खो गया है। आपको सोचना चाहिए कि श्रीकांत वर्मा ने जिस कोसल के गणराज्य में विचारों की कमी की तरफ़ इशारा किया है, अगर उसमें स्वतंत्रचेता और वैयक्तीयन से लैस उदारतावादी नागरिक नहीं हैं तो इसमें ज़िम्मेदारी किसकी है?' इसके बाद मुक्तिबोध ने श्रीकांत वर्मा की काव्य-पंक्तियाँ पढ़ीं ताकि कवियों के वर्कशॉप का पहला सत्र कविता के बिना ही ख़त्म न हो जाए :

महाराज बधाई हो! महाराज की जय हो!
युद्ध नहीं हुआ / लौट गये शत्रु ...
न उनके पास अस्त्र थे, / न अश्व, / न हाथी, / युद्ध हो भी कैसे सकता था?
निहत्थे थे वे।
उनमें से हर एक अकेला था / और हर एक यह कहता था
प्रत्येक अकेला होता है।
जो भी हो, / जय यह आपकी है! / बधाई हो/
वे सिर्फ़ कुछ प्रश्न छोड़ गये हैं / जैसे कि यह-
कोसल अधिक दिन नहीं टिक सकता
कोसल में विचारों की कमी है।[18]

[18] श्रीकांत वर्मा (1991), 'कोसल में विचारों की कमी है', *मगध*, राजकमल प्रकाशन, नयी दिल्ली : 45.

द्वितीय सत्र

साहित्य और समाज-विज्ञान की जुगलबंदी उर्फ़ अर्ली वार्निंग सिस्टम

पहला सत्र निहायत ही विचारोत्तेजक था। ख़ास बात यह भी थी कि कवियों का वर्कशॉप होने के बावजूद इसमें केवल एक कविता केवल अंत में ही पढ़ी गयी थी, हालाँकि उनकी बातों में कई विख्यात काव्य-पंक्तियाँ हीरों की तरह टँकी हुई थीं। नागार्जुन, मुक्तिबोध और भवानीबाबू के कथनों को एक साथ मिलाकर पढ़ने से ज़ाहिर था कि कविगण गेंद समाज-विज्ञान के पाले में फेंक चुके थे। उनका दावा था कि राजनीति में उदारतावाद के विकास से पहले ही साहित्य में उदारतावाद का उद्घोष हो चुका था। इसमें कहीं यह अनकहा आरोप भी झलक रहा था कि राजनीति को भले ही उदारतावाद और समुदाय आधारित राजनीतिक गोलबंदी के बीच कोई समझौता निकालना पड़ा हो, पर साहित्य इस चक्कर में नहीं फँसा। मेरे दिमाग़ में भारतीय उदारतावाद के चरित्र को लेकर समाज-विज्ञान की दुनिया में चल रही बहसों की एक रील घूम गयी। यह अच्छा मौक़ा था। मैंने पलट कर पूछा, 'राजनीति को ज़मीनी हालत से निबटना पड़ता है। उसे मनमाने ढंग से छायावादी या प्रगतिवादी होने की छूट नहीं है। वह जिस समाज को गोलबंद करना चाहती है, वह तो जातियों में बँटा हुआ है। आप ख़ुद को जिस लोक का कवि कहते हैं, वह लोक कौन सा है? क्या उसमें द्विज, शूद्र, दलित या मुसलमान नहीं हैं? क्या आप एक आदर्श नागरिक की कल्पना लेकर नहीं चल रहे हैं जो अपने हक़ों के लिए सरकार से लड़ रहा है। ऐसा नागरिक तो ज़मीन पर धीरे-धीरे आधुनिकीकरण की लम्बी प्रक्रिया से बनता है जिसमें लोकतांत्रिक राजनीति मुख्य भूमिका निभाती है। लेकिन, आपकी कविताओं में तो वह बना-बनाया मौजूद है। प्रतिपक्ष की राजनीति भी कविताओं में फटाफट बन जाती है। उसे राज्य के मुक़ाबले जनवैधता भी मिल जाती है। आप क्रांति भी कर डालते हैं। सब कुछ कविता में ही हो जाता है। बताइए, हम ऐसी कारीगरी राजनीति और समाज-विज्ञान में कैसे लाएँ?'

जैसे ही यह सवाल हवा में उछला, साहित्यिक कल्पनाशीलता और राजनीतिक यथार्थ के बीच का तनाव सामने आ गया। अब बारी रघुवीर सहाय की थी। वे अपनी जगह से उठे, चश्मा ठीक किया और एक कविता पढ़नी शुरू कर दी। मैं *दिनमान* के अच्छे दिनों में उनसे दो-तीन बार मिल चुका था। वे अच्छे वक्ता भी थे, इसलिए उनसे एक सारगर्भित वक्तव्य की उम्मीद थी। परंतु, शायद वे कविता के ऊपर आये इलज़ाम का मुक़ाबला कविता से ही करना चाह

रहे थे। वे कहना चाहते थे कि कविता काल्पनिक कारीगरी के अलावा कुछ और भी करती है :

निर्धन जनता का शोषण है, कह कर आप हँसे
लोकतंत्र का अंतिम क्षण है, कह कर आप हँसे
सब के सब भ्रष्टाचारी हैं, कह कर आप हँसे
चारों ओर बड़ी लाचारी है, कह कर आप हँसे
कितने आप सुरक्षित होंगे, मैं लगा सोचने
सहसा मुझे अकेला पाकर, फिर से आप हँसे। [19]

लोकप्रिय कविताओं की खूबी यह होती है कि वे जब भी पढ़ी जाएँ, हमेशा वही असर डालती हैं जो पहली बार सुनने पर पड़ता है। रघुवीर सहाय की इस अत्यंत लोकप्रिय कविता को सुन कर कविगण भी तरंगित हो गये। इससे पहले कि सहायजी कुछ गद्य में कहते, श्रीकांत वर्मा ने मोर्चा सँभाल लिया। उन्होंने पूछा, 'जानते हैं कब लिखी गयी थी यह कविता? 1974 में। उस समय राजनीति क्या कर रही थी? समाज-विज्ञान क्या कर रहा था? अब रघुवीर की एक और कविता सुनिये जो उन्होंने 1963 में लिखी थी!' सहायजी जोश में आ चुके थे। उन्होंने सुनाना शुरू किया :

राष्ट्रगीत में भला कौन यह भारत-भाग्य-विधाता है
मखमल टमटम बल्लम तुरही पगड़ी छत्र चँवर के साथ
तोप छुड़ा कर ढोल बजा कर जय-जय कौन कराता है।
पूरब-पच्छिम से आते हैं नंगे-बूचे नरकंकाल
सिंहासन पर बैठा उनके तमगे कौन लगाता है
कौन-कौन है वह जग-गण-मन-अधिनायक वह महाबली
डरा हुआ मन बेमन जिसका बाजा रोज़ बजाता है। [20]

इससे पहले कि कोई बीच में बोल पाता, कविता ख़त्म होते ही बिना राहत दिये सहायजी तीसरी कविता सुनाने लगे :

सिंहासन ऊँचा है सभाध्यक्ष छोटा है
अगणित पिताओं के
एक परिवार के
मुँह बाये बैठे हैं लड़के सरकार के
लूले काने बहरे विविध प्रकार के
हलकी सी दुर्गंध से भर गया है सभाकक्ष।
सुनो वहाँ कहता है मेरा प्रतिनिधि

---

[19] रघुवीर सहाय की कविता 'आपकी हँसी' के लिए देखें, *रघुवीर सहाय रचनावली*, वही : 163.

[20] रघुवीर सहाय की कविता 'अधिनायक' के लिए देखें, *रघुवीर सहाय रचनावली*, वही : 111.

मेरी हत्या की करुण कथा
हँसती है सभा तोंद मटका ठठा कर
अकेले अपराजित सदस्य की व्यथा पर
फिर मेरी मृत्यु से डर कर चिंचिया कर
कहती है
अशिव है अशोभन है मिथ्या है। ...
बीस वर्ष हो गये भरमे उपदेश में
एक पूरी पीढ़ी जनमी पली पुसी क्लेश में
बेगानी हो गयी अपने ही देश में ...
तभी मुझे .क़त्ल किया लो मेरे प्रतिनिधि मेरा प्रमाण
घुटता था गला व्यर्थ सत्य कहते-कहते
वाणी से विरोध कर तन से सहते-सहते
सील भरी बंद कोठरी में रहते-रहते
तोड़ दिया द्वार आज, देखो देखो मेरी मातृभूमि का उजाड़![21]

श्रीकांत वर्मा कुछ व्यंग्यात्मक लहज़े में बोले, 'आपके समाज-विज्ञान में एक फ़्यूचरिस्ट स्टडी की शाखा होती है। पता है ये दोनों कविताएँ उसी तरह की हैं। 'आपकी हँसी' उस समय लिखी गयी थी, जब राजनीतिक सुधारों के लिए जयप्रकाश नारायण का आंदोलन चल रहा था। उस समय रघुवीर जैसा कवि देख सकता था कि मध्यवर्ग की उस आंदोलन में कितनी कम दिलचस्पी है। मध्यवर्ग की लोकतंत्र के प्रति अरुचि और स्वयं को लोकतंत्र के भविष्य से काट लेने की प्रवृत्ति इस कविता में व्यक्त हुई है। 'अधिनायक' कविता साठ के दशक की शुरुआत में लिखी गयी जब नेहरू युग का रंग-रोगन उखड़ना प्रारम्भ ही हुआ था। उस समय लोकतंत्र की विफलताओं और शासक वर्ग के भीतर अधिनायकत्व की प्रवृत्ति सूँघ लेना आसान नहीं था। रघुवीर की यह तीसरी कविता 'मेरा प्रतिनिधि' 1967 में लिखी गयी थी। क्या इसे सुन कर आपको मनोरमा देवी की हत्या याद नहीं आयी? अब मैं आपको दो फ़्यूचरिस्ट कविताओं के अंश सुनाता हूँ। पहला काव्यांश असल में दो काव्यांशों का जोड़ है। ये काव्यांश अतुकांत क़िस्म के राजनीतिक गीत की तरह हिंदी की सर्वश्रेष्ठ लम्बी कविता के बीच में अलग-अलग जगहों पर आते हैं :

... ओ मेरे आदर्शवादी मन, / ओ मेरे सिद्धांतवादी मन,
अब तक क्या किया? / जीवन क्या जिया!
उदरम्भरि बन अनात्म बन गये, / भूतों की शादी में कनात से तन गये,

[21] रघुवीर सहाय की कविता 'मेरा प्रतिनिधि' के लिए देखें, *रघुवीर सहाय रचनावली,* वही : 109.

क़िसी व्यभिचारी के बन गये बिस्तर
दुखों के दागों को तमगों से पहना, /अपने ही ख़यालों में दिन-रात रहना, / असंग
बुद्धि व अकेले में सहना,
ज़िंदगी निष्क्रिय बन गयी तलघर,
अब तक क्या किया, / जीवन क्या जिया!!
बताओ तो किस-किस के लिए तुम दौड़ गये,
करुणा के दृश्यों से हाय मुँह मोड़ गये, / बन गये पत्थर,
बहुत-बहुत ज़्यादा लिया, दिया बहुत कम,
मर गया देश, अरे, जीवित रह गये तुम!!
लोकहित-पिता को घर से निकाल दिया,
जन-मन-करुणा सी माँ को हँकाल दिया,
स्वार्थों के टेरियर कुत्तों को पाल लिया,
भावना के कर्तव्य ... त्याग दिये / हृदय के मंतव्य ... मार डाले!
बुद्धि का भाल ही फोड़ दिया, / तर्कों के हाथ उखाड़ दिये,
जम गये, जाम हुए, फँस गये, / अपने ही कीचड़ में धँस गये!!
विवेक बघार डाला स्वार्थों के तेल में / आदर्श खा गये।
अब तक क्या किया, / जीवन क्या जिया,
बहुत-बहुत ज़्यादा लिया, दिया बहुत कम,
मर गया देश, अरे, जीवित रह गये तुम!!
यकायक हृदय धड़क कर रुक गया, क्या हुआ!!
नगर से भयानक धुआँ उठ रहा है,
कहीं आग लग गयी, कहीं गोली चल गयी।
......
सब चुप, साहित्यिक चुप और कविजन निर्वाक्
चिंतक, शिल्पकार, नर्तक चुप हैं, / उनके ख़याल से यह सब गप है
मात्र किंवदंती। / रक्तपायी वर्ग से नाभिनाल-बद्ध ये सब लोग
नपुंसक भोग-जालों में उलझे, / प्रश्न की उथली सी पहचान
राह से अनजान / वाक् रुदंती।
चढ़ गया उर पर कहीं कोई निर्दयी,
कहीं आग लग गयी, कहीं गोली चल गयी।[22]

'कहीं आग लग गयी, कहीं गोली चल गयी' की टेक कविता में देर तक चलती रहती है। 'मर गया देश, अरे, जीवित रह गये तुम' की टेक वाला काव्यांश इसी का स्वाभाविक अंश बन जाता है। दोनों को मिला कर पढ़ा जाए तो ये लोकतंत्र के संकट की पूर्वसूचना की तरह देखे जा सकते हैं।

---

[22] मुक्तिबोध की कविता 'अँधेरे में' देखें, *मुक्तिबोध रचनावली*, वही : 320.

'अब एक दूसरा फ़्यूचरिस्ट काव्यांश सुनिये जो समाज-विज्ञान के लिए अद्‌भुत निष्कर्षों वाला हो सकता है :

मैं ही वह विराट पुरुष हूँ / सर्व-तंत्र, स्वतंत्र, सत्-चित्!
मेरे इन अनाकार कंधों पर विराज़मान / खड़ा है सुनील / शून्य ...
कम्बल के भीतर है कोई जो / करवट बदलता-सा लग रहा?
आंदोलन? / नहीं, नहीं मेरी ही आँखों का भ्रम है /
फिर भी उस आर-पार फैले हुए / कुहरे में लहरीला असंयम!!
हाय! हाय! ...
अजीबो-ग़रीब है / घटना का मोड़ यह
अचानक / भीतर के अपने से गिरा कुछ, / ख़ास कुछ,
नसें ढीली पड़ रहीं / कमज़ोरी बढ़ रही, सहसा / आतंकित हम सब
अभी तक / समुत्तुंग शिखरों पर रह कर / सुरक्षित हम थे
जीवन की प्रकाशित कीर्ति के क्रम थे ...
... काले-काले लोहे के लगते हैं वे लोग। ...
उनके वे स्थूल हाथ / मनमाने बलशाली / लगते हैं ख़तरनाक,
जाने पहचाने से लगते हैं मुख वे।
डरता हूँ उनमें से कोई हाय सहसा न चढ़ जाए
उत्तुंग शिखर की सर्वोच्च स्थिति पर, ...
... मेरी इस अद्वितीय सत्ता के शिखरों पर स्वर्णाभ
हमला न कर बैठें ख़तरनाक / कुहरे के ये जनतंत्री
वानर ये, नर ये!!
समुदाय, भीड़ / डार्क मासेज ये मॉब हैं
श्याम वर्ण मूढ़ों के दिमाग़ ख़राब हैं, / हलचलें गड़बड़,
नीचे थे जब तक / फ़ासलों में खोये हुए कहीं दूर, पार थे, ...
हाय हाय / शिखरस्थ मुझको ये छू न जाएँ!! ...
सब तरफ़ अकेला, / शिखर पर खड़ा हूँ
लक्ष-मुख दानव-सा, लक्ष-हस्त देव-सा।
परंतु यह क्या / आत्मप्रतीत ही धोखा दे रही!!
स्वयं को ही लगता हूँ / बाँस के व काग़ज़ के पुट्ठे के बने हुए
महाकाय रावण से हास्यास्पद / भयंकर!!
हाय, हाय,
उग्रतर हो रहा चेहरों का समुदाय / और कि भाग नहीं पाता मैं
हिल नहीं पाता हूँ / मैं मंत्र-कीलित-सा, भूमि में गड़ा सा,
जड़ खड़ा हूँ, / अब गिरा, तब गिरा / इसी पल कि उस पल ... [23]

---

[23] मुक्तिबोध की कविता 'लकड़ी का रावण' के लिए देखें, *मुक्तिबोध रचनावली,* वही : 368.

श्रीकांत वर्मा ने जैसे ही ये काव्यांश पढ़ने ख़त्म किये, मुक्तिबोध ने उनका शुक्रिया अदा कर दिया। उन्होंने कहा, 'पार्टनर, अच्छा हुआ आपने पढ़ दिये, वरना मैं भी इन्हें ज़रूर पढ़ता। 'लकड़ी का रावण' शीर्षक से यह दूसरी कविता मैंने 1957 और 1963 के बीच टुकड़ों-टुकड़ों के बीच लिखी थी। मैं देख रहा था कि मुट्ठी भर शासक अभिजन आम जनता की लोकतंत्र में भागीदारी से डरा हुआ है। वह मानता है कि अगर ज़्यादा लोग सत्ता में हिस्सेदारी माँगने लगे और उस माई-बाप सरकार का क्या होगा जो उसने बना रखी है। हम कवियों का दावा है कि हम केवल विद्रोह की कल्पनाएँ भी नहीं करते, सिर्फ़ आदर्श नागरिकों को ही नहीं गढ़ते रहते, *बल्कि राजनीतिक कर पाती* है। 1984 में जिस समय राजीव गाँधी के नेतृत्व में कांग्रेस को जवाहरलाल नेहरू के ज़माने से भी बड़ा बहुमत मिला और विपक्ष का पूरी तरह सफ़ाया ही हो गया, तो बार-बार क्रांति का आह्वान करने वाला यह नागार्जुन जैसा कवि ही था जिसे अंदेशा हुआ कि कहीं मतपत्रों की यह अति-बारिश लोकतंत्र की व्याधि तो नहीं है। इस लिहाज़ से उनकी कविता 'इस गुब्बारे की छाया में' में समाज-विज्ञान का हिस्सा समझी जा सकने वाली कविता है।' इतना कह कर मुक्तिबोध ने बाबा की तरफ़ देखा और बड़ी देर से व्याकुल नागार्जुन अपनी कविता पढ़ने लगे :

सारी रात रही मैं बैठी / क़सम ख़ुदा की, शपथ राम की
सारी रात रही हूँ मैं बैठी / मेरे इस अभिनव प्रिय शिशु का
माथा गुब्बारे-सा फूला / ओह फूलता चला गया है
अभी और भी फूलेगा क्या? / हाथ-पैर तो ठीक-ठाक हैं
ठीक-ठाक हैं गर्दन-कंधे / बाँह-बूँह भी ठीक-ठाक हैं
लेकिन देखो सिर कैसा है / भारी-भरकम गुब्बारे से दीख रहा है
जाने क्या तो रोग ढुक गया / पैदा होते ही यह बबुआ
भद्दा-भद्दा लगा दीखने / डॉक्टर साहा, बतलाओ जी
अभी और कितना फूलेगा / मेरे बबुआजी का माथा?'
… …
डॉक्टर उवाच-
'सुन री माई सुन री माई / यह प्रचंड बहुमत ही सचमुच
तेरे शिशु का महारोग है / ये ही इसको ले डूबेगा
नहीं काम का रहने देगा / यही गले का ढोल बनेगा
इस गुब्बारे की छाया में / तस्कर मेला जाम करेगा
मतपत्रों का अति-वर्षण / प्रजातंत्र की पीर हरेगा
कौन करेगा-कौन भरेगा / अगला युग ही बतलाएगा'
…
'लेकिन देखो डॉक्टर साहब / माथा कैसा भद्दा लगता …

क्या तो गड़बड़ रही गरभ में / रोग भर गये माथे में ही ...
देखा नहीं जा रहा हमसे / तुम यह माथा छोटा कर दो
इंजेक्शन दो, सुई लगाओ / जैसे भी हो, इसका माथा छोटा कर दो'
'नहीं, नहीं, री माई, यह तो ठीक न होगा
गुब्बारे से फूला-फूला / यह आगे भी दिखा करेगा
ख़ुद ही यह अपने ललाट में / अपनी क़िस्मत लिखा करेगा
लम्बा-लम्बा भाषण देना भी सीखेगा / शहंशाहों के लिबास में भी दीखेगा / बुद्धू होगा साथ इसमें
अकल भरेंगे
कुछ तो इसकी नक़ल करेंगे ...'[24]

कविता ख़त्म होते ही मुक्तिबोध ने बात आगे बढ़ाई, 'मेरा ख़याल है कि लोकतंत्र में जनता की भागीदारी से शंकित अभिजन, लोकतंत्र के प्रति मध्यवर्ग की उदासीनता, राज्य की छवि कल्याणकारी होने के बजाय अधिनायक में बदलते जाने की हक़ीक़त और प्रचंड बहुमत से मजबूत होने के बजाय लोकतंत्र के कमज़ोर होने की शिनाख़्त कवियों ने समाज-विज्ञान द्वारा किये जाने के पहले ही कर ली थी। क्या ऐसा नहीं है कि कविता के ये पहलू समाज-विज्ञान के लिए एक 'अर्ली वार्निंग सिस्टम' का काम कर सकते हैं, बशर्ते समाज-विज्ञान साहित्य की आत्मनिष्ठा को एक वस्तुनिष्ठ तथ्य की तरह पढ़ने का जोखिम उठाने के लिए तैयार हो जाए।' मुक्तिबोध के इस विश्लेषण से तुरंत सहमत होने की ज़रूरत नहीं थी, पर इससे यह हक़ीक़त तो सामने आती ही थी कि समाज-विज्ञान ने जिन परिघटनाओं के बारे में अस्सी और नब्बे के दशक में चर्चा करनी शुरू की, वे कवियों की भविष्यचिंता का अंग पहले ही बन चुकी थीं।

तीसरा सत्र

कविता, क्रांति और लोकतंत्र : लोकतांत्रिक यूटोपिया की खोज

हालाँकि वर्कशॉप का कोई सभापति या संचालक नहीं था, लेकिन मुक्तिबोध अपने-आप ही इस भूमिका का निर्वाह करते लग रहे थे। उन्होंने रघुवीर सहाय से 'लोक' को परिभाषित करने के लिए कहा और साथ ही एक पुरानी बात याद भी दिलायी। मुक्तिबोध ने कहा कि शमशेर बहादुर सिंह आज इस वर्कशॉप में नहीं हैं, पर मुझे मालूम है कि मुझ जैसे स्वघोषित मार्क्सवादी को ही नहीं, बल्कि

---

[24] नागार्जुन की कविता 'इस गुब्बारे की छाया में' के लिए देखें, *नागार्जुन रचनावली,* वही : 365.

रघुवीर सहाय जैसे लोहियावादी ठप्पे के कवि को भी उनका वह कथन पसंद था कि कवि के लिए तीन चीज़ें ज़रूरी हैं : ऑक्सीजन, मार्क्सवाद और अपनी वह शक्ल जो हम जनता में देखते हैं।

रघुवीर सहाय की बातों ने उनके कविता संकलनों में प्रारम्भ में छपे कई वक्तव्यों की मिली-जुली याद दिला दी। सहायजी का कहना था, 'हालाँकि कविता में मैंने 'लोक' शब्द का इस्तेमाल किया है, पर गद्य में मुझे 'जन' शब्द पसंद है। क्यों पसंद है यह फिर कभी बताऊँगा। 1982 में मैंने जो लिखा था, अभी तो उसे उद्धृत करना चाहता हूँ : 'आज अन्याय और दासता की पोषक और समर्थक शक्तियों ने मानवीय रिश्तों को बिगाड़ने की प्रक्रिया में वह स्थिति पैदा कर दी है कि अपने अधिकारों के लिए संघर्ष करने वाले जन मानवीय अधिकार की अपनी हर लड़ाई को एक पराजय बनता हुए पा रहे हैं। संघर्ष की रणनीतियाँ उन्हीं के आदर्शों की पूर्ति करती दिखाई दे रही हैं जिनके विरुद्ध संघर्ष है।'[25] यह सही है कि हम जिस जन को कल्पित करते हैं, वह समाज में वैसा ही मौजूद नहीं होता। लेकिन, फिर भी हम उसे कल्पित करते रहते हैं। राजनीति भी जन को कल्पित करती है। पार्टियों के घोषणापत्र उस कल्पनाशीलता के दस्तावेज़ होते हैं। ये घोषणापत्र नहीं कहते कि हम जातिवादी गोलबंदी के बोझ के तले उदारतावाद का कचूमर निकाल देने पर आमादा हैं। पर, राजनीति को मजबूरन यथार्थ में अपनी ही कल्पना को नष्ट करना पड़ता है। इससे राजनीतिक संघर्ष की व्यर्थता सामने आती है और व्यावहारिक राजनीति के दायरे में भविष्य का आविष्कार नहीं हो पाता। जनतंत्र का मतलब क्या है? इसी धरती पर मोक्ष की कामना, जीवित रहते हुए और तमाम पुण्य-पाप करते हुए। इसके लिए हमें एक जनतांत्रिक यूटोपिया बनाते रहना होता है। अगर, इस जनतांत्रिक यूटोपिया के ख़िलाफ़ कोई ज़रा सी भी हरकत करता है तो हम उसके साथ वही सलूक करना चाहते हैं जो फ्रांसीसी क्रांति के गिलोटिनधारियों ने किया था। राजनीति अगर वर्तमान के विशुद्ध 'पॉलिटिकल' में जीती है, तो हम उसके आभासी यथार्थ में जीते हैं जो अपनी प्रवृत्तियों में भविष्योन्मुख होता है। हमारा आभासी यथार्थ अधिक सम्पूर्ण और सुरचित है, क्योंकि वह हमारी मर्ज़ी पर निर्भर है। हमारी कल्पनाशीलता का मज़ाक़ उड़ाने से पहले यह जान लीजिए कि अगर आप ऐसा करेंगे तो आधुनिक जनतंत्र की उस केंद्रीय कल्पनाशीलता का मज़ाक़ उड़ाएँगे

[25] रघुवीर सहाय का 'निवेदन', *रघुवीर सहाय रचनावली,* वही : 203.

जिसमें उम्मीद की गयी थी कि हर बीस साल बाद समाज की नये सिरे से स्थापना होगी ताकि हर नयी पीढ़ी को अपनी इच्छा के अनुसार संविधान दुरुस्त करने या उसका पुनर्निर्माण करने का मौक़ा मिल सके।'[26] सहायजी के वक्तव्य ने टॉमस जैफ़रसन की याद दिलाई और मुझे कुछ ज़्यादा ही प्रश्नाकुल कर दिया। वर्कशॉप की बहस अब सिद्धांत और तथ्य के बीच कहीं फँस चुकी थी। जैफ़रसन की परवाह न करके मैंने कविगणों का ध्यान प्लेटो द्वारा वर्णित गुफ़ा के उस रूपक की तरफ़ खींचा जिसमें स्थूल राजनीति रहती है और जिसमें सत्य पूरी तरह कभी हासिल नहीं होता। अफ़लातून कहना यह चाहते थे कि शायद उस गुफ़ा की मद्धम रोशनियों से बाहर निकल कर सूरज के प्रकाश में सच्चाई देख लेने वाला भी वहीं वापस आता है। मैंने कहा कि ज़रा प्रतिपक्ष की उस राजनीति की तरफ़ देखिये जो आपकी कविताओं में बार-बार आती है। कहीं क्रांति की तरह व्यक्त होती है, कहीं निराशा की तरह। मैंने यह भी कहा कि अगर हर बीस साल बाद नया संविधान बनेगा तो समाज में कितनी अस्थिरता आएगी, इसका अंदाज़ा कवि की कल्पना भी आसानी से नहीं लगा पाएगी।

ज़ाहिर है कि अगर ज़ैफरसन कवि होते, ऐसी बात गद्य में न कहते। मुझे भी उनकी बात कविता की तरह ही पढ़नी चाहिए थी। शायद इसलिए सहायजी ने मेरी तरफ़ व्यंग्य से देखा और बहस का मोर्चा नागार्जुन और धूमिल के हवाले करने से पहले कहा, 'यह बहुत अफ़सोसनाक है कि आप भारतीय लोकतंत्र के इतिहास को ज़ैफ़रसन के इस कवितानुमा कथन की रोशनी में देखने के लिए तैयार नहीं हैं। पिछली सदी के तीसरे दशक को अगर कटऑफ़ लाइन मान लें तो दिख जाएगा कि हमारा लोकतंत्र पंद्रह-बीस साल बाद अपने-आप को नये सिरे से संस्कारित करता है। लोकतांत्रिक राज्य की स्थापना के बाद तो यह हक़ीक़त और भी साफ़ हो जाती है।'

धूमिल अभी तक एक सामरिक चुप्पी लगाए बैठे थे। आज़ादी के बाद सचेत हुई पीढ़ी के कवियों में सर्वाधिक विद्रोही स्वर उन्हीं के पास था। मुक्तिबोध ने अगर शासक वर्ग के खुफ़िया जुलूसों को रात में देखा था, तो धूमिल ने दिन की रोशनी में उसकी शिनाख़्त क़ानून की भाषा बोलते हुए अपराधियों के संयुक्त परिवार की तरह की थी। अपनी कविताओं की तरह ही वे बिना किसी हीले-

---

[26] जेफ़रसन के उद्धरण के लिए देखें, फ्रांस्वा फ़्यूरेट (1998), 'डेमॉक्रैसी ऐंड यूटोपिया', *जर्नल ऑफ़ डेमॉक्रैसी*, जॉन हॉपकिंस युनिवर्सिटी प्रेस, बाल्टीमोर : 65-79.

हवाले के सीधे मुद्दे पर आ गये और कहा : 'असली बात वही है राठीजी वाली यानी लोकतांत्रिक पूँजीवादी 'मुक्त' समाज वाली। ऐसा क्यों है कि जैसे ही लोकतंत्र में स्थिरता आती है, जैसे ही वह कथित रूप से परिपक्व होता है उसके साथ यह पूँजीवादी लक़ब क्यों जुड़ जाता है। लोग मुझसे पूछते हैं तो मैं कविता में यह जवाब देता हूँ :

मैं उन्हें समझाता हूँ-
वह कौन सा प्रजातांत्रिक नुस्ख़ा है / कि जिस उम्र में
मेरी माँ का चेहरा / झुर्रियों की झोली बन गया है
उसी उम्र की मेरी पड़ोस की महिला / के चेहरे पर
मेरी प्रेमिका के चेहरे- सा लोच है
वे चुपचाप सुनते हैं / उनकी आँखों में विरक्ति है,
पछतावा है, / संकोच है / या क्या है कुछ पता नहीं चलता।
वे इस .क़दर पस्त हैं कि तटस्थ हैं।
और मैं सोचने लगता हूँ कि इस देश में
एकता युद्ध की और दया अकाल की पूँजी है।
क्रांति-यहाँ के असंग लोगों के लिए
किसी अबोध बच्चे के हाथों की जूजी है।[27]

'मैं यह कहना चाहता हूँ कि चेहरे की झुर्रियों और चेहरे के लोच के बीच इस फ़र्क़ में वह बैठा हुआ है जिसे बूर्ज़्वा कहा जाता हे। लोकतंत्र में होता यह है कि जैसे-जैसे बच्चा अबोध से सबोध होता जाता है उसके हाथ की जूजी (अल्पविकसित बाल-शिश्न के लिए भोजपुरी शब्द) खेलने की चीज़ नहीं रह जाती, बल्कि वह 'शिश्न-सत्ता' जैसी एक ही प्रबल सत्ता में बदलती जाती है। सबोध व्यक्ति बूर्ज़्वा हो जाता है। आख़िर लोकतंत्र ऐसा क्या है कि जब तक वह अबोध है, अविकसित है, उसमें क्रांति या बुनियादी परिवर्तन की सम्भावनाओं से एक तरह का खेल चलता रहता है। जैसे ही वह विकसित होता है, पूँजीवादी 'मुक्त' लोकतंत्र हो जाता है और उसमें कविता की कोई ख़ास हैसियत नहीं रह जाती। रघुवीर सहाय ने जिस जनतांत्रिक यूटोपिया का ज़िक्र किया है वह लोकतंत्र का ऐसा भविष्य है जिससे हम इसी बूर्ज़्वा को निकाल बाहर कर देना चाहते हैं। हम नहीं चाहते कि भविष्य का लोकतंत्र जब परिपक्व हो तो उसके साथ पूँजीवादी शब्द लगा हो। इस तरह अपना जनतांत्रिक यूटोपिया बना कर हम कविता और लोकतंत्र दोनों को बूर्ज़्वा से बचाना चाहते हैं। यह लड़ाई नयी नहीं है। आज तक

---

[27] धूमिल की कविता 'पटकथा' के लिए देखें *संसद से सड़क तक*, वही : 98.

लोकतंत्र की सारी परिभाषाएँ और सारा मूल्यांकन इसी बात के आस-पास रहा है कि बूर्ज़्वा और उसके सहयोगियों के परे कैसे ले जाया जाए। फ्रांसीसी क्रांति के बाद से ही यह कोशिश चली आ रही है। आख़िरकार हम सब एक आधुनिक और लोकतांत्रिक हस्ती के रूप में उसी क्रांति की पैदाइश हैं या नहीं?'

नागार्जुन ने कविता, क्रांति और लोकतंत्र की तिकड़ी से जुड़ी उलझनों की एक अलग ही व्याख्या पेश की। वे इस समय तक काफ़ी-कुछ शांत हो चुके थे, इसलिए इस बार उनका स्वर विश्लेषणात्मक ज़्यादा था। उन्होंने निजी अनुभव के हवालों से कहा : 'कविताएँ काफ़ी पढ़ दी गयी हैं और मैं भी कविता पढ़ चुका हूँ। इसलिए एक बार मैं कविता पढ़े बिना अपनी बात कहूँगा। मैंने कई राजनीतिक आंदोलनों में भाग लिया है। इनमें से कम्युनिस्ट आंदोलन और जय-प्रकाश नारायण का आंदोलन तो ख़ुद को क्रांति भी कहता था। ये कैसी क्रांतियाँ थीं? ये वैसी ही क्रांतियाँ थीं जिनका रघुवीर सहाय ने ज़िक्र किया है जिनमें संघर्ष की रणनीतियाँ उन्हीं के आदर्शों की पूर्ति करती दिखाई दीं जिनके विरुद्ध संघर्ष करने का दावा था। पहले मैं इनके साथ रहा, फिर मैंने उन्हीं की छिलायी की। ये सब 'खिचड़ी विप्लव' थे जिनके ज़रिये 'क्रांति-विलास और भ्रांति-विलास' हो रहा था।[28] मैंने किसान-मजदूरों, छात्रों और युवकों को चेताया कि वे न तो मार्क्सवाद के पण्डों के चक्कर में फँसे और न ही क़दमकुआँ की तरफ़ जाएँ, क्योंकि वहाँ तो केवल 'धुआँ-धुआँ' और हुआँ-हुआँ' ही है। लोग कहते हैं कि मैं किसी पार्टी और किसी विचारधारा के प्रति वफ़ादार नहीं हूँ। मेरा कहना है कि मैं क्यों किसी के प्रति वफ़ादार रहूँ। लॉयलटी तो रॉयलटी के ज़माने में होती थी। यह तो लोकतंत्र का ज़माना है। लोग पार्टियों, उम्मीदवारों और प्रतिनिधियों के प्रति जितने कम वफ़ादार रहेंगे, उतना ही लोकतंत्र के लिए अच्छा रहेगा। मैं न संघ परिवारियों को गाँधी की हत्या करते देख सकता हूँ, न चीन की सेनाओं को देश की सीमाओं पर हमला करते देख सकता हूँ, न काले धन की बैसाखी पर खड़ी हुई इंदिरा माई को देख सकता हूँ, न वंशवाद सहन कर सकता हूँ, न जयप्रकाश पर पड़ती हुई व्यवस्था की लाठियाँ देख सकता हूँ और न ही जयप्रकाश द्वारा मोरारजी भाई का राजतिलक होते हुए देख सकता हूँ। भाई, मैं मार्क्सवाद का समर्थक, भारत माता और इस लोकतंत्र का पुत्र हूँ। जब मैं नाखुश

---

[28] देखें, नागार्जुन की दो कविताएँ 'नित नये मिलन हैं' और 'खिचड़ी विप्लव देखा हमने', *नागार्जुन रचनावली*, वही : 96 और 103.

होता हूँ तो क्रांति की चर्चा करता हूँ। क्रांतिकारियों के जूते चमकाने की इच्छा होती है मेरी। असल में क्रांति की इच्छा और चर्चा व्यवस्था के प्रति मेरी नाखुशी का एंटीडोट है। क्रांति का विचार राजनीति के दायरे को दैवी आभा से भर देता है और इससे जनता राजनीति को थोड़ी देर के लिए उपेक्षा और अपमान के भाव से देखना बंद कर देती है। सब कुछ खुल जाता है, सार्वजनिक हो जाता है। इससे बूर्ज़्वा को बड़ी तकलीफ़ होती है, क्योंकि वह निजी का, गोपनीयता का और प्राइवेसी का महारथी है। क्रांति का विचार इसी निजी के ऊपर सार्वजनिक को आरोपित करता है। आर्थिक अनिवार्यताओं के ऊपर राजनीति को थोड़ी देर के लिए जीत हासिल करवा देता है। इंसान की देह में ऐसे हार्मोंस उत्पात मचाने लगते हैं जिनसे रोज़मर्रा की बोरियत दूर हो जाती है। इसलिए लोकतंत्र के विमर्श में क्रांति का विचार अगर बीच-बीच में आता रहे तो राजनीति का नवीकरण होता रहता है। क्रांति लोकतंत्र का यूटोपिया है। वह लोकतंत्र के भविष्य का आविष्कार है। वह लोकतंत्र को वर्तमान की क़ैद से छुटकारा दिलाती रहती है। वह सवाल उठाती रहती है कि शासन कौन करेगा : क़ानूनसम्मत प्राधिकार या क्रांतिकारी प्राधिकार। इस सवाल को लोकतांत्रिक प्रक्रिया से निकाल देने के बाद बचता क्या है ? वही पूँजीवादी 'मुक्त समाज, जिसमें लोग अनंत काल तक कुल जमा दो या तीन पार्टियों या चुनिंदा लोगों में से अपने प्रतिनिधि चुनते रहने के लिए अभिशप्त हो जाते हैं। और, भारत जैसे देश में तब आज़ादी तीन थके हुए रंगों का नाम लगने लगती है जिन्हें एक पहिया ढोते हुए दिखाई पड़ता है। इससे पहले कि लोकतंत्र का जुलूस गुज़र जाए और उसके पीछे नागरिक अपना गिरा हुआ चेहरा सँभालता हुआ नज़र आये, क्रांति के विचार को कविता में आ जाने दीजिए।'[29]

नागार्जुन ने भले ही अपनी कविता न पढ़ी हो, पर उनके वक्तव्य में जो थोड़ी सी कमी रह गयी थी, वह उनकी कविता से ही दूर हो सकती थी। रघुवीर सहाय ने यह काम पूरा किया। वे बोले, 'जिस तरह नदी का एक डूब-क्षेत्र होता है, उसी तरह लोकतंत्र का एक डूब-क्षेत्र होना चाहिए। स्वस्थ लोकतंत्र वही हो सकता है जिसका कैचमेंट एरिया लगातार बढ़ता रहे। अगर लोकतंत्र के शासक वर्ग में नये-नये समुदाय और नये-नये वर्ग शामिल नहीं होंगे तो वह लोकतंत्र के

[29] नागार्जुन के इस संवाद की रचना करते हुए मैं लोकतंत्र और क्रांति के आपसी रिश्ते से संबंधित फ्रांस्वा फ़्यूरेट, वही के विमर्श से काफ़ी प्रभावित था.

नाम पर मुट्ठी भर लोगों की तानाशाही ही हो जाएगी। क्रांति का विचार लोकतंत्र के शिखर पर बैठे शासकों को मजबूर करता है कि वे अपने डूब-क्षेत्र का विस्तार करें। वरना वही होता है जो कभी नागार्जुन ने लिखा था :

पाँच पूत भारतमाता के दुश्मन था खूँखार
गोली खाकर एक मर गया बाक़ी रह गये चार
चार पूत भारतमाता के चारों चतुर प्रवीन
देश-निकाला मिला एक को बाक़ी रह गये तीन
तीन पूत भारतमाता के लड़ने लग गये वो
अलग हो गया उधर एक अब बाक़ी रह गये दो
दो बेटे भारतमाता के छोड़ पुरानी टेक
चिपक गया इक गद्दी से बाक़ी रह गया एक
एक पुत्र भारतमाता का, कंधे पर है झंडा
पुलिस पकड़ कर जेल ले गयी बाक़ी रह गया अंडा।[30]

चौथा सत्र

उपसंहार : अनुपस्थित कवियों के नाम एक पत्र

तीसरे सत्र की समाप्ति तक कवियों की बौद्धिक सोहबत और उनकी कविताओं के संसर्ग ने मुझे अलग तरह की दिमाग़ी हालत में पहुँचा दिया था। ऐसा लग रहा था कि जैसे लोकतंत्र की भाषा में एक कभी न ख़त्म होने वाली लम्बी कविता चल रही है। अब इस विलक्षण वर्कशॉप का उपसंहार होना चाहिए था। मेरा ख़याल था कि यह काम मुक्तिबोध से बेहतर दूसरा कोई नहीं कर सकता। लेकिन, जैसे ही मैंने उनकी तरफ़ देखा तो पाया कि उनकी कुर्सी ख़ाली पड़ी है। अरे! वहाँ तो बाक़ी कवियों की कुर्सियाँ भी ख़ाली थीं। वे लोग कहाँ थे? उस कमरे में सिर्फ़ मैं रह गया था। मैं हैरत से उन कुर्सियों को देखने लगा जिन पर बैठे लोग अभी थोड़ी ही देर पहले ही लोकतंत्र और कविता की अन्योन्यक्रिया को परिभाषित करने में लगे हुए थे। वर्कशॉप में जिस तरह बार-बार निराला की चर्चा हो रही थी और जिस तरह आधुनिक कविता के ज़रिये लोकतंत्र बनाने की यह परियोजना आगे बढ़ रही थी, उससे मुझे ऐसा लगने लगा था कि भले ही मैंने निराला को न बुलाया हो, पर वे वहीं किसी कोने में खड़े

[30] देखें, नागार्जुन की कविता 'पाँच पूत भारतमाता के', नामवर सिंह (1993), *कविता के प्रतिमान*, राजकमल प्रकाशन, नयी दिल्ली : 136.

नामालूम ढंग से पूरी बहस को संचालित कर रहे हैं। दरअसल, वास्तव में यह छह नहीं, सात महाकवियों का वर्कशॉप हो गया था।

बहरहाल, जिस आश्चर्यजनक ढंग से वे आये थे, वैसे ही वे जा भी चुके थे। अब वर्कशॉप का उपसंहार मुझे ही करना था। यह सुविधा का क्षण तो था, पर इसमें दुविधा भी थी। मेरा अंतिम वक्तव्य कवियों की पैनी आलोचनात्मक दृष्टि से बच सकता था, लेकिन साथ ही वह एक ऐसा वक्तव्य होने के लिए भी अभिशप्त था जिसके श्रोता जा चुके थे। इसलिए मैंने तय किया कि मैं कवियों के नाम एक लम्बे पत्र के रूप में अपनी बात लिखूँगा जिसमें तमाम आत्मस्वीकारोक्तियाँ होंगी, ताकि सनद रहे और वक़्त ज़रूरत पर काम आये :

प्रिय कविगण,

आप लोग अचानक चले गये। लेकिन, आपने लोकतंत्र की भाषा में जो लम्बी कविता सुनाई वह अभी तक ज़ारी है। अविराम कालजयी की भाँति यह लम्बी कविता निराला के युग से होती हुई इक्कीसवीं सदी के उन वर्षों तक आ पहुँची है जहाँ समाज-विज्ञान साहित्य को हमारे लोकतांत्रिक समय के दस्तावेज़ के रूप में देखने की सम्भावनापूर्ण शुरुआत कर चुका है। यह वर्कशॉप भी समाज-विज्ञान की दुनिया में आये इस परिवर्तन का द्योतक समझा जाना चाहिए। देर से ही सही, लेकिन अब समाज-विज्ञान के बहुत से महारथियों ने रचनात्मक साहित्य की दुनिया को प्लेटो की नज़र से देखना बंद कर दिया है।

बाबा नागार्जुन टॉकवील का ज़िक्र सुनकर नाराज़ हो गये थे, और उनकी नाराज़गी जायज़ भी थी क्योंकि अमेरिकी लोकतंत्र और अमेरिकी साहित्य के रिश्तों की रोशनी में भारतीय साहित्य और भारतीय लोकतंत्र के संबंधों को देखना पूरी तरह ग़लत था। लेकिन, जब आप लोग इस इतिहास के निराला-प्रकरण का ज़िक्र कर रहे थे, तो मुझे टॉकवील की ही एक उक्ति याद आयी जिसमें उन्होंने कहा था कि 'लोकतंत्र कवि के लिए अतीत के दरवाज़े बंद कर देता है, पर लोकतंत्र के कारण ही कवि के लिए भविष्य के दरवाज़े खुल जाते हैं।' यानी लोकतंत्र कवि को भविष्य का स्वप्न देखने का मौक़ा देता है। कविता उस स्वप्न की संरचना बन कर उसके ज़रिये लोकतंत्र को समृद्ध करने की कोशिश करती है।

अगर मैं ठीक समझता हूँ तो आपकी कविता का स्वप्न तक़रीबन वही है जो निराला जी का था। या, जो आधुनिक हिंदी कविता का स्वप्न था। हिंदी की आधुनिक कविता के पास भी कोई अतीत नहीं था। एक तरफ़ लोकतंत्र की आकांक्षा पैदा हो रही थी, तो दूसरी तरफ़ यह कविता जन्म ले रही थी। जिस

समय भारतीय लोकतंत्र का विचार उपनिवेशवादियों के मुक़ाबले ख़ुद का वजूद मनवाने के लिए जद्दोजहद कर रहा था, उसी समय यह कविता भी निराला के स्वर में कह रही थी, 'देखो यह है हिंदी की महिमा। मैं कौन हूँ कविता करने वाला! कवि तो असली यह भाषा ख़ुद है।' यही दावा वे महात्मा की उपाधि से विख्यात हिंदी साहित्य सम्मेलन के उस सभापति के सामने करते थे जिसने रवींद्र-साहित्य के सामने हिंदी की कविता पढ़े बिना ही तुच्छ मान ली थी। यही दावा उन्होंने घोर अंग्रेज़ीदाँ जवाहरलाल नेहरू के सामने किया था। वे नेहरू से यही कहने गये थे कि समाज की सभी समस्याओं का निराकरण राजनीति में नहीं मिल सकता। उसके लिए हिंदी का साहित्य आपकी ज़्यादा मदद कर सकता है। निराला का इशारा साफ़ तौर से हिंदू-मुस्लिम समस्या की तरफ़ था। जिस समय आप बता रहे थे कि निराला ने नेहरू से ट्रेन के डिब्बे में क्या कहा था, तो मुझे समाज वैज्ञानिक सुदीप्त कविराज की ये पंक्तियाँ याद आ रही थीं :

> बुनियादी प्रश्न यह है कि धार्मिक चिंतन से आलोचनात्मक रिश्ता बनाने के लिए सेकुलरवादियों को क्या करना चाहिए? ... अगर हम वास्तव में ऐसा करना चाहते हैं और हमारा मक़सद सिर्फ़ अपने सेकुलरवाद की आत्मश्लाघा में मगन रहने का नहीं है तो हमें विमर्श के उसी धरातल पर ऐसा करना होगा जिस पर धर्म टिका हुआ है। अर्थात् हमें धार्मिक विचारों से देशी भाषाओं के धरातल पर ही जद्दोजहद करनी होगी। हम साहित्य के क्षेत्र में, गम्भीर आत्म-चिंतनपरक लेखन के क्षेत्र में ही यह काम कर सकते हैं, न कि दैनिक पत्रकारिता जैसे दूसरे दर्जे के हलक़े में। दूसरे, धार्मिक विचारों के महत्त्व और बोधगम्यता को स्वीकार करते हुए उनके आधार को प्रश्नांकित करने वाले इस संवाद को हमारी अपनी परम्परा की समझ से सम्पन्न होगा। यह सम्पन्नता परम्परा के बारे में सामान्यीकृत, अमूर्त और निरपेक्ष क़िस्म के रंगहीन वक्तव्यों में नहीं आ सकती। अंग्रेज़ी शिक्षित अफ़वाहों पर आधारित न हो कर उसे परम्परा संबंधी ज्ञान के बेहतर आधार से जुड़ना होगा। एक तरह से कहा जाए तो ये दोनों बातें अलग-अलग नहीं हैं। भाषा हमारी सांस्कृतिक स्मृति का महान् आगार है, और जैसे ही एक सेकुलरवादी अपने विचारों को देशी भाषा में लिखना शुरू करता है, उसे एक भाषा के कोषागार में भरी हुई अवधारणाओं से आलोचनात्मक संबंध स्थापित करना पड़ता है। वह न तो एकदम नयी भाषा का आविष्कार कर सकता है, और न ही बनी-बनाई भाषा में निहित अवधारणाओं को पुराने अर्थों के साथ ज़ारी रहने दे सकता है।[31]

निराला के साथ सुदीप्त कविराज की जुगलबंदी की रोशनी में जब मैं आपकी

---

[31] सुदीप्त कविराज (1990), 'ऑन दि डिस्कोर्स ऑफ़ सेकुलरिज़म', विद्युत चक्रवर्ती (सम्पा.) (1990), *सेकुलरिज़म ऐंड इण्डियन पॉलिटी*, सेगमेंट, नयी दिल्ली : 185-207.

बातों पर सोचता हूँ तो कुछ-कुछ दिखाई पड़ता है कि कवि राज्य केंद्रित राजनीति, प्रतिनिधित्वमूलक लोकतंत्र और पश्चिमी मुहावरे से आक्रांत समाज-विज्ञान के वस्तुगत जगत में कहाँ स्थित है। वह ऐसा जनप्रतिनिधि है जो सामाजिक भविष्य की नुमाइंदगी करता हुआ लोकतंत्र के संस्थागत ढाँचे से बाहर काम कर रहा है। वह उन हितों का प्रतिनिधि है जिन पर लोकतांत्रिक निर्णय प्रक्रिया के दायरे में विचार नहीं हो पाता। वह लोकतंत्र को सिर्फ़ शासन करने की प्रणाली नहीं समझता बल्कि उसके नैतिक आयामों की दावेदारी करता है। वह राष्ट्र-राज्य के प्रतिमान में क़ैद राजनीति का आलोचक होता है, इसलिए उसकी न तो पक्ष से पटती है और न विपक्ष से। उसकी निगाह में सांस्कृतिक संबंध अनिवार्य रूप से राजनीतिक संबंधों की प्रतिकृति नहीं होते, इसलिए वह अपनी सृजनशीलता के ज़रिये सांस्कृतिक राजनीति के क्षणों का निर्माण करता है। यह स्थूल चुनावी राजनीति से अलग तरह की राजनीति होती है। इसका जीवन राजनीति शास्त्र के उन सिद्धांतों की तरह ही लम्बा होता है जो हमें या तो भारत की लोकतांत्रिक दलीय प्रणाली के बारे में बताते हैं या फिर जाति और राजनीति के अंतर्संबंधों पर रोशनी डालते हैं। ऐसी ही पचासों कविताएँ पढ़ने का असर मेरे ऊपर यह हुआ है कि मेरे लिए ये दिवास्वप्न नामुमकिन हो गये हैं जो संसदीय लोकतंत्र अकसर दिखाता है। ख़ास बात यह है कि आपकी ये कविताएँ लोकतंत्र को अ-लोकतंत्र क़रार दिये बिना उसकी आंतरिक आलोचना प्रस्तुत करती हैं। समाज-विज्ञान की धुली-पुँछी भाषा से अलग इन कविताओं के बेरहम प्रकाश में लोकतंत्र की निराशाएँ और विफलताएँ अपनी मानवीय सम्भावनाओं के साथ चमकती हुई देखी जा सकती हैं।

निराला-प्रकरण हमें एक बात और बता सकता है हम अपने लोकतंत्र का इतिहास कैसे लिखें, और अगर हमें अपने नागरिक समाज का इतिहास लिखना हो तो उसे कैसे कल्पित करें। आप लोगों ने निराला पर वर्णाश्रम के समर्थन और पुनरुत्थानवादी प्रवृत्तियों का आरोप लगाने वालों के लिए जो कहा है, उसी में इसका जवाब है। अगर हम लोकतंत्र के इतिहास को आधुनिक हिंदी और उसके साहित्य के इतिहास की नज़र से देखेंगे, तो पूरी सम्भावना है कि कुछ दूसरे ही तथ्य सामने आएँगे। हमें एक अलग तरह के बुद्धिवाद के दर्शन हो सकते हैं जो धार्मिक परम्परा से पूरी तरह धुला-पुँछा नहीं था। यह संघर्षशील क़िस्म का कभी हल्का और कभी भारी होता हुआ व्यावहारिक बुद्धिवाद था, जो किताबी नज़रिये से देखे जाने पर बुद्धिवाद नहीं भी लग सकता है। यही था वह बुद्धिवाद जो उस सांस्कृतिक परिघटना के लिए विधेयक था जिसे हम गर्व

से 'हिंदी नवजागरण' कहते हैं। आम तौर से राष्ट्रवादी इतिहासकारों ने पश्चिमी तर्ज़ के बुद्धिवादी जोश में जो इतिहास लिखा है उसमें से भाषाई नवजागरण के इन पहलुओं को हिंदू या पुनरुत्थानवादी क़रार दे कर या तो ख़ारिज कर दिया गया है, या पूरी तरह निकाल दिया गया है, या फिर उन पहलुओं की बड़े रक्षात्मक ढंग से लीपापोती की है। ऐसा करने के चक्कर में ये इतिहासकार दो तरह के नुक़सान कर बैठे। पहला, उन्होंने हक़ीक़त की ग़लतबयानी का अपराध करके अपने इतिहास में भारी झोल पैदा कर दिया और आने वाली पीढ़ियों को भाषाई नवजागरण की सरलीकृत समझ थमा दी। दूसरा, उन्होंने मौलिकता और स्वायत्तता के उस पहलू को देखने से इंकार किया जो नये विचारों के प्रजनन का आधार बन सकता था। ये इतिहासकार चाहते तो देख सकते थे कि किस तरह प्राक्-आधुनिक संरचना भाषाई नवजागरण के इन आयामों के कारण एक तरह के 'सेकुलरलीकृत धार्मिक स्मृति' की शक्ल लेती जा रही है। यह वही 'सेकुलरलीकृत धार्मिक स्मृति' थी जिसका आज साम्प्रदायिकता के ख़िलाफ़ लड़ने वाले कई संगठन भक्तिकाव्य द्वारा प्रदत्त धार्मिक कर्मकाण्डीयता की आलोचना के रूप में इस्तेमाल करते हैं।

लोकतंत्र का जन्म और आधुनिक हिंदी कविता का जन्म, एक साथ घटित होने वाली ये दोनों घटनाएँ भारतीय समाज में मौलिकता और स्वायत्तता के जन्म की घटनाएँ थीं। इस मौलिकता और स्वायत्तता को एक जीवंत नागरिक समाज के दायरे में ही पुष्पित और पल्लिवित किया जा सकता था। निश्चित रूप से यह नागरिक समाज हॉब्स के लेवायथन (आधुनिक राज्य) की तरह समाज के बाहर स्थित होकर उसकी 'लोकहितकारी' इंजीनियरिंग नहीं कर रहा है। वह तो समाज के भीतर स्थित एक समाज है जिसकी संरचना व्यापक और बृहत्तर समाज की तरह ही अनौपचारिक है। यह नागरिक समाज बृहत्तर समाज में अल्पसंख्यक न होकर उसके साथ गर्भनाल का रिश्ता रखता है। आधुनिक राज्य की भाँति उसे समाज से वैधता प्राप्त करने की आवश्यकता नहीं है, बल्कि वह स्वयं में वैध होता है।

इसमें कोई शक नहीं कि आधुनिक हिंदी कविता छायावादी युग से ही इस स्वयं-वैध नागरिक समाज का अभिन्न अंग बनी हुई है। भविष्य का स्वप्न देखते हुए उसने ऐसे-ऐसे प्रेक्षण किये हैं कि अगर समाज-विज्ञान की दुनिया अपने पश्चिमकेंद्रीय आग्रहों से थोड़ा वक़्त निकाल कर उसकी तरफ़ देख पाती तो भारतीय लोकतंत्र की नब्ज़ पर आज उसकी उँगलियाँ ज़्यादा सही जगह रखी होतीं। जिस समय राजनीति शास्त्र भारतीय दलीय प्रणाली का विशिष्ट ख़ाका

पेश करने में लगा हुआ था और उसे 'कांग्रेस प्रणाली' के रूप में चिह्नित किया जा रहा था, आधुनिक हिंदी कविता उस समय तक शासक वर्ग की उन प्रवृत्तियों की शिनाख़्त करने में कामयाबी हासिल कर चुकी थी जो आम जनता की लोकतंत्र में उत्तरोत्तर भागीदारी से हमेशा डरती रही हैं। उस समय आधुनिक हिंदी कविता साफ़ कह रही थी कि शासक वर्ग अपना कैचमेंट एरिया बढ़ाने के लिए तैयार नहीं दिख रहा है। यदि दलीय प्रणाली के बारे में किये जा रहे सटीक समाज-वैज्ञानिक प्रेक्षण इस फ़्यूचरिस्ट क़िस्म के साहित्यिक प्रेक्षण से तालमेल कर लेते तो क्या कांग्रेस प्रणाली के हश्र के बारे में लगाये गये पूर्वानुमान कुछ और न होते। इसी तरह अगर समाज-वैज्ञानिक अँधेरे की उस विकट स्वैरकल्पना में अपनी लोकतांत्रिक ज़िम्मेदारियों से मुँह छिपाते भारतीय मध्यवर्ग को देख लेते और सच्चे प्रतिपक्ष को राज्य द्वारा दी जाने वाली सम्भावित यातनाओं का भविष्य दर्शन कर लेते तो शायद वे लोकतंत्र को एक मध्यवर्गीय मूल्य मनाने के लिए इतनी आसानी से तैयार न होते। इसमें कोई शक नहीं कि जब हमारे कई विद्वान 1974 के जयप्रकाश आंदोलन में सम्पूर्ण क्रांति की सम्भावनाएँ देख रहे थे, आपकी कविता मध्यवर्ग को लोकतंत्र से कटते हुए देख रही थी। उस समय अगर राजनीतिशास्त्रियों ने उस कविता का संदेश आत्मसात् किया होता तो शायद समाज-विज्ञान को इस सूत्रीकरण के लिए अस्सी और नब्बे के दशक तक प्रतीक्षा न करनी पड़ती। इसी तरह जिस समय राजनीतिक अस्थिरता के लिए चिंतित लोगों को राजीव गाँधी के नेतृत्व में कांग्रेस को मिले अभूतपूर्व बहुमत से संतोष हो रहा था, यह आधुनिक हिंदी कविता ही थी जिसने अधिक बहुमत को लोकतंत्र की मजबूती नहीं बल्कि लोकतंत्र की विकृति का स्रोत क़रार दिया था। इस प्रकार कहा जा सकता है कि हिंदी की राजनीतिक कविता की लोकतांत्रिक कल्पनाशीलता में कुछ ऐसे तत्त्व हैं जिन्हें समाज-वैज्ञानिक यदि चाहें तो एक तरह के 'अर्ली वार्निंग सिस्टम' की संज्ञा दे सकते हैं। निश्चित रूप से यह कविता समाज से निरपेक्ष नहीं है, यह उसके सापेक्ष खड़ी है। वह सहयोगी की भूमिका में है, वह आलोचक की भूमिका में है, उसके पास प्रति-प्रश्न हैं, संदेह है और राजनीतिक विचारों की दुनिया में खलबली मचा देने की क्षमता है।

आपने अरस्तू का वह कथन पढ़ा ही होगा जिसमें उन्होंने लोकतंत्र के विचार की पैदाइश को इंसान की फ़ितरत से जोड़ते हुए कहा था कि अपने ख़यालों में बराबरी का एक आयाम हासिल कर लेते ही उसे अपनी सम्पूर्ण समता का यक़ीन हो जाता है। शायद इसी फ़ितरत के मातहत हो कर टॉकवील ने कभी यह कहने की जुर्रत कर डाली होगी कि लोकतंत्र में आख़िरकार सभी को सम्पूर्ण समता

हासिल हो जाएगी। इसी तरह जब आप अपनी कविता की क्रांति-कामना को लोकतंत्र के संदर्भ में व्याख्यायित कर रहे थे तब मेरे दिमाग़ में जी.के. चेस्टरटन का कथन गूँजने लगा था कि 'लोकतंत्र की स्थापना के लिए आप कभी क्रांति नहीं कर सकते। क्रांति करनी ही है तो पहले लोकतंत्र की स्थापना करनी पड़ेगी।' आख़िरकार किसी भी क्रांति का मक़सद एक ही तो हो सकता है कि किसी समाज में 'डेमॉस' (लोक या जन) को 'क्रेटिया' (सत्ता या तंत्र) मिल जाए। पहले अगर क्रांति हो जाती है, तो फ्रांसीसी क्रांति की भाँति वह केवल 'राजनीतिक क्रांति' भर रहने के अंदेशे का शिकार हो सकती है और हो सकता है कि उसके सामाजिक क्रांति में रूपांतरित होने की सम्भावनाएँ पीछे होती चली जाएँ। मार्क्स ने फ्रांसीसी क्रांति की आलोचना इसी मुद्दे पर की थी। सम्भवत: वे यह मानने के लिए तैयार नहीं थे कि राजनीतिक दायरे में लोकतंत्र की स्थापना उसके संक्रामक प्रभाव को कभी धीरे और कभी जल्दी सामाजिक और आर्थिक दायरों में भी फैला सकती है। जहाँ तक कविता और क्रांति का सवाल है, मुझे लगता है कि आपकी कविताएँ टॉकवील और मार्क्स के बीच किसी ज़मीन पर खड़ी हैं। टॉकवील ने अगर लोकतंत्र की सम्भावनाओं को बढ़ा-चढ़ा कर आँका था, तो मार्क्स उसके दूरगामी प्रभावों को कुछ कम करके आँक रहे थे। लोकतंत्र की परियोजना अपने जन्म से ही इन दो सिरों के बीच फँसी हुई है। मेरी निगाह में आपकी कविता भी इसी पहेली को हल करने की कोशिश का एक महत्त्वपूर्ण हिस्सा है। आपकी कविता उन सीमाओं को तोड़ना चाहती है जो अपराधियों के संयुक्त परिवार की तरह आचरण करने वाला शासक वर्ग लोकतंत्र पर थोपता है। आपकी कविता लोकतंत्र को पूँजीपतियों, ज़मींदारों और द्विजों के नेतृत्व वाले राज्य के परे ले जाना चाहती है। प्रतीक के तौर पर कहें तो वह लोकतंत्र के भविष्य से इस प्रबल त्रिकोणात्मक गठजोड़ को बहिष्कृत कर देना चाहती है।

आप लोगों को प्रतिनिधित्व का उसूल ठीक ही नापसंद है। लोकतंत्र के इतिहास में भी इस उसूल पर संदेह की छाया है। इस उसूल के निर्माता तक ख़ुद को डेमॉक्रैट या लोकतांत्रिक नहीं कहते थे। अमेरिकी संविधान जिस दिमाग़ की उपज था, उन जेम्स मेडिसन ने अपनी कृति के पक्ष में सबसे प्रबल तर्क यही दिया था कि इस संविधान के तहत ग़रीबों, मज़दूरों और निचले तबक़ों के लोग हाउस ऑफ़ रिप्रजेंटेटिव में चुन कर नहीं आ पाएँगे। हालात की साज़िश ने ही इस उसूल को 'रिप्रजेंटेटिव डेमॉक्रैसी' जैसे अंतर्विरोधी नाम के साथ स्थापित कर दिया है। इस लोकतंत्र में पता ही नहीं चलता कि मतदाताओं द्वारा चुना गया रिप्रजेंटेटिव कब जनता का गार्ज़ियन बन जाता है। ऐसा लगता है कि पचास के

दशक में जब उदारतावादी सिद्धांतकार प्रतिनिधित्वमूलक लोकतंत्र की उसूली ज़मीन गढ़ रहे थे, तो उनके सामने लोकतंत्र को हितों की होड़ के अलावा किसी और रूप में देखने का विकल्प मौजूद ही नहीं था। ऐसे में यह मानने का जी करने लगता है कि उन्हें उत्तर-मार्क्सवादी दुनिया के लिए एक शासन व्यवस्था की भित्ति खड़ी करने में ज़्यादा दिलचस्पी थी, न कि लोकतांत्रिक आदर्श के अधिकाधिक निकट पहुँचने की। ऐसी बात नहीं थी कि लोकतंत्र के दर्शन के पास प्रतिनिधित्व के उसूल का विकल्प सिरे से ही नहीं था। अरस्तू ने औचक चयन के आधार पर जनता के बीच से उसके नुमाइंदे चुनने का सुझाव दिया था। इस चुनाव में जीत के गर्व और हार के अपमान का कोई स्थान नहीं था। जनता की नुमाइंदगी एक सार्वजनिक दायित्व के रूप में उभरती थी जिसे उठाने के लिए सभी को तैयार रहना पड़ सकता था। उस दार्शनिक का यह सिद्धांत भविष्य के उस लोकतंत्र का वाहक बन सकता था जिसमें सत्ता पक्ष और विपक्ष की संरचनाएँ ऐसी न होती जैसी आजकल दिखाई पड़ती हैं। आपकी कविताएँ लोकतांत्रिक सिद्धांत को उसकी इस पुरानी भूली हुई ज़िम्मेदारी याद दिलाने का महत्त्वपूर्ण दायित्व निभाती हैं। सस्ती शेरो-शायरी पर वाह-वाह करने वाला और टुच्चे लतीफ़ों पर हँसता हुआ लोकतंत्र का सभाकक्ष आपकी कविताओं से निकल कर सीधे राजनीतिशास्त्रियों की आँखें कोंचता है। जब तक प्रतिनिधित्व के उसूल को रैडिकल ढंग से नहीं सुधारा जाता, अभिजन-हितों को साधने वाले प्रतिनिधियों और लोक के बीच तनाव लोकतंत्र को सम्पूर्ण नहीं होने देगा।

लोकतंत्र के सिद्धांतकार अगर कविता से उसकी हैसियत छीन लेने वाले पूँजीवादी 'मुक्त' समाज के बौद्धिक फ़ैशनों से छुटकारा पाने की कोशिश नहीं करेंगे तो वे कभी प्रतिनिधित्व के उसूल के परे नहीं जा पाएँगे। और, अगर वे ऐसा नहीं कर पाए तो मौलिकता और स्वायत्तता की कसौटी पर खरे उतर नहीं पाएँगे। स्वयं-स्वायत्त नागरिक समाज की सदस्यता उन्हें नहीं मिलेगी। तब यह भी माना जा सकता है कि वे नागरिक समाज के भीतर पूँजीवादी 'मुक्त' समाज द्वारा भेजे गये घुसपैठिये से ज़्यादा कुछ नहीं हैं। कहना न होगा कि नागरिक समाज की अवधारणा का इस्तेमाल साम्यवाद-विरोधी विचार की तरह किया जा चुका है। कम्युनिस्ट पार्टी को समाज का हरावल दस्ता मानने के आधार पर बनाये गये आधुनिक राज्य के विरोध में इसका प्रयोग हुआ था। लेकिन, कुल मिलाकर यह आधुनिक राज्य की आलोचना का कारगर औज़ार साबित हुई इसलिए जल्दी ही यह अपने साम्यवाद विरोधी अतीत से छुटकारा पा कर लोकतांत्रिक सिद्धांतशास्त्र का क़ीमती अंग बन गयी। उसे इस तरह का तटस्थ

रूप देने में समाज-वैज्ञानिकों की ही प्रमुख भूमिका रही है। हम जानते हैं कि आज नागरिक समाज को किसी निरंकुश तंत्र से नहीं, बल्कि सबसे ज़्यादा ख़तरा उन सिद्धांतकारों से है जो कारपोरेट पूँजीवाद के आईने में ही लोकतंत्र की छवि देखते हैं। इन सिद्धांतकारों का दावा है कि बहुराष्ट्रीय निगम राज्य के दायरे से बाहर होने के कारण स्वाभाविक रूप से नागरिक समाज के अंग हैं। ये लोग आधुनिक राज्य के प्रचलित रूपों के साथ पूँजीवादी तत्त्वों के गठजोड़ को एक हक़ीक़त मानने से इनकार करते हैं। आपकी कविताएँ इसी तरह के समाज-विज्ञान के ख़िलाफ़ एक सार्थक वक्तव्य हैं। हम देख चुके हैं कि वे नागरिक समाज से सरकार और बूर्ज़्वा दोनों को अलग रखना चाहती हैं। भारतीय समाज-विज्ञान को उनका यह संदेश ठीक से सुनना होगा।

आपकी बातें और कविताएँ सुनते हुए मेरे दिमाग़ में सवाल उठ रहा था कि आख़िर उन्हें अपना यह विशिष्ट रूप कैसे मिला होगा। उसकी पृष्ठभूमि में कौन सी वैचारिक निर्मितियाँ रही होंगी? निराला से लेकर रघुवीर सहाय और धूमिल तक की परम्परा को न तो मार्क्सवादी कहा जा सकता है और न ही कोई अन्य वादी। वामपंथ का आदि-इतिहास हमें केवल एक सुराग देता है कि 1789 की फ्रांसीसी एसेंबली के सभाकक्ष में बायीं तरफ़ की सीटों पर बैठे लोग जनता के हिमायती कहलाते थे। मेरी निगाह में आज लोकतंत्र के सभाकक्ष में आप सभी कवि बायीं तरफ़ वाली सीटों पर बैठे हुए हैं। लेकिन, फिर भी यहाँ मैं आपको वामपंथी कहने के बजाय उच्छेदक या विद्रोही क़िस्म का विसंवादी कहना पसंद करूँगा, और साथ में यह भी कहूँगा कि यह विसंवादी प्रवृत्ति आपको लोकतंत्र के विचार से ही प्राप्त हुई है। सवाल यह है कि जब यह विचार आपको उच्छेदक विसंवादी बना सकता है तो ज़रूर उसमें कहीं न कहीं उच्छेदनमूलक प्रवृत्ति या फ़ितनागरी छिपी होगी। अंग्रेज़ी में इसी फ़ितनागरी को 'सबवर्सिव' कहते हैं, और सबवर्जन करने वाले लोकतंत्र को रैडिकल लोकतंत्र कहा जा सकता है।

मुझे शुरू में लगता था कि आपकी कविताएँ प्रत्यक्ष लोकतंत्र की वकालत करती हैं और इसीलिए जैकोबिन क़िस्म के अंदेशों को प्रोत्साहित कर सकती हैं, लेकिन आपकी बातें सुनकर साफ़ हो गया है कि यह एक ग़लतफ़हमी थी। आपका लोकतंत्र रैडिकल ज़रूर है और उसमें उच्छेदक विसंवादी प्रवृत्तियों का प्राधान्य भी है, पर वह न तो *भीड़तंत्र* का समर्थक है और न ही आधुनिक राज्य को ख़ारिज करने वाली अराजकतावादी नारेबाजी करता है। आपकी कविताएँ तो रैडिकल लोकतांत्रिक नज़रिये से आधुनिक राज्य के उस रवैये की कठोर आलोचना करती हैं जो प्रत्येक सामाजिक गतिविधि को राज्य-केंद्रित कर देना चाहता है।

जिसके कारण राजनीति का मतलब केवल हितों की होड़ या सत्ता के लिए किया जाने वाला गठजोड़ रह जाता है।

प्रिय कविगण, निरालाजी की ही तरह आज आप हमारे बीच नहीं हैं। सिर्फ़ आपकी कविताएँ हैं, जो अब जनता की सम्पत्ति बन चुकी हैं, और जिनके समाज-वैज्ञानिक अध्ययन के आधार पर इस वर्कशॉप की परिकल्पना की गयी थी। आपकी कविताएँ एक काल विशेष में रची गयी थीं। हो सकता है कि उस समय उनका तात्पर्य ठीक-ठीक वह न हो, जो आज इस संवाद में आपके वक्तव्यों के ज़रिये उभर कर आया है। इस संवाद में सांस्कृतिक राजनीति के महत्त्व पर विशेष ज़ोर पड़ा है। इस सांस्कृतिक राजनीति से आवेशित समाज-विज्ञान लोकतांत्रिक सिद्धांत को संस्कृति सापेक्ष बना सकता है। ऐसे सिद्धांत के तहत हर संस्कृति के पास लोकतंत्र उसी तरह नये रूपों में आविष्कृत होते हुए जाएगा जिस तरह *रिपब्लिक* के सुकरात हर नये व्यक्ति के साथ नये तरीक़े से संवाद करते थे।

वर्कशॉप का निमंत्रण स्वीकार करने और समाज-विज्ञान की दुनिया में भागीदारी के लिए बहुत-बहुत शुक्रिया।

एक बार फिर से आपका
अभय कुमार दुबे

संदर्भ

अलेक्सिस डि टॉकवील (1835/2003), *डेमॉक्रैसी इन अमेरिका,* अनु. जेराल्ड बेवन और परिचय इसाक क्रेमनिक, पेंगुइन क्लासिक्स, लंदन.

गिरधर राठी (1998), 'शीत युद्ध की समाप्ति पर कविता', *ऊहापोह,* राधाकृष्ण प्रकाशन, नयी दिल्ली.

धूमिल (1993), *संसद से सड़क तक,* राजकमल प्रकाशन, नयी दिल्ली.

देखें, रॉबर्ट ए. डाह्ल (1991), *डेमॉक्रैसी ऐंड इट्स क्रिटिक्स,* ओरिएंट लांगमेन, नयी दिल्ली.

नामवर सिंह (सम्पा.) (1978), *आधुनिक रूसी कविताएँ,* राजकमल प्रकाशन, नयी दिल्ली.

नामवर सिंह (1993), *कविता के नये प्रतिमान,* राजकमल प्रकाशन, नयी दिल्ली.

निर्मला जैन (1998), 'निराला का समय और उनकी मानसिक बनावट', *समकालीन भारतीय साहित्य,* अंक 75, जन.-फर.

नेमिचंद जैन (सम्पा.) (1998), खण्ड 2, *मुक्तिबोध रचनावली,* राजकमल प्रकाशन, नयी दिल्ली.

पार्थ चटर्जी (2004), 'पापुलेशंस ऐंड पॉलिटिकल सोसाइटी', *द पॉलिटिक्स ऑफ़ गवर्न्ड : रिफ़्लेक्शंस ऑन पॉपुलर पॉलिटिक्स इन मोस्ट ऑफ़ द वर्ल्ड,* परमानेंट ब्लैक, नयी दिल्ली.

फ्रांस्वा फ़्यूरेट (1998), 'डेमॉक्रैसी ऐंड यूटोपिया', *जर्नल ऑफ़ डेमॉक्रैसी,* जॉन हॉपकिंस युनिवर्सिटी प्रेस, बाल्टीमोर.

फ्रांसेस्का ऑर्सीनी (2002), *दि हिंदी पब्लिक स्फ़ेयर 1920-1940 / लैंग्वेज ऐंड लिटरेचर इन द एज*

ऑफ़ नैशनलिज़म, ऑक्सफर्ड युनिवर्सिटी प्रेस, नयी दिल्ली.

रजनी कोठारी, 'सोशल एक्सक्लूज़न : हिस्टोरिकल, इंस्टीट्यूशनल ऐंड आइटियॉलॅजीकल डायमेंशंस', अप्रकाशित लेख.

रमेश चंद्र शाह (सम्पा.) (2003), *निराला संचयिता,* वाणी प्रकाशन, नयी दिल्ली.

रामाश्रय राय, 'पैरामीटर्स ऑफ़ द पार्टिसिपेशन', *कैप्टिव विज़ंस.*

विजय बहादुर सिंह (सम्पा.) (2002), *भवानी प्रसाद मिश्र रचनावली,* खण्ड 1, अनामिका प्रकाशन, नयी दिल्ली.

विजय बहादुर सिंह (सम्पा.) (2003), *नागार्जुन रचनावली,* खण्ड 1, राजकमल प्रकाशन, नयी दिल्ली.

शिव विश्वनाथन, *इंटेरोगेटिंग द नेशन,* अप्रकाशित लेख.

श्रीकांत वर्मा (1991), 'कोसल में विचारों की कमी है', *मगध,* राजकमल प्रकाशन, नयी दिल्ली.

सी. डगलस लुमिस (1996), *रैडिकल डेमॉक्रैसी,* कॉर्नेल युनिवर्सिटी प्रेस, लंदन.

सुरेश शर्मा (सम्पा.) (2000), *रघुवीर सहाय रचनावली,* खण्ड 1, राजकमल प्रकाशन, नयी दिल्ली.

सुदीप्त कविराज (1990), 'ऑन द डिस्कोर्स ऑफ़ सेकुलरिज़म', विद्युत चक्रवर्ती (सम्पा.) (1990), *सेकुलरिज़म ऐंड इण्डियन पॉलिटी,* सेगमेंट, नयी दिल्ली.

8

हिंदी का 'ह्यूमिलिएशन'

बैताल पचीसी की छब्बीसवीं कहानी उर्फ़ अवमानना की इंजीनियरिंग

पच्चीस कहानियाँ पूरी हो जाने के बाद विक्रम जैसे ही छब्बीसवीं बार बैताल को कंधे पर डाल कर चला, चालाक बैताल ने एक और सवाल पूछ डाला कि क्या लेखक ने यह शीर्षक सिर्फ़ अनुप्रास की छटा बिखेरने के लिए बनाया है? आख़िर उसने 'ह्यूमिलिएशन' की जगह 'अवमानना' जैसे हिंदी के शब्द या 'ज़िल्लत' जैसे उर्दू के लफ़्ज़ का इस्तेमाल क्यों नहीं किया? यह सवाल भाषाई पेच से ताल्लुक़ रखता था और इसका जवाब देने के लिए उसे हिंदी के इतिहास में डुबकी लगानी पड़ सकती थी। एक समस्या यह भी थी कि समाज-विज्ञान में 'ह्यूमिलिएशन' नाम की श्रेणी ज़्यादा से ज़्यादा पाँच-छह साल से ही चर्चा में थी। इसलिए अभी ठीक-ठीक नहीं कहा जा सकता था कि हिंदी में इसे क्या कहा जाएगा और उर्दू में इसका नाम क्या होगा।[1] लेकिन विक्रमादित्य को इतना

---

[1] इजराइली विद्वान मार्गलिट अविशाई (1996) की किताब *द डीसेंट सोसाइटी*, हार्वर्ड युनिवर्सिटी प्रेस, केम्ब्रिज, मैसाचुसेट्स से समाज-विज्ञान की दुनिया में 'ह्यूमिलिएशन' का प्रचलन हुआ. सिद्धांतपरक राजनीतिक दर्शन के विद्वानों ने इसमें ख़ास रुचि ली. *सोशल रिसर्च* नामक पत्रिका ने 1997 के वसंत में इस पर विशेषांक (वसंत, 1997, न्यूयार्क) निकाला जिसके सम्पादकों में सिडनी मोरगेनबेसर के साथ-साथ मार्गलिट भी शामिल थे. इस अंक में छपे एक लेख में 'ह्यूमिलिएशन' और पहचान या अस्मिता की

यक़ीन ज़रूर था कि हिंदी का हिंदी में या उर्दू में 'ह्यूमिलिएशन' हो ही नहीं सकता। अगर हो सकता है तो केवल अंग्रेज़ी में ही। उसके सामने ख़तरा यह था कि अगर इस सवाल का ठीक-ठीक जवाब न दिया तो उसका सिर टुकड़े-टुकड़े हो जाएगा। और जवाब देने के चक्कर में उसका मौन टूट गया तो बैतलवा फिर डाल पर लटक जाएगा।

इस विकट उलझन से निकलने के लिए होशियार और ज़िद्दी विक्रम ने बैताल को लाजवाब करने का एक तरीक़ा ढूँढ़ निकाला जिसका पूरी *बैताल पचीसी* में भी ज़िक्र नहीं मिलता। एक ऐसा तरीक़ा जो संस्कृत की *बैतालपंचविंशति का* के लगभग अज्ञात रचनाकारों की समझ में नहीं आया था। यह युक्ति खड़ी बोली के अंग्रेज़ों द्वारा खड़े किये गये कारख़ाने फ़ोर्ट विलियम कॉलेज के मज़हर अली ख़ाँ विला और उनके मददगार लल्लूजी लाल के दिमाग़ में नहीं आयी थी।[2] संस्कृत की इस किताब का ब्रज भाषा में अनुवाद हो चुका

राजनीति के आपसी संबंधों पर भी विचार किया गया (स्टीवन ल्यूक्स, 'ह्यूमिलिएशन ऐंड पॉलिटिक्स ऑफ़ आइडेंटिटी'). इस रिश्ते पर मार्गलिट ने अपनी किताब में भी ग़ौर किया था. इन चर्चाओं में पहचान की राजनीति की भाषाई क़िस्म का भी ज़िक्र मौजूद है. इस लेख को पढ़ते हुए ही मेरे दिमाग़ में आया कि क्या भारतीय संदर्भ में हिंदी, उर्दू और अंग्रेज़ी के रिश्ते में 'ह्यूमिलिएशन' की संरचनाएँ देखी जा सकती हैं. उसी वक़्त मैं वीरभारत तलवार (2002) की हाल ही में प्रकाशित किताब *रस्साकशी : उन्नीसवीं सदी का नवजागरण और पश्चिमोत्तर प्रांत* (सारांश प्रकाशन, नयी दिल्ली का अध्ययन कर रहा था. इसी दौरान मेरे दोस्त आदित्य निगम ने मेरा ध्यान *जनसत्ता* में प्रकाशित कमल नयन चौबे के पत्र की ओर दिलाया. विकासशील समाज अध्ययन पीठ द्वारा प्रायोजित लोक-चिंतन ग्रंथमाला की पुस्तक *आधुनिकता के आईने में दलित* अभय कुमार दुबे (सम्पा.)(2002), वाणी प्रकाशन, नयी दिल्ली, में संकलित करने के लिए गोपाल गुरु का लेख 'अवमानना के आयाम' का अनुवाद मैं कर चुका था. इसी मौक़े पर गोपाल ने इस विचार गोष्ठी के लिए लिखने का फ़रमाइश की. वैसे, हिंदी के भाषाई इतिहास और आधुनिक राजनीति में उसके उपयोग की कोशिशों में मेरी दिलचस्पी कम से कम दस साल पुरानी है. दिल्ली विश्वविद्यालय और हिंदी अकादमी के सेमिनारों में इस सवाल को लेकर मैं रामविलास शर्मा के शिष्यों समेत कई दूसरे अध्येताओं के साथ कुछ विचारोत्तेजक बहसों में भागीदारी कर चुका हूँ. कमल नयन चौबे के पत्र का इस आलेख में मैंने मनमाना इस्तेमाल किया है और अपना बौद्धिक मक़सद हल करने के लिए उसमें से कुछ ऐसे मतलब भी निकाले हैं जो शायद वे ख़ुद नहीं निकालना चाहते होंगे.

[2] *बैताल पचीसी* की क़िस्सागोई के अंदाज़ में इस लेख को लिखने से मुझे कई फ़ायदे हुए. पहला, मैं इस बहस का सिरा आधुनिक हिंदी के उस ऐतिहासिक मुक़ाम से पकड़ सका जब खड़ी बोली की बुनियाद में ब्रज जैसी समृद्ध भाषाओं को दफ़्न करने की तैयारी की जा रही थी. खड़ी बोली के चैम्पियनों ने ब्रज को कभी गद्य की भाषा नहीं माना. वे उसे पद्य की भाषा ही मानते रहे. अगर *बैताल पचीसी* ब्रज में उपलब्ध हो पाती तो उसे गद्य-अक्षम भाषा मानने के ख़िलाफ़ एक तर्क मिल सकता था. पचीसी की शैली में लिखने के कारण मुझे इस लेख में उर्दू के आमफ़हम शब्दों के इस्तेमाल का ख़ूब मौक़ा मिला. आमतौर पर मैं हिंदी में लिखते समय इन शब्दों पर नुक़्ते नहीं लगाता क्योंकि मैं मानता हूँ कि ये शब्द हिंदी के हो चुके हैं और उन्हें फ़ारसी की वर्तनी के मुताबिक़ न लिख कर हिंदी की वर्तनी के मुताबिक़ लिखा जाना चाहिए. लेकिन इस लेख के ख़ास संदर्भ में मैंने यहाँ नुक़्ते लगाना मुनासिब समझा. इससे यह भी दिखाई दे जाता है कि उर्दू के कितने ज़्यादा शब्द हिंदी में शामिल हैं.

था पर कॉलेज इसे खड़ी बोली में तैयार कराना चाहता था। आज ब्रज भाषा की *बैताल पचीसी* का किसी को पता नहीं है और उसके आधार पर तैयार की गयी खड़ी बोली की *बैताल पचीसी* को हम सब बचपन से पढ़ते रहे हैं। दरअसल, विक्रम की सूझ यह थी कि जवाब देने के बजाय उल्टा सवाल कर दिया जाए। और उसने एक नहीं तीन सवाल दागे। बैताल भौंचक्का रह गया। पचीसी की पटकथा पलट गयी। विक्रम के बजाय अब बैताल के दिमाग़, ज्ञान और हाज़िरजवाबी की परीक्षा होनी थी।

पहला सवाल विक्रम ने यह पूछा कि ऐसा कौन सा 'ह्यूमिलिएशन' है जो परम्परा की कोख से नहीं सिर्फ़ आधुनिकता के गर्भ से जन्म लेता है और जात-पाँत कुछ नहीं मानता? ब्राह्मण को भी दलित की तरह ही ज़लील करता है, यहाँ तक कि इस 'ह्यूमिलिएशन' के तहत ब्राह्मण ख़ुद को दलित समझने की स्थिति में आ जाता है। विक्रम का दूसरा सवाल भी पहले सवाल की तरह ख़ासा पेचीदा था कि पिछले दिनों उर्दू के मशहूर नक़्क़ाद (आलोचक) शम्सुर्रहमान फ़ारूक़ी ने हिंदी-उर्दू मसले पर नीलाभ से बातचीत करते हुए सर एंथनी मैकडॉनल को इस तरह क्यों याद किया : 'मेकडॉनल ने, जिस कम्बख़्त के नाम से सड़क है पटने में, जहाँ कि हम रहा करते थे, उसने बिहार से शुरू किया यह काम।'[3] सवाल को पेचीदा बनाने के लिए विक्रम ने उसमें यह भी जोड़ दिया कि आधुनिक हिंदी के सबसे बड़े आलोचक रामचंद्र शुक्ल ने उसी 'कम्बख़्त मेकडॉनल' को 'परम न्यायशील सर एंथनी मेकडॉनल' क्यों लिखा जबकि वे गाँधी और तिलक तक को मिस्टर गाँधी और मिस्टर तिलक लिखा करते थे।[4] विक्रम का तीसरा सवाल यह था कि क्या किसी भाषा की पहचान धार्मिक हो सकती है और अगर हो सकती है तो क्या उसे आधुनिक संदर्भों में जातीय या राष्ट्रीय पहचान की तरह पेश किया जा सकता है? आख़िर वह कौन सा चश्मा है जिससे धार्मिक पहचान जातीय और जातीय पहचान अखिल भारतीय राष्ट्रीयता की वाहक दिखने लगती है? बैताल को तंग करने के लिए विक्रम ने इसमें एक पेच यह भी जोड़ दिया कि 'शुद्ध हिंदी' और 'हिंदी' में क्या फ़र्क़ है?

बैताल का दिमाग़ घूम गया। 'ह्यूमिलिएशन' की दुनिया में ब्राह्मण और दलित का क्या मुक़ाबला? एक 'ह्यूमिलिएशन' करने और दूसरा कराने के लिए ही पैदा हुआ है! दूसरे, यह सर एंथनी भी कोई ज़ोरदार चीज़ रहा होगा जिसने

---

[3] शम्सुर्रहमान फ़ारूक़ी के इस इंटरव्यू के लिए देखें : इजलाल मजीद, मंजूर एहतशाम और कमला प्रसाद (सम्पा.) (2002), *कि आती है उर्दू ज़बां आते आते*, पहला खण्ड, वाणी प्रकाशन, नयी दिल्ली.

[4] मैकडॉनल की प्रशंसा में रामचंद्र शुक्ल (1986) के इस उत्साह के लिए देखें उनकी पुस्तक *श्री राधाकृष्णदास*, नागरी प्रचारिणी सभा, वाराणसी, *रस्साकशी* में इस तुलना का ज़िक्र वीरभारत तलवार ने : 377 पर किया है.

अपने कारनामे तो उन्नीसवीं सदी में किये लेकिन उसे गालियाँ और तारीफ़ बीसवीं ही नहीं, इक्कीसवीं सदी में भी मिल रही हैं। ऊपर से यह धार्मिक पहचान का चक्कर क्या है? भाषा तो धार्मिक पहचान के परे होती है। बंगाल के मुसलमान हों या हिंदू, तमिलनाडु के मुसलमान हों या हिंदू, सभी बांग्ला या तमिल ही बोलते हैं। फिर शुद्ध हिंदी क्या बला है? क्या इसका मतलब व्याकरण के लिहाज़ से शुद्ध हिंदी है? या फिर यह एक ख़ास तरह की हिंदी का नाम है? बैताल की उलझन का सबब यह था कि उसने शुद्ध अंग्रेज़ी जैसी कोई बात कभी नहीं सुनी थी। अंग्रेज़ी या तो होती थी या नहीं होती थी। वह अच्छी हो सकती थी, ख़राब हो सकती थी, किंग्ज़ इंग्लिश हो सकती थी, ऑक्स-ब्रिज अंग्रेज़ी हो सकती थी, प्रवाहपूर्ण हो सकती थी, अभिव्यक्तिप्रवण हो सकती थी, टूटी-फूटी भी हो सकती थी, पर शुद्ध और अशुद्ध नहीं हो सकती थी। कहीं ऐसा तो नहीं कि कुछ ख़ास तरह के शब्दों के साथ बोली गयी हिंदी शुद्ध मानी जाती हो और कुछ दूसरे तरह के शब्दों के साथ बोली गयी अशुद्ध? बैताल ने पहली बार आजिज़ी के लहज़े में कहा : हे अक़्लमंद राजा, ये तीनों तो बड़ी विकट पहेलियाँ हैं। कोई 'लाइफ़ लाइन' मिले तो समाधान की कोशिश की जाए। बैताल की परेशानी पर मज़ा लेते हुए विक्रम ने उसे इसी साल छह अगस्त के *जनसत्ता* अख़बार में छपे सम्पादक के नाम एक पत्र को पढ़ने की सलाह दी और कहा कि उसे उन्नीसवीं सदी की आख़िरी दहाई का इतिहास भी खोल कर देख लेना चाहिए जो हाल ही में वीरभारत तलवार ने अपनी मोटी किताब *रस्साकशी* में एकदम ऐतिहासिक उपन्यास की शैली में दर्ज किया है। तीसरे सवाल के लिए 'लाइफ़ लाइन' यह थी कि बैताल को इस रहस्य का तोड़ रामविलास शर्मा द्वारा रचित *महावीर प्रसाद द्विवेदी और हिंदी नवजागरण* को नये नज़रिये से पढ़कर मिलेगा। इसी किताब को पढ़ कर रामविलास शर्मा के आलोचक और प्रतिद्वंद्वी बुद्धिजीवी भी हिंदी जातीयता की रट लगाने लगे थे।[5] इसी किताब में सुराग़ मिलेगा कि शर्माजी ने भारतेंदु युग के लेखकों द्वारा हिंदी को हिंदू से जोड़ने की कारीगरी को जातीयता के चश्मे से देखने का कमाल कैसे किया।

[5] तलवार ने ख़ुद मुझे बताया है कि रामविलास शर्मा की महावीर प्रसाद द्विवेदी पर किताब पढ़ कर वे इतने प्रभावित हुए थे कि हिंदी जातीयता के पक्ष में पूर्णकालिक कार्यकर्ता बनने के बारे में सोचने लगे थे. लेकिन बौद्धिक खोजबीन करने पर उनके सामने उन्नीसवीं सदी के हिंदी नवजागरण की एक दूसरी ही तस्वीर उभरी और वे इस नतीजे पर पहुँचे कि यह तो कोई नवजागरण था ही नहीं. दरअसल, हिंदी जातीयता की संकल्पना का असर इतना गहरा था कि हिंदी नवजागरण को बेसाख़्ता ही राष्ट्रीय नवजागरण की संज्ञा दे दी जाती थी. इसका अंदाज़ा इस बात से लगाया जा सकता है कि ख़ुद वीरभारत ने अपनी पहली किताब के शीर्षक में 'राष्ट्रीय नवजागरण' अभिव्यक्ति का प्रयोग किया है, हालाँकि इसका एक बड़ा लेख रामविलास शर्मा के साथ कटु बहस को समर्पित है.

चौबेजी के दिलो-दिमाग़ की सैर

बैताल ने फ़ौरन *जनसत्ता* की फ़ाइलें पलटीं और देखा कि कमल नयन नाम के सज्जन ने वहाँ 'दलित है हिंदी' शीर्षक से एक लम्बा सम्पादक के नाम पत्र छपा रखा है।[6] पत्र के लेखक या तो दिल्ली विश्वविद्यालय के छात्र थे या अध्यापक। ख़ास बात यह है कि वे जाति के चौबे थे फिर भी उन्हें अफ़सोस था कि :

> देश के विश्वविद्यालयों में हिंदी की वही दुरावस्था है जो दलितों की पूरे देश में है। ... यह कटु सत्य है कि 'अंग्रेज़ीदाँ पुरुषोत्तमों' के मध्य शुद्ध हिंदी में अपने विचार व्यक्त करने वाले छात्र-छात्राओं को विश्वविद्यालय के अन्य सहपाठी छात्र इस नज़रिये से देखते हैं मानो ब्राह्मणों की विद्वत्सभा में किसी निम्न कुल के दलित का प्रवेश हो गया हो।

बैताल ने देखा कि यह लम्बा पत्र अंग्रेज़ी पर महारत के अभाव को दलितपन के साथ जोड़ता था। पत्र लेखक को यह भी लग रहा था कि 'ह्यूमिलिएशन' का सबसे ज़्यादा शिकार दलित समाज ही 'हिंदी की उपेक्षा से जुड़े शोषण के दस्तावेज़ को' समझ सकता है। पत्र से यह भी लगा कि भाषा समस्या, ख़ास कर हिंदी ख़ित्ते की भाषा समस्या ने पिछले पचास साल में एक ऐसे विशाल 'ह्यूमिलिएटिड समुदाय' का निर्माण कर दिया है जिसमें पहली बार ब्राह्मण और दलित समकक्ष आ गये हैं। यह 'ह्यूमिलिएशन' पूरी तरह आधुनिक क़िस्म का है। यह जात-पाँत में यक़ीन नहीं रखता। यह इसके बावजूद ज़ारी रहता है कि सरकार और उसके कारकुन घोषित रूप से आज़ादी के बाद से ही हिंदी के विकास के लिए कमर कसे हुए हैं। विक्रम को तसल्लीबख़्श जवाब देने के लिए बैताल ने इसी अख़बार के कुछ और अंकों को खँगाल डाला। उसे पता चला कि इस पत्र के प्रकाशन के हफ़्ते भर पहले ही भारतीयता के संघ-स्वदेशी पैरोकार केंद्रीय मानव संसाधन विकास मंत्री मुरली मनोहर जोशी हिंदी के किसी चैम्पियन के लिए नोबेल पुरस्कार जैसे सम्मान की पेशकश कर चुके हैं।[7] यानी बैताल ने जाना कि हिंदी का 'ह्यूमिलिएशन' राज्य द्वारा तकनीकी मान्यता के अभाव का द्योतक नहीं है। क़ानूनी तौर पर हिंदी की हस्ती ऊँची है पर समाजी तौर पर नीची है। राज्य से बाहर जो नागरिक समाज है, उसमें उसकी वक़त कम है। हिंदी वालों के पास वोट भी सबसे ज़्यादा है पर उनके नुमाइंदे हिंदी की हैसियत नहीं सुधार पा रहे हैं। चौबेजी के भौंचक्कें होने की यही वजह थी कि 'देश की राष्ट्रभाषा होने के बाद भी हिंदी की हस्ती अंग्रेज़ी के सामने गौण बना दी गयी है।'

---

[6] कमल नयन चौबे, 'दलित है हिंदी', सम्पादक के नाम पत्र, *जनसत्ता* (2002), नयी दिल्ली, 6 अगस्त.

[7] *जनसत्ता* (2002), 1 अगस्त, नयी दिल्ली.

चौबेजी की दिमाग़ी कैफ़ियत का जायज़ा लेने के लिए बैताल अपनी ग़ैबी ताक़त का इस्तेमाल करता हुआ उनके दिमाग़ में घुस गया जिसका एक रास्ता उनके दिल की तरफ़ भी फूटता था। बैताल ने इससे पहले किसी ब्राह्मण के दिलो-दिमाग़ की सैर नहीं की थी। उस अजीब दुनिया में बैताल ने एक हैरतअंगेज़ नज़ारा देखा। उसे उम्मीद थी कि 'दलित है हिंदी' जैसा पत्र लिखने वाले के भीतर दलित ही दलित भरे होंगे पर वहाँ तो चारों तरफ़ तरह-तरह के सवर्ण और द्विज मँडरा रहे थे। दलित सिर्फ़ इक्का-दुक्का ही थे। वहाँ अटल बिहारी नाम का एक उदास वाजपेयी था जो हिंदी की तक़रीर में महारत हासिल कर लेने के बाद भी लिखी हुई अंग्रेज़ी मुर्दा लहज़े में पढ़ने के लिए मजबूर था।[8] वहाँ अभय कुमार नाम का एक परेशानहाल दुबे था जो जब भी बाज़ार में जाता था, उससे उसकी हिंदी के बारे में ऊलजलूल सवाल पूछे जाते थे। यहाँ तक कि हिंदी की वजह से ही कार और मक़ान ख़रीदने के वास्ते कर्ज़ लेने के लिए उसे विदेशी बैंकों में एक ख़ास तरह का बाण्ड भरना पड़ता था ताकि प्रमाणित हो सके कि दस्तावेज़ों पर हिंदी में किये गये दस्तख़त उसी के हैं। बैताल को पता चला कि अपने क्रेडिट कार्ड की पे-स्लिप पर पिछले दस साल से हिंदी में दस्तख़्त करने वाला यह इनसान दिल्ली के दुकानदारों के लिए आज भी अजूबा बना हुआ है।[9] वहीं ओम नाम के एक गुप्ता भी थे। उनकी तकलीफ़ यह थी कि जब वे अंग्रेज़ी की एक पत्रिका में नौकरी के लिए गये और उसके मालिक को बताया कि उन्हें हिंदी भी आती है यानी वे अंग्रेज़ी के साथ हिंदी में भी अख़बारनवीसी कर सकते हैं तो द्विभाषी होने के कारण उन्हें वहाँ ऐसे देखा गया मानो उनके आठ हाथ और सोलह सिर हों।[10]

वहाँ हिंदी के ऐसे आलोचकों की लाइन लगी हुई थी जो कॉलेज में अंग्रेज़ी साहित्य पढ़ाते थे। इन्हीं में रामविलास नाम का एक ज़हीन शर्मा था जिसने तय कर रखा था कि वह हिंदी का वर्चस्व भाषा के दम पर नहीं तो उसके विशाल

---

[8] हिंदी के प्रभावशाली वक़्ता के रूप में विख्यात अटलबिहारी वाजपेयी को प्रधानमंत्री के रूप में अंतर्राष्ट्रीय मंचों पर, संसद में और सरकारी समारोहों में अक्सर अंग्रेज़ी में लिखे वक्तव्य पढ़ने पड़ते हैं. उस समय उनका चेहरा आमतौर पर भावहीन होता है. वे यह मान भी चुके हैं कि उनके लिए मजबूरी का नाम अंग्रेज़ी है.

[9] यह मेरा निजी अनुभव है और जब भी मैं अपने बुद्धिजीवी साथियों को यह बताता हूँ तो हमेशा अचरज जताते हैं. ज़ाहिर है कि वे हिंदी में दस्तख़त नहीं करते.

[10] वरिष्ठ पत्रकार ओम गुप्ता से बातचीत के आधार पर. इस प्रकरण से यह भी साबित होता है कि आज़ादी के बाद हिंदी इलाक़े में द्विभाषी क्षमताओं का कितना अभाव हो गया है, हालाँकि आज़ादी की लड़ाई में हमारा नेतृत्व द्विभाषी नहीं बहुभाषी तक था.

भूभाग और बोलने वालों की बेतहाशा संख्या के दम पर ही स्थापित करके रहेगा। लेकिन इससे पहले कि शर्माजी की हिंदी जाति बन पाती, बैताल को वहाँ विजयदान देथा नामक एक ऐसा साहित्यकार मिल गया जिसने तेरह सौ कविताएँ और तीन सौ हिंदी कहानियाँ हिंदी में लिखने के बाद क़सम खा ली थी कि अब वह हिंदी में चिट्ठी भी नहीं लिखेगा। ज़ाहिर है कि हिंदी की जातीयता में उसकी कोई दिलचस्पी नहीं थी। वह तो 'रिवर्स इंजीनियरिंग' में लगा हुआ था और हिंदी में लिखना बंद करके राजस्थानी की तरफ़ लौट चुका था जिसे हिंदी वाले अपनी बोली से ज़्यादा की हैसियत देने के लिए तैयार नहीं थे। बैताल को वहाँ ऐसे आंदोलनकारी भी मिले जो हिंदी के पक्ष में नारा लगाने के बजाय उस पर साम्राज्यवादी रवैया अपनाने का आरोप लगा रहे थे। बैताल ने एक ऐसे सेमिनार में हो रही तक़रीरों को भी सुना जिसका विषय 'भाषा न समझी जाने वाली बोलियों' के बारे में था।[11] दूसरी तरफ़, उस दुनिया में ऐसे बहुत से 'स्टूडेंट्स' घूम रहे थे जिन्हें मातृभाषा हिंदी होने के बाद भी 'चाणक्य' को 'चनक्या' और 'योग' को 'योगा' बोलने में ज़्यादा आसानी थी। वहाँ विश्वविद्यालय के ऐसे प्रोफ़ेसर थे जिनकी परेशानी यह थी कि उनके इक्का-दुक्का छात्र राजनीतिशास्त्र के सिद्धांत हिंदी में पढ़ना चाहते हैं। बैताल ने हिंदी के आधुनिक कवियों के बीच शाम को जमने वाली शराब की महफ़िल भी देखी जिसमें नशा चढ़ जाने पर हर कवि हिंदी के बजाय कंधे हिला-हिला कर अंग्रेज़ी बोलने की कोशिश कर रहा था। नशा उतर जाने के बाद हाल ही में अपनी फ्रेंच कट दाढ़ी मुड़ा कर आये हुए कवि ने फ़ख़्र से बताया कि पिछले महीने एक महफ़िल में 'फ़ेंटेस्टिक हिंदी' बोल कर वह अपनी महिला मित्र को चकित करने में कैसे कामयाब हुआ। वहाँ एक ऐसा पिता था जो सारी ज़िंदगी हिंदी की सेवा करने के बाद अपने बेटे को अंग्रेज़ी में तक़रीर करते हुए देख कर ग़ुस्सा होने के बजाय गद्‌गद हो गया था।

बड़ा ग़ज़ब था चौबेजी का वह भीतरी संसार। वहाँ सिनेमा हाल से मध्यांतर में 'हू इज़ अफ्रेड ऑफ़ वर्जीनिया वुल्फ' देख कर निकलने वाले तथाकथित अंग्रेज़ीदाँ लोग थे जो लगातार यह दिखाने की कोशिश कर रहे थे कि उन्हें फ़िल्म

---

[11] रामविलास शर्मा ने उन्नीसवीं सदी के हिंदी आंदोलन की भव्य तस्वीर को मार्क्सवादी आयाम देने की कोशिश की है. उनकी संबंधित पुस्तकों में प्रमुख हैं : *भारतेंदु हरिश्चंद्र और हिंदी नवजागरण की समस्याएँ, महावीर प्रसाद द्विवेदी और हिंदी नवजागरण, हिंदी जाति का साहित्य* और *आचार्य रामचंद्र शुक्ल और हिंदी आलोचना,* सभी का प्रकाशन राजकमल प्रकाशन, नयी दिल्ली द्वारा.
विजयदान देथा के विचारों को जानने के लिए देखें : *जनसत्ता* (2000) के 'अपरोक्ष' स्तम्भ में प्रकाशित उनका अजित राय द्वारा लिया गया साक्षात्कार 'बोलियाँ हैं तो हिंदी है', 20 अगस्त, नयी दिल्ली.
यह सेमिनार दो साल पहले दिल्ली में *देशकाल* पत्रिका के प्रकाशकों ने आयोजित किया था.

का एक-एक डॉयलाग समझ में आ गया है। ज़ाहिर था कि वे सब 'वर्जीनिया वुल्फ' से डरते थे।[12] चौबेजी के दिलो-दिमाग़ में एक टीवी भी था जिस पर कुछ फ़िल्मी सितारों का इंटरव्यू चल रहा था। सिर्फ़ दो एक्टरों को छोड़ कर बाक़ी सभी अंग्रेज़ी में बोल रहे थे। ज़ाहिर था कि फ़िल्मों में रटे-रटाये संवाद बोलने के अलावा हिंदी के पाँच वाक्य सही-सही बोलना उनके बस से बाहर की बात थी। और तो और सफ़ाई से हिंदी बोलने वाले एक्टरों के कारण इंटरव्यू लेने वाले इतने ताज्जुब में थे कि उनसे बार-बार यही पूछे जा रहे थे कि ऐसी हिंदी बोलना उन्होंने कहाँ से सीखा। बैताल ने पाया कि चौबेजी के दिमाग़ में हिंदी किताबों की बिक्री काफ़ी हो रही थी पर, हर साल नयी जायदाद खड़ी करने के बावजूद प्रकाशक अपनी हालत ख़स्ता बता रहे थे। इसी तरफ़ बाज़ार में जिस किताब की सबसे ज़्यादा बिक्री थी वह अंग्रेज़ी बोलना सिखाने वाली मशहूर किताब *रेपिडेक्स इंगलिश स्पीकिंग कोर्स* थी। चूँकि इस किताब का शीर्षक हिंदी में था इसलिए हिंदी जातीयता के आंदोलनकारी उसे भी हिंदी जाति के साहित्य की श्रेणी में मान सकते थे। वहाँ बहुत सारी हाई स्कूल-इंटर पास मध्यवर्गीय गृहिणियाँ थीं जिनके हाथ में रेपिडेक्स का ताज़ा संस्करण था और उसके कवर पर जिस शख्स की तस्वीर छपी थी उसे बैताल ने फ़ौरन पहचान लिया। वह सदी का सबसे बड़ा हिंदुस्तानी क्रिकेट खिलाड़ी था। उसे ख़ुद अंग्रेज़ी ठीक से बोलनी नहीं आती थी लेकिन वह उन गृहिणियों से अपील कर रहा था कि उन्हें 'स्पोकन इंगलिश' सीखने के लिए यह किताब पढ़ना चाहिए। उन गृहिणियों में से कई का मानना था कि हो न हो सदी के महान खिलाड़ी ने भी इसी किताब से मदद ली होगी।[13]

बैताल ने इन्हीं नज़ारों में एक निहायत बेहूदा वाक़या भी देखा जिसमें सारी ज़िंदगी एक शब्द भी हिंदी न लिखने वाला और सारी ज़िंदगी मुश्किल से पचास सफ़े हिंदी पढ़ने वाला एक दानिशमंद हिंदी वालों के मजमे को यह बताने की कोशिश कर रहा था कि हिंदी कैसे लिखी जानी चाहिए। वह बार-

---

[12] शरद जोशी का मशहूर व्यंग्य लेख देखें : 'हू इज़ अफ्रेड ऑफ़ वर्जीनिया वुल्फ', *तिलिस्म,* राजकमल प्रकाशन, नयी दिल्ली.

[13] फ़िल्म अभिनेताओं की नयी पीढ़ी में शायद केवल मनोज वाजपेयी और आशुतोष राणा ही हैं जो रटे हुए संवादों के अलावा भी हिंदी ठीक से बोल पाते हैं. इन दोनों को अपनी इस ख़ास योग्यता के बारे में अकसर पूछताछ का सामना करना पड़ता है.

खिलाड़ी वाला प्रकरण यह है कि *रेपिडेक्स इंगलिश स्पीकिंग कोर्स* का प्रचार करने के बाद भी कपिल देव जब रिटायर हुए तो किसी टीवी चैनल ने उन्हें अंग्रेज़ी में कमेंटरी करने के लिए नहीं बुलाया. उन्हें बुलाया गया, पर हिंदी कमेंटरी के लिए.

बार व्यंग्य से जगह-जगह लगे चौबेजी की शुद्ध हिंदी के बोर्डों की तरफ़ इशारा कर रहा था जिन पर 'परीक्षक प्रश्नास्पद प्रलेख कार्यालय' और 'उपरिगामी उच्च मार्ग' जैसी अजीबो-ग़रीब इबारतें लिखी हुई थीं।[14] ज़ाहिर था कि इनका मतलब बैताल को भी नहीं पता था। इसके अलावा वहाँ दो तरह के दानिशमंद और थे। एक वे जो सारी ज़िंदगी अंग्रेज़ी में लिखने के बाद भी छटपटा रहे थे कि क़ाश, उनका काम हिंदी पढ़ने वालों तक पहुँच जाता। ज़ाहिर है कि ख़ुद हिंदी लिखने में कमज़ोर होने के कारण वे तरजुमा करने वालों की तलाश में थे।[15] पर सबसे अजीब नज़ारा तो दूसरे क़िस्म के उन दानिशमंदों का था जो ख़ुद हिंदी पर महारत रखने के बावजूद उसमें वह काम करने के लिए तैयार नहीं थे जिसे करना उन्हें सबसे ज़्यादा आता था यानी ज्ञान की गहराइयों में गोताख़ोरी का काम। उनके मुँह से लगातार हिंदी की दुर्दशा के लिए हाय-हाय निकल रही थी पर ज्ञान के क्षेत्र में उनका हस्तक्षेप अंग्रेज़ी के ज़रिये ही था। हिंदी के प्रति अपनी फ़र्ज़ अदायगी के लिए वे छुट-पुट लेखन करके ख़ुद को तसल्ली देने में लगे हुए थे।[16] गाँधीजी की तरह वे अंग्रेज़ी वालों से हिंदी में संवाद स्थापित करने के लिए तैयार नहीं थे।

चौबेजी के दिमाग़ में इतिहास भी था और वर्तमान भी। उस दुनिया में घूमते हुए बैताल को कुछ जलसों और बैठकों में शिरकत का मौक़ा भी मिला। एक नज़ारा गुज़रे ज़माने में हुई लंदन की एक बैठक का था जो तरक़्क़ीपसंदों की थी और जिसमें हिंदी का हिमायती होने का दावा करने वाला एक प्रोफ़ेसर तक़रीर कर रहा था कि सारे देश में रोमन लिपि का प्रचलन होना चाहिए। सारी भाषाएँ रोमन में भी लिखी जानी चाहिए। ख़ास बात यह थी कि तरक़्क़ीपसंद लेखक इस बात से क़ाफ़ी मुतास्सिर लग रहे थे। जब बैताल ने पूछा तो उनके एक नेता ने भाषा समस्या के हल की इस विचित्र तजवीज़ के समर्थन का कारण यह

---

[14] हिंदी का मज़ाक उड़ाने वालों का इशारा अकसर इसी तरह की परिभाषिक हिंदी की ओर होता है. लेकिन इसका मतलब यह नहीं है कि ये निंदक सहज बोलचाल वाली हिंदी पढ़ने, लिखने या बोलने की इच्छा रखते हैं. वे हिंदी को उसकी संस्कृतनिष्ठता के डण्डे से पीटते रहते हैं और व्यवहार में अंग्रेज़ी से जुड़े रहते हैं.

[15] समाज-विज्ञान में ऐसे विद्वानों की भरमार है. मैं मानता हूँ कि अपना काम हिंदी में लाने के आग्रह की शुरुआत आपातकाल के बाद से हुई. यह एक ऐसा मोड़ था जब हिंदी इलाक़े में बहुत तेज़ी से राजनीतीकरण हुआ. साहित्येतर विषयों के पाठक बढ़े. राजनीति पर द्विज तबक़ों के वर्चस्व को पिछड़ों और दलितों ने चुनौती दी. लोकतांत्रिक राजनीति की जटिलताओं और उसके सिद्धांतों को जानने के बारे में उन लोगों में भी इच्छा बढ़ी जो अपना स्थापित रंग-रुतबा खो रहे थे और उन लोगों में भी जो उसे पाने के लिए लालायित थे.

[16] ऐसे विद्वानों की हालत तो ये है कि वे हिंदी के ऊपर किये गये शोध को भी अंग्रेज़ी में लिखते हैं. जब मैंने ऐसे विद्वानों से पूछा कि हिंदी के ऊपर अपना प्रबंध उन्होंने हिंदी में क्यों नहीं लिखा तो उनका जवाब था कि हिंदी में ऐसी सामग्री छापने वाली पत्रिकाओं का अभाव है.

बताया कि यह ख़याल वैज्ञानिक होने के कारण मानने योग्य है।[17] दूसरी तरफ़ कम्युनिस्ट पार्टी का जलसा हो रहा था जिसके मंच से एक नौजवान नेता वहाँ मौजूद प्रतिनिधियों के विरोध के बाद भी लगातार कह रहा था कि अंग्रेज़ी को हमें एक भारतीय भाषा मान लेना चाहिए।[18] इंक़िलाब-ज़िंदाबाद के इस हंगामे के बीच बैताल को एक चोटी वाला स्वयंपाकी आचार्य मिला जो हाल ही में विश्व भर में हिंदी का प्रचार करने के लिए युरोप की यात्रा करके आया था और दूसरी यात्रा करने की तैयारी में था।[19] बीच के समय का सदुपयोग करने के लिए वह रवींद्रनाथ टैगोर के रचे हुए राष्ट्रगान 'जनमनगण' के ख़िलाफ़ मुहिम चला रहा था कि यह गीत तो राष्ट्रीय हो ही नहीं सकता। यह तो जार्ज पंचम की आराधना में लिखा गया था। बैताल ने पता लगाया कि उस आचार्य ने धीरे-धीरे राष्ट्रगीत के नाम पर प्रचलित तीनों गीतों, 'जनमनगण', 'वंदे मातरम' और 'सारे जहाँ से अच्छा' के राजनीतिक निष्कासन की योजना बनाई है क्योंकि तीनों में से कोई भी राष्ट्र-भाषा में नहीं है। वह चाहता था कि हिंदी की बची-खुची राजनीतिक चौधराहट भी क़ायम हो जाए।[20] वहीं दूर हल्के अँधेरे ने मुलायम सिंह नाम का एक ऐसा यादव भी बैठा था जिसके समाजवादी जोश ने हिंदी प्रदेश का मुख्यमंत्री रहते हुए कामकाज का काम अनिवार्यतः हिंदी में करने का

---

[17] यह कथन सज्जाद जहीर का है जो तरक्क़ीपसंद लेखकों की तहरीक़ के शीर्ष नेता थे. यह भाषण हिंदी के समर्थक समझे जाने वाले सुनीति कुमार चटर्जी ने दिया था. सज्जाद जहीर ने यह भी माना है कि तरक्क़ीपसंद लेखक चटर्जी के भाषण से पहले भी रोमन लिपि लागू करने के पक्ष में थे. सवाल यह है कि क्या तरक्क़ीपसंदों का कुनबा इस सच्चाई से नावाकिफ़ था कि अंग्रेज़ों ने भी रोमन लिपि लागू करने की एक कोशिश की थी जो बुरी तरह से नाकाम रही थी. देखें : सज्जाद जहीर (2000), *रौशनाई : तरक्क़ीपसंद तहरीक़ की यादें*, अनुवाद-जानकीप्रसाद शर्मा, वाणी प्रकाशन, प्रकाशन, नयी दिल्ली : 333. किसी तर्क को वैज्ञानिक समझ कर समर्थन करने का ख़याल दरअसल 'मार्क्सवाद एक विज्ञान है' जैसी सरलीकृत उक्ति से निकलता है और बेहद लोकप्रिय है. हाल ही में राजेंद्र यादव ने भी *हंस* की सालाना गोष्ठी में अपने शुरुआती भाषण में ताज्जुब करते हुए कहा था कि मार्क्सवादी बड़ी वैज्ञानिक बातें बोलते हैं पर जनता पर उनका असर नहीं होता. बहुत से मार्क्सवादियों ने वैज्ञानिक समाजवाद के सिद्धांत से यह सरलीकृत आग्रह निकाल लिया है कि मार्क्सवाद भौतिकशास्त्र और रसायनशास्त्र की तरह एक विज्ञान है. उसमें दो और दो मिला देने से चार होगा ही. पता नहीं वे यह क्यों नहीं देख पाते कि प्राकृतिक विज्ञानों में न्यूटन और आइंस्टाइन का भी वाद नहीं बन पाया. वाद केवल समाज-विज्ञान में ही बन सकता है प्राकृतिक विज्ञान में नहीं.

[18] यह नज़ारा भाकपा (माले) के तत्वावधन में हुए इण्डियन पीपुल्स फ्रंट के दिल्ली सम्मेलन का है. इसमें दीपंकर भट्टाचार्य ने यह ज़िद की थी. दीपंकर आजकल इस पार्टी के महासचिव हैं.

[19] आज़ादी के बाद से हिंदी के ठेकेदारों का एक बड़ा तबक़ा खड़ा हो गया है. इन लोगों ने हिंदी से काफ़ी माल कमाया है और लगातार विदेश यात्राओं पर रहते हैं. जो जितना कर्मकाण्डी होता है और जितना परम्परानिष्ठ दिखता है उतना ही ज़्यादा युरोप यात्रा करता है.

[20] आशिस नंदी का ख़याल है कि ग़ैर-हिंदी राष्ट्रगान भारतीय राष्ट्रवाद की ख़ास ख़ूबी है जो उसे पश्चिमी राष्ट्रवाद से अलग करती है. लेकिन हिंदी के अभियान-वाहक इसे हिंदी के वर्चस्व की कमी का द्योतक मानते हैं.

आदेश निकालने की जुर्रत की थी। लोहिया का भाषाई उत्तराधिकारी होने के ग़ुमान के बदले उसे अंग्रेज़ी वालों से घाव ही घाव मिले थे जिन्हें वह आज तक सहला रहा था।[21] वहीं बगल में एक ऐसा भी मुख्यमंत्री था जो इसी तरह की पिटाई के अंदेशे से घबरा कर अहमक़ाना अंदाज़ में अंग्रेज़ी बोलने की कोशिश में जुटा हुआ था।[22] जलसों और गोष्ठियों के इस माहौल में सिर्फ़ एक जलसा ऐसा था जिसमें बैताल ने एक दलित बुद्धिजीवी को बोलते हुए सुना। इसका जन्म पूर्वी उत्तर प्रदेश में हुआ था और शुरुआती लिखाई-पढ़ायी भी हिंदी में ही हुई थी लेकिन जैसे ही वहाँ मौजूद दलितों ने उससे हिंदी में बोलने की अपील की, उसने अंग्रेज़ी में जवाब दिया, 'आई कंसीडर हिंदी एज़ ए लिंग्विस्टिक ईविल।'[23]

कुल जमा हाल यह था कि उस दिलो-दुनिया में सम्पूर्ण भाषाई पराजय का दृश्य था। प्रधानमंत्री से लेकर मुख्यमंत्री तक, बुद्धिजीवी से लेकर पत्रकार तक, ब्राह्मण से लेकर दलित तक, पिता से लेकर बेटे तक, मर्द से लेकर औरत तक, अध्यापक से लेकर छात्र तक और कवि से लेकर प्रोफ़ेसर तक, खिलाड़ी से लेकर अभिनेता तक यानी हर जगह 'कम्प्लीट ह्यूमिलिएशन' था। अगर कोई दूसरा नहीं कर रहा था तो लोग ख़ुद को ही 'ह्यूमिलिएट' करने में लगे हुए थे। चारों तरफ़ अंग्रेज़ी की दिमाग़ी मातहती और पस्ती का हाहाकारी आलम था।

बैताल घबरा कर उस दिलो-दुनिया से बाहर निकल आया। उसका ख़याल था कि हिंदी तो अपनी लड़ाई लगातार उन्नीसवीं सदी की नौवीं दहाई से लेकर राष्ट्र-भाषा बनने तक जीतती चली आ रही है लेकिन कमल नयन चौबे का दिलो-दिमाग़ तो साफ़ बता रहा है कि हिंदी नागरिक समाज में अपने वर्चस्व की लड़ाई हार चुकी है। तब उन्नीसवीं सदी के ठीक आख़िर में उसने कौन सा मोर्चा सर किया था? उसे याद आया दो मार्च, 1898 का वह वाक़या जब राजों-महाराजों, रायबहादुरों, ज़मींदारों और रईसों का एक प्रतिनिधिमण्डल संयुक्त प्रांत के गवर्नर सर एंथनी मेकडॉनल से मिलने उनके इलाहाबाद स्थित बंगले पर गया था। इन लोगों के पास अदालती कामकाज में नागरी लागू करने की माँग करने

---

[21] उत्तर प्रदेश का मुख्यमंत्री बनने के बाद मुलायम सिंह यादव (1990) ने यह आदेश निकाला था जिसकी अंग्रेज़ी प्रेस में बड़े पैमाने पर लानत-मलामत हुई. आरोप लगाया गया कि इस आदेश के कारण उत्तर प्रदेश के नौजवान अंग्रेज़ी के ज्ञान में पिछड़ कर प्रगति की होड़ में पिट जाएँगे.

[22] यह इशारा लालू यादव की तरफ़ है जिन्होंने कहा जाता है कि ट्यूटर रख कर अंग्रेज़ी बोलना सीखने की कोशिश की. दूसरा प्रकरण इसी साल भोपाल में दलित एजेण्डे पर हुई बहस का है जहाँ दलित बुद्धिजीवी चंद्रभान प्रसाद ने हिंदी में भाषण देने से इंकार कर दिया था.

[23] तलवार, वही : 338-379.

वाला साठ हज़ार दस्तख़तों वाला डोरी से बँधा एक ज्ञापन था। सब कुछ पहले से तय था। छोटे लाट जानते थे कि उन्हें क्या दिया जाएगा और देने वालों को पूरा अंदाज़ा था कि ज्ञापन के बदले में गवर्नर महोदय क्या आदेश ज़ारी करेंगे। लेकिन एक छोटी सी उलझन यह आ गयी कि नागरी के उन चैम्पियनों में प्रतिनिधिमण्डल के नेतृत्व के सवाल पर झगड़ा होने लगा। आख़िर में उन्होंने समझौता किया कि आगे-आगे मदनमोहन मालवीय चलें। क्योंकि वे 'ब्राह्मण हैं और सबसे श्रेष्ठ हैं'। दूसरी बात यह भी थी कि मालवीयजी ने तक़रीबन हफ़्ते भर पहले ही छोटे लाट को एक ज़ोरदार पार्टी दी थी जिसमें खत्री महाजनों का चार हज़ार रुपया ख़र्च किया गया था, जो उस ज़माने के लिहाज़ से एक बहुत भारी रक़म थी। उसी पार्टी में सर एंथनी ने मालवीयजी को सलाह दी थी कि पार्टी के बाद फ़ौरन अपना ज्ञापन लेकर आने के बजाय कुछ दिन बाद आयें।[24] बैताल ने याद किया कि यही वह वक़्त था जब भारत का ब्रिटिश साम्राज्य मुसलमानों के ऊपर हिंदी अभिजन को तरजीह देने की नीति पर अमल करने जा रहा था। अट्ठारह सौ साठ, सत्तर, अस्सी और नब्बे की दहाइयों में हुई भाषाई जद्दोजहद का नतीजा निकल चुका था जिसके अनुसार नाग़री में लिखी जाने वाली हिंदी को हिंदुओं की और फ़ारसी-अरबी की मिलवाँ रस्मुलख़त (लिपि) में लिखी जाने वाली उर्दू को मुसलमानों की भाषा क़रार दिया जा चुका था। बैताल को याद था कि दो साल बाद जब सर एंथनी ने नागरी के पक्ष में अपना फ़रमान ज़ारी किया तो जश्न ही जश्न मनाये गये और उन्हें 'समारोह' और 'उत्सव' की संज्ञा दी गयी। इलाहाबाद के महाजनों ने अंग्रेज़ों की बोअर युद्ध में जीत की ख़ुशी के साथ ही नागरी की जीत की ख़ुशी भी मनाई। एक और ज़ोरदार पार्टी दी गयी। सर एंथनी जब बनारस आये तो नागरी प्रचारिणी सभा के नेतृत्व में उनका ज़ोरदार स्वागत किया गया। यह नागरी उर्फ़ हिंदी की एक ऐतिहासिक जीत थी। इससे भारतेंदु हरिश्चंद्र की आत्मा को बड़ी शांति मिली होगी क्योंकि उन्होंने और उनके चेलों ने ही 1882 में हंटर आयोग के सामने उर्दू की मुख़ालफ़त करते हुए नागरी और हिंदी के पक्ष में धर्म युद्ध की शुरुआत की थी।[25] कुछ साल पहले ही जिन भारतेंदु ने यह माना था कि उनके और

[24] तलवार, वही, हंटर कमीशन के सामने भारतेंदु हरिश्चंद्र के बयान के लिए इस किताब का पहला अध्याय देखें.

[25] भारतेंदु धार्मिक सुधारों के पक्ष में कभी नहीं थे. वे संकोच के साथ कुछ सामाजिक सुधारों का समर्थन अवश्य करते थे. उनकी कई रचनाओं और सांगठनिक प्रयासों से यह बात पूरी तरह साबित हो जाती है. हिंदू धर्म में सुधार करने के आर्यसमाजी प्रयासों के भी वे कट्टर विरोधी थे. बनारस में दयानंद सरस्वती की कोशिशों को नाकाम करने में भारतेंदु का प्रमुख हाथ था, हालाँकि गोरक्षा और संस्कृतनिष्ठ हिंदी के सवाल पर आर्यसमाजियों और उनके बीच बाद में मोर्चा बन गया. वीरभारत तलवार ने अपनी किताब में सुधारक के रूप में भारतेंदु और ईश्वर चंद्र विद्यासागर की बेहद दिलचस्प तुलना की है.

उनके परिवार की मातृभाषा उर्दू है उन्हीं भारतेंदु का कहना था कि हिंदी और नागरी तो उनके धर्म और संस्कार का मामला है। ज़ाहिर था कि भारतेंदु का धर्म वैष्णव था और संस्कार सनातनी हिंदू।[26]

बैताल इतिहास का इतना जानकार ज़रूर था कि मैकडॉनल संयुक्त प्रांत से पहले बिहार के गवर्नर थे। वहाँ भी उन्होंने हिंदू अभिजनों को मुसलमान अभिजनों के ऊपर तरजीह देने की नीति आजमाई थी। लेकिन संयुक्त प्रांत में उनके फ़रमान का मतलब यह नहीं था कि उर्दू को हटा दिया जाएगा और उसकी जगह नागरी ले लेगी। सर सैयद अहमद का इंतक़ाल हो चुका था लेकिन उनके ख़ेमे वालों ने इस आदेश को उर्दू की पराजय माना और वे उसके ख़िलाफ़ एक भद्रतापूर्ण आंदोलन की राह पर चल निकले। उर्दू के पक्ष में हुए इस आंदोलन में मुसलमान तो थे ही, कायस्थ, कश्मीरी ब्राह्मण और दूसरे उर्दूदाँ हिंदू भी थे।[27] भारतेंदु और प्रताप नारायण मिश्र द्वारा हिंदी को धर्म के साथ जोड़ने के बाद भी उर्दू के पक्ष में चली इस मुहिम पर शुरुआत में धार्मिक राजनीति हावी नहीं थी। बैताल के दिमाग़ में उलझन यह थी कि लिपि का यह चक्कर इस हद तक पहुँचा कैसे जबकि अवधी के दो महान ग्रंथों में से एक जायसी का *पद्मावत* फ़ारसी लिपि में लिखा गया था और दूसरा तुलसी का *रामचरितमानस* नागरी में।[28] एक भाषा दो लिपियों में लिखी जा सकती थी। इसकी मिसाल बीसवीं सदी में भी थी। गाँधीजी ने गुज़रात विद्यापीठ में यह प्रावधान कराया था और वहाँ हिंदी नागरी और उर्दू दोनों लिपियों में लिखी जा रही थी।[29] आख़िर एक ज़माने में उर्दू को उर्दू नहीं बल्कि हिंदी, रेख़्ती, रेख़्ता या हिंदवी कहा करते थे। ग़ालिब के जिन शेरों को आज हम उर्दू का मानते हैं उन्हें ख़ुद ग़ालिब लम्बे अरसे तक हिंदी के शेर मानते रहे थे।[30] अगर दोनों ही भाषाएँ दरअसल एक थीं तो फ़ारूक़ी और रामचंद्र शुक्ल के ख़यालात में इतना फ़र्क़ कैसे पैदा हो गया? नागरी का रुतबा जीत का कारण कैसे बना और रसमुलख़त को इसमें अपनी हेठी कैसे दिखी?

हंटर आयोग के सामने दी गयी गवाहियों के पन्ने पलटते हुए बैताल को पता चला कि आयोग के पास हिंदी के हक़ में ज्ञापनों की बाढ़ आ गयी थी और

---

[26] सैयद अहमद के ख़ेमे की तरफ़ से चलाये जा रहे इस आंदोलन के रूप में 1857 के बाद पहली बार मुसलमान अभिजन ने अंग्रेज़ों के ख़िलाफ़ कुछ रोष दिखाई पड़ा. लेकिन सरकार की पहली धमकी के बाद ही आंदोलन के सभी नेता यह कहते पाये गये कि उनकी राजभक्ति पर क़तई शक न किया जाए.

[27] शम्सुर्रहमान फ़ारूक़ी यह नहीं मानते. उन्हें लगता है कि जायसी की लिपि 'सोकाल्ड फ़ारसी' थी. वे कहते हैं कि पता नहीं तुलसी ने लिखा था भी या नहीं, हो सकता है कि *रामचरितमानस* जुबानी परम्परा में ही चलता रहा हो और बाद में उसे किसी ने कैथी या किसी और लिपि में लिखा हो. देखें उनका इंटरव्यू, वही.

[28] विजय अग्रवाल (1996) *हिंदी भाषा : अतीत से आज तक,* वाणी प्रकाशन, नयी दिल्ली : 100–101.

[29] *ग़ालिब के पत्र* (सम्पा.)(1958), श्रीनिवास शर्मा और रामनिवास शर्मा, हिंदुस्तानी एकेडमी, इलाहाबाद.

[30] इस तरह के आँकड़ों के लिए देखें तलवार, वही.

उर्दू के पक्ष में आये ज्ञापन न के बराबर थे। उर्दू वाले ज्ञापन भिजवाने की ज़हमत उठाते भी क्यों, वे तो 1837 से ही अंग्रेज़ी हुक्मरानों की निगाह में चढ़े हुए थे। उर्दू का बोलबाला था। उसे पढ़ने वालों को आसानी से नौकरी मिल जाती थी और उसे न जानने वाला हाथ मलता रह जाता था। हिंदू जो संख्या में कहीं ज़्यादा शिक्षित थे, लिपि के इसी चक्कर की वज़ह से नौकरियों में ख़ासे पीछे हो चुके थे।[31] मुसलमानों का रस्मुलख़त में अच्छा हाथ साफ़ था। हिंदुओं में कायस्थों, कश्मीरी पण्डितों, कुछ ब्राह्मणों और कुछ वैश्यों को ही उनकी बराबरी का माना जा सकता था। इतिहास के इसी दौर पर नज़र डालते हुए बैताल ने एक बात और भी ग़ौर किया कि उर्दू जानने वाले हिंदुओं और मुसलमानों के मिले-जुले तबक़े में वैसे तो ख़ासी एकता थी (जिसे तोड़ना हिंदी वालों के लिए बड़ा मुश्किल था) पर उसमें हमेशा एक अंदरूनी तनाव भी मौजूद रहता था।[32] उर्दूदाँ हिंदू उस समय ख़ुद को दोयम दर्जे का भाषाई नागरिक मानते थे जब मुसलमान भद्र वर्ग उनकी उर्दू का मज़ाक उड़ाता था। बहरहाल, बैताल के सामने यह साफ़ हो गया कि उर्दू वाले हिंदू लम्बे अरसे तक हिंदी की तरफ़ झुकने से गुरेज़ करते रहे पर उर्दू वाले मुसलमानों का सांस्कृतिक और राजनीतिक वर्चस्व उन्हें लगातार सताता रहा। सुधीर चंद्र की भाषा का अगर इस्तेमाल करें तो यह उनका 'ऑप्रेसिव प्रज़ेंट' था। उर्दू वाले हिंदुओं के इस 'ऑप्रेसिव प्रजेंट' को उर्दू वाले मुसलमान आज तक स्वीकार करने के लिए तैयार नहीं हैं। आज भी 'हिंदी में बिंदी (नुक़्ता)' के तलबगार इतिहास के महारथी शाहिद अमीन इतिहास के ही इस वाक़ये को यह कह कर टरका रहे हैं कि 'भई ये तो बड़ा मुश्किल पड़ जाएगा। अब मेरा अंग्रेज़ी वाला आभिजात्य तो जाएगा ही, मेरी उर्दू भी अपने वर्चस्व के बचाव की प्रतीक हो जाएगी। तो हम तो यहाँ नहीं रह पाएँगे।'[33]

पता नहीं शाहिद अमीन ने ऐसा क्यों कहा, पर इससे कम से कम एक बात का तो पता चलता ही है कि वर्चस्व के बिना रह पाना किस क़दर नामुमकिन है। इस कथन से बैताल को एक बार फिर एहसास हुआ कि वर्चस्व दरअसल बला

---

[31] इस बात को आलोक राय (2000) ने अपनी किताब *हिंदी नैशनलिज़म*, ट्रैक्ट्स फार टाइम्स / 13, ओरियेंट लांगमेन, नयी दिल्ली में और तलवार ने *रस्साकशी* में उभारा है जबकि उर्दूभाषी संयुक्त भद्र वर्ग की अंदरूनी राजनीति का आख्यान लिखने वाले फ्रांसिस राबिंसन अपनी रचना *सेपरेटिज़म एमंग इण्डियन मुस्लिम्स*, ऑक्सफ़र्ड, नयी दिल्ली, में यह पहलू देख पाने में नाकाम रहे हैं.

[32] शाहिद अमीन के साथ अविनाश की बातचीत, इतिहास बनाम स्मृति, *बहुवचन-8* (2001), महात्मा गाँधी अंतर्राष्ट्रीय हिंदी विश्वविद्यालय, नयी दिल्ली, जुलाई-सितम्बर : 72-98.

[33] कायस्थों और कश्मीरी पण्डितों को उर्दू के ख़ेमे से अलग करने का विवरण *रस्साकशी* में देखें.

क्या है! उसे क़ायम करने वाला तहेदिल से यह मानता है कि वह ऐसी कोई कोशिश कर ही नहीं रहा है। यानी उसकी चौधराहट तो कुदरती है। यह तो वर्चस्व के नीचे दबा तबक़ा या इनसान ही जानता है कि लोहे का स्वाद क्या होता है। क्या लुहार लोहे का स्वाद बता सकता है? नहीं, वर्चस्व की दुनिया में यह स्वाद सिर्फ़ घोड़ा बता सकता है जिसके मुँह में लगाम होती है। बहरहाल, हिंदी के कवि धूमिल की ये अद्‌भुत पंक्तियाँ हमें वर्चस्व की सिर्फ़ आम परिभाषा देती हैं। हिंदी और उर्दू ख़ित्ते के लिए तो वर्चस्व की एक ख़ास परिभाषा की दरकार लगती है। एक ऐसी परिभाषा जिससे पता लग सके कि हिंदी और उर्दू वालों को उस सांस्कृतिक और सामाजिक वर्चस्व का सुराग़ क्यों नहीं मिला जो अगली सदी में ही अंग्रेज़ी के रूप में उन पर बड़ी बेदर्दी से हावी होने वाला था।

जब सर एंथनी ने अदालती कामकाज की भाषा के रूप में नागरी यानी हिंदू को उर्दू के बगल में बैठा कर फ़ैसला किया कि अब केवल रस्मुलख़त सीखने से ही काम नहीं चलेगा बल्कि नौकरी हासिल करने के लिए नागरी भी सीखनी पड़ेगी तो हालात में ज़बदस्त तब्दीली आ गयी। उर्दू की चौधराहट पर ज़ोरदार चोट लगी। ऐसे माहौल में कायस्थों और कश्मीरी पण्डितों की भी समझ में भारतेंदु का वह तर्क आने लगा कि हिंदी भले ही उनकी मातृभाषा न हो पर वह उनके धर्म और संस्कारों का मामला ज़रूर है।[34] 1947 में जब अंग्रेज़ मुल्क छोड़ कर गये तो आज़ाद भारत की सरकार ने अदालतों में उर्दू की जगह अंग्रेज़ी बैठा दी। यानी 1900 में नागरी और उर्दू का जो रिश्ता था वह अब अंग्रेज़ी और हिंदी के बीच हो गया।

तवारीख़ के इन पन्नों को याद कर लेने के बाद भी यह बात बैताल की समझ से बाहर थी कि उर्दू से बराबरी हासिल कर लेने वाली हिंदी अंग्रेज़ी के रंग-रुतबे के सामने दब कैसे गयी। इसलिए उसने विक्रम से एक और गुज़ारिश की : ऐ दानिशमंद राजा, ज़रा यह भी बता दे कि जिस उर्दू में ग़ालिब, मीर, सौदा और इक़बाल जैसे महान शायर हुए, उसकी बराबरी करने वाली हिंदी का अंग्रेज़ी के मुक़ाबले यह हश्र क्यों कर हुआ? भारतेंदु ने जिस नयी चाल की हिंदी का 1873 में चलन किया था वह पीछे क्यों रह गयी? ऐसा क्यों हुआ कि अंग्रेज़ी ख़ुद ब्राह्मण बन गयी और हिंदी को दलित बन जाना पड़ा? मालवीयजी से लेकर हिंदी जाति की थीसिस देने वाले रामविलास शर्मा तक और 'हिंदी, हिंदू, हिंदुस्तान' का नारा देने वाले प्रतापनारायण मिश्र से लेकर हिंदी को राष्ट्र-भाषा घोषित करवाने के लिए कम्युनिस्ट पार्टी से बग़ावत करने वाले राहुल सांकृत्यायन तक

---

[34] जानकीप्रसाद शर्मा (2001), *उर्दू साहित्य की परम्परा*, वाणी प्रकाशन, नयी दिल्ली : 199.

ब्राह्मणों के इस लम्बे सिलसिले के आख़िर में कमल नयन चौबे ने ख़ुद को क्यों दलित योनि में पाया ?

उर्दू की ज़िल्लत और फ़ारसी का रुतबा

ज़ाहिर था कि भाषा का सवाल बैताल के हाथ से निकल चुका था। उसकी बेचैनी बढ़ती जा रही थी। उसने विक्रम से फिर पूछा : जब तक मुझे यह नहीं पता लगेगा कि उन्नीसवीं सदी में नागरी या रस्मुलख़त के झगड़े ने इतनी बड़ी शक्ल कैसे अख़्तियार की, मैं तुम्हारे सवालों का जवाब नहीं दे सकता। इस मौके पर विक्रम ने बैताल को एक-दो लाइफ़ लाइनें और देना मुनासिब समझा। उसने बैताल को सलाह दी कि अगर तुम्हें ग़ालिब की एक उलझन का जायज़ा मिल जाए तो शायद तुम्हारी समझ में आ जाएगा कि कोई भाषा किसी दूसरी भाषा का 'ह्यूमिलिएशन' कैसे कर सकती है और एक भाषा के बोलने-लिखने वाले दूसरी भाषा के बोलने-लिखने वालों को कैसे ज़लील कर सकते हैं। इससे यह भी पता चल सकता है कि एक भाषा का व्यवहार करने वाले उस पर गर्व करने के बजाय कैसे किसी दूसरी भाषा के सांस्कृतिक वर्चस्व के तहत अपनी ही भाषा के प्रति हीन भाव से भरे रह सकते हैं। ग़ालिब की यह उलझन फ़ारसी के उनके एक शेर[35] से ज़ाहिर होती है जिसे मिर्ज़ा के ही चेले हाली ने अपनी मशहूर किताब *यादगारे ग़ालिब* में दर्ज किया है :

फ़ारसी बीं ताब : बीनी नक़्शहाये रंग-रंग
बगुज़र अज़ मज्मूअए-उर्दू के : बेरंगे-मनस्त

इसका मतलब यह है कि मेरी फ़ारसी शायरी को देखो जिसमें मैंने तरह-तरह के रंग समो दिये हैं। उर्दू के दीवान पर ध्यान न दो, यह तो मेरी फ़ीकी शाइरी का नमूना है। बैताल इस शेर को पढ़ कर चकरा गया। ग़ालिब जो उर्दू के महानतम शायर माने जाते हैं यहाँ कहते नज़र आ रहे हैं कि उनकी असली शायरी तो फ़ारसी में ही है। तभी बैताल की निगाह ग़ालिब के ख़तों पर पड़ी जहाँ वे 1858 में मुंशी शिवनारायण को लिखे गये अपने पत्र में कहते हैं, 'मैं उर्दू में अपना कमाल क्या ज़ाहिर कर सकता हूँ। उसमें गुंजाइश इबारत आराई की कहाँ है ? बहुत होगा तो यह होगा कि बनिस्बत औरों के मेरा उर्दू फ़सीह होगा। ख़ैर, बहरहाल कुछ करूँगा और उर्दू में अपना ज़ोरे क़लम दिखाऊँगा।'[36] दरअसल,

---

[35] ग़ालिब के पत्र, वही.

[36] कृपाशंकर सिंह (1992), *हिंदी-उर्दू-हिंदुस्तानी : हिंदू-मुस्लिम साम्प्रदायिकता और अंग्रेज़ी राज 1800-1947*, प्रासंगिक प्रकाशन, नयी दिल्ली : 116.

ग़ालिब फ़ारसी की समास-बहुल भाषा और वर्णन-प्रधान शायरी की परम्परा में पैदा हुए थे। उर्दू में यह इबारत आराई मुमकिन न थी। इसलिए उर्दू शाइरी में उन्हें इसके बिना ही काम चलाना पड़ा। उनका उर्दू का दीवान इसीलिए छोटा सा है क्योंकि वे ख़ुद को मूलतः फ़ारसी का ही शायर मानते थे और उसी की कविता में अपनी ज़्यादातर ऊर्जा ख़र्च करते थे। इस तरह उर्दू हमेशा फ़ारसी से दबी रही। उसके महानतम साहित्यकार को इस भाषा में कविता करने में उतने फ़ख्र का कभी एहसास नहीं हुआ जो आमतौर पर इस रुतबे के किसी साहित्यकार को होना चाहिए था। उस ज़माने में फ़ारसी राजभाषा थी। उसे क्लासिक भाषा माना जाता था और उर्दू को लोकभाषा। फ़ारसी को वक़्त के हाकिमों की मान्यता थी पर उर्दू को नहीं। हर लोकभाषा की तरह उसकी पहचान भी सुनिश्चित नहीं थी। कभी उसे रेख़्ता कहा जाता और कभी हिंदवी। रेख़्ता के दो मतलब थे। एक बिखरा हुआ और दूसरा इधर-उधर से जोड़ कर बनाया हुआ। ज़ाहिर है कि दोनों का तात्पर्य एक ही था। फ़ारसी इस मिलवाँ भाषा के साथ सख़्ती के साथ पेश आती थी। रेख़्ता की लिपि भी मिलवाँ थी। उसे अरबी और फ़ारसी के मिले-जुले वर्णों में लिखा जाता था लेकिन 1899 में छपी मुहम्मद हुसैन आज़ाद की प्रामाणिक पुस्तक *आबे हयात* के मुताबिक़ उसका पुतला 'संस्कृत और ब्रज भाषा की मिट्टी से' बना था। बाक़ी ज़बानों ने 'ख़त और खाल' का ही काम किया था।[37] यह वही उर्दू थी जिसने औरंगजेब के ज़माने में वली दक्कनी की रेख़्ता के रूप में दक्षिण भारत से दिल्ली में क़दम रखा था और जिसकी कविता सुन कर फ़ारसी के उस्तादों को लगा था कि यह लोकभाषा ऊँचे से ऊँचे ख़यालों को कलात्मकता के साथ व्यक्त कर सकती है। उन्होंने वली दक्कनी को हिदायत दी कि वे फ़ारसी की विषयवस्तुओं और उसके साहित्यिक रूपों को अपनायें। कहा जाता है कि सूफ़ी मिज़ाज़ के वली दक्कनी जब दक्षिण वापस गये तो फ़ारसी की तर्ज़ पर ग़ज़लें कहने लगे।[38] लेकिन इसके बाद भी लोक और अभिजात का अंतर कभी ख़त्म न हो पाया। बैताल ने पाया कि यह अंतर उर्दू के दूसरे सबसे बड़े शाइर इक़बाल तक चल कर पहुँचा। अल्लामा बेहद ख़फ़ा हो जाते थे अगर कोई उनकी उर्दू शाइरी की तारीफ़ करने लगता था। ग़ालिब की ही तरह उनका भी साफ़ मानना था कि उनकी असली शाइरी तो फ़ारसी में ही है। बहरहाल, रेख़्ता और फ़ारसी के मुक़ाबले में रेख़्ता हमेशा दोयम दर्जे पर रही।

---

[37] जानकीप्रसाद शर्मा, वही : 9–20.

[38] विजय अग्रवाल, वही : 83.

अवमानना की इंजीनियरिंग

चूँकि ग़ालिब और इक़बाल इस दुनिया में मौजूद नहीं थे इसलिए बैताल अपनी ग़ैबी ताक़त का इस्तेमाल उनके दिमाग़ों की सैर करने के लिए न कर सका। अगर वह ऐसा कर सकता तो ज़रूर पता लगा लेता कि उर्दू की ऐसे शाइरी, ज़िसे हम इतना महान् मानते हैं, करने के बाद भी ये लोग आख़िर ज़िल्लत के किस जज़्बे का शिकार थे। बहरहाल, 1857 के ग़दर के बाद हालात कुछ बदले और ग़ालिब जैसे फ़ारसी के शैदाइयों ने इस भाषा का इस्तेमाल काफ़ी कुछ कम कर दिया। उर्दू ने राज परिवार में भी जगह पा ली। मान्यता के साथ उर्दू की ज़िल्लत यानी 'ह्यूमिलिएशन' भी ख़त्म लगने लगी। बैताल के सामने तभी एक समस्या यह आ खड़ी हुई कि जब उर्दू, रेख़्ता या हिंदवी एक ही भाषाई अनुशासन के नाम थे तो पूरी उन्नीसवीं सदी में कौन किसके ख़िलाफ़ जंग लड़ता रहा? एक सवाल यह भी था कि जिस उर्दू ने ख़ुद को फ़ारसी की जगह स्थापित किया था वह हाट-बाज़ार में बोली जाने वाली उर्दू थी यानी जिसे रेख़्ता या हिंदवी की उत्तराधिकारी कहा जा सकता था या वह अरबी-फ़ारसी और तुर्की के शब्दों से बजबजा रही थी और आम जनता की उर्दू से क़तई अलग थी? और जो हिंदी अंग्रेज़ी के मुक़ाबले आज दलितों की तरह 'ह्यूमिलिएटिड' महसूस कर रही है, वह क्या बोलचाल वाली वही हिंदी है जो कभी हिंदवी कहलाती थी या वह कुछ और है? क्या उन्नीसवीं सदी का वह धर्म-युद्ध संस्कृतनिष्ठ हिंदी और फ़ारसीनिष्ठ उर्दू के बीच नहीं था?

मुश्किल यह थी कि बैताल हिंदी को अपने धर्म का मामला मानने वाले भारतेंदु, 'हिंदी, हिंदू, हिंदुस्तान' का नारा देने वाले प्रतापनारायण मिश्र, 'हिंदूपन का आधार हिंदी' जैसे कसौटी तैयार करने वाले बालकृष्ण भट्ट और राजा शिवप्रसाद सितारेहिंद की हिंदी को 'मुसलमानी हिंदी' के साथ-साथ गाँधी की हिंदुस्तानी को भी 'दरअसल उर्दू' क़रार देने वाले रामचंद्र शुक्ल के दिलो-दिमाग़ में भी नहीं घुस सकता था।[39] जिस तरह ग़ालिब और इक़बाल शम्सुर्रहमान फ़ारूक़ी को उनके हाल पर छोड़ कर जा चुके थे उसी तरह हिंदी के ये पुरोधा भी बैताल की पहुँच से बाहर थे। उसे एक बार फिर इतिहास में डुबकी लगानी थी। अभी तक उसने इतिहास में हाथ-पैर मारे थे, उससे इतना अंदाज़ा ज़रूर हो गया था कि इन पहेलियों का हल कहाँ मिल सकता है। इसलिए वह एक बार फिर हंटर आयोग की तरफ़ मुड़ा और उन प्रतिक्रियाओं का जायज़ा लिया जो हंटर आयोग की रपट पर हिंदी ख़ित्ते में हुई थीं।

---

[39] इन प्रतिक्रियाओं के लिए देखें तलवार, वही : 355-362.

बैताल ने उस ज़माने के सभी हिंदी पत्र-पत्रिकाओं को छान मारा जिनमें *हिंदी प्रदीप, भारत जीवन, ब्राह्मण* आदि प्रमुख थे। उसने पाया कि जब हंटर आयोग ने उर्दू के मुक़ाबले हिंदी के दावे को ख़ारिज कर दिया और इसके बावजूद ख़ारिज कर दिया कि हिंदी वालों ने उर्दू के मुक़ाबले संख्या में कई गुने ज्ञापन उसे दिये थे तो पूरे हिंदी ख़ित्ते में गुस्से की एक लहर दौड़ गयी। इसे बहुत भारी 'अवमानना' का दर्जा दिया गया। हंटर आयोग की उपेक्षा से हिंदी वालों को राजकीय मान्यता की कमी बेतरह सताने लगी। इसकी मनोवैज्ञानिक प्रतिक्रिया चार तरह से दिखाई पड़ी। पहली प्रतिक्रिया तो यह थी कि आत्मनिंदा का दौर चल पड़ा। हिंदुओं को 'निद्रव्य, अक्ल से ख़ारिज, समाज चौपट, धर्म की पाबंदी, आपस की फूट, मन-साहस-बुद्धि से क्षीण और दुर्बल' बताया गया। दूसरी प्रतिक्रिया यह थी कि इस बुरी हालत से उबरने के तरीक़े के रूप में 'एक भाषा, एक मत (धर्म)' की सिफ़ारिश की जाने लगी। तीसरी प्रतिक्रिया यह थी कि उर्दू का व्यवहार करने वाले हिंदुओं की धार्मिक निष्ठा पर शक शुरू हो गया, उन्हें उलाहने दिये जाने लगे और कड़ी आलोचना के बीच उन्हें एहसास कराया गया कि वे अपना हिंदू होना न भूलें। यह प्रतिक्रिया ख़ास कर कायस्थों और कश्मीरी पण्डितों को निशाना बना कर की गयी थी।[40] चौथी प्रतिक्रिया यह थी कि उर्दू के ख़िलाफ़ गाली-गलौज की एक मुहिम छेड़ दी गयी जिसकी हद तब आयी जब सोहनलाल मुदर्रिस नाम के उत्साही नाटककार ने *हिंदी और उर्दू की लड़ाई* जैसा नाटक लिख मारा। बैताल ने जब यह नाटक पढ़ा तो उसके सामने साफ़ हो गया कि किस तरह उन्नीसवीं सदी की इन दहाइयों में हिंदी और उर्दू के सवाल का दोहन हिंदू और मुसलमान अभिजनों द्वारा वर्चस्व की जद्दोजहद के लिए किया गया।[41] चूँकि उर्दू को अंग्रेज़ी राज्य द्वारा 1837 में ही मान्यता मिल गयी थी इसलिए पहले हिंदी (अथवा नागरी) की 'अवमानना' की बौद्धिक इंजीनियरिंग की गयी और फिर उसकी बुनियाद पर हिंदी की 'अवमानना' को हिंदू की 'अवमानना' और अंत में 'हिंदुस्तान' अवमानना बताया गया। भाषा को वर्चस्व गढ़ने का ज़रिया बना लिया गया। यह सांस्कृतिक कारीगरी ऐसे इलाक़े में हो रही थी जिसका बांग्ला, तमिल या तेलुगू की तरह कोई एक भौगोलिक दायरा नहीं था। इस कारीगरी का असर पंजाब, बिहार और मध्य भारत पर भी हो रहा था। पहले अपने घर की सफ़ाई की गयी और कैथी लिपि के दावों को

---

[40] तलवार, वही : 363-375.

[41] तलवार, वही : 314-317.

बेदर्दी से ख़ारिज किया गया। यहाँ तक कहा गया कि कैथी तो क़तई न रहे क्योंकि कैथी से तो रस्मुलख़त ही भली है। फिर ब्रज, अवधी और अन्य लोकभाषाओं को हाशिये पर डालने की पृष्ठभूमि तैयार की गयी क्योंकि ये हिंदी और नागरी के आधार पर निर्मित बृहत्तर भाषाई एकता के रास्ते में रुकावट बन सकती थी।[42]

बैताल ने देखा कि उर्दू वालों ने भी हिंदी वालों को 'अवमानना' का एक बना-बनाया तर्क दे दिया। उर्दू ख़ित्ते के लोगों ने हिंदी को 'गँवारू भाषा' कहने में भी कभी कोताही नहीं की। दरअसल, वे उसी हिंदवी को लक्ष्य करके यह लाँछन लगा रहे थे जो उनकी तत्कालीन नफ़ीस उर्दू का भी अतीत थी। बोल चाल की भाषा से अलग करके उन्होंने उसे फ़ारसी की क्लासिकी परम्परा का अंग बना लिया था। हिंदी वालों ने भी इसी तर्ज़ पर चलते हुए हिंदी को संस्कृतनिष्ठ बनाने की मुहिम छेड़ी। इसी मुहिम का नाम था 'नयी चाल की हिंदी'। इसके दो मक़सद थे। पहला इसे 'मुसलमानी हिंदी' या 'हिंदुस्तानी' से क़तई अलग करना, और दूसरा उर्दू की फ़ारसी परम्परा का मुक़ाबला करने के लिए इसे संस्कृत की क्लासिकी परम्परा में ढालने की कोशिश करना। भारतेंदु युग के लेखकों ने इसमें बढ़-चढ़ कर भाग लिया। राजा शिवप्रसाद बोल चाल की उर्दू को नागरी में लिखने का अभियान चला रहे थे। उन्हें खलनायक घोषित कर दिया गया। रामचंद्र शुक्ल ने उनकी हिंदी को 'मुसलमानी हिंदी' क़रार दिया। शिवप्रसाद के इस 'खलनायकत्व' की पुष्टि आज़ादी के बाद भारतेंदु युग पर किये गये रामविलास शर्मा के लेखन में भी दिखाई पड़ी।[43] हिंदी के इन तमाम समर्थकों ने गोरक्षा आंदोलन में भी जम कर हिस्सेदारी की। मुसलमानी उर्दू के हाथों हिंदी के उत्पीड़न की तुलना गाय की मुसलमानों के हाथों उत्पीड़न से की गयी। घोषित किया गया कि गाय और हिंदी का एक साथ ही उद्धार होगा।[44]

चौबेजी की शुद्ध हिंदी यानी संस्कृतनिष्ठ हिंदी की दिलचस्प बात यह थी

---

[42] रामविलास शर्मा ने *भारतेंदु हरिश्चंद्र और हिंदी नवजागरण की समस्याएँ* में राजा शिवप्रसाद को खलनायक क़रार दिया है. वीरभारत ने शिवप्रसाद और भारतेंदु की भाषा की दिलचस्प तुलना *रस्साकशी* के अध्याय 'इतिहास का खलनायक और हिंदी की नयी चाल' में की है.

[43] गोरक्षा और हिंदी आंदोलन आपस में इतने गुँथे हुए थे कि उनकी अलग से कल्पना ही नहीं की जा सकती. फिर भी रामविलास शर्मा ने भारतेंदु युग के अपने इतिहास में इस पहलू की उपेक्षा की है, सम्भवत: इसलिए कि इसके उभर आने पर वे उन साम्प्रदायिक प्रवृत्तियों को जातीयता के उभार के रूप में चित्रित न कर पाते.

[44] भारतेंदु द्वारा अंग्रेज़ों की आलोचना में मर्सिया लिखने पर उनकी पत्रिकाओं की ख़रीद रोक दी गयी थी. लेकिन उसके बाद उनके शुभेच्छुओं ने अंग्रेज़ों को उनकी राजभक्ति के इतिहास का ध्यान दिलाया. फिर थोड़ी-बहुत रुकावट के साथ यह ख़रीद ज़ारी हो गयी.

कि इसे लिखने वालों के दिमाग़ में इस भाषा के पाठक कभी नहीं थे। न भारतेंदु के ज़माने में और न आज के ज़माने में। कैसा अजीब साम्य था कि पढ़ने वालों के बीच न तब भारतेंदु की किताबें बिकती थीं और न आज बिकती हैं। उस समय भी आज की तरह भारतेंदु की नयी चाल की हिंदी वाली पुस्तकें सरकारी ख़रीद पर निर्भर करती थीं।[45] चौबेजी की शुद्ध हिंदी की तरह उस समय भी भारतेंदु की समझना आम आदमी के लिए मुश्किल था। जिनकी किताबें बिकती थीं वे थे *चंद्रकांता* के यशस्वी लेखक बाबू देवकीनंदन खत्री। इसी बाबू ने नयी चाल की हिंदी लिखने वाले बाबू पर कटाक्ष किया था कि अगर वे अपनी हिंदी कुछ सरल कर लें तो लोग उनकी किताबें ख़रीदने के बारे में सोचें भी।[46] पर बाबू हरिश्चंद्र इसके लिए तैयार न थे। उन्होंने अपने विचार-साहित्य में दाँत माँजने को 'दंतधावन', हाथ से चोट करने जैसी क्रिया को 'करवलाघात' और

---

[45] देवकीनंदन खत्री की *चंद्रकांता संतति* और *भूतनाथ* जैसी लम्बी-लम्बी तिलिस्मी कथाएँ पढ़ने के लिए लोगों ने हिंदी सीखी थी. यह श्रेय नयी चाल की हिंदी लिखने वाले किसी लेखक को नहीं मिला.

[46] निम्नलिखित उद्धरण बता सकते हैं कि राज-भाषा घोषित होने के बाद भी लिखित हिंदी लोकप्रिय क्यों नहीं हो पायी और अंग्रेज़ीभाषी अभिजन जिस संस्कृतनिष्ठ हिंदी का उपहास करता रहता है वह कहाँ से आयी, वह नयी चाल में ढलने से पहले की थी या बाद की और उसका आदिपुरुष कौन था :

> ... निदान चिता में आग लगायी गयी और देखते ही देखते वह राख़ का ढेर हो गयी. कहते हैं कि जब चिता जलती थी, एक टुकड़ा बादल का नमूदार हुआ और कुछ बूँदें पानी की बरसा कर चला गया, मानो ख़ुद आसमान महाराज के मरने से रोया. ...
>
> ... लेकिन जब मरहठों ने हैदरअली पर चढ़ाव किया तो अंग्रेज़ों ने उसे कुछ भी मदद न दी. इस बात की उसके जी में बड़ी लाग थी. सन् 1780 में एक लाख फ़ौज ले कर चढ़ आया और अंग्रेज़ी अमलदारी में हर तरफ़ लूट मचा दी. ... अनाड़ियों को इस बात के सुनने से बड़ा आश्चर्य होगा कि पृथ्वी बिना किसी आधार के अधर में किस तरह रह सकती है. उनकी इस बात पर अच्छी तरह ध्यान दिया जाना चाहिए कि जो वे किसी चीज़ को पृथ्वी का आधार मानेंगे तो फिर उस आधार के ठहराव के लिए कोई दूसरा आधार अवश्य मानना होगा, और फिर उसी तरह एक के लिए दूसरे का आधार बराबर ठहराते चले जाना होगा. (1873 से पहले राजा शिवप्रसाद द्वारा रचित *इतिहासतिमिरनाशक* और *भूगोलहस्तमालक* से उद्धृत)
>
> सम्प्रति राजकोट में एक अन्याय हुआ है। उसे हम लोग अपने पाठकगण के अवलोकन निमित्त प्रकाश करते हैं. गत अक्टोबर मास जॉकी नामक एक भृत्य राजकोट के पार्श्ववर्ती एककूप के किनारे बैठ कर दंतधावन करता था. ... पैगंबर मुहम्मद जब ईश्वर का स्पष्ट आदेश लाभ करके ज्वलंत उत्साह के साथ पौत्तलिका और पापाचार के विरुद्ध खड़े हुए ... उन्होंने किसी की मुख़ापेक्षा नहीं किया, किसी का अणुमात्र भय नहीं किया, बुद्धि-विचार-तर्क की तृतसीमा में भी नहीं गये ... उनके कई एक पितृव्य और समस्त ज्ञाति संबंधी निज अवलम्बित धर्म के विरुद्ध वाक्य सुन कर भयानक क्रोधांध हुए. ... विपरीत लोगों के प्रस्तराघात से उनका दो दाँत भग्न ओर ओठ विदीर्ण तथा ललाट और बाहु आहत हुआ था. किसी शत्रु ने उनका मुखमण्डल कंकड़मय मृत्तिका में घर्षण किया था ... किसी ने उनका गला लक्ष्य करके करवलाघात किया था. (1873 के बाद *भारतेंदु हरिश्चंद्र की हिंदी के कुछ उदाहरण : राजभक्ति का मूल कहाँ है ?* और *पंच पवित्रात्मा* से उद्धृत)

गाड़ी में चढ़ने को 'आरोहण' लिखने की शुरुआत की। बाबू हरिश्चंद्र में क़ाबिलीयत की कोई कमी न थी। वे उर्दू के शब्दों से हिंदी को मुक्त करने के काम को हिंदी का भारतीयकरण मानते थे। इस कारीगरी की मिसाल उन्होंने ख़ुद शेक्सपीयर के नाटक *मर्चेंट ऑफ़ वेनिस* के अपने अनुवाद *वेनिस का सौदागर* का भारतीयकरण करके दी। यह नाटक *काशी पत्रिका* में धारावाहिक रूप से छप रहा था जिसका रुझान हिंदी में उर्दू के लफ़्ज़ों को शामिल करने की तरफ़ था। भारतेंदु को लगा कि उन्हें तो पत्रिका की भाषा नीति से असंतुष्ट होना चाहिए और उधर नाटक छपता रहा और इधर वे अपने पास रखी हुई अपनी हस्तलिखित पाण्डुलिपि का भारतीयकरण करने में जुट गये। नाटक जब किताब के रूप में छपा तो नयी पाण्डुलिपि के अनुसार था। उसमें 'शाइलॉक' की जगह 'शैलाक्ष' छपा हुआ था, 'मतलब' की जगह 'अभिप्राय' लिखा हुआ था, 'ट्रिपोलिस' की जगह 'त्रिपुल' हो गया था, 'मेक्सिको' को 'मौक्षिक' बना दिया गया था, 'आदमी' आदमी न रह कर 'मनुष्य' में तब्दील हो चुका था, 'डाकुओं का डर सभी जगह है' जैसा वाक्य 'डाकुओं का भय सभी स्थल में है' के रूप में भारतीयकृत हो गया था और 'हज़ार' की जगह 'सहस्त्र' आ गया था।[47]

भारतीयता और जातीयता का गड़बड़झाला

बैताल के सामने यह साफ़ हो गया कि हिंदी आंदोलन को भव्यता नहीं मिल पाती अगर उसे 'हिंदुस्तान' अर्थात् उभरती हुई भारतीय राष्ट्रीयता का प्रतीक नहीं बनाया जाता। अगर मालवीयजी को एक नमूना माना जाए तो उनके रूप में नेताओं की एक ऐसी क़तार खड़ी हो गयी जिसे जाति से द्विज, पेशे से वकील या छोटा ज़मींदार, राजनीति से कांग्रेसी, हिंदी और नागरी का समर्थक और गोरक्षा आंदोलन का सिपहसालार होना था। इन्हीं सब लोगों ने आगे चल कर पुरुषोत्तम दास टण्डन के नेतृत्व में गाँधीजी को हिंदी साहित्य सम्मेलन छोड़ने पर मजबूर कर दिया।[48] हिंदी की पहचान, हिंदू की पहचान और भारतीयता की पहचान को आपस में गड्ड-मड्ड करके मुसलमान और उर्दू की गड्ड-मड्ड पहचान के बरक्स खड़ा कर दिया। सोहन लाल मुदर्रिस के नाटक में जब उर्दू नाम के स्त्री पात्र से न केवल अपनी चरित्रहीनता और घटियापन को स्वीकार कराया गया बल्कि मुसलमानों के ख़लीफ़ा उमर की

---

[47] विजय अग्रवाल, वही : 100-101.

[48] वीरभारत तलवार, वही : 393.

चरित्रहीनता को भी मनवा लिया गया तो वह नाटककार हिंदू सम्मान का प्रतीक बन गया। उसके ख़िलाफ़ मुसलमानों ने मुक़दमा दायर कर दिया तो पूरे हिंदी ख़ित्ते ने मुदर्रिस की तरफ़दारी में चंदा जमा किया।[49]

यहाँ तक पहुँच जाने पर 'ह्यूमिलिएशन' और 'अवमानना' के फ़र्क़ का पेच बैताल की समझ में कुछ-कुछ आने लगा था। वह देख रहा था कि भाषाई अवमानना बड़े आराम से सांस्कृतिक अवमानना बन जाती थी और सांस्कृतिक अवमानना धार्मिक अवमानना में बदल जाती थी। इस कौशलपूर्ण इंजीनियरिंग से देश और राष्ट्र के उद्धार की शर्तें निकल आती थीं। पहचान की यह राजनीति दो स्तरों पर चल रही थी। एक धर्म के स्तर पर और दूसरे जातीयता के स्तर पर। भारतेंदु युग के बौद्धिक इंजीनियर अगर इस हिंदी को हिंदुओं की भाषा घोषित न करते तो पंजाब के हिंदू हंटर आयोग को हिंदी के पक्ष में ज्ञापन कैसे भेजते। आख़िरकार उन हिंदुओं की मातृभाषा पंजाबी थी। वे हिंदी बहुत कम जानते थे। और अगर अवध प्रांत के बाहर से हिंदी के समर्थक न पैदा होते तो हिंदी की जातीयता कैसे बनती। इसीलिए उन्नीसवीं सदी की उन उत्तेजक दहाइयों में ही हिंदी जातीयता के विचार ने भी जन्म लिया,[50] हालाँकि यह विचार पृष्ठभूमि में पड़ा रहा क्योंकि पहले हिंदी को राष्ट्रीयता का वाहक जो साबित करना था।

बैताल समझ सकता था कि राष्ट्र-भाषा बन जाने के बाद भी हिंदी के चेहरे से सतायी गयी और अवमानित भाषा का आवरण क्यों नहीं उतरा, बावजूद इसके कि सब कुछ उसके हक़ में था। दक्षिण भारत के इक्का-दुक्का प्रांतों को छोड़ कर सभी जगह के लोग तक़रीबन हिंदी सीखने के लिए तैयार थे। उर्दू को मातृभाषा स्वीकार करने वाले भारतेंदु युग के उत्तराधिकारी हों, पंजाबी को मातृभाषा मानने वाले लाला लाजपत राय के अनुयायी हों, गुज़रातीभाषी महात्मा गाँधी हों, या मराठीभाषी आम्बेडकर हों, सभी लोग हिंदी को राष्ट्रभाषा के पद पर ही

---

[49] भारतेंदु ने भी जातीयता के प्रश्न को लेकर लेख लिखा था. उनकी शिष्य मण्डली भी इस सवाल को उठाती रही. व्यावहारिक रूप से इन लेखकों ने हिंदू जाति और हिंदी जाति को पर्यायवाची बना दिया.

[50] हिंदी के इतिहास में विचित्र बात यह है कि उसके ज़्यादातर समर्थकों ने अपनी-अपनी मातृभाषाओं को त्याग कर उसका झण्डा बुलंद किया. इस तरह वह शुरू से ही राजनीतिक उद्देश्य के लिए गढ़ी गयी भाषा थी और वह उद्देश्य था राष्ट्रीयता का निर्माण. इस मसले पर गाँधी के प्रयास तो सर्वविदित ही हैं, आम्बेडकर के विचार और भी आँखें खोल देने वाले हैं. उन्होंने तो दक्षिण भारत की तरफ़ से होने वाले हिंदी विरोध की परवाह न करने का सुझाव दिया था. वे चाहते थे कि सारे देश में सभी लोग देवनागरी सीखें और सारे देश का कामकाज देवनागरी में हो. इस मक़सद के लिए उन्होंने अपनी मातृभाषा मराठी के दावे की भी उपेक्षा कर दी थी. देखें : डब्ल्यू.एन. कुबेर, *आम्बेडकर : ए क्रिटीकल स्टडी*, पीपुल्स पब्लिशिंग हाउस : 226.

आसीन नहीं देखना चाहते थे, वे सभी यह भी चाहते थे कि सारा देश हिंदी सीखे और उसका व्यवहार करे।[51] लेकिन राष्ट्र-भाषा बनने से मिली राजकीय मान्यता -(राज-भाषा) को जब व्यवहार में उतारने की कोशिश हुई तो पता चला कि हिंदी को समाज ज़्यादा से ज़्यादा साहित्य की भाषा के तौर पर मान्यता दे सकता है। विचार की, क़ानून की और ज्ञान-विज्ञान की भाषा के तौर पर नहीं। फ़र्क़ साफ़ था कि भारत की जिन भाषाओं में धर्म और भारतीयता का घालमेल नहीं हुआ था जिन्हें ख़ुद को उभरती हुई राष्ट्रीयता का ठेकेदार नहीं बनना था या जो अपने क्षेत्रीय प्रभुत्व से ही संतुष्ट थीं, उनके सामने यह दिक़्क़त नहीं हुई। वहाँ बोली हुई और लिखी हुई भाषा के बीच इंतना अंतर नहीं था। यहाँ संस्कृतनिष्ठ हिंदी कोई नहीं बोलता था, वह सिर्फ़ लिखी जाती थी और बोलियों को हिंदी ख़ित्ते की एकता के बीच रोड़ा मान लिया गया था।

उर्दू राष्ट्रीयता की वाहक होने की लड़ाई सीमा के इस पार हार गयी जिसकी भरपायी वह सीमा के उस पार की अधूरी जीत के ज़रिये करने की नाकाम कोशिश करती रही।[52] हिंदी की जीत का शोरगुल तो काफ़ी हुआ पर वह सिर्फ़ तकनीकी निकली। अब यह समझना आसान था कि उर्दू के मुक़ाबले हिंदी की 'अवमानना' उसी तरह एक बौद्धिक कारीगरी का नमूना थी जिस तरह नागरी के मुक़ाबले रस्मुलख़त की 'ज़िल्लत'। इन दोनों ही भाषाओं को अंग्रेज़ी के वर्चस्व से 'ह्यूमिलिएटिड' होना था। अंग्रेज़ी जो राष्ट्रीयता की नहीं आधुनिकता की वाहक थी। उसके पास सेकुलरवाद था, विज्ञानसम्मत सोच का दावा करने वाले युरोपीय ज्ञानोदय की विरासत थी, दुनिया भर की सांस्कृतिक फ़तह कर चुका प्रगति और विकास का विचार था। अंग्रेज़ी ने हिंदी को एहसास दिलाया कि वह पिछड़े हुए विचारों की, बेकार हो चुकी परम्परा और देशज ख़यालों की भाषा है। उसमें संकीर्णता और साम्प्रदायिकता भरी हुई है। उसने हिंदी के सामने आधुनिकता की कसौटी फेंकी कि इस पर खरे उतर कर दिखाओ तो कोई बात बने। इसका ज़बरदस्त एहसास हिंदी वालों को बीसवीं सदी के दौरान पचास, साठ और सत्तर

---

[51] पाकिस्तान में उर्दू की हालत ठीक वैसी ही है जैसी भारत में हिंदी की है. वहाँ भी स्वाभाविक रूप से उर्दू का व्यवहार करने वाले यानी मुहाज़िर मुसलमान राजनीतिक रूप से समाज के हाशिये पर हैं और उर्दू को राज-भाषा के रूप में अपनाने वाले पंजाबी मुसलमान या सिंधी मुसलमान सत्ता के नज़दीक हैं.

[52] मैं समझता हूँ कि यह ह्यूमिलिएशन का ही एक नमूना है जो विचारधारा के दबाव में चेतना की गहराइयों में जमा रहता है. नया समाज बनाने के दावेदार दिमाग़ी तौर पर उसी नये समाज में रहते हैं जो ज़मीन पर कहीं नहीं होता. एक सीमा के बाद उनमें से कई अपने समाज को हिकारत की निगाह से देखने लगते हैं और आहें भरते हैं कि हाय वे इस समाज में पैदा ही क्यों हुए. इस तरह आत्महीनता की संरचना बनती है जिसके गर्भ से विचारधारात्मक ह्यूमिलिएशन या तो जन्म लेता है या उसके जन्म लेने के अंदेशे रहते हैं.

की दहाइयों में हुआ। ख़ास तौर से उन लोगों ने इसे एक चुनौती के रूप में लिया जो ख़ुद इस मुल्क को युरोपीय राष्ट्रवाद की हिदायतों के मुताबिक़ 'एक भाषा-एक राष्ट्र' के मुताबिक़ ढालना चाहते थे।[53] बैताल के सामने साफ़ था कि इस आज़ादी के बाद चली इस परियोजना में धर्म शामिल नहीं था। दरअसल, वहाँ तो हिंदी के साथ उन्नीसवीं सदी से ही जुड़ गये धर्म के पहलू को ग़ायब करने की कोशिशों का बोलबाला था। भारतेंदु युग ने हिंदी जाति और हिंदू जाति को पर्यायवाची बनाया था पर रामविलास शर्मा ने हिंदी नवजागरण कहते-कहते उसी को भारतीय नवजागरण या राष्ट्रीय नवजागरण कहना शुरू कर दिया। उनकी यह परियोजना इस हद तक कामयाब हुई ही कि उन्हीं की आलोचना में लिखी गयी वीरभारत तलवार की पहली किताब में भी हिंदी नवजागरण के लिए राष्ट्रीय नवजागरण शब्द का प्रयोग किया गया। बैताल को लगा कि इसके लिए शायद हिंदी ख़ित्ते का इतिहास दोबारा लिखा जाना ज़रूरी था। इसी का बीड़ा रामविलास शर्मा ने उठाया था। उन्होंने सन् 1953 से यह सिलसिला शुरू किया और जहाँ-जहाँ धर्म था वहाँ-वहाँ जातीयता देख डाली। उन्होंने सेकुलरवाद को सख़्ती से अपनाया और ऐलान किया कि उर्दू मुसलमानों की भाषा नहीं थी। वह एक स्वतंत्र भाषा न होकर हिंदी की ही एक शैली थी। शर्माजी ने ऊँची आवाज़ में कहा कि मुसलमान भी हिंदी जाति में बराबर के हिस्सेदार हैं। ऊपर से देखा जाए तो यह एक ज़ोरदार फ़ारमूला था और सभी वामपंथी इससे बड़ा प्रेम करते थे। इससे हिंदी इलाक़े में साम्प्रदायिकता की समस्या का निबटारा हो सकता था। लेकिन दिक़्क़त तब हुई जब शर्मा जी ने यह दावा भारतेंदु युग के खण्डन में न करके उसके समर्थन में किया। हिंदी ख़ित्ता आश्चर्य के सागर में गोते मारने लगा। उनकी इस थीसिस से तरह-तरह की ध्वनियाँ निकलती थीं, मसलन : भारतेंदु युग प्रगतिशील चेतना का वाहक था, उसमें सामंतवाद विरोधी, साम्राज्यवाद विरोधी, उपनिवेशवाद विरोधी और पूँजीवाद विरोधी सोच के बीज थे। शर्मा जी की यह इंजीनियरिंग भारतेंदु युग में हुई उर्दू विरोधी कारीगरी से भी ऊँचे क़िस्म की चीज़ थी। यह उर्दू के भाषा के रूप में स्वतंत्र अस्तित्व से इनकार करती थी और साथ में यह मार्क्सवाद के ज़बरदस्त छौंक से भी गँधा रही थी। शर्माजी जो कह रहे थे उसका मतलब यह था कि जिस तरह स्तालिन ने

---

[53] रामविलास शर्मा (1986), *भारतेंदु हरिश्चंद्र और हिंदी नवजागरण की समस्याएँ*, राजकमल प्रकाशन, नयी दिल्ली : 43.

सभी रूसी राष्ट्रीयताओं को महान रूसी जाति क़रार दे दिया था उसी तरह सभी भारतीय राष्ट्रीयताओं को हिंदी जाति क़रार दिया जा सकता है।[54] सत्तर की दहाई आते-आते हुआ यह कि भाषाई जातीयताएँ भारतीय राष्ट्र को नये सिरे से परिभाषित करने लगीं। ज़ाहिर था कि हिंदी की जातीयता का ख़याल कैसे पीछे रहता और 1977 में महावीर प्रसाद द्विवेदी के बहाने इस विचार पर फिर से सान रखी गयी।

पचीसी का पटाक्षेप

जिस तरह हर क़िस्से का एक अंत होता है उसी तरह कभी न कभी पचीसी का भी होना था। छब्बीसवीं कहानी भी पूरी हो चुकी थी। कमल नयन चौबे से लेकर रामविलास शर्मा तक की यात्रा करने में बैताल को परेशानी तो बहुत उठानी पड़ी पर अब वह विक्रम के तीनों सवालों का जवाब देने की हालत में आ गया था। और वे जवाब उसने इस तरह दिये :

भाषाई ज़िल्लत या अवमानना या ह्यूमिलिएशन हिंदी इलाक़े की एक ख़ास स्थिति है। इसके बड़े बारीक व्यक्तिगत और सामुदायिक पहलू हैं। इस ह्यूमिलिएशन का एक इतिहास है। इसमें ह्यूमिलिएशन का प्रतिकार ही नये ह्यूमिलिएशन का जनक बन जाता है। यह ह्यूमिलिएशन ऐसा है कि इसके कारण अपनी भाषा में बड़े से बड़े काम करने वाला भी लगातार अपने आप अवमानित होता रहता है। दरअसल, ह्यूमिलिएशन का यह भाषाई आख्यान अपनी शुरुआत वंचितों, उत्पीड़ितों और ग़रीबों से न करके अभिजनों की दुनिया से करता है। अपने इतिहास में यह कहानी रंग-रुतबे वालों के बीच ह्यूमिलिएशन की अनुभूति की है, चाहे वे हिंदू हों या मुसलमान। साथ ही यह ह्यूमिलियेशन के कारण और उसके ज़रिये वर्चस्व की संरचनाओं के निर्माण की कहानी भी है।

ह्यूमिलिएशन एक ऐसी श्रेणी है जिसके दायरे में जाति-वर्ण के आधार पर होने वाली अवमानना और लैंगिक आधार पर होने वाली अवमानना को स्वाभाविक रूप से रखा जा सकता है। यह अवमानना भाषाई प्रश्न के साथ जुड़

[54] हिंदी को एक क्षेत्रीय भाषा के रूप में विकसित करने की ज़रूरत पर ज़ोर देने वाले एक गहन विमर्श के लिए देखें : धीरूभाई शेठ, 'द ग्रेट लैंग्वेज डिबेट : पॉलिटिक्स ऑफ़ मेट्रोपालिटन वर्सेस वर्नाकुलर इण्डिया'. भूमण्डलीकरण के तरह छँटायी (ट्रियाज) के सिद्धांत पर रजनी कोठारी ने अपने लेख 'भूमण्डलीकरण बनाम राष्ट्र-राज्य' में काफ़ी रोशनी डाली है. यह लेख विकासशील समाज अध्ययन पीठ द्वारा प्रायोजित लोक-चिंतन ग्रंथमाला के तीसरे खण्ड भारत का भूमण्डलीकरण (वाणी प्रकाशन, नयी दिल्ली द्वारा शीघ्र प्रकाशन) में संकलित किया गया है.

कर दोहरी हो जाती है। हिंदी में लिखने वाला दलित साहित्यकार पहले साहित्यिक-सांस्कृतिक जगत पर हावी द्विजों द्वारा अपनी हिंदी को लेकर सांस्कृतिक उत्पीड़न का शिकार होता है और फिर दूसरा उत्पीड़न उसे अपनी बेतहाशा कमज़ोर अंग्रेज़ी को लेकर झेलना पड़ता है। अन्य भाषाओं के दलित साहित्यकारों को सम्भवतः इस अंग्रेज़ी वाली समस्या का सामना इस हद तक नहीं करना पड़ता। अंग्रेज़ी पर महारत के ज़रिये दलित बुद्धिजीवी नागरिक समाज में बराबर की हैसियत पाने का स्वप्न भी देखता है। इसी तरह लैंगिक अवमानना की शिकार महिलाएँ भी अपने घर के पुरुषों के मुक़ाबले अंग्रेज़ी कम जानती हैं। महीने भर में ताबड़-तोड़ अंग्रेज़ी सिखाने का दावा करने वाले स्कूलों में ये महिलाएँ बड़े पैमानों पर दाख़िला लेती हैं। उनका भी ख़याल है कि शायद बेधड़क अंग्रेज़ी बोल कर वे नागरिक समाज में बेहतर हैसियत प्राप्त कर सकेंगी और उनका लैंगिक संघर्ष शायद ज़्यादा आसान हो जाएगा। अर्थात् जिसकी वज़ह से दलित और महिलाएँ अवमानित होते हैं उसी को अपनाने के ज़रिये वे उससे पार पाने की कोशश करते नज़र आते हैं। अवमानना के औज़ार को ही वे प्रतिकार का औज़ार बनाना चाहते हैं।

भाषाई ह्यूमिलिएशन की प्रकृति कुछ ऐसी है कि इसके स्रोत को लेकर हमेशा ग़लतफ़हमी बनी रहती है। हिंदी वाले यह मानते रहे हैं कि उन्हें सताने वाली तो उर्दू है और उस ज़माने में साफ़ दिखता भी था कि मामला यही है। पर यह बाद में साबित हुआ कि ह्यूमिलिएशन का असली स्रोत तो अंग्रेज़ी थी और उपनिवेशवाद था। उन्नीसवीं सदी के हिंदी वालों की तर्ज़ पर आज उर्दू वाले ग़लतफ़हमी में हैं कि उनकी ज़िल्लत की वज़ह तो हिंदी का वही वर्चस्व है जो उसने अंग्रेज़ों की मदद से उसके हाथ से छीना था।

भाषाई ह्यूमिलिएशन में उत्पीड़क अवमानित के ऊपर एक कसौटी थोपता है जिस पर लगातार ख़रा उतरते रहना उसकी ज़िंदगी की शर्त बन जाती है। ठीक उसी तरह जैसे कभी क्लासिक फ़ारसी ने हाट-बाज़ार में बोली जाने वाली रेख़्ता पर अपनी विषयवस्तुओं को अभिव्यक्त करने की कसौटी थोपी थी। वली दक्कनी से लेकर ग़ालिब और इक़बाल तक इस कारीगरी में लगे रहे। ठीक इसी तरह जैसे कभी फ़ारसीनिष्ठ नफ़ीस उर्दू ने हिंदी को गँवारू कह कर उसे संस्कृतनिष्ठ बनाने की तरफ़ धकेला था। भला लोकभाषा हिंदवी, कैथी, ब्रज या अवधी के पास यह क्लासिकी रुतबा कहाँ था जो फ़ारसी बहुल उर्दू का मुक़ाबला कर सकता। इसलिए भारतेंदु युग के लेखकों ने संस्कृत की शरण ली। उर्दू के वर्चस्व का प्रतिकार करने के लिए और भी आगे बढ़ कर उसने हिंदी की भौगोलिक

सीमाएँ पार करने के लिए भाषा को धर्म के साथ जोड़ दिया।

आज़ादी के बाद अंग्रेज़ी ने हिंदी को आधुनिक बन कर दिखाने की चुनौती दी और कहा कि राष्ट्रीयता का वाहक होना ही काफ़ी नहीं है : सेकुलर, सामंतवाद विरोधी, उपनिवेशवाद विरोधी और प्रगतिशील बन कर तो दिखाओ। इस कसौटी पर खरे उतरने के चक्कर में भाषाई इतिहास को दोबारा लिखा गया। हिंदी के पास न अलग तेलुगू प्रांत के लिए शहीद होने वाले रामुलू थे, न पंजाब के लिए भूखे मर जाने वाले दर्शन सिंह फेरूमान थे और न ही संयुक्त महाराष्ट्र के लिए अपने प्राणों का उत्सर्ग करने वाले आंदोलनकारी थे। फिर भी अलग हिंदी जाति की संकल्पना की गयी। अलग हिंदी प्रांत बनाने की माँग की गयी। मार्क्सवाद की आड़ में किये गये इस प्रयास से वामपंथी बुरी तरह चौंके पर विडम्बना यह रही कि इसे दक्षिणपंथियों ने हाथोंहाथ लिया। शर्माजी ने न भेजे हों, पर उनके कुछ लेख *पाञ्चन्य* ने इधर-उधर से उठा कर छापना मुनासिब समझा।

ह्यूमिलिएशन की ही एक क़िस्म विचारधारात्मक भी होती है जो चेतना की गहराइयों में जमी रहती है। विचारधारात्मक रूप से नया समाज बनाने के दावेदार दिमाग़ी तौर पर उसी नये समाज में रहते हैं जो ज़मीन पर कहीं नहीं होता। एक सीमा के बाद उनमें से कई मौजूदा समाज को हिकारत की निगाह से देखने लगते हैं और आहें भरते हैं कि हाय वे इस समाज में पैदा ही क्यों हुए। इस तरह आत्महीनता की संरचना बनती है जिसके गर्भ से विचारधारात्मक ह्यूमिलिएशन या तो जन्म लेता है या उसके जन्म लेने के अंदेशे रहते हैं।

आधुनिकता की कसौटी पर ख़रा उतरने के लिए बेचैन यह आंदोलन हिंदी का वह ह्यूमिलिएशन ख़त्म नहीं कर पाया जिसके लिए उसने साम्प्रदायिकता को जातीयता के चश्मे से देखा था। चौबेजी नयी सहस्राब्दी के भाषाई दलित बन जाते हैं और शर्माजी उनके ह्यूमिलिएटिड दिलो-दिमाग़ की दुनिया के एक पात्र।

अंग्रेज़ी के मुक़ाबले हिंदी के ह्यूमिलिएशन का एक महत्त्वपूर्ण कारण यह उभरता है कि हिंदी का प्रोजेक्ट शुरू से ही भाषाई और सांस्कृतिक कम और राजनीतिक ज़्यादा रहा। भाषा के ज़रिये राजनीतिक वर्चस्व बनाने के लिए हिंदी ख़ित्ते के बुद्धिजीवियों ने बोलियाँ समझी जाने वाली अपनी मातृभाषाओं को त्यागा और अन्य क्षेत्रीय भाषाओं से आये हुए राष्ट्रीय नेताओं ने भी अपनी-अपनी मातृभाषाओं का दावा छोड़ कर हिंदी को राष्ट्र-भाषा बनाने का आग्रह किया, चाहे वे गुज़राती भाषी हों, मराठी भाषी हों, पंजाबी भाषी या बांग्ला भाषी। इस तरह हिंदी एक ऐसी भाषा की तरह उभरी जिसे किसी एक ख़ास सांस्कृतिक समुदाय की वफ़ादारी हासिल नहीं थी। उसका समुदाय था तो बहुत विशाल और

विस्तृत पर वह हिंदी से वैसी आत्मीयता नहीं रखता था जैसी अन्य क्षेत्रीय भाषा-भाषी अपनी भाषाओं से रखते थे। हिंदी जैसा हाल सिर्फ़ अंग्रेज़ी का था। वह भी अपने बोलने-लिखने वालों के साथ सांस्कृतिक सूत्रों में बँधी होने के बजाय सत्ता, समृद्धि और आधुनिकता की संरचनाओं के ज़रिये जुड़ती थी। पहले उपनिवेशवाद के अवशेषों के माध्यम से और फिर आधुनिकतावादी विमर्श की ध्वजावाहक भाषा के रूप में अंग्रेज़ी हावी हुई। आज ये संरचनाएँ भूमण्डलीकरण की प्रक्रिया के कारण और मजबूत हो चुकी हैं क्योंकि अंग्रेज़ी 'ग्लोबल भाषा' है, वह बाज़ार की भाषा है और उस पर महारत रखने वाला अभिजनों की क़तार में आसानी से बैठ सकता है। दूसरी तरफ़ देश की अन्य भाषाओं में केवल हिंदी ही अपनी राजनतिक प्रकृति और अ-क्षेत्रीय पहलुओं के कारण उसके साथ प्रतियोगिता की स्थिति में है। इसलिए अंग्रेज़ी द्वारा ह्यूमिलिएशन का निशाना सबसे ज़्यादा हिंदी ही बनती है। हिंदी के ह्यूमिलिएशन के लिए भूमण्डलीकरण एक दोहरे दर्जे पर रहने के लिए विवश है वहीं 'मास सोसाइटी' के तहत बाज़ार निरंतर फैलते हुए उपभोक्ता-समाज के पास पहुँचने के लिए हिंदी को अपना माध्यम बनाना चाहता है। दृश्य और श्रव्य मीडिया में द्विभाषी क्षमताओं वाले लोगों की माँग बढ़ रही है। भूमण्डलीकरण की इस दुनिया में जो सिर्फ़ अंग्रेज़ी जानता है वह अनिवार्यतः शीर्ष पर बैठा है, जो द्विभाषी है वह अधिक उपयोगी है पर शीर्ष पर पहुँचने के लिए उसे 'वर्जीनिया वुल्फ' की मदद लेनी ही पड़ती है और जो सिर्फ़ हिंदी जानता है, वह या तो अवसरों की होड़ से पूरी तरह बाहर है या उसकी हैसियत ज़्यादा से ज़्यादा उपभोक्ता की है या अगर वह होड़ में आने की जुर्रत करता है तो ह्यूमिलिएशन का शिकार होने के लिए अभिशप्त है। भूमण्डलीकरण या तो हिंदी का दोहन करता है या फिर 'ट्रियाज़' के सिद्धांत के तहत उसे छाँट कर हाशिये पर फेंक देता है।

संदर्भ

आलोक राय (2000), *हिंदी नैशनलिज़म,* ट्रैक्ट्स फार टाइम्स, ओरियेंट लांगमेन, नयी दिल्ली.

इज़लाल मजीद, मंजूर एहतशाम और कमला प्रसाद (सम्पा.) (2002), *कि आती है उर्दू ज़बां आते आते,* पहला खण्ड, वाणी प्रकाशन, नयी दिल्ली.

कृपाशंकर सिंह (1992), *हिंदी-उर्दू-हिंदुस्तानी : हिंदू-मुस्लिम साम्प्रदायिकता और अंग्रेज़ी राज 1800-1947,* प्रासंगिक प्रकाशन, नयी दिल्ली.

ग़ालिब के पत्र (सम्पा.)(1958), श्रीनिवास शर्मा और रामनिवास शर्मा, हिंदुस्तानी एकेडमी, इलाहाबाद.

गोपाल गुरु (2002), 'अवमानना के आयाम', अभय कुमार दुबे (सम्पा.), *आधुनिकता के आईने में दलित*, वाणी प्रकाशन-सीएसडीएस, नयी दिल्ली.

जानकीप्रसाद शर्मा (2001), *उर्दू साहित्य की परम्परा,* वाणी प्रकाशन, नयी दिल्ली.

डब्ल्यू.एन. कुबेर (1986), *आम्बेडकर : ए क्रिटीकल स्टडी,* पीपुल्स पब्लिशिंग हाउस, नयी दिल्ली.

फ्रांसिस राबिंसन ( ), *सेपरेटिज़म एमंग इण्डियन मुस्लिम्स,* ऑक्सफ़र्ड युनिवर्सिटी प्रेस, नयी दिल्ली.

बहुवचन-8 (2001), महात्मा गाँधी अंतर्राष्ट्रीय हिंदी विश्वविद्यालय, नयी दिल्ली, जुलाई-सितम्बर.

मार्गलिट अविशाई (1996). *द डीसेंट सोसाइटी,* हार्वर्ड युनिवर्सिटी प्रेस, केम्ब्रिज, मैसाचुसेट्स.

रामचंद्र शुक्ल (1986), *श्री राधाकृष्णदास,* नागरी प्रचारिणी सभा, वाराणसी.

रामविलास शर्मा (1976), *भारत के प्राचीन भाषा परिवार और हिंदी* (तीन खण्ड), राजकमल प्रकाशन, नयी दिल्ली.

----------(1977), *महावीर प्रसाद द्विवेदी और और हिंदी नवजागरण,* राजकमल प्रकाशन, नयी दिल्ली.

----------(1981), *परम्परा का मूल्यांकन,* राजकमल प्रकाशन, नयी दिल्ली.

----------(1989), *भारतेंदु हरिश्चंद्र और और हिंदी नवजागरण की समस्याएँ,* राजकमल प्रकाशन, नयी दिल्ली.

----------(2009), *भारतीय संस्कृति और हिंदी प्रदेश,* दो खण्ड, किताबघर, नयी दिल्ली.

----------(2010), *भाषा और समाज,* राजकमल प्रकाशन, नयी दिल्ली.

----------(2011), *भारत की भाषा समस्या,* राजकमल प्रकाशन, नयी दिल्ली.

विजय अग्रवाल (1996) *हिंदी भाषा : अतीत से आज तक,* वाणी प्रकाशन, नयी दिल्ली .

वीरभारत तलवार (2002), *रस्साकशी : उन्नीसवीं सदी का नवजागरण और पश्चिमोत्तर प्रांत,* सारांश प्रकाशन, नयी दिल्ली.

सज्जाद जहीर (2000), *रौशनाई : तरक़्क़ीपसंद तहरीक़ की यादें,* अनुवाद-जानकीप्रसाद शर्मा, वाणी प्रकाशन, प्रकाशन, नयी दिल्ली.

सोशल रिसर्च (1997), (वसंत, न्यूयार्क).

अनुक्रमणिका